LOS CLÁSICOS DEL TEATRO HISPANOAMERICANO

II

Los clásicos del teatro hispanoamericano

II

Selección, introducciones, notas
y bibliografías de
GERARDO LUZURIAGA
y RICHARD REEVE

SEGUNDA EDICIÓN AMPLIADA

TEZONTLE

60 ANIVERSARIO

FONDO DE CULTURA ECONÓMICA
MÉXICO

Primera edición,   1975
Segunda edición (corregida y aumentada), 1994

D. R. © 1975, Fondo de Cultura Económica
D. R. © 1994, Fondo de Cultura Económica, S. A. de C. V.
Carretera Picacho-Ajusco, 227; 14200 México, D. F.

ISBN 968-16-4486-7 (tomo II)
ISBN 968-16-4487-5 (Obra completa)

Impreso en México

EL TEATRO HISPANOAMERICANO
DE 1900 A 1950

REDONDEANDO cifras y desde un punto de vista generacional, la dramaturgia hispanoamericana de la primera mitad del siglo XX puede dividirse en la siguiente forma: 1) Generación realista, compuesta por los autores nacidos entre 1860 y 1890, cuyo predominio creador se extiende de 1890 a 1920. 2) Generación vanguardista, constituida por los dramaturgos nacidos entre 1890 y 1920, que dominan el panorama teatral de 1920 a 1950. A continuación vendría la generación formada por los comediógrafos que nacieron entre 1920 y 1950; su labor escénica principal cubriría el periodo que va de 1950 a 1980.

Durante la vigencia de la generación realista, encontramos varias tendencias y subtendencias. Una de ellas fue el Naturalismo, eximiamente ilustrado por algunas obras de Florencio Sánchez. Otra, el Costumbrismo, que, aunque de origen romántico, concuerda en mucho con la posición realista. Una manifestación muy peculiar del Costumbrismo fue, en el Río de la Plata, el llamado Sainete Criollo, que entretuvo al gran público por cuatro decenios a partir de 1890. Podría también mencionarse como categoría aparte el Teatro Gauchesco, iniciado antes de la generación realista con *Juan Moreira*. Todas estas tendencias dramáticas coinciden en adoptar una apreciación exterior, y a veces epidérmica, del hombre y su realidad circundante, de acuerdo con la idea vigente en Europa a fines del siglo XIX, de que el teatro tiene que ser un espejo de la vida, un reflejo (y aun a veces, una crónica) de la circunstancia histórica. En los asuntos y en el lenguaje, el teatro de este periodo se presenta marcadamente regionalista. Por el arte de la representación, se ubica todavía dentro de la tradición española. Curiosamente, las corrientes modernista y posmodernista (corrientes principalmente poéticas), que se extienden hasta fines de la segunda década, casi no se dieron en el teatro. Es cierto que escritores como José Martí, Ricardo Jaimes Freire, Juan Guzmán Cruchaga y Manuel Magallanes Moure, entre otros, escribieron dramas; pero cabe anotar que lo hicieron más bien como curiosidad o pasatiempo. Quizá el género dramático les resultaba demasiado "actual" y "tópico", y por eso mismo muy poco conducente para los fines de su orientación estética. No hubo, pues, propiamente hablando, "torre de marfil" en el teatro hispanoamericano de esta generación. Sí se registraron, en cambio, vestigios románticos y posrománticos, y hasta bien entrado el siglo, como lo prueba la popularidad de que gozó el drama echegarayano. Asimismo, continuó la vigencia del llamado "género chico", con variantes tan interesantes como la "revista política" en México, que cobró vigor a partir de la Revolución de 1910.

El momento más brillante de este periodo realista lo dio la llamada "década dorada" del teatro rioplatense (la primera del siglo) en que se inscriben los nombres de Florencio Sánchez, Ernesto Herrera, Roberto Payró, Gregorio de Laferrére, Julio Sánchez Gardel, entre los más ilustres. En otras regiones del Continente el panorama no era tan halagador; pero se destacaron algunos dramaturgos, como el chileno Antonio Acevedo Hernández, los cubanos José Antonio Ramos y Marcelo Salinas, y los Gamboas de México (el novelista-dramaturgo Federico y José Joaquín, quien más tarde se incorporó al movimiento vanguardista).

El teatro moderno sólo comienza en Hispanoamérica en el tercer decenio, con la generación vanguardista. En esta época en que proliferan los ismos en las letras y en las artes, también el género dramático se enriquece con diversas tendencias y direcciones. Éstas parecen enfilarse todas, en última instancia, a la consecución de un objeto: la superación de la estética realista, del sainete de costumbres, de la rémora romántica, del provincianismo regionalista; es decir, se dirigen a superar la sensibilidad artística propia del siglo XIX y a inaugurar, en cambio, el espíritu contemporáneo. A esta generación le correspondió la importantísima labor de tomar conciencia de la realidad nacional hispanoamericana y a la vez de sus vínculos con la cultura europea de la posguerra. Es interesante observar que lo fundamental de la nueva sensibilidad dramática, en sus diferentes manifestaciones, se corresponde con lo que sucedía por esos mismos años en los otros géneros literarios. Así, es preciso reconocer la sustancial semejanza de actitud que une a dramaturgos como Francisco Arriví, Roberto Arlt, Luis A. Baralt, Samuel Eichelbaum, Celestino Gorostiza, Rodolfo Usigli, por ejemplo, con los novelistas Miguel Ángel Asturias, Alejo Carpentier o Agustín Yáñez; con los ensayistas Jorge Luis Borges, Eduardo Mallea, José Carlos Mariátegui, Ezequiel Martínez Estrada o Samuel Ramos, y con los poetas Jorge Carrera Andrade, Nicolás Guillén, Pablo Neruda o César Vallejo. Sea en el tema psicológico o social, en el metafísico o poético, utilizando recursos surrealistas o expresionistas, bajo la inspiración de Freud, Pirandello o Marx, todos ellos imponen en las letras de Iberoamérica el espíritu del siglo XX. Intentan estos escritores ofrecer una visión más profunda, más universal, más trascendente de la realidad individual y social del hombre latinoamericano, interpretando esa realidad, y no sólo describiéndola, como lo hacían los escritores de la generación anterior.

Después de la primera Guerra Mundial, hubo en el Río de la Plata una corriente dramática fuertemente marcada por influencias italianas, en especial el "grotesco" (que dio lugar al llamado "grotesco criollo") y Pirandello. Este interesante fenómeno platense se explica sin duda por la estrecha afinidad étnica y cultural existente entre esa región sudamericana e Italia. Dramaturgos de esta corriente podrían considerarse —si no por toda su producción dramática, al menos por algunas de sus obras—, Roberto Arlt, Francisco Defilippis Novoa, Armando Discépolo (conocido como el creador del grotesco criollo argentino), Enrique Gustavino, Vicente Martínez Cuitiño, César Tiempo, etcétera.

Como es bien sabido, esta es la época en que surgen los teatros experimentales e independientes. Ante todo, convendría aclarar que, a pesar de que tales agrupaciones aparecieron en su mayoría desde fines de los años veinte en adelante, la renovación del teatro, especialmente en lo temático, habíase iniciado ya antes, en el pórtico mismo del decenio, con obras precursoras como *La mala sed* (1920) de Samuel Eichelbaum; *Mateo* (1923) de Ar-

mando Discépolo; *Mundial pantomim* (1919) y *Natacha* (1925) de Armando
Moock; *Gilles de Raíz*, obra de Vicente Huidobro escrita alrededor de 1925;
Véncete a ti mismo (1925) de Víctor Manuel Díez Barroso; *La silueta del humo*
(1927) de Julio Jiménez Rueda. Los conjuntos experimentales más importan-
tes en la renovación escénica y dramática de México fueron el Grupo de los
Siete Autores Dramáticos (formalmente organizado en 1925), el Teatro de
Ulises (1928), el Teatro Orientación (1932), el Teatro de Ahora (1932) y el
Grupo Proa (1942). En la Argentina, donde el movimiento adoptó el nombre
de "independiente", sobresalieron el Teatro del Pueblo (1930), el Teatro Juan
B. Justo (1933) y el Teatro La Máscara (1937). En Cuba cabe mencionar La
Cueva (1937), y en Puerto Rico, el Grupo Areyto (1938). En otros países la renovación experimentalista tardó más en venir. En Chile sólo comenzó en 1941,
con la fundación del elenco universitario conocido como ITUCH, y en Uruguay, en 1947, con el establecimiento de la Comedia Nacional. En general,
todos los conjuntos experimentales siguieron un mismo patrón de actividad
y evolución. Con una orientación estética vaga, comenzaron casi todos haciendo "buen teatro", ya utilizando las obras consagradas de las épocas clási-
cas española, griega o inglesa, ya dando a conocer dramas contemporáneos
procedentes de Europa y de Estados Unidos. Cuando no existían versiones
castellanas de esas piezas, las traducían los mismos miembros de esos grupos
de aficionados, quienes eran a la vez actores, directores, escenógrafos, etcétera, y eventualmente algunos también dramaturgos. En la mayoría de los casos, la presentación de obras nacionales vino después, pero como resultado
directo de los primeros experimentos del movimiento: de ahí su aporte decisivo en el desarrollo del teatro hispanoamericano del siglo. En lo específica-
mente escénico, el experimentalismo —que con el andar del tiempo llegó a
un alto nivel profesional— se interesó por los recursos más "modernos" de
representación (sobre todo, en lo que tenía que ver con escenografía e ilumi-
nación), por la erradicación definitiva del divismo, del engolamiento y efec-
tismo en la actuación y en la dicción (en algunas circunstancias fue necesaria
una campaña especial para sustituir el acento español peninsular, todavía en
boga en varias regiones, por el local). Lucharon, en fin, contra la comercia-
lización y el mal gusto en el teatro, y sus esfuerzos se vieron bien retribuidos.

No es de extrañar que esta promoción vanguardista diera a Hispanoamérica un gran número de dramaturgos, conocedores de su oficio, en todas las
latitudes. La lista, para ser justa, debería ser bastante larga. Como un nuevo homenaje, mencionemos siquiera a los siguientes autores. En Argentina, Roberto Arlt, Armando Discépolo, Francisco Defilippis Novoa, Samuel
Eichelbaum, Conrado Nalé Roxlo. En México, Víctor Manuel Díez Barroso,
Celestino Gorostiza, Francisco Monterde, Mauricio Magdaleno, Salvador Novo, Rodolfo Usigli, Xavier Villaurrutia. En Puerto Rico, Francisco Arriví, Emilio Belaval, René Marqués. En Cuba, Luis A. Baralt, Carlos Felipe, Virgilio
Piñera. En el Ecuador, Demetrio Aguilera-Malta. En el Perú, Enrique Solari
Swayne. En Chile, Armando Moock y Germán Luco Cruchaga. Vicente Mar-
tínez Cuitiño, en Uruguay.

La generación que sigue a la vanguardista, que José Juan Arrom ha denominado Reformista o de 1954 (véase su *Esquema generacional de las letras his-*

panoamericanas, Bogotá, Instituto Caro y Cuervo, 1963), ha significado para el teatro de Hispanoamérica uno de sus momentos más felices. Entre otras sorpresas, ha traído la revelación de Chile como un notable centro de actividad teatral. Esta es la generación que ha hecho popular a Bertolt Brecht, al Teatro del Absurdo, A Jerzy Grotowsky. A ella pertenecen Agustín Cuzzani, Griselda Gambaro, Oswaldo Dragún, Luis Alberto Heiremans, Egon Wolff, Sergio Vodánovic, Jorge Díaz, Sebastián Salazar Bondy, José Martínez Queirolo, Enrique Buenaventura, Isaac Chocrón, José Triana, Emilio Carballido, Carlos Solórzano, etcétera, etcétera. Pero esta generación escapa al ámbito del presente volumen.

G. L.

FLORENCIO SÁNCHEZ
[*Uruguay, 1875-1910*]

Florencio Sánchez formó parte de la gloriosa "generación uruguaya del 900" junto con José Enrique Rodó, Carlos Reyles, Horacio Quiroga, Javier de Viana, los hermanos Vaz Ferreira, Julio Herrera y Reissig, Delmira Agustini y Ernesto Herrera, entre otros. Fue una generación inconforme, liberal, autodidacta y preocupada por el destino nacional.

Florencio Sánchez nació en Montevideo el 17 de enero de 1875, en el seno de una familia tradicional y conservadora, partidaria de la facción política "blanca". En tierna edad se trasladó con su familia al interior, y en Minas cursó la escuela primaria, su único aprendizaje sistemático. A los quince años, en 1890, consigue un puesto de escribiente en la Junta Económico-Administrativa de esa localidad y ensaya su pluma "con el índice de la izquierda corriendo sobre el expediente y la derecha dentro del cajón", según propia confesión. En el periódico antiliberal de Minas *La voz del pueblo* aparecen las primeras colaboraciones suyas, bajo el seudónimo de "Jack", alusión irónica al célebre inglés "Jack the Ripper". También en Minas se estrena Sánchez como actor teatral, y en 1892, destituido de su cargo, tiene que marcharse a la Argentina, donde obtiene trabajo por poco tiempo en una oficina de estadística. Desde entonces, atravesará el Plata constantemente, en busca de oportunidades de trabajo. Entre 1894 y 1897 lo vemos en Montevideo ejerciendo el periodismo, primero en *El Siglo* y después en *La Razón*, escudándose a veces tras el seudónimo "Ovidio Paredes". En 1897 se une a la sublevación armada del criollo Aparicio Saravia contra el gobierno "colorado"; mas la posición ideológica de su ídolo familiar lo decepciona, según declara después en *Cartas de un flojo*, y abandona definitivamente las preferencias políticas de sus mayores para canalizar su difuso pensamiento, ya inclinado al anticlericalismo desde años atrás, hacia un liberalismo humanitario y cientificista, si bien algo anarquizante. Ese mismo año de 1897 se afilia en Montevideo al recién fundado Centro Internacional de Estudios Sociales, institución de tendencias anarquistas, en que dicta "graciosas y originales conferencias de crítica social en forma dialogada", y debuta como dramaturgo con *Puertas adentro*. Durante los años siguientes deambula por Buenos Aires, Montevideo y Rosario, viviendo apresuradamente, y frecuenta teatros, cafés bohemios (especialmente el Café de los Inmortales de Buenos Aires), sindicatos obreros y redacciones de periódicos. En 1902 estrena *La gente honesta* y *Canillita*, y en 1903, *M'hijo el dotor*, que lo consagra como dramaturgo sobresaliente y que significa el comienzo de su etapa madura. Las piezas dramáticas de esos años que se destacan son: 1904, *La gringa*; 1905, *Barranca abajo*, *En familia*, *Los muertos*; 1906, *El desalojo*; 1907, *Moneda falsa*, *Nuestros hijos*, *Los derechos de la salud*. En gran parte sus dramas fueron representados por los entonces famosos hermanos Podestá. Florencio Sánchez viajó en 1909 a Italia, en calidad de comisionado oficial del gobierno uruguayo y de corresponsal de *La Nación* de Buenos Aires. Murió de tuberculosis en Milán al año siguiente.

Ricardo Rojas divide la obra dramática de Sánchez en piezas rurales (*M'hijo el dotor*, *La gringa* y *Barranca abajo*) y piezas urbanas (mencionamos *En familia*, *Los muertos*, *Los derechos de la salud*). Dardo Cúneo subdivide estas últimas en piezas de la vida pobre (*Canillita*, por ejemplo) y piezas de la clase media y burguesa (ejemplo, *Los derechos de la salud*). Por su parte, Roberto Giusti advierte en la creación de Sánchez un primer periodo en que predomina la pintura directa de los ambientes, sean éstos rústicos o urbanos, y un segundo, que se particulariza por la propensión didáctica (*Nuestros hijos*, *Los derechos de la salud*). La dramaturgia de Sánchez suele ser calificada de realista (así, Ruth Richardson) o naturalista (Antonio Larreta, por ejemplo) o aun de costumbrista. Raúl H. Castagnino ha señalado que "en las obras significativas de Sánchez hay un repetido triunfo de lo nuevo sobre lo viejo, de los seres más vitales sobre los débiles, del instinto sobre las conveniencias y prejuicios". Por lo que toca a la tragedia maestra del comediógrafo uruguayo, *Barranca abajo*, que se incluye en esta antología, Luis Ordaz ha dicho que "es la monumental misa de réquiem dedicada al gaucho como tipo humano superado por el medio social".

BIBLIOGRAFÍA SUMARIA

Bosch, Mariano G., *Historia de los orígenes del teatro nacional y la época de Pablo Podestá*, Buenos Aires, L. J. Rosso, 1929.

Castagnino, Raúl H. (comp.), *Barranca abajo. M'hijo el dotor*, Buenos Aires, Sur, 1962.

Castro, Griselda, *Sainete: Análisis de la obra de Florencio Sánchez y Armando Discépolo*, Montevideo, Técnica, 1988.

Costa, René de, "The Dramaturgy of Florencio Sánchez", *Latin American Theatre Review*, vol. VII, núm. 2, primavera de 1974, pp. 25-37.

Cruz, Jorge, *Genio y figura de Florencio Sánchez*, Buenos Aires, Editorial Universitaria de Buenos Aires, 1966.

Cúneo, Dardo (comp.), *Teatro completo de Florencio Sánchez*, Buenos Aires, Claridad, 1941.

Durán, Diony, "Teatro de Florencio Sánchez", *Conjunto*, núm. 23, enero-marzo de 1975, pp. 25-32.

Durán-Cerda, Julio, "Otra valoración de Florencio Sánchez", *Confluencia: Revista Hispánica de Cultura y Literatura*, vol. I, núm. 1, otoño de 1985, pp. 43-52.

Espinoza Domínguez, Carlos, "Florencio Sánchez, hoy: ciento diez años después", *Conjunto*, núm. 65, julio-septiembre de 1985, pp. 13-24.

Foster, David William, "Ideological Shift in the Rural Images in Florencio Sánchez's Theatre", *Hispanic Journal*, vol. XI, núm. 1, primavera de 1990, pp. 97-106.

Freire, Tabaré J., *Ubicación de Florencio Sánchez en la literatura teatral*, Montevideo, Comisión de Teatros Municipales, 1961.

García, Esteban Fernando, *Vida de Florencio Sánchez*, Santiago de Chile, Ercilla, 1939.

_____ , "Florencio Sánchez, hoy; algunos planteamientos simplemente polémicos", *Revista de la Biblioteca Nacional*, núm. 11, Uruguay, octubre de 1975, pp. 214-217.

Giordano, Enrique, *La teatralización de la obra dramática: de Florencio Sánchez a Roberto Arlt*, Red de Jonás, México, Premiá, 1982, pp. 71-109.

Giusti, Roberto F., *Florencio Sánchez. Su vida y su obra*, Buenos Aires, Justicia, 1920.

Imbert, Julio, *Florencio Sánchez. Vida y creación*, Buenos Aires, Schapire, 1954.

Lafforgue, Jorge, *Florencio Sánchez*, Buenos Aires, Centro Editor de América Latina, 1967.

Larreta, Antonio, "El naturalismo en el teatro de Florencio Sánchez", *La literatura uruguaya del 90*, Montevideo, Número, 1950.

Lizaso de Fiermari, María Inés, "Las capas medias urbanas en la obra de Florencio Sánchez", *Revista de la Biblioteca Nacional*, núm. 11, Uruguay, octubre de 1975, pp. 49-57.

Ordaz, Luis, *El teatro en el Río de la Plata*, Buenos Aires, Leviatán, 1957, 2a. ed., pp. 81-101.

Perera San Martín, Nicasio, "Vers une révision critique du théâtre de Florencio Sánchez", *Caravelle*, núm. 24, 1975, pp. 47-61.

_____ , "El cocoliche en el teatro de Florencio Sánchez: descripción, elementos de evaluación estilística", *Bulletin Hispanique*, vol. LXXX, núm. 1-2, enero-junio de 1978, pp. 108-122.

Rela, Walter, *Florencio Sánchez, guía bibliográfica*, Montevideo, Ulises, 1960.

_____ , *Florencio Sánchez, persona y teatro: Barranca abajo y En familia*, Montevideo, Ciencias, 1981.

Richardson, Ruth, *Florencio Sánchez and the Argentine Theatre*, Nueva York, Hispanic Institute, 1933.

Riva, Hugo, *Valorización de Florencio Sánchez*, Montevideo, Asociación General de Autores del Uruguay, 1976.

Rojas, Santiago, "El criollo viejo en la trilogía rural de Florencio Sánchez: Perspectivismo de un ocaso", *Latin American Theatre Review*, vol. XIV, núm. 1, otoño de 1980, pp. 5-13.

Rosell, Avenir, *El lenguaje en Florencio Sánchez*, Montevideo, Comisión Nacional de Homenaje del Sesquicentenario de los Hechos Históricos de 1825, 1975.

Schaeffer Gallo, Carlos, "Homenaje a Florencio Sánchez", *Revista de Estudios de Teatro*, vol. I, núm. 3, 1960, pp. 29-39.

Vázquez Cey, Arturo, *Florencio Sánchez y el teatro argentino*, Buenos Aires, Juan Toia, 1929.

Barranca abajo

PERSONAJES

Don Zoilo
Doña Dolores
Prudencia
Robustiana
Rudecinda
Martiniana
Aniceto
Juan Luis
Gutiérrez
Batará
Sargento Martín

La acción en la campaña de Entre Ríos

PRIMER ACTO

Representa la escena un patio de estancia; a la derecha y parte del foro, frente de una casa antigua, pero de buen aspecto; galería sostenida por medio de columnas. Gran parral que cubre todo el patio; a la izquierda un zaguán. Una mesa, cuatro sillas de paja, un brasero con cuatro planchas, un sillón de hamaca, una vela, una tabla de planchar, una caja de fósforos, un banquito, varios papeles de estraza para hacer parches, una azucarera y un mate. Al levantarse el telón aparecen en escena doña Dolores, sentada en el sillón, con la cabeza atada con un pañuelo; Prudencia y Rudecinda, planchando; Robustiana haciendo parchecitos con una vela.

ESCENA I

Robustiana, doña Dolores, Rudecinda y Prudencia

Dolores.—Poneme pronto, m'hija, esos parches.

Robustiana.—Peresé. En el aire no puedo hacerlo. (*Se acerca a la mesa, coloca los parches de papel sobre ella y les pone sebo de la vela.*) ¡Aquí verás!

RUDECINDA.—¡Eso es! ¡Llename ahora la mesa de sebo, si te parece! ¿No ves? Ya gotiaste encima'el paño.

ROBUSTIANA.—¡Jesús! ¡Por una manchita!

PRUDENCIA.—Una manchita que despés, con la plancha caliente, ensucia toda la ropa... Ladiá esa vela...

ROBUSTIANA.—¡Viva, pues, la patrona!

PRUDENCIA.—¡Sacá esa porquería de ahí! (*Da un manotón a la vela, que va a caer sobre la enagua que plancha Rudecinda.*)

RUDECINDA.—¡Ay! ¡Bruta! ¡Cómo me has puesto la nagua!

PRUDENCIA (*Displicente*).—¡Oh! ¡Fue sin querer!

ROBUSTIANA.—¡Jua, jua, jua! (*Recoge la vela y trata de reanudar su tarea.*)

RUDECINDA.—¡A la miseria! ¡Y tanto trabajo que me había dao plancharla! (*Muy irritada.*) ¡Odiosa!... ¡Te la había de refregar por el hocico!

PRUDENCIA.—¡No hay cuidao!

RUDECINDA.—¡No me diera Dios más trabajo!

PRUDENCIA (*Alejándose*).—Pues hija, estarías todo el día ocupada.

RUDECINDA.—¡Ah, sí! ¡Ah, sí! ¡Ya verás! ¡Zafada! ¡Sinvergüenza! (*Corre a Prudencia.*)

ROBUSTIANA.—¡Jua, jua, jua!

RUDECINDA (*Deteniéndose, al ver que no la alcanza*).—Y vos... gallina crespa, ¿de qué te reis?

ROBUSTIANA.—¿Yo? ¡De las cosquillas!

RUDECINDA.—Pues tomá para que te riás todo el día. (*Le refriega las enaguas por la cara.*) ¡Atrevida!

ROBUSTIANA.—¡Ah!... ¡Madre! ¡Bruja del diablo!... (*Corre hacia la mesa y toma una plancha.*) ¡Acercate ahora! ¡Acercate y verás cómo te plancho la trompa!

PRUDENCIA.—¡Ya la tiene almidonada, che, Robusta!

RUDECINDA (*A Prudencia*).—Y vos relamida, que te pintás con el papel de los festones para lucirle al rubio...

PRUDENCIA.—Peor es afeitarse la pera, che, como hacen algunas...

ROBUSTIANA.—¡Jua, jua! (*Cantando.*)

> *Mañana por la mañana*
> *se mueren todas las viejas...*
> *y las llevan a enterrar*
> *al...*

PRUDENCIA.—¡Angelitos pal cielo!

DOLORES.—Por favor, mujeres, por favor. ¡Se me parte la cabeza! Parece que no tuvieran compasión de esta pobre madre dolorida. Robustiana, preparame esos parchecitos... ¡Ay, mi Dios y la Virgen Santísima!

RUDECINDA.—Si me hicieras respetar un poco por los potros de tus hijas... no pasaría esto.

ROBUSTIANA.—Potro, pero no pa tu doma.

DOLORES.—¡Hija mía, por favor!

ROBUSTIANA.—¡Oh! ¡Que se calle ésa primero! ¡Es la que busca! (*Vuelven a planchar. Rudecinda, rezongando, limpia las manchas de sebo.*) Ahí tiene su remedio, mama. ¡Prontito, que se enfría! (*Colocándole los parches.*) Aquí... ¿Ta caliente? Ahora otro, ¡ajajá!...

DOLORES.—Gracias. Quiera Dios y María Santísima que me haga bien esto. (*Rudecinda rezonga más fuerte.*)

ROBUSTIANA (*Aludiendo a Rudecinda*).—¡Juera, pasá juera, canela. (*Prudencia se pone a arreglar las planchas en el brasero.*)

DOLORES (*A Robustiana*).—Mirá, hijita mía. Si hay agua caliente, cebame un mate de hojas de naranjo. ¡Ay, mi Dios!

ROBUSTIANA.—Bueno. (*Antes de hacer mutis.*) ¡Rudecinda! ¿Querés vos un matecito de toronjil? ¡Es bueno pa la ausencia!

RUDECINDA.—¡Tómalo vos bacaray! (*A Prudencia.*) ¡Ladiá el cuero!... (*Toma otra plancha y la refriega sobre una chancleta ensebada.*) ¡Coloradas las planchas! ¡Uf! ¡Qué temeridad!... (*Pausa. Prudencia plancha tarareando; Rudecinda trabaja por enfriar la plancha y doña Dolores suspira quejumbrosa.*)

ESCENA II

Ha salido Robustiana y entra don Zoilo

Don Zoilo aparece por la puerta del foro. Se levanta de la siesta. Avanza lentamente y se sienta en un banquito. Pasado un momento, saca el cuchillo de la cintura y se pone a dibujar marcas en el suelo.

DOLORES (*Suspirando*).—¡Ay, Jesús, María y José!

RUDECINDA.—Mala cara trae el tiempo. Parece que viene tormenta del lao de la sierra.

PRUDENCIA.—Che, Rudecinda, ¿se hizo la luna ya?

RUDECINDA.—El almanaque la anuncia pa hoy. Tal vez se haga con agua.

PRUDENCIA.—Con tal de que no llueva mucho.

DOLORES.—¡Robusta! ¡Robusta! ¡Ay, Dios! Tráeme de una vez ese matecito. (*Zoilo se levanta y va a sentarse a otro banquito.*)

RUDECINDA (*Ahuecando la voz*).—¡Güenas tardes!... dijo el muchacho cuando vino...

PRUDENCIA.—Y lo pior jue que nadie le respondió. ¡Linda cosa!

RUDECINDA.—Che, Zoilo, ¿me encargaste el generito pal viso de mi vestido? (*Zoilo no responde.*) ¡Zoilo!... ¡Eh!... ¡Zoilo!... ¿Tas sordo? Decí... ¿Encargaste el generito rosa? (*Zoilo se aleja y hace mutis lentamente por la derecha.*)

ESCENA III

Los mismos, menos don Zoilo

RUDECINDA.—No te hagás el desentendido, ¿eh?... (*A Prudencia.*) Capaz de no haberlo pedido. Pero amalaya que no suceda, porque se las he de cantar bien claro... Si se ha creído que debo aguantarle sus lunas, está muy equivocao... muy equivocao...

DOLORES.—En el papelito que mandó a la pulpería no iba apuntao.

PRUDENCIA.—Yo lo puse...

DOLORES.—Pero él me lo hizo sacar.

RUDECINDA.—¿Qué?

DOLORES.—Dice que bonitas estamos para andar con lujos... ¡Ay, mi Dios!

RUDECINDA.—¿Ah, sí? Dejalo que venga y yo le viá preguntar quién paga mis lujos... ¡Caramba! ¡Le han entrao las economías con lo ajeno!

ESCENA IV

Los mismos y Martiniana

MARTINIANA.—¡Bien lo decía yo!... De juro que mi comadre Rudecinda está con la palabra. ¡Güenas tardes les dea Dios!

RUDECINDA (*Con cierto alborozo*).—¿Cómo le va?

PRUDENCIA.—¡Hola, ña Martiniana!

MARTINIANA.—¿Cómo está, comadre? ¿Cómo te va, Prudencia? ¡Ay, Virgen Santa! Misia Dolores siempre con sus achaques. ¡Qué tormento, mujer!... ¿Qué se ha puesto? ¿Parches de yerba? ¡Pchss!... ¡Cusí, cusí! Usté no se va a curar hasta que no tome la ñopatía. Lo he visto a mi compadre Juan Avería hacer milagros... Tiene tan güena mano pa darla... ¿Y qué tal, muchachas? ¿Qué se cuenta e'nuevo? Me viá sentar por mi cuenta, ya que no me convidan.

RUDECINDA.—¿Y mi ahijada?

MARTINIANA.—¡Güena, a Dios gracias! La dejé apaleando una ropita del capitán Butiérrez, porque me mandó hoy temprano al sargento a decirme que no me juera a olvidar de tenerle, cuando menos, una camisa pronta pal sábado, que está de baile.

RUDECINDA.—¿Dónde?

PRUDENCIA.—Será muy lejos, pues nosotras no sabemos nada.

MARTINIANA.—Háganse no más las mosquitas muertas. ¡No van a saber! El sargento me dijo que la junción sería acá.

PRUDENCIA.—Como no bailemos con las sillas...

RUDECINDA.—¡Quién sabe! Tal vez piensen darnos alguna serenata. El comisario es buen cantor.

MARTINIANA.—¡Sí, algo de eso he oído!

DOLORES.—¡Ay, mi Dios! ¡Cómo pa serenatas estamos!

MARTINIANA.—Lo que es a don Zoilo no le va a gustar mucho. Así le decía yo al sargento.

RUDECINDA.—¡Oh! Si fuésemos a hacerle caso, viviríamos peor que en un convento.

MARTINIANA.—Parece medio maniático; aurita, cuando iba dentrando, me topé con él y ni las güenas tardes me quiso dar. No es por conversar, pero dicen por ahí que está medio ido de la cabeza. También, hijitas, a cualquiera le doy esa lotería. ¡Miren que quedarse de la mañana a la noche con una mano atrás y otra adelante, como quien dice, perder el campo en que ha trabajado toda la vida y la hacienda y todo! Porque dejuramente entre jueces y procuradores le han comido vaquitas y majadas. ¡Y gracias que dio con un hombre tan güeno como don Juan Luis! Otro ya les hubiera intimado el desalojo como se dice. ¡Qué persona tan cumplida y de güenos sentimientos! ¡Oh! ¡No te pongás colorada, Prudencia! No lo hago por alabártelo... Che, decime: ¿tenés noticia de Aniceto? Dicen que está poblando en el Sarandí pa casarse con vos. ¿Se jugará esa carrera? ¡Hum!... Lo dudo dijo un pardo y se quedó serio... ¡Ah! ¡Eso sí! Como honrao y trabajador no tiene reparo. Mas qué querés; se me hace que no harían güena yunta. ¿Es cierto que don Zoilo se empeña tanto en casarlos, che?

PRUDENCIA.—Diga. ¿Me trajo aquella plantita de resedá?

MARTINIANA.—¿Querrás creer que se me iba olvidando? Si y no. El resedá se me quedó en casa; pero te traigo unas semillitas de una planta pueblera muy linda.

PRUDENCIA (*Novelera, y acercándose*).—¡A verlas, a verlas!

MARTINIANA (*Sacando un sobre del seno*).—Está ahí adentro de ese papel.

PRUDENCIA (*Ocultando la carta*).—¿Se pueden sembrar ahora?

MARTINIANA.—Cuando vos querás; en todo tiempo.

PRUDENCIA.—Pues ya mismo voy a plantarlas. (*Va hacia el jardincito de la derecha y abre la carta.*)

MARTINIANA.—Pues sí, señor, comadre. Dicen que anda la virgüela. ¿Será cierto?

RUDECINDA (*Que ha seguido con interés los movimientos de Prudencia*).— Parece... Se habla mucho. (*Deja la plancha y se aproxima a Prudencia.*)

MARTINIANA (*Aparte*).—Como calandria al sebo. (*Volviéndose a Dolores.*) ¡Caramba, caramba con doña Dolores! (*Aproximándose con el banco.*) Le sigue doliendo nomás...

RUDECINDA.—¿Qué te dice don Juan Luis, che? Leé pa las dos.

PRUDENCIA.—Puede venir el viejo.

RUDECINDA.—A ver. Leé no más.

PRUDENCIA (*Leyendo con dificultad*).—"Chinita mía."

RUDECINDA.—¡Si será zafao el rubio!...

PRUDENCIA.—"Chinita mía. Recibí tu adorable cartita y con ella una de las más tiernas satisfacciones de nuestro naciente idilio. Si me convenzo de que me amas de veras..." ¡Sinvergüenza, no está convencido todavía! ¿Qué más quiere? ¡Goloso!

RUDECINDA.—No seas pava. No dice semejante cosa. Hay un punto en letra sí. "Sí", punto... "me convenzo de que me amas de veras y..."

PRUDENCIA.—¡Ah, bueno! (*Lee.*) "Que me amas de veras y espero recibir constantes y mejores pruebas de tu cariño. Tengo una sola cosa que reprocharte. Lo esquiva que estuviste conmigo la última tarde..."

RUDECINDA.—¿Ves? ¿Qué te dije?

PRUDENCIA.—Yo no tuve la culpa. ¡Sentí ruido y creí que venía mama!

RUDECINDA.—¡Zonza! ¡Pa lo que cuesta dar un beso! Seguí leyendo.

PRUDENCIA.—¡Si no fuera más que uno! (*Leyendo.*) "La última tarde..." ¡Ay! Creo que llega tata.

RUDECINDA.—No; viene lejos. Fíjate prontito, a ver si dice algo pa mí.

PRUDENCIA.—Esperate... "Dile a Rudelinda que esta tarde o mañana iré con el capitán Butiérrez a reconciliarlo con don Zoilo."

MARTINIANA (*Como dando una señal*).—Muchachas, ¿sembraron ya las semillas?

PRUDENCIA (*Ocultando la carta*).—Acabamos de hacerlo.

ESCENA V

Los mismos y don Zoilo

ZOILO (*Con una maleta de lona en la mano, que deja caer a los pies de Dolores*).—Ahí tienen los encargos de la pulpería.

MARTINIANA (*Zalamera*).—Güenas tardes, don Zoilo. Hace un rato no me quiso saludar, ¿eh?

ZOILO.—¿Qué andás haciendo por acá? ¡Nada güeno, de juro!

MARTINIANA.—Ya lo ve, pasiando un poquito.

ZOILO.—Ahí se iba tu yegua campo ajuera, pisando las riendas.

MARTINIANA (*Mirando al campo*).—Y mesmo. Mañerasa la tubiana. (*Yéndose, a gritos.*) Che, Nicolás; vos que tenés güenas piernas, atajamelá, ¿querés?

ESCENA VI

Los mismos, menos Martiniana

RUDECINDA (*Que ha estado revisando la maleta. A don Zoilo, que se aleja*).—¡Che, Zoilo! ¡Eh! (*Deteniéndolo.*) ¿Y mis encargos?

ZOILO.—No sé.

RUDECINDA.—¿Cómo que no sabés? Yo te he pedido (*recalcando*) por mi cuenta, pa pagarlo con mi platita, dos o tres cosas y un corte de vestido pa Prudencia, la pobre, que no tiene qué ponerse. ¿Ande está eso?

ZOILO.—Tará ahí... (*Prudencia recoge la maleta y se va por la izquierda.*)

RUDECINDA.—¡Por favor, che! Mirá que voy a crer lo que andan diciendo. Que tenés gente en el altillo.

ZOILO.—Así será.

RUDECINDA.—Bueno. Dame entonces la plata; yo haré las compras.

ZOILO.—No tengo plata.

RUDECINDA.—¿Y el dinero de los novillos que me vendiste el otro día?

ZOILO.—Lo gasté.

RUDECINDA.—Mentira. Lo que hay es que vos pensás rebuscarte con lo mío, después de haber tirado en pleitos y enredos la fortuna de tus hijos. Eso es lo que hay.

ZOILO.—Güeno; ladiáte de ái, o te sacudo un guantón. (*Mutis.*)

ESCENA VII

Los mismos, menos don Zoilo y Prudencia

RUDECINDA.—Vas a pegar, desgraciao. (*Volviéndose.*) ¿Has visto, Dolores? Ese hombre está loco o está borracho...

DOLORES (*Suspirando*).—¡Qué cosas, Virgen Santa!

RUDECINDA (*Tirando violentamente las ropas de la mesa de planchar*).—

¡Oh!... Lo que es conmigo vas a embromar poco... O me entrega a buenas mi parte, o...

Los mismos y Robustiana

ROBUSTIANA.—Ahí tiene su mate, mama... Pucha que hay gente desalmada en este mundo. Parece mentira. Es no tener ni pizca...

RUDECINDA.—¿Qué estás rezongando vos?

ROBUSTIANA.—Lo que se me antoja. ¿Por qué le has dicho esas cosas a tata?

RUDECINDA.—Porque las merece.

ROBUSTIANA.—¿Qué ha de merecerlas el pobre viejo? ¡Desalmadas! ¡Y parece que les estorba y quieren matarlo a disgustos!

RUDECINDA.—Callate la boca, hipócrita. Buena jesuita sos vos... Tisicona del diablo...

ROBUSTIANA.—Vale más ser eso que unas perversas y unas... desorejadas como ustedes.

RUDECINDA (*Airada, levantando una plancha*).—A ver, repetí lo que has dicho, insolente.

DOLORES.—¡Hijas, por misericordia, no metan tanto ruido! ¿No ven cómo estoy?

ROBUSTIANA (*Burlona*).—¡Ah, Dios mío! ¡Doña Jeremías! ¡Usted también es otra como ésas! Con el pretexto de su jaqueca y sus dolamas, no se ocupa de nada y deja que todo en esta casa ande como anda. ¡Qué demontres! Vaya acostarse si no quiere oír lo que no le conviene. (*Rudecinda y Prudencia cambian gestos de asombro.*)

DOLORES (*Levantándose*).—¡Mocosa, insolente! ¿Ésa es la manera de tratar a su madre? Te viá a enseñar a respetarme.

ROBUSTIANA.—Con su ejemplo no voy a aprender mucho, no hay cuidao...

DOLORES.—¡Madre Santa! ¿La han oído ustedes?

Los mismos y Prudencia

PRUDENCIA (*Que ha oído el final de la escena*).—¡Déjela, mamá! ¡La ha picado el alacrán!

ROBUSTIANA.—Callate vos, pandereta.

DOLORES.—¡Qué la viá dejar! Vení pa cá... Decí... ¿qué malos ejemplos te ha dao tu madre?

ROBUSTIANA.—No sé... no sé...

RUDECINDA.—Mirenlá. Retratada de cuerpo presente. ¡Tira la piedra y escuende la mano!

DOLORES.—¡No la ha de esconder! (*Tomándola por un brazo.*) ¡Hablá, pues, largá el veneno! (*La zamarrea. Rudecinda y Prudencia la rodean.*)

ROBUSTIANA.—¡Dejeme!

RUDECINDA.—Ahora se te van a descubrir las hipocresías, tísica.

PRUDENCIA.—Las vas a pagar todas juntas, lengua larga.

ROBUSTIANA.—¡Jesús! ¡Se ha juntao la partida! Pero no les viá tener miedo. ¿Quieren que hable? Bueno... ¡Saben qué más? Que las tres son unas... (*Doña Dolores le tapa la boca de una bofetada.*) ¡Ay... perra vida!... (*Enfurecida alza la mano e intenta arrojarse sobre Dolores.*)

RUDECINDA (*Horrorizada*).—¡Muchacha! ¡A tu madre!

ROBUSTIANA (*Se detiene sorprendida, pero reacciona rápidamente*).—¡A ella y a todas ustedes! (*Se precipita sobre un banco y lo alza con ademán de arrojarlo. Las tres mujeres retroceden asustadas.*)

ESCENA X

Los mismos y don Zoilo

ZOILO.—¡Hija! ¿Qué es esto?

ROBUSTIANA (*Deja caer el banco y se le echa en los brazos sollozando desesperadamente*).—¡Ay, tata! ¡Mi tatita! ¡Mi tatita!

ZOILO.—¡Cálmese! ¡Cálmese! ¿Qué le han hecho, hija? ¡Pobrecita! ¡Vamos! Tranquilícese, que le va a venir la tos. Sí... ya sé que usted tiene razón. Yo, yo la voy a defender.

DOLORES (*Dejándose caer en su sillón*).—¡Ay, Virgen Santísima de los Dolores! ¡Se me parte esta cabeza! (*Rudecinda y Prudencia hacen que continúan planchando.*)

ZOILO (*Entre iracundo y conmovido*).—¡Parece mentira! ¡Tamañas mujeres! ¡Bueno, basta, hijita! (*Robustiana tose.*) ¿No ve? Ya le dentra la tos? ¡Cálmese, pues!

ROBUSTIANA (*Sollozante*).—Sí, tata; ya me pasa.

ZOILO.—¿Quiere un poco de agua? A ver ustedes, cuartudas, si se comiden a traer agua pa esta criaturita. (*Rudecinda va a buscar el agua.*)

ROBUSTIANA.—Me pe... garon... porque... les dije... la ver... la verdad... ¡Son unas sinvergüenzas! (*Tose.*)

ZOILO.—Demasiado lo veo. ¡Parece mentira! ¡Canejo! ¡Se han propuesto matarnos a disgustos!

PRUDENCIA.—¡Fíjese, mama, en el jueguito de esa pesuita!

RUDECINDA (*Volviendo con un jarro de agua que deja bruscamente*).— ¡Ahí tiene agua! Hasta pa augarse.

ZOILO.—Tome unos traguitos... ¡así! ¿Se siente mejor? Trate de sujetar la tos, pues... (*Sonriente.*) ¡Qué diablos!... Tírele de la riendita. ¿Quiere recostarse un poquito? Venga a su cama.

ROBUSTIANA (*Mimosa*).—¡No!... Muchas gracias. (*Lo besa.*) Muchas gracias. Estoy bien; y, además, quiero quedarme aquí porque... ¡quién sabe qué enredos van a meterle ésas!

RUDECINDA.—Mirenlá a la muy zorra. Tenés miedo de que sepa la verdad, ¿no?

ZOILO.—¡Cállese usté la boca!

RUDECINDA.—¡Oh!... ¿Y por qué me he de callar? ¿Hemos de dejar que esa mocosa invente y arregle las cosas a su modo? ¡No faltaría más! La madre la ha cachetiao, y bien cachetiada, porque le faltó al respeto...

DOLORES.—¡Ay, Dios mío!

PRUDENCIA.—¡Claro que sí! ¡Cuando menos, ella tendrá corona!

RUDECINDA.—¡Y le levantó la mano a Dolores!

ZOILO.—¡Güeno, güeno, güeno! ¡Que no empiece el cotorreo! Ustedes, desde un tiempo a esta parte, me han agarrao a la gurisa pal piquete, sin respetar que está enferma y por algo ha de ser... (*Enérgico.*) ¡Y ese algo lo vamos a aclarar ahora mesmito! ¿Han oído?, ¡ahora mesmito!... (*A Dolores.*) A ver vos, doña Quejidos; vos que sos aquí la madre y la dueña e casa, ¿qué enriedo es éste?

DOLORES.—¡Virgen de los Desamparados, como pa historias estoy yo con esta cabeza!

ZOILO.—¡Canejo! Se la corta si no le sirve pa cumplir con sus obligaciones... (*A Rudecinda.*) Y vos, vamos a ver, aclarame pronto el asunto; no has de tener jaqueca también. Respondé...

RUDECINDA (*Chocante*).—¡Caramba, no sabía yo que te hubiesen nombrao juez!

ZOILO.—No. A quien nombraron jue a ño rebenque. (*Mostrando el talero.*) Así es que no seas comadre y respondé como la gente. Ya se te ha pasado la edá de las macacadas.

RUDECINDA.—Te voy a contestar cuando me digás qué has hecho de mis intereses.

ZOILO (*Airado*).—¡Eh? (*Conteniéndose.*) ¡Hum!... Ta güeno. Esperate un poco que te voy a dar lindas noticias. (*Hosco, retorciendo el rebenque.*) Conque... conque, ¿nadie quiere hablar? (*A Robustiana.*) Vamos a ver, hijita. Usted ha de ser güena. Cuéntele a su tata todas las cosas que tiene que contarle. Reposadita y sin apurarse mucho, que se fatiga...

ROBUSTIANA.—No, tata; no tengo nada que decirle.

ZOILO.—¿Cómo es eso?

ROBUSTIANA.—Digo... no. Es que... lo único... es eso... que... Lo único... es eso... que no me tratan bien.

ZOILO.—Por algo ai ser entonces. Vamos... empiece.

ROBUSTIANA.—Porque no me quieren, será.

ZOILO (*Grave*).—Bueno, hijita. Hable de una vez; no me vaya a disgustar usted también.

ROBUSTIANA.—Es que... si lo digo se disgusta más.

ZOILO.—Ya caiste, matrera. Ahora no tendrás más remedio que largar el lazo... y tire sin miedo que no le viá mañeriar a la argolla. ¡Está bien sogueao el güey viejo!

DOLORES.—¡Ay, hijas! ¡No puedo más! Voy a echarme en la cama un ratito. (*Se alza.*)

ZOILO.—¡No, no, no, no! ¡De aquí no se mueve nadie! A la primera que quiera dirse, le rompo las canillas de un mangazo. Empiece el cuento.

ROBUSTIANA.—No, no... tata... Usté se va a enojar mucho.

ZOILO.—¡Más de lo que estoy! Y ya me ves; tan mansito. Encomience. Vamos. (*Recalcando.*) Había una vez unas mujeres...

ROBUSTIANA.—Bueno; lo que yo tenía que decirle era que, en esta casa, no lo respetan a usted, y que las cosas no son lo que parece... (*Alzándose.*) Y entré por un caminito y salí por otro...

ZOILO.—¡No me juyás!... Adelante, adelante... Sentate. Eso de que no me respetan hace tiempo que lo sé. Vamos a lo otro.

ROBUSTIANA.—Yo creo que nosotros debíamos irnos de esta estancia... Pues... de todos modos ya no es nuestra, ¿verdad?

ZOILO.—¡Claro que no!

ROBUSTIANA.—¡Y como no hemos de vivir toda la vida de prestao, cuanto más antes mejor; menos vergüenza!

ZOILO.—Es natural, pero no comprendo a qué viene eso...

ROBUSTIANA.—¡Viene a que si usté supiera por qué don Juan Luis nos ha dejao seguir viviendo en la estancia después de ganar el pleito, ya se habría mandao mudar!

RUDECINDA.—¡Ave María! ¡Qué escándalo de mujer intrigante!... ¡Zoilo!... ¡Pero Zoilo! ¿Tenés valor de dejarte enredar por una mocosa?

ZOILO.—Siga, m'hija..., siga no más. Esto se va poniendo bonito.

RUDECINDA.—¡Ah, no! ¡Qué esperanza! Si vos estás chocho con la gurisa, nosotras no, ¿me entendés? ¡Faltaba otra cosa! ¡Mándese mudar de aquí, tísica, lengua larga! ¡Ya!... (*A Zoilo*.) No, no me mirés con esos ojos, que no te tengo miedo. A ver ustedes, qué hacen; vos, Dolores... Prudencia. Parece que tuvieran cola e paja... Muévanse. Vengan a arrancarle el colmillo a esta víbora, pues. (*A Robustiana*.) Contestá, ladiada, ¿Qué tenés que decir de malo de don Juan Luis?

DOLORES.—¡Ay, mi Dios!

ZOILO.—Siga, m'hija, y no se asuste, porque aquí está don talero con ganas de comer cola.

ROBUSTIANA.—Sí, tata. ¡Vergüenza da decirlo!... ¡Cuando usté se va para el pueblo, la gente se lo pasa aquí de puro baile corrido!

ZOILO.—Me lo maliciaba.

ROBUSTIANA.—¡Con don Juan Luis, el comisario Butiérrez y una runfla más!

ZOILO.—¡Ah! ¡Ah! Adelante.

ROBUSTIANA.—Y lo peor es que... es que... Prudencia... (*Llora*.) No, no digo más... (*Prudencia se aleja disimuladamente y desaparece por la izquierda*.)

ZOILO.—¡Vamos, pues, no llore! Hable. ¿Prudencia, que?

ROBUSTIANA.—Prudencia... al pobre... al pobre Aniceto, tan bueno y que tan... to que la quiere... le juega sucio con don Juan Luis.

ZOILO.—¡Ah! Eso es lo que quería saber bien. Ahora sí, ahora sí; no cuente más, m'hija: no se fatigue. Venga a su cuarto; así descansa... (*La conduce hacia el foro; al pasar junto a Dolores levanta el talero, como para aplastarla*.) ¡No te viá pegar! ¡No te asustés, infeliz!

ESCENA XI

Los mismos, menos Prudencia, Robustiana y don Zoilo

RUDECINDA (*Permanece un instante cavilosa y con aire despectivo*).—Bueno, ¿y qué? (*Viendo llorar a Dolores*.) No te aflijás, hija. Ya lo hemos de enderezar a Zoilo. ¡Mocosa, lengua larga! ¡Quién hubiera creido!

ESCENA XII

Los mismos, don Zoilo y Batará

ZOILO.—¡Arrastradas! ¡Arrastradas! Merecían que las deslomara a palos... Arrastradas... (*Llamando*.) ¡Batará! ¡Batará! (*Paseándose*.) ¡Ovejas! ¡Peores entoavía! ¡Las ovejas siquiera no hacen daño a naide!... ¡Batará!

BATARÁ.—Mande, señor

ZOILO.—¿Qué caballo hay en la soga?

BATARÁ.—¡El doradillo tuerto, señor?

ZOILO.—¿Aguantará un buen galope?

BATARÁ.—¡Ya lo creo, señor!

ZOILO.—Bien. Vas a ensillarlo en seguida y le bajás la mano hasta el Sarandí. ¿Sabes ande está poblando Aniceto?

BATARÁ.—Sí, señor.

ZOILO.—Llegás y le decís que se venga con vos, porque tengo que hablarle... ¡Ah!... Al salir te arrimás a lo de mi compadre Luna a decirle en mi nombre que necesito la carreta con güeyes pa mañana; que me haga el favor de mandármela de madrugada.

BATARÁ.—Ta bien, señor.

ZOILO.—Entonces, volá.

ESCENA XIII

Los mismos, menos Batará

ZOILO (*Después de pasearse un momento, a Dolores*).—Y usté, señora, tiene que mejorarse en seguidita de la cabeza; ¿me oye? ¡En seguidita!

DOLORES.—¡Ay, Jesús, María y José! ¡Sí, estoy un poco más aliviada ya! ¡Me han hecho bien los parchecitos!

ZOILO.—¡Pues se alivia del todo y se va rápido a arreglar con ésas las cacharpas más necesarias pal viaje; mañana al aclarar nos vamos de aquí!

RUDECINDA.—¿Y ande nos vamos?

ZOILO.—¡Ande a usté no se le importa! ¡Canejo! ¡Ya, muévanse!... (*Continúa paseándose.*)

DOLORES (*Yéndose*).—Virgen de los Desamparados, ¡qué va a ser de nosotros!

ESCENA XIV

Rudecinda y don Zoilo

RUDECINDA.—Decíme, Zoilo. ¿Te has enloquecido endeveras? ¿Ande nos llevás?

ZOILO.—¡Al medio del campo! ¡Qué sé yo! ¡No me va a faltar una tapera vieja ande meterlas!

RUDECINDA.—¡Ah! ¡Yo no me voy! ¡Soy libre!

ZOILO.—Quedate si querés.

RUDECINDA.—Pero primero me vas a entregar lo que me pertenece; mi parte de la herencia...

ZOILO.—Pedisela a tu amigo el diablo, que se la llevó con todo lo mío.

RUDECINDA (*Espantada*).—¿Cómo?

ZOILO.—¡Llevándosela!

RUDECINDA.—¡Ah! ¡Madre! ¡Ya lo maliciaba! ¿Conque me has fundido también? ¿Conque me has tirado mis pesitos? ¿Conque me quedo en la calle? ¡Ah!... ¡Canalla! ¡Sinvergüenza! La...

ZOILO (*Imponente*).—¡Phss! ¡Cuidado con la boca!

RUDECINDA.—¡Canalla! ¡Canalla! ¡Ladrón!

ZOILO.—¡Rudecinda!

RUDECINDA.—¡No te tengo miedo! Te lo viá decir mil y cincuenta veces... ¡Canalla! ¡Cuatrero! ¡Cuatrero!

ZOILO (*Hace un ademán de ira, pero se detiene*).—¡Pero hermana! ¡Hermana!... ¿Es posible?

RUDECINDA (*Echándose a llorar*).—Madre de mi alma que me han dejado en la calle... me han dejado en la calle... Mi hermano me ha robao... (*Se va por el foro llorando a gritos. Zoilo, abrumado, hace mutis lentamente por la primera puerta de la izquierda.*)

ESCENA XV

Prudencia y Juan Luis

Después de una breve pausa, aparece Prudencia. Mira cautelosamente en todas direcciones, y no viendo a nadie corre hacia la derecha, deteniéndose sorprendida junto al portón.

PRUDENCIA (*Ademán de huir*).—¡Ah!

JUAN LUIS.—Buenas tardes. ¡No se vaya! ¿Cómo está? (*Tendiéndole la mano.*)

PRUDENCIA (*Muy avanzando*).—¡Ay, Jesús!... ¡Cómo me encuentra!...

JUAN LUIS (*Reteniendo la mano, después de cerciorarse de que están solos*).—¡Encantadora te encuentro, monísima, mi vidita!

PRUDENCIA (*Apartándose*).—¡No... no!... Déjeme... Váyase... ¡Tata está ahí!

JUAN LUIS (*Goloso, avanzando*).—¡Y qué tiene! ¡Dormirá! ¡Vení, prenda!

PRUDENCIA (*Compungida*).—No... váyase, sabe todo. Está furioso.

JUAN LUIS.—¡Oh! Ya lo amansaremos. ¿Recibiste mi carta?

PRUDENCIA.—Sí. (*Después de mirar a todos lados, con fingido enojo*). Usté es un atrevido y un zafao, ¿sabe?

JUAN LUIS.—¿Aceptás? ¿Sí? ¿Irás a casa de Martiniana?

PRUDENCIA.—Este... Jesús, siento ruido. (*Huyendo hacia el foro.*) ¡Tata! ¡Lo buscan! (*Mutis por segunda izquierda.*)

JUAN LUIS.—¡Arisca la china! (*Se pasea.*)

ESCENA XVI

Zoilo y Juan Luis

ZOILO.—¿Quién me busca? ¡Ah!

JUAN LUIS (*Confianzudo*).—¿Qué tal, viejo amigo? ¿Cómo le va? ¿Está bueno? Le habré interrumpido la siesta, ¿no?

ZOILO.—Bien, gracias; tome asiento. (*Pronto aparecen en cada una de las puertas Prudencia, Rudecinda y Dolores; curiosean inquietas un instante y se van.*)

JUAN LUIS.—No; traigo un amigo y no sé si usted tendrá gusto en recibirlo.

ZOILO.—No ha de ser muy chúcaro cuando no le han ladrao los perros.

JUAN LUIS.—Es una buena persona.

ZOILO.—Ya caigo. El capitán Butiérrez, ¿no? (*Se rasca la cabeza con rabia.*) ¡Ta güeno!...

JUAN LUIS.—Y me he propuesto que se den un abrazo. Dos buenos criollos como ustedes no pueden vivir así, enojados. De parte de Butiérrez, ni qué hablar...

ZOILO (*Muy irónico*).—¡Claro! ¡Ni qué hablar! Mande no más, amigazo. ¡Usted es muy dueño! Vaya y digalé a ese buen mozo que se apee... Yo voy a sujetar los perros.

JUAN LUIS (*A voces desde la verja*).—¡Acérquese no más, comisario! Ya está pactado el armisticio. (*Va a su encuentro.*)

ESCENA XVII

Los mismos y Gutiérrez

JUAN LUIS (*Aparatoso; empujando a Gutiérrez*).—Ahí lo tiene al amigo don Zoilo, olvidado por completo de las antiguas diferencias... (*Hierático.*) *Pax vobis.*

GUTIÉRREZ (*Extendiendo los brazos*).—¡Cuánto me alegro! ¿Cómo te va, Zoilo?

ZOILO (*Empacado, ofreciéndole la mano*).—Güen día...

GUTIÉRREZ (*Cortado*).—¿Tu familia, buena? (*Pausa.*)

ZOILO.—Tomen asiento.

JUAN LUIS.—Eso es... (*Ocupando el sillón.*) ¡Siéntese por acá, comisario! (*Señala una silla.*) Tiempo lindo, ¿verdad? Don Zoilo, ¿usté no se sienta? Arrime un banco, pues... (*Zoilo se sienta.*) Las muchachas estarán de tarea seguramente. Hemos venido a interrumpirlas... Seguro que han ido a arreglarse. Dígales que por nosotros no se preocupen. ¡Pueden salir así no más, que siempre están bien! (*Pausa embarazosa.*)

GUTIÉRREZ (*Por decir algo*).—¡Qué embromar! ¡Qué embromar con las cosas!

JUAN LUIS.—¡Con qué cosas?

GUTIÉRREZ.—Ninguna. Decía por decir no más. Es costumbre.

ESCENA XVIII

Los mismos y Rudecinda

RUDECINDA (*Un tanto transformada y hablando con relativa exageración*).—¡Ay!... ¡Cuánto bueno tenemos por acá!... ¿Cómo está, Butiérrez? ¿Qué milagro es éste, don Juan Luis? Vean en qué figura me agarran.

JUAN LUIS.—Usted siempre está buena moza.

RUDECINDA.—¡Ave María! No se burle.

GUTIÉRREZ (*Ofreciéndole su silla*).—Tome asiento.

PRUDENCIA.—¡No faltaba más! Usté está bien; no, no, no. Ya me van a traer. (*A voces.*) ¡Robusta, sacá unas sillas! ¿Y qué tal? ¿Qué buena noticia nos traen? ¿Qué se cuenta por ahí? Ya me han dicho que usté, Butiérrez...

ZOILO.—¡Rudecinda! Vaya a ver qué quiere Dolores.

RUDECINDA.—No; no ha llamado.

ZOILO (*Alzándose*).—¡Va... ya a ver... qué... quiere... Dolores!

RUDECINDA (*Vacilante*).—Este... (*Después de mirar a Zoilo.*) Con permiso. (*Vase.*)

ESCENA XIX

Los mismos, menos Rudecinda

JUAN LUIS.—¡Qué muchacha de buen genio esta Rudecinda! ¡Siempre alegre y conversadora!... ¿Y no tenemos un matecito, viejo Zoilo?

Lo encuentro medio serio. Seguro que no ha dormido siesta. Mi padre es así; cuando no sestea, anda que parece alunao.

GUTIÉRREZ (*Cambiando de postura*).—¡Qué embromar con las cosas!

ESCENA XX

Los mismos y Prudencia

PRUDENCIA (*Con mucha cortedad*).—¡Buenas tardes!

JUAN LUIS (*Yendo a su encuentro*).—¡Viva!... ¡Salió el sol! ¡Señorita!

PRUDENCIA.—Bien, ¿y usté?

GUTIÉRREZ.—¡Señorita Prudencia! ¡Qué moza!

PRUDENCIA.—Bien, ¿y usté? Tomen asiento. Estén con comodidad.

JUAN LUIS.—Gracias; siempre tan interesante, Prudencia. Linda raza, amigo don Zoilo.

ZOILO.—Che, Prudencia. Andá, que te llama Rudecinda.

PRUDENCIA.—¿A mí? ¡No he oído!

ZOILO.—He dicho que te llama Rudelinda.

PRUDENCIA (*Atemorizada, yéndose*).—¡Voy! Con licencia. (*Vase.*)

ESCENA XXI

Los mismos, menos Prudencia

JUAN LUIS.—Pues yo no he oído.

ZOILO (*Alterado*).—¡Pero yo sí, canejo! ¿Me entiende?

JUAN LUIS.—Bueno, viejo. Tendrá razón; no es para tanto.

GUTIÉRREZ.—¡Hom!... Qué embromar... Qué embromar con las cosas...

ZOILO.—Ta bien. Dispense. (*Aproximando su banco a Juan Luis.*) Diga... ¿Tendría mucho que hacer aura?

JUAN LUIS.—¿Yo?

ZOILO.—El mismo.

JUAN LUIS.—¡No! Pero no me explico...

ZOILO.—Tenía que decirle dos palabritas.

JUAN LUIS.—A sus órdenes, viejo. Ya sabe que siempre...

GUTIÉRREZ (*Alzándose*).—Andate pa tu casa, Pedro, que paece que t'echan.

ZOILO.—Quedate no más. Siempre es güeno que la autoridad oiga también algunas cosas. Este, pues. Como le iba diciendo. Usté sabe que esta casa y este campo fueron míos; que los heredé de mi padre, y que habían sido de mis agüelos... ¿no? Que todas las vaquitas y ovejitas existentes en el campo, el pan de mis hijos, las crié yo a juerza de trabajo y de sudores, ¿no es eso? Bien saben todos que, con mi familia, jue creciendo mi haber, a pesar de que la mala suerte, como la sombra al árbol, siempre me acompañó.

JUAN LUIS.—No sé a qué viene eso, francamente.

ZOILO.—Un día... déjeme hablar. Un día se les antojó a ustedes que el campo no era mío, sino de ustedes; me metieron ese pleito de reivindicación; yo me defendí; las cosas se enredaron como herencia de brasilero, y cuando quise acordar amanecí sin campo, ni vacas, ni ovejas, ni techo para amparar a los míos.

JUAN LUIS.—Pero usted bien sabe que la razón estaba de nuestra parte.

ZOILO.—Taría cuando los jueces lo dijeron, pero yo dispués no supe hacer saber otras razones que yo tenía.

JUAN LUIS.—Usted se defendió muy bien, sin embargo.

ZOILO (*Alzándose terrible*).—No, no me defendí bien; no supe cumplir con mi deber. ¿Sabe lo que debí hacer, sabe lo que debí hacer? Buscar a su padre, a los jueces, a los letrados; juntarlos a todos ustedes, ladrones, y coserles las tripas a puñaladas, ¡pa escarmiento de bandoleros y saltiadores! ¡Eso debí hacer! ¡Eso debí hacer! ¡Coserlos a puñaladas!

JUAN LUIS (*Confuso*).—¡Caramba, don Zoilo! ¡Por favor!

GUTIÉRREZ (*Interviniendo*).—¡Hombre, Zoilo! ¡Cálmate! ¡Respetá un poco, que estoy yo acá!

ZOILO (*Serenándose*).—¡Toy calmao! ¡Ladiáte de ahí!... ¡Eso debía hacer! ¡Eso! (*Sentándose.*) No lo hice porque soy un hombre muy manso de sí, y por consideración a los míos. Sin embargo...

JUAN LUIS.—Repito, señor, que no acabo de explicarme los motivos de su actitud. Por otra parte, ¿no nos hemos portado con bastante generosidad? ¡Lo hemos dejado seguir viviendo en la estancia! Nos disponemos a ocuparlo bien para que pueda acabar tranquilamente sus días.

ZOILO (*Irguiéndose*).—¡Cállese la boca, mocoso!... ¡Linda generosidad! ¡Bellacos!

JUAN LUIS (*Poniéndose de pie*).—¡Señor!...

ZOILO.—¡Linda generosidad! Pa quitarnos lo único que nos quedaba, la vergüenza y la honra, es que nos han dejado aquí... ¡Saltiadores! ¡Parece mentira que haiga cristianos tan desalmaos!... ¡No les basta dejar en la mitad del campo al pobre paisano viejo, a que se gane la vida cuando ya ni fuerzas tiene, sino que todavía pensaban servirse de él y su familia para desaguachar cuanta mala costumbre han aprendido! ¡Ya podés ir tocando de aquí, bandido! Mañana esta casa será tuya... ¡Pero lo que aura hay adentro es bien mío! ¡Y este pleito yo lo fallo! ¡Juera de aquí!

JUAN LUIS.—¡Pero, señor!

ZOILO (*Agarrando el talero*).—¡Juera he dicho!

JUAN LUIS.—Está bien... (*Se va lentamente.*)

ZOILO (*A Gutiérrez, que intenta seguirlo*).—Y en cuanto a vos, entrá si querés a sacar tu prenda. ¡Pasá no más, no tengás miedo!

GUTIÉRREZ.—Yo...

ZOILO.—¡Ah!... ¡No querés! Bueno, tocá también. Y cuidadito con ponérteme por delante otra vez (*Gutiérrez mutis.*) ¡Herejes! ¡Saltiadores! ¡Saltiadores! (*Los sigue un momento con la vista, balbuceando frases incomprensibles. Después recorre con una mirada las cosas que le rodean, avanza unos pasos y se deja caer abrumado en el sillón.*) ¡Señor! ¡Señor! ¡Qué le habré hecho a la suerte pa que me trate así!... ¡Qué, qué le habré hecho! (*Deja caer la cabeza sobre las rodillas.*)

TELÓN LENTO

SEGUNDO ACTO

Representa la escena, a gran foro, telón de campo; a la izquierda un rancho con puerta y ventana practicables. Sobre el mojinete del rancho, un nido de horneros. A la derecha rompimiento de árboles. Un carrito con un barril de los que se usan para transporte de agua. Un banco largo debajo del alero del rancho, un banquito y un jarro de lata. Es de día. Al levantarse el telón aparece en escena Robustiana pisando maíz en un mortero y Prudencia cosiendo un vestido.

ESCENA I

Robustiana y Prudencia

ROBUSTIANA.—¡Che, Prudencia! ¿Querés seguir pisando esta mazamorra? Me canso mucho. Yo haría otra cosa cualquiera.

PRUDENCIA.—Pisala vos con toda tu alma. Tengo que acabar esta pollera.

ROBUSTIANA.—¡Que sos mala! Llamala a mama entonces o a Rudecinda.

PRUDENCIA (*Volviéndose, a voces*).—Mama... Rudecinda. Vengan a servir a la señorita de la casa y tráiganle un trono para que esté a gusto.

ESCENA II

Los mismos, doña Dolores y Rudecinda

DOLORES.—¿Qué hay?

PRUDENCIA.—Que la princesa de Chimango no puede pisar maíz.

DOLORES.—¿Y qué podés hacer entonces? Bien sabés que no hemos venido acá pa estarnos de brazos cruzados.

ROBUSTIANA.—Sí, señora, lo sé muy bien; pero tampoco viá permitir que me tengan de piona.

RUDECINDA (*Asomándose a una ventana*).—¿Ya está la marquesa buscando cuestiones? Cuando no...

ROBUSTIANA.—Callate vos, comadreja.

RUDECINDA.—Andá, correveidile; buscá camorra no más pa después dirle a contar a tu tata que te estamos martirizando.

ROBUSTIANA (*Dejando la tarea*).—¡Por Dios!... ¿Quieren hacerme el favor de decirme cuándo, cuándo me dejarán en paz? ¿Yo qué les hago pa que me traten así? Bien buena que soy; no me meto con ustedes y trabajo como una burra, sin quejarme nunca a pesar de que estoy bien enferma. ¡Y ahora porque les pido que me ayuden un poco, me echan la perrada como a novillo chúcaro!

RUDECINDA (*Que ha salido un momento antes con el pelo suelto, peinándose*).—¡Jesús, la víctima! Si no hubiera sido por tus enredos, no te verías en estos trances.

ROBUSTIANA.—Por favor.

RUDECINDA (*Remedando*).—¡Por favor! ¡Véanle el aire de romántica!... Cómo se conoce que anda enamorada; no te pongás colorada. ¿Te creés que no sabemos que andás atrás de Aniceto?

ROBUSTIANA.—Bueno, por Dios. No hablemos más. Haré lo que ustedes quieran. Trabajaré hasta que reviente. (*Continúa pisando maíz.*) De todos modos no les voy a dar mucho trabajo, no; pronto no más. (*Aparte, casi llorosa.*) ¡Si no fuera por el pobre tata, que me quiere tanto!

PRUDENCIA (*A Rudecinda*).—¿Te parece que será bastante el ancho? Le puse cuatro paños.

DOLORES.—¡Ave María! ¡Qué anchura!

RUDECINDA.—¡No, señora... con el fruncido! ¡A ver! ¡A ver! Esperate; tengo las manos sucias de aceite.

PRUDENCIA.—¿Y si la midiéramos con la tuya lila? ¿Ande la tenés?

RUDECINDA.—A los pies de mi cama. Vení. (*Hacen mutis.*)

DOLORES.—Ahora van a ver cómo sobra. Ese tartán es muy ancho. (*Mutis.*)

ESCENA III

Robustiana y don Zoilo

ROBUSTIANA (*Angustiada*).—¡No quieren a nadie! ¡Pobre tatita! (*Apoyada en el mortero llora un instante. Óyense rumores de la izquierda. Robustiana alza la cabeza, se enjuga rápidamente las lágrimas y continúa la tarea, canturreando un aire alegre. Zoilo avanza por la izquierda a caballo, con un balde en la mano, arrastrando un barril de agua. Desmonta, desata el caballo y lo lleva fuera; al volver acomoda la rastra.*)

ZOILO.—¡Buen día, m'hija!

ROBUSTIANA.—Día...; ¡bendición, tatita!

ZOILO.—¡Dios la haga una santa! ¿Pasó mala noche, eh? ¿Por qué se ha levantao hoy?

ROBUSTIANA.—No; dormí bien.

ZOILO.—Te sentí toser toda la noche.

ROBUSTIANA.—Dormida sería.

ZOILO.—Traiga, yo acabo.

ROBUSTIANA.—¡No, deje! ¡Si me gusta!

ZOILO.—Pero le hace mal. Salga.

ROBUSTIANA.—Bueno. Entonces yo voy a ordeñar, ¿eh?

ZOILO.—¿Cómo? ¿No han sacao la leche entoavía?

ROBUSTIANA.—No señor, porque...

ZOILO.—¿Y qué hacen ésas? ¿A qué hora se levantaron?

ROBUSTIANA.—Muy temprano...

ZOILO (*Llamando*).—¡Dolores! ¡Rudecinda!

ROBUSTIANA.—Deje... Yo fui, que...

ESCENA IV

Los mismos y Rudecinda

RUDECINDA.—¡Jesús! ¡Qué te duele!

ZOILO.—¿No han podido salir entoavía de la madriguera? ¿Por qué no ordeñan de una vez?

RUDECINDA.—¡Qué apuro! Ya fue Dolores. (*Intencionada.*) Te vino con el parte alguna tijereta, no? ¿Cuánto le pagás por viaje? (*Hace una mueca de desprecio a Robustiana, da un coletazo y desaparece. Pausa.*)

ESCENA V

Robustiana, don Zoilo y Batará

Batará aparece silbando, saca un jarro de agua del barril y bebe.

BATARÁ.—¡Ta fría! (*A Robustiana.*) ¡Día! ¡Sión! ¡Madrina! Aquí le traigo pa usté. (*Le ofrece una yunta de perdices.*)

ZOILO.—¿Y Aniceto?

BATARÁ.—Ahí viene; se apartó a bombiar el torito hosco que parece medio tristón.

ZOILO.—¿Encontraron algo?

BATARÁ.—Sí, señor. Cueriamos tres con la ternera rosilla que murió ayer.

ROBUSTIANA.—¡Ave María Purísima! ¡Qué temeridad!

BATARÁ.—Y por el cañadón grande encontramos un güey echado, y a la lechera chorriada muy seria.

ZOILO.—¿Les dieron güelta la pisada?

BATARÁ.—Sí, señor. Pero pa mí que ese remedio no las cura. ¡Pucha! ¡Pidemia bruta! Se empieza a poner serio el animal, desganao; camina un poco, s'echa y al rato no más queda tieso con una guampa clavada en el suelo. Bede ser algún pasto malo.

ROBUSTIANA.—¡Qué tristeza! ¡Era lo único que nos faltaba! ¡Que tras de que tenemos tan poco, se nos mueran los animales! ¡Y con el invierno encima!

ZOILO.—¡No hay que afligirse, m'hija! ¡No hay mal que dure cien años! ¡Aistá Aniceto!

ESCENA VI

Los mismos y Aniceto

ANICETO.—Tres... y dos por morir. (*A Robustiana.*) Buenos días... (*A Zoilo.*) ¡Hay que mandar la rastra pa juntar los cueros! (*Sentándose en cualquier parte.*) Dicen que don Juan Luis tiene un remedio bueno allá en la estancia.

ZOILO.—Sí, una vacuna... Pero eso debe ser para animales finos.

BATARÁ.—¡Güena vacuna! Cuando vino el engeniero ese pa probar el remedio, se murió medio rodeo de mestizas en la estancia grande; ¡bah!... Ese franchute no más ha de haber sido el que trujo la epidemia.

ANICETO.—Grano malo no es.

ZOILO.—Últimamente, sea lo que sea... que se muera todo de una vez. Si fuera mío el campo, ya le habría prendido fuego. ¡Ensíllame el overo! (*Batará mutis.*)

ESCENA VII

Rudecinda, Robustiana, don Zoilo y Aniceto

RUDECINDA.—¡Che, princesa! Podés ir a tender la cama, si te parece. ¿O esperás que las sirvientas lo hagan? Pronto es mediodía, y todo está sucio.

ROBUSTIANA.—No rezongués. Ya voy... (*Vase.*)

RUDECINDA.—¡Movete, pues! (*A Aniceto.*) Buen día. ¿No han carniado?

ZOILO.—No sé qué... ¡Si no te carniamos a vos!

RUDECINDA.—¡Tas muy chusco! ¡No hablo con vos!

ANICETO.—No hay nada, doña. Anduve mirando si encontraba alguna ternera en buenas carnes y...

RUDECINDA.—Pues yo he visto muchas...

ANICETO.—Ajenas, serían...

ZOILO.—No perdás tiempo, hijo, en escuchar zonceras.

RUDECINDA.—¡Zonceras! ¿Y qué comemos entonces? ¿Querés seguir manteniéndonos a pura mazamorra? Charque no hay más.

ZOILO.—Pero hay mucho rulo, y mucha moña, y mucha comadrería.

RUDECINDA.—Mejor.

ZOILO (*Con rabia*).—¡Entonces no se queje, canejo!

RUDECINDA.—¡Avisá si también pensás matarnos de hambre!

ZOILO.—Si tenés tanta, pegá un volido pal campo. ¡Carnizas no te han de faltar!... Podrás hartarte con tus amigos los caranchos. Che, Aniceto. Vía dir hasta el boliche a buscar un emplasto poroso pa Robusta, que la pobre está muy mal de la tos... Reparame un poco esto, y si se alborotan mucho las cotorras, meniáles chumbo no más. (*Vase lentamente por izquierda.*)

RUDECINDA.—Eso es; pa esa guacha tísica todos los cuidaos; los demás que revienten. Andá no más... Andá no más, que poco te va durar el contento. (*A Aniceto.*) ¿Y a usté lo han dejao de cuidador? Bonito papel, ¿no? ¡Jua!... ¡Jua!... El maizal con espantajo. (*Mutis.*)

ESCENA VIII

Robustiana y Aniceto

ANICETO.—¡Pcha que son piores! (*Se pone a lavarse las manos junto al barril, echándose agua con el jarro.*)

ROBUSTIANA.—¡Esperesé! ¡Yo le ayudo!

ANICETO.—No, dejá. Ya va a estar, hija.

ROBUSTIANA (*Tomando el jarro y volcándole agua en las manos*).—¡Hija! ¡La facha para padre de familia! ¿Quiere jabón?

ANICETO.—¡Gracias, ya está! (*Intenta secarse con el poncho.*)

ROBUSTIANA.—¡Ave María! No haga eso, no sea... (*Va corriendo adentro y vuelve con una toalla.*) Ahí tiene. (*Fatigada.*) ¡Jesús! No puedo correr... Parece que me ahogo.

ANICETO.—¡Vea! Por meterte a comedida.

ROBUSTIANA.—Ya pasó. (*Burlona.*) ¡Retemé no más, tatita! ¡No digo! Si tiene andar de padre de familia.

ANICETO.—¡Oh!... Te ha dado fuerte con eso.

ROBUSTIANA.—¡Claro! ¡Si me trata con una seriedad!

ANICETO.—¿Yo?

ROBUSTIANA.—¡Siempre que me habla pone una cara! (*Remedando.*) Así fea. (*Ahuecando la voz.*) "¡Gracias, m'hija! ¡Hacé esto, m'hija! ¡Buen día, m'hija!" O si no, se pone bueno y mansito como tata y me trata de usted. "¡Hijita, el rocío puede hacerle mal! Hija, alcancemé eso, ¿quiere?" ¡Ja, ja, ja! Cualquier día, equivocada, le pido la bendición.

ANICETO.—¡Vean las cosas que se le ocurren! Es mi manera así.

ROBUSTIANA.—¿Y cómo con otras no lo hace?

ANICETO.—¡Ah! Porque, porque...

ROBUSTIANA.—¡Dígalo, pues! ¿A que no se anima?

ANICETO.—Porque, bueno... y si vamos a ver: ¿por qué vos me tratás de usted y con tanto respeto?

ROBUSTIANA (*Confundida*).—¿Yo? ¿Yo? Este... ¡miren qué gracia! Porque... ¿Quiere que le cebe mate?

ANICETO.—¡No señor! ¡Respondé primero!

ROBUSTIANA.—Pues porque... antes, como yo era chica y uste... tamaño hombre, me parecía feo tratarlo de vos.

ANICETO.—¿Y ahora?

ROBUSTIANA (*Ruborizada*).—Ahora... Ahora porque... porque me da vergüenza.

ANICETO (*Extrañado*).—¡Vergüenza de mí! ¡De un hermano casi!

ROBUSTIANA.—¡No... vergüenza no! Este. ¡Sí! ¡No sé qué! Pero... (*Co-*

mo inquietándose por sus propios pensamientos.) ¡Ay! ¡Si nos vieran juntos! ¡Conversando así de estas cosas!...

ANICETO.—¿De cuáles?

ROBUSTIANA.—¡Nada, nada! Este. ¡Caramba! Venga a sentarse y hablaremos como dos buenos amiguitos...

ANICETO (*Con mayor extrañeza y curiosidad*).—¿Y antes cómo hablábamos?

ROBUSTIANA (*Impaciente*).—¡Jesús... si parezco loca! ¡No sé ni lo que digo! Quería decir... No me haga caso, ¿eh? Bueno. ¡Siéntese! ¡A ver! ¿Qué iba a preguntarle? ¡Ah!... ¡Ya me acuerdo! Diga... ¿Por qué venía tan triste esta mañana del campo?

ANICETO (*Ingenuo*).—¡Pensando en todas las desgracias de padrino Zoilo!

ROBUSTIANA.—¡Cierto! ¡Pobre tatita! ¡Me da una lástima! ¡A veces tengo miedo de que vaya a hacer alguna barbaridad! (*Pausa.*) Pues... ¿Y en qué otra cosa pensaba?

ANICETO.—¡En nada!

ROBUSTIANA.—¿En nada, en nada, en nada más? Vamos... ¿A que no me dice la verdad?

ANICETO.—Por Dios, que no...

ROBUSTIANA.—¿Se curó tan pronto?

ANICETO.—¡Ay, hija! ¡No había caído!

ROBUSTIANA.—¿Otra vez? ¡Bendición, tatita!

ANICETO.—Bueno. No te trataré más así si no te agrada...

ROBUSTIANA.—Me agrada. Es que usted piensa siempre que soy una chiquilina. Pero dejemos eso. ¿No venía pensando en... alguna persona?

ANICETO.—No hablemos de difuntos. Aquello tiene una cruz encima.

ROBUSTIANA.—Yo siempre pensé que Prudencia le iba a jugar feo...

ANICETO.—No me quería y se acabó.

ROBUSTIANA.—Hizo mal, ¿verdad?

ANICETO.—Pa mí que hizo bien. Peor es casarse sin cariño.

ROBUSTIANA.—Usted sí que la quería de veras. ¡Qué lástima! (*Pausa.*) Yo... todavía no he tenido novio... ninguno... ninguno...

ANICETO.—¿Te gustaría?

ROBUSTIANA.—¡Miren qué gracia! ¡Ya lo creo! Un novio de adeveras pa que se casara conmigo y lo llevásemos a tata a vivir con nosotros. Siempre pienso en eso.

ANICETO.—¿Al viejo solo? ¿Y las otras?

ROBUSTIANA.—¡Ni me acordaba! Bueno; la verdad es que para lo que sirven... Bien se las podía llevar un ventarrón.

ANICETO (*Pensativo*).—Conque... pensando en novios... ¡Está bien! ¡Ta bueno!

ROBUSTIANA (*Después de un momento*).—Diga... ¿Verdad que estoy mucho más gruesa?

ANICETO (*Sorprendido en su distracción*).—¿Qué?

ROBUSTIANA.—¡Ave María, qué distraído!... ¿No me halla más repuesta?

ANICETO.—¡Mucho!

ROBUSTIANA.—Si no fuera por la tos, estaría ya tan alta y tan carnuda como Prudencia, ¿verdad? Sin embargo, Dios da pan al que no tiene dientes.

ANICETO.—¡Así es!

ROBUSTIANA.—Yo en lugar de ella...

ANICETO (*Alzándose*).—El lugar de ella... ¿qué?

ROBUSTIANA.—¡Ay, qué curioso!

ANICETO.—Diga, pues.

ROBUSTIANA (*De pie, azorada ante el gesto insistente de Aniceto*).—Pero... ¿Yo qué he dicho? No, no me haga caso. ¡Estaba distraída! ¡Ay, me voy! Soy una aturdida. Adiós, ¿eh? (*Volviéndose.*) ¿No se va a enojar conmigo?

ANICETO (*Tierno*).—¡Venga, hija, escúcheme!

ROBUSTIANA (*Vivamente*).—¡Bendición, tata! (*Mutis.*)

ANICETO.—¡Santita! (*Vase lentamente por detrás del rancho.*)

ESCENA IX

Martiniana, Rudecinda, Dolores y Prudencia

MARTINIANA (*Desde adentro izquierda*).—¡Ave María Purísima! (*Con otro tono.*) ¡Sin pecado concebida! ¡Apiáte no más, Martiniana, y pasá adelante! (*Apareciendo.*) ¡Jesús, qué recibimiento! ¡Ni que juera el rey de Francia!... ¡Ay, cómo vienen todos! (*Saludando.*) ¡Reverencias! ¡Reverencias! ¡Quédense sentaos no más! ¡Los perdono!

RUDECINDA.—¡Ay, comadre! ¿Cómo le va? ¡La conocí en la voz!

MARTINIANA.—Dejuramente, porque ni me había visto... Creí mesmamente que el rancho se hubiese vuelto tapera... (*Aparecen sucesivamente Dolores y Prudencia.*) ¡Doña Dolores! ¡Prudencita! Estaban atariadas, ¿verdad?

PRUDENCIA.—No... Conversando no más.

RUDECINDA (*Acercándole un banco*).—Tome asiento, comadre.

MARTINIANA.—¡Siempre cumplida! Tanto honor de una comadre.

PRUDENCIA.—¿Y qué buenos vientos la traen?

MARTINIANA.—¡Miren, la pizcueta! Ya sabe que son güenos vientos.

PRUDENCIA.—De aquel rumbo...

MARTINIANA.—No pueden ser malos, ¿eh? Sin embargo, ande ustedes me ven, casi se me forma remolino en el viaje.

RUDECINDA.—¡Cuente!

PRUDENCIA.—¿Qué le ocurrió?

MARTINIANA.—Nada. Que venía pa cá, y al llegar al portoncito e la cuchilla, ¿con quién creerán que me topo? ¡Nada menos que con el viejo Zoilo!

PRUDENCIA.—¡Con tata!

MARTINIANA.—"¿Ande vas, vieja... arcabucera?" me gritó. "Ande me da la rial gana..." le contesté. Y ái no más me quiso atravesar el caballo por delante. Pero yo, que no quería tener cuestiones con él por ustedes ¿saben?, nada más, talonié la tubiana vieja y enderecé pa cá al galope.

PRUDENCIA.—¡Menos mal!

MARTINIANA.—¡Verás, hijita! ¡La cuestión no acabó ái! En cuanto me vido galopiando, adivinen lo que hizo ese viejo hereje. "¿Ande te has de dir, avestruz loco?" me gritó, y empezó a revoliar las boliadoras. Sea cosa, dije yo, que lo haga, y sujeté no más. "¿Vas pa casa?" "¿Qué le importa?" Y se armó la tinguitanga. "Sí, señor; viá visitar a mi comadre y a las muchachas, que las pobres son tan güenas y usté las tiene viviendo en la inopia, soterradas en una madriguera", y que tal y que cual. ¡Pcha!... Ahí no más se me durmió a insultos. Pero yo no me quedé tras y le dije, defendiéndolas a ustedes, como era mi obligación, tantas verdades, que el hombre se atoró. Aurita no más me pega un chirlo, pensé. ¡Pero, nada!... Se quedó un rato serio rascándose la piojera, y dispués, dentrando en razón dejuramente, me dijo: "hacé lo que te acomode... ¡al fin y al cabo!..." ¿Qué les parece? ¡Dispués habrá quien diga que ña Martiniana Rebenque no sabe hacer las cosas! ¡Ah! ¿Y sabés lo que me dijo también al principio?... Que sabía muy bien que don Juan Luis había estao en casa aquel día que vos fuiste, Prudencia, a pasar conmigo. Qué temeridad, ¿no?...

ESCENA X

Los mismos y Robustiana

ROBUSTIANA (*Aparece demudada, sosteniéndose en el marco de la puerta, con voz muy débil*). ¿Me quieren dar un poco de agua?

RUDECINDA.—Ahí está el barril.

ROBUSTIANA (*Tose tapándose la boca con un pañuelo que debe estar ligeramente manchado de sangre*).—¡No... puedo!

MARTINIANA.—¿Cómo te va, hija?... ¡Che!... ¿Qué tenés? (*Acude en su ayuda.*) Vengan, que a esta muchacha le da un mal...

DOLORES (*Alarmada*).—Hija... ¿Qué te pasa?

MARTINIANA (*Avanza sosteniéndola*).—¡Coraje, mujer! No es nada, no se aflija... Con un poco de agua...

PRUDENCIA (*Que se ha acercado llevando el agua*).—Tomá el agua. ¡Parece que echa sangre!

RUDECINDA.—¡De las muelas será!... ¡Más mañera esa zorra!

ROBUSTIANA (*Bebe un sorbo de agua, sofocada siempre por la tos, y a poco reacciona un tanto*).—No fue nada... Llévenme adentro.

DOLORES.—¡Virgen Santa! ¡Qué susto!

MARTINIANA (*Conduciéndola con Prudencia*).—Hay que cuidar, hija, esa tos. Así... empiezan todos los tísicos... Yo siempre le decía a la finadita hija de don Basilio Fuentes... Cuidate, muchacha... Cuidate, muchacha, y ella... (*Mutis.*)

ESCENA XI

Los mismos, menos Robustiana

DOLORES.—Esta hija todavía nos va a dar un disgusto; verás lo que te digo.

RUDECINDA.—No te preocupés. De mimosa lo hace. Pa hacer méritos con el bobeta del padre.

DOLORES.—¡No exagerés! ¡Enferma está!

RUDECINDA.—Bueno... pero la cosa no es pa tantos aspavientos.

MARTINIANA (*Reapareciendo con Prudencia*).—¡Ya está aliviada!

DOLORES.—¿Se acostó?

MARTINIANA.—Sí... Vestida no más... Sería bueno que usted fuera a verla, doña Dolores... ¡y le diera un tecito de cualquier cosa!

DOLORES (*Disponiéndose a ir*).—Eso es... Un té de sauco, ¿será bueno?

MARTINIANA.—Sí, o si no mejor una cucharada de aceite de comer... Suaviza el caño de la respiración. (*Dolores mutis.*)

ESCENA XII

Los mismos, menos Dolores

RUDECINDA.—Y después, comadre, ¿qué pasó?

PRUDENCIA.—Tata se fue y...

MARTINIANA.—Y nada más.

PRUDENCIA.—¿Qué noticias nos trae?

RUDECINDA.—No tenga miedo...

MARTINIANA.—Bueno; dice don Juan Luis que no halla otro remedio, que ustedes deben apurarse y convencer a doña Dolores y man-
darse mudar con ella pa la estancia vieja... El día que ustedes quieran
él les manda el breque al camino y... ¡a las de juir!...

PRUDENCIA.—¿Y Robusta? ¿Y tata?

RUDECINDA.—¿Y Aniceto?

MARTINIANA.—Ése es zonzo de un lao... A Robusta la llevan no más, y
en cuanto al viejo, ya verán cómo poniéndole el nido en la jaula, cai como misto. Ta aquerenciadazo con ustedes. Y más si le llevan a la gurisa.

RUDECINDA.—¿Y cómo?

PRUDENCIA.—Yo tengo miedo por tata. ¡Es capaz de matar a Juan
Luis!

MARTINIANA.—¡Qué va a matar ése! Y además, no tiene razón, porque don Juan Luis no se mete en nada. Son ustedes mesmas las que
resuelven. ¿Por qué le van a consentir a ese hombre, después que les
ha derrochado el güen pasar que tenían, que las tenga aquí encerra-
das y muriéndose de hambre? ¡No faltaría más! ¡Si juese pa algo malo,
yo sería la primera en decirles: no lo hagan! Pero es pal bien de todos,
hijas. Ustedes se van allá: primero lo convencen al viejo y después a
vivir la güena vida. Vos con tu Juan Luis, que tal vez se case pronto,
como me lo ha asigurado; usted, comadre, con su comisario... que me
han dicho que anda en tratos de arriendo pa poblar y ayuntarse...
¿eh? Se pone contenta, y todo como antes.

PRUDENCIA.—Sí, la cosa es muy linda. Pero tata, tata...

MARTINIANA.—¡Qué tanto preocuparte del viejo! Peor sería que jue-
ras vos sola con tu rubio, como sucede tantas veces; demasiado honrada que sos entuavía, hijita. A otros más copetudos que el viejo Zoilo
les han hecho doblar el cogote las hijas, por meterse a contrariarles
los amores. Ustedes no van a cometer ningún pecao, y además, si el
viejo tiene tanta vergüenza de vivir como él dice de prestao, más vergüenza debería de darle mantenerse a costillas de un pobre como el
tape Aniceto, que es el dueño de todo esto.

RUDECINDA.—Claro está. Y últimamente, si él no quiere venirse con
nosotras, que se quede; pa eso estaremos Dolores y yo, pal respeto de
la casa... ¡qué diablos! (*Resuelta.*) ¡Se acabó! Voy a conversar con Dolores y verás cómo la convenzo.

MARTINIANA.—¡Así me gusta, comadre! Las mujeres han de ser de
resolución.

ESCENA XIII

Prudencia y Martiniana

PRUDENCIA.—Rudelinda no sabe nada de aquello, ¿verdad?
MARTINIANA.—¡Qué esperanza! ¿Te has creido que soy alguna?...
¡No faltaba más!
PRUDENCIA.—No sé por qué me parece que anda desconfiada.
MARTINIANA.—No hagas caso. Hacé de cuenta que todo ha pasao entre vos y él. Además, pa decir la verdá, yo no vide nada... Taba en la cachimba lavando.
PRUDENCIA.—¡Pschsss!

ESCENA XIV

Los mismos, Rudecinda y don Zoilo

ZOILO.—¿Ande está Robustiana?
PRUDENCIA.—Acostada. (*Zoilo vase.*)
MARTINIANA.—Mire, don Zoilo. Tiene que cuidar mucho a esa gurisa; no la hallo bien. No me gusta ningún poquito esa tos.
RUDECINDA.—No pude hablar con Dolores; pero es lo mismo. ¿Pa cuándo podrá ser, comadre?
MARTINIANA.—Cualquier día. No tiene más que avisarme. Ya saben que pa obra güena siempre estoy lista.
RUDECINDA.—Bueno; pasao mañana. ¿Te parece, Prudencia? ¡O mejor, mañana no más!

ESCENA XV

Los mismos, Aniceto y el sargento

ANICETO.—¡Pase adelante!
SARGENTO.—Güen día. (*A Rudecinda.*) ¿Cómo le va, doña? (*A Prudencia.*) ¿Qué tal moza? ¿Qué hace, ña Martiniana?
PRUDENCIA.—¿Cómo está, sargento? ¿Y el comisario?
SARGENTO.—Güeno. Les manda muchos recuerdos y esta cartita pa usté.
RUDECINDA.—Está bien, gracias.
MARTINIANA.—¿Anda de recorrida o viene derecho?
SARGENTO.—Derecho... Vengo en comisión. (*Volviéndose a Aniceto.*)

¡Ah!... Y con usted tampoco anda muy bien el comisario. Dice que a ver por qué no jue a la reunión de los otros días; que si ya se ha olvidao que hay elecciones, y superior gobierno, y partidos.

ANICETO.—Digalé que no voy ande no me convidan.

SARGENTO.—¡No se retobe, amigazo! ¡La política anda alborotada y no es güeno estar mal con el superior! ¿Y don Zoilo? (*A Rudecinda.*) Me dijo el capitán que no se juesen a asustar las mozas, que no es pa nada malo. Estará un rato en la oficina. Cuando hablen con él, lo largan.

ESCENA XVI

Los mismos y don Zoilo

ZOILO.—¿Qué andás queriendo vos por acá?

SARGENTO.—Güen día, viejo. Aquí andamos. Este... vengo a citarlo.

ZOILO.—¿A mí?

SARGENTO.—Es verdá.

ZOILO.—¿Pa qué?

SARGENTO.—Vaya a saber uno... Lo mandan y va.

ZOILO.—¿Y no tienen otra cosa que hacer que molestar vecinos?

SARGENTO.—Así será. (*Batará se asoma, escucha un momento la conversación y se va.*)

ZOILO.—Ta güeno. Pues... Decile a Butiérrez que si por casualidad tiene algo que decirme, mande o venga. ¿Me has oído?

SARGENTO.—Es que vengo en comisión.

ZOILO.—¡Y a mí qué me importa!

SARGENTO.—Con orden de llevarlo.

ZOILO.—¿A mí? ¿A mí?

SARGENTO.—Eso es.

ZOILO.—¿Pero han oído ustedes?

SARGENTO (*Paternal*).—No ha de ser por nada. Cuestión de un rato. Venga no más. Si se resiste, va a ser pior.

MARTINIANA.—Claro que sí; debe ir nomás a las güenas. ¿Qué saca con resistir a la autoridá?

ZOILO.—¡Callá esa lengua vos! Vamos a ver un poco; ¿no estás equivocadao? ¿Vos sabás quién soy yo? ¡Don Zoilo Carabajal, el vecino don Zoilo Carabajal!

SARGENTO.—Sí, señor. Pero eso era antes, y perdone. Aura es el viejo Zoilo, como dicen todos.

ZOILO.—¡El viejo Zoilo!

SARGENTO.—Sí, amigo; cuando uno se güelve pobre, hasta el apelativo le borran.

ZOILO.—¡El viejo Zoilo! Con razón ese mulita de Butiérrez se permite nada menos que mandarme a buscar preso. En cambio, él tiene aura hasta apellido... Cuando yo le conocí no era más que Anastasio, el hijo de la parda Benita. ¡Trompetas! (*A voces.*) ¡Trompetas! ¡Trompetas, canejo!

ANICETO.—No se altere, padrino. A cada chancho le llega su turno.

ZOILO.—¡No me'de alterar, hijo! ¡Tiene razón el sargento! ¡El viejo Zoilo y gracias! ¡Pa todo el mundo! Y los mejores a gatas si me tienen lástima. ¡Trompetas! Y si yo tuviera la culpa, menos mal. Si hubiese derrochao; si hubiese jugao; si hubiese sido un mal hombre en la vida; si le hubiese hecho daño a algún cristiano, pase; lo tendría merecido. Pero jui bueno y servicial; nunca cometí una mala acción, nunca... ¡canejo!, y aura, porque me veo en la mala, la gente me agarra pal manoseo, como si el respeto fuese cosa de poca o mucha plata.

SARGENTO.—Eso es. Eso es.

RUDECINDA.—¡Ave María! ¡No exagerés!

ZOILO.—¡Que no exagere! ¡Si al menos ustedes me respetaran! Pero ni eso, canejo. Ni los míos me guardan consideración. Soy más viejo Zoilo pa ustedes, que pal más ingrato de los ajenos... ¡Vida miserable! Y yo tenga la culpa. ¡Yo!... ¡Yo! ¡Yo! Por ser demasiado pacífico. ¡Por no haber dejado un tendal de bellacos! ¡Yo... tuve la culpa! (*Después de una pausa.*) ¡Y dicen que hay Dios!... (*Pausa prolongada; las mujeres, silenciosas, vanse por foro. Don Zoilo se pasea.*)

ESCENA XVII

Don Zoilo, Aniceto, sargento y Batará

ZOILO.—Está bien, sargento. Lléveme no más. ¿Tiene orden de atarme? Proceda no más.

SARGENTO.—¡Qué esperanza! Y aunque tuviese... yo no ato cristiano manso.

ZOILO.—¿No sabe qué hay contra mí?

SARGENTO.—Decían que una denuncia de un vecino.

ZOILO.—¡También eso! ¡Quién sabe si no me acusan de carniar ajeno! Lo único que me faltaba...

BATARÁ (*Que se ha aproximado por detrás del rancho, a Aniceto*).—Si quieren resistir, le escondo la carabina al milico.

ANICETO.—¡Salí de acá!

ZOILO (*Al sargento*).—Cuando guste... Tengo el caballo ensillao. (*A Aniceto*.) Hasta la güelta, hijo. Si tardo, cuídame mucho a la gurisa... que la pobrecita no está nada bien.

ANICETO.—Vaya tranquilo.

ZOILO.—Güeno. Marcharé adelante como preso acostumbrao.

SARGENTO (*A Aniceto*).—¡Salú, mozo! (*Mutis. Batará le sigue azorado.*)

ESCENA XVIII

Robustiana y Aniceto

ROBUSTIANA.—Aniceto... ¿Y tata?

ANICETO.—Ahí lo llevan.

ROBUSTIANA.—Preso, ¿verdad?

ANICETO.—Preso.

ROBUSTIANA.—(*Echándose a correr*).—¡Ay, tatita!

ANICETO.—(*Deteniéndola*).—¡No, no vaya! Se afligiría mucho...

ROBUSTIANA.—¡Tata no ha dao motivo! ¡Lo llevan pa hacerle alguna maldad! Déjeme ir. ¡Yo quiero verlo! ¡Yo quiero verlo! Capaces de matarlo. ¡Largueme!

ANICETO.—Venga acá. No se aflija. Es pa una declaración.

ROBUSTIANA.—¡No, no, no, no! ¡Usted me engaña! ¡Ay, tatita querido! (*Llora desconsolada.*)

ANICETO.—Calmesé... no sea mala.

ROBUSTIANA.—¡Aniceto! ¡Aniceto! El corazón me anuncia desgracia; ¡déjeme ir!

ANICETO.—¿Qué sacaría con afligir más a su tata? Es una injusticia que lo prendan sin motivo. ¡Pero qué le hemos de hacer! Calmesé y esperemos. Antes de la noche lo tendremos de vuelta.

ROBUSTIANA.—¿Pero y mama? ¿Y Prudencia? ¿Y la Otra? ¿Qué han hecho por tata?

ANICETO.—¡Nada, hija! Ahí andan con el rabo caido, con vergüenza dejuramente.

ROBUSTIANA.—¡Qué idea! ¡Tal vez ellas no más! Serían capaces las infames. (*Enérgica*.) ¡Oh!... Yo lo he de saber.

ANICETO.—¡Quedesé quieta; no se meta con esas brujas que es pa pior!

ROBUSTIANA.—Sí; son ellas, son ellas pa quedar más libres. ¡Ay Dios Santo! ¡Qué infames!

ANICETO.—No sería difícil. Pero calmesé. Tal vez todo eso sea pa mejor. No hay mal que dure cien años... Estese tranquilita y tenga paciencia.

ROBUSTIANA.—¡Ah! Usted es muy bueno. El único que lo quiere.

ANICETO.—¡Bien que se lo merece! Amalaya me saliera bien una idea y verán cómo pronto cambiaban las cosas.

ROBUSTIANA.—¿Qué idea? Cuéntemela.

ANICETO.—Después; más tarde.

ROBUSTIANA.—¡No! ¡Ahora! Dígamela pa consolarme.

ANICETO.—Bueno; si me promete ser juiciosa... ¿Se acuerda lo que hace un rato me decía hablando de novios?

ROBUSTIANA.—Sí.

ANICETO.—Pues ya le tengo uno.

ROBUSTIANA.—(*Sorprendida*).—¿Como yo quería?

ANICETO.—Igualito... De modo que si a usted le gusta... un día nos casamos.

ROBUSTIANA.—¿Ay, Jesús!

ANICETO.—¿Qué es eso, hija? ¿Le hice mal? Si hubiera sabido...

ROBUSTIANA.—No... un mareo. ¿Pero lo dice de veras? (*Alentimiento.*) ¿De veras? ¿De veras? (*Id.*) ¡Ay!... Aniceto... Me dan ganas de llorar... de llorar mucho. Mi Dios, ¡qué alegría! (*Llora estrechándose a Aniceto que la acaricia enternecido.*)

ANICETO.—¿Pobrecita!

ROBUSTIANA.—¡Qué dicha! ¡Qué dicha! ¿Ve? Ahora me río... De modo... que usté me quiere... ¿Y... usté cree que yo me voy a curar y a poner buena moza... y nos casamos? ¿Y viviremos con tata los tres, los tres solitos? ¿Sí? Entonces no lloro más.

ANICETO.—¿Aceta?

ROBUSTIANA.—¡Dios! ¡Si me parece un sueño! Vivir tranquilos sin nadie que moleste, queriéndose mucho; el pobre tata, feliz, allá lejos... en una casita blanca... Yo sana... sana... ¡En una casita blanca! (*Radiante, va dejando resbalar la cabeza sobre el pecho de Aniceto.*)

TELÓN

TERCER ACTO

Igual decoración que el acto segundo, más una cama de fierro bajo el alero, junto a la puerta. Es de día. Al levantarse el telón, aparece en escena don Zoilo encerando un lazo y silbando despacito. Al concluir, lo cuelga del alero.

Luego de un pequeño momento, hace mutis por el foro, a tiempo que salen del
rancho Rudecinda y Dolores.

ESCENA I

Rudecinda y doña Dolores

RUDECINDA.—¡Ahí se va solo! ¡Andá a hablarle! Le decís las cosas claramente y con firmeza. Verás cómo dice que sí; está muy quebrao ya... ¡Peor sería que nos fuésemos, dejándolo solo en el estao en que se halla!

DOLORES.—Es que no me animo; me da no sé qué. ¿Por qué no le hablás vos?

RUDECINDA.—Bien sabés que conmigo, ni palabra.

DOLORES.—¿Y Prudencia?

RUDECINDA.—¡Peor todavía! Animate, mujer. Después de todo no te va a castigar. Y como mujer d'él que sos, tenés derecho a darle un consejo sobre cosas que son pal bien de todos.

DOLORES.—No. De veras. No puedo. Siento vergüenza, miedo, qué sé yo.

RUDECINDA.—¡Jesús!... ¿Te dentra el arrepentimiento y la vergüenza después que todo está hecho? Además, no se trata de un delito.

DOLORES.—No me convencés... Prefiero que nos vayamos callaos no más... Como pensamos irnos la otra vez.

RUDECINDA.—Se ofenderá más y no quedrá saber después de nada...

DOLORES.—¿Y don Juan Luis no le iba a escribir?...

RUDECINDA.—Le escribió, pero el viejo rompió la carta sin leerla. Resolvete, pues.

DOLORES.—No... no... y no.

RUDECINDA.—¡Bueno! Se hará como vos decís. Pero después no me echés la culpa si el viejo se empaca. ¡Mirá! Ahí llega Martiniana con el breque. Si te hubieses decidido, ya estaríamos prontas. ¡Pase, pase, comadre!

ESCENA II

Los mismos y Martiniana

MARTINIANA.—¡Buen día les dea Dios!

RUDECINDA.—¿Qué es ese lujo, comadre? ¡En coche!

MARTINIANA.—Ya me ve. ¡Qué corte! Pasaba el breque vacío cerca de casa, domando esa yunta, y le pedí al pión que me trujiese. (*Bajo.*) Allá lo vide al viejo a pie, por entre los yuyos. ¿Le hablaron?

RUDECINDA.—¡Qué! ¡Esa pavota no se anima! Nos vamos calladas.

MARTINIANA.—Como ustedes quieran. Pero yo, en el caso de ustedes, le hubiese dicho claro las cosas. El viejo, que ya está bastante desconfiado, puede creer que se trata de cosas malas. Cuando íbamos a juir la otra vez, era distinto. Entonces vivía entuavía la finadita Robustiana. Dios la perdona, y era más fácil de convencer.

RUDECINDA.—Ya lo estás oyendo, Dolores.

DOLORES.—Tendrán ustedes razón... Pero yo no me atrevo a decirle nada...

RUDECINDA.—Entonces nos quedamos... a seguir viviendo una vida arrastrada, como los sapos, en la humedad de este rancho, ¡sin tener que comer casi, ni que ponernos, ni relaciones, ni nada!

DOLORES.—No sé por qué... pero me parece que me anuncia el corazón que eso sería lo mejor. Al fin y al cabo no lo pasamos tan mal... Y tenga los defectos que tenga, mi marido no es un mal hombre.

RUDECINDA.—Pero bien sabés que es un maniático. Por necesidad, sería la primera en acetar la miseria... Pero lo hace de gusto, de caprichoso... Don Juan Luis le ofrece trabajo; nos deja seguir viviendo en la estancia como si fuera nuestra. ¿Por qué no quiere? Si no le gustaba que Juan Luis tuviese amores con Prudencia y que Butiérrez me visitase, y que nos divirtiésemos de cuando en cuando... con decirlo, santas pascuas...

MARTINIANA.—Claro está... Yo, comadre...

RUDECINDA.—Todo fue por hacerle gusto a ese ladiao de Aniceto, que andaba celoso de Prudencia, y por los chismes de la gurisa.. Por eso no más. Ahora que se acabó el asunto, no veo por qué ha de seguir porfiando.

DOLORES.—Bien; no hablemos más, ¡por favor!... ¡Hagan de mí lo que quieran! Pero no me animo, no me animo a hablarle. (*Se va.*)

ESCENA III

Los mismos, menos Dolores

MARTINIANA.—Últimamente, ni le hablen... Yo decía por decir... Mire, comadre... Vámonos no más. La cosa sería hacerlo retirar hoy de las casas. Vamos a pensar. Si me hubieran avisao temprano, yo le hablo a Butiérrez pa que lo cite como la vez pasada. ¡Estuvo güeno aquello! ¡Lástima que la enfermedá de la gurisa no nos dejó juir! ¡Qué cosa! Si no fuese que se murió la pobrecita, pensaría que lo hizo de gusto. Dios me perdone.

RUDECINDA.—Bueno; ¿y cómo haríamos, comadre?

MARTINIANA.—No se aflija. Ta tratando con una mujer de recursos... ¡Peresé! ¡Peresé!... ¡Vea, ya sé!... Pcha, si lo que no invento yo, ni al diablo se le ocurre. Vaya no más tranquila, comadre, a arreglar sus cositas...

RUDECINDA.—¿Contamos con usted, entonces?

MARTINIANA.—¡Phsss! Ni qué hablar. (*Rudecinda mutis.*)

ESCENA IV

Martiniana y Prudencia

MARTINIANA.—Güeno. Pitaremos, como dijo un gringo... (*Lía un cigarrillo y lo enciende.*)

PRUDENCIA.—¿Qué tal, Martiniana?

MARTINIANA.—Aquí andamos, hija... Ya te habrás despedido de toda esta miseria. Mire que se precisa ancheta pa tenerlas tanto tiempo soterradas en semejante madriguera. Fijate, che... ¡La mansión con que te pensaba osequiar ese abombao de Aniceto!... ¿Pensaría que una muchacha decente y educada, y acostumbrada a la comodidad, iba a ser feliz entre esos cuatro terrones? ¡Qué abombao! Mejor han hecho su casa aquellos horneritos, en el mojinete... ¡Qué embromar! ¡Che... che! ¡La cama de la finadita!... ¿Sabés que me dan ganas de pedirla pa mi Nicasia? La mesma que lo hago... Dicen que ese mal se pega... pero con echarle agua hirviendo y dejarla al sol... Ta en muy güen uso y es de las juertes. ¡Ya te armaste, Martiniana!... ¡Pobre gurisa!... ¡Quién iba a creer! Y ya hace... ¿cuánto, che? ¡Como veinte días! ¡Dios la tenga en güen sitio a la infeliz! ¡Cómo pasa el tiempo! Che, ¿y era cierto que se casaba pronto con Niceto?

PRUDENCIA.—Ya lo creo. Aniceto no la quería; ¡qué iba a querer! ¡Pero por adular a tata!...

MARTINIANA.—Enfermedad bruta, ¿eh? ¿Qué duro? Ocho días o nueve y se fue en sangre por la boca. (*Suspirando.*) ¡Ay, pobrecita! ¿Y el viejo sigue callao no más?

PRUDENCIA.—Ni una palabra. Desde que Robustiana se puso mal, hasta ahora no le hemos oído decir esta boca es mía... Conversa con

Aniceto, y eso lejos de la casa... y despúes se pasa el día dando vueltas y silbando despacito.

MARTINIANA.—Ha quedao maniático con el golpe. La quería con locura.

ESCENA V

Los mismos, Aniceto y don Zoilo

Aniceto cruza la escena con algunas herramientas en la mano y va a depositarlas bajo el alero.

ZOILO (*Que entra un instante después, silbando en la forma indicada, a Aniceto*).—¿Acabó?

ANICETO.—Sí, señor...

ZOILO.—¿Quedó juerte la cruz?

ANICETO.—Sí, señor... Y alrededor de la verja le planté unas enredaderitas. Va a quedar muy lindo.

ZOILO.—Gracias, hijo. (*Recomenzando el motivo, tantea el lazo que dejó antes y regresa hacia el barril de agua bebiendo algunos sorbos.*)

MARTINIANA.—Güen día, don Zoilo... Yo venía en el breque a pedirle que las dejara a Dolores y a las muchachas ir a pasar la tarde a casa.

ZOILO.—¿Qué?

MARTINIANA.—Ir a casa. Las pobres están tan tristes y solas, que me dio pena...

ZOILO (*Para sí*).—¿Cómo no? Es mucho mejor. (*Mutis.*)

MARTINIANA.—Muchas gracias, don Zoilo. Ya sabía... (*Volviéndose.*) Che, Pruda, corré y avisales que está arreglao; que vengan no más cuando quieran. (*Prudencia vase.*)

ESCENA VI

Aniceto y Martiniana

ANICETO.—¡Ep! ¡Vieja! En seguidita, pero en seguidita, ¿me oye?, sube en ese breque y se me manda mudar.

MARTINIANA.—Pero...

ANICETO.—No alcés la voz... (*Enseñándole el talero.*) ¿Ves esto? ¡Güeno!... ¡Sin chistar!

MARTINIANA.—Yo...

Aniceto.—¡Volando he dicho! ¡Ya!... (*Martiniana se va encogida, bajo la amenaza del talerazo con que la amaga durante un trecho Aniceto.*)

ESCENA VII

Aniceto y Rudecinda

Aniceto (*Volviéndose*).—¡Son lo último de lo pior! ¡Ovejas locas!
Rudecinda.—¿Y mi comadre?
Aniceto.—Se jue.
Rudecinda.—¿Cómo? ¡No puede ser!
Aniceto.—Yo la espanté.
Rudecinda (*Queriendo llamarla*).—Marti...
Aniceto (*Violento, a la vez*).—¡Cállese! ¡Llame a doña Dolores!
Rudecinda (*Sorprendida*).—¿Pero qué hay?
Aniceto.—Llamelá y sabrá. (*Rudecinda, asomándose a la puerta del rancho, hace señas.*)

ESCENA VIII

Los mismos y doña Dolores

Dolores.—¿Qué pasa?
Rudecinda.—No sé... Aniceto...
Dolores.—¿Qué querés, hijo?
Aniceto.—Digan... ¿No tienen alma ustedes? ¿Qué herejía andan por hacer?
Dolores (*Confundida*).—¿Nosotras?
Aniceto.—Las mismas... ¿No les da ni un poco de lástima ese pobre hombre viejo? ¿Quieren acabar de matarlo?
Rudecinda.—Che... ¿con qué derecho te metés en nuestras cosas? ¿Te dejó enseñada la lección Robustiana?
Aniceto.—Con el derecho que tiene todo hombre bueno de evitar una mala acción... Ustedes se quieren dir pa la estancia vieja... escaparse y abandonarlo cuando más carece de consuelos y de cuidados el infeliz. ¡Qué les precisa darle ese disgusto que lo mataría! Vea, doña Dolores. Usted es una mujer de respeto y no del todo mala. Por favor. Impóngase de una vez... Mande en su casa, resignesé a todo y trate de que padrino Zoilo vuelva a encontrar en la familia el amor y el respeto que le han quitao...

DOLORES.—Yo..., yo... yo no sé nada, hijo.

RUDECINDA.—Dolores hará lo que mejor le cuadre, ¿has oído? Y no precisa consejos de entrometidos.

ANICETO.—Cállese. ¡Usted es la pior! La que les tiene regüeltos los sesos a esas dos desgraciadas. Ya tiene edá bastante pa aprender un poco e juicio...

RUDECINDA.—¡Jesús María! ¡Y después quedrán que una no se queje! ¡Si hasta este mulato gaucho se permite manosiarla! ¿Qué te has creido, trompeta?

ANICETO.—Haga el favor. ¡No grite! ¡Podría oír!

RUDECINDA.—Bueno. ¡Que oiga! Si lo tiene que saber después, que lo sepa ahora... Sí, señor... Nos vamos pa la estancia, a lo nuestro... Queremos vivir con la comodidad que Zoilo nos quitó por un puro capricho... ¡A eso!... Y si a él no le gusta, que se muerda. ¡No vamos a estar aquí tres mujeres (*Zoilo aparece por detrás del rancho*) dispuestas a sacrificarnos toda la vida por el antojo de un viejo maniático!

ANICETO.—¿Usté qué dice, señora? (*A doña Dolores.*)

DOLORES.—¡Ay! ¡No sé! ¡Estoy tan afligida!

ANICETO.—Bueno. Si usté no dice nada, yo... yo no voy a permitir que cometan esa picardía.

RUDECINDA.—¿Vas a orejearle... como es tu costumbre? ¡Si no les tenemos miedo... a ninguno de los dos! Andá, contale, decile que...

ANICETO.—¡Ah! Conque ni esa vergüenza les queda... ¡Arrastradas!... Conque se empeñan en matarlo de pena. Pues güeno, lo mataremos entre todos; pero les viá sobar el lomo de una paliza primera, y todavía será poco. ¡Desorejadas! ¡Pa lo que merecen! ¡Desvergonzadas! ¿Qué se han pensao?... ¿Se creen que soy ciego?... ¿Se creen que no sé que la mataron a disgustos a la pobre chiquilina? ¿Se piensan que no sé que entre la vieja Martiniana y usté (*a Rudecinda*) que es otra... bandida, como ella, han hecho que a esa infeliz de Prudencia la perdiera don Juan Luis?

RUDECINDA.—¡Miente!

DOLORES.—Virgen de los Desamparados, ¿qué estoy oyendo?

ANICETO.—La verdá. Usté es una pobre diablo y no ha visto nada. Por eso el empeño de irse. Pa hacer las cosas más a gusto... Esta con su Butiérrez y la otra con su estanciero!... y como si juese todavía poca infamia, pa tener un hombre honrao y güeno de pantalla de tanta inmundicia. (*Pausa. Dolores llora.*) Y ahora, si quieren ustedes, pueden dirse, pueden dirse... pueden dirse... pero se van a tener que dir pasando bajo el mango de este rebenque.

RUDECINDA (*Reaccionando enérgica*).—¡Eh! ¿Quién sos vos? ¡Gaucho!
ANICETO.—¿Yo?... (*Levanta el talero.*)

ESCENA IX

Los mismos y don Zoilo

ZOILO (*Imponente*).—¡Aniceto! (*Estupefacción.*) Usté no tiene ningún derecho.
ANICETO.—Perdone, señor.
RUDECINDA.—Es mentira, Zoilo.
ZOILO (*A Aniceto*).—Vaya, hijo... Haga dar güelta ese breque que se va...
ANICETO.—Ta bien... (*Mutis.*)

ESCENA X

Los mismos, menos Aniceto

Don Zoilo se aproxima silbando al barril, bebe unos sorbos de agua, que paladea con fruición nerviosa, y se vuelve silbando.

RUDECINDA.—¿Has visto a ese atrevido insolente? ¡Pura mentira!
ZOILO (*Se sienta*).—Sí, eso.
RUDECINDA (*Recobrando confianza*).—Debe estar aburrido de tenernos ya.
DOLORES.—¡Zoilo! ¡Zoilo! ¡Perdoname!
ZOILO (*Como dejando caer lentamente las palabras*).—¿Yo? Ustedes son las que deben perdonarme. La culpa es mía. No he sabido tratarlas como se merecían. Con vos fui malo siempre... No te quise. No pude portarme bien en tantos años de vida juntos. No te enseñé tampoco a ser güena, honrada y hacendosa. ¡Y güena madre, sobre todo!
DOLORES.—¡Zoilo! ¡Por favor!
ZOILO.—Con vos también, hermana, me porté mal. Nunca te di un güen consejo, empeñao en hacerte desgraciada. Después te derroché tu parte de la herencia, como un perdulario cualquiera. (*Pausa.*) Mis pobres hijas también fueron víctimas de mis malos ejemplos. Siempre me opuse a la felicidad de Prudencia. Y en cuanto (*con voz apagada por la emoción*), y en cuanto a la otra... a la otra... a aquel angelito del cielo, la maté yo, la maté yo a disgustos. (*Oculta la cabeza en la falda del poncho con un hondo sollozo. Rudecinda se deja caer en un banco, abruma-*

da. Pausa prolongada. Don Zoilo, rehaciéndose, de pie.) Güeno, vayan aprontando no más las cosas pa dirse. Va a llegar el breque.

DOLORES (*Echándose al cuello*).—¡No... no, Zoilo! ¡No nos vamos! ¡Perdón! ¡Perdón! ¡Ahora lo comprendo! Hemos sido unas perversas... unas malas mujeres... Pero perdónanos...

ZOILO (*Apartándola con firmeza*).—Salga... ¡Déjeme!... Vaya a hacer lo que le he dicho...

DOLORES.—¡Por María Santísima! Te lo pido de rodillas... ¡Perdón... perdoncito!... Te prometemos cambiar pa siempre.

ZOILO.—¡No!... ¡No!... ¡Levántese!

DOLORES.—Te juro que viá ser una buena esposa... Una buena madre. Una santa. Que volveremos a la buena vida de antes, que todo el tiempo va a ser poco pa quererte y pa cuidarte. ¡Decí que nos perdonás, decí que sí! (*Abrazada a sus piernas.*)

ZOILO.—Salí. ¡Dejame! (*La aparta con violencia. Dolores queda de rodillas, llorando sobre los brazos que apoya en el suelo.*) Y usté, hermana. Vamos, arriba... ¡Arriba, pues! (*Rudecinda hace un gesto negativo.*) ¡Oh!... ¿Aura no les gusta? Vamos a ver... (*Se dirige a la puerta del rancho y al llegar se encuentra con Prudencia.*) ¡Hija! ¡Usté faltaba! Venga... ¡Abrace a su padre! ¡Así!

ESCENA XI

Los mismos y Prudencia

PRUDENCIA.—¿Pero, pero qué pasa?

ZOILO.—Nada, no se asuste. Quiero hacerla feliz. La mando con su hombre, con su... (*Entra en el rancho.*)

ESCENA XII

Los mismos, menos don Zoilo

PRUDENCIA.—Virgen Santa. ¿Qué ocurre? (*Afligida.*) ¡Mamá! Mamita querida... Levántese. Venga. (*Se levanta.*) ¿Le pegó? ¡Fue capaz de pegarle!

DOLORES.—Hija desgraciada. (*La abraza.*)

PRUDENCIA (*Conduciéndola a un banco*).—¿Pero qué será esto, Dios mío? (*A Rudecinda.*) ¡Vos, contame! ¿Tata fue? (*Rudecinda no responde.*) ¡Ay, qué desgracia! (*Viendo a Zoilo.*) ¡Tata, tata! ¿Qué es esto?

ESCENA XIII

Los mismos y don Zoilo

ZOILO (*Tirando algunos atados de ropa*).—Que se van... a la estancia vieja... ¡que fue del viejo Zoilo!... ¿No tenían todo pronto pa juir? ¡Pues aura yo les doy permiso pa ser dichosas! (*A las tres.*) Güeno. Ahí tienen sus ropas... ¡Adiosito! Que sean muy felices.

DOLORES.—¡Zoilo, no!

ZOILO.—¡Está el breque! Que cuando vuelva no las encuentre aquí. (*Se va detrás del rancho lentamente.*)

ESCENA XIV

Dolores, Prudencia, Rudecinda y Martiniana

MARTINIANA.—¡Bien decía yo que no eran más que cosas de ese ladiao de Niceto! ¿Qué? ¿Y esto qué es? ¡Una por un lao... otra por otro... el tendal!... ¡Hum! Me paice que ño rebenque ha dao junción... ¡Eh! ¡Hablen, mujeres! ¿Jue muy juerte la tunda? ¡No hagan caso! Los chirlos suelen hacer bien pa la sangre... Y después, ¡qué dimontres! ¡No se puede dir a pescar sin tener un contratiempo! ¡Quién hubiera creído que ese viejo sotreta le iba a dar a la vejez por castigar mujeres!... Pero digan algo, cristianas. ¿Se han tragao la lengua?

RUDECINDA (*Levantándose*).—Callesé, comadre. (*Sale Aniceto, y durante toda la escena se mantiene a distancia cruzado de brazos.*)

MARTINIANA.—¡Vaya, gracias a Dios que golvió una en sí! A mí me jue a llamar Niceto... ¿Qué hay? ¿Nos vamos o nos quedamos?

RUDECINDA.—Sí. Nos vamos... ¡Echadas! ¡Ese gaucho de Aniceto la echó a perder! ¡Dolores! ¡Eh! ¡Dolores! ¡Ya basta, mujer!... Tenemos que pensar en irnos... Ya oíste lo que dijo Zoilo.

DOLORES.—No. Yo me quedo. Vayan ustedes no más.

RUDECINDA.—¡Qué has de quedar! ¿Sos sorda entonces? Vos, Prudencia... ¿estás vestida? Bueno, andando. (*A Dolores.*) ¡Vamos, levantate, que las cosas no están pa desmayos! ¡Vaya cargando esos bultos, comadre!

MARTINIANA.—Al fin, hacen las cosas como Dios manda... (*Recoge los atados.*)

RUDECINDA.—¡Movete, pues, Dolores!

DOLORES.—¡No! Quiero verlo, hablar con él primero; esto no puede ser.

RUDECINDA.—Como pa historias está el otro.

MARTINIANA.—Obedezca, doña... con la conciencia a estas horas no se hace nada. Dicen, aunque sea mala comparación, que cuando una vieja se arrepiente, tata Dios se pone triste. Aura que me acuerdo. ¿No me querría dar o vender esta cama de la finadita? Le vendría bien a Nicasia, que tiene que dormir en un catre de guasquillas. Si cabiera en el pescante, la mesma que la cargaba. ¡Linda! Es de las que duran...

RUDECINDA.—¡Sí, mujer! Mañana mismo la mandamos buscar. Verás cómo se le pasa. ¡Qué va a ser sin nosotras!

MARTINIANA (*A Prudencia*).—Comedite, pues, y ayudame a cargar el equipaje. Es mucho peso pa una mujer vieja. Andá con eso no más. En marcha, como dijo el finao Artigas... (*Antes de hacer mutis.*) ¡Hasta verte, rancho pobre! (*Aniceto las sigue un trecho y se detiene pensativo observándolas.*)

ESCENA XV

Zoilo aparece por detrás del rancho, observa la escena y avanza despacio hasta arrimarse a Aniceto

ZOILO.—¡Hijo!

ANICETO (*Sorprendido*).—¡Eh!

ZOILO.—Vaya, acompáñelas un poco... y después repunte las ovejitas pa carniar... ¿eh? ¡Vaya!

ANICETO (*Observándolo fijamente*).—¿Pa carniar?... Bueno... Este... ¿Me empriesta el cuchillo? El mío lo he perdido...

ZOILO.—¿Y cómo? ¿No lo tenés ahí?

ANICETO.—Es que... vea... le diré la verdad. Tengo miedo de que haga una locura...

ZOILO.—¡Y de ahí!... Si la hiciera... ¿no tendría razón acaso?... ¿Quién me lo iba a impedir?

ANICETO.—¡Todos! ¡Yo!... ¿Cree acaso que esa chamuchina de gente merece que un hombre güeno se mate por ella?

ZOILO.—Yo no me mato por ellos, me mato por mí mesmo.

ANICETO.—¡No, padrino! ¡Calmesé! ¿Qué consigue con desesperarse?

ZOILO (*Alzándose*).—Eso es lo mesmo que decirle a un deudo en el velorio: "No llore, amigo; la cosa no tiene remedio." ¡No hay que llorar, canejo!... ¡Si quiere tanto a ese hijo, o ese pariente! Todos somos güenos pa consolar y pa dar consejos. Ninguno pa hacer lo que Dios manda. Y no hablo por vos, hijo. Agarran a un hombre, sano, güeno, honrao, trabajador, servicial, lo despojan de todo lo que tiene, de sus bienes amontonados a juerza de sudor, del cariño de su familia, que es su mejor consuelo, de su honra... ¡canejo!... que es su reliquia; lo agarran, le retiran la consideración, le pierden el respeto, lo manosean, lo pisotean, lo soban, le quitan hasta el apellido... y cuando ese desgraciao, cuando ese viejo Zoilo, cansao, deshecho, inútil pa todo, sin una esperanza, loco de vergüenza y de sufrimientos resuelve acabar de una vez con tanta inmundicia de vida, todos corren a atajarlo. "¡No se mate, que la vida es güena!" ¿Güena pa qué?

ANICETO.—Yo, padrino...

ZOILO.—No lo digo por vos, hijo... Y bien, ya está... No me maté... ¡Toy vivo! Y aura, ¿qué me dan? ¿Me degüelven lo perdido? ¿Mi fortuna, mis hijos, mi honra, mi tranquilidad? (*Exclamación.*) ¡Ah, no! ¡Demasiado hemos hecho con no dejarte morir! ¡Aura arreglate como podás, viejo Zoilo!...

ANICETO.—¡Así es no más!

ZOILO (*Palmeándolo afectuoso*).—Entonces, hijo... vaya a repuntar la majadita... como le había encargao. ¡Vaya!... ¡Déjeme tranquilo! No lo hago. Camine a repuntar la majadita.

ANICETO.—Así me gusta. ¡Viva... viva!

ZOILO.—¡Amalaya fuese tan fácil vivir como morir!... por lo demás, ¡algún día tiene que ser!

ANICETO.—¡Oh!... ¡Qué injusticia!

ZOILO.—¿Injusticia? ¡Si lo sabrá el viejo Zoilo! ¡Vaya! No va a pasar nada... le prometo... Tome el cuchillo... Vaya a repuntar la majadita... (*Mutis.*)

ESCENA XVI

Don Zoilo

ZOILO (*Zoilo lo sigue con la mirada un instante, y volviéndose al barril extrae un jarro de agua y lo bebe con avidez; luego va en dirección al alero y toma el lazo que había colgado y lo estira; prueba si está bien flexible y lo arma, silbando siempre el aire indicado. Colocándose después debajo del palo del mojinete trata de asegurar el lazo, pero al arrojarlo se le enreda en el nido de hornero. Forcejea un momento con fastidio por voltear el nido).*—Las cosas de Dios... ¡Se deshace más fácilmente el nido de un hombre que el nido de un pájaro! *(Reanuda su tarea de amarrar el lazo, hasta que consigue su propósito. Se dispone a ahorcarse. Cuando está seguro de la resistencia de la soga, se vuelve al centro de la escena, bebe más agua, toma un banco y va a colocarlo debajo de la horca.)*

TELÓN

JOSÉ ANTONIO RAMOS
[*Cuba, 1885-1946*]

De los dramaturgos cubanos de su generación, José Antonio Ramos fue el más apasionado y el más nacionalista. Ramos "fue un inadaptado, cargado de razones y saturado de sabiduría. Tuvo la obsesión de transformar a su pueblo en lo político y en lo social", en opinión de Juan. J. Remos. Pasó gran parte de su existencia en el extranjero, o en el destierro o en el servicio diplomático de Cuba. Sirvió en España, Francia, Portugal, Nueva York, Cleveland, Ohio, y llegó a ser primer cónsul en Atenas, en 1921. En 1932, por un desacuerdo con el dictador Machado, fue a México donde vivió con modestia durante una temporada. Vuelve a Cuba como asesor de la Biblioteca Nacional y emprende una obra valiosa con el primer intento de catalogación sistemática.

Fue muy activo como periodista y ensayista. Su *Panorama de la literatura norteamericana* (1935) fue uno de los primeros libros de su tipo en Hispanoamérica. También se dedicó a la novela, siempre de tema político y social, siendo *Caniqué* (1936) su mejor obra de ficción. Pero el teatro fue su gran pasión. Regresa de España después de haber conocido a Villaespesa y Jacinto Grau y funda con Max Henríquez Ureña y Bernardo G. Barros la Sociedad de Fomento del Teatro. Entre sus dramas más conocidos tenemos *Satanás* (1913), basado en experiencias personales de su visita a parientes conservadores en un lugar olvidado de España —el mismo tema de *Doña Perfecta* de Galdós. Otra comedia, *Calibán Rex* (1914), ha sido comparada a *Un enemigo del pueblo* de Ibsen. Su obra maestra, según la mayoría de los críticos, es *Tembladera*, una refundición de *La hidra* (1908). Ganó el primer premio de la Academia Nacional de Artes y Letras, en un concurso de literatura de 1916 a 1917. El drama, según el parecer de José Juan Arrom, ejemplifica "el ardoroso empeño de Ramos de servir a la patria". A pesar de la crítica implícita a los extranjeros que explotaban a su isla comprando terrenos a los cubanos, Ramos siempre manifestó una gran admiración hacia los Estados Unidos, señalándolo como "el gran experimento humano por excelencia".

BIBLIOGRAFÍA SUMARIA

Arrom, José Juan, "El teatro de José Antonio Ramos", *Revista Cubana*, vol. XXII, enero-diciembre de 1948, pp. 164-175.

———, "El teatro de José Antonio Ramos", *Revista Iberoamericana*, vol. XI, núm. 24, junio de 1947, pp. 263-271.

Díaz Roque, José "José Antonio Ramos: su teatro y su ideología", *Islas*, núm. 63, Cuba, mayo-agosto de 1979, pp. 91-150.

Garzón Céspedes, Francisco (comp.), *Teatro: José Antonio Ramos*, Biblioteca Básica de Literatura Cubana, La Habana, Arte y Literatura, 1976.

Garzón Céspedes, Francisco, "José Antonio Ramos: una línea ascendente de rebeldía", *Latin American Theatre Review*, vol. XIV, núm. 2, primavera de 1981, pp. 5-10.

Leal, Rine, "Ramos dramaturgo, o la república municipal y espesa", *Islas*, vol. XII, Cuba, abril de 1972, pp. 43-46.

Martí de Cid, Dolores (comp.), *Teatro cubano contemporáneo*, Madrid, Aguilar, 1959, pp. 287-295.

Montes Huidobro, Matías, "Técnica dramática de José Antonio Ramos", *Journal of Inter-American Studies and World Affairs*, vol. XII, núm. 2, abril de 1970, pp. 229-241.

Peraz, Fermín, "Bibliografía de José Antonio Ramos", *Revista Iberoamericana*, vol. XII, junio de 1947, pp. 119-131.

Remos, Juan J., "José Antonio Ramos", *Revista Cubana*, vol. XXI, enero-diciembre de 1946, pp. 119-131.

Rodríguez Alemán, Francisco, *et al.*, "Por el centenario de un cubano 'real y útil' de su tiempo: José Antonio Ramos, 1885-1946", *Islas*, núm. 80, Cuba, enero-abril de 1985, pp. 78-132.

Varios, "En la muerte de José Antonio Ramos", *Revista Cubana*, vol. XXI, enero-diciembre de 1946.

Tembladera

PERSONAJES

JOAQUÍN ARTIGAS, *40 años. Su carácter: un hombre inteligente y generoso, de grandes energías y una recia voluntad, concienzudamente disciplinada. En el seno de la familia Gosálvez de la Rosa —en que se desarrolla el drama— su actitud predominante es la de cierta altivez, cierta rebeldía constantemente refrenada. Viste como hombre de campo que lleva la ciudad en él: sencilla, pero correctamente.*

DON FERNANDO GOSÁLVEZ DE LA ROSA, *65 años. El ocaso de un hombre de carácter. Español de origen.*

GABRIELA (*Maela*), *su mujer, 58 años.*

ISOLINA, *hija de ambos, 36 años. Carácter concentrado de mujer de fina sensibilidad, apasionada, rica, adulada y libérrima, que vivió, amó y sufrió intensa y velozmente, hasta sentirse sola y por encima de los suyos y de su propio pasado. No oculta las canas; más bien las ostenta, y en su vestir hay una altiva sencillez que la hace aún más elegante. Su bondad no es relajamiento ni blandura, sino melancolía, comprensión un poco triste de la vida.*

MARIO, *35 años. También hijo de don Fernando. Españolizado completamente por la educación.*

GUSTAVO, *24 años. El benjamín de la casa. Un gorila.*

LUCIANO, *36 años. Viudo de una hija de don Fernando. El tipo del español sincera y noblemente aplatanado.*

TEÓFILO, *17 años. Hijo natural de Isolina; en apariencia su hijo adoptivo. Egoísta y amargado, como los niños que se crían mirados de soslayo. Producto de un instante de brutalidad e inconsciencia, es, a su vez, un agente inconsciente de disolución y embrutecimiento.*

ISABEL, *16 años. Hija natural de Joaquín, tenida por éste en la manigua al finalizar la guerra de Independencia, donde murió la madre. Cariñosa, vehemente y sencilla.*

LUCIANITO, *niño de 6 años. Hijo de Luciano y de una hija de don Fernando, ya difunta.*

MARÍA, *criada joven, de color.*

EL CARTERO.

EL VENDEDOR DE PERIÓDICOS.

CRIADOS, *etcétera.*

Época actual. El primero y el tercer actos, en La Habana.
El segundo, en el campo.

PRIMER ACTO

La antesala de la casa de don Fernando Gosálvez de la Rosa, en el barrio aristocrático del Cerro. Muros blancos, piso de mármol blanco. A la derecha, primer término, un arco de medio punto, con verja de hierro, pintado de blanco, y postigo hasta la altura del arco, practicable; da acceso al zaguán y es la entrada de la casa. Del mismo lado, hacia el fondo, puerta para la sala principal. Al foro, una puerta con mampara de cristales. A la izquierda, dos arcos medio-puntos, que dan al patio, del cual se ve un pequeño trecho, con macetas de flores y plantas. Muebles de mimbre, diseminados caprichosamente. Al fondo, escritorio americano de cubierta articulada. Cuadros, columnas, jarrones, etcétera. Por los arcos de la izquierda entra un torrente de luz, resplandor de sol tropical que cae a raudales sobre el clásico patio cubano, lleno de verde. Es de mañana, una mañana de Cuba, jubilosa y espléndida.

ESCENA I

María, la criada; Gustavo.

MARÍA (*Con un gran plumero de pita sacude los muebles, canturriando, en voz baja*).
...Y me dicen que a ti te lo dé.
¡Si me pides el pescao, te lo doy!
¡Para pantalón y saco,
llevo percheros baratos!

(*Suena el timbre.*)

EL CARTERO (*Por detrás de la reja*).—¡Carteeero! ¡Señorita Isolina Gosálvez de la Rosa!

MARÍA.—¡Señorita! ¡Sí, «señó»! ¡Como yo! (*Cogiendo la carta.*) ¿Una «na má»?

EL CARTERO (*Yéndose ya*).—Nada más. ¡Adiós!

MARÍA (*Disponiéndose a abrir y como mirando a alguien que entró en el zaguán*).—¡Huy! ¡Gustavo! ¡Y qué cara trae!

GUSTAVO (*Entra sin decir nada, como ocultándose, y va a atisbar hacia el patio, detrás de una planta que adorna la antesala*).—¿Papá se levantó ya?

María.—Buenos días, primero, ordinario, que no hemos dormido juntos.

Gustavo.—Anoche no, tienes razón. Pero déjate de relambimientos, porque esta mañana vengo con «los nueve puntos». ¿Lo oyes bien?

María.—¿Y a mí, qué? ¿Me vas a meter «mieo»?

Gustavo (*Siempre apremiante, inquieto, nervioso*).—¿No ha venido nadie a buscarme?

María.—Nadie.

Gustavo (*Cogiendo un periódico que encuentra sobre la mesa y metiéndoselo en el bolsillo*).—Oye: quiero hablar con mi hermana Isolina, pero sin que los viejos se enteren de que yo estoy aquí. Hazme el favor de llamarla...

María.—Pero no te lleves el periódico, que nadie lo ha leído todavía...

Gustavo.—Eso es lo que quiero, que no lo lean... ¡Anda a llamar a Isolina! Pero con disimulo..., que no se entere nadie...

María.—Y «to» ese misterio, ¿«pa» qué?

Gustavo.—¡Anda, ve y no jorobes! Ya lo sabrás, que ahora no puedo andarme con dibujos. ¡Anda!

María.—«Payasás» tuyas... (*Yendo.*) Hasta aquí me llega la peste a «sapotiyo» que traes en el pico... (*De repente, mirando hacia el patio.*) Mira a Isolina, allí, llámala tú...

Gustavo (*Hacia el patio, silba llamando la atención*).—¡Pchs!

María.—Te advierto que si me preguntan por el periódico, yo digo que tú te lo cogiste...

Gustavo.—¡Lo digo yo, hombre! ¿Qué fue? Y te vas dejando conmigo, que ya me tienes muy cansado. ¿Sabes?

María (*Bajando la voz, rencorosa*).—Tú lo que eres es un mal agradecido y un «bufa»... ¡Desprestigiado! (*Gustavo la rechaza con un gesto de aburrimiento.*)

ESCENA II

Dichos; Isolina.

Gustavo.—Oye, mi hermana...

Isolina.—¡Qué cara tienes, Gustavo!

Gustavo.—No empieces a fastidiar tú también y oyéme, que es una cosa muy seria la que tengo que decirte... (*La criada entrega la carta a Isolina.*)

ISOLINA (*Por la carta*).—¿Es para mí? ¡Ah, sí...!

GUSTAVO.—¡Oye!

ISOLINA (*Distraída*).—¿Qué quieres?

GUSTAVO.—Necesito dinero... (*Gesto de Isolina.*) ¡Que oigas! Lo que necesito primero es dinero, pero también quiero que me ayudes a arreglar una maleta con ropa y algunas cosas mías. No quiero que los viejos me vean y tengo que salir hoy mismo de La Habana...

ISOLINA.—Pero ¿qué te pasa?

GUSTAVO.—Ya lo sabrás, no me preguntes ahora...

ISOLINA.—¿Cómo no voy a preguntarte, Gustavo? ¿Qué es lo que tú has llegado a figurarte?

GUSTAVO.—Lo que me figuro es que no puedo perder tiempo, Isolina. Préstame cien centenes; pídeselos al viejo o a mamá, o a cualquiera. No se trata de una «picada» para ir a correr una rumba: que es algo más serio, y, al fin y al cabo, soy tu hermano...

ISOLINA.—¡Pues por lo mismo, quiero saber qué es lo que pasa...!

GUSTAVO.—Yo voy a mi cuarto antes que el viejo se levante... (*A la criada.*) Oye, María: lleva la escalera de mano a mi cuarto y bájame la maleta de cuero que está encima del escaparate... Anda... ¡Y no hagas bulla! (*A Isolina.*) Yo voy a la barbería del Ñato a bañarme y quiero que me mandes en seguida con María una muda de ropa limpia... (*Vase María.*)

ISOLINA.—Bien. Pero es necesario que me expliques...

GUSTAVO.—¡Nada! No me vengas ahora pidiendo cuentas y obligándome a hablar en balde. Soy tu hermano y te digo seriamente, muy seriamente, que estoy en un compromiso de honor, que tengo que huir de La Habana y necesito de ti... Dime qué dinero tienes.

ISOLINA.—Yo no tengo ni un centavo, ya lo sabes.

GUSTAVO (*Desolado*).—¡Era lo que me faltaba!

ISOLINA.—Pero... tú no comprendes, Gustavo, que por muy seriamente que me hables...

GUSTAVO.—Te digo que tengo que huir, que me metas cuatro o cinco mudas de ropa y las cosas de la tabla del centro en la maleta; que necesito dinero, doscientos pesos por lo menos, y que mandes ahora una muda a la barbería del Ñato... Eso es todo lo que tienes que saber. ¿Para qué me preguntas? No he hecho nada bueno, desde luego, pero ¿vas tú a remediarlo?

ISOLINA.—Pero yo no puedo darte dinero sin saber...

GUSTAVO (*Interrumpiéndola siempre*).—Lo que vas a hacer lo sé de sobra y es lo que no quiero aguantarte, porque no estoy para oír discos de moral. Y mucho menos tuyos, que no sé cómo tienes valor para echarme algo en cara...

ISOLINA.—¡Y es así como pretendes de mí un favor!

GUSTAVO (*Iracundo*).—¡Lo que quisiera es reventar ahora mismo de una vez! ¡Por mi madre!

ISOLINA.—Por mí, ya puedes reventar...

GUSTAVO.—Eso es lo que tú y los otros quisieran, pero no les voy a dar el gusto. Y acuérdate lo que te digo hoy, un día que será para todos en esta casa un día memorable: mira el almanaque. Si me echan mano en La Habana por tu culpa, yo me desgracio; pero antes me llevo por delante a uno de ustedes...

ISOLINA.—Tengo que oírte como quien oye llover, Gustavo. Estoy cansada de oírte amenazas, de oír que te vas a hacer esto y lo otro, y todo para sacarnos dinero. No puedo hacerte caso.

GUSTAVO.—¡Con qué calma! ¡Qué pureza! Cualquiera que te oyese diría que eras una santa.

ISOLINA.—No más, Gustavo...

GUSTAVO.—El que está cansado de esa «pose» tuya de virtud, soy yo. ¿Pretendes, acaso, convencerme a mí también? Convence a Joaquín, si puedes, a ver si se casa. ¡Ya Cuba es libre, boba! Ahora él no es el hijo del administrador de papá, como lo era cuando se fue a la manigua desesperado por tus coqueterías... Ahora es un «libertador», un personaje...

ISOLINA.—¡Imbécil!

GUSTAVO.—A mí no me vas a meter la «obra» de tu regeneración. Yo no soy quien ha de cargar con Teofilito, el hijo de la Beneficencia... Si quisieras hacerme ver que eres otra, bien podías ser mejor conmigo, que soy tu hermano, y no tratarme como me tratas, mientras todos tus mimos, tus atenciones y tus cuidados son para la hija del otro...

ISOLINA.—Esa «hija del otro» me quiere con toda su alma y no es interesada ni desamorada como tú. ¡Hipócrita! A buena hora vienes a tocarme la cuerda del sentimiento: después de insultarme... (*Cambiando repentinamente de fisonomía, como viendo entrar en el zaguán a una persona.*) ¡Joaquín!

GUSTAVO (*Volviéndose*).—¡Joaquín!

ISOLINA (*Apresurándose a abrir la reja*).—Buenos días. ¿Cómo usted por aquí?

GUSTAVO (*Para sí, pero en voz alta*).—¡Se acabó el mundo! Ahora si...

ESCENA III

Dichos; Joaquín.

JOAQUÍN (*Desde fuera*).—Buenos días, Isolina, ¿cómo está? ¿Y por acá? (*Entra.*)

ISOLINA.—Muy bien, muchas gracias...

JOAQUÍN.—Me alegro... Fui al colegio...

ISOLINA.—¡Pero si su hija está aquí desde el jueves!

JOAQUÍN.—Sí, ya me enteré que el viernes hubo fiesta... (*A Gustavo.*) ¡Buenos días, hombre! ¡Que milagro tú tan temprano!

GUSTAVO (*Malhumorado*).—Ya lo ve.

ISOLINA.—Como que todavía no se ha acostado...

JOAQUÍN.—Pues estamos casi iguales, porque yo tampoco he podido dormir en el tren...

ISOLINA.—Es verdad, que saldría de «Tembladera»...

JOAQUÍN.—A las tres y pico...

ISOLINA.—¿Y qué tal por allá?

JOAQUÍN.—Muy bien, Isolina, muy bien, a pesar de los pesimismos de ustedes. La candela no fue nada y la caña quemó bien... Vengo resuelto a llevarme a don Fernando, a llevármelos a todos ustedes para convencerles de que vender aquello es un crimen... Vengo resuelto a muchas cosas importantes; ya verá usted.

ISOLINA.—El azúcar ya está a cuatro y medio...

JOAQUÍN.—Y ha de subir mucho más, Isolina.

GUSTAVO (*Después de un instante de titubeos, como resolviéndose*).—Oigame dos palabras, Joaquín.

JOAQUÍN.—¿A mí? Con mucho gusto.

ISOLINA (*Con intención, pero hablando a Joaquín*).—Bueno, yo voy a avisarle a papá...

GUSTAVO (*Feroz*).—¡No! ¡Espérate: no avises a nadie! (*A Joaquín.*) Acabo de comprometerme en una cosa muy seria, Joaquín, y necesito de su antigua amistad y de sus servicios. Le hablo claro porque tengo prisa y no tengo tiempo que perder. Necesito dinero, Joaquín; cuarenta o cincuenta centenes... Ya usted sabe que tengo decidido a papá a vender el ingenio; es un simple adelanto que le pagaría en seguida. Se trata del momento, de la necesidad de ahora... Tengo que salir inmediatamente de La Habana... Por eso...

JOAQUÍN.—Pero aunque quisiera servirte, Gustavo, ahora no tengo ese dinero.

GUSTAVO.—Yo no puedo demorarme aquí un minuto más. Voy a la

barbería del Ñato, una chiquita que está aquí al fondo... Allí le espero a usted hasta las..., hasta las nueve y media. Pídale el dinero a papá, o a esta... (*Por Isolina*), que lo consiga. Convénzala usted de que tiene que ayudarme. (*Solemne.*) Y si alguien viene a buscarme, Joaquín, cuento con su palabra de honor de que no dirá dónde estoy...

JOAQUÍN.—No sé de lo que se trata...; pero, en fin, cuenta con ella: no lo diré. Ahora, que en cuanto a conseguirte el dinero...

GUSTAVO (*A Isolina*).—Yo me voy por el fondo, por el tejado de la caballeriza, al patio de la barbería; ahora se me ocurre eso, que es más seguro... Dile a María que por allí mismo me tire la ropa... En la maleta me echas todos los pomos y las cosas que tengo en la tabla del medio del escaparate... ¿Comprendes? (*A Joaquín.*) Adiós Joaquín, hasta luego; cuento con su palabra... (*Se lo lleva un poco a un lado y le habla en voz baja. Después se vuelve, dirigiéndose a su hermana.*) Adiós, mi hermana, hazme ese favor, y será el más grande que me prestes en toda tu vida... (*La besa.*)

ISOLINA.—Adiós... ¡Sabe Dios lo que tú habrás hecho! (*Gustavo vase por el patio, sigilosamente.*)

ESCENA IV

Isolina y Joaquín.

JOAQUÍN.—¡Pobres padres! Esto es lo que pienso...

ISOLINA.—Todavía no sé lo que es...

JOAQUÍN.—Tampoco me ha dicho gran cosa, pero ni quiero saberlo... ¡Mejor!...

ISOLINA.—Le juro, Joaquín, que de mi hermano Gustavo, como de ese otro desgraciado que cada día me da más graves disgustos, nada puede ya sorprenderme...

JOAQUÍN.—Son irresponsables, Isolina; la culpa no está en ellos.

ISOLINA.—Está en los padres, en nosotros... (*Joaquín hace signos afirmativos.*) Sí... Y usted lo puede decir, pero...

JOAQUÍN.—¡No! Yo tampoco me creo exento de faltas en la educación de mi hija Isabel. A veces, en medio de mis ocupaciones, siento como un picotazo en la conciencia, por no atender, como debo hacerlo, a su educación, a su verdadera educación. Es verdad que se instruye en el mejor colegio de La Habana..., el más caro, por lo menos...

ISOLINA.—Sí, ya sé lo que usted piensa; pero ¿qué vamos a hacer? Yo envié a Teófilo a los Estados Unidos, lo hice educar en un famoso colegio, de donde han salido grandes caracteres... ¿Qué recogió allí Teófilo?

JOAQUÍN.—Es que cuando los mandamos al colegio ya está todo hecho, Isolina. Cada día me convenzo más firmemente de ello.

ISOLINA.—Yo también, pero..., pero ésas son «ideas», Joaquín, verdaderas ideas, elaboradas por nosotros mismos; y a nosotras las mujeres no se nos deja entrar nunca en ese laboratorio. Y las que entran lo hacen como yo, abrasándose en las experiencias más peligrosas e inútiles... A nosotros no se nos habla jamás de ideas, vivimos entre ustedes como las heroínas de Shakespeare, como bellos animalitos cargados de poesía..., y aun la mayor parte de las veces como «caballitos de San Vicente», completamente ajenas a nuestra carga...

JOAQUÍN.—Tiene usted razón...

ISOLINA.—¡Usted mismo, Joaquín! Piensa usted de esa manera hoy que bien podría ser tarde, si en vez de tener a su hija Isabel en plena manigua, durante la guerra de Independencia, y en vez de tenerla entre peligros y vicisitudes que templan para la vida, la hubiese tenido entre estos otros peligros del lujo y la riqueza. Hace veinte años, cuando estudiaba usted Derecho y no podíamos hablarnos tan tranquilamente como ahora, no pensaba usted así. Se habría casado uted, si ese hubiese sido su destino, y sus hijos serían lo que ese infeliz, lo que el otro, lo que la inmensa mayoría de nosotros...

JOAQUÍN (*Soñador*).—¡Veinte años!

ISOLINA.—Diecinueve, es lo mismo...

JOAQUÍN.—Le juro que anoche, durante todo el viaje, no he pensado en otra cosa. Ese proyecto de ustedes de vender «Tembladera» me tiene aturdido, desorientado, como el que debe emprender un largo viaje hacia parajes desconocidos. Ese ingenio es para mí..., algo mío, de mi vida...

ISOLINA (*Acentuando*).—De nuestra vida...

JOAQUÍN.—De nuestra vida, justo. Me siento viejo y estoy ahora descubriendo en todo ese pasado un misterio, un encanto que no tenía antes y del cual no sabría pasarme ahora para reedificar mi vida...

ISOLINA.—Sin embargo..., ¡«entonces» no le gustaba a usted el campo!

JOAQUÍN.—Tenía veinte años, y a esa edad todas nuestras ambiciones tienen un nombre..., un nombre de mujer. Para usted no tengo que explicarme más claro. El amor al campo señala en mi vida la edad de la reflexión, de las grandes ambiciones, del verdadero patriotismo...

ISOLINA.—De veintiún años se fue usted a la manigua... ¡Un chiquillo!

JOAQUÍN.—Y entonces no sabía nada de eso. Una mujer, demasiado alta para mí, y una gran fiebre de libertad... El himno, la bandera..., ¡todo exaltaciones! Fue con la primera herida en el cuerpo, y la otra herida en el alma, que me hicieron sin palo ni piedra, con solo unas noticias de La Habana, cuando desperté de aquella especie de pesadilla...

ISOLINA.—Es la primera vez que me habla usted así, Joaquín. He hecho mucho en toda mi vida posterior por desarmar su odio; de nada ni de nadie me he preocupado tanto como de sus sentimientos hacia mí... Y siempre me expliqué que me despreciase usted, nunca que me odiase...

JOAQUÍN.—Volvamos la hoja, Isolina..., volvamos la hoja. El pasado pertenece al pasado...

ISOLINA.—¿Por qué se arrepiente usted ya? Hace mucho tiempo que yo hubiera podido hablar de todo aquello sin dificultades de ninguna especie. El pasado pertenece al pasado, digo yo, y por lo mismo no he tenido inconveniente en referirme la primera al tiempo en que la guerra, la fatalidad o lo que fuese acabó nuestra inocente novela, y lo llevó a usted a la manigua, y a mí...

JOAQUÍN.—¿Lo ve usted, Isolina? ¡Tendríamos que tropezar con recuerdos demasiado desagradables!

ISOLINA.—He callado porque no sé cómo calificar delante de usted lo que al principio oí llamar «mi crimen»; después, «mi falta», y más tarde, simplemente, «aquello que hiciste»... No quiero ser ni hipócrita ni aparecer demasiado atrevida: quiero ser noblemente sincera, y por eso vacilé...

JOAQUÍN.—De todas maneras, mejor es no tocar esos recuerdos...

ISOLINA (*Seca*).—Está bien: ya lo obedezco. Perdóneme si hube de molestarlo...

JOAQUÍN (*Comprendiendo*).—¡No, no es eso Isolina! Le juro...

ISOLINA.—Todavía ni papá ni su hija saben que está usted aquí... Ahora voy a avisarles.

JOAQUÍN.—No, Isolina, no se vaya usted. Escúcheme; debe escucharme...

ISOLINA (*Sonriente, dueña de sí*).—¡Como usted guste! Ahora resulta que estamos de explicaciones importantes...

JOAQUÍN.—Tenía que ser, y ha sido cuando menos lo esperábamos. Pero no crea que me repugna levantar entre nosotros ese pasado. Ha sido usted después una segunda madre para mi hija Isabel; es usted buena, generosa, positivamente virtuosa, y comprendo tanto como no sabría explicarme la locura de su juventud, que nos separó para siempre y la trajo a usted por la soledad, el sufrimiento y la reflexión a su plena conciencia de mujer. Difícilmente puedo pensar o decir algo que la ofenda.

ISOLINA.—Gracias, Joaquín. Ahora va a perdonarme que sea yo quien no quiera proseguir la evocación de ese pasado...

JOAQUÍN.—Usted me manda... (*Un silencio.*)

ISOLINA (*Mirando hacia el comedor*).—Mire usted: aquel desayuno es para papá. Ahora ha de salir por allí...

JOAQUÍN.—Un momento, Isolina... Quisiera intentar algún esfuerzo para impedir la venta del ingenio. Anoche he pensado muchas veces que... (*Vacila*), que he sido demasiado rígido; tiene usted razón, que he debido ser más franco, más sincero..., que he debido asociarla a usted moralmente en este empeño mío por evitar que «Tembladera», la tierra de su padre y del mío, aunque su padre haya sido el amo y el mío nada más que el brazo, ese pedazo de tierra cubana, vaya a parar a manos extranjeras...

ISOLINA.—Nunca es tarde, Joaquín...

JOAQUÍN.—Dígame cuál es su opinión, su actitud, en ese asunto; dígame si puedo apoyarme en usted...

ISOLINA.—Le confieso que no he obrado por mí, sino impelida, asediada, por Teófilo...

JOAQUÍN.—¡Luego usted también...!

ISOLINA.—Sí; yo he aconsejado y pedido la venta...

JOAQUÍN.—¡Era mi última esperanza!

ISOLINA.—¿Yo?

JOAQUÍN.—Sí, usted, Isolina; usted, que es la mayor y como la segunda a bordo; usted, que es la única que en esta casa puede entenderme, comprender mis escrúpulos, mi dolor de vender el ingenio...

ISOLINA (*Rápidamente*).—¡Papá va a salir! Le prometo, Joaquín, que secundaré sus deseos. Desde este momento me tiene usted por aliada suya. Hablaremos... Ahora voy a llamar a su hija... (*Mirando hacia el patio.*) Ahí sale... (*En voz alta.*) ¡Papá!

JOAQUÍN (*Haciéndose visible, saluda con la cabeza*).—Sí, acabo de llegar...

ISOLINA.—Pase, pase usted al comedor... Vamos. ¡Ahí tiene usted a su hija!

JOAQUÍN (*Rápida y confidencialmente*).—¿Cuento con usted, Isolina?

ISOLINA.—Cuente conmigo... Tenemos que hablar...

JOAQUÍN.—Gracias; sí, hablaremos. (*Recibiendo el abrazo de su hija, que en ese momento entra.*) ¡Hola, mi hija!

ESCENA V

Dichos; Isabel.

ISABEL.—¡No te esperaba hoy!

JOAQUÍN.—¿No te alegras?

ISABEL (*Fría*).—Sí, ¿cómo no?

JOAQUÍN.—Te encuentro algo extraño; no sé qué es...

ISOLINA.—Oiga, papá lo llama...

JOAQUÍN.—Vamos... (*A Isabel, que se le separa y pasea la vista sobre los muebles, como buscando algo.*) ¿Dónde vas?

ISABEL.—Nada..., contigo...

ISOLINA (*Por su padre*).—La subida del azúcar lo tiene optimista: mírele la cara...

JOAQUÍN (*Por Isabel*).—Pero ¿qué buscas?

ISABEL.—¡Nada!

JOAQUÍN (*Llevándosela abrazada, hablando a Isolina*).—Mejor para nosotros que esté optimista, Isolina... (*Vanse.*)

ESCENA VI

Teófilo; después, Isabel.

Teófilo, que entra por el patio, silbando un aire popular, un danzón, y mira un momento por la reja hacia la calle. Viene en traje de casa de dril blanco, sin cuello y con un abanico de guano en la mano. Recorre algunos muebles, como en busca de algo. Saca un cigarro, lo enciende y, por último, grita hacia el patio.

TEÓFILO.—¡Mamá! ¿Tú cogiste «El Mundo»? (*Como si viera la respuesta.*) ¿No? (*Consigo.*) Pues, señor... yo no lo veo...

ISABEL (*Que llega corriendo*).—¿No lo encuentras?

TEÓFILO.—Aquí no está.

ISABEL (*Con disimulo, rápidamente*).—Oye: te suplico que no lo pidas, que no le lleves al viejo ningún periódico...

TEÓFILO.—¿Por qué?

ISABEL (*Lo mismo*).—Ya te lo diré, ahora no puedo... (*Observando hacia la puerta de la calle.*) Mira, mira... Ahí traen otro... Cógelo con disimulo y no lo enseñes... Ponte a leerlo del lado de acá...

UNA VOZ (*Fuera*).—¡«El Díííía»! (*Por el suelo se desliza el periódico.*)

TEÓFILO.—Pero ¿a qué viene todo ese misterio?

ISABEL.—¡Anda, chico, no seas malo!

TEÓFILO (*Recogiendo el periódico y abriéndolo, mientras habla*).—Tú no tienes derecho a pedirme nada...

ISABEL.—Bueno, pero échate más allá, que no te vean del comedor...

TEÓFILO (*Acentuando*).—¡Te repito que tú no tienes derecho a pedirme nada!

ISABEL.—Por Dios, Teófilo, que papá me está mirando y tengo que disimular...

TEÓFILO.—Pero ¿qué es lo que te traes?

ISABEL.—Que Gustavo me dijo... (*Procurando recoger la frase.*) ¡No! ¡Gustavo, no! Oye..., que oigas...

TEÓFILO (*Interrumpiéndola*).—¿Y tienes el descaro de pedirme algo porque Gustavo te lo dijo? ¡No, vieja! Todavía estoy muy sabrosón para hacer esos papeles... (*A gritos.*) ¡«El Día», de hoy, a tres kilos...!

ISABEL.—¡Por tu madre, Teófilo!

TEÓFILO (*Con cinismo*).—Yo no tengo madre, bien lo sabes. ¡Me sacaron de la (*Con retintín.*) Beneeeeeficencia!

ISABEL.—¡Cínico!

TEÓFILO.—Y, además, soy un cínico y un sinvergüenza. Y todo a mucha honra.

ISABEL.—¡Cínico, degradado!

TEÓFILO.—Degradado sí que no. Porque, desengáñate, vieja, que pase lo que pase, fíjate cómo quedo a flote: «¡general, yo!»

ISABEL.—¡Pues quiero a Gustavo, y lo quiero y lo quiero!, para que lo sepas. Y tú me caes muy pesado, y eres muy feo y muy antipático...

TEÓFILO (*Sin dejar de leer*).—¡Caray, qué pena!

ISABEL.—Y no te vengas a dar pisto de dueño en esta casa, porque aquí no eres nadie, ni es verdad que «Mamina» sea tu madre...

TEÓFILO (*Igual*).—¡Caray, qué pena!

ISABEL.—Hijo de la Beneficencia, «colón», tarugo...

TEÓFILO.—¡Adiós, paloma del Espíritu Santo!... ¡Pues sí que en esta casa me puedes llamar tu "colón"!

ISABEL.—Por lo menos, soy hija de padres conocidos; y gracias a mi padre, todavía tienen ustedes qué comer...

TEÓFILO.—¿Quién te dijo eso? ¿Tu padre?

ISABEL.—No he hablado de mi padre, ¡enredador! ¡Chismoso! ¡Calumniador!

TEÓFILO.—Eso último porque te dije bonita... Tienes razón.

ISABEL.—Ya me la pagarás, no tengas cuidado.

TEÓFILO.—Dile a tu padre que se cobre con lo que nos roba...

ISABEL.—¡Dilo más alto, si eres hombre, canalla! ¡Dilo más alto para que veas cómo te rompen el hocico! ¡Cobarde! ¡Anda!

TEÓFILO (*Sin perder su calma*).—¡Y lo digo!... Y después le digo con quién estaba Gustavo anteanoche en la azotea, cuando todo el mundo estaba ya acostado... (*Isabel se inmuta profundamente.*) ¿Quieres? (*Silencio.*) ¿Quieres que se lo diga? ¡Sí, chica! ¡Si es lo que te propusiste! ¿No querías entrar en la familia? Tu padre estuvo a punto de lograrlo, y no lo consiguió porque me aparecí yo en el mundo, caí como una bomba y descuajaringué todo el «timbiriche»... Pero me parece que si tu padre no lo consiguió, lo vas a conseguir tú... Por lo menos, que te conste que estás haciendo la «dili» a la «campana»... (*Isabel llora, pero sin sollozos, sin sacudimientos, como temiendo ser vista desde la saleta-comedor; y va deslizándose disimuladamente hacia la puerta del segundo término, o sea la puerta de la sala.*) ¡Pero no llores, boba! ¡Ahora lo único que te falta es que Gustavo se deje enganchar!... Porque te advierto que en esto de no tener vergüenza y vivir de sabroso, yo, para la edad que tengo, no lo hago mal... Pero a su lado me confieso un pigmeo, un verdadero pichón. Y no es modestia, no... Es justicia... (*Suena el timbre de la puerta. Isabel se desliza hacia la sala y desaparece.*) ¡Oye! ¡No te vayas! Toma el periódico... Toma... (*La sigue.*)

ESCENA VII

Pasa de izquierda a derecha un criado, que abre la reja a Mario, y vase. Mario se dirige a Teófilo, que vuelve de la sala sin el periódico.

MARIO.—¡Adiós, don Teófilo!
TEÓFILO.—«Quiay»...
MARIO.—¡Vaya un mes de octubre para hacer calor! Vengo ahogándome. ¡Buf! ¿Y mamá?
TEÓFILO.—Bien. Está allá adentro.
MARIO.—¿Quieres el «Nuevo Mundo», de Madrid?... Ahí lo tienes... (*Le entrega varios periódicos y revistas.*)
TEÓFILO (*Por uno*).—Y éste, ¿qué periódico es?
MARIO.—«Heraldo de Madrid».
TEÓFILO.—Creo que te interesan más los periódicos de allá que los de aquí...
MARIO.—Esos «Heraldos» me los manda mi cuñado para que lea el duelo del marqués de San Andrés, que es muy amigo mío... Pero ese «Nuevo Mundo» tienes que verlo con atención, a ver si te fijas en una cosa...
TEÓFILO.—¿Qué es?

MARIO.—¡A ver si le ves!... (*Va hacia el fondo y da unos toquecitos en la mampara.*)

ESCENA VIII

Dichos; Maela (doña Gabriela), que asoma, sin salir, por la mampara del fondo. Y el pequeño Lucianito, a quien tiene de la mano.

MAELA (*Recibiendo el beso de su hijo*).—¿«Quiay», hijo? ¿Cómo no vino Patrocinio?

MARIO (*Besando al niño*).—Adiós, sobrino... (*A Maela.*) Mi mujer no puede dejar de oír su consabida misa todas las mañanas... ¡Y con este calor!

MAELA.—Pero la hubieras traído...

MARIO.—¡Ca! La dejé vistiéndose. Para ella, aquí, en La Habana, empezamos a vivir demasiado temprano. ¡Como que en Madrid comemos a las dos de la tarde! Lo que vosotros llamáis «almorzar»...

MAELA (*Por el niño*).—No, no te suelto, Lucianito... Ven a vestirte. (*A Mario.*) No puedo salir todavía, hijo, tengo que bañar y vestir a este muchacho. Cuando tú llamaste creí que era su padre... (*Por el chico.*) ¡Por Dios, hijo, que me arrancas el brazo! (*A Mario, confidencial.*) Ahí está Joaquín, en el comedor, ¿lo viste?

MARIO.—No.

MAELA.—Tu padre y él se traen un «chucu-chucu» muy interesante... Me parece que Joaquín vuelve con su pretensión de que no se venda el ingenio... Nos quiere llevar a todos allá...

TEÓFILO (*Pegando un salto*).—¡Qué! ¿Que no se venda? ¿Y quién es él?...

MAELA.—¡Pchs! Vamos, Luciano...

MARIO.—A mí, después de todo...

MAELA.—Hasta luego, hijo... (*Vase, llevándose a Lucianito.*)

ESCENA IX

Mario y Teófilo.

TEÓFILO.—Sí, ¿a ti qué te importa? ¡Ya lo creo! ¡Como que ya le vendiste tus derechos al gallego de Luciano, y cogiste tu plata e hiciste de ella lo que te dio la gana! ¿A ti qué te importamos todos nosotros?

MARIO.—Pero escucha, hombre...

Teófilo.—Te educaste en Madrid; tu mujer es madrileña; tus amigos los tienes allá; ya te he visto aquí retratado, disfrazado de «bruja», con el capuchón ese de las Calatravas... Tienes aquí un apoderado que te cobra las rentas... y ¡«abur», chiquito!

Mario.—Lo dices porque crees que...

Teófilo.—¡No tienes de cubano más que el nombre!... ¡Y eso, no sé cómo!

Mario.—¿Ahora, el patriotismo? ¡Pero, oye!

Teófilo.—Y el que se queda aquí es el que se joroba. ¡Que no se venda el ingenio! ¡Lo veremos!

Mario.—Pues si a esto venías a parar, has estado hablando de más, porque yo no he dicho que no se venda ni que se venda. ¡No he dicho nada!

Teófilo.—No lo habrás dicho ahora, pero bastantes veces te he oído decirle al viejo que si el «yankee» nos está absorbiendo, y que si dentro de poco no quedará nada cubano en Cuba... A ti ¿qué te importa?

Mario.—Como que eres un anexionista, te figuras que todos debemos pensar como tú...

Teófilo.—Mira, Mario, ¡hazme el favor! Ni yo soy anexionista ni tú eres cubano... ni nadie es nada. Aquí, con todas nuestras boberías y nuestras pretensiones, cada uno tira para su lado... Y al que se «le rompe el tirante» lo parte un rayo... No estés creyendo otra cosa...

Mario.—Contigo no se puede discutir, hijo...

Teófilo.—A ese Joaquín lo tengo yo metido aquí, entre ceja y ceja. Ya verás cómo me va a virar a mamá... Y lo único que te digo es que si para febrero yo no puedo largarme a Nueva York, en esta casa se arma «la de Pancho Apday»...

Mario.—¿A mí qué me cuentas?

Teófilo.—Yo sé que Joaquín tiene una gran... (*Con sorna.*) influencia con mi madre y con todos en esta casa... Parece que conviene tenerlo contento...

Mario.—¡Teófilo! ¡No hables de esa manera, por Dios!

Teófilo.—¿Que no? La hija de él es para mi madre mucho más que yo; la mima y la atiende todo lo que a mí me desprecia...

Mario.—De cosas tan delicadas no se habla con esa ligereza, Teófilo. Eso no es decente.

Teófilo.—Yo no soy decente. Soy un hijo de padre desconocido, un recogido de la Beneficencia...

Mario.—No, no... no más...

TEÓFILO.—Estoy hasta aquí de oír hablar de decencia, de aristocracia, de distinción y de moral en esta casa...

MARIO.—Bien. Pero a mí no me tomes para confesor, porque yo no estoy dispuesto a oírte hablar así de nuestra familia...

TEÓFILO.—Ya; por no haber, no hay ni de esto... (*Señal de dinero.*) Porque la cosa anda de chivo cojo... pero desde hace muchísimo tiempo, para que lo sepas...

MARIO.—Lo que es como se vive en esta casa...

TEÓFILO.—Sí, eso es, la «tonada» del otro, la guarachita de Joaquín: que si se gasta, que si se despilfarra... ¿Y el ingenio? "Pa" bonito, para que el señor administrador se dé el gusto de administrarlo y de meterse en el bolsillo la mitad de cada zafra...

MARIO.—Bien, hijo, bien... ¡Da gusto oírte!

TEÓFILO.—Todo el mundo está comprando su máquina, su automóvil... ¡El progreso, viejo, que se abre paso! Y nosotros con el cochecito y los penquitos ésos..., dos «stradivarius» legítimos... ¡Oye! Como que si Juan el cochero se encuentra un día una ballestilla en el lugar del chucho se hace célebre, nada más te digo... ¡Tocan solos!

MARIO.—¡Eso: ahora, automóvil también!...

TEÓFILO.—Bueno, ¿y por qué no? Vamos a ver. El último «buche pranganoso» tiene ya su automóvil y vive en su «chalet», de a todo meter, en el Vedado... ¿Y nosotros? Ni te ocupes: en este caserón asqueroso por los siglos de los siglos... Ya, ni los viajes del verano a los Estados Unidos... ¡Este año no he podido largarme! (*Desesperado.*) Bueno, por mi madre, cada vez que lo pienso... No, no, no quiero pensarlo. Yo me voy, aunque sea en pleno invierno: tú verás... (*Consultando su reloj.*) ¡Y la hora que es ya, y el «salao» gallego ese no viene!

MARIO.—¡No llames así a Luciano, Teófilo! ¡Acabarás por enojarme!... Y no hay derecho, vamos, a amargarle a uno la mañana de esta manera... ¡Hay que ver!...

TEÓFILO.—Lo que quiero es hablarle a Luciano antes que Joaquín me lo vire, tengo que «apuntarlo»...

MARIO.—Con ser el extraño, ese «gallego» que llamas, tiene más derecho que Gustavo y que tú al cariño y a la consideración de los viejos...

TEÓFILO.—A él lo que lo tiene mansito es la plata del hijo: no te hagas ilusiones... Al fin y al cabo...

MARIO.—¡Cállate! ¡No quiero decirte cínico! Luciano es un hombre trabajador y honrado, que aunque haya nacido en España le hace más bien a Cuba que tú. Luciano quiso con toda su alma a mi pobrecita hermana Leonor, que en paz descanse, y vive hoy dedicado por entero a su hijo y su trabajo. Para hablar de él debes enjuagarte la boca...

TEÓFILO.—¡Caramba! ¡Cómo defiendes a tu «compatriota»! Te voy a nombrar «gallego honorario»...

MARIO.—¡Anda allá, idiota! (*Yéndose.*) Cada día estás más estúpido y más insoportable... (*Vase hacia el patio.*)

TEÓFILO.—¡No me hubieran traído al mundo! Nací estorbando... Y seguiré estorbando... ¡«Pa» que suden!... (*Vase hacia el zaguán.*)

ESCENA X

Joaquín, Mario y don Fernando, que llegan por el patio conversando.

DON FERNANDO.—Ella no tiene nada, Joaquín; pero me explico perfectamente su preocupación. Tú sabes el interés que me tomo por tu hija Isabel...

JOAQUÍN.—Gracias, don Fernando.

DON FERNANDO.—Nada de gracias. Quiero ayudarte a hacerla una mujer como sueñas. Tu manera de ser padre me despierta siempre remordimientos...

JOAQUÍN.—No, don Fernando...

DON FERNANDO.—Sí, sí... Lo digo por lo mismo que estás tú (*Por Mario.*) delante, hijo mío, y porque eres el mejor...

JOAQUÍN.—Ya ve usted que los buenos de índole...

MARIO.—Ahora la has tomado por echarte las culpas de todos...

DON FERNANDO.—No, no es eso lo que quiero decir. Tú (*Por Mario.*) eres el mejor, indudablemente, y hasta por ti tengo remordimientos, porque eres hijo mío y eres un hombre cabal y honrado, es cierto; pero... no sé cómo decírtelo, no quiero molestarte.

MARIO.—No me molestas; dilo como te plazca...

DON FERNANDO.—No eres... mi sucesor, mi continuación, como yo hubiera querido tenerte ahora, que veo todo hundirse a mi alrededor y..., ¡y no puedo hacer nada por evitar la ruina de todo lo que yo creé a costa de tantos esfuerzos y tantos sacrificios!

MARIO.—Bien, pero esa no es razón para...

JOAQUÍN.—No se dé usted por vencido, don Fernando. Luchemos todos juntos y «Tembladera» no se pierde...

MARIO.—Yo creo que todo eso es simplemente un juego de palabras, porque vender, que yo sepa, no es perder...

JOAQUÍN.—¡Se pierde, porque el dinero no es la tierra!

DON FERNANDO.—Es inútil que tratemos de explicarnos, Joaquín, porque yo comprendo a Mario y no sé cómo decirlo, no sé cómo establecer la diferencia que nos separa. Pero era eso mismo, ese pensamiento el mío cuando me quejaba de no haber sabido criar hijos... Mario encuentra lo mismo tener su dinero en «Tembladera» que tenerlo en acciones del Banco de España... ¡Yo lo comprendo! Pero ésa es mi queja... ¡No haber sabido inspirar amor a la tierra, a mi obra, al fruto de mi trabajo!

JOAQUÍN.—Es que usted no creyó nunca en el objeto de su trabajo, don Fernando, que trabajó usted en Cuba con el pensamiento puesto en España... Y su obra quedó en el aire...

MARIO.—No, no es eso...

JOAQUÍN (*Animándose*).—A su misma obra, a su pantano convertido en mina de oro, no lo trató con cariño, no lo abonó, no la quiso: tiró de ella todo el beneficio que pudo, como el que tiene prisa por marcharse, y nada más. Y la tierra es mala esclava, don Fernando, muy mala esclava... Hay que saber quererla...

MARIO.—¡No, no! ¡Usted no debía decir eso, Joaquín!...

DON FERNANDO.—¡Esa es la verdad, hijo mío! Es la pura verdad, aunque me duela. Joaquín puede decírmelo todo porque yo mido su corazón por su franqueza...

JOAQUÍN.—Estoy acostumbrado a tratarlo como a un padre, como me enseñó el mío que se debe tratar a los padres, y por eso le hablo así. Para ustedes es lo mismo que se conserve como que se pierda «Tembladera», porque no se les enseñó a amar la tierra, porque no fueron ustedes educados para Cuba ni para España... sino para ustedes mismos...

MARIO.—Quiere decirme que soy un egoísta, yo también...

JOAQUÍN.—¡Sí, Mario! No estoy acostumbrado a envolver mi pensamiento en bonitas palabras. Por lo demás, no lo digo en tono de censura, ni muchísimo menos. Quiero limpiar el campo, presentar la cuestión con números, con números nada más, y no con historias. Pero tampoco es cosa de oírlo todo en silencio...

MARIO.—No sé a qué viene todo eso. Usted sabe perfectamente que cedí a Luciano todos mis derechos, y mal puedo, por lo tanto, tener algún interés en que se venda la finca. Estoy aquí de paso, soy como un extraño, y lo único que hago es respetar el deseo de mis hermanos y la resolución de mi padre... (*A su padre.*) Me has dicho que estás cansado, que deseas descansar de los negocios, y antes que una donación, complicada y molesta, prefieres vender «Tembladera» y darle a cada cual lo suyo. He aprobado cuanto me dijiste..., y eso es todo. (*A Joaquín.*) Si a eso llama usted egoísmo...

DON FERNANDO.—No más, no más, hijo mío. Nadie te acusa ni te censura: ya se lo has oído al propio Joaquín. No hablemos más de eso: es inútil. Demasiado tarde; pero es ahora, viejo y con un pie en la fosa, cuando reconozco los grandes errores de mi vida...

MARIO.—Pues lo único que haces es mortificarte inútilmente...

JOAQUÍN.—Por mí, que no se hable más del pasado, ya lo dije antes. Pero que no se diga que esto es simple juego de palabras. Si con la tierra, que cuesta trabajo comérsela, andamos como andamos..., calculemos fríamente lo que ha de ser esta casa el día que todo sea un fajo de billetes y un puñado de oro...

MARIO.—Así, egoísta como soy, Joaquín, si tuviera un voto, ese voto sería en contra de la venta; pero dije eso porque no puedo creer que mis hermanos pidan la venta del ingenio para comerse el capital...

JOAQUÍN.—Está bien, perdóname esta rudeza mía... «Tembladera» no es Madrid.

DON FERNANDO.—Afortunadamente, yo no lo veré; pero creo que te equivocas, Mario... Es para comérselo, para tirarlo por la ventana, para lo que quieren el dinero... ¡Ya lo verás tú!

MARIO.—¡Pues oponte francamente a la venta! No comprendo tu debilidad, tu incertidumbre... ¡No te reconozco!...

JOAQUÍN.—Lo único que te digo y que repito es que eso es un disparate. Vengo diciéndolo desde que apareció esta maldita idea de la venta... La caña está como nadie la esperaba; el fuego no fue nada; no se quemaron ni cuarenta mil arrobas, y la perspectiva en el mercado americano no puede ser mejor... ¡Y, a pesar de todo, esa idea ahí y ahí y ahí, dale que dale, y no sé de quién! ¡Y el míster Carpetbagger ese paseando el ingenio y queriendo meter el hocico en todo, como si fuese más administrador que yo... ¿Por qué? ¿Qué pasa aquí? ¿A qué atenerse?

MARIO (*Como saliendo en auxilio de su padre, que titubea*).—Sí..., realmente... Pero...

DON FERNANDO.—No sé..., yo tampoco sé. Los Vega Murias, Alejandro Fernández..., el mismo Ricardo Soriano, que tan desesperado se mostraba con que los otros vendiesen: todos se han desprendido de sus tierras...

JOAQUÍN.—Pero a nosotros ¿qué nos importan los demás?

DON FERNANDO.—Aquí, dentro de casa... Ustedes no pueden darse cuenta, no. Esto es un tonel sin fondo, una vergüenza. No hay renta que resista este desorden. Hasta mi hija Isolina me ha pedido la venta. Dice que Gustavo me está heredando en vida... ¡Tiene razón! Ella misma no sabe lo que gasta... El Teofilito nos está saliendo caro, muy caro... Y yo no puedo más. Estoy más viejo y más cansado de lo que parezco. Tabaco, ganado, la estancia de El Cano..., ¡no hay negocio que emprenda en que no salga de cabeza! Ya no sirvo, no soy hombre de esta época. Mi tiempo pasó, y pasó para siempre...

MARIO.—Bien, pero no te desesperes... ¡Todo se andará!

JOAQUÍN.—Tengo razones para afirmar que Isolina se vuelve atrás. Hace diez minutos me lo ha dicho...

MARIO.—Y si a Luciano se le habla y encuentra quien lo secunde, es seguro que hace lo mismo...

JOAQUÍN.—Con esa esperanza dejé anoche «Tembladera»...

MARIO.—Luciano vota a favor de la venta porque ve que los hijos de la casa la quieren. Y yo, en su lugar, haría lo mismo. Es cuestión de delicadeza...

DON FERNANDO.—Él no tarda en venir... Nunca me declaró su opinión ni dijo nada. Ya lo oirán ustedes...

MARIO.—Todavía queda la otra solución del americano: la de convertir nuestra propiedad en acciones. ¿Por qué no se ha vuelto a tratar de ella?

JOAQUÍN.—Esa proposición de los «yankees» me dejaba a mí de administrador de «Tembladera», con doble sueldo y algunas acciones, si yo decidía a don Fernando... Por ahí fue por donde empezó el americano; por ahí lo atajé yo. Eso es confesar nuestra impotencia y nuestra holgazanería...

MARIO.—No, Joaquín...

JOAQUÍN.—Sí, señor: confesar nuestra falta de energías, de virilidad... Además, es declarar indecorosamente nuestra carencia del sentimiento de nacionalidad... Y antes que eso, cualquier cosa. ¡Que se lo lleve todo la trampa!

MARIO.—Pues a hacer la zafra entonces, pese a quien pese.

JOAQUÍN.—Ya se. lo he dicho a don Fernando, y es a lo que vengo. Tengo la seguridad de conseguir un corredor de azúcar que facilite el dinero, comprando la cosecha a precio fijado o a precio en plaza, según se consiga, pero haciendo siempre el negocio. Esta tarde sabré una respuesta definitiva. Y ésa es la verdadera, la única solución... ¡y yo la garantizo!

DON FERNANDO.—La verdadera situación la veo mejor que ustedes, porque de algo me sirven mi experiencia y mis años... (*Con profunda tristeza.*) Aquí dentro, un caos de influencias encontradas, y ninguna más fuerte para imponerse a las demás; una indiferencia verdaderamente salvaje por el porvenir, y ninguna acción sobre los acontecimientos.

JOAQUÍN.—No lo niego, pero no puedo ser pesimista.

DON FERNANDO.—Y fuera ¡el «yankee»! El «yankee» con muchos millones de dólares, y como un solo hombre; con un propósito firme ante el porvenir, al que dedica la mitad del presente; y empeñado en hacer suya la tierra... Ésa es la verdadera situación. Y solución que no resuelva esto, no resuelve nada... (*Suena el teléfono.*)

MARIO (*Al teléfono*).—¡«Aló»! ¡Sí! Un miembro de la familia, sí, soy Mario. ¿Quién habla? ¡Ah! Buenos días, hombre, ¿dónde estás? Sí, sí... (*A Joaquín.*) Joaquín, mi hermano Gustavo, que le llama a usted.

JOAQUÍN (*Consigo*).—¡Bah! Ya me olvidaba... (*A Mario.*) Gracias... (*Al teléfono, muy contrariado.*) ¿Qué hay?

DON FERNANDO (*Con Mario*).—¡No! ¡No! ¡Que no venga! Vale más que no se entere de esto, porque no quiero oírle la boca a mi hijo Gustavo.

JOAQUÍN (*Al teléfono*).—No he podido conseguir nada, Gustavo; no..., no..., no es posible... ¿Y yo qué voy a hacer?

DON FERNANDO.—¿Dónde está? Que no venga...

JOAQUÍN.—¡A mí no tienes que decírmelo! No te contesto como te mereces por estar donde estoy... (*A don Fernando.*) ¡Don Fernando! Dice Gustavo que tiene que hablarle...

DON FERNANDO.—¿Qué es lo que quiere?

JOAQUÍN.—No lo sé.

MARIO.—Él no duerme en la casa, ¿verdad?

DON FERNANDO.—¡Casi nunca! (*Al aparato.*) ¿Qué hay? Sí... Sí...

MARIO.—Yo no sé cómo puede llevar esta vida año tras año.

JOAQUÍN.—¡Para eso quiere la venta del ingenio! Ya verá usted lo que dura el dinero...

DON FERNANDO (*Al teléfono*).—¡Eh! ¡Cállate, deslenguado, que estás hablando a tu padre! Sabes perfectamente cómo andamos: es imposible que te dé ese dinero...

MARIO.—¡Agua va!

JOAQUÍN.—¡Ahí lo tiene usted!

DON FERNANDO (*Lo mismo*).—Bueno, bueno. Haz lo que te parezca. ¡Mejor! Tal día hará un año... Te enterramos y listo... (*Alto, llamando hacia el patio.*) ¡Isolina!

MARIO.—Ahora llama a Isolina.

DON FERNANDO.—¡No le entiendo! Dice que se va esta misma tarde para México, y que necesita dinero, y que la ropa... ¡No sé! (*Alto.*) ¡Isolina!... (*A algún criado que pregunta desde el patio.*) Dígale que Gustavo la llama por el teléfono...

ESCENA XI

Dichos; Luciano, que aparece por la puerta reja, como sofocado, secándose el sudor, y escuchando con cierta nerviosidad a Teófilo. Éste lo trae como sujeto a vehementes recomendaciones. Isolina, al fondo, como se indica.

MARIO (*Por Luciano*).—¡Hola!... ¡Aquí tenemos al hombre!

LUCIANO (*Sin librarse de Teófilo*).—Buenos días...

DON FERNANDO.—Buenos días, Luciano...

JOAQUÍN (*Al mismo tiempo*).—Buenos días...

MARIO (*Acercándose*).—¿Cómo le va? ¿Qué tal del calor?

LUCIANO (*A Mario*).—Como siempre... (*A Teófilo.*) Bien, sí, sí. Descuida que ya me enteraré... Sí...

TEÓFILO.—Bueno, pero oiga, oiga... (*Sigue en voz baja. Don Fernando le hace señas a Joaquín. Ya éste observa.*)

MARIO.—Tenga cuidado con éste, Luciano, que es mal negociante... ¿eh? ¡Duro con él!...

TEÓFILO (*Terminando*).—¿Eh? Hasta luego... (*A Mario, yéndose hacia el patio.*) Oye, a ti te da lo mismo, por esa gracia tuya, que me ría ahora o luego ¿verdad?

MARIO.—¿Por qué dices eso?

TEÓFILO (*En tono de burla*).—¡Te la debo! (*Vase hacia el patio.*)

LUCIANO (*A Joaquín, después de saludarlo y de estrechar la mano también a don Fernando*).—¿Y cuándo llegó?

JOAQUÍN.—Esta mañana, en el Central...

DON FERNANDO.—Pues hace rato que te esperábamos, Luciano... Tenemos que hablarte de negocios...

LUCIANO (*Siempre nervioso, distraído*).—¿De negocios?

JOAQUÍN.—Sí, Luciano. Ahora don Fernando... (*Entra Isolina por el patio.*)

ISOLINA (*Por Luciano*).—Buenos días...

LUCIANO.—Buenos días, Isolina. ¿Cómo está?

ISOLINA.—Ahora le traen a su hijo. Lo estaba vistiendo... (*Al aparato.*) ¿Qué hay? ¿Qué hay? ¡Oiga!

LUCIANO (*Siempre desconcertado*).—Sí, sí... Pero antes quisiera...

DON FERNANDO.—¿Qué es lo que quieres?

MARIO.—¿Qué le dijo Teófilo?

ISOLINA (*Al aparato*).—Sí, soy yo, sí...

LUCIANO.—No, no es eso... Quisiera saber si Gustavo... Gustavo está en casa. ¿No le habéis visto?

DON FERNANDO.—Con él está hablando Isolina...

ISOLINA.—Si sigues hablando de ese modo, cuelgo el receptor y me voy...

MARIO (*Riendo*).—¡Ahí le tiene usted! ¡No cabe duda!

LUCIANO (*Sin reír*).—Pero ¿dónde está? ¿Lo saben?

MARIO.—No... (*A Joaquín.*) ¿Se lo dijo a usted?

JOAQUÍN.—No..., es decir... (*Embrollándose.*) No, no... Por el teléfono no me dijo de dónde me hablaba...

LUCIANO.—Pero ¿no ha venido? ¿No ha estado aquí?

ISOLINA (*Lo mismo*).—Es imposible, Gustavo, imposible. La maleta ya la tienes lista, sí... Estaba vistiendo a Lucianito, sí... Que no pude, ¡vamos! María te la lleva ahora, si quieres...

LUCIANO.—¡Entonces!

DON FERNANDO (*De repente*).—¡Mi hijo Gustavo ha hecho una de las suyas! No necesito saber más...

LUCIANO.—Don Fernando...

DON FERNANDO.—Vamos... (*A Joaquín.*) Dígalo usted, si sabe algo...

MARIO.—¡Seguro que es eso!

JOAQUÍN.—Esta mañana, cuando yo llegué, lo encontré aquí; me dijo que tenía un compromiso de honor y que se iba para México... ¡Que se iba de La Habana! Me pidió dinero...

DON FERNANDO (*Por Luciano*).—Tú eres quien lo sabe, ¡tú! ¿Por qué disimulas?...

ISOLINA.—Sí, sí, pero habla despacio... (*Siempre al teléfono.*)

LUCIANO.—Don Fernando... Yo no sé más que lo que dicen los periódicos...

DON FERNANDO.—¿Y qué dicen los periódicos? A ver... No hay aquí ninguno...

MARIO.—Éste no es de hoy...

DON FERNANDO.—Pero ¿qué es lo que dicen los periódicos? ¡Es necesario que sea algo muy grave para que estés con esa cara, Luciano!...

LUCIANO.—Sí, don Fernando... Gustavo...

ISOLINA (*Lo mismo*).—¡Pero cómo! ¡Gustavo! ¿Qué es lo que has hecho?

DON FERNANDO.—¡Ahora él mismo lo dice!...

LUCIANO (*Como hallando una salida*).—Gustavo ha tenido un desafío, don Fernando...

DON FERNANDO.—¡Un desafío! ¿Cuándo?

MARIO.—¡Un desafío!

ISOLINA (*Lo mismo*).—¡Era lo único que te faltaba, desgraciado!

LUCIANO.—Esta mañana...

DON FERNANDO (*Imperativo*).—¡Me estás mintiendo, Luciano! ¿Dónde están los periódicos? A ver... ¡Isolina!...

ISOLINA (*Lo mismo*).—¡Haz lo que quieras! ¡No, no y no! Es mi última palabra; adiós..., adiós... No más... (*A su padre.*) Yo acabo de enterarme en este momento, papá; no sé dónde están los periódicos...

JOAQUÍN (*Sacando un periódico del bolsillo*).—Me parece...

DON FERNANDO (*Hacia el patio, a gritos*).—¡María!

JOAQUÍN.—Esta mañana compré éste... Todavía no lo había hojeado siquiera...

ESCENA XII

Dichos; Maela, por el foro; María, por el patio.

MAELA.—¿Qué es lo que pasa, señor?... (*Luciano y Joaquín la saludan.*)

MARÍA (*Desde el umbral*).—Yo no sé de los periódicos, caballero. El caballero Gustavo se llevó uno esta mañana; y el otro está allí adentro: lo tiene Isabelita y no ha querido dármelo...

JOAQUÍN (*Profundamente extrañado*).—¿Isabel?

MARÍA.—Sí, señor. (*Vase.*)

MARIO (*A su padre*).—A ver... dame ese pedazo... Lo que es con estos periódicos de aquí...

DON FERNANDO (*Nervioso*).—¿Dónde están mis gafas?...

MAELA (*A Isolina y Luciano, que le hablan*).—¡No, no, no puede ser verdad! Él no ha venido esta mañana...

MARIO (*A su padre*).—Deja, yo lo busco...

ISOLINA (*Con su madre*).—Ha estado hablando conmigo, mamá; y se ha ido por el tejado de la caballeriza, que lo ha visto María... ¡Sí! (*Suena el timbre de la reja.*)

MAELA.—¿Quién es?

MARIO (*A alguien que ve detrás de la reja*).—Buenos días...

UNA VOZ.—Buenos días. ¿Don Fernando, está?...

DON FERNANDO.—¿A mí?

LUCIANO (*Que ha venido a primer término, a Mario, que va a abrir*).—Son de la Policía secreta... (*Volviéndose a don Fernando.*) No venga usted, don Fernando, es a mí..., yo los conozco...

DON FERNANDO.—Han dicho mi nombre...

MAELA (*Con un grito inconsciente*).—¡Mi hijo Gustavo! (*Mirando después hacia el patio, como atraída por un ruido.*) ¿Por qué cierran las persianas de la saleta? ¡María!... ¡María!

LUCIANO (*Con don Fernando*).—No, no venga usted... Es a mí... (*Mario desaparece por el zaguán, Luciano procura detener a don Fernando.*)

DON FERNANDO.—Pero ¿qué quieren esos hombres? ¿Cómo Mario les habla?

LUCIANO.—Son conocidos nuestros, don Fernando...

MAELA (*A Isolina, espantada*).—Pero ¿por qué ha de esconderse mi hijo Gustavo? ¡Díganme!

ISOLINA.—Que ha hecho una locura, mamá...

MAELA.—Pero ¿qué locura?... ¿Por qué?

DON FERNANDO (*A Luciano*).—No, no... Es la Policía, Luciano... Esos hombres son de la Policía... ¡Sí!...

MAELA.—¿La Policía? ¿Por qué?

ISOLINA.—¡Mamá!

LUCIANO.—Pues por eso mismo, no venga. ¡Déjenos usted! (*Vase.*)

ESCENA XIII

Dichos, menos Mario, que vuelve a poco, y Luciano. Gustavo aparece repentinamente por la mampara del foro, descompuesto y haciendo señas desesperadas para que todos callen.

MAELA.—¡Hijo mío!

GUSTAVO (*Exasperado, fuera de sí*).—¡«Sió»! (*En voz baja.*) ¡Que no estoy! ¡Que no estoy, que no me han visto! (*A Joaquín.*) ¡Y usted, que me ha denunciado, prepárese!

JOAQUÍN (*Violentamente*).—¡Eso es falso!

MAELA.—¡Hijo! ¡Hijo de mi alma!

DON FERNANDO.—¡Completamente falso! ¡Joaquín no se ha movido de aquí... (*Aparece de nuevo Mario, que se queda junto a la puerta, asombrado de ver a su hermano.*)

ISOLINA.—¿Se fueron?...

MARIO (*Tembloroso, mirando con odio a su hermano*).—¡No!

DON FERNANDO (*Yendo hacia Gustavo, iracundo*).—Y tú ¿qué has hecho, desgraciado, di, qué has hecho?...

MARIO (*Fuera de sí*).—¡No ha sido un lance de honor, papá! Fue un crimen vulgar... ¡Un asesinato!

DON FERNANDO (*Espantado, se detiene, como en vilo*).—¡Ah!

ISOLINA.—¡Papá!

MAELA (*Deshecha en llanto*).—¡Hijo de mis entrañas!

GUSTAVO (*A su hermano*).—¡Y tú eres el abogado de Salamanca, animal, y confundes asesinato con homicidio! (*Don Fernando solloza.*) ¡No más llanto, qué, que el muerto es el otro! Ahora lo que hace falta es dinero...

MAELA.—¡Hijo mío! ¿Qué has hecho, hijo mío, qué has hecho?

GUSTAVO.—¡Dinero!

TELÓN

SEGUNDO ACTO

Un rincón del portal de la casa vivienda en el ingenio. Techo de tejas que deja ver el paisaje por allá arriba. A la derecha, el cuerpo de la casa, con puerta y ventanas al portal. Entre una ventana y un horcón pende una hamaca de red. Aquí y allá, dos o tres sillones de mimbre. Al fondo, el campo. Un verdor magnífico y múltiple cubre toda la tierra, como una alfombra; cielo azul, diáfano y puro; sol tibio de invierno. Siéntese en el aire caliente como el murmullo de una fiesta desenfrenada y perpetua de la Naturaleza, como una embriaguez de amor y de fecundidad, que enardece la sangre y agota en una languidez paradisiaca, sin espasmos; diríase bajo una caricia implacable y continua...

ESCENA I

Isabel, en la hamaca; Isolina, junto a ella, en pie.

ISABEL.—Es que tengo miedo de quedarme aquí solita, en la casa tan grande...

ISOLINA.—¿Cuándo vas a quedarte sola?

ISABEL.—¡Pues cuando mi padre tenga que salir! ¡Durante todo el día él estará en el campo!

ISOLINA.—A lo que tú más temes no es a quedarte sola, sino al aburrimiento... (*Silencio.*) ¿Verdad que es a eso?

ISABEL.—Sí, también...

ISOLINA.—Al principio echarás de menos el colegio...

ISABEL.—No, con franqueza. De todas maneras, en el colegio no podía continuar...

ISOLINA.—¿Entonces? Yo no sé claramente por qué tu padre resolvió traerte al ingenio... Ni tú ni él me parecen francos... Yo no sé por qué se me figura que tanto él como tú me ocultan alguna cosa...

ISABEL.—No, no. Yo te juro por lo que más quiero en el mundo que no es lo que tú te figuras...

ISOLINA.—Pero ¿no dices que en el colegio no podías continuar? ¿Por qué?...

ISABEL.—Pues porque..., porque me siento mal... ¿No lo sabes?

ISOLINA.—Sí, sí, lo sé, pero... Vamos, que no te entiendo...

ISABEL.—¿Que no me entiendes?

ISOLINA.—Que no te siento la misma Isabel de antes, como tampoco tu padre es el mismo... Tengo el presentimiento de que entre nosotros tres existe algún secreto, alguna cosa oculta... No sé, Isabel, no sé, porque esto no puede explicarse... ¡Pero es así!

ISABEL.—Son ideas tuyas... Tú lo que debías hacer es quedarte aquí conmigo... Sí...

ISOLINA.—No puedo, Isabel, no puedo. No soy libre. Mi gente se escandalizaría si yo me atreviese nada más que a proponerlo...

ISABEL.—Gracias; eres muy buena...

ISOLINA.—¡Imagínate! ¡Tendríamos que quedarnos los tres solos: tu padre, tú y yo!... ¡Y nos devoraríamos al día siguiente! Sobrevendría un cataclismo... (*Irónica.*) ¿Qué diría la sociedad?

ISABEL.—Por eso te quiero a ti, a ti sola...

ISOLINA.—No haces más que pagarme. A pesar de todo, si no me he resuelto a quedarme contigo, es porque no te veo enferma de cuidado. Que si fuera realmente necesaria mi presencia, ya verías adónde iban a parar todos los escrúpulos.

ISABEL.—Ahora quisiera estar muy grave, muy grave...

ISOLINA.—¡Loca! ¡No digas eso!

ISABEL (*Como consigo*).—Pero no estoy grave, no..., no estoy ni enferma siquiera... Estoy peor que grave...

ISOLINA.—¿Ves? ¿Ves? ¿Por qué dices esas cosas raras? ¿Tú crees que si no tuvieses nada que ocultarme tendrías que hablarme así?...

ISABEL.—¿Qué fue lo que dije?

ISOLINA.—¡Y todo fuera eso! Tienes dieciséis años: ¡una chiquilla! A esa edad se suele padecer de esos accesos de «misterio»...

ISABEL (*Bajando la cabeza*).—No es eso, no es eso...

ISOLINA.—¿Por qué ocultármelo? Yo no apruebo ni censuro que estés enamorada. Sabes que soy para ti una amiga, una verdadera amiga...

ISABEL.—No es eso, Mamina, no me hables de eso...

ISOLINA.—¿Por qué no eres franca? (*Insinuante.*) Que el hombre de tu elección, ¿cómo decírtelo? Temes que no me agrade...

ISABEL.—No, no es eso, no es eso...

ISOLINA.—Que tengas como la certeza de que me disgustarás profundamente...

ISABEL.—No, no...

ISOLINA.—¡Pues así y todo, peor haces en ocultármelo! Ya hablaríamos, en todo caso... ¿Me entiendes? No te digo desde ahora que no. ¡Al contrario! Me ofrezco como una aliada tuya... para..., para convencer a tu padre, por ejemplo...

ISABEL (*Sonriendo*).—Eres muy buena. Mamina, muy buena... (*Isolina espera ansiosa.*) ¡Pero muy pilla! (*Y niega con el dedo, riendo.*)

ISOLINA (*Decepcionada, pero sonriendo*).—¿Pilla, por qué? ¿Acaso crees que te engaño?...

ISABEL (*Atrayéndola a sí y besándola*).—No... me engañas... No me engañas... Pero no es eso. (*Poniéndose repentinamente seria y triste.*) No es eso. (*Isolina, observándola, asiente para sí moviendo la cabeza.*)

ESCENA II

Dichos y Teófilo, que viene silbando desde fuera, y cuando entra en el portal, se acerca, bailando a paso de danzón y cantando.

TEÓFILO.—Se rompió la máquina,
                    ¡ay, se rompió la máquina!...

ISOLINA.—¿Vienes solo?

TEÓFILO.—¡Solitario y triste!

ISABEL.—¡Pues sí que vienes triste!

ISOLINA.—Pero ¿y mamá? ¿Y Gustavo?

TEÓFILO.—No puedo decirlo...

ISOLINA.—Vamos. Hoy estás de juego... Por variar...

TEÓFILO.—Se encontraron (*Con reticencia.*) «casualmente» al americano en el paradero y se quedaron hablando con él... Ahí vienen detrás de mí; pero vienen en coche y yo vine en la bicicleta del recadero del ingenio... ¡Oye! ¡Es un «sportman» nuestro recadero! Dice que como resulta la bicicleta es con alpargatas...

ISOLINA.—Pero, ¿cómo está ese hombre aquí? ¿Qué viene a hacer?

TEÓFILO.—¿Quién? ¿El recadero?

ISOLINA.—¡Míster Carpetbagger, hombre! El americano...

TEÓFILO.—¿Cómo que qué viene a hacer? Viene en su automóvil, a pasear, a lo que le da la gana... Y está aquí porque el ingenio de la Compañía Americana que él representa está en la misma provincia, ahí como quien dice, lindando con «Tembladera»... ¿Ya no te acuerdas que los Murias le vendieron el ingenio?

ISOLINA.—¿Pero viene también para acá?

TEÓFILO.—No sé, creo que no. ¿Tienes miedo de que se meta el ingenio en un bolsillo y se lo lleve? ¡Ni que el hombre comiera gente!... (*A Isabel, junto a ella, meciéndola.*) ¡Oye! ¡Colosal está la hamaca para dispararse una siestesita!... ¿Eh? ¡«Coca y cola»! ¿No hay otra ahí para mí?

ISABEL (*A Isolina, que se ha quedado muy preocupada y hace ademán de irse*).—¿Dónde vas? ¡Mamina!

ISOLINA.—Ahora vengo... (*Vase como buscando algo hacia el campo, colocándose la mano en la visera.*)

ESCENA III

TEÓFILO (*Confidencial*).—¡Oye! Ahora sí es verdad que... «aserende bonicán sócoro icuentillé». ¡Y ponle el cuño!... (*Bailando rumba.*) «Se rompió la máaquina, ay se rompió la máaaa... quina!»

ISABEL (*Tristemente*).—¡Qué contento estás!

TEÓFILO.—Estoy empapado de sudor. El paseíto en bicicleta me ha reventado... ¿Me quedará tiempo de bañarme? (*Va y vuelve, irresoluto.*)

ISABEL.—Y es el caso ¡que yo también quisiera estarlo! ¡Cuánto daría por no tener ningún remordimiento, por tener la conciencia tranquila y besar a mi padre sin temblar de miedo!...

TEÓFILO (*Consigo*).—Me quito el saco... (*Lo hace.*) ¡Uf!

ISABEL.—¡Entonces, sí que gozaría más que tú, mucho más que tú, este ambiente, este sol, este aire tan puro y tan rico, que tantas ganas de vivir y de querer y de ser bueno le despiertan a uno allá dentro del alma!...

TEÓFILO (*Despatarrado en un sillón*).—¡Qué fresquesito más rico!... Esto está «pulpa», chiquita!

ISABEL.—¡Mira, mira aquellas lomas, aquel palmar lejano, esa nubecita blanca, solita en todo el azul del cielo como una palomita perdida!... ¡Qué linda es nuestra patria, Teófilo! Yo nací en ese campo... ¡Con cuánto orgullo pienso que soy cubana, que nací en Cuba libre, en la manigua! Yo no nací esclava, como tú; ¡nací libre!

TEÓFILO.—Por eso eres tan patriota... (*En broma.*) A mí, como me mandaron a buscar a Parísss...

ISABEL.—A París... por la vía Nueva York: ya lo veo.

TEÓFILO.—París-Nueva York-Beneficencia-«Tembladera». ¡El gran viaje! Oye, ¿sabes lo que te digo? Que en París deben de envolver muy bien los encarguitos, porque yo, a pesar del viaje, chica, llegué muy bien... Mírame: ¡enterito! ¡No me falta nada!

ISABEL.—¡Qué sinvergüenza eres, Teófilo!

TEÓFILO.—¡El aire de familia, chica! ¡Todo el mundo me lo conoce en seguida!

Isabel.—¿Por qué vienes tan contento?

Teófilo.—Porque «aserende bonicán sócoro icuentillé», ya te lo dije...

Isabel.—Ese es el inglés que tú sabes...

Teófilo.—«I talk ñañigo very well»... Pero esto me lo enseñó a decir Gustavo. (*En tono de burla.*) ¿Cómo a ti, que eres «su esposa ante el altar de Dios», no te habla en su lengua?

Isabel (*Otra vez ensombrecida*).—¡Cállate! Era un milagro que no hubieses empezado todavía a mortificarme.

Teófilo.—No, óyeme; va en serio. Lo primero que me han dicho es que me calle, pero... ¡no importa! Te lo digo a ti en reserva... A pesar de los pesares y de los cuentos chinos de tu padre, «Tembladera» se vende...

Isabel.—¡Tú qué sabes!

Teófilo.—¿Que qué sé? Bueno. Lo único que te digo es que le puedes poner el cuño. Tú ves que nosotros hemos venido hoy todos al ingenio, conforme lo dispuso tu padre...

Isabel.—Lo dispuso don Fernando...

Teófilo.—Lo dispuso el viejo..., pero lo impuso tu padre, que es «el que corta el bacalao». Bueno: pero oye... Tú ves que estamos aquí todos, casi decididos a hacer lo que él se propone, que mi madre y Luciano quieren pedir el dinero y romper la molienda el primero de enero; que Gustavo viene también a ver cómo está la caña y las máquinas y todo el negocio... Bueno. Pues con visita campestre, con «field day», y junta de familia, y caña hasta las nubes, y máquina andando sola y todo el negocio... (*Cantando.*) «Se rompió la máaaaquina, ¡ay, se rompió la máaaaquina...!»

Isabel.—No cantes victoria tan pronto. ¡Quién sabe qué cosas le habrás oído al «yanquirule» y tú lo das ya por hecho!

Teófilo.—¡El americano nos mete a todos, a tu padre el primero, en un zapato, vieja! No seas boba. Ya viste, cómo consiguió hacerse necesario cuando prendieron a Gustavo, para dar la fianza y poder sacarlo a la calle en libertad provisional... ¡Oye!: ahora el galleguito del café, el más peligroso de los testigos de cargo contra Gustavo, que dijo y redijo claramente que vio a Gustavo detrás de la columna, hecho una ametralladora disparando sobre el otro... (*Ademán de prestidigitador.*) ¡Ssschp! ¡Se evaporó! Se fue para España con dos o tres mil «guayacanes» en el bolsillo. ¿Quién facilitó la «harina»? El americano. Después vendrá el negocio de la amnistía... ¡El delirio! Y lo mejor no es nada de eso. ¿Tú viste cómo Gustavo armó primero la de «los diablos coloraos» contra los proyectos de tu padre, y después aceptó de pronto y hasta señaló fecha para venir a «Tembladera»...? ¡Pues por poco se le descuajaringa toda la «combina»! El «yankee» estuvo a punto de «rajarse» y hasta ahora mismo, en el paradero, no se ha arreglado la cosa...

ISABEL.—¿Y qué es lo que se ha arreglado? ¿Quién es Gustavo para vender por sí el ingenio?

TEÓFILO.—¿Qué quién...? Mañana se va Gustavo para México...

ISABEL (*Impresionada*).—No... No es verdad...

TEÓFILO.—Y yo para Nueva York el mes que viene. «Yes. That's all right!»

ISABEL.—Pero ¿cómo se va Gustavo?

TEÓFILO (*Con aire de misterio*).—¡Ah! Eso...

ISABEL.—¡Por lo que tú más quieras, dímelo!

TEÓFILO.—Maela no quiere que Gustavo vaya a la cárcel, y no hay manera de sacarlo absuelto. Ahora Gustavo huye, y mientras le echan mano, y la extradición y la «bobería», vota el Congreso la amnistía, número treinta y tres, letra «pe» de la serie «ka»..., y ¡«pa» la calle! Pero ¡ni te ocupes! Yéndose Gustavo, se pierde la fianza, no hay con qué pagarle al americano, y entre dos de la vela y de la vela dos, se le deberán como veinte o treinta mil pesos. Si de ésta no se «le traba el paraguas» a tu padre, puedes decir que se lo regaló el espíritu del brujo «Ño Camilo», tu bisabuelo...

ISABEL (*Rompiendo a llorar*).—¡Hijo de brujo lo serás tú, estúpido, que no sabes quién es tu padre!

TEÓFILO.—Pero ¿te vas a poner a llorar por eso? ¡Oye! ¿Por qué lloras...? (*Como comprendiendo.*) ¡Ah! Ya sé... Porque Gustavo se va, y tú... ¡Bueno! (*Para sí.*) Aquí se arma...

ISABEL.—¡No te importa! ¡Déjame!

TEÓFILO.—No puedes echarme en cara que no te lo dije. No tienes a nadie a quien descargarle la culpa... (*Breve pausa.*) Mira... Y si tengo ganas de irme más pronto es por eso... Llegará un día que no podrás ocultar lo que tienes... Y no quisiera estar delante de tu padre cuando él se entere. Conmigo no va la cosa..., pero «¡porsia!» En Nueva York estaré más seguro, créemelo. (*Isabel llora de nuevo.*) ¡Llora, llora, que vas a remediar mucho con eso! Todavía si el ingenio se vende en seguida, pero en seguidita, tienes una esperanza... Se lo confiesas todo a mi madre, se arregla que pases en casa una temporadita..., ¡y todo queda en la familia! Aquí mi gente es especialista en «titingós» de esa clase. La Beneficencia lo aguanta todo...

ISABEL.—No, no... ¡Me mataré antes, tú lo verás!

TEÓFILO.—No te creo tan estúpida como todo eso. Este mundo es un choteo, y hay que aprovechar el tiempo. Si tu padre, en vez de ser un idealista, «cometrapo», fuese lo que se llama «un hombre práctico», ésta es la ocasión de hacer una de las mejores «moliendas» de su vida...

Isabel.—¡Cállate, cínico! Me das asco...

Teófilo (*Señalando hacia fuera*).—Ahí viene el coche... Mira a ver si con «idealismos» consigues que Gustavo se case y te lleve para México... Ahí lo tienes...

Isabel.—No, no quiero que me vean ahora... Me voy de aquí. (*Suplicante.*) Dile que yo quiero hablarle, Teófilo, es el último favor que te pido...

Teófilo.—Oye, no te vayas a morir ahora mismo...

Isabel.—¡Di, di si vas a decírselo! Dile que me vea... que yo estoy en el portal del fondo en el colgadizo...; que allí lo espero... ¡Di! (*Retirándose.*) ¡Di si vas a decírselo, Teófilo, por favor!

Teófilo (*Solemne, en cómico*).—¡Señora: se lo diré! No sé ninguna marcha fúnebre de música clásica, pero si quieres, para que tengas una muerte patriótica, te cantaré el himno nacional... «Ande p'lante»... (*Tango de «Los Peludos».*)

Cómo traigo la caña...

Que la traigo sabrosa...

(*Vanse.*)

ESCENA IV

Maela, que entra por la izquierda, traje de calle, con una maleta pequeña en la mano, e Isolina, que viene de la casa, coincidiendo en escena.

Isolina.—Pero ¿vienes sola? ¿Y Gustavo?

Maela (*Compungida, casi sollozante*).—Se ha quedado con míster Carpetbagger... No sé si vendrá...

Isolina.—Pero ¿qué pasa? ¿Por qué lloras?

Maela.—Por nada, no, no es nada...

Isolina (*Al cabo de un silencio embarazoso*).—¡Y el míster Carpetbagger se atreve a favorecer la fuga de Gustavo..., y tú lo aceptas, mamá!

Maela.—No, no es verdad... ¿Quién te lo ha dicho?

Isolina.—Tendría que ser muy tonta, mamá, para no haberme dado cuenta.

Maela (*Rindiéndose*).—Lo prefiero... ¡Lo prefiero todo a ver a mi hijo en la cárcel! Me han acusado toda la vida de egoísta: ¡esta vez no lo he sido! Prefiero perderlo así a verlo entre las rejas de una prisión, como un criminal.

ISOLINA.—Pero ¡se ha ido! ¿Se ha fugado ya Gustavo?

MAELA.—No sé, no sé... Él me dijo que vendría a despedirse, que vendría para no llamar la atención, y hasta que asistiría al almuerzo con todos nosotros. Pero ahora no sé si lo dijo para engañarme y evitarme la despedida... ¡Cuando menos!

ISOLINA (*Con firmeza*).—Tenemos que explicarnos claramente, mamá. No creí que llegarías a realizar tu propósito...

MAELA.—¡Cómo! ¿Por qué?

ISOLINA.—Tengo que advertirte fríamente, tranquilamente, una cosa: no estoy dispuesta a aceptar que Gustavo se vaya, que Gustavo se fugue...

MAELA.—¡No lo harás, Isolina! ¡Es tu hermano!

ISOLINA.—Es mi hermano y es un criminal... Pero no, no, no quiero discutir en vano ahora. No hago más que defenderme en lo que él me hace daño. Es cuestión de intereses... ¡Gustavo no se irá, mamá!

MAELA.—No es posible, Isolina, ¡no! ¡No es posible! ¡Por encima de todo es tu hermano! ¿Por qué te daña?... ¡Di!

ISOLINA.—Oye esto primero: Joaquín mandó a la estación a "Cayuco" con la yegua mora...

MAELA.—Allí estaba, Gustavo la tiene. Pero...

ISOLINA.—¿Dónde se encontraron ustedes con el "yankee"?

MAELA.—En la estación, Isolina. Gustavo le telegrafió desde La Habana... Tú no puedes imaginarte el trabajo que ha costado decidirlo.

ISOLINA.—¿Los vio a ustedes el recadero hablando con el americano? ¿Estaba allí con ustedes?

MAELA.—¡No sé, Isolina, no sé, por Dios! ¿Qué es lo que preguntas? Míster Carpetbagger se negó el viernes a entregarle el dinero a Gustavo. Todo estaba combinado y se perdió. ¡Pero ha tenido compasión de mis lágrimas, Isolina! Hasta el extranjero, un hombre ajeno a la familia, tiene más atenciones para mí que tu propio padre... Y ahora tú me dices...

ISOLINA.—¡Gustavo no puede irse, mamá!

MAELA.—¡No empieces, Isolina! ¡Isolina!

ISOLINA.—¡Gustavo no puede irse, mamá!

MAELA.—Pues se irá...

ISOLINA.—No se irá, mamá.

MAELA.—¡Se irá, mala hermana, se irá! Yo bien sabía que tenía que contar con los de la calle antes que con los de casa.

ISOLINA.—No puedo discutir contigo. Pero te repito que Gustavo no se irá. Ahora mismo voy a avisarle a Joaquín, si es que Joaquín no lo sabe ya todo...

MAELA.—¡Tú no harás eso, Isolina!

ISOLINA.—¡Lo haré, mamá! No te ofendas, no te exaltes. Perdóname. Lo haré porque veo que tu cariño de madre te ciega, y no te das cuenta de lo que estás haciendo...

MAELA.—¡Isolina! ¡No te conozco, Isolina! ¿Qué es eso?

ISOLINA.—Me defiendo, mamá... Mi madre sólo se ocupa de mi hermano. Yo me defiendo sola... ¡Y me defenderé!

MAELA.—¡Otra vez, Isolina!

ISOLINA.—Será el segundo o tercer disgusto que te haya dado en mi vida. Los «suyos» no podrían contarse...

MAELA.—¡Hazlo por mí, por tu madre! Es imposible...

ISOLINA.—Por ti también lo hago, mamá. ¡Y pongo a Dios por testigo! Gustavo no puede irse...

MAELA.—Es por Joaquín, mala hija, por ese hombre con quien al cabo de tantos años vuelves a entenderte..., porque él no tiene vergüenza y quiere meter aquí la garra a la fuerza... ¡Por él! Es por ese hombre...

ISOLINA (*Interrumpiéndola y como reprimiéndose a sí misma*).— ¡Mamá! ¡Mamá! Te suplico, te suplico humildemente de rodillas si quieres, que no vuelvas a decir eso... Es mejor que dejemos esto así... Yo no puedo seguir oyéndote, ¡no puedo! No más.

MAELA.—Bueno, pero... ¡ayúdame! Ayuda a tu madre a sacarla de esta vergüenza y este dolor. Lo tuyo, al cabo fue en familia, y todo pudo arreglarse sin escándalo... ¡Acuérdate, Isolina! Recuerda que todo entonces se sacrificó para salvarte, para ocultar tu falta... ¡Que hasta tu hermano Mario consintió en callarse!...

ISOLINA.—¡No, no, no! No levantes esos recuerdos, mamá. No sigamos, no sigamos por este camino. Tú haces lo que crees tu deber y yo hago lo que creo el mío... Pero no hablemos más. Hazte el cargo que no sé nada. No hablemos más.

MAELA.—No dirás nada a Joaquín... No le dirás nada...

ISOLINA.—(*Temblorosa*).—Doblemos la hoja, mamá; te suplico que doblemos la hoja...

MAELA.—Entonces... ¡insistes! ¡Insistes en preferir las órdenes de ese tipo, de ese intruso, a salvar a tu hermano de la vergüenza de la cárcel! A lo que él te manda le llamas «tu deber», y a mí, a tu madre, la mandas callar como si estuviera loca, ¡como si te propusiese una deshonra o un crimen!...

ISOLINA.—Di lo que quieras; no puedo responderte. Soy tu hija.

MAELA.—¡Eso es! Me das permiso, me autorizas para hablar porque todavía tienes tan gran corazón que no quieres privarme de ese capri-

cho... ¡Estoy loca, pero no puedo hablar! ¡Ah! ¡Víbora! ¡Hipócrita!
Gustavo, por lo menos, no ha traído la vergüenza a la casa, como tú
la trajiste, sino que la dejó en la calle... ¡Como la tienen tantos que no
son Gustavo y que nadie se atrevería a toserles!

ISOLINA.—Dame permiso...

MAELA.—¡Infame! ¡Mala hija!

ISOLINA.—Dame permiso para dejarte, mamá... He procurado enno-
blecer mi vida durante más de quince años, alejándome moralmente
de ti para no tener que dolerme de tu manera de ver las cosas... Eres
toda bondad, por eso callo, pero hay que ser mucho más buena que
tú, más completamente buena que tú, para no equivocarse contigo.
Deja que me vaya... Mi intención es evitarte un disgusto completamente inútil. Ya me lo has dicho todo... Ahora, déjame.

MAELA (Llorando).—¡Qué hijos, Dios mío, qué hijos! ¡No hubo madre en el mundo que sufriera por ellos lo que sufrí yo! Y ahora, mientras más vieja y más necesitada de tranquilidad, es cuando todos, todos caen sobre mí a aplastarme debajo... ¡cómo no se castiga a las
madres que matan a sus hijos! ¡Cómo no se castiga al peor criminal!...
(Isolina, sin poder contenerse, va a caer sollozante a los pies de su madre.)
¡Vete! ¡Déjame! ¡Tú no me has querido nunca! Te has alejado de mí
para ennoblecerte: me lo acabas de decir...

ISOLINA (Desesperada) —¡Mamá, por Dios!

ESCENA V

Dichos; Gustavo.

GUSTAVO (Irrumpiendo).—¿Qué es eso, señor? ¿Qué es eso? (Isolina
se yergue, secándose los ojos y se aparta.) ¿Quién les dijo algo?

MAELA.—¿A quién le han dicho?...

GUSTAVO.—No me queda más remedio, porque así me voy más seguro. Inventaremos un pretexto...

MAELA.—No te entiendo, hijo.

GUSTAVO.—Que tengo que irme ahora mismo; creí que lo sabían...
El americano me dio un cheque de quinientos pesos, sin recibo y
sin nada... (A Isolina.) Ahora tú déjate de boberías y a vender cuanto
antes el ingenio para que cada uno coja lo suyo. Ni yo pido el sacrificio de nadie, ni nadie tiene el derecho de exigirme que yo me sa-
crifique...

MAELA.—¿Pero es ahora mismo?

GUSTAVO.—Míster Carpetbagger me lleva en su auto: no puedo decir dónde... (*A Isolina.*) Ya viste que llegué a resolverme a que moliésemos, y que he venido a «Tembladera»... Pero ahí tienes las bellezas de que nos hablaba tu Joaquín... La caña está raquítica, aguachenta. El americano vio la centrífuga y dice que eso no puede repararse, que meter aquí quince o veinte mil pesos es como tirarlos a la calle... Y donde llega míster Carpetbagger, que es un hombre práctico y conoce el negocio a fondo, no alcanzará a llegar nunca tu Joaquín cubiche, con su patriotería mohosa y su filosofía barata...

MAELA.—Pero, hijo mío, ¡óyeme! ¿Es que te vas ahora mismo?

GUSTAVO.—Sí, mamá... (*Maela comienza a contener a duras penas su congoja.*) Ahora mismo: no puedo perder tiempo. El americano quiere que me quede y represente la comedia, pero yo quiero volver a La Habana a despedirme de alguna gente, porque ustedes no volverán lo menos hasta la noche... ¡No empieces con tus lágrimas, mamá! ¡Peor sería que me fueras a ver a la cárcel!... Vamos... Dime adiós... (*A Isolina.*) A Joaquín se le dice que yo recibí un telegrama urgente de La Habana, por cualquier cosa del sumario.

ISOLINA (*Reparando para su madre, que parece sufrir como un síncope*).— ¡Mamá!

GUSTAVO.—¡Mamá! ¡Adiós! ¡Ahora esto! Mamá, oye, oye... no seas boba, óyeme...

ISOLINA.—¡Trae un vaso de agua! ¡Mamá! No, espera... Ayúdame a llevarla para adentro...

GUSTAVO.—Lo sabía, recontra, y por eso no quería venir.

ISOLINA.—¡Mamá! ¡Mamaíta!... ¿Tú me oyes?... ¿Sí?... ¡No puede llorar, Dios mío!... (*Llévansela hacia la casa.*)

GUSTAVO.—Ya no me voy... ¿Oyes, mamá? Ya no me voy...

ISOLINA (*A Gustavo*).—¡Infame! ¡Estúpido! ¡Mal hijo! ¡Tú eres la causa de todo...! Sí, ¡tú! (*Desaparecen hacia la casa discutiendo.*)

ESCENA VI

Isabel, que llega por el portal, como acechando, nerviosa, haciendo un supremo esfuerzo y mordiendo el pañuelo con que se seca de vez en vez, maquinalmente, los ojos. Después, Gustavo.

ISABEL (*A Gustavo, que sale precipitadamente*).—¿Dónde vas?

GUSTAVO (*Llevándose las manos a la cabeza*).—¡Lo que me faltaba! (*A Isabel, con tono áspero, que en vano pretende disimular.*) Vuelvo en seguida... Voy, voy a..., a buscar un médico para mamá... Vuelvo en seguida...

Isabel.—Por lo menos, trátame con más decencia...

Gustavo.—¡Oh! Y ahora pedirme decencia...

Isabel.—Es que yo sé que tú no vuelves...

Gustavo.—Figuraciones tuyas... Mentiras... Nada... ¿Quién te lo dijo?

Isabel.—Yo sé que tú no vuelves.

Gustavo.—¿Que yo no vuelvo? ¿Cuándo? ¡Qué es lo que quieres decir...? Despacha pronto, que yo no puedo perder el tiempo en boberías...

Isabel.—Que tú no vas a buscar ningún médico, Gustavo, sino que te vas, que no vuelves...

Gustavo.—Pues sí, es verdad, tengo que volver para La Habana, porque he recibido un telegrama del Juzgado que instruyó el sumario... Me llaman para hoy...

Isabel (*Conteniendo los sollozos*).—No, Gustavo, no... Que te vas para México... ¡Lo sé!

Gustavo.—¡Vamos! ¡Ahí está eso!

Isabel.—Y es posible que tengas el valor de irte..., de dejarme así, Gustavo..., sin decirme algo siquiera...

Gustavo.—Qué quieres que te diga mejor hubiera sido que no nos hubiésemos visto. Que un viaje así, maldito lo que tiene de divertido. Pero no me queda más remedio...

Isabel.—Eso no puede ser, Gustavo...

Gustavo.—¿Qué es lo que no puede ser?

Isabel.—Que te vayas, que me dejes abandonada así, después de tus juramentos y de tus promesas. Gustavo... (*Rompe a llorar.*)

Gustavo.—¡Otra vez lágrimas! ¡Y yo cansándome de aguantar "gaitas" a todo el mundo! ¿No comprendes que tengo que irme? ¿Te parecería bien que me dejase meter en la cárcel? ¿Y entonces? ¿No era lo mismo...? ¡Di!

Isabel.—¡Es que tú no das por el timón de resolver esto, que ya no sé el tiempo que me estás diciendo «mañana» y «mañana» sin que nunca llegue el día. Y no es posible esperar más, Gustavo; ya está resuelto que me quede aquí sola con mi padre, y él ha de verme cada día, observarme de cerca, preguntarme qué tengo...! Vamos, dime, dime, qué es lo que verdaderamente piensas. Estoy serena, mira, sin llorarte, sin mortificarte. ¡Necesito de una vez una palabra, una! ¡Algo que sea una solución!... (*Vuelve a sollozar incoerciblemente con las últimas palabras.*)

Gustavo.—Le escribiré a tu padre contándoselo todo desde México... Y desde allí nos casaremos por poder. Ya lo tengo todo arreglado... Te lo juro.

Isabel.—¡Desde México!

GUSTAVO.—La gente puede casarse perfectamente a pesar de la distancia, porque para eso hay las...

ISABEL.—Sí, sí, ya lo sé. Pero eso no es posible, Gustavo, porque cuando tú estés en México no volverás a acordarte de mí.

GUSTAVO.—No digas eso... Ya verás...

ISABEL.—Sí, Gustavo...

GUSTAVO (*Intentando la seducción*).—Yo no te puedo olvidar nunca, nenita... Ya verás cómo es lo primero que hago en cuanto llegue a México... Yo no puedo olvidarte...

ISABEL.—No, no, no... Tú no puedes irte, Gustavo... ¡Te lo pido por todo lo que tú más quieras! ¡No me dejes! No me dejes así, porque mi padre me mata.

GUSTAVO.—¡Qué va a matarte!

ISABEL.—¡Sí, Gustavo, sí! ¡Si él se entera, me mata! Yo no puedo quedarme aquí sola... ¡Llévame! ¡Llévame contigo! Yo no te estorbo, iré en tercera, sin que nadie sepa que me llevas..., no nos veremos...

GUSTAVO.—¡Imposible! Que te... ¡Estás loca!

ISABEL.—¡Oyeme! Te lo juro por Él, ¿me entiendes? Te juro por Él, que si me dejas aquí hoy, que si me abandonas, me mato...

GUSTAVO.—¡Una estupidez detrás de otra! ¡Vaya!

ISABEL.—¡Te lo juro! ¡Te lo juro por lo más grande en que yo crea. ¡Me mato!

GUSTAVO.—Yo no puedo hacer nada...

ISABEL.—¡Gustavo!

GUSTAVO.—Te he explicado la única solución aceptable, y no quieres entenderla. Estás nerviosa, agitada, y no sales de los aires de tragedia... Aquí la cuestión no es matarse, sino vivir, y vivir de la mejor manera posible... Déjate de novela y de drama y de cosas ésas de tu padre, y piensa bien lo que te digo... Desde México le escribo a tu padre, confesándoselo todo. Mano a mano yo no se lo digo ni hoy ni nunca, para que lo sepas. Y no es por miedo, porque demasiado sabes que yo no «masco de ese lado». Pero tu padre es muy cachorro y muy despreciativo, que le habla a la gente desde arriba del escaparate..., y no quiero, no quiero desgraciarme de verdad. Porque el día que él se lance conmigo, ¡óyelo bien!, es el último de su vida... Así como lo oyes... Y ahora déjame ir tranquilamente, y cuidado con soplarle algo a tu padre. Me estoy jugando la libertad, y como me empujen a hacer barbaridades, la primera víctima, por dondequiera que lo mires, eres tú... ¡Adiós!

ISABEL (*Prendiéndosele*).—¡No te vayas, Gustavo, no me abandones! ¡Mi padre me mata, Gustavo, mi padre me mata!

GUSTAVO (*Grosero*).—¡Suelta! Te lo he hablado por razones; si no entiendes, peor para ti...

ISABEL.—¡Llévame contigo!

GUSTAVO.—¡Suelta!

ISABEL.—¡Ten corazón, infame!

GUSTAVO.—Te he dado razones...

ISABEL.—¡Por tu hijo!

GUSTAVO.—¡Déjame ir, Isabel!

ISABEL.—¡Te juro que me mato!

GUSTAVO.—¡Pues mátate! ¿A mí qué me importa? (*Isabel lo suelta bruscamente.*) Si son barbaridades las que quieres que haga, ya empecé contigo...

ISABEL (*Reaccionando y lanzándose sobre él con odio*).—¡No! ¡No! ¡Tú no te vas!

GUSTAVO.—¡Suelta!

ISABEL (*Resuelta, los dientes apretados*).—¡Tú no te vas, canalla, miserable, asesino!

GUSTAVO.—¡Suelta, desgraciada, o te estrangulo!

ISABEL.—Mátame, pero no te suelto...

GUSTAVO.—Que va a venir gente, y el escándalo te perjudica a ti... A ti más que a mí...

ISABEL.—Mátame, pero no te suelto...

GUSTAVO (*Sacudiéndola brutalmente*).—¡Suelta o te reviento! ¡A mí no me metes tú los monos!

LA VOZ DE JOAQUÍN (*Desde fuera, en un grito*).—¡¡Ah canalla!! (*Gustavo se vuelve rápidamente, se da cuenta de la situación, esgrime un revólver que saca del cinto, y lucha por parapetarse detrás de Isabel, que ha quedado petrificada. Lo consigue, al fin, pero cuando se dispone a hacer puntería, Isabel, velozmente, se aferra a la mano que sostiene el revólver y la obliga a bajar. Simultáneamente, aparece Joaquín.*)

ESCENA VII

Dichos y Joaquín; después, Isolina.

JOAQUÍN (*Entrando violentamente y lanzándose al grupo, también de revólver en puño*).—¡No! ¡Déjalo! ¡Déjamelo!...

GUSTAVO.—¡Así no, cobarde!

JOAQUÍN.—¡No! (*Tira el revólver*) ¡Si para ti no quiero armas!

ISABEL.—¡Auxilio! ¡Auxilio!

JOAQUÍN (*Asiéndole una mano y desarmándolo*).—¡Suelta eso! ¡Suelta!...
(*Se guarda el arma en un bolsillo.*)

ISOLINA (*Llegándose, desde adentro*).—¿Qué pasa? ¿Qué es eso? (*Llegando.*) ¡Dios mío! ¡Joaquín!

JOAQUÍN (*Sacudiendo a Gustavo, en tanto que Isolina recoge casi desmayada a Isabel*).—¡Vamos! ¡Di! Ahora lo que quiero es que digas esto: por qué estabas así, aquí.

GUSTAVO.—Suelte, Joaquín, que le conviene más...

JOAQUÍN.—¡Que me digas lo que estabas haciendo! ¡Nada más!

ISOLINA.—Pero ¿qué pasó, por Dios? ¿Por qué es esto?

JOAQUÍN (*Forcejeando*).—¡No, no te vas, no!...

ISOLINA.—¡Joaquín!

GUSTAVO (*Dejando de forcejear, lívido de rabia, repentinamente quieto*).—¡Bueno! ¡No me muevo! ¡Pero prepárese! ¡O me mata usted..., o prepárese!

JOAQUÍN (*Ya fuera de sí, sacudiéndole furiosamente*).—¡No! ¡No me metes miedo con amenazas! ¡No! ¡Tienes que hablar! ¡Tú hablas o te..., te...; o te mato, canalla!

ISOLINA.—¡Joaquín, por favor! ¡Joaquín!

ESCENA VIII

Dichos; don Fernando, Luciano, Mario, criados, que vienen tumultuosamente, haciendo en alta voz sus comentarios.

ISABEL (*En un supremo esfuerzo, cayendo de rodillas ante su padre*).—¡Perdón, mi padre, perdón! ¡No me mates!

JOAQUÍN (*Desorientado, soltando a Gustavo*).—¿Perdón de qué?

DON FERNANDO.—¿Qué ha sido? ¿Qué ha sido? ¿Qué pasa?

MARIO (*Recogiéndolo del suelo*).—¡Un revólver...!

ISOLINA (*Recogiendo a Isabel*).—¿Perdón de qué, Isabel? ¡Dímelo a mí! ¡A mí!

GUSTAVO.—¡Esto es una pamema! ¡Una encerrona indecente!

JOAQUÍN.—¡No puedo más! ¡Hablen! ¡Explíquense!

DON FERNANDO.—¿Pero qué es lo que pasa, por Dios, si tú no lo sabes? ¡Isolina! ¡Gustavo! ¿Qué ha pasado?

ISOLINA (*A Gustavo, increpándole*).—¡Es lo mismo que yo me sospechaba, miserable! ¡Es lo mismo!

JOAQUÍN.—¿Qué?

ISOLINA.—¡Era lo único que te faltaba! A esta criatura, que es como tu hermana... ¡que es como mi hija

ISABEL (*Desgarradoramente*).—¡Perdón, Mamina, perdón!

DON FERNANDO.—¡No entiendo! ¡No entiendo! ¡Explíquense más claro! ¡Gustavo! ¡Habla tú...! ¡Qué dice Isolina?

GUSTAVO.—¡Que lo diga ella! ¡Esto es una encerrona, una encerrona para ver que yo me case!

JOAQUÍN.—¿Que te cases con quién, canalla? (*Vuelve contra él, amenazador.*)

MARIO (*Intermediando*).—¡Joaquín! ¿Qué es eso?

JOAQUÍN (*A Mario*).—¿Pero usted no comprende?

GUSTAVO.—¡Si me tocas, te la arranco, cachorro!

MARIO.—¡Gustavo! ¡Basta! ¡Insolente!

ISOLINA.—¡Sí, mi padre, sí! ¡Esta infamia también!

DON FERNANDO.—¡Dios mío! ¡Dios mío! ¡El colmo! ¡Criatura! (*Hay un momento de silencio en que sólo se escuchan los sollozos desesperados de Isabel, que oculta el rostro en el hombro de Isolina.*) Joaquín, hijo mío... Yo te prometo...

JOAQUÍN (*Apoyándose contra la baranda, deshecho, vencido*).—¡Es igual! ¡Es lo mismo! ¡Hagan de mí lo que quieran...!

GUSTAVO (*A Mario*).—Es una encerrona, mi hermano, te lo juro...

MARIO.—¡Cállate!

DON FERNANDO (*Volviéndose para Gustavo*).—¡Ah mal nacido! ¡Ya has colmado la copa! Ahora se acabaron de una vez para siempre las contemplaciones: ya te conozco. ¡Ya sé que nada hay para ti de sagrado ni de respetable, que nada tienes ahí..., ahí dentro! (*Casi sin voz, tembloroso.*) No más fianza, no más compasión, no más debilidades... Desde mañana irás a la cárcel, a cumplir el resto de la prisión preventiva que te quede. ¡No pienses en excusas, no pienses en ir a buscar refugio en tu madre, ni en nadie! Lo horrible es que esta niña deberá llevar un día tu nombre... ¡Mi nombre, Dios mío, mi propio nombre!... (*Haciendo un esfuerzo supremo.*) ¡Vete! ¡Vete de mi presencia! ¡Que yo no vuelva a verte más en mi vida! ¡Ya no eres mi hijo, no; no eres mi hijo!... (*Mario se lleva a Gustavo hacia el campo. Isolina, a Isabel, hacia adentro.*)

ESCENA IX

Joaquín, don Fernando y Luciano.

LUCIANO.—Don Fernando, serénese usted...

DON FERNANDO.—No, no es mi hijo, no es mi hijo...

JOAQUÍN (*Como consigo, el ademán extraviado*).—¡Y yo ciego, completamente ciego! ¡No! ¡Esto es una piedra, esto es un mundo que se me viene encima!... (*Animándose, más al tanto.*) ¡Yo tengo que hacer algo!... ¡Yo tengo que hacer algo, don Fernando! ¡No digo que..., que hacer lo que quisiera hacer...

LUCIANO.—Joaquín...

JOAQUÍN.—Pero yo no puedo quedarme así, cruzado de brazos, porque ese canalla sea su hijo...

LUCIANO.—Escuche, Joaquín...

DON FERNANDO.—¡No, no es mi hijo!

JOAQUÍN.—¡Es un hombre que me ha ofendido en lo más grande! ¡Me ha pisoteado! Me ha...

LUCIANO.—¡Pero es necesario que nos entendamos, Joaquín, que nos entendamos! ¡Déjame hablar! El mal está hecho. Hay que resignarse. En este momento nadie sabe lo que se dice. Don Fernando tiene ya bastante con su pena. ¿Saca usted algo con mortificarlo?

JOAQUÍN.—¡Yo no he tratado de mortificar a nadie, Luciano!

LUCIANO.—¡Lo hace usted sin darse cuenta, Joaquín! Serénese usted, cálmese. Por usted mismo y por su propia hija, sobre todo; se lo ruego...

JOAQUÍN.—No he hecho otra cosa en toda mi vida, y lo que al cabo he conseguido es esto: ser un fantasma de hombre, un muñeco que todos pueden sacudir y reventar a su gusto...

LUCIANO.—No es hora de reproches, Joaquín.

JOAQUÍN (*Herido, agresivo*).—¡Que no es hora de reproches! ¡Ah! ¡Entonces que me manden ahorcar de una de las almenas del castillo!... ¡No se podría decir menos a un esclavo!...

DON FERNANDO.—¡Joaquín, por Dios! ¡Oh!

LUCIANO.—Ya lo ve usted, Joaquín: no podemos entendernos. Don Fernando, vamos para adentro. Cuando Joaquín se sienta más tranquilo vendrá a hablarle...

JOAQUÍN.—¡Lo he dado todo, como lo dio mi padre! ¡No se puede pagar mejor el favor de un príncipe! He trabajado como un perro, mirado siempre por encima del hombro, como si por trabajar y ser honrado y tener corazón fuese inferior a los otros. ¡A los otros, que se lo encontraron todo en la cuna, entre los juguetes, y como juguetes lo siguieron tratando todo: lo mismo la felicidad, la honra y la vida propias que las de sus semejantes!

LUCIANO.—Basta, Joaquín, no más; se lo ruego. Tampoco es justo que atormente usted así a este pobre padre, tan víctima como usted de las fechorías de Gustavo...

JOAQUÍN (*Como sin oírlo*).—¡Guardaba mi hija como un tesoro para mí!... ¡Y ahora, también mi hija! ¿Qué más? ¿Qué más? (*Se oye el ruido de las pisadas de un caballo que se aleja.*)

ESCENA X

Dichos; Maela, seguida de una criada, que después se retira.

MAELA (*Llamando primero desde dentro*).—¡Gustavo! ¡Gustavo! (*Sale.*) ¿Dónde está mi hijo? ¡Fernando! ¡Díganme!... ¿Se fue ya? (*Compungida*) ¡Se fue! ¡Se fue dejándome así!... ¡Dios mío! ¡Respóndanme!...

LUCIANO.—No lo sé, doña Gabriela...

MAELA.—Pero ¿qué pasa? ¿Dónde está Isolina? ¿Cómo es posible que me hayan dejado medio muerta, sola, con una criada?... ¿Qué es esto?...

LUCIANO.—No se alarme usted, doña Gabriela; no pasa nada...

MAELA.—¡Dios mío! Pero ¿y Gustavo? ¿Dónde está Gustavo? (*A don Fernando.*) ¡Habla tú! ¡Tú! ¿Qué has hecho con mi hijo?

ESCENA XI

Dichos e Isolina, que entra en escena por el portal violentamente, denotando una gran agitación, resuelta a decir algo, y de pronto se calla. Detrás de ella, hablándole con mal disimulada nerviosidad y apremiadamente, entra Mario.

MARIO.—¡No, no, Isolina! ¡No! ¡No puedes hacerlo! ¡Es tu hermano! ¡Escucha! ¡Ven! ¡Isolina!

MAELA.—¿Qué pasa? ¿Dónde está Gustavo?

MARIO.—No lo sé (*A Isolina, amenazador*). ¡Calla! Ven adentro.

MAELA.—¡Tú lo sabes, Isolina! ¿Dónde está Gustavo? ¡Dilo! ¡No importa que lo sepan todos! ¡Sí! ¡Que lo sepan todos! Soy su madre; una madre que defiende a su hijo...

ISOLINA (*Hablando precipitadamente, con voz velada por el terror de su propia acción, y desentendiéndose de los «no», «no», que le grita su hermano*).—¡Joaquín! ¡Gustavo ha huido! ¡Oiga las pisadas del caballo. ¡Va a encontrarse con míster Carpetbagger, que lo embarca para México...

JOAQUÍN.—¡Para México!

ISOLINA.—Estaba combinado, Joaquín, desde esta mañana...

MARIO (*Por don Fernando, a Isolina*).—¡Por él, renegada, por él!...

MAELA.—¡Hijo mío!

JOAQUÍN (*Resolviéndose repentinamente*).—¡No! ¡Así no puede ser, no! (*Desaparece hacia el campo.*)

MARIO (*Violento*).—¡Joaquín! (*A Isolina.*) ¡Ahí lo tienes! (*Vase tras él.*)

ESCENA XII

Don Fernando; Maela; Isolina y Luciano.

MAELA.—¿Por qué? (*A Isolina.*) ¿Por qué dices eso? ¿Por qué le has dicho a Joaquín que Gustavo se iba?...

DON FERNANDO.—¡Será su destino! Que Dios me oiga y me lleve a mí también ahora mismo... ¡No quiero ver esto, no!

MAELA (*Comprendiendo apenas, pero instintivamente, apostrofa a Isolina*).—¡Infame! ¡Hija infame! ¡Mala hija! (*Suenan dos detonaciones lejanas. Isolina, inmóvil, como petrificada, se estremece y cierra los ojos.*)

TELÓN

TERCER ACTO

Una sala, en casa de don Fernando Gosálvez de la Rosa, en el Cerro. Al fondo, derecha, una puerta con mamparas de cristales y cortinajes de tul, que da a los dormitorios. Al fondo, izquierda, otra puerta, más ancha, que da a la antesala en que se desarrolla el primer acto. A la izquierda, una puerta con reja fija que da al zaguán de entrada de la casa. A la derecha, el muro sin puertas. Rico mobiliario de majagua, entremezclado con comadritas, jugueteros americanos, etcétera. Algunos cuadros, un piano. Al centro, pendiente del techo, una araña de cristal. Es de noche.

ESCENA I

Isolina, sentada, con aire de profunda preocupación y gran abatimiento de espíritu. Paseándose frente a ella, al tiempo que habla, Teófilo.

TEÓFILO.—Entonces..., ¿por qué decirme a mí anexionista? Joaquín se fue a los Estados Unidos al acabar la guerra, y todo se le vuelve ponderar aquello y repetir que los cubanos, como los españoles y todos los latinos, tenemos que aprender mucho de los americanos... Aprendió el inglés y hasta lo habla mejor que yo... ¿No decía que si Isabel fuese varón lo mandaría a un colegio «yankee»?

ISOLINA.—Él habla de mandar jóvenes ya formados. Teófilo; hombres ya hechos en Cuba y capaces de asimilar con fruto la civilización norteamericana, en vez de deslumbrarse con ella y renegar de su patria no porque en su patria echen de menos la cultura y el civismo «yankee», sino porque en ella no vean los «rascacielos», ni Coney Island, ni la Quinta avenida...

TEÓFILO.—Jóvenes ya formados, o muchachos...

ISOLINA.—Eso no tiene nada que ver con lo que estábamos diciendo. ¡Déjame! ¡Déjame tranquila! Ya te he oído bastante...

TEÓFILO.—Ahí está. ¡Pues esa es la manera como me oyes! Pidiéndome que te deje tranquila, apenas abro la boca...

ISOLINA.—Pero ¿tú no comprendes, Teófilo, que no estamos para hacer caso a tus sandeces?...

TEÓFILO.—Así es que son sandeces...

ISOLINA.—¿Tú no comprendes que no puedo oírte? ¡Ten corazón! ¡Ten alma! ¡Date cuenta de que en esta casa se sufre, Teófilo, se sufre!

TEÓFILO.—Se sufre, se sufre... Yo también estoy viendo que lo mío...

ISOLINA.—Esos pobres viejos que están ahí, sin saber si su hijo está herido o está sano, si deben desear que huya o que lo metan en la cárcel... ¡Por Dios, Teófilo, no son unos perros! Esa pobrecita víctima que ya no tiene aliento con que llorar su desesperación, ¡alguna consideración merece!...

TEÓFILO.—¿Es que tengo yo la culpa de todo lo que ha armado Gustavo? Allá ve a decirle eso a él..., ¡si lo agarran! Que me parece que ni echándole atrás todas las policías secretas del mundo le descubren la majasera...

ISOLINA (*Como consigo*).—¡La culpa! ¡Quién sabe quién tiene la culpa!...

TEÓFILO.—La tengo yo...

ISOLINA.—¡No digo eso, mal corazón! ¡Parece mentira que todavía te atrevas a bromear!...

TEÓFILO.—Y si no tengo malditas las ganas de llorar, mamá, ¿qué quieres que haga? ¡Caramba! La procesión de la mora: la vieja del que no llora...

ISOLINA.—Vete, Teófilo, vete. Déjame en paz.

TEÓFILO.—Por mi madre, que el viajecito de hoy no se me olvidará en la vida. ¿Eh? A las seis de la mañana, materialmente en el mejor de los sueños, coja usted el tren..., y andando para «Tembladera». Llego, me meto en el baño... ¡Pun! ¡Pan! Carreras de caballos, tiros, soponcios, «titingó» que se «desconchifla»... ¡El delirio! Y otra vez para La Habana... Si lo llego a saber, ni dándome candela me sacan hoy de la cama... (*Desperezándose.*) ¡Ah!

ISOLINA (*Corriendo a la reja del zaguán*).—¡A ver quién es!...

TEÓFILO.—Es la criada. ¡No te ocupes! Si tú crees que Gustavo es hombre de dejarse coger, no lo conoces bien. ¡Cuando menos, él ni ha venido para La Habana! Apostaría cualquier cosa a que míster Carpetbagger lo tiene escondido en el ingenio... Mira cómo es la cosa...

ISOLINA.—No, no es posible que ese hombre se atreva a tanto...

TEÓFILO.—¿Que no?

ISOLINA.—Gustavo está en La Habana... El recadero no es capaz de mentirle a Joaquín...

TEÓFILO.—¡Y la que se arma, si alguno de los tiros de Joaquín lo ha herido!... ¡Je! ¡Bueno! Yo lo único que te digo es eso: yo no estoy metido ni tengo por qué meterme en la «bolada». Ya no es posible dejar de vender el ingenio, porque esta «rebambaramba» ¡cualquiera sabe en qué para! Quiero irme para los Estados Unidos..., y quiero irme para los Estados Unidos. La Habana me aburre, me molesta, me revienta. Mira yo no te pido que me mandes los cien «bolos» que me mandabas antes... ¡Pero, óyeme! Mándame... ochenta... ¡setenta y cinco! Bueno, setenta, vaya, sesenta «bolos». Mándame sesenta pesos. Allí por lo menos, los manejo yo, no tengo que andarte peseteando, como ahora... No, no, seriamente, ¡por mi madre! Así, como yo estoy viviendo, desengáñate, vieja, no se puede vivir... Fíjate que hace como un año que no sé lo que son ni cien «guayos», así, junticos, para decir: «Bueno, pues señor, vamos a comprarle unos dulcecitos a la vieja.» ¡Eh! Esto sí que no es decente ni aristocrático, ni humanitario, ni..., ¡ni la cabeza del guanajo!

ISOLINA (*Decidida*).—Bueno, Teófilo, hazme el favor de dejarme. Vamos... Quiero que me dejes sola. Coge el sombrero y lárgate, puesto que eres un extraño. Vete y déjame tranquila... (*Teófilo no se mueve.*) Espera, me voy yo a mi cuarto, que será lo mejor...

TEÓFILO (*Que ha visto entrar a alguien por el zaguán*).—¡Pchs! ¡Pchs! No te sulfures... Ahí está Joaquín...

ISOLINA (*Sorprendida*).—¡Joaquín!

TEÓFILO.—Sigo tu consejo: me disparo para la calle... Y me voy bien lejos... ¡«Porsia»!

ISOLINA (*Resuelta*).—¡No lo harás, Teófilo! ¡No te dejaré salir!...

TEÓFILO.—Pero ¿no me decías que me fuera?

ISOLINA.—Avísale a Joaquín que estoy aquí... Anda. Quédate en la antesala, o en el portal... Avisa si traen a Gustavo, para que no se encuentren...

TEÓFILO.—¡Qué ganas de meterme en la película!... ¡Voy! (*Vase, cruzándose en la puerta con Joaquín.*)

ESCENA II

Isolina; Joaquín. Al final, otra vez Teófilo.

JOAQUÍN (*Tímidamente*).—Buenas noches...

ISOLINA.—Buenas noches, Joaquín... (*Una pausa.*) Siéntese...

JOAQUÍN.—No, gracias... Siéntese usted... Está en pie...

ISOLINA.—No importa, deje...

JOAQUÍN.—Lo he pensado mucho antes de venir. Pero no me quedaba más remedio. Aquí tengo lo único que me interesa en el mundo. Lo demás..., ya veremos. (*Una pausa. Isolina hunde la cabeza en el pecho.*) Vengo a llevarme a mi hija Isabel...

ISOLINA (*Sorprendida*).—¡A llevársela!

JOAQUÍN.—Sí, Isolina, a llevármela...

ISOLINA.—Pero ¿cómo? ¿Qué piensa usted hacer?

JOAQUÍN.—No sé nada, Isolina. No había sufrido en mi vida un aturdimiento igual. No veo más solución que una, y esa tengo ya prisa por verla realizada. Llevarme a mi hija de aquí... y no volverme a acordar de esta casa... No veo otra cosa... (*Un largo silencio.*) ¡Perdóneme, Isolina! Usted sabe que al decir «esta casa» no pienso lo que usted es en ella... De usted y de sus bondades me acordaré toda la vida. ¡Demasiado conoce usted todo lo que significa en mi vida, para suponer que trato de olvidarla...!

ISOLINA (*Con suprema amargura*).—Está usted en su derecho al llevarse a su hija. Nadie podrá estorbarlo... Pero... (*Una pausa.*) No lo reconozco a usted, Joaquín...

JOAQUÍN.—Estoy anonadado. Lo sé. No había sufrido en mi vida un golpe como éste. Por contraste con el fatalismo que me rodea, parece que llegué a confiar demasiado en mí mismo. Y como los otros pecan por falta, yo pequé por exceso...

ISOLINA.—Sin embargo, ahora mismo se empeña usted en resolverlo todo por sí... ¡Y en seguida!

JOAQUÍN.—Esto no tiene solución, Isolina. Usted sabe cuánto quiero a ese pobre viejo, víctima, y tanto como yo. Usted sabe...; tal vez no sepa bien mi sentimiento hacia usted... Hacia todos en esta casa...

ISOLINA.—Ahora me confunde usted con todos...

JOAQUÍN.—No me parece hora de referirse a ciertas cosas, Isolina... Demasiado sabe usted cuáles son...

ISOLINA (*Vivamente*).—¿Por qué? (*Se reprime y pasa un silencio.*) Siga usted, Joaquín...

JOAQUÍN.—Ya no sé lo que estaba diciendo... Las ideas se me van...

ISOLINA.—Ustedes los hombres, con todo su valor para otras cosas, no saben resolver éstas, Joaquín. Permítame que sea su consejera..., su... amiga...

JOAQUÍN.—Gracias, Isolina...

ISOLINA.—Deje usted aquí a Isabel esta noche... Véala y háblele sin referirse para nada a lo ocurrido. Dejemos pasar de una vez este día funesto. Lo primero que es necesario resolver está en Gustavo.

JOAQUÍN.—No lo creo, Isolina... A mí no me importa ya su hermano...

ISOLINA.—¡No es mi hermano!...

JOAQUÍN.—A mí ya él no me importa... Tengo las manos atadas... Y ya que tuve la desgracia o la suerte de no matarlo hoy...

ISOLINA (*Vivamente*).—¡La suerte, Joaquín!

JOAQUÍN.—Sí, la suerte...

ISOLINA.—¡Porque no sólo usted tiene comprometidas en este asunto su felicidad, su tranquilidad, los ideales más caros de su vida, Joaquín!... Yo no puedo ser más explícita, no puedo... Pero es imposible que usted no me comprenda...

JOAQUÍN.—¡Isolina!

ISOLINA.—Sí. Déjeme repetirme esto como una esperanza... Fue por suerte que usted no matara hoy a mi hermano Gustavo...

JOAQUÍN (*Después de una pausa, mirándola y hablándole con cierta tristeza no exenta de ternura*).—Demasiado tarde, Isolina, vengo a penetrarme de sus verdaderos sentimientos...

ISOLINA (*Asombrada*).—¡Demasiado tarde! (*Después, resignada.*) Sí..., tal vez...

JOAQUÍN.—El mal está hecho. El abismo está abierto. He disparado mi revólver contra su hermano; tal vez lo haya herido. Por malvado y miserable que sea, para sus padres no dejará nunca de ser su hijo...

ISOLINA.—Perdóneme mi egoísmo, mi inoportunidad...

JOAQUÍN.—¡No! ¡Eso no!

ISOLINA.—En estos momentos no debí referirme ni de lejos a un asunto como este, definitivamente muerto...

JOAQUÍN.—¡Yo no he dicho eso, Isolina! Escúcheme... ¡Escúcheme usted! (*Una pausa.*)

ISOLINA.—Dejemos esto a un lado, si le parece...

JOAQUÍN.—Escúcheme. Yo no puedo ensayar en este momento una definición de mis sentimientos hacia usted. Cuando un hombre y una mujer se miran por primera vez y se quieren, no tienen nada que aclarar ni definir. Basta un estrechón de manos y una mirada para entenderse. Yo había estrechado más de una vez su mano antes de aquel día... ¡Y, sin embargo, aquel día, ¿se recuerda usted?, ¡se lo dije todo sin hablarle! Hoy, la situación es absolutamente diferente. ¡Nuestros sentimientos han sufrido una complicación enorme, Isolina, enorme! Y ni usted ni yo nos sentimos capaces de emprender la reducción de esas complicaciones...

ISOLINA.—Las mujeres hacemos esa reducción sin palabras, Joaquín.

JOAQUÍN.—Diez años de trabajo, de concentración en mí mismo, desesperado de mis contemporáneos y aferrado como un náufrago a mis ideales y mi esperanza en el porvenir, han apagado en mi corazón todos los ardores de la juventud. Amar, para mí, significa algo que casi no tiene nada que ver con lo que podría exigir de mí una amante... Y en estas condiciones, Isolina, sólo una mujer podría hacerme y hacerse feliz a mi lado..., y esa mujer es usted: sería inútil que lo callase... Pero ¿qué importa que sea así? ¿Qué importa si entre nosotros existe todo lo que existe, y una fatalidad extraña, además, cada día más terrible y más fuerte que nosotros...?

ISOLINA.—Lo sé, lo sé...

JOAQUÍN.—No quería hablarle de esto, se lo confieso, y por eso he sido siempre para usted tal vez demasiado huraño...

ISOLINA.—¡Es cierto!...

JOAQUÍN.—Pero ya está dicho. Antes de este momento no le hubiera hablado así por nada del mundo. Ahora he creído, al fin en lo que nunca, nunca había querido creer..., y por eso le abro mi corazón; quiero descargarlo de este peso antes de renunciar para siempre a toda esperanza...

ISOLINA.—¡Gracias a Dios!...

JOAQUÍN.—Usted no me conoce, Isolina; no me conoce nadie. Esta casa ha tenido siempre para mí la extraña virtud de quitarme la sonrisa de los labios y la alegría del corazón. Ahora ya no me siento el mismo, me siento lleno de rabia, de deseos de venganza contra ese bandido, que se me antoja como una encarnación de todos mis odios... Ya él, para mí, no es un hombre, sino todo un pasado, un pasado de brutalidad y de ignominia, contra el que vengo luchando desesperadamente desde niño... ¡y siempre para salir vencido!

ISOLINA.—¡No! No diga que vencido. Ese pasado que a usted en este momento de flaqueza se le antoja invencible, está fatalmente condenado a morir; y es probable que algún día se arrepienta usted de esto que acabo de escucharle... Yo me siento fuerte, Joaquín, ¡y soy mujer! Me siento optimista, casi alegre... ¡Perdóneme si le parece egoísmo! Yo le juro que no lo es.

JOAQUÍN.—No es egoísmo, no; ya lo sé. ¡Bendita sea su alma de mujer, donde ni el tiempo ni los dolores más terribles hacen huella que no pueda borrar el amor!

ISOLINA.—¡Tenga usted fe, Joaquín! Usted es demasiado noble e inteligente para no ser religioso... Yo no le pido fe en la Providencia, sino fe en usted mismo, en esa partícula de lo divino que vive en nuestra alma y para algo nació en ella, en esa atracción eterna del Bien, que no sólo pide grandes acciones, sino oscuras y humildes, y que, en último término, siempre nos compensa de ser buenos y serenos de espíritu ante todos los dolores y todas las injusticias irremediables, con una rara especie de orgullo, que es todo humildad, con esta emoción que sería ridículo tratar de definir.., y que a fuerza de hacer cosas indecibles en uno, hace llorar gozando... (*Teófilo aparece por la mampara del fondo, derecha.*)

TEÓFILO (*Después de un instante de observación*).—Joaquín, Belita pregunta por usted. Yo le dije que estaba usted aquí...

JOAQUÍN.—Sí; quiero verla...

ISOLINA.—Sí, Joaquín: venga a ver a su hija. No le diga nada, se lo pido por su mismo cariño. Háblele usted tranquilamente, sea su buen amigo de siempre... Como si nada hubiera pasado...

JOAQUÍN.—Esa era mi idea, se lo juro...

ISOLINA (*A Teófilo*).—¿Dónde está mamá?

TEÓFILO.—Ahora venía por el patio, detrás del viejo... Por eso vine a avisarte...

ISOLINA.—Venga usted por aquí, Joaquín.

JOAQUÍN.—Yo no deseo hacer nada ocultamente...

ISOLINA.—No es ocultamente, Joaquín; venga por aquí... (*Joaquín vacila un instante, y al cabo se decide. Vanse los tres por el fondo, derecha.*)

ESCENA III

Don Fernando, que entra por la puerta de la antesala, seguido por Maela.

DON FERNANDO.—No me atosigues, no me calientes la sangre, y ocúpate de lo que te importe. Yo me acostaré cuando tenga sueño...

MAELA.—Tú no estás para pasar malas noches... Ni hay por qué pasarlas tampoco...

DON FERNANDO.—¡Sí! No pasa nada. ¡Estamos muy tranquilos!... ¡Encantados!...

MAELA.—No es eso, pero no vas a...

DON FERNANDO.—Bueno, no más...

Maela.—No vas a sacar nada esperando ahí toda la noche...

Don Fernando.—Piensa que de nada te ha de valer tu ilusión. (*Una pausa.*) Aquí lo esperaré hasta que lo traigan... Y si no lo traen, salgo yo a buscarlo también...

Maela.—Tarde vienes a acordarte que eres padre...

Don Fernando.—Todavía me acuerdo antes que tú...

Maela.—Tu salida de siempre: descargar en mí todas las culpas...

Don Fernando.—Con lo cual pretendes tú librarte de las tuyas...

Maela.—No te entiendo... Demasiado sabes tú cuál ha sido mi vida y cuáles han sido mis culpas; la de vivir para mi casa y mis hijos, maltratada y sopeteada por todos...

Don Fernando.—No digas que por todos... ¿Para qué? Tu pensamiento es que yo solo tengo la culpa de la horrible malcrianza que has dado a tus hijos, sino de... todo, porque soy un monstruo, una fiera...

Maela.—Eres algo peor...

Don Fernando.—Bueno; déjame en paz...

Maela.—Eres un hipócrita y un desmemoriado, que a última hora tratas de arrepentirte y de ponerte a bien con Dios y con tu conciencia, castigando a tus hijos con el castigo que tú no supiste imponerte a ti mismo...

Don Fernando.—Vale más que nos callemos, Gabriela, porque no es este el momento oportuno de entrar en discusiones... Ya te he dicho cuál es mi voluntad, y será en vano que trates esta vez de anulármela con tus enredos y tus mañas. Yo tengo la culpa, sí, es verdad; y no trato, como tú, de echársela a otro. Pero ya dice el refrán que nunca es tarde... Por lo que me queda de vida, que afortunadamente será poco, he de ser el verdadero jefe, que nunca lo fui, de mi casa. Gustavo irá a la cárcel, y mañana mismo haré nuevo testamento para aliviar de alguna manera su inaudita fechoría... Parece mentira, Gabriela, parece mentira que tu egoísmo de madre te impida ver el dolor y la vergüenza de los demás seres humanos...

Maela.—¡Es infame que me digas eso, porque demasiado sabes que desde un principio me opuse a la entrada de esa muchacha en nuestra casa! Malísima memoria tienes, o muy poca vergüenza, si no te acuerdas que no hiciste caso de mis consejos para complacer a Isolina y dejar que Isabel viviese en esta casa noche y día, con los mismos derechos —y hasta con más derechos a veces— que tus propios hijos...

Don Fernando.—Y en eso mismo que estás diciendo ¿no comprendes que no hay ni una sola palabra de cariño, ni un solo rasgo de compasión para esa infeliz criatura?

MAELA.—¡Tú, en cambio, no te ocupas sino de ella!

DON FERNANDO.—¡Porque es la víctima, Gabriela! ¡Porque soy padre sin dejar de ser hombre! ¿Dónde está ese cristianismo de que haces tanto alarde? ¿Cuál es tu caridad cristiana? ¡Joaquín tiene para mí todos, absolutamente todos, los derechos de un hijo! Su padre fue para mí como un hermano, demasiado lo sabes; fue más que un hermano, porque era más inteligente y más generoso que yo, y por eso mismo tal vez mientras yo hice dinero él se quedó pobre, y su hijo es hoy un hombre útil y bueno, mientras los míos son unos seres egoístas e inútiles...

MAELA.—¡Eso es! ¡Mete también en tu desprecio a todos, a todos, hasta a mi pobrecita Leonor, que Dios tenga en su santa gloria!... Nadie ni nada vale en el mundo lo que tu Joaquín: ¡tu ídolo! Sí... Pero no disimules tus verdaderos sentimientos y dilo de una vez... Extremas tu crueldad con tu hijo Gustavo para ofrecer una venganza al hijo de tu amigo, al hombre perfecto, al ídolo... ¡Dilo de una vez! Si eres el jefe, como acabas de decirlo, y mandas...

DON FERNANDO.—¡Y pensar que he vivido a tu lado tantos años en la misma inteligencia, entendiéndonos tan bien como en este momento!... ¡No, no, no puedo más! Ya no me quejo... Era fatal que sucediese esto. Habla y di lo que quieras...

MAELA.—Soy una estúpida, ya lo sé... Me lo has dicho muchas veces...

DON FERNANDO.—Que, por lo menos, Dios me dé energías para no ser débil esta vez. Después..., que Él disponga de mí...

MAELA.—¡Pídele mejor que te perdone tu ceguera y tu crueldad, que te perdone todo lo que me has hecho sufrir a mí, y lo que por tu indiferencia y tu desidia has hecho sufrir a tus hijos! Que Él te perdone es mi deseo, como te perdono yo...

DON FERNANDO.—¡Qué educación para nuestros hijos! ¿Qué cosa de bueno hubiéramos podido hacer con este desacuerdo tan profundo, tan espantoso, como si hablásemos dos idiomas distintos? La culpa es de los dos, Gabriela. A Dios le ofrezco, en descargo de mis pecados, este dolor de comprenderlo ahora, tan claro, tan claro... ¡y tan tarde! (*Pausa.*) La culpa es de los dos, que jamás pensamos sino en nosotros mismos... Mi hija Isolina tiene razón. En nosotros mismos para casarnos, en nosotros para no disciplinar ni enseñar a nuestros hijos a dominar sus instintos..., ¡porque el llanto y las lágrimas de castigo nos dolían a nosotros, y siempre es más cómodo besar que pegar! Hasta para instruirlos, que no educarlos, pensamos sólo en nosotros mismos, porque a ninguno de los dos, a fuerza de ser egoístas, se nos ocurrió pensar siquiera que ellos podían no serlo, y que algún día podrían echarnos en cara lo que hoy nos ha dicho en el tren nuestra hija Isolina...

MAELA.—¡Esa harpía no es de mi casta, sino de la tuya, candil de la calle y oscuridad de la casa! Pero por eso mismo la dejas que me trate así, y que hable a sus padres como nos habla, sin que se te ocurra castigarla. ¡Ella, que es la que menos debía hablar, es la que nos pone a todos la ceniza en la frente! Porque es «el otro» quien habla por ella...

DON FERNANDO.—¡Basta!

MAELA.—Porque es el ídolo el que habla...

DON FERNANDO.—No más...

MAELA.—El infalible, el dios de la casa...

DON FERNANDO.—¡Cállate, cállate, Gabriela, por Dios! ¿Por qué has venido para acá? ¡Déjame ya tranquilo! ¡No puedo creer que esto sea un plan para arrancarme el perdón con la locura! ¡Déjame!

MAELA.—¡Que Dios te perdone, te repito: que Dios te perdone...! (*Don Fernando va hacia la antesala. Se oye algún ruido y unas voces fuera, en el zaguán. Maela va hacia la puerta-reja.*) ¿Qué es? ¿Quién está ahí? ¡Dios mío! ¡Mi hijo Gustavo! ¡Está herido!...

DON FERNANDO (*Volviendo del umbral de la antesala, donde ya ha visto a Gustavo*).—No es herido..., es algo peor... (*Se deja caer en una silla, abrumado.*) ¡El colmo!...

MAELA (*Viendo aparecer a Gustavo en el umbral de la antesala, entre Mario y Luciano*).—¡Hijo mío!...

ESCENA IV

Dichos; Gustavo, Mario, Luciano.

GUSTAVO (*Embriagado, pero no en estado de caerse, sino el alcohólico habitual, torpe de lengua, pero casi firme en el andar*).—Yo... yo... los quisiera ver a ustedes en mi situación, a ver lo que, lo que, lo que hacían.

MAELA.—Gustavo, hijo mío... ¿Qué es eso?...

GUSTAVO (*Abrazándola con cariño*).—¡Tú tuviste la culpa, vieja!...

MAELA.—¡Yo, Gustavo!

GUSTAVO.—Porque si me hubieras dejado ir no me hubiera tropezado con nadie, y ya a estas horas estaría embarcado probablemente... (*Dirigiéndose a su padre, que, mudo, entre Luciano y Mario, que tampoco hablan, lo contempla.*) Pero yo te juro que te vas a arrepentir... ¡tú lo

verás! Te lo juro por esta vieja, que es mi único cariño en el mundo...!
Te vas..., te vas... a arrepentir: ¡Te lo juro!

MARIO.—Lo que siento es que no ha podido ocultarse la persecución. La Prensa de aquí no es la de allá...

LUCIANO.—Pero ¿qué van a decir? Ésta es una cosa privada...

GUSTAVO (*A su madre.*)—Yo no tengo que pedir perdón a nadie..., a nadie más que a ti, por los disgustos que te estoy dando, y por..., por..., por otra cosa... Te lo juro a ti, sí, te pido perdón de rodillas. (*Se arrodilla.*) ¡Mira!

MAELA.—¡Gustavo, por Dios!

GUSTAVO (*Lloroso*).—¡Yo no estoy borracho para eso, vieja! ¡Te lo juro! Te juro que te pido perdón a ti, porque sé que me quieres con toda tu alma y te voy a dar un disgusto muy grande... ¡Perdón!

MAELA.—¡No me angusties más, hijo mío! ¡Levántate!...

GUSTAVO.—Dime que me perdonas...

MAELA.—¡Te perdono, te perdono...; no te he acusado nunca! ¡Alma mía!

GUSTAVO.—¡Así! (*Se levanta.*) De ti (*Por su padre*), de ti no quiero saber nada... Tú dices que yo no soy tu hijo... ¡Tienes razón! ¡Tú no eres mi padre tampoco! Tú no me has querido nunca; no has hecho más que darme tirones de orejas. ¡Abusador! Yo soy un degenerado..., ¿no es verdad? Pues yo no me he degenerado solo... Allá tú, que has sido más «bufa» y más «buche» que yo, y ahora vienes a dártelas de santo...

MARIO.—Esto no puede ser, Gustavo... ¡No sigas por ese camino!

GUSTAVO (*A gritos*).—¡Tienen que oírme! ¡Tienen que oírme! ¡Porque hasta a los condenados a muerte se les deja hablar lo que quieren. Yo demasiado sé que soy un desgraciado. Yo demasiado sé lo que hago... ¡Sé lo que son palos, tirones de orejas y cocotazos! Hasta «galletas», sí, señor, hasta «galletas» me han dado... Pero eso no enseña, como dice Joaquín... Y muy bien dicho. Oye... Yo le quisiera pedir perdón ahora a Joaquín... Te lo juro, mi hermano. Porque Joaquín es todo un hombre, es una persona decente, no un viejo usurero como tú... (*Por el padre*), que has hecho dinero prestando al ochenta por ciento y no te has ocupado de tus hijos más que para darles cocotazos... ¡Buche!

MAELA.—¡Ya lo oyes! ¡Y éste es el criminal, el desalmado! El hijo maldito...

GUSTAVO.—Yo lo que soy es muy desgraciado, vieja... ¡Te lo juro! Muy desgraciado... Pero ese viejo tiene la culpa...

MARIO.—Bien. ¡Basta, basta! Ese viejo es nuestro padre, y todos tenemos que respetarle... ¡Andando! Vamos para tu cuarto... No más...

GUSTAVO.—¡No! Para mi cuarto voy yo solo. Yo no he contado contigo. (*A su padre.*) Óyeme, óyeme bien claro...: sobre tu conciencia va mi muerte...

MAELA.—¡Gustavo, por Dios! (*Va hacia él.*)

GUSTAVO (*Yéndose hacia el fondo*).—¡No! ¡Tú no vengas! (*A Mario.*) Ni tú, ni tú... No me fastidies... Bastante has hecho ya con perseguirme y arrastrarme como un perro. Tú también..., yo te juro que vas a arrepentirte, tú verás. ¡Déjame! ¡No me agarres! ¡Métete a verdugo, si te gusta llevar gente al patíbulo!

MAELA.—Déjalo, Mario...

GUSTAVO.—¡Verdugo! ¡Tú, tú has sido mi verdugo! Tú y el gallego ese... (*Por Luciano.*) Los dos...

MARIO.—Bien; pero que se acueste...

DON FERNANDO.—¡Llévenselo! ¡Acaben de llevárselo!

MAELA.—Vamos, Gustavo... ¡Hijo!

GUSTAVO.—¡Llévenselo, llévenselo! ¡Vas a llorar lágrimas de sangre! Por esta vieja te juro que yo no voy a la cárcel... ¡No!

MARIO.—Vamos...

GUSTAVO (*Mientras se marcha*).—¡Por ella te lo juro! ¡Perdóname, vieja, que te dé este disgusto! Yo quería irme para México a esperar la amnistía, pero ese viejo infame, y la otra, y el otro, y todos..., todos se han propuesto hundirme, y me han hundido... (*Vanse Gustavo, Mario y Maela.*)

ESCENA V

Don Fernando; Luciano; después, Joaquín.

DON FERNANDO.—¡Dame fuerzas, Dios mío! ¡Que la energía no me falte hasta el fin!

LUCIANO.—Es verdaderamente un desgraciado, don Fernando. Yo siento hacia él una profunda lástima. ¡Si usted supiera cómo lo encontramos...!

DON FERNANDO.—Él me lo acaba de decir, Luciano... Hoy, todos mis hijos se han propuesto decirme la verdad. ¡Él es un degenerado..., pero yo soy el culpable!

LUCIANO.—¡No lo diga usted, don Fernando, por Dios! Le juro que por esto me arrepentía de haberle echado mano...

DON FERNANDO.—No, no creas que vacilo. Ya esta decisión no me la arrancará nadie. Estoy tan admirado de mi propia firmeza, que presumo ha de ser la última... (*Viendo a Joaquín, que aparece por la mampara del fondo, derecha.*) ¡Cómo!

LUCIANO.—¡Joaquín!

JOAQUÍN.—Buenas noches...

DON FERNANDO.—¿Cómo, tú aquí, y yo sin saber nada...?

JOAQUÍN.—Vine hace un momento... Isolina me introdujo por aquí para que viese a mi hija...

DON FERNANDO.—Pero ¿por qué no me avisaron?

JOAQUÍN.—Perdone mi osadía...

DON FERNANDO.—No tengo nada que perdonarte. ¿Osadía por qué? Ahora mismo iba a decir que era preciso hacerte venir aquí... Quiero aprovechar esta energía que tal vez muy pronto me abandone; y me abandone para siempre... Quiero dejarlo todo resuelto, acordado y decidido cuanto antes, ahora mismo, como para liquidar de una vez este día de hoy, el más terrible de mi vida...

JOAQUÍN.—Está bien, don Fernando; pero en lo que respecta a mi hija y a mí, permítame que le adelante mi resolución.

DON FERNANDO.—Escúchame, Joaquín: mi hijo Gustavo está aquí, convencido probablemente de que esta vez no ha de ablandarme nada, y yo te prometo que ha de reparar su falta...

JOAQUÍN.—No, don Fernando.

DON FERNANDO.—Su falta, o su crimen; demasiado sabes que no trato de excusarlo. Pero quiero hablarte de otra cosa: escúchame... Se acabaron de una vez y para siempre las vacilaciones y las consultas inútiles; soy el padre, el jefe, el que manda, y mientras yo viva no habrá otra voluntad que la mía, la mía, en esta casa, y la tuya, en el ingenio. Sábelo de una vez, Joaquín, que «Tembladera» no saldrá de nuestras manos así se junten cielo y tierra contra nosotros. Ya ha quedado deshecho el fantasma del «yankee», y..., ¡déjame acabar! Yo no olvido un instante, hijo mío, la hondísima pena que te aflige..., demasiado comprendo cómo debe estar tu ánimo. Pero eso tiene su solución lógica, y ha de venir forzosamente. Es preciso que me ayudes a fijarla de una vez...

JOAQUÍN.—¡Es inútil, don Fernando! Yo no quiero otra solución, que la de irme con mi hija...

DON FERNANDO.—¡Irte!

JOAQUÍN.—La de irme, la de marcharme con mi hija a cualquier parte..., pero tranquilo.

DON FERNANDO.—No, Joaquín, no... ¡No quiero comprenderte! ¿Quieres marcharte, abandonarme ahora, que es cuando más necesito de ti?

Joaquín.—Sí, don Fernando... (*Una pausa.*)

Don Fernando.—¡Dios mío! ¡Me hundí! ¡Ya se acabó mi energía! Dispongan ustedes. Hagan lo que quieran: esto se acabó..., ¡se acabó!... (*Anonadado.*) ¡Ya está!

Luciano.—Yo me tomo la libertad de decirle, Joaquín, que su resolución me parece..., ¡yo qué sé!, me parece poco lógica. Es verdad que Gustavo no es un esposo como su hija Isabel merece... Pero todavía él es joven, está en edad de enmendarse... En todo caso, usted no tiene el derecho de hacer lo que piensa con su hija. Es la elección de su corazón...

Joaquín.—¡No! ¡Mi hija detesta a ese hombre; lo sé, acaba de decírmelo!

Luciano.—Pero es preciso ver ese asunto más despacio, Joaquín... Deja usted en el aire algo muy delicado para una mujer... ¡No lo cuenta usted siquiera!

Joaquín.—¡No, no! No hay más honor que en vivir noblemente. No hay otro honor que el vivir con pureza; con pureza en el alma, sin mezquindades, sin bajezas, sin odio; vivir con la mayor conciencia posible de sí mismo y la mayor comprensión posible de la conciencia de los otros. Lo demás es mentira, es falso, es dolorosamente inútil... ¡No me importa!

Luciano.—Es posible. Pero, de todos modos, creo que no debe usted empeñarse en hacer imposible toda rectificación salvadora. Por lo menos, un día, Joaquín. Deje pasar un día o dos... Todos, tanto como usted, tenemos interés en la solución más armónica y más noble... Deje que los ánimos se serenen y que las cosas vengan por su curso normal...

Don Fernando.—¡Era cuanto me faltaba, Joaquín! He de asistir antes de morirme a la ruina completa de mi casa. Un hijo, en la cárcel; el otro, en España; la otra... ¡Pobre mi hija Leonor: pronto he de seguirte, hija mía! Y quiera Dios que sea antes que ver lo que me espera...

Joaquín.—Yo lo comprendo todo, pero no puedo dar más de lo que he dado. Ya no tengo nada, don Fernando, no tengo ni cabeza para ocuparme de las cosas. ¡Estoy como loco, como loco...! ¿Para qué sirvo ya? ¿Qué puedo ya hacer?

Luciano.—También mis ilusiones, Joaquín, las echa usted por tierra, porque yo me empeñaba en creer que, a pesar de todo lo ocurrido, peor hubiera sido la fuga de Gustavo y la venta del ingenio...

Joaquín.—Luciano, yo comprendo...; pero no, no: es inútil que trate de explicarme. Vea usted, Luciano, que nadie como yo puede dolerse de esta deserción mía, sí: porque me parece que es una deserción la que realizo, abandonando «Tembladera» a su suerte. Pero la voluntad es humana, Luciano, y lo humano... no es todo humano. Hay otra cosa que decide en último término de las causas mejor defendidas... Hasta aquí defendí la mía cuanto me fue posible. Si todos los hombres esperasen tanto como yo a declararse vencidos, ya podría decirse que el mundo comenzaba a ser nuestro...

LUCIANO.—Está bien, no quiero contradecirle en vano...

JOAQUÍN.—¡Me falta la fe, Luciano, mi fe de siempre! Eso es todo, y no sé decirlo de otra manera.

LUCIANO.—Está bien, Joaquín. ¿Qué le vamos a hacer?

JOAQUÍN.—Sin deberle nada a la suerte —¡usted lo sabe!— y luchando siempre contra las peores concurrencias, nunca me abandonó completamente mi fe... ¡No una fe de creyente, que todo lo espera de Dios, sino en la vida misma, en mi razón de ser, en algo indefinible siempre al extremo de todas mis ideas, latentes en el fondo más ignorado de mi conciencia!... Y por ello fui optimista y fui siempre feliz —pobre e insignificante— entre los poderosos y los ricos. Siempre creí que tenía más que ellos, siempre creí que la riqueza de mi espíritu me valía más a mí que a ellos su poder y su oro... ¡Ah! Pero ahora...

LUCIANO.—Ahora, el dolor lo ciega, Joaquín... (*Súbitamente suena una detonación en el interior de la casa, que es seguida de un murmullo trágico, prolongado.*)

DON FERNANDO.—¡Qué! ¿Qué es eso? ¿Qué es?

JOAQUÍN.—¡Un tiro...!

LUCIANO.—No sé. (*Resolviéndose.*) Quédese usted aquí, Joaquín... (*Vase.*)

DON FERNANDO.—¿Qué ha sido, hio mío...?

JOAQUÍN.—(*Decidiéndose, en una breve vacilación*).—¡No! ¡Necesito saberlo!... (*Vase.*)

DON FERNANDO.—(*Teniéndose apenas en pie*).—¡Dios mío! ¡Dios! Esto... ¡esto ahora...! ¡Todavía..., todavía más!... (*Vase.*)

ESCENA VI

En escena, por un momento no aparece nadie. Dentro, sin embargo, siguen oyéndose voces confusas, y por la reja del zaguán nótase ir y venir apresurado de gente.

Al cabo de un instante, vuelve Joaquín, que se deja caer en una silla, profundamente preocupado. Después, Isolina aparece por la derecha, llorosa, pálida, como desorientada...

ISOLINA.—¡Joaquín!... (*Rompe en sollozos, como encontrando al fin dónde llorar.*) Yo no lo odiaba, no, no es verdad. ¡Yo no tengo un átomo de culpa de su muerte!...

JOAQUÍN.—Más daño me hizo a mí y no puedo negarme que su extraña resolución me desarma completamente... ¡Pero no se atormente usted en vano con inútiles remordimientos, no!

ISOLINA.—No, yo no lo odiaba... Como quiera que sea, era mi hermano: yo lo comprendo...

JOAQUÍN.—¿Quién le dice lo contrario? Yo no le aprobaría que se regocijase usted con su muerte, ¡me parecería monstruoso! Lamentémoslo más por los pobres viejos que por él. Ellos, en todo caso, son las verdaderas víctimas. ¡Las únicas víctimas!...

ISOLINA.—¡Es mi madre, que ha tenido el valor de rechazarme..., que me ha prohibido acercarme a mi hermano, diciéndome que yo tengo la culpa!...

JOAQUÍN.—Perdónela usted...

ISOLINA.—Me ha echado del cuarto como a una extraña...

JOAQUÍN.—¡Perdónela usted con toda su alma! Ya se arrepentirá ella de su acusación...

ISOLINA.—Yo lo comprendo, Joaquín. Pero es duro, muy duro, verse tratada así..., ¡y por su propia madre de uno!

JOAQUÍN.—¡No importa! Ya en nosotros el deber no es una cosa que nos venga de fuera, Isolina. Serénese usted, se lo suplico, y piense en esto que le digo. Nuestro deber no es padecer por padecer, sino sufrir, que es otra cosa bien distinta...

ISOLINA.—¿Y ahora, Joaquín? ¿Y ahora?

JOAQUÍN.—¡No lo sé!...

ISOLINA.—Usted se va...

JOAQUÍN.—Sí, Isolina. ¿Qué remedio me queda?

ESCENA VII

Dichos y Luciano, que entra con el pequeño Lucianito en brazos, medio envuelto en unas sábanas, y va a dejarlo en el sofá.

LUCIANO.—No, no, no fue nada, tonto. Es que la abuelita tiene un dolor y por eso llora...

ISOLINA (*Acudiendo*).—Ven... Aquí duermes muy bien: ya verás... ¡Mira! ¡Como el día del ciclón! ¿No te acuerdas de aquella noche que dormiste aquí mismo? ¡Ah! ¡Quieres que yo te cante! (*Para sí.*) ¡Cantar yo, ahora, Dios mío!... (*Al cabo de un breve silencio, con la voz entrecortada, musita una canción de cuna.*)

LUCIANO.—(*Como terminando una conversación con Joaquín*).—No trato de convencerlo en este momento, Joaquín. Ya hablaremos... Prométame, al menos, que no tomará resolución alguna hasta que todo haya pasado...

JOAQUÍN.—Se lo prometo...

LUCIANO.—Gracias. Yo vuelvo al lado de esos pobres viejos... Ellos son el pasado, Joaquín, el pasado que se va, echándonos encima todas las responsabilidades para el porvenir. Véame antes de irse... (*Vase.*)

ESCENA VIII

Joaquín quédase sumido en una profunda meditación. Por detrás de él, sigilosamente, acércase Isolina, hasta venir a caer de rodillas junto a él.

JOAQUÍN.—¡Isolina!

ISOLINA.—¡Perdóname! ¡He expiado mi falta diecinueve años!

JOAQUÍN.—¡Isolina, no! ¡Isolina!

ISOLINA.—¡Perdóname! ¡Piensa que mi expiación no ha podido ser más sincera, porque siempre creí que el pasado había muerto para ti...!

JOAQUÍN (*Estrechándola en sus brazos*).—Es que yo no soy el mismo, Isolina; que he vivido demasiado para saber querer.

ISOLINA.—Yo soy una vieja, y lo bendigo todo... Porque esto será gris, Joaquín, será triste: el momento no puede ser más lúgubre ni más inoportuno quizá..., pero es mucho más noble de lo que pudo ser *aquello*. (*Joaquín la estrecha nerviosamente entre sus brazos. Después la separa.*)

JOAQUÍN.—¿Y ahora! ¿Qué será de nosotros? ¿Por qué hemos hecho esto?...

ESCENA IX

Dichos; Isabel y Teófilo.

ISABEL (*Apareciendo por la mampara del fondo derecha.*)—¡Papá! ¡No te habías ido! (*Se abraza a él. Detrás aparece Teófilo.*)

ISOLINA.—No, Isabel, no se había ido... ni hablará más de irse.

ISABEL.—¿Que no te vas? ¿Y tendré yo que quedarme aquí en esta casa?...

ISOLINA.—En esta casa, no; conmigo, sí...

ISABEL.—¡Contigo!

ISOLINA.—Sí; conmigo y con él. Ya no nos separaremos nunca, ninguno de los tres...

ISABEL (*A su padre, ya casi alegre*).—Pero... ¿estás oyendo? ¿Eso es verdad?...

JOAQUÍN.—Sí, que sí..., que todo es verdad...

ISABEL (*Arrojándose en los brazos de Isolina*).—¡Mamina!

ISOLINA (*A Joaquín*).—¿Y ahora? ¿Todavía no sabes qué será de nosotros?

TEÓFILO.—Oigan: ¿se podría saber de qué se trata? (*Isolina baja la cabeza.*)

JOAQUÍN.—No vamos a marcharnos juntos ahora mismo: no vayas a creerlo... Haremos las cosas de manera que ni tú ni los otros tengan nada que echarnos en cara...

TEÓFILO.—No, no...; yo quería saber nada más... Yo no...

JOAQUÍN.—¡Ah, el señor escéptico, el cínico que presume de serlo!... ¡Pues ya ves por qué soy optimista, por qué amé siempre el bien y tuve fe en la vida: porque hasta los seres como tú son seres morales...! ¡Anda, ve y presume de estúpido, si quieres, pero no de malvado, porque no lo eres!

ISOLINA.—Teófilo... ¿quieres irte mañana mismo para Nueva York?

TEÓFILO.—Mañana mismo, no... Pero...

JOAQUÍN.—Harás lo que te plazca, no me asustan las responsabilidades.

TEÓFILO.—Pero yo me voy... ¿Y «Tembladera» no se vende?

ISOLINA.—Ya no se llama «Tembladera», Teófilo, ni se irá de nuestras manos. Allá iremos pronto a quitarle ese nombre y a darle uno nuevo: «Tierra firme», por ejemplo, o «Esperanza»...

JOAQUÍN.—Todavía, Isolina, todavía. Dejémosle su nombre, que aún lo merecerá por algún tiempo. Apartemos de nuestro lado al pesimismo desesperado que desangra, pero no nos entreguemos tampoco al optimismo ciego, que resta fuerzas al trabajo. Atengámonos a la realidad y hagamos frente al porvenir con fe, con entusiasmo, sinceramente resueltos a los mayores sacrificios y con el corazón siempre dispuesto a perdonar y a amar... Lo demás sólo dependerá de nuestra constancia, de nuestra voluntad.

ISABEL.—Y de otra cosa que tú te olvidas siempre...

JOAQUÍN.—¿Cuál?

ISABEL.—De Dios, papá...

JOAQUÍN.—Tienes razón. ¡Lo demás sólo dependerá de nosotros... y de Dios!

TELÓN

ARMANDO DISCÉPOLO
[*Argentina, 1887-1971*]

Armando Discépolo se inició en el teatro como actor, llegando a trabajar, muy joven todavía, con Camila Quiroga, quien se convertiría en una de las principales actrices y empresarias del teatro sudamericano. Sus aspiraciones actorales cedieron pronto a su interés por desarrollar su capacidad como director artístico y autor dramático. En 1910 se estrenó en Buenos Aires su primera obra, *Entre el hierro*, con la famosa compañía de Pablo Podestá, bajo la dirección del propio Discépolo. De ahí en adelante puso en escena más de un centenar de obras nacionales y extranjeras, y escribió más de treinta, aparte de varias piezas creadas en colaboración con su hermano Enrique Santos Discépolo y con Rafael José de la Rosa, entre otros. También tradujo y adaptó numerosas obras, entre ellas *La fierecilla domada* de Shakespeare, *Tres hermanas* de Chejov, *El inspector* de Gogol y varias de Pirandello. Extrañamente, su carrera autoral quedó virtualmente concluida hacia 1934, en plena etapa creadora. A manera de reconocimiento oficial por su destacado papel en el desarrollo del teatro argentino, en las décadas de los setenta y los ochenta se escenificaron en el Teatro San Martín, de Buenos Aires, todas las principales obras de Discépolo. A finales de los ochenta, algunas de ellas fueron llevadas a escenarios europeos (Madrid, Roma, Moscú).

Discépolo, descendiente de italianos, es reconocido por la crítica como el iniciador del "grotesco criollo", género al que pertenecen sus obras principales: *Mateo* (1923), *El organito* (1925, en colaboración con su hermano Enrique), *Stéfano* (1928) y *El relojero* (1934). Antes de escribir sus "grotescos", el autor se ejercitó en la modalidad del "sainete criollo" conjuntamente con Rafael José de la Rosa y Mario Folco, con quienes escribió piezas reideras sin trascendencia. Esa tradición sainetera, de vieja raigambre hispánica, excesivamente comercializada y ya en franca decadencia hacia los años veinte, se vigoriza en la pluma de Discépolo con las incitaciones del "grotesco" italiano (Chiarelli, Pirandello) y las de la propia realidad argentina, y surgen sus "grotescos criollos" de indudable interés y consecuencia. Con un lenguaje verista, ágil, lleno de giros italianos, y con el tono tragicómico y patético propio del género, los grotescos discepolianos hurgan en la problemática del inmigrante: pobreza, fracaso, desadaptación, pérdida de la identidad. "El grotesco —afirma Claudia Kaiser-Lenoir— usa los mismos elementos saineteriles (ambiente, tipos, lenguaje), pero en lugar de perpetuar el enfoque costumbrista, lo desmonta, quiebra su linealidad y lo problematiza." Según ella, los grotescos de Discépolo desconstruyen algunos de los mitos más sagrados de la ideología oficial argentina del momento: el del trabajo honrado (*Mateo*), el de la familia (*El organito*), el del éxito profesional (*Stéfano*) o el de la moral (*El relojero*).

Mateo se estrenó en Buenos Aires, en el Teatro Nacional, el 14 de marzo de 1923, con la Compañía Nacional de Pascual Caravallo. Su éxito de público fue tan extraordinario que desde allí en adelante se llamó "mateo" al coche de plaza, conocido hasta entonces como "victoria", y a su conductor. En 1937 se realizó una versión cinematográfica de esta obra, con la actuación de Luis Arata y Enrique Santos Discépolo.

BIBLIOGRAFÍA SUMARIA

Amores de Pagella, Ángela Blanco, "El grotesco en la Argentina", *Universidad*, vol. XLIX, julio-septiembre de 1961, pp. 161-175.

Cárdenas de Monner Sans, María I., "Apuntes sobre nuestro sainete y la evolución político-social argentina", *Universidad*, vol. XLIX, julio-septiembre de 1961, pp. 73-90.

Casadevall, Domingo F., *El tema de la mala vida en el teatro nacional*, Buenos Aires, Kraft, 1957.

Castagnino, Raúl H., *Circo, teatro gauchesco y tango*, Buenos Aires, Instituto Nacional de Estudios de Teatro, 1981.

Castro, Griselda, *Sainete: Análisis de la obra de Florencio Sánchez y Armando Discépolo*, Montevideo, Técnica, 1988.

Costa, René de, "*Stéfano*: el humor negro en el grotesco criollo; notas de lectura de *Stéfano*", *Texto Crítico*, vol. IV, núm. 10, mayo-agosto de 1978, pp. 86-94.

Dowling, Lee H., "El problema de comunicación en *Stéfano* de Armando Discépolo", *Latin American Theatre Review*, vol. XIII, núm. 2, primavera de 1980, pp. 57-63.

Galaso, Norberto, *Discépolo y su época*, Buenos Aires, Jorge Álvarez, 1967.

Gallo, Blas Raúl, *Historia del sainete nacional*, Buenos Aires, Quetzal, 1958.

Kaiser-Lenoir, Claudia, *El grotesco criollo: estilo teatral de una época*, La Habana, Casa de las Américas, 1977, pp. 66-71.

_____ , "La particularidad de lo cómico en el grotesco criollo", *Latin American Theatre Review*, vol. XII, núm. 1, otoño de 1978, pp. 21-32.

Kayser, Wolfgang, *Lo grotesco. Su configuración en pintura y literatura*, trad. Ilse M. de Brugger, Buenos Aires, Nova, 1964.

Lindstrom, Naomi, "The World's Illogic in Two Plays by Argentine Expressionists", *Latin American Literary Review*, vol. IV, núm. 8, primavera-verano de 1976, pp. 83-88.

Marcos, Susana, *et al.*, *Teoría del género chico criollo*, Buenos Aires, EUDEBA, 1974.

Neglia, Erminio G., *Pirandello y la dramática rioplatense*, Florencia, Valmartina Editore, 1970, pp. 73-79.

Ordaz, Luis (comp.), *El teatro argentino, 9: Armando Discépolo, Mateo, Stéfano, Relojero*, Buenos Aires, Centro Editor de América Latina, 1980.

_____ , "El grotesco criollo", *Breve historia del teatro argentino*, t. IV, Buenos Aires, EUDEBA, 1963, pp. 5-24.

Pellettieri, Osvaldo, "Los cien años de un inventor: Armando Discépolo", *Gestos*, vol. III, núm. 5, Irvine, California, abril de 1988, pp. 141-144.

_____ , "Armando Discépolo: entre el grotesco italiano y el grotesco criollo",

Latin American Theatre Review, volumen XXII, número 1, otoño de 1988, páginas 55-71.

Pérez, Irene (comp.), *El grotesco criollo: Discépolo-Cosa*, Buenos Aires, Colihue, 1986.

Troiani, Elisa A., *"Stéfano: Promises and Other Speech Acts"*, *Things Done with Words: Speech Acts in Hispanic Drama*, Elías L. Rivers (comp.), Newark, Delawere, Juan de la Cuesta, 1986, pp. 85-99.

Viñas, David, *Grotesco, inmigración y fracaso: Armando Discépolo*, Buenos Aires, Corregidor, 1973.

____ (comp.), *Obras escogidas de Armando Discépolo*, Buenos Aires, Jorge Álvarez, 1969.

Mateo

GROTESCO EN TRES CUADROS

PERSONAJES

Doña Carmen
Lucía
Don Miguel
Don Severino
Chichilo
Carlos
El Loro
Narigueta

CUADRO PRIMERO

La familia de don Miguel ocupa dos habitaciones en el conventillo.* En el rincón izquierdo, de la del escenario, la alta cama matrimonial; en el derecho, la de Lucía. Mesitas de luz en cada cabecera. Alfombrines raídos. La puerta del lateral izquierdo lleva al cuarto de Carlos y Chichilo; la del foro al patio. A la izquierda de ésta, ventana sin hierros, con visillos.* Entre puerta y ventana dos alambres sostienen una cortina de cretona* que, corrida, oculta entre sí ambas camas. Cristalero en primer término de izquierda y mesa con hojas "de media luna". Sillas de Viena* y de paja. Baúles debajo de las camas. Una vieja palangana montada sobre armazón de madera hace de estufa. En el muro de derecha cuelgan ropas cubiertas por un paño. Sobre la cama de los viejos un cromo de la Virgen con palmas cruzadas, y una repisa sostenido un acordeón.* En la cabecera de la otra cama un crucifijo con gran moño. Las siete de la mañana. Invierno. Doña Carmen sentada en silla baja, calienta sus manos en el brasero. Los enseres del mate en el suelo; la "pava" en el fuego. Lucía termina de vestirse. Chichilo, enroscado en las colchas, duerme sobre un colchón, a los pies de la cama de la hermana.

Lucía.—¿No vino papá, todavía?
Doña Carmen.—No.
Lucía.—¡Qué frío!

126

DOÑA CARMEN.—(*Brindándole el mate.*) Toma. Caliéntase.[1] (*Lucía sorbe en silencio mirándose en el espejo del cristalero.*) Cuida que no hirba el café.

LUCÍA.—Espere que me lave la cara siquiera. Haga levantar a ese atorrante. (*Por Chichilo.*) Viene el viejo y empieza la tragedia. ¿Dónde habrán puesto la toalla?

DOÑA CARMEN.—La tiene Carlito afuera.

LUCÍA.—(*Abriendo la puerta.*) Brrr... ¡Qué frío!... (*Mutis.*)

CHICHILO.—(*Soñando.*) ¡Se la pianta!* ¡Pst! ¡Pst!

DOÑA CARMEN.—Chichilo.

CHICHILO.—(*Retorciéndose.*) ¡Uh!... ¡Se la pianta!... ¡Cretino!...

DOÑA CARMEN.—(*Tocándolo.*) Chichilo... Dormelón... Levántese, le digo...

CHICHILO.—(*Incorporándose.*) ¡Corran!... ¡Corran!

DOÑA CARMEN.—¡Eh!... ¡Despiértese!

CHICHILO.—¿Dónde está Lucía?

DOÑA CARMEN.—Lavándose. Toma. Caliéntase.

CHICHILO.—(*Con ira.*) ¡Qué sueño fulero!* (*Aparte.*) Soñé que se la piantaban. (*Devolviendo el mate.*) ¿Los manubrios?*

DOÑA CARMEN.—Qué sé yo.

CHICHILO.—(*Sacando dos planchas de debajo del colchón.*) Aquí están. (*Hace flexiones. Carlos aparece por el foro, secándose la cara.*)

DOÑA CARMEN.—(*A Carlos.*) Toma. Caliéntase.

CARLOS.—(*Sorbiendo.*) ¿Qué hacé, Densey?*

CHICHILO.—Cerrá la puerta.

LUCÍA.—(*Desde forillo.*) Dame la toalla.

CARLOS.—(*Arrojándosela.*) Ahí la tiene.

LUCÍA.—¡Eh!... (*Doña Carmen cierra la puerta.*)

CARLOS.—Cuándo será ese día que te vea no-cau* a vo... con la cabeza hinchada y la carretilla* colgada de la oreja. (*Mueca. Chichilo continúa sus flexiones conteniendo apenas su ira. Respira acompasadamente.*) ¡Chifladura! (*Mutis izquierda.*)

DOÑA CARMEN.—Toma.

CHICHILO.—¿No ve que no he terminado el run?

DOÑA CARMEN.—¿Qué?

CHICHILO.—Que no me haga hablar.

DOÑA CARMEN.—¿Por qué?

CHICHILO.—Porque no puedo respirar, ¿no comprende?

CARLOS.—(*Adentro. Grita.*) ¡No grite mocoso!*

CHICHILO.—(*Arrojando las planchas.*) ¡Ah; no se puede hacer nada! ¡Injusticia! Algún día me va a llevar en anda ése: "¡Yo soy el hermano!" Va a decir: "¡Yo soy el hermano!" (*Salta la cuerda.*)

DOÑA CARMEN.—Cállate. No lo pinchá. (*Mutis izquierda con el mate.*)

LUCÍA.—(*De foro.*) Hacés mover toda la casa.

CHICHILO.—¡La otra! Andá al espejo a hacer ejercicios con los ojos, vo.

LUCÍA.—Mejor.

CHICHILO.—Pa meter* a los cajetilla.*

LUCÍA.—Mejor. (*Se riza las patillas ante el cristalero.*)

CHICHILO.—Coqueta.

LUCÍA.—Mejor (*Chichilo le arroja la cuerda.*) ¡Burro!

CHICHILO.—¡Loca!

LUCÍA.—¡Burro!

DOÑA CARMEN.—(*En la izquierda. Deteniendo a Chichilo que va a tirar una plancha.*) ¡Chichilo!

CHICHILO.—Esta va a ser la desgracia de la familia, mama.

CARLOS.—(*Adentro.*) ¡A ver si empiezo a repartir castañas!*

LUCÍA.—(*Ante el espejo de la cabecera de su cama.*) ¡Ja, ja!... ¡Qué miedo! (*Mutis foro.*)

DOÑA CARMEN.—Vamo, hijo, vamo. Cómo so, también. (*Mutis detrás de Lucía. Chichilo pelea con la sombra.*)

CARLOS.—(*Por izquierda, luego de una pausa.*) Vamo; sacá ese colchón de ahí.

CHICHILO.—Ya voy; me falta un run.

CARLOS.—¡Llevá el colchón!... (*Chichilo obedece.*) Esa es otra. ¿Se puede saber pa qué dormís ahí todas las noches ahora?

CHICHILO.—Qué sabé vo... Vo no ve nada. (*Levanta el colchón.*) Vo... no me dejé entrenar. Vo... seguí sin ver.

CARLOS.—¿Y qué hay que ver? (*Impidiéndole el mutis.*) Hablá; ¿qué hay que ver?

CHICHILO.—(*Dejando el colchón.*) Hay que ver el honor.

CARLOS.—¿Qué honor?

CHICHILO.—¡El honor de las mujeres! (*Levanta el colchón.*)

CARLOS.—(*Asustado de lo que piensa.*) ¿Qué mujeres? (*Lo agarra.*)

CHICHILO.—¡Che, golpes prohibidos, no!

CARLOS.—¡Hablá!

CHICHILO.—¡Largá!* (*Arroja el colchón.*)

CARLOS.—¿Lucía?...

CHICHILO.—Sí.

CARLOS.—¡¿Qué?!...

CHICHILO.—¿No ves qué linda se ha puesto?

CARLOS.—¿Y?

CHICHILO.—Que andan así los cajetilla.

CARLOS.—¿Y?

CHICHILO.—¿Y?... ¡Qué pregunta!; que hay que cuidarla para que no se la pianten. (*Levanta el colchón.*)

CARLOS.—(*Arrebatándoselo.*) ¿Para eso me has hecho asustar?

CHICHILO.—¡Ja!... Te parece poco. Así... como moscas están. Me tienen loco.

CARLOS.—Pero... ¿vos sos un otario,* entonces?

CHICHILO.—¡Ja, otario! Tan difícil que es trabajarse una mina:* le hablan de la seda, del capelín,* del champán, de la milonga;* le hacen oír un tango, le muestran un reló de pulsera ¡y se la remolcan!* Después los viejos lloran y los hermanos atropellan pero ya es tarde, ya es flor de fango* que se arrastra, sin perfume... ¿No has visto en el teatro?[2] Andá a ver. Te hacen llorar.

CARLOS.—Pero, gil,* ¿vos crés que a las mujeres se les engaña? Las mujeres rajan* cuando están hartas de miseria.

CHICHILO.—Y bueno, ¿qué querés?; ¿somo rico nosotro? Cuidao.

LUCÍA.—El café. (*Lo deja en la mesa.*)

CHICHILO.—Mírala cómo camina.

CARLOS.—¿Qué tiene?

CHICHILO.—¿No manyás* cómo hace? ¡Tienen razón los cajetilla! ¡Se nos van a meter en el patio!* (*Levanta el colchón. Lucía se ha ido por foro.*)

CARLOS.—(*Pensativo.*) Dejala que raje. Mejor para ella. Por lo que la espera aquí. En cualquier parte va a estar mejor... aunque esté mal.

CHICHILO.—(*Deteniéndose con el colchón al hombro.*) ¿Ah, sí? Ahora caigo; vos sos de esos hermanos que después las shacan.* Eso también lo dan en el teatro... ¿No tenés vergüenza?

CARLOS.—(*Atropellándolo.*) ¡¿Qué?!

CHICHILO.—¡Araca* que soy tu hermano!... (*Huye. Carlos se detiene.*)

DOÑA CARMEN.—(*Seguida por Lucía, que va al espejo de foro.*) Pronto; se enfría. (*Sirve.*)

LUCÍA.—Yo no quiero.

DOÑA CARMEN.—¿Por qué?

LUCÍA.—No tengo ganas.

DOÑA CARMEN.—No come nada esta chica.

CARLOS.—(*Después de observar a la hermana.*) Dale, metele a la pastilla. Ya sé dónde vas a ir a parar vo.

LUCÍA.—Mejor.

DOÑA CARMEN.—Dejála tranquila. Toma el café. (*Va al fuego otra vez. Tiene frío; se cubre la cabeza con la pañoleta.*)

CARLOS.—Linda familia: un hijo loco, el padre zonzo y la hija rea.* ¿No hay pan fresco?

DOÑA CARMEN.—No, hijo. Hasta que no venga el viejo... Anoche no ha quedado un centavo en casa.

CARLOS.—¡Hágame el favor!: ni para pan.

LUCÍA.—(*Desde el foro.*) Trabaje.

CARLOS.—¡Trabaje! ¡Ju!... Está bien. Pronto se va a acabar. ¿Esta es toda la azúcar que hay?

DOÑA CARMEN.—¿E poca? (*Chichilo entra por foro y se sienta a la mesa.*)

CARLOS.—¡Hágame el favor!... (*Parece que va a tirar la azucarera, pero vuelca el contenido en su taza.*)

CHICHILO.—Araca, ¿y para mí no hay?

CARLOS.—Trabaje. (*Come con buen apetito.*)

CHICHILO.—¿Qué?... ¿Lo voy a tomar amargo? No me gusta.

CARLOS.—Vaya acostumbrándose.

CHICHILO.—Como para estar en treining* ¿No calotiaste* en el café?

CARLOS.—(*Dándole un paquetito de azúcar.*) Tome. Si no pienso yo... pobre familia. (*Por el desayuno.*) ¡Ya está frío! (*Comen.*) Lucía.

LUCÍA.—¿Qué?

CARLOS.—Pedile *La Nación*³ a la encargada.

LUCÍA.—¡Uffa! (*Sale al forillo.*)

CARLOS.—¡Cerrá la puerta!

LUCÍA.—¡El viejo!

CARLOS.—¿Viene hecho?*

LUCÍA.—No: trae la galera* sobre los ojos.

CHICHILO.—¡Araca: bronca entonce!

CARLOS.—Ni el café con leche se puede tomar. ¡Qué gana de revoliar todo!... (*Se lo bebe precipitadamente y va a sentarse en primer término derecha. Lucía prepara la cama para que el viejo se acueste.*)

DOÑA CARMEN.—(*Renovando el mate.*) No le contestá, Carlito; por favor. No lo haga enojá.

CARLOS.—Que no me pinche.

CHICHILO.—Hágalo acostar en seguida, mama.

DOÑA CARMEN.—Séano bueno... Pobre viejo; viene cansado, muerto de frío. Séano bueno.

MIGUEL.—(*Gabán de lana velluda hasta los tobillos, "media galera", bufanda y látigo. Trae una cabezada colgada al brazo; los bolsillos laterales llenos de diarios.*) Bon día. (*Le contestan todos mientras él los mira. Deja a los pies de su cama, galera, látigo y cabezada.*) ¿Ha venido?... (*Un estornudo que viene de muy lejos lo detiene.*) ¿Ha venido?... (*Estornuda estruendosamente, con rabia.*) ¡Achírrepe!

DOÑA CARMEN.—Salute.

MIGUEL.—¡Achírrepe!... E dos. ¡Schiatta...* ¡Achírrepe!... E tres. ¡Revienta!

CHICHILO.—(*Aparte*.) ¡Manyá qué presión* trae!

MIGUEL.—Otro más... e que sea l'último... ¡Achírrepe! (*Se suena*.) ¿Ha venido Severino?

DOÑA CARMEN.—No. ¿Por qué?

MIGUEL.—Pregunto.

DOÑA CARMEN.—(*El mate*.) Toma; caliéntase. (*El viejo sorbe con fruición*.) Sentáte.

MIGUEL.—(*Se sienta*.) Estoy cansado de estar sentado. (*Le preocupa la actitud de Carlos. A doña Carmen*.) ¿Cómo estás? ¿Tiene frío?

DOÑA CARMEN.—Un poco.

MIGUEL.—Ha caído yelo esta noche. (*Por Carlos*.) ¿Qué tiene?

DOÑA CARMEN.—Nada. Piensa.

MIGUEL.—¿Iguale que una persona? (*Arrojándole un diario a sus pies*.) ¡La Prensa!⁴

CARLOS.—Gracia. Leo *La Nación*.

MIGUEL.—(*Arrebatándose*.) ¡La...!

DOÑA CARMEN.—Miquele...

MIGUEL.—¡La...! (*Conteniéndose. A doña Carmen*.) ¿Comprende? ¡Qué hijo macanudo!* Tremendo. Un día de esto lo ato al coche.*

CARLOS.—(*Aparte*.) ¡Se lo rompo a patada!

MIGUEL.—Levanta el diario. ¡Levanta el diario!... (*Carlos obedece*.) Bravo.

CHICHILO.—(*Sonriendo a don Miguel que se le acerca. Bajo a doña Carmen*.) Ahora se la cachá* conmigo.

MIGUEL.—Bon provecho.

CHICHILO.—(*Queriendo serle grato*.) Ya me lo dijo, viejo.

MIGUEL.—E se lo digo otra vez, ¿qué hay?

CHICHILO.—Y... no hay nada... ni siquiera azúcar.

MIGUEL.—¡Cállase la boca! ¡Sácase la gorra!... Bravo.

CHICHILO.—Diga.

MIGUEL.—¿Qué quiere?

CHICHILO.—¿No tiene sueño?

MIGUEL.—No. ¿Por qué?

CHICHILO.—Y... yo tendría sueño.

MIGUEL.—Porque usté es un haragán, ¿comprende?... Lucía. (*Va hacia su cama*.)

CHICHILO.—(*A Doña Carmen*.) Hágalo acostar, mama: dele el opio* que si no... Pago siempre yo. (*Mutis izquierda*.)

MIGUEL.—Lucía.

LUCÍA.—(*Que se da colorete a escondidas.*) ¿Qué?... ¿Llamaba?...

MIGUEL.—(*Viéndole las dos manchas de carmín.*) ¿Qué se ha hecho?

LUCÍA.—¿El qué?

MIGUEL.—(*Apartándola. Discreto.*) ¿Por qué hace éso?

LUCÍA.—No sé de qué habla.

MIGUEL.—(*Mostrándole un dedo que tiñe en sus mejillas.*) Hablo de esto.

LUCÍA.—Y bueno...

MIGUEL.—E muy feo, hijita.

LUCÍA.—No; si se usa.

MIGUEL.—Hay mucha cosa que se usan... e que son una porcaría.

DOÑA CARMEN.—(*Brindándole un mate, sin mirarle.*) Toma, Miquele...

MIGUEL.—Levanta la cabeza. (*Le limpia con su pañuelo.*) No me haga más esto...

LUCÍA.—¡Uff... qué olor a toscano!*

MIGUEL.—Otra vez que yo la veo pentada... (*Irritación contenida.*)... la castigo col látego! (*La empuja.*)

LUCÍA.—Y bueno... si se usa.

DOÑA CARMEN.—Miquele, toma el mate.

MIGUEL.—¡Tómaselo usté!

DOÑA CARMEN.—¿No quiere más? ¿Está feo?

MIGUEL.—(*Arrepentido.*) No... traiga. (*Sorbe.*) ¡Está riquísimo!... (*Cariñoso.*) Lucía, venga... ¿Sabe?, tiene que hacer una almohadilla para la cabezada de Mateo.

LUCÍA.—(*Fastidiada.*) ¿Más almohadillas?

MIGUEL.—Sí. El pobrecito caminaba dormido seguramente, e se ha dado un cabezazo tremendo contra un automóvil... ¡Así se quemaran todo!

CARLOS.—(*Que está leyendo.*) ¿No te digo?

DOÑA CARMEN.—¿Se ha lastimado mucho?

MIGUEL.—Se ha hecho a la frente un patacone* así de carne viva. Tiene una desgracia este caballo: siempre que pega... pega co la cabeza. Yo no sé... Una almohadilla ugual, ugual a aquella que le hicimo para el batecola, ¿recuerda?

LUCÍA.—Sí. (*Toma con asco la guarnición.*)

MIGUEL.—Bravo. Tiene tiempo hasta la noche.

LUCÍA.—(*A doña Carmen, al pasar.*) La dejo ahí, mama; después la hace usté.

DOÑA CARMEN.—Bueno (*Mutis de Lucía por izquierda.*)

MIGUEL.—(*Sacándose el capote.*) Al principio yo no hice caso al golpe e ho seguido camenando por Corriente[5] arriba, —el choque fue a la esquina de Suipacha— pero Mateo cabeceaba de una manera sospechosa, se daba vuelta, me meraba —con esa cara tan expresiva que tiene— e me hacía una mueca... así... como la seña del siete bravo.*

CARLOS.—(*Comentario.*) ¿No ve?.. Si hasta juega al truco, ahora.

MIGUEL.—Yo no sé... (*Ríe complacido, recordando.*) Este Mateo... e tremendo. Hay vece que me asusta. N'entendemo como dos hermano. Pobrecito. Me ho bajado e con un fóforo so ido a vere... ¡animalito de Dios! Tenía la matadura* acá... (*Sobre un ojo.*) e de este otro lado un chichone que parecía un casco de vigilante requintado.* Pobrecito. Se lo meraba como diciéndome:"Mequele, sacame esto de la cabeza". Le ho puesto un trapo mojado a la caniya de Río Bamba e Rauch,[6] mordiéndome el estrilo!...* L'automóvil! ¡Lindo descubrimiento! Puede estar orgulloso el que l'ha hecho. Habría que levantarle una estatua... ¡arriba de una pila de muertos peró! ¡Vehículo diavóleco, máquina repuñante a la que estoy condenado a ver ir e venir llena siempre de pasajero con cara de loco, mientra que la corneta, la bocina, lo pito e lo chancho me pifian e me déjano sordo.

CARLOS.—Es el progreso.

MIGUEL.—Sí. Es progreso de esta época de atropelladores. Sí, ya sé. Uno protesta, pero es inútil: son cada día más, náceno de todo lo rincone; so como la cucaracha. Ya sé; ¡qué se le va a hacer! Adelante, que sígano saliendo, que se llene Bono Aire, que hágano puente e soterráneo para que téngano sitio... yo espero que llegue aquél que me tiene que aplastar a mí, al coche e a Mateo... ¡e ojala que sea esta noche misma!

DOÑA CARMEN.—Acostate, Miquele.

CARLOS.—Claro, usté respira por la herida, pero... ¡hay que entrar, viejo: hay que hacerse chofer!

MIGUEL.—(*En el colmo del asombro.*) ¡¿Quién?!... ¡¿Yo?! ¿E osté e mi hijo?... Cármene, ¿éste es hijo mío, seguro?...

DOÑA CARMEN.—No le haga caso; acostáte.

MIGUEL.—¿Yo chofere? Ante de hacerme chofere —que son lo que me han quitado el pane de la boca— ¡me hago ladrón! Yo voy a morir col látego a la mano e la galera puesta, como murió me padre, e como murió me abuelo! Chofere... ¡No! Lo que yo tendría que ser so do menuto presedente. ¡Ah, qué piachere!...* Agarraba los automóviles con chofere e todo, hacía un montón así, lo tiraba al dique, lo tapaba con una montaña de tierra e ponía a la punta este cartel: "Pueden pasar. Ya no hay peligro. ¡S'acabó l'automóvil! ¡Tómeno coche!"

DOÑA CARMEN.—Ha trabajado poco anoche.

CARLOS.—La pregunta... ¿No ve cómo viene?

MIGUEL.—No; mucho. Un viaje de ocho cuadra. Se bajaron para tomar un automóvil. Estaban apurados... E todavía me discutían el taxímetro: "¡Está descompuesto!... ¡Está descompuesto!... ¡Ladrones!" "¡El que está descompuesto soy yo!" —le ho contestado—. He tenido que revoliar el fierro* para cobrar.

CARLOS.—También... con ese coche.

MIGUEL.—¿Qué tiene el coche?

CARLOS.—Nada. Cada rendija así; la capota como una espumadera. Yo no subía ni desmayao.

MIGUEL.—Natural, no es un coche para príncipe.

CARLOS.—Qué príncipe. ¿Y el caballo?

MIGUEL.—¿Qué va a decir de Mateo?

CARLOS.—Ése no es un llobaca.*

MIGUEL.—¿E qué es?

CARLOS.—Es una bolsa de leña.

MIGUEL.—¡Mateo una bolsa de leña!

CARLOS.—Una cabeza grande así; el anca más alta que el cogote; partido en dos; los vasos como budineras; lleno de berrugas, casi ciego... ¿qué quiere? Da lástima. La gente lo mira, le da gana de llorar y raja.

MIGUEL.—Y sin embargo tiene más corazón que usté. Hace quince año que trabaja para usté sin una queja.

CARLOS.—Por eso: jubileló.

MIGUEL.—Cuando usté me compre otro; yo no puedo.

CARLOS.—No se queje entonces.

MIGUEL.—Yo no me quejo de él, me quejo de usté. Mateo reventado e viejo me ayuda a mantenere la familia; me ayuda... ¡la mantiene! Yo me quejo de usté, que se burla de él e vale mucho meno.

CARLOS.—Ese berretín va a ser su ruina. No veo la hora de que se le muera.

MIGUEL.—Es claro. Cuando Mateo se muera, usté se va a reír. E cuando me muera yo, como él, reventado, viejo y triste... usté también se va a reír.

DOÑA CARMEN.—Miquele, ¿qué dice?

CARLOS.—No tome las cosas al revés.

MIGUEL.—¡Eh... te conozco mascarita!⁷

CARLOS.—¡Ah!... Dice cada cosa... Todo porque no traigo plata. Siempre la plata. Un día de éstos ¡lo voy a ahogar en la plata! (*Mutis hacia la calle.*)

MIGUEL.—(*Lo corre. En la puerta.*) ¡Porcaría! ¡Malevito!...* ¡Chofer!

DOÑA CARMEN.—No haga caso, Miquele. Está co la luna. Acostáte.

MIGUEL.—No me acuesto nada.

DOÑA CARMEN.—¿No tiene sueño?

MIGUEL.—Sí, pero no tengo gana de dormir. Espero a Severino.

DOÑA CARMEN.—¿Severino? ¿Vas a pedirle plata otra vez?

MIGUEL.—¿E qué quiere hacer? (*Pausa.*)

DOÑA CARMEN.—¿Cuánto le debe?

MIGUEL.—Tresciento peso. Respondo col coche e co Mateo. Pobrecito... lo tengo hipotecado.

DOÑA CARMEN.—¿No hay otro amigo a quién pedir?

MIGUEL.—¿Cuál? Diga. Amigo tengo mucho, pero so toda persona decente: no tiene nenguno un centavo. Al único que conozco co la bolsa llena es a Severino.

DOÑA CARMEN.—¿E tú sabe cómo la ha llenado?

MIGUEL.—¿E quién lo sabe?... Con so sudor no sará. Nadie llena la bolsa col solo sudor suyo.

DOÑA CARMEN.—Díceno que de noche ayuda col coche a lo ladrone.

MIGUEL.—No diga macana; ¿Usté lo ha visto?... Yo tampoco. Después... no hay otro remedio. La plata hay que pedirla a quien la tiene.

DOÑA CARMEN.—Es un tipo que me da que pensare.

MIGUEL.—Cuando se tienen hijo no hay que pensare, hay que darle de comer, ¿comprende?... (*Meditan, silenciosos.*)

DOÑA CARMEN.—¿Para el mercado... ha traído?

MIGUEL.—No. Se me pone pata arriba, no me cae un cobre.*

DOÑA CARMEN.—¿E cómo hacemos?

MIGUEL.—¿No te fía?

DOÑA CARMEN.—No. Le debo once peso ya. Es un carnecero tan antepáteco.

MIGUEL.—¡Ah!

DOÑA CARMEN.—No te enojá... A lo meor me fía. A lo mejore me fía. No te enojá...

MIGUEL.—(*La atrae hacia sí, conmovido.*) Bah, bah. Esperemo a Severino. (*Pausa.*) El corralón* tampoco l'ho pagado. Me lo quieren echar a la calle a Mateo. No sé dónde lo voy a llevare... (*Para alegrarla.*) Lo traigo acá. Lo ponemo a dormir con Carlito; así se ríe... (*La vieja lo mira desolada.*) Sí; con la carrindanga* ya no hay nada que hacer a Bono Saria. El coche ha terminado, Cármene. L'ha matado el automóvil. La gente está presenciando un espectáculo terrible a la calle: l'agonía del coche... pero no se le mueve un pelo. Uno que otro te mira nel pescante, así... con lástima; tú ves el viaje e te párase... ¡manco pe l'idea!... por arriba del caballo te chistan un automóvil. (*Pausa.*) ¿Tú ha sentido hablar del muerto que camina?... Es el coche. (*Pausa.*)

DOÑA CARMEN.—(*Compungida.*) ¿E qué hacemo, Miquele?

MIGUEL.—Eh... Tiraré la manga* a Severino. ¿Qué quiere hacer? (*Meditan; el viejo apoyado en el hombro de la vieja.*)

LUCÍA.—(*De izquierda.*) Papá, ¿me trajo los siete pesos para reformarme el vestidito?

MIGUEL.—No he podido.

LUCÍA.—¿Tampoco puedo ir a ese casamiento, entonces?

DOÑA CARMEN.—Va col vestido que tiene.

LUCÍA.—¡Ah, sí, cómo no! Como una rea.*

MIGUEL.—No vaya, entonces. Cuando no se puede, no se puede. No hay que ser tan cascarilla.*

LUCÍA.—Sí; cascarilla. Un día de estos me conchavo* en la fábrica.

DOÑA CARMEN.—No; a la fábrica no quiero. Tengo miedo.

LUCÍA.—(*A don Miguel.*) ¿No ve? (*Por su indumentaria.*) Yo no puedo verme más así.

MIGUEL.—¡E yo tampoco!

DOÑA CARMEN.—¡Calláte, Lucía!

LUCÍA.—Sí; calláte. No sé para qué es linda una si no puede ponerse encima un trapo que le quede bien.

MIGUEL.—(*A doña Carmen.*) ¿Comprende? (*A ella.*) Usté, señorita pretenciosa, es linda, pero es pobre.

LUCÍA.—Sí, ya sé; ¡pero es muy triste, muy triste! (*Mutis foro.*)

MIGUEL.—¿Comprende? E tiene razón. La culpa es mía. Yo no tengo derecho a hacer sufrir a mis hijos. E ello se quejan. E tienen razón. ¡La culpa e mía!

CHICHILO.—(*De izquierda.*) ¡Lucía!... Mama, ¿dónde está Lucía? (*Fintea.*)

DOÑA CARMEN.—(*Señalando.*) Ha salido...

MIGUEL.—¿Qué tiene?

CHICHILO.—Nada. (*Mutis hacia la calle.*)

MIGUEL.—Cada día está más zonzo.

CHICHILO.—(*Reapareciendo.*) Ahí viene don Severino. (*Mutis.*)

MIGUEL.—Meno mal. Alegráte, Cármene. Éste nos salva.

SEVERINO.—Bon día. (*Es un "funebrero".* Levita. Tubo.* Plastrón.* Afeitado. Pómulos prominentes. Dos grandes surcos hacen un triángulo a su boca de comisuras bajas.*)

DOÑA CARMEN.—Bon día. (*Le disgusta la visita. Pero hasta su disgusto es dulce.*)

MIGUEL.—Adelante, Severino, adelante. ¿Trabaja hoy?

SEVERINO.—(*Arrastra las palabras. Tiene una voz de timbre falso, metálico. De pronto sus ojos relampaguean.*) Sí; tengo un entierro a la nueve. Al coche de duelo.

MIGUEL.—Siéntase. (*Indica a la vieja que se siente y lo ayude.*)

SEVERINO.—Gracia. (*Se sienta.*)

DOÑA CARMEN.—¿La familia?

SEVERINO.—Vive.

MIGUEL.—¿Mucho trabajo?

SEVERINO.—¡Uh!... (*Las diez yemas de los dedos juntas.*) Así; a montone. ¿Sabe quién ha muerto ayere?

MIGUEL.—¿Quién?

SEVERINO.—Cumpá* Anyulino.

DOÑA CARMEN.—¡Oh, pobrecito!...

MIGUEL.—¿Y de qué?

SEVERINO.—Na bronca-neumonía.* (*Triste.*) Lo hemo llevado a la Chacarita. Yo iba al fúnebre. (*Despectivo.*) Con do caballo nada más.

DOÑA CARMEN.—¡Oh, qué pena, qué pena! (*Tiene lágrimas ya.*)

MIGUEL.—Mejor para él; ya está tranquilo.

SEVERINO.—¿Sabe quién ha muerto el sábado?

DOÑA CARMEN.—¿Otro?

SEVERINO.—Una hija de Mastrocappa.

DOÑA CARMEN.—¡Oh, poveretta!*

SEVERINO.—Vente año. Tuberculosa. (*Don Miguel ya está fastidiado.*) La hemo llevado a la Chacarita también. A un nicho, al último piso, allá arriba. Hoy voy a la Recoleta. Ha muerto el teniente cura de la parroquia.

DOÑA CARMEN.—¡Vérgine Santa!... ¿E de qué?

MIGUEL.—¡De un accidente!

SEVERINO.—No. A un choque de automóvil.

MIGUEL.—¿Ah, sí?... ¡Me gusta, estoy contento ¡Mata, aplasta, revienta, no perdone ni al Patreterno! Me gusta.

SEVERINO.—(*Sin inmutarse.*) En medio menuto ha entregado el rosquete.* Se moere la gente a montone. Da miedo. Ayer, a la Chacarita, entraron ciento cincuenta cadáveres. Ante de ayer, ciento cuarenta y cuatro... (*Doña Carmen llora moviendo la cabeza.*) Ante de ante de ayere...

MIGUEL.—(*Señalándole a la vieja.*) ¡Eh... Severino... No cuenta más!...

SEVERINO.—¿Qué? ¿Le hace mal efecto, doña Cármene? Eh, la vida es así. Todo tenemo que termenar allá.[8] Mañana usté... pasado mañana él. Dentro de muchos año yo... pero todos... todos...

DOÑA CARMEN.—Cuanto má tarde mejore, don Severino.

SEVERINO.—(*Con un relámpago.*) ¡Eh, se comprende!... (*Triste.*) Pero es inútil, no hay salvación. ¡Usté corre, corre, pero la Parca[9] te alcanza! (*La mandíbula desencajada y las manos como garras.*)

MIGUEL.—¡Uh, cumpá, cómo traese la guadaña esta mañana!

SEVERINO.—E que la vida e triste, Mequele.

MIGUEL.—Pero tú la hace chiú puerca todavía. Parece una capilla ardiente. Traes olor a muerto.

SEVERINO.—E la ropa.

MIGUEL.—¡Sacáte esa chemenea!

SEVERINO.—¿Me queda male?... (*Se la quita. Tiene una pelada diabólica.*)

MIGUEL.—Asusta. Parece el cuco.

SEVERINO.—La falta de costumbre. (*Lustra el tubo.*) Al principio, en casa, lo chico lloraban... ahora, si se la dejo, l'escupen adentro. (*Busca sitio seguro para dejarla.*)

DOÑA CARMEN.—(*Aparte a Miguel.*) Yo voy... Te dejo solo, así puede hablar...

MIGUEL.—(*Idem.*) Sí... (*Por Severino.*) Este está en casa. Dígale al carnicero que mañana pagamo. Mañana pagamo todo. Está tranquila, alegráte...

SEVERINO.—¿A dónde la puedo dejar que no s'ansucie?

DOÑA CARMEN.—Aquí no más. (*La cama de Lucía.*) Con permiso.

SEVERINO.—¿Va al mercado? No compre fruta que tiene la fiebre tifu. (*Mutis de Doña Carmen. A Miguel, mirándolo de soslayo.*) Bueno.

MIGUEL.—Bueno... Sentáte, Severino.

SEVERINO.—Acá estoy. Ha hecho biene, Mequele, de acordarte de mí. Estaba precisando esta plata que te ho dado.

MIGUEL.—¿La precisa?...

SEVERINO.—Sí. Esta mañana se me vence na cuota de la casita que estoy levantando a Matadero,[10] ¿Me vas a pagare todo?

MIGUEL.—Este... (*Aparte.*) ¡Linda entrada! (*Alto.*) Yo quisiera pagarte, Severino, pero... resulta que... no puedo pagarte nada porque estoy así. (*Cierra los ojos.*)

SEVERINO.—¿Para qué me ha hecho venire, entonce?

MIGUEL.—Pensando que... (*Está corrido.*) como siempre te has portado tan bien... en fin... ¿comprende?... si quisiera prestarme... todavía... por última vez...

SEVERINO.—(*Como dijo: Parca.*) ¿Más plata?

MIGUEL.—(*Afirmando.*) Ah... ma poca...

SEVERINO.—No, Mequele; ne poca ni mucha. Basta. La plata, a mí, me cuesta ganarla. Estoy cansado de cargar muerto.

MIGUEL.—El muerto sería yo.

SEVERINO.—No; yo. Usté está así porque quiere. Es un caprichoso usté. Tiene la cabeza llena de macana* usté. Eh, e muy dificchile ser honesto e pasarla bien. ¡Hay que entrare,* amigo! Sí, yo comprendo: saría lindo tener plata e ser un galantuomo;* camenare co la frente alta e tenere la familia gorda. Sí, saría moy lindo agarrar el chancho e lo vente...[11] ¡Ya lo creo!... pero la vida e triste, mi querido colega, e hay que entrare o reventare.

MIGUEL.–Severino... yo te pido plata e tú me das consejo.

SEVERINO.–Consejo que so plata. Yo también he sido como usté: cosquiyoso. Me moría de hambre. Ahora sé que el pane e duro e que lo agarrá cada cuale co las uñas que tiene.

MIGUEL.–¿Esto quiere decir que me deja a la intemperie?

SEVERINO.–Esto quiere decir que te espero uno cuanto día más e se no me págase te vendo la carrindanga y el burro.

MIGUEL.–¿Tú?

SEVERINO.–¡Io!

MIGUEL.–¿E posíbile?

SEVERINO.–¡Tanto!

MIGUEL.–¿E qué tengo que hacer?

SEVERINO.–Lo que hago yo.

MIGUEL.–¿E qué hace usté?

SEVERINO.–No pido limosna.

MIGUEL.–¡A, quisto no!

SEVERINO.–¡Ah, quisto sí!

MIGUEL.–¡Uí, Severí!...

SEVERINO.–¡Uí, Mequé!...

¡Tú sii nu mal amigo!... (*Avanza iracundo.*)

SEVERINO.–¡E tú nu aprovechadore que quiere hacer el hombre honesto co la plata mía!

MIGUEL.–(*Deteniéndose. Aparte.*) ¡La Madona qué zapallazo!...[12]

SEVERINO.–(*Regocijado.*) Parece que tengo razone, ¿eh?... ¿Le duele?... ¡Ah!... (*Está detrás de él.*) ¿Te acuérdase de aquel día que me rechazaste uno vaso de vino "por qué no sabía cómo lo ganaba?"

MIGUEL.–¿Io?

SEVERINO.–Tú.

MIGUEL.–No m'acuerdo.

SEVERINO.–Yo sí; e lo tengo acá todavía. (*En la garganta.*) Me despreciaste porque yo había dejado de hacer el puntilloso; me insultaste, Mequele, e hiciste malé, porque yo, ahora, tengo una casa mía, la mojer contenta e los hijos gordo; mientras que tú, con tu orgullo, tiénese que pedirme la lemosna a mí para seguir viviendo a esta pieza miserable, esperando que la familia, cansada de hambre, te eche por inútile.

MIGUEL.–Calláte... ¿por qué me trabaja* así?

SEVERINO.–¡Eh!... Hay que entrare, amigo. La vida es una sola, e a lo muerto lo llórano uguale cuando han sido honesto que cuando han sido deshonesto.

MIGUEL.—Callate, Mefestófele.*

SEVERINO.—Ascucha, San Miquele Arcángelo; está a tiempo todavía. Aprenda a vivir. Hay mucho trabajito por ahí... secreto... sin peligro... que lo págano bien.

MIGUEL.—No me trabaje... no me trabaje más... que me agarra cansado.

SEVERINO.—Cuando usté quiera le consigo uno. (*Yendo hacia el foro.*) Nadie se entera de nada... sigue siendo don Mequele... págase a los amigo... e da de comer a los hijo que so más sagrado que l'apellido.

MIGUEL.—Andáte, Satanás... que te estoy viendo la cola.

SEVERINO.—Ahora, se no quiere entrare... hay una manera de salire.

MIGUEL.—¿¡Cómo!?

SEVERINO.—(*Señalando al Cristo.*) Mira, ahí lo tiene. Pídale a Yesu-Cristo que te salve. Puede ser que t'ascucha. Yo no. (*Se encaja la galera y mutis.*)

MIGUEL.—¡Cruz diablo!... (*Yendo hacia el cromo.*) ¡Madona doloratta, tú que sii tanto buena, hágale mordere la lengua; así se avelena!* (*Se echa sobre la cama, Lucía, huyendo de alguien pasa por forillo. Chichilo, aparece con un ojo "negro". Anda como un boxeador. En medio de la escena repite el "round" que acaba de sostener. Fintas, golpes, esquivadas, recibe el directo al ojo, queda know-down, reacciona, atropella y golpea furiosamente.*)

MIGUEL.—(*Que lo mira hace rato como a un loco.*) ¡Chichilo!

CHICHILO.—¡Ay dió! No se ha dormido todavía. (*Se dirige hacia izquierda ocultando el ojo a don Miguel.*)

MIGUEL.—(*Deteniéndolo.*) ¿Qué le pasa? (*Ve el ojo.*) ¿Qué se ha hecho?

CHICHILO.—Nada... me caí.

MIGUEL.—¿Contra una castaña?*

CHICHILO.—Vaya a ver a lotro cómo quedó. No-cau. Un cross* a la mandíbula. La está buscando.

MIGUEL.—Bueno... esto no puede seguire. Aquí el único que está no-cau soy yo. ¡No puedo más! Tiene que hacer juicio, hijo mío; ya ha pasado la edá de la calesita.* Yo, a su edá, ya estaba sentado al pescante para ayudar a mi padre. (*Se enternece*), e usté juega, salta e mira la luna mientra su mama se muere de tristeza. Hijo mío...

CHICHILO.—(*Acongojado.*) ¿Por qué me habla así?...

MIGUEL.—Para despertarlo. Hijo mío, a mí me da mucha pena hacerlo trabajar en vez de estudiar, como yo quisiera, pero no tengo más remedio, l'agua me ha llegado al cuello e me ahogo... me ahogo...

CHICHILO.—(*Llorando.*) Tata, no me hable así... que me hace llorar.

MIGUEL.—Hijo, ¿usté no piensa trabajar?

CHICHILO.—Sí, pienso... pero me distraigo.[13]

MIGUEL.—¡L'anima que t'ha creato!

CHICHILO.—Yo tengo la idea en otra parte. No me mande a trabajar, viejo; si usté me hace trabajar me arruína.

MIGUEL.—¿Está enfermo?

CHICHILO.—No. Yo lo ayudaré, pero no ahora.

MIGUEL.—¿E cuándo? ¿Cuando Severino me lleve a la Chacarita?

CHICHILO.—Más adelante. Usté no sabe... Yo tengo un gran porvenir. Voy a ser célebre. Voy a tener mucha plata, mucha... para llenar de seda a Lucía, para comprarle una casa a mama y a usté una cochería. Dejemé. No me diga nada. Va a ver. Vamo a vivir como reye... pero no me apure, no me apure que me arruina.

MIGUEL.—(*Asustado. Zamarreándolo.*) ¡Eh, Chichilo!... ¿de dónde va a sacare todo eso?

CHICHILO.—¿De dónde? Mire. (*Se quita el saco. Muestra su contextura. Anda sacando el pecho.*) ¡Toque!... ¡Esto es plata!... ¡Toque!...

MIGUEL.—¿Qué dice?

CHICHILO.—¡Manye qué juego de piernas!...

MIGUEL.—¡Estamo todo loco!...

CHICHILO.—¡Yo voy a ser el primer boxeador del mundo!

MIGUEL.—¡Es un atorrante!... ¡No puedo contar con ninguno!... ¡Un día de esto me encierro a esta pieza con toda la familia e le prendo fuego!

CARLOS.—(*Por foro.*) ¿Qué pasa?

MIGUEL.—¡Pasa que se acabó! ¡Pasa que no hay má morfi!* ¡Pasa que el que no trabaja no come!

CARLOS.—Yo he trabajado siempre. Ahora no encuentro.

MIGUEL.—¿E por qué dejó la carnicería?

CARLOS.—Porque soy muy peligroso con un cuchillo en la mano.

MIGUEL.—¿E la panadería?

CARLOS.—Se revienta de calor. ¿Qué quiere?

MIGUEL.—¿E por qué no agarró el coche que yo le había conseguido?

CARLOS.—¡¿Yo cochero?!... ¡Ja!... ¡No faltaba más... ¿Para vivir como usté?... ¡Ja!... ¡Salga de ahí!... ¡Ja!...

MIGUEL.—¡Usté es otro atorrante! ¡Ja! (*Lo imita.*) ¡Quiere que yo lo mantenga! ¡Ja! ¡Pero yo no puedo más! ¡Ja! ¡E yo lo echo de la casa! ¡Ja, ja!

CARLOS.—¿Me echa?

MIGUEL.—¡Afuera!

CARLOS.—¡Mejor! ¡Estoy hasta aquí de sus gritos!

MIGUEL.—(*Alcanzándolo.*) ¡No so grito, so coscorronte! (*Se los da.*)

CARLOS.—¡¡¡Tata!!!*

MIGUEL.—¡So coscorrone!...

CHICHILO.—(*Interviniendo como un referée.*) ¡Fau!... ¡Fau! ¡Golpe prohibido!... ¡Break!... ¡Break!... (*Intenta separarlos. Miguel de un cachetazo lo echa de bruces en el proscenio.*)

CARLOS.—(*En el foro.*) ¡Se va a arrepentir! (*Mutis.*)

MIGUEL.—(*Sobre Chichilo.*) Chichilo... (*Cuenta, esperando que se levante para golpearlo.*) Uno... dos... tres... (*Apura.*) cuatro, cinco, sei, siete... ocho... nueve...[14]

CHICHILO.—(*Poniéndose en guardia de un salto.*) Estaba descansando.

MIGUEL.—¿¿Ah, sí?! Aspera. (*Va en busca del látigo. Chichilo huye por izquierda sin que le alcancen los latigazos. Deteniéndose.*) ¡Madona santa, a lo que hemo llegado!...

DOÑA CARMEN.—(*En la puerta del foro, dejando caer la canasta vacía.*) Miquele...

MIGUEL.—¡Qué!... ¿No te ha fiado?... ¿No hay qué comer?

DOÑA CARMEN.—Miquele... ¿Ha echado a Carlito? ¿E cierto?

MIGUEL.—Sí. No puedo más yo solo.

DOÑA CARMEN.—(*Transfigurada.*) ¡E mi hijo!... ¡No tiene derecho!... ¡Tenemo que alimentarlo!...

MIGUEL.—Cármene...

DOÑA CARMEN.—¡Yo no quiero! ¡E mi hijo!... ¡E mi hijo!

MIGUEL.—Sí. Tiene razón... Yo tengo la culpa... Tiene razón... (*Toma tembloroso un gabán y su sombrero.*)

DOÑA CARMEN.—¡E mi hijo!

MIGUEL.—Basta. No diga más. Tiene razón. Se lo voy a traer. Se lo voy a traer... (*En el foro y como una decisión repentina*) e voy a traer plata también. ¡Mucha plata!... ¡Mucha plata! (*Mutis.*)

DOÑA CARMEN.—(*Como una explicación.*) ¡E mi hijo!... ¡E mi hijo!...

TELÓN

CUADRO SEGUNDO

Edificio en construcción. Junto a las tablas que lo aíslan de la vereda, un farol roto. A la derecha continúa la línea de casas. Poca luz. Las dos de la mañana. Hace un frío cruel. Segundos antes de levantarse el telón, don Miguel ha detenido su coche en la derecha.

MIGUEL.—(*La galera sobre los ojos, la bufanda hasta la nariz.*) Hemo llegado. (*Narigueta y el Loro asoman.*) Hemo llegado. (*Sin volverse.*) ¿Se han dormido?

LORO.—Pero... che...

NARIGUETA.—¿Qué?

LORO.—(*Señalando hacia la izquierda.*) Allí hay parada.*

NARIGUETA.—No.

LORO.—¿Y eso?

NARIGUETA.—De recorrida seguramente. Para en la otra cuadra... Guarda... Metéte. (*Entran al coche.*)

MIGUEL.—(*Rígido.*) ¿Qué hay?... ¿No es acá?

NARIGUETA.—St... Hablá despacio.

MIGUEL.—(*Susurra.*) ¿No es acá?

LORO.—Sí.

MIGUEL.—Entonce, ¿qué pasa?

NARIGUETA.—Hay ropa tendida.*

MIGUEL.—¿Ropa tendida?... ¿Adónde?... (*Se pone de pie; mira por encima en la capota.*) Pero... ¡a la esquina hay un agente!...

LORO.—¡St...!

MIGUEL.—(*De rodillas en el piso del pescante, la cabeza junto a la rueda.*) ¡A la madonna!... (*Espían los tres.*) Diga... ¿No saría mejor venire mañana?

NARIGUETA.—¿Tenés miedo?...

MIGUEL.—¿Quién? ¿Yo?... ¡No faltaría más!... ¿Con quién piensa que está hablando? ¡Yo soy un brigante*!... Yo soy... ¿Quiere ver que lo llamo? (*Por el agente.*)

NARIGUETA.—¡Vamo!...

LORO.—¡Calláte!...

MIGUEL.—No se asusten. No se asusten. (*Aparte.*) ¡San Mateo martirizado, haga que venga este vigilante!... (*Alto.*) ¡Ahí viene! (*Con las riendas.*) ¡Vamo, Mateo!...

LORO.—¡Paráte!...

NARIGUETA.—¡Quedáte ahí!...

MIGUEL.—¡No, no; con la policía no juego!... (*Azuza.*)

LORO.—¿No ves que se va?

MIGUEL.—¿Está seguro?... A ver... (*Espían. Aparte.*) Tenemo miedo los tres; no lo podemos disimular. (*A ellos. Sonriente.*) Parecía que venía... ¡qué error!... No vaya a creere que es miedo... Allá en Italia... cuando hacía el camorrista*... Mire: una vez... Oiga este cuento... siéntense.

LORO.—Salí de ahí.

MIGUEL.—E lindo.

NARIGUETA.—Estás borracho vo.

MIGUEL.—¿Quién? ¿Yo? ¡Amalaya! (*Aparte, mientras Narigueta y Loro van hacia izquierda.*) No hay caso. Esta noche robamo. ¡L'ánima mía!

NARIGUETA.—(*Al loro.*) Che, este gringo* es un paquete.*

LORO.—No, hombre. Es pariente de Severino. Dice que es de ley. Él responde.

NARIGUETA.—¿Y por qué no vino él mismo?

LORO.—Anda con el negro. (*Miran a don Miguel.*) No creas. Eso de Italia es cierto. Trabajó con Severino. Hasta creo que tiene una muerte.

NARIGUETA.—¿Ése?

LORO.—Sí.

NARIGUETA.—¿Con esa cara? Me da mala espina... Pero: manyálo.

MIGUEL.—(*Aparte.*) ¿Me la querrano dar a mí?... (*Saca disimuladamente un talero de hierro del cajón del coche.*) Por si acaso... (*A ellos.*) ¿Qué hacen? Ya se ha ido el vigilante, ahora: ¿No se deciden?... ¿Tienen miedo? ¡Qué vergüenza!

LORO.—(*A Narigueta.*) Vamo. Perdemo tiempo. Estás siempre lleno de grupo. Vamo. (*Mutis izquierda.*)

NARIGUETA.—(*A Miguel.*) Vo... sentáte... No llamés la atención. (*Mutis.*)

MIGUEL.—(*De bruces sobre la capota.*) Narigueta... Narigueta...

NARIGUETA.—(*Reapareciendo.*) ¿Qué hay?

MIGUEL.—Yo... ¿me quedo solo acá?

NARIGUETA.—¿Qué querés?

MIGUEL.—Por eso... Pregunto. Diga, Narigueta... (*Con su mejor sonrisa.*) No vaya a degollar a ninguno, ¿eh?

NARIGUETA.—¿Sos zonzo, vo?

MIGUEL.—Es un chiste.

NARIGUETA.—¡Cuidao!... ¡Si te movés de ahí te fajo donde te encuentre! (*Mutis.*)

MIGUEL.—(*Sin moverse.*) ¡Qué facha de asasino tiene! (*Pausa.*) ¡Qué oscuridá!... ¡Qué silencio!... ¡Qué frío!... Hay que entrare, amigo. (*Tiritando desciende del coche con grandes precauciones.*) ¡Cómo; no... tambaleo? Me he tomado una botella de anís e no he podido perder el sentido. ¡Qué lástima!... Se la ha tomado la paura.* No hay borrachera que aguante. (*Se sopla los dedos. Va a calentárselos a la lumbre del farol. El coche se mueve. Con todo su miedo no mira.*) ¿Quién anda?... (*Sin moverse de su sitio, armado del talero, mira entre las ruedas, después al caballo.*) Sssté... Mateo... ¿Qué hace?... ¿Por qué me asusta? Mateo... Mirame. Mateo... Nenne... ¿No me quiere mirar?... Soy yo. Yo mismo. ¿Qué hacemo? Robamo. Usté e yo somo do ladrone. Estamo esperando

que el Narigueta y el Loro traigano cosa robada a la gente que duerme. ¿No lo quiere creer?... Yo tampoco. Parece mentira. ¿No estare-
mo soñando? (*Se pellizca, se hace cosquillas, tironea su bigote.*) No; estoy
despierto. Entonce, ¿qué hago acá?... ¿Soy un ladrón?... ¿Soy un asaltante?... ¿E posibile?... No. Non e posibile... No... ¡No!... ¡¡No!!... (*Va a
huir. Se toma del pescante. Recapacita.*) ¿Y Severino? No puedo hacerle
esta porcaría... Me ha recomendado... Me he comprometido... He dado mi palabra de honor... Saría una chanchada.* Hay que entrare...
¡Hay que entrare!... (*Tiritando se sienta en el estribo.*) Qué silencio... parece que se hubiera muerto todo. ¿Quién será la víttima?... Pobrecito.
A lo mejor está al primer sueño, durmiendo como un otario... soñando que está a la cantina feliche e contento... mientras que el Loro le
grafiña* todo. Pobre. Que me perdone. (*Pitada,*[15] *lejos.*) ¡Auxilio!...
(*Corre al pescante. La nota corta de "ronda" lo sorprende con una pierna en
alto. Desfallece.*) ¿No te lo podías tragar este pito?... (*Apoyado en el farol
enciende un toscano. Con el fósforo encendido aún tiene una alucinación.*)
¿Quién está dentro del coche?... ¡Severino!... ¡Sever... (*Se restrega los
ojos.*) Es el anís. Estoy borracho. (*Sonríe. Se quema.*) ¡L'ánima túa! (*Por
los ladrones.*) ¡Cómo tardan!... Qué soledá... ¿Quién viene?... (*Se vuelve,
alelado.*) ¡El vigilante! (*Se pone de pie, rígido.*) No. Creo que me está entrando el fierrito.* ¡Mateo!... Vamo, no te dormi; no me deje solo.
Miráme... Del otro lado... ¿Está asustado usté?... (*Suena la bocina de un
auto. Se encoje como si le hiriesen.*) Ahí va... El progreso. ¡Mírelo cómo
corre!... ¡Corre, escapa!... Ha de venir otro invento que te comerá el
corazón como me lo comiste a mí! (*Otra vez la bocina más lejos.*) Y me
pifia...* ¡Matagente!... ¡Puah! (*Le escupe. Otra vez lo angustia la soledad.
Su miedo crece.*) ¡Cómo tardan!... ¿Qué estarán haciendo?... (*Lo aterra
un pensamiento.*) ¡¿Estarán degollando a alguno?!... ¡A la gran siete!...
(*Salta al pescante; va a castigar a Mateo. Se detiene otra vez. Se acongoja.*)
¿Y mañana... cómo comemo?... Hay que entrare. ¡Hay que entrare!
(*Solloza.*) ¡Figli! ¡Figli!...

NARIGUETA.—(*Con un gran bulto hecho con una carpeta.*) ¡Vamo, che!
MIGUEL.—¿Ah?...
NARIGUETA.—¡Listos!
MIGUEL.—(*De pie.*) ¿Qué me trae? ¿Un muerto?
NARIGUETA.—¡Qué muerto! ¡Ayudá! (*Meten el lío en el coche.*)
MIGUEL.—¡Escapemo!
NARIGUETA.—Paráte que venga el Loro.
MIGUEL.—¿Más todavía?... ¡Esto es una mudanza!
LORO.—(*Con otro bulto.*) ¡Tomá!... ¡Vamo!... ¡Creo que se ha desper-
tao!... (*Suena un auxilio.*) ¡No te digo!

MIGUEL.—¡Mamma mía!... ¡Mateo!... (*Castiga.*)

NARIGUETA.—(*En el coche.*) ¡Vamo!... ¡Pegale!

LORO.—¡Castigá!... ¡Nos cachan!...

MIGUEL.—¡Mateo!... ¡No quiere tirare!... ¡Se ha asustado del pito! (*Otras pitadas lejanas.*) ¡Empujen ustedes!... ¿No está acostumbrado!... ¡Mateo!... (*Castiga furiosamente.*) ¡Empujen!... ¡Empujen!... ¡Mateo!... ¡Nenne!... (*Narigueta manotea. El Loro empuja.*)

TELÓN

CUADRO TERCERO

La misma decoración del cuadro primero.

DOÑA CARMEN.—(*Intranquila. Comprobando en el reloj de la mesita.*) ¡E so la once!... Fastedeoso.

CHICHILO.—(*En el foro.*) Mama:... (*Indica hacia la calle.*) ¿Adónde va Lucía?

DOÑA CARMEN.—La mando hasta el corralone a ver si ha llegado to padre.

CHICHILO.—¡Uh, cuánto aspamento!* Se ha quedao en algún almacén.

DOÑA CARMEN.—Sé: almacén. So las once. Nunca ha venido tan tarde. Se le ha pasado algo al pobre viejo... Anoche estaba muy triste... muy triste.

CHICHILO.—No se preocupe. ¿No va con Mateo? Y bueno; Mateo lo trae. ¿No se acuerda de aquella mañana que se puso a relinchar en la puerta con el viejo hecho, colgao de un farol del coche?... ¿Y entonce?... (*Salta, finteando.*) Quiero ver si Lucía va al corralón o... Es caprichosa usté, ¿eh?... Le he dicho que no me la mande pero... (*Está en el forillo*) usté... (*Hacia izquierda.*) Che, Pedrito: ¿vamo a hacer do run de tre minuto? Pará que cache lo guante. (*Descuelga de sitio visible dos medias rellenas de trapos. Mostrándolas.*) El porvenir de la familia. Mama: atemé lo guante.

DOÑA CARMEN.—(*Accediendo.*) Te van a lastemare como ante de ayere, Chichilo.

CHICHILO.—¡Tiene que ver cómo resisto el castigo!

DOÑA CARMEN.—Yo me asusto.

CHICHILO.—No le haga ñudo. (*Prueba en el aire.*) Está bien. Estoy en la azotea. (*Mutis.*)

SEVERINO.—(*Asomándose por foro.*) St... St...

DOÑA CARMEN.—(*Volviéndose desde el cristalero.*) ¿Quí chista?

SEVERINO.—Yo. No hable fuerte... Mequele... ¿está acá?

DOÑA CARMEN.—No.

SEVERINO.—¡El terromoto!

DOÑA CARMEN.—¿Por qué? ¿Qué ha pasado?

SEVERINO.—(*Con cara de loco.*) Nada. Tengo que verlo.

DOÑA CARMEN.—Osté está asustado...

SEVERINO.—¿Yo? ¿Quién te ha dicho?

DOÑA CARMEN.—...¡Le ha pasado na disgracia a Miquele!

SEVERINO.—¿Qué le va a pasare?... No hable fuerte, le digo. Tengo que verlo. Iba a subire al fúnebre e me dieron una noticia que me ha hecho abandonare l'entierro.

DOÑA CARMEN.—¿Qué noticia?

SEVERINO.—Que... So cosa de negocio. Yo me voy a escondere... me voy a sentare, digo... a la pieza de Carmelo Conte. L'ospero allí... Pasamo por acá. (*Izquierda.*)

DOÑA CARMEN.—No. Osté me oculta algo. Ha pasado una desgracia. Yo voy a preguntare a la comisaría.

SEVERINO.—¡No!... Toda la mojere so lo mismo: "Yo voy a preguntar a la comisaría". Qué gana de hacer batefondo. Venga... (*La lleva hacia la izquierda.*) ¡A la comisaría nunca!

DOÑA CARMEN.—(*Sin resistir.*) ¡Ha pasado na disgracia!...

SEVERINO.—Callate. Venga.

DOÑA CARMEN.—¡Ah!... ¡Lo ha pisado un automóvile!

SEVERINO.—No diga macana. Venga... No grite. (*Mutis. Una pausa. Aparece don Miguel, por foro. Casi sin respiro. Cierra la puerta. Se sienta en la cama de Lucía.*) ¡Vérgine Santa!... ¡Qué me tenía que pasare!... (*Oculta la cara.*)

DOÑA CARMEN.—(*De izquierda, como escapada, poniéndose un chal para salir.*) Yo voy... ¡Miquele! ¡Eh, Miquele!

MIGUEL.—St...

DOÑA CARMEN.—¿Qué tiene? ¿Qué te ha pasado?

MIGUEL.—He perdido el coche.

DOÑA CARMEN.—¿Qué dice?

MIGUEL.—He perdido a Mateo...

DOÑA CARMEN.—¡Ma!...

MIGUEL.—He perdido la galera. ¡He perdido la cabeza!

DOÑA CARMEN.—Ma; ¿cómo... cómo?

MIGUEL.—Escapando a la policía. Gambeteando* a lo carabiniero.

DOÑA CARMEN.—¿¡Tú!?

MIGUEL.—Miquele Salerno. A lo sesenta año.

DOÑA CARMEN.—¿Qué ha hecho?

MIGUEL.—No gritá... Te voy a contar... Me he peleado... No piense nada malo... Con un pasajero... Un compadrito; ¿sabe?... (*Es manifiesta la mentira inocente.*) "Llevame al balneario."* "No. Tengo el caballo cansado" — "¡Me vas a llevar, tano!*..." — "¡No!..." — "¡Sí!..." — "¡No!..." Me ha querido pegar... le he pegado primero.

DOÑA CARMEN.—¡Dío mío!...

MIGUEL.—No te asustá... le he pegado despacito, despacito... Pero se ha puesto a gritá... había vigilante cerca... corrieron... tocaron auxilio... Mateo se ha asutado del pito e no quería tirare... ¡ha terado a la fuerza!... Soy escapado... por el medio de la calle... "¡Atajen!... ¡Atajen!" Yo meta palo col pobrecito... Boyacá... Gaona... Segurola...[16] siempre al galope tendido. Salimo de la piedra, entramo a la tierra... Mateo no daba más... "¡Atajen!... ¡Atajen!... ¡Ladrone!..."

DOÑA CARMEN.—¿Ladrone?...

MIGUEL.—No... Sí... Ladrone. La gente siempre que corre a anguno grita: "¡Ladrone!... ¡Ladrone!... Es una costumbre muy fea que tienen acá. Se me ha caído el látego... he pegado col fierro. Doy vuelta una esquina oscura; había una zanja... ¡púfete!... Mateo adentro, yo encima de Mateo y el coche encima mío, "Mateo, amigo, levantáte que ne llevan preso!... Mateo, no me haga esta porcaría propio esta noche... ¡Levantáte!..." Me ha dicho que no con la cabeza y la ha metido otra vez en el barro. "¡Por aquí!..." —gritábano—. "¡Búscalo!... ¡Búscalo!..."— Lo he abandonado e me he puesto a correr, solo, al oscuro... Había otra zanja... ¡púfete!... Lo vigilante pasaron todo por arriba mío, gritando, como demonio. "¡Búscalo! ¡Búscalo!" E otra vez patita pa que te quiero... como loco, nel campo abierto... saltando pozo... rompiendo alambrados... He parado cuando ha salido el sol: estaba a Villa Devoto.[17] ¿Quién habla?... (*Atisba por la ventana.*)

DOÑA CARMEN.—¿Por qué ha hecho eso? ¿Cómo ha llegado a esto? ¿No se acordaba de su hijo?

MIGUEL.—¡Ah, Carmene... si tú supiese... si tú supiese!... ¡Ah, Padreterno ingusto, me deja vivir tantos años en la miseria para hacerme hocicar* propio a la última zanja!...

DOÑA CARMEN.—¿E ahora?

MIGUEL.—Ahora se acabó. (*Se abate.*)

DOÑA CARMEN.—¿E Severino qué sabe?

MIGUEL.—(*Asustado.*) ¿Severino? Nada. ¿Qué tiene que ver Severino aquí?

DOÑA CARMEN.—Ha venido a buscarte. Está a la pieza de Carmelo Conte.

MIGUEL.—(*Paladeando su venganza.*) Llámálo... Avísale que he llegado... Hágalo venir e déjame solo con él... Quiero hablarle, ¿comprende?... Puede ser que me salva... Llámalo.

DOÑA CARMEN.—Sí.

MIGUEL.—Que entra por aquí (*izquierda*) e cierra aquella puerta. (*La que se supone en el foro de la otra habitación.*)

DOÑA CARMEN.—Sí. ¡Iddio ci aiuti!...* (*Mutis.*)

MIGUEL.—(*Buscando un arma contundente.*) ¡Mefistófele! ¡Te voy a cortar la cola! (*Se decide por un zueco que halla debajo de su cama; se sube a ella y espera, el arma junto al dintel de izquierda. Aparece Chichilo, finteando.* El viejo apenas puede detener el zuecazo. Para disimular golpea en la pared.*)

CHICHILO.—Tata... ¿qué hace?

MIGUEL.—(*Con intención.*) Voy a matar una araña.

CHICHILO.—¿A dónde?

MIGUEL.—Váyase. Yo sé dónde está. Déjeme solo.

CHICHILO.—Viejo... (*Le silba como preguntándole si está chiflado.*)

MIGUEL.—(*Imitándolo.*) Chichilo... (*Lo amenaza furibundo.*)

CHICHILO.—¡Araca, que soy su hijo!... (*De un salto hace mutis. Vuelve cuando el viejo espera otra vez a Severino.*) Papá, ¿la vio a Lucía?... (*Don Miguel le arroja el zueco.*) ¡Está colo!...* (*Cierra. Don Miguel enarbola el otro zueco.*)

SEVERINO.—(*Asomándose con todo su miedo.*) Mequele... ¿Adónde está?... Meque... (*Esquiva el golpe hacia la derecha. Cuando hace frente ya esgrime una cachiporra corta que ha deslizado de su manga.*) ¡De atrase no!

MIGUEL.—(*Agazapado en primer término.*) ¡Ah, veníase preparado; ¿tenías miedo, eh?... Se te ha quemado la cola de paja. ¡Asaltante!

SEVERINO.—¿Qué ha hecho anoche?

MIGUEL.—Darte un gusto.

SEVERINO.—Ne vendiste a todo, puntilloso inservible. Por culpa tuya han agarrado preso al Loro, y el Loro va a hablare.

MIGUEL.—Mejor. Déjalo que hable; para eso es loro.

SEVERINO.—¿Dónde está el coche? ¿Lo ha escondido?...

MIGUEL.—Está a una zanja...

SEVERINO.—¡A la madonna!

MIGUEL.—...encima de Mateo.

SEVERINO.—¿Ha dejado el coche en mano de la policía? ¡Esa e la cárcere!

MIGUEL.—(*Avanzando.*) No importa... (*Habla por entre los dientes apre-*

tados) te has vengado, te cobraste aquel vaso de vino velenoso; debe estar satisfecho.

SEVERINO.—(*Sin oírle.*) ¡L'ánima mía!... ¡El número del coche!... ¡Estamo todo perdido! (*Intenta huir por el foro.*)

MIGUEL.—(*En la puerta. Tiembla y sonríe.*) ¡Eh!... ¿Adónde va?

SEVERINO.—¡Dejame salire!

MIGUEL.—No. Te pedí ayuda y me la negaste; estaba desesperado y me mandaste a Yesu-Cristo. "Hay que entrare..." "Hay que entrare..." ¡Ahora estamo adentro... adentro de la penitenciaría, peró!

SEVERINO.—(*Resolviéndose.*) ¡No; cárcere no! Yo no quiero la cárcere ahora que puedo vivire tranquilo! Se tú hablase tiachido... te do un chachiporrazo a la bocha.[18]

MIGUEL.—¡A ver!... ¡Aquí la tiene la bocha!... Pega... Anímase... Yo voy a contar todo... yo voy a hablare... como la cotorra...[19] Pega...

SEVERINO.—Mequele... Dejáme... No me tienta...

MIGUEL.—(*Con sincero deseo.*) ¡Pega!... ¡Dame este cachiporrazo; me lo merezco! Si es lo que estoy buscando; dejar esta vida repuñante. Aquí la tiene la bocha. Pega... ¡Farsante! ¡Galerudo!

SEVERINO.—(*Retrocediendo.*) Déjame salire... Abra la puerta.

MIGUEL.—No tiene coraje, cobardone. Yo te voy a matare... col zueco... con las uñas... con lo diente... (*Lo corre.*) Mochuelo...* Mochuelo...

SEVERINO.—(*Con la voz tomada de espanto.*) ¡Aiuto!... ¡Aiuto! (*Se hacen un lío con la cortina. Don Miguel golpea sin ver; se desembaraza del trapo y toma de atrás al otro, le arrebata el arma, lo doblega y va a herirlo con ella.*) ¡Aia!... ¡Aia!...

MIGUEL.—¡Calláte!... ¡Calláte!...

DOÑA CARMEN.—(*De izquierda.*) ¡Miquele!... ¡No!...

MIGUEL.—(*Desesperado.*) ¿Qué iba a hacer?... ¡Casi le remacho la chimenea!... (*A Severino.*) ¡Pídale perdón!... (*Obligándolo.*) ¡Pídale perdón!... (*Le quita la galera de una manotada.*) ¡Descúbrase!

SEVERINO.—(*En foro.*) Dame la galera.

MIGUEL.—¡A la cárcel te la doy!...

SEVERINO.—¡No! ¡Cárcere no! (*Huye.*)

DOÑA CARMEN.—¡Mamma mía benedetta!

MIGUEL.—(*Que ha cerrado.*) Cármene... (*Espía por la ventana.*) ¿Quién es ése que está parado allí? (*Doña Carmen acude.*) Ese bigotudo.

DOÑA CARMEN.—No sé.

MIGUEL.—¿No lo conoce?

DOÑA CARMEN.—No.

MIGUEL.—¡Es un pesquisa!...* ¡Cierra bien!... ¡Es un pesquisa!...

DOÑA CARMEN.—"¡Santa Lucía Laceratta!"

MIGUEL.—¡Io so perduto!...* Cármene... perdono... ¡Marito tuo e nu vigliaco!*

DOÑA CARMEN.—¿Qué fachiste?*... ¿qué fachiste?

MIGUEL.—U patre di figli tui é nu vile. Perdono. Ha finita la pache nostra... ¡Io so perduto! ¡Io so perduto![20] (*La vieja llora de bruces sobre la cama de Lucía. La idea de salvación sobreviene otra vez: corre a la ventana, corrobora la presencia del pesquisa, descuelga el acordeón y ejecuta, tembloroso, un tiempo de tarantela.*)

DOÑA CARMEN.—¿Qué hace?... (*Golpean en el foro.*)

MIGUEL.—¡No abra!... Despista... Despista... Baila...

DOÑA CARMEN.—Mequele...

MIGUEL.—¡Baila!... Baila que voy en cana. (*Ella baila, las manos en las caderas; rígida.*)

DOÑA CARMEN.—Mequele... mira lo que me hace hacere...

MIGUEL.—Perdono, Cármene... Despista... Baila... Perdono...

DOÑA CARMEN.—Mira lo que me hace hacere... (*Se le ven las lágrimas. La puerta del foro se abre lentamente. Doña Carmen deja de bailar. El hijo no ve su ridículo.*)

CARLOS.—(*Abre bien la puerta para mostrar su flamante traje de chauffeur.*) Bien, viejo. Al fin están contentos en esta casa.[21]

DOÑA CARMEN.—Hijo...

MIGUEL.—(*El acordeón pierde aire sonoramente entre sus manos. Estupefacto.*) ¡¿Usté... chofer?!...

CARLOS.—Chofer. Me he decidido a trabajar, viejo: a ayudarlo de una vez. Hace tiempo que practico en el volante —ante de que me echara y después me fuese a llamar— pero lo oculté para darle de golpe esta alegría.

MIGUEL.—(*Desfalleciente.*) ¡Ay!... ¡Ay!...

CARLOS.—¡Viejo!

DOÑA CARMEN.—¿Qué tiene?

MIGUEL.—Me muero de alegría.

CARLOS.—¿Cómo, no está contento?

MIGUEL.—¡Sí!... ¡Muy contento!... ¡Mira qué contento que estoy! (*Se abofetea.*) ¡Mira!...

CARLOS.—¡Tata!

DOÑA CARMEN.—¡Mequele!

MIGUEL.—Yesú, ¿yo merezco esto?... ¡Qué alegría que tengo!... ¡Hágame venir un acchidente! No te asusta, Cármene. Es la alegría que tengo de verlo. ¿Qué más podía ser? Chofer; le cae de medida. Mira qué bien que le queda el traje... y la gorra... ¡Un acchidente seco, redondo!

CARLOS.—¡Papá, yo traigo plata! Ayer no había morfi en casa. Tome, mama; veinte pesos. Mi primera noche.[22]

DOÑA CARMEN.—Gracia, hijo; al fin. Era tiempo.

MIGUEL.—(*Mirándolos largamente.*) Era tiempo... y qué tarde que es.

CARLOS.—Sí, yo comprendo; a usté le hubiera gustao más otro oficio, pero...

MIGUEL.—Pero; hay que entrare. He comprendido. No me haga caso, hijo. Estoy contento de que usté pueda ya mantener a la familia. Yo no podía más. Estoy cansado. Como Mateo... ya no sirvo... soy una bolsa de leña... y siempre que pego... pego con la cabeza. Ahora l'automóvil me salva... ¡quien iba a pensarlo!... ¿Salva?... Sí. Me voy. (*Corre en busca de sus prendas.*)

CARLOS.—Pero, ¿qué tiene? No entiendo. ¿Qué ha hecho?

DOÑA CARMEN.—Yo no sé. Se ha peleado anoche...

CARLOS.—¿Usté?

MIGUEL.—Yo no: su papá.

CARLOS.—¿Y con quién?

MIGUEL.—(*Sonríe.*) Con Mateo. Me voy. Tengo que irme... (*Recuerda que ha perdido el sombrero.*)

DOÑA CARMEN.—¿A dónde?

CHICHILO.—(*Adentro.*) ¡Mama! ¡Papá!...

MIGUEL.—(*Aparte.*) ¡La policía! (*Se envuelve en la cortina.*)

CHICHILO.—(*Apareciendo.*) ¡Se la han piantado!... ¡Se la han piantao a Lucía!

MIGUEL.—(*Salta.*) ¡¿Qué?!

CHICHILO.—Es un auto verde. Lo corrí como diez cuadras, pero disparó. ¡No pude! Perdí lo guante... ¡Cretina! ¡Loca! (*Llora.*)

CARLOS.—¿Qué decí? ¿Está loco, vo? Si Lucía está ahí. (*Patio.*) La llevé a dar una vuelta pa que conociera el coche.

CHICHILO.—¿Era el auto tuyo?

CARLOS.—Claro, gilastro. Lo dejé en la esquina por los chicos del conventillo.

CHICHILO.—¡Ay dió! ¡Lleváme a mí!

MIGUEL.—(*A Chichilo.*) ¿E usté tenía miedo que se escapara? ¿Por qué?

CHICHILO.—(*A quien Carlos ha llamado la atención para que mienta.*) No... no, viejo... ¿No ve que son macana?

CARLOS.—(*A Chichilo.*) ¡Tené cada chiste, vo! (*Están en la puerta de izquierda. Golpean en la del foro. Silencio. Los viejos se entienden con una mirada.*)

MIGUEL.—(*A Carlos que acude.*) No abra. Yo sé quién es.

DOÑA CARMEN.—(*Al viejo solo.*) Miquele... tú no te has peleado anoche... tú... con Severino...

MIGUEL.—St... (*Por los hijos.*) Que lo sepan cuando yo no esté.

DOÑA CARMEN.—¡Miquele, perdoname, perdoname!...

MIGUEL.—No llore. Piense a los hijos... Tenía razón, Cármene: cuando se echan al mundo hay que alimentarlos... de cualquier manera.
Yo he cumplido. No llore... (*Los hijos los miran sin entender. El viejo
despista: se pone la galera de Severino, abollada y maltrecha. Da lástima y
risa.*) ¿Cómo me queda?... ¿Me queda bien?... (*Retrocede hasta el foro
preparando la huida. Se repiten los golpes.*) ¡Addío! (*De un respingo abre la
puerta. La policía echa mano de él. La vieja cae.*)

CARLOS y CHICHILO.—¡Mama!... ¿Qué pasa?... ¿Qué pasa?... (*Saliendo
por el foro.*) ¡Papá!... ¡Papá!... (*Los policías se llevan al viejo a tirones.*)

TELÓN

NOTAS

Las siguientes notas y vocabulario son de Luis Ordaz y provienen de *El teatro argentino. 9. Armando Discépolo*, Buenos Aires, Centro Editor de América Latina, Serie Capítulo, 1980.

1. Entre el mal hablar de los porteños, se destaca el lenguaje defectuoso y de frontera, con giros propios de inmigración, que utilizan los personajes de origen italiano.

2. Se refiere a los sainetes de la época, en los cuales era muy común que apareciera la joven que era arrastrada a la "mala vida". Un antecedente mayor, en poesía, lo facilita "La costurerita que dio aquel mal paso", de Evaristo Carriego, y el repetido comentario en el 2 x 4 del tango se hace presente en "Milonguita" de Samuel Linning y Enrique Delfino.

3. Diario de Buenos Aires, fundado el 4 de enero de 1870, bajo la dirección de Bartolomé Mitre.

4. Diario de Buenos Aires fundado el 18 de octubre de 1869, siendo su director responsable José C. Paz.

5. Corrientes, Suipacha: calles que se cruzan en pleno centro de Buenos Aires.

6. Rauch es una callecita, de apenas una cuadra (desde Corrientes, subiendo hacia Callao) que, a mediados del siglo pasado, era la curva de "los hornos del bayo" por la que circulaba el ferrocarril que, saliendo del Parque (hoy Plaza Lavalle), llegaba hasta el pueblo de San José de Flores. Dicha calleja, al partir de Corrientes, se encuentra allí mismo con Riobamba, que sigue su curso hacia el norte, formando una esquina que, en tiempos de don Miguel, se caracterizaba por existir en ella una fuente pública, a la que él llama "caniya" y utiliza para atender al caballo herido.

7. Expresión muy popular mediante la cual se dice descubrir las intenciones de alguien, aunque procure disimularlas.

8. Se refiere al Cementerio, que es el campo de acción de Severino.

9. Las Parcas son tres viejas hermanas mitológicas: Cloto, Laquesis y Antropos. La última era la encargada de cortar el hilo de la vida humana. Se alude, pues a la Parca, como imagen de la muerte.

10. Barriada del sudoeste de Buenos Aires, en donde se encuentran, precisamente, los "mataderos" de ganado para el consumo de la ciudad.

11. Que lo quiere todo sin arriesgar nada.

12. Don Miguel acusa el golpe violento que le asesta Severino.

13. Juego típico del grotesco discepoleano. Tras de un comienzo profundo, finaliza con una humorada y se produce el contraste tragicómico.

14. En boxeo, si el juez llega a contar hasta 10, el que no ha podido reponerse pierde la pelea.

15. Don Miguel, muy asustado, confunde la pitada del vigilante, que no es llamada de auxilio, sino el aviso de ronda, es decir, para comunicar a los otros compañeros seccionales de la zona que todo se encuentra en orden.

16 Boyacá, Gaona, Segurola: calles de las barriadas de Flores y Floresta, al noroeste de la ciudad.

17. Nombre de un barrio de Buenos Aires, hacia el noroeste.

18. Dar un golpe en la cabeza.

19. Se refiere al personaje al que llaman el Loro, pero aún intenta la burla.

20. "El padre de tus hijos es un vil. Perdón. Ha concluido nuestra tranquilidad... ¡Estoy perdido! ¡Estoy perdido!"

21. Otra situación tragicómica. El contraste que produce la confusión de Carlos se encuentra plenamente logrado.

22. Carlos, ingenuamente feliz, entrega a su madre el dinero que ha ganado en la primera noche de su trabajo como chofer. La intencionalidad se adensa, cuando don Miguel comenta: "Era tiempo... y qué tarde que es." Pues él se sabe perdido.

VOCABULARIO

Acordeón: instrumento musical de viento, a fuelle, con teclas y llaves.
Aiuto: auxilio, socorro.
A la gran siete: exclamación de temor.
Araca: exclamación: ¡cuidado!
Aspamento (aspaviento): demostración excesiva o afectada, exageración.
Avelena: envenena.

Balneario: paseo en la zona ribereña del sudeste de la ciudad.
Brigante: bandido, bandolero.
Bronca-neumonía (bronconeumonía): inflamación de los bronquios y pulmones.

Cachá: tomá, agarrá.
Cachan: agarran, toman preso.
Cajetilla: hombre presumido.
Calesita (la edad de la): ser niño, ingenuo.
Calotiastes: robaste.
Camorrista: truhán, ladrón.
Capelín: de capelina, sombrero de mujer.
Carretilla: mandíbula.
Carrindanga: coche destartalado.
Cascarilla: barullera.
Castañas: golpes de puño.
Cobre (un): moneda de ese metal de valores muy bajos (uno y dos centavos) que circulaba por entonces.
Coche (lo ato al): lo coloco entre las varas del coche, que es como llamarle "animal".
Colo: "loco", dicho al revés.
Conchavo (me): me empleo, entro a trabajar.
Conventillo: casa de vecindad muy popular de la época.
Corralón: lugar en donde se guardan el coche y el caballo.
Cretona: tela de algodón, por lo común estampada.
Cross: en el boxeo, golpe cruzado.

Cumpá: compadre, amigo.
Chanchada: porquería, mala acción.

Densey (Jack Dempsey): boxeador norteamericano al que, en 1923, el argentino Luis Ángel Firpo casi le arrebata el título mundial de todos los pesos.

Entrare: convencerse y decidirse a aceptar lo que se propone.
Estrilo: enojo, fastidio.

Fachiste: hiciste.
Fierrito: miedo.
Fierro: barra de hierro que lleva a mano para la defensa.
Finteando: en boxeo, amagando y tirando golpes para entrenarse o, ya en pelea, engañar y dominar al contrario.
Flor de fango: mujer perdida, personaje femenino muy popular en los versos del tango y en los sainetes de la época.
Fulero: feo, desagradable.
Funebrero: que se ocupa de los servicios de una empresa de pompas fúnebres.

Galantuomo: hombre de bien, honrado.
Galera: sombrero hongo.
Gambeteando: escabulléndose, engañando.
Gil: ingenuo.
Grafiña (*graffigna*): garrafiña, roba.
Gringo: extranjero, pero particularmente italiano.

Hecho: borracho.
Hocicar: caer.

¡Iddio ci aiuti: ¡Dios nos proteja!

Largá: soltáme.

Llobaca: "caballo" dicho al revés.

Macana: tontería.
Macanudo: formidable.
Malevito: expresión despectiva. Ser pretencioso y engreído.
Manga (tiraré la manga): pediré prestado.
Manubrios: como alusión a las pequeñas pesas para hacer gimnasia.
Manyás: comprendés.
Matadura: lastimadura.
Mefestófele (Mefistófeles): ser diabólico.
Meter: atraer, atrapar.
Milonga: lugar nocturno de baile y diversión, cabaré.

Mina: mujer, por lo común joven y hermosa.

Mocoso: chico, de manera despectiva.

Mochuelo: la figura de Saverio se le aparece a don Miguel con las trazas del ave rapaz nocturna que nombra.

Morfi: comida.

No-cau (*knock-out*): en boxeo, fuera de combate.

Opio (darle el): hacerle dormir.

Otario: ingenuo.

Paquete: inservible.

Parada: sitio prefijado en una esquina callejera en el que se detenía el vigilante que cuidaba una zona de la sección.

Patacone: de "patacón", moneda de plata antigua. Se refiere al tamaño de la hinchazón por el golpe recibido.

Patio (meter en el): entrar en confianza y, entonces, aprovechar la ocasión para el abuso.

Patitas pa que te quiero: salir corriendo.

Paura: miedo.

Perdutto: perdido.

Pesquisa: policía que viste de particular.

Piachere: placer.

Pianta (se la): se la lleva.

Pifia (me): me molesta, me irrita.

Plastrón: pechera.

Poveretta: pobrecita.

Presión: rabia.

Rajan: corren, escapan.

Rea: vagabunda y, en algunos casos, prostituta.

Remolcan: llevan.

Requintado: inclinado sobre un lado.

Rosquete (ha entregado el): ha muerto.

Sillas de Viena: de madera con asiento de esterilla entretejida.

¡Schiatta!: expresión de fastidio.

Shacan: roban, explotan.

Siete bravo: el siete de espadas en el juego de truco, cuya seña muda se hace al compañero moviendo la boca hacia un costado de la cara.

Tano: de napolitano, italiano.

Tata: papá.

Tendida (ropa): alguien que molesta. En esta circunstancia la policía.

Toscano: cigarro barato muy popular.

Trabaja: trata de convencer.
Treining (training): entrenamiento.
Tubo: galera alta.

Vigliaquería (vigliacchería): cobardía.
Visillos: pequeñas cortinas.

GERMÁN LUCO CRUCHAGA
[Chile, 1894-1936]

A pesar de su escasa producción dramática, Germán Luco Cruchaga es una figura destacada en el teatro chileno anterior al movimiento universitario iniciado en 1941, junto con Armando Moock y Antonio Acevedo Hernández. Su teatro es en general de tesitura realista, pero con un énfasis notable en el desarrollo psicológico de los protagonistas. Utiliza recursos formales tradicionales, sin ceder al prurito de la novedad, pero con un gran sentido de lo dramático. En *Amo y señor* (1926) se denuncia la corrupción de la burguesía, y en *La viuda de Apablaza* (1928) se recrea el mito de Fedra en el ambiente rural.

Esta segunda obra, que se incluye en esta antología, combina un realismo, y aun naturalismo, de tipo documental, con un psicologismo de nuevo cuño, emparentado con las teorías de Freud. Se supone que la trama se basa en personas y acontecimientos reales conocidos por Luco Cruchaga en un viaje que hizo a Villarrica, en el sur de Chile, y que también el lenguaje regionalista corresponde a observaciones hechas en esa ocasión. Grinor Rojo ha señalado la semejanza del asunto entre este drama y el *Hipólito* de Eurípides y la *Phèdre* de Racine, y sostiene que la pasión de la viuda por el "guacho", o sea el joven bastardo, no es sólo el fruto de un "erotismo otoñal", como se ha dicho, sino que es ante todo "la consecuencia de una maternidad frustrada, a la que se agregan, además, como rasgos generatrices, aquel desarraigo y soledad esenciales que se observan entre las notas más características de Fedra".

BIBLIOGRAFÍA SUMARIA

Durán-Cerda, Julio, *Repertorio del teatro chileno*, Serie C, Bibliografías y Registros, Santiago, Instituto de Literatura Chilena, 1962, p. 88.

____, "Germán Luco Cruchaga y el teatro chileno moderno", *Texto crítico*, vol. VII, núms. 22-23, julio-diciembre de 1981, pp. 292-309.

Merino Reyes, Luis, "Aproximación a Germán Luco Cruchaga y su *Viuda de Apablaza*", *Literatura Chilena: Creación y Crítica*, vol. X, núms. 2-3, abril-septiembre de 1986, pp. 21-22.

Morgado, Benjamín, *Histórica relación del teatro chileno*, La Serena, Universidad de La Serena, 1985, p. 203.

Obregón Carvallo, Osvaldo, "Germán Luco Cruchaga, vida y obra", tesis de licenciatura, Santiago, Universidad de Chile, 1962.

Oyarzún, Carola, "*La viuda de Apablaza* y su relación con la tragedia clásica", *Teatro*, núm. 97, Chile, Universidad Católica de Santiago, primavera-verano de 1988, pp. 117-121.

Rela, Walter, *Contribución a la bibliografía del teatro chileno, 1804-1960*, Montevideo, Universidad de la República, 1960, p. 38.

Río, Amalia del, "Germán Luco Cruchaga, *La viuda de Apablaza*; Fernando Debesa, *Mamá Rosa:* Luis Alberto Heiremans, *Moscas sobre el mármol*", *Revista Hispánica Moderna*, vol. XXVI, julio-octubre de 1960.

Rojo, Grinor, *Orígenes del teatro hispanoamericano*, Valparaíso, Ediciones Universitarias de Valparaíso, 1972, pp. 164-170.

La viuda de Apablaza

REPARTO

Remigio
Fidel
Custodio
Celinda
La Viuda
Ñico
Don Geldres
Doña Meche
Flora

*La acción ocurre en un lugar al sur y al interior de Temuco,
alrededor de 1925*

PRIMER ACTO
En el Otoño

SEGUNDO ACTO
A comienzos del Verano siguiente

TERCER ACTO
En el Otoño, dos años más tarde

PRIMER ACTO

*Patio interior de vieja casona de campo cuyas ventanas se abren al corredor
donde se guardan los caballos de madera con las monturas, las riendas, lazos, yugos, arados y aperos campesinos. Lateral izquierda, ancho portalón de
bodega. A su lado, un gran montón de paja. Decorando el corredor, macete-
ros de cardenales y jaulas con pájaros nativos. Remigio, Fidel y Custodio*

juegan a la rayuela. Derecha, Celinda aviva el fuego del brasero, sentada en un piso junto a la mesilla con los menesteres del mate. Después de jugar, los tres se acercan a la raya y discuten.

REMIGIO.—¡Quemaíta! Al puro pelo...

FIDEL.—Dos por cinco.

CUSTODIO.—A mano.

REMIGIO.—¡Chi! ¡Cómo a mano ey vos perdiste cuatro y yo llevo cinco!

CUSTODIO.—Los cinco deos de la mano p's, cabro...

REMIGIO.—Gracioso el niño. Pa jugar hay que tener formaliá... Los recontra a quemás y con maulas...

CELINDA.—¿Y no puee irse a juar a otro lao...? La zalagarda que tienen los peazos de treiles...

REMIGIO.—No se enoje pus Celindita... Si es puro juguete no más...

CUSTODIO.—Si no apostamos ni cobre...

CELINDA.—Así será, pero si los merece rochar mi tía, los encumbra...

FIDEL.—Y qué vamos hacer si Ñico no se entriega los aperos.

CELINDA.—¿Cómo? ¿Y Ñico onde está?

FIDEL.—Ratazo que no lo vimos... Antes de terminar la lechaúra salió p'al bajo a buscar la vaquilla Pampa, que estaba pasá e cuenta...

REMIGIO.—Y hará como una menguante que lo estamos esperando...

CELINDA.—¡Güen dar con el hombre éste! Onde diablos se habrá metío... Contimás que mi tía se las tiene sentensiá... ¿Y aónde están los aperos pa entregárselos?

CUSTODIO.—Si ey están los yugos; pero las coyundas las guarda Ñico, con llave, en la caja de las herramientas, porque en la noche vienen a comérselas los perros del indio Curimil...

REMIGIO.—Pero la viua tiene llave mestra... Píasela usted.

CELINDA (*Se acerca a una de las ventanas*).—Oiga, tía... Aquí dicen éstos que les empreste la llave mestra p'abrir el cajón de las herramientas; que a Ñico no lo pueen hallar, que salió a buscar la vaquillona Pampa que está pasá e cuenta... y las coyundas están ey.

LA VIUDA (*Apareciendo con su gran moño de cohete, blusa de percal de color vivo con las mangas a los codos y con zuecos*).—¿Qué decís, Celinda? ¿Que Ñico no ha entregao los aperos y ya con el sol alto? ¡Me cachis con el peazo de mugre éste! Tomá las llaves vos, Custodio, y sacá las coyundas. Si una tiene que andar metía en too... Son las nueve y los bueyes d'iociosos... Ves, Fidel, anda p'al bajo a buscar al Ñico... (*Mutis de Fidel. Custodio entra a la bodega.*) Moleera e gente, sacando la güelta a too tiro y una llamándolos aquí... Hase visto... ¿Me tenís el mate preparao?

CELINDA.—Ya está lavá la yerba... y ey ta el cedrón y ey tá l'azúcar quemá...

LA VIUDA (*Sentada, mateando, a Remigio*).—¿Y vos?

REMIGIO.—¡Mande!

LA VIUDA.—¿Qué hacís parao ey?

REMIGIO.—¡Chi! Esperar las coyundas p's, patrona...

LA VIUDA.—Anda a buscar a Ñico también.

REMIGIO.—Güeno, su mercé... (*Iniciando el mutis.*) No puee vivir sin Ñico... Ya parecimos perdigueros detrás d'el.

LA VIUDA.—Y vos... ¿qué me icís de esta farta? Encomodarla a una ques la dueña, por el Ñico. ¡Puchas digo! Y recoja guachos.

CELINDA.—¿Le cebo otro mate, tía?

LA VIUDA.—No... Se me avinagran cuando tengo estas molestias. Me aflatulento. Ñico acabará por matarme... ¡Ay, que sofoco! ¡Uf...! Cuándo será el día que éste entre por güen camino y se le quite lo maula... Apostaría que anda vichando coipos por el estero.. ¡Pa qué necesitará coipos si conmigo tiene de un cuantuay...! Pero no van a ser pencazos los que le voy a dar... Mal mandao, mal agraesío... mal guacho... ¿Pero ónde estará el Ñico? ¡A puchas con el escarabajo grande! (*Llegan Fidel y Remigio y sale de la bodega Custodio.*) ¿Y Ñico?

FIDEL.—En niuna parte...

REMIGIO.—Juimos p'al bajo, rondamos el macal del norte, campiamos el estero... y niagua...

LA VIUDA (*A Custodio*).—¿Y encontraste las coyundas?

CUSTODIO.—No están ey.

LA VIUDA.—¡Maldición de hombre! Me viene a descomponer too... Mándense acambiar... Ya está la mañana perdía... Después llegará el tiempo malo y tendremos que sembrar sin la cruza... Y los babosos andarán diciendo por ey qu'el migajón de mis tierras está gastao, que mi semilla es puro ballico y granza y que mis aperos no sirven pa na... y que la media no les alcanza ni pa la mantención... ¡Ahijuna! ¡Cómo quieren güen rendimiento si hacen los barbechos tardíos y las reices no se alcanzan a poirir! ¡Y ni la cruzan siquiera, y pierden estos días de sol jugando a la rayuela y buscando las coyundas... Viviera el finao Apablaza ya los habría descuerao y les habría quitao las pueblas... ¡Juera de aquí! Ya está perdía la mañana... Pero me trabajarán hasta que escurezca, con las candelillas y si no, frangollo les valgo yo. ¡Juera! ¡Ráspenla...! (*Iniciando el mutis los tres peones.*)

REMIGIO.—En perdiéndosele el Ñico, pierde el seso también...

CUSTODIO.—Y pagamos el pato nosotros...

FIDEL.—¡Chas, la vieja veleidosa...!

La Viuda (*Ordenándoles, con rabia*).—¡Juera ey dicho...! Mermurdores... ¡Chirpientos...! ¡Pa juera ey dicho...! Y que les den agua a los güeyes.

Custodio.—¡Mande!

La Viuda.—¡Que les den agua a los güeyes! ¡Orejas cerillentas!

Custodio (*Mutis*).—Agua toman los güeyes... que tienen el cuero duro... aguardiente y vino puro que es bebida de los reyes... ¡mi alma!

La Viuda.—Y vos ¿desaguaste la cuajá?

Celinda.—Sí, tía.

La Viuda.—¿Le hiciste la cru pa que no se ojíe?

Celinda.—Sí, tía.

La Viuda.—Güeno. Treme un cigarro e mi pieza... (*Mutis de Celinda. Pausa.*) ¡Qué venga el Ñico! Yo le abriré las entendedoras pa que sepa cumplir con su deber... pa que sepa agradecer too lo que mey mortificao dende que lo recogí en cueros... Si lo voy a hacer humiar a palos... Fascineroso... Porque el Ñico es más que si lo hubiera parío, es más que hijo natural del finao... Que se amarre la soguilla el Ñico. A guantá limpia hay que manijar a estos indinos, quiltros, perdíos...

Celinda (*Con los cigarros. Aparte*).—Le va a llegar con mi tía... (*A la Viuda.*) Aquí están los cigarros, tiíta...

La Viuda.—Tiíta, laya e tiíta... Tiaza y brava pa los mal comportáos... Pasa pa'cá... Cuando lo tenga al Ñico al frente le voy a soltar una gritaera pa que se le dentre el habla hasta la otra creciente. (*Grita.*) ¡Ñiiico! ¡Niiicooo! ¡Ñiiiicoooo! Peazo de bestia, guacho asqueroso. Guacho pulguiento, guacho aparecío... ¡requeterrecontra guacho! (*Mientras la Viuda enciende el cigarro, el montón de paja empieza a moverse, aparece un brazo, luego un pie descalzo y después la cabeza con chupalla de Ñico, bostezando... A la Viuda se le cae el cigarro de la boca y queda estupefacta.*) ¡Tú, ahí!

Ñico.—Me parece... Mi había quedao ormío, me parece...

La Viuda.—¡Parece! ¿Que no habís sentío como ti han llamao...? Buscándote por toos laos y ni luces... Los aperos guardaos y el rey urmiendo en la paja, enrollao com'un quiltro... Ahora vamos a hablar los dos... Tú, Celinda, anda vete pa entro... Pícales mostaza a los pavos nuevos y espanta las aves de la hortaliza, que ya me tienen acabá la chicoria. (*Mutis de Celinda quien le hace señas a Ñico con la mano, dándole a entender que la Viuda se las va a dar. La Viuda se pasea, tranqueando fuerte, con los brazos en caderas.*) ¡Sácate la pastora, insolente...! Acércate pacá... ¡Mira de frente, badulaque! ¿Qué habís hecho toa la mañana...? ¿A qué horas te levantaste?

Ñico (*Dando vueltas la pastora entre sus manos*).—De albazo... Antes del canto e los gallos... Como toos los días, me levanté con chonchón...

La Viuda.—¿Y qué habís hecho? Dime...

Ñico.—¡Cuasi na! Arrié las vacas p'al corralón y lechamos... Con la Celinda, llenamos los tarros de la cuajá... Le di avena y agua a los chanchos... Espués salí a buscar la vaquillona Pampa que parió anoche un ternero idem a las manchas del Kalifa... ¡Lozanito y caerúo el bruto! Espués ensebé las coyundas y los cabrestos; acarrié cuatro sacos de treol pa los güeyes y mancagüé el toro, pa que no se salga del pasto ovillo, porque su yegua Muñeca rompió a patás las tranquillas... Y aemás, le machuqué un pernil de grillo con raíces de frutilla a la vaca Chupilca, porque está con mal de orina... y espués... espuecito... me senté ey y parece que anduve queando dormío... Si ey fartao... ahora...

La Viuda.—Ta bien. ¿Y por qué no te juiste a escansar a tu catre...? ¡Cuándo será el día que te diferencís de los piones! Vos soi aquí más que pion, más que campero, más que capataz, más que mayordomo, ¡y no poís ejar los chirpes, la ojota pegá al ñervio, la rayuela y el vivir en que te criaste...! Mal que pese, vos tenís que respetarte un poco, porque eres bien nacío, aunque seais un salto del finao de mi marío... Y de salto y too, llevay la mesma sangre d'él. ¿M'entendís?

Ñico.—¿Y no cumplo rebién mis obligaciones, y los mandaos p'al pueblo, y no le cuido too como lo propio...? ¡Me habrá faltao un grano e trigo en las entriegas a la bodega, habré medío mal las cuairas de siembra...? Y los destronques, ¿no los llevo en l'uña...?

La Viuda.—Naiden te reprocha tu trabajo... Harto honrao y alentao que soi; pero te faltan maneras y que te arreglís tus monos...

Ñico.—¡Chi! ¿Y di'aónde voy a sacar maneras, si aquí vivimos mesmamente que animales...? Hay veces que me dan ganas de hacerme entender a puro lairío... ¡Me recondenara! Yo creo que cumpliendo con su mercé, naa tiene que icirme... Desde que vivo aquí, sólo me curé pa la Candelaria y ese jué un gusto perdío, como las torcazas que bajan sólo cuando están los guindales colmaos... Jué un reventón y na más...

La Viuda.—¿Y por qué no te comprai calamorros, a ver?

Ñico.—Me duelen las chalas y vi a andar con zapatos...

La Viuda.—Debís aprender a cacharpearte porque, cuando yo esté más vieja, tú serís aquí el patrón... (*Lo mira en una pausa de silencio y suspira.*) ¡Y mes qué laya e patrón a pata pelá, con los jundillos amarraos con tiras...! ¿Quién te respetaría, dime?

Ñico.—Es que si usted lo manda, se puee variar la compostura...

Andan por ey otros mal encachados que no saben ni amarrarse la faja ni hombrearse el poncho.

La Viuda.—Y caballos que no te fartan ni plata ni botas calzón... Pero too lo guardai p'al día e san blando... Güeno, basta e tertulia que tenís que ensillar pa ir al pueblo... Pasai onde on Jeldres y le peís la cuenta e los quesos. A on Lobos que me mande la lima para la corvina... La Celinda te entregará la lista e las fartas... Too lo pedís onde la Coña Guapa y que lo apunten... (*Inicia el mutis, llamando.*) Celinda... Celinda...

Celinda (*Entrando*).—¡Mande!

La Viuda.—Entrégale la lista a Ñico... (*A Ñico.*) Antes de la siesta, tenís que estar de güelta... Te venís como un balazo... Cuidaíto con comadrear en niuna parte... Pa eso tenís güenas bestias... (*Mutis.*)

Celinda.—Urmiendo en la paja... ¡Apesta pus, Ñico!

Ñico.—El que no tiene ná, con su mujer se acuesta...

Celinda.—Pero te las pusiste con mi tía...

Ñico.—¡Qué tanto jué! ¡Si ya está el chancho en la batea y el mote pelándose!

Celinda.—¡Alabancioso que te han de ver! Si andan diciendo por ey que hay ciertos entendimientos... Mejor ¡boquita, cómete un pavo!

Ñico.—Qué culpa tengo yo de ser bien parecío, parao en el hilo, tranqueador y güeno pa la vara... ¡Echale, mi alma, pa elante!

Celinda.—Claro... Si así son toos los hombres... Se allegan del otro lao, cuando hay una pobre que les lava las tiras, los cuidia y les quiere... En no habiendo como ser perra pa que los hombres se hagan huinchas con una... Oye, Ñico...

Ñico.—¿Qué querís, cabra?

Celinda.—Te cuento... Pero me da vergüenza...

Ñico.—Tápate la cara con la punta del elantal y lárgala no más.

Celinda.—¿No te vai a reír?

Ñico.—¿Pa que se me vea el diente que me falta? Desembúche no más...

Celinda (*En secreto y avergonzada*).—Yo... yo... oye... fíjate que yo.. estoy durmiendo toas las noches con la puerta destrancá... Yo...

Ñico.—¡Ves que novedá...! La tranca mía la eché al juego hace ratito... ¿Y eso es too?

Celinda.—Y tamién, es que... ¡es que me da mieo dormir sola!

Ñico.—¿Y pa qué estrancai la puerta entonces? ¡De puro tentá e la risa!

Celinda.—Ñiquito... Tú no m'entendís...

Ñico.—Ni cobre.

CELINDA (*Llorando*).—Es que tú no me querís entender, no me vai a entender nunca lo que te quiero ecir...

ÑICO.—¿Y por eso moquillai...? Aquí en esta casa pueen dormir toas con las puertas destrancá, porque lo qu'es Ñico, está escamao...

CELINDA.—Es que vos no m'entendís mis indireitas...

ÑICO.—Porque no me conviene... No vis que espués me salís con un regalo con patas y el cura civil tiene encargo de los que se meten a las puertas destrancás de las chicuelas... ¿Por qué no me soplai este ojo? Y dame la lista... Yo estaré aquí de suple falta, ¿no es cierto?

CELINDA (*Pasándole la lista a Ñico que empieza el mutis*).—Busca ahora quién te lave tus chirpes, que te pegue los botones y te seque la arpillera de las ojotas.. Lo qu'es yo, ni te daré los güenos días...

ÑICO (*Leyendo*).—Un cuarto e yerba... cuarenta e comino... un paquete e velas "Buque"... tres tarros de salmón "Mariposa"... sesenta de pimentón pa color... cuatro pesos de levadura... un kilo e clavos de dos pulgadas... un tarro de aceite e carreta... (*A Celinda.*) Y a vos te traeré un pañuelo yerbatero, pa que te rajís llorando... Enamorándome la pervertía... Cierra mejor tu tranquera que, si Ñico no entra, no fartan otros gallos en el gallinero...

CELINDA.—Oye, Ñico, ven.

ÑICO.—¿Me vai a encargar una tranca e temo?

CELINDA.—Si es pa contate otra cosita...

ÑICO.—Mañana por la mañana voy a estar aquí con las fartas.

CELINDA.—Afírmate con lo que te voy a icir. Mañana a las dos, llega la Florita... Me escribió en papel fino y con letra de imprenta...

ÑICO.—Tu hermana... La profesora... ¡Chitas con la noveá, oh! Ésa que estuvo aquí cuantuá y que andaba cimbrándose pa'llá y pa'cá... La fruncía p'hablar... y que andaba con tizne en los ojos...

CELINDA.—La mesma pus, Ñico, y que a vos te icía Colacho...

ÑICO.—Ahora estoy más hombre... que tenga cuidao tu hermana conmigo...

CELINDA.—Y en la carta dice que mañana, en tren de dos, le manden caballo a la estación...

ÑICO.—¿Y onde va a ormir?

CELINDA.—En mi pieza pues, tonto... ¡Conmigo!

ÑICO.—Entonces, m'hijita, le voy a peir un favor... ¿quiere?

CELINDA.—¿Cuál será?

ÑICO (*Suspirando*).—¡No güerva renuncia a trancar la puerta!

CELINDA.—¡Hase visto el atrevío!

ÑICO.—Dos mujeres solas tienen más mieo que una mujer sola... ¿O no dice usted? Y un hombre que quiere a dos, tiene dos velas prendías, si una se le apaga, la otra le quea encendía... Y no me haga golver más m'hijita, mire... que...

CELINDA.—¿Y qué hacís que no te vai? (*Ñico toma su montura y las riendas e inicia el mutis, mientras Celinda canta una pavísima canción de las mujeres de la frontera.*)

> Sosiégate, José
> Sosiégate, María
> Si no te sosegai,
> ¡Yo te sosegaré!

ÑICO (*Repite, dándole unos cuantos manotones por el cuerpo y riéndose a carcajadas*).—

> Sosiégate, Celinda.
> Si no te sosegai,
> ¡Yo te sosegaré!

CELINDA.—¡Asosiégate, te icen! ¡Manisuelto! (*Mutis de Ñico.*)

LA VIUDA.—¿Se jué Ñico?

CELINDA.—Ratazo. Ya debe venir de güelta...

LA VIUDA.—Acordate que mañana llega tu hermana. Cuando venga Ñico le ecís que mate un lechón y a la Juana que pille un pavo... Longanizas no han de faltar.. y que el dulce no se te pegue, mira que esa paila ta saltá... Anda a ver que l'almíbar esté de pelo... Y arregla tu cuarto. Enflóralo y quita las telarañas... En el segundo cajón de mi cómoda, hay sábanas deshilás... Ponéle payasa al catre, mira que estas pueblerinas son de costillas blandas. Contimás que viene enferma... Por su culpa... Anda pa entro... Si se hubiera quedao conmigo, no se le habría desgraciado la salú... y tendría su yunta e güeyes y sus vaquillas... Pero le entró el humo a la caeza y como se cree tan letrá y bonita, se le ocurrió que iba a conquistar la ciudá... Pero aquí la mejoraremo. Aquí hay cambimento pa toos y la salú anda botá por el campo y no la venden en frascos, como en los pueblos... Le ponís las deshilá, las fundas con tiras bordás y que no se pegue l'almíbar...

CELINDA (*Mutis*).—Güeno, tía...

(*Pausa. Afuera, se oyen los gritos de los hombres que llegan con los bueyes. La Viuda se sienta, preocupada.*) ¡Erre, Clarín... erre... Tiiiza, Precioso... erre! ¡Pónete, Noble...! ¡Ya no sabís ponerte, caracho...! ¡Caballero, Caballero! ¡Noble! ¡Noble, Noble, Noble, Noble! ¡Precioso! ¡Clarín! ¡Tiiiza! ¡Güélvete, Clarín...! ¡Cordillera...! ¡Limón...! ¡Erre...!

LA VIUDA (*Dirigiéndose a la izquierda*).—¡Oye, Custodio! ¿Por qué enyugai el Clarín con el Precioso?

CUSTODIO (*De afuera*).—¡Porque se acompañan mejor pa las güeltas... ¿No ve que el Precioso, con el novillo, me tiran el arado juera del surco?

LA VIUDA.—Ñeclas que se lagartean por ná... Les duelen las manos con los americanos, onde están acostumbrados a trabajar con arados chanchos.

CUSTODIO.—Ya la viera yo trabajando con güeyes mañosos y mal amansaos...

LA VIUDA.—Y vos, Remigio, no me habís dao cuenta e la semilla... ¡Vení pa'cá!

REMIGIO (*Con chupalla y con picana*).—Sembrá tá la semilla. Ñico tuvo en el desparramo...

LA VIUDA.—Pero algo te abrís comío...

REMIGIO.—Pa lo que gusta la harina tostá... Dos sacos por cuaira le echamos...

LA VIUDA.—Ralito le echaríai el voleo...

REMIGIO.—Si falta algo, se lo habrán comío los pájaros.

LA VIUDA.—Los pájaros de caeza negra y con patas...

REMIGIO.—Pa qué ice eso, su mercé, cuando los loros llegan a escuerecer... Harto que ley pedío prevenciones pa la escopeta...

LA VIUDA.—Como no me rinda el 18 ese huacham que tenimos en media, te podís ir buscando posesión en otra parte... Hay que rodonar a tiempo pa apretar la tierra y pa que la cuncunilla no acabe con el trigo en yerba, y hacer canales y desmalezar, y entonces tenimos el 18 y el 20 por uno. ¡No hay que vivir confiao en Dios! Ustedes creen que, en poniéndole una crú a San Francisco, ya tienen too hecho y se tienden de guata al puelche... No, señor, ¡pa ganar, hay que suar la gota gorda! Y el roce, ¿cuándo lo empiezan...? Curdiao con volteame el guayisal.

REMIGIO.—Cuando usted mande pues, su mercé.

LA VIUDA.—Ya veré con Ñico lo que se hace... Váyanse a trabajar... Después de a siesta, iré yo a ver la punta que le están dando al barbecho... Váyanse, no más... (*Mutis de Remigio. Pausa.*)

CELINDA (*Cantando en el interior*).—

> Corazones partíos,
> yo no los quiero.
> Cuando yo doy el mío,
> lo doy entero, si ay, ay, ay.

(*Afuera, los carreteros empiezan a irse, avivando a los bueyes.*) ¡Precioso! ¡Clarín...! ¡Erre! ¡Noble...! ¡Caballero, Caballero, Caballero! ¡Limón...! ¡Cordillera...! ¡Erre!

La Viuda (*Abatida y sentimental*).—¡Diez años viua...! Diez años que me ejó sola el finao Apablaza... Solita... ¡Y entuavía estoy rebosando juventú! La sangre me priende juego en el corazón... ¡Pa qué querré tantas tierras y tanta plata, si me falta dueño!

(*La voz de Celinda llega desde más lejos:*)

> Al cruzar el arroyo
> de Santa Clara,
> se me cayó tu anillo
> dentro del agua, si ay, ay, ay.
> Antenoche y anoche
> y entamañana,
> me corrieron los perros
> de doña Juana, si ay, ay, ay.

SEGUNDO ACTO

*El mismo escenario del Primer Acto. Al levantarse el telón,
la escena está vacía.*

Don Jeldres (*Desde el interior*).—¡Gente...! ¡Geeenteee!

Doña Meche.—¡Buscan...!

Don Jeldres.—¡Espanten los perros... que hay genteeee!

Celinda (*Saliendo del interior de la casa*).—¡Napoleón! ¡Anda, vete, mugre! Pasen... ¡Adelante! ¡Si los perros no hacen na a los conocíos... (*Entran don Jeldres y doña Meche.*)

Don Jeldres.—¡Casa bien defendía es que tié que guardar! ¡Cómo te va, chiquilla!

Celinda.—Bien, on Jeldres... Pa servile...

Doña Meche.—¿Y la viua...?

Celinda.—Con la Florita, en las frutillas... Siéntense a escansar... Siéntese, on Jeldres...

Don Jeldres (*Limpiándose la transpiración*).—Ta picaor el solsito... Nos venimos de a pie y, aunque salimos bien de alba del pueblo, como esta mujer es tan lerda, nos pilló en el camino la polvareda de las carretas emparvadoras... ¡Qué carretío, mujer, por Dios!

Celinda.—Parece que este año la cosecha va a ser muy güena...

Don Jeldres.—¡Quiá! Buena como todos los años; pero como pa cancelar los documentos de la plata que se vale hay que mermar las utilidades, nadie confiesa lo que cosecha... ¡Qué se lo cuenten al cura! Hace 25 años que salí de España p'hacer la América... ¡Soy un Cristóbal Colón al revés! Otros se han enriquecío, han vuelto de indianos millonarios, y yo sigo quebrándome los güesos como un gañán, como un negro de las galeras...

Doña Meche.—Mala estrella tenimo... Agonizamo trabajando y la América se nos esquiva, se nos sale de los deos, como si las ganancias fueran agua o harina flor...

Don Jeldres.—En estos pueblos de la Frontera, en diez años bien trabajaos, uno se hace rico, poderoso y hasta terrateniente; pero estoy condenao a la miseria, al pasar a medias... Llega el invierno y los indios hacen cola en el almacén y vamos valiendo lauchos de harina, cuartos de azúcar, kilos de yerba, qué sé yo...

Doña Meche.—La santa verdá... Fiamos hasta por misericordia y así y too nos tratan de gringos y de "güincas treguas"...

Don Jeldres.—Pues na... Que llega el verano, la cosecha, vamos, y toos se pierden y yo me quedo saldando cuentas con los documentos impagos... Y a los indios no se les puede perseguir por la justicia, porque no tienen responsabilidad jurídica, ¡eso es! Si parece que yo estuviera pagando con mi desgracia los desaguisados de los Conquistadores... Por las manos de Galvarino, cuatro quintales de harina y, por la pica de Caupolicán, más azúcar que cuartos tié un rascacielo... Y vamos tirando pa delante... Este otro año, hará 26 que llegué de España y cuando ya esté en los 40 de colono y 70 de edad, tendré que comprarme un metro de tierra en el cementerio, pa que descansen la Meche y on Jeldres... ¡Me cachis con la suerte veleta...!

Doña Meche.—Y descanso bien merecío... aunque en tierra ingrata.

Don Jeldres.—No digas eso, Meche. Ingrata no. Si no es más que la suerte.

Celinda.—¿Le dio Ñico el recao de mi tía?

Don Jeldres.—A eso venimo. Pa arreglar la cuenta de los quesos y pa disfrutar del domingo y ver a la Florita que debe haber llegado de repámpanos.

Doña Meche.—Y me vuelvo loquita por el campo... ¡Cuánto no le he dicho a éste que vendamos el almacén y nos compremos una hijuela!

Don Jeldres.—Que no pué se...

Doña Meche.—Cómo se las da de castizo, le hace falta la sociedá... el clú... el bambolla y el pelambre.

Don Jeldres.—Pues claro... Somos dos españoles en el pueblo y he-

mos fundao un Clú Ibérico. Yo soy el presidente perpetuo y el otro
es el vice. Y no hay más socios... Si no fuera por los ratitos que pasamos recordando a España y comentando los cablegramas, yo me habría muerto, me habría secao de pena... Que Algeciras, que San Jurjo,
que Primo de Rivera... Porque, a decir verdad, no podemos ni jugar
tresillo entre el vice y yo... ¿Y así querés vos que yo me soterre en el
campo, entre los palos quemaos de los roces y me ponga más bruto y
más triste de lo que estoy? No, mujer... Pídeme que me vaya a la Le-
gión Extranjera...

CELINDA.—¡Cómo tarda mi tía...!

DOÑA MECHE.—¡La iremos a buscar mejor!

DON JELDRES.—Ya hemos descansao... El frutillar quea pa ese lao,
¿verdad?

CELINDA.—Sí, on Jeldres.

DON JELDRES.—Que te digo, que cada vez que ando por el campo, se
me llena la cabeza de documentos y se me clavan entre las cejas los
indios que me deben... Al don Alonso de Ercilla y Zúñiga, por su madre, yo le voy a meter su *Araucana* por las narices... Vamos, Meche...
que hemos venío a disfrutar del sol y del aire y ya parezco pastor
evangélico... Pero yo no me moriré sin destripar a un indio pa que
respeten los documentos y tengan responsabilidad, ¡eso es! Vamos,
Meche...

DOÑA MECHE.—¡Y los perros, Celinda?

CELINDA.—Los perros están amarraos. Vayan sin curdio...

DON JELDRES.—No se preocupe: si llamé al llegar, fue por fineza...
Mire usté este palo e guindo... ¡Pa mí, no hay más perros en er mundo que los indios...! (*Mutis don Jeldres y doña Meche.*)

CELINDA (*Dirigiéndose hacia afuera*).—Tuerzan a la derecha... por ahí.

DON JELDRES.—Gracias, Celinda... (*Pausa.*)

REMIGIO (*Entrando*).—Celinda...

CELINDA.—¿A qué venís...? Hoy no estoy pa pláticas... Ando con los
ñervios hechos peazos... Con estas sorpresas que tenimo ahora, no se
puee vivir...

REMIGIO.—Cosas de la vía pues, Celinda...

CELINDA.—¿Y Ñico? ¿Habís hablao con él?

REMIGIO.—Anoche estuvimos en l'era, hasta tarde.

CELINDA.—¡Y qué te dijo!

REMIGIO.—Na. Que había tenío sus palabreos con la viua... No te
enojís; pero la Florita, tu hermana, es la que ha venío a armar la revol-
tura.

CELINDA.—Qué curpa tiene ella de ser bien parecía...

REMIGIO.—Lo mesmo digo yo. ¡Con esos ojazos de güey manzanera y ese cuerpo culebriao...! Yo me la queaba mirando cuando recién llegó y pa qué te igo como hilaba...

CELINDA.—Pero vos ya tenís dueña... ¿no es cierto, Remigio?

REMIGIO.—Primero me caigo muerto antes que ligar con otra... Aunque sea más entallá que vos.

CELINDA.—¿Y vos le habís contao al Ñico?

REMIGIO.—Le ije que nos andábamos entendiendo y él me ayúa, con una condición...

CELINDA.—Ya se las tengo maliciá... Vos le llevaí recaos a la Florita...

REMIGIO.—Mandao no es curpao...

CELINDA.—Y la Flora no mira mal al Ñico...

REMIGIO.—Pero la viua anda matrera.

CELINDA.—Y cuando sepa la verdá, el embrollo va a ser tremendo. Cuando sepa que el Ñico se compró zapatos pa parecerle bien a la Florita, que fué al pueblo a cortarse las chascas y que, en las noches... ¡Ay!, se me atoran las palabras en la garganta.

REMIGIO.—Que en las noches, salen pa debajo e los castaños...

CELINDA.—Y se están, ay, hasta la madrugá...

REMIGIO.—La curpa la tiene la viua... Traer pollas a este descampao, en que, las únicas mujeres que se ven, son la madre de uno o las indias chamalientas que hablan a gritos... Nosotros no somos na de ulmo y también tenimos su peazo e corazón... Si hasta los perros lairan toa la noche buscando su compañía... ¿Y nosotros íbamos a espreciar lo presente? Renunca, pues, m'hijita, ¡si l'amor es más constante que la cizaña y crece más luego que el yuyo!

CELINDA.—Pa mí, Remigio, el amor es una enredadera: se me enredó el Ñico con la Florita y te enredaste vos conmigo...

REMIGIO.—¡Benaiga, con la enredadera...!

CELINDA.—Pero mi tía anda más seria, callaíta, pensando y pensando... Yo le tengo mieo... Anoche no comió y llamó al Ñico pa su pieza... Lo que platicaron, no lo hemos sabío...

REMIGIO.—Pa mí que la enreaera del Ñico se va a desenrear...

CELINDA.—¿Y la Florita qué hará si ya está ilusioná con el Ñico?

REMIGIO.—Dirse... La viua da cavimento; pero que no le farten en ná.

CELINDA.—¿Y aónde se va dir?

REMIGIO.—Dio ayuda a too el mundo... Lo qu'es a mí me farta tiempo y resuello pa quererte a vo y no me preocupan los males ajenos... El Ñico es harto hombre...

CELINDA.—¡Es má hombre mi tía!

REMIGIO.—Tamién es cierto... Nosotros campeamos lo que pasa y callamos... T'apostaría que on Jeldres la aconseja pa su lao... Ese gringo colorao, que me parece pavo mechón, con tal de estar en las güenas con la viua, es capacito de malograrnos toos...

CELINDA.—Y vos no tenís mieo...

REMIGIO.—Algo... Pero qué mi hacen a mí; si no respetan mis sembraos... yo sentiría la trifulca por vos...

CELINDA.—Andavete, entonces... ¿querís?

REMIGIO.—Ya estoy encerrao... Ellos deben venir por el camino del frente y me pueen ver salir... Me esconderé en la boega... Yo en jamasito me meto en la casa de la viua sin su permiso... (*Pausa.*) ¿Y va a dejar a su negro dirse así? ¿No se apensiona de verme encerrao ey dentro? ¡Prométame siquiera que va a salir a platicar a la noche?

CELINDA.—Andavete luego... Sí saldré, pero un ratito: mira que las noches están tan oscuras.

REMIGIO.—¿Ni un abrazo me va a dal? (*Haciendo amago de abrazarla.*)

CELINDA.—¡No me toquís...! hasta que no te compromisai conmigo...

REMIGIO.—¡Ni que juerai guitarra pa tocala a la señorita...! Pero esta noche...

CELINDA.—Esta noche... güeno... Pero si no se ven ni las manos...

REMIGIO.—¿Diaónde saca esas coilas...? Si p'al amor toos somos tucúqueres. (*Mutis a la bodega.*)

CELINDA.—Si no juera por el tiempo que tengo con éste... yo me encerraba en la cocina... Me palpita que va a pasar más de algo... Por ey vienen. (*Se va cantando "Corazones partidos":*)

> Lo doy entero si,
> Chilena hacele
> con la punta'el pañuelo
> los cascabeles si, ay, ay, ay, ay...

LA VIUDA.—Este año haré plantar cuatro melgas más.

DON JELDRES.—Son fresones de la Tierra Prometía... Tién más carne que una mujer de quince... (*Mirando pícaramente a Florita.*)

DOÑA MECHE.—Cállate tú... que hay niñas solteras por delante.

DON JELDRES.—Pero, mujé... Si la Florita disculpa las galanterías de los hombres rúos... ¿O acaso comparar las mujeres con las frutillas es un delito? Mira como reza: boquita e guinda, carne e frutilla, ¡eso es!

FLORITA.—Siempre usted de buen humor, don Jeldres.

DOÑA MECHE.—Es que, pa entusiasmarse, no hay como la primavera... Toos somos cigarras...

FLORITA.—Y eso que está bien conservao...

DOÑA MECHE.—Se conserva en alcohol... Se santigua en la mañana chupilca y en la noche hace examen de conciencia con un guindao de 43 grados, que pela el gaznate...

Don Jeldres.—Y duermo soñando como un faraón...

La Viuda.—Yo tamién tengo ey dentro un asoleado de Cauquenes que me mandó del norte un primo hermano...

Don Jeldres.—¡Con su amigo, que yo tengo má sé que un barbecho cruzao en febrero!

La Viuda.—No se hagan de rogar, entonces... Pasemo...

Don Jeldres.—Esos asoleados de Cauquenes y los pajaretes del Huasco, me hacen recordar los caldos de mi tierra...

La Viuda.—Me alegra que, en mi casa, tenga esos gustos...

Don Jeldres.—Muchas gracias, señora...

La Viuda.—Y no ha de faltar algo pa entretener el diente... Pasemo...

Doña Meche.—Gracias... Porque si éste bebe sin comer, de aquí no lo saco ni con una yunta e güeyes...

Don Jeldres.—Modérate, Meche... Si aquí tamién hay techo y entre toas las hijuelas del contorno en ninguna hay mejor mesa ni mejor mosto ni más amabilidá que en la de la viuda de Apablaza. Aquí uno está en el cielo...

La Viuda.—Cumplíos suyos, on Jeldres. Aquí hay cavimento y güena disposición pa recebir a las visitas... Aquí no hay trancas en las puertas pa los conocíos que se aprecean...

Don Jeldres (*Aparte*).—Eso... eso que se lo pregunten al Ñico.

La Viuda.—Aelante, pué...

Doña Meche.—Gracias... (*Mutis la Viuda, doña Meche y Celinda. Pausa.*)

Don Jeldres.—Y usted, Florita, ¿no nos acompaña?

Florita.—Ya voy, don Jeldres. Me duele un poco la cintura de tanto recoger frutillas... Voy enseguidita... (*Pausa.*)

Don Jeldres.—¿Es cierto, Florita, que usted no volverá más a Santiago?

Florita.—Así parece... Me hastió la ciudad...

Don Jeldres.—Algún desengañito, ¿verdad?

Florita.—Nada más que buscar la sinceridad de la vida. En la ciudad se falsea todo y como yo tengo mis despuntes románticos... ¿Ha comprendido usted?

Don Jeldres (*Suspirando*).—Entendido... Y, ¿vivirá usted aquí con su tía?

Florita.—Seguramente.

Don Jeldres.—Entonces tendremos frutillas todo el año... ¡eso es...! Y este paisanote podrá venir más de continuo, a presumir de joven, porque, cuando en una casa entra el sol, toos nos afiebramos... He hablado en castizo y porque usted es una alegoría de mi sangre, es decir, de la sangre española fundía en esta fragua mapuche... Yo, a usted la pintaría al óleo pa ponerla detrás del mostraor de mi almacén... (*Entra Ñico, de repente, con dos baldes de leche, y se queda mudo escuchando el discurso de don Jeldres.*) Y pa que, después de l'oración, cuando se escurece y los murciélagos se vienen a los pañuelos de narices, usted iluminara... (*Al ver a Ñico, se calla repentinamente.*)

Florita.—Muy bonito, don Jeldres, siga usted.

Ñico.—¡Siga pa'entro, iñol, que lo están esperando!

Don Jeldres (*Aparte, refunfuñando*).—¡Vaya un animal inoportuno...! Cuando estaba inspirao... ¡Sigo pa'entro...! (*Mutis. Florita se ríe a carcajadas.*)

Ñico.—¡Y yo que venía con toa la leche...! Tamién on Jeldres anda a las güeltas...

Florita.—Los conozco demasiado... Amarraos toa la vida a un sargento de mujer, no desperdician la ocasión de decir zalamerías a las mujeres mejores parecías que la propia... Son inofensivos... ¿O eres capaz de ponerte celoso por ese vejete de don Jeldres?

Ñico.—No. Tengo harta confianza en usted. Por algo llegó aquí a buscarme un sentimiento que yo no me conocía...

Florita.—¿Te arrepientes, acaso...?

Ñico.—Eso nunca... Muy dura ha sío la vida... Desde que abrí los ojos, no ey hecho otra cosa que trabajar desde el alba a la oscurana... Pa la suerte mía, soy robusto y no me apensiona na. Pero nunca me había puesto a pensar que too esto se acabará y yo tendré que buscar mi puebla y quien me cuide... Llegó usted y las cosas van cambeando... Se me han quitao las ganas de trabajar y me paso mano sobre mano, perdía la caeza, y mirándola, aunque usted no esté ilante... ¡Ni que hubiera ojiao!

Florita.—Eso, Ñico, es el cariño que se le entra a uno como un mal, como un postema, como un pasmo en el corazón... Y, cuando se aquerencian dos almas, no hay más remedio que juntarse, que trenzarse, como cuando se corta un látigo en dos pedazos...

Ñico.—Ya sabía esa nombrá; y con ese látigo, se hace la marcorna... La viua me ijo cuantuá qu'el hombre debía pensar má en comer, dormir y trabajar... Que debía tener su debiliá en el corazón y sufrir por una mujer... Yo no sé pa qué me diría esas payas cuando aquí, las mujeres, hay que buscarlas con candil...

Florita.—¡Bien haya que así fuera...! porque de no, habría llegao a esta casa y no habría encontrao la ilusión que dejé cuando me fui muchacha para la ciudad. ¿Te acordai, Ñico, cuando íbamos a los digüe-

ñes? ¿Cuando tú me traíai esas aldás de cógiles y los comíamos junti-
tos...? Y después corríamos por el campo, hasta que el corazón se me
arrancaba del pecho y vos me tapabai con copihues y con flores de
conelo y hacías cuencas en las manos para traerme agua de la vertien-
te... ¿Te acordai?

Ñico.—¡No vi a acordar...! cuando una vez que usted se cansó y yo
la traje en brazos, sentí en mi cara su resuello olorocito... Desde entonces, Florita, yo tenía una pena enrabiá y cuando pensaba que usted estaba relejos, en la ciudá, m'iba andar por donde mesmo la vide
correr... Y muchas pensé enamorarme e la Celinda, pa sentir cerca
algo de su sangrecita... Pero la Celinda no tenía su alegría ni su caráuter ni sus ojos ni ese resuello que no se olvidó nunquita... Y esperé,
esperé como esperamo que nazca el trigo, que crezca, que macolle,
que espigue y nos dé su rendimiento... Y, ahora que usted llega, ya
estoy guainón, sé trabajar y tengo que dir pensando en algo más
qu'en comer y dormir, como ice la viua...

Florita.—¡Qué alegría me da oirte hablar así...! ¿Y me querís como
antes de irme para el pueblo... aunque te murmuren de mí?

Ñico.—Yo la quiero como la conocí... Más mujer ahora y con dolores en los ojos, que algo malo habrán visto por esos pueblos, pa eso
estoy yo pa consolala y cuidala...

Florita.—Me habís enternecío... Tú eres muy bueno, Ñico...

Ñico.—Así no má... Guacho sufrío...

Florita.—¿Y no habís pensao en la tristeza de mi tía...? Si anda
muere... No habla palabra... ¿Tú sabes algo? Dime... (*Ñico agacha la
cabeza.*) ¿Y te cailai? Dime, Ñico, ¿por qué anda enrabiá...?

Ñico.—Es qui'anoche, cuando salimos pa'cá, yo sentí crujir sus ventanas...

Florita.—¿Nos está espiando, entonces?

Ñico.—Así parece... Esta mañana, me dio una miré fiera, larga, cla-
vaora... y espués me golvió la esparda, sin chillar...

Florita.—¿Y tú qué piensas hacer?

Ñico.—Decile lo que tengo que decile... Que yo tengo mi querer y
que un hombre trabajaor como yo, tiene derecho a buscarse su compaña y qu'esa compaña es usted.

Florita.—¿Y te atreverís, Ñico?

Ñico.—Por esta cru... (*Se besa la cruz de los dedos.*) ¡Si con mi trabajo
pueo mantener de más una mujer y hasta con pollos...! Pa eso tengo
dos yuntas de güeyes paleros, un caballo con too apero y cuatro vacas
parías... Y, entre trigo y avena, mías tengo sus nueve cuairas...

Florita.—¿Y te arreglarís en una puebla conmigo?

Ñico.—Me parece. Y nos casamos pa después de las cosechas. A naiden ley vendío un almú en yerba... Recogeré too mi trigo y lo venderé al que me pague mejor... Porque el triguito tamién es limosna... Pa eso, soy libre, ¡y naiden manda aquí aentro! (*Se golpea el pecho.*)

Florita.—¡Cómo te quiero, Ñico...! Si en los pueblos fueran las gentes como vos, el mundo sería otra cosa...

Ñico.—Y usted no se habría venío pa'cá, entonces... Y este pobre guacho se habría quedao solo toa la vía...

Florita.—Juraría que he sentido a alguien en la bodega...

Ñico.—Ta difariando usted.

Florita.—Yo creo que nos espían...

Ñico.—Pero si la viua ta ey dentro con on Jeldres.

Florita.—Asómate, ¿querís?

Ñico.—P'al trabajo que me cuesta desengañala... (*Va a la bodega y sale empujando a Remigio.*)

Florita.—¡Era Remigio...!

Ñico.—Estaba rezando una manda a la Candelaria...

Remigio.—Comu'es domingo, escansaba haciendo hora pa dir a los terneros.

Florita.—¿No le estarías rezando a la Celinda...?

Remigio.—¡Chi...! Ni la conozco e nombre...

Ñico.—Si andái etrás de la Celinda, anda a las güenas, porque vos sabís que yo la quiero como una mesma hermana...

Remigio.—Pa qué les voy a negar, entonces... Nos querimos y nos vamos a casar pa las cosechas... Vamos a ser más felices que las torcazas...

Ñico.—Parece que la tentación ha entrao por toas partes... ¡En no habiendo como empezar a entenderse pa enredarse hasta los ojos...!

Remigio.—Mire, Florita, hacen falta bocas pa comerse lo que ganamos a la tierra. ¡Es más rendiora, por la madre!

Ñico.—Ya ve usted que toos somos hombres güenos... Y usted, no ice ná... Ta callaíta ey... ¿Qué no le gusta qu'estos pobres labraores e la Frontera tengan su feliciá... y se quieran... y tengan su alegría...? ¡Venga p'acá pa abrazala...! Yo tamién, Remigio... yo tamién...

Remigio.—¿Te casai pa después de las cosechas...?

Ñico.—Tamién me casaré en mayo...

Remigio.—¡Este es brote, mi'alma! Pa entonces tenimo plata e sobra, como muelas e gallo... Yo, a la Celinda, le voy a regalar un corte e blusa, unas medias e sea y unos zapatos e cabritilla más lindos qu'esos que compró la viua en Temuco...

Florita.—Yo me conformo con que me querai...

REMIGIO.—Píale algo... ¡Si este Ñico tiene má suerte con las siembras! Ni una maleza, ni una cizaña, ni un cardo, ¡y esas medias espigas que se revientan como cuetes...! El otro día conté sesenta y dos granos de una sola espiga... ¡Sesenta y dos granos de trigo "Primavera"...!

LA VIUDA (*Entrando*).—Así es que, cuando yo tengo visitas en mi casa, ustedes se discurpan de cualquier laya pa no atendelas... ¡Hase visto!

FLORITA.—Si estaba descansando...

LA VIUDA.—Incivilizá... ¿Por qué no vai entre la gente...? On Jeldres, a caa rato, priduntando por su mercé... A las visitas, hay que poneles güena cara, contimá qu'el me toma toos los quesos y ni se regodea pa pesar los quintales...

FLORITA.—No le digo, tía, que estaba descansando...

LA VIUDA.—¡Bonita manera de escansar...! Anda p'allá, y dile qu'es conveniencia p'al negocio y como a vos te gustan los letraos, de la hebra se saca el ovillo... Y decile a la Celinda que le vaya a icile a la Juana que se va a quear a comer... que preparen una mayonesa e salmón y que pongan un costillar al asaor... y que maten gallina y que machuque charqui p'al valdiviano... Y vos (*A Florita*), te queai en el comeor... Dale conversa y que no le falten gárgaras de asoleao... ¡Miren con la señorita, escansando cuando una tiene visitas de importancia...!

FLORITA.—Está bien, tía. (*Mutis.*)

LA VIUDA.—¿Y vos, Remigio?

REMIGIO.—¡Mande!

LA VIUDA.—Andavé a encerrar los terneros... Ya debían estar enchiquereaos. Mañana me dan poca leche las vacas porque los terneros pasan teteando hasta l'oración.

REMIGIO.—Curpa mía nu'es.

LA VIUDA.—¡Tate callao, mermuraor! Me debís hacer caso y encerrar los terneros a las cuatro... Ya sabís vos que son las cuatro cuando la sombra de las casas llega al cerco... Y que te güelva a enseñar el reló... Aemás, ensilla tu bestia y vai a dir al pueblo a ecir en el almacén que on Jeldres y doña Meche no se van esta noche porque están en gusto con la viua. Que no los esperen y que mañana, si están con el cuerpo güeno, podrán dirse... Day el recao sin mermurar... y como hoy quiero que toa mi gente esté contenta y alegre, te traís dos cántaros de pipeño a lo de on Sanbueza... pa ustedes... Covidai a Fidel y a Custodio. ¡Ya! ¡Te juiste, moleera...! Too que me lo apunten... Andavete y que golvai al tiro...

REMIGIO.—Güeno, su mercé... (*Aparte.*) ¡Esta si qu'es grande!... ¡La viua a medio filo! Esta noche se quema la casa... (*Mutis. Pausa.*)

LA VIUDA (*A Ñico*).—¿Y vos, no hablai? ¿Qué te habíai hecho?

Ñico.—Por aquí andaba... Mande no má.

La Viuda.—¿Que no sabís qu'es domingo...? ¿Y que escansar... y que tu patrona está contenta... y que hay que estar en gusto, aunque sea pa la cuaresma...?

Ñico.—Así lo estoy viendo...

La Viuda.—¿Entonces...?

Ñico.—Si yo no digo na... usted está en su gusto con on Jeldres ¡y yo qué le vi a icile, pus!

La Viuda.—¡Eso creís vos porque soy un inorante...! Si ahora ando puesta es porque tengo que criar valor pa icite unas cuantas palabras. Muy platúa seré, pero hay cosas en la vía que necesitan má juerza que la que una tiene... Aguárdate no má... (*Llamando.*) ¡Celinda...! ¡Celinda...!

Celinda (*Entrando rápidamente*).—¡Mande!

La Viuda.—Acarréate una botella y dos vasos...

Celinda.—¡Qué me emoro...! (*Mutis. Pausa.*)

La Viuda.—¿No tendré derecho entonces a tomar, mano a mano, con el que curdia mis sembraos, con el que me vende los quesos, con el que campea mis animales y qu'es, aquí, en m'hijuela, el hombre pa too...? ¿Se disgustarán las visitas si la viua de Apablaza se confiancea con el hijo de su finao...? Pa eso mando yo...

Ñico.—Muchas gracias, su mercé...

La Viuda.—Guárdate la mercé... Vos sabís qu'eres más que capataz, más que admenistrador, más que too... Vos soi la sobra del finao... (*Celinda llega con el vino y los vasos.*)

Celinda.—Aquí está, tía...

La Viuda.—Anda pa la cocina y que preparen lo que te ije... como e tu mano quiero que queen las cosas y que naiden rezongue después de mis causeos... (*Mutis Celinda. La Viuda llena los vasos y sirve.*)

Ñico.—Me da vergüenza tomar ilante e su mercé...

La Viuda.—¡Te l'hago, Ñico...!

Ñico.—Se la pago, pues...

La Viuda.—El vino alienta la confianza, Ñico...

Ñico.—Yo tamién quería hablale de algo que tengo metío en la caeza y que me tiene sin dormir...

La Viuda.—¡Ya me lo han contao too...! ¿Qué t'estábai creyendo... que en mi casa yo no sigo hasta los trancos del gato? Yo siempre estoy de güelta cuando ustedes se van... ¡Por algo soy más vieja y más matrera...!

Ñico.—Yo no ey fartao en na... Los asuntos que me traen apensionados, son con la Florita...

La Viuda.—¡Cállate, Ñico...! A eso mesmo vengo yo...

Ñico.—Quiero que me consienta casarme con ella... Nos querimos y too depende de su voluntá...

La Viuda.—Pues mi voluntá y'astá formalizá... No te casarís con ella.

Ñico.—¿Y por qué? Si too quea en la familia... Pa eso es su sobrina... y yo le sigo sirviendo, como usted mande...

La Viuda.—Tey de hablar como hombre... Vos me conocís el caráuter y sabís que yo no ando con rodeos...

Ñico.—Usted dirá, entonces...

La Viuda.—Siéntate aquí, a mi lao... (*Pausa. Ñico da vueltas a su sombrero nerviosamente.*) Cuando murió mi finao... naiden quería recogerte porque ician qu'erai un guacho perdío... Te espreciaban porque no teníai nombre. Andábay de rancha en rancha, con las carnes al adre y limosniando un peazo e pan... y entonces, entonces yo te recogí, t'ice lavar y te dí ropa... Aquí, en esta casa, aprendiste a ser hombre... Te mandé a la escuela,.y, ahora que tenís veinte años, de agraecío con la viua, querís casate con la Flora y abandoname... ¡Ya te mataron el hambre y te dieron techo...! ¡agora espréciame...! ¡Que la viua se mortifique con los piones y que rabee too el santo día...! ¡Pa eso es platúa y es brava...!

Ñico.—Qué le voy a contestar, si no sé dicile lo agraecío qu'estoy... Too lo que tengo se lo debo a usted. Si usted no me hubiera recogío, ¡quién sabe cuántos quiltrazos me habría dao en la vía...!

La Viuda.—Te parecís al finao, qu'es tu padre... Tenís las mesmas hechuras dél; los ojos iden cuando él era guaina y estábamos enamoraos... (*Suspira hondamente.*) ¡No te casís, Ñico...! Toas esas tierras y la plata son pa vos... pero habís de quearte conmigo... ¡Cuánto t'estay formando tus realitos, ya querís encalillarte con una mujer...!

Ñico.—Tengo da la palabra...

La Viuda.—¡La desempeñaı, pus Ñico...! Los enamoraos cambean como'sté el puelche y como sople la travesía... Si te guiai de mis consejos, te irá rebién...

Ñico.—Como le ijera... es qu'uno ya va necesitando su mujer... Pa vivir, no habiendo como la plata... pero la mujer, tamién...

La Viuda (*Levantándose*).—¿Y vai a preferir vos una mujer cualquiera, sin riales, que te sea un estorbo y que te pía hasta los ojos...?

Ñico.—Pa eso soy alentao...

La Viuda.—Pero aquí se hace mi voluntá... ¡Por algo tey criao y soy mío. Desde hoy en adelante, vos reemplazai al finao...! Tuyas son las tierras, la plata y... la viua. Mandarís más que yo... Porqu'ey tenío que verte queriendo a otra pa saber que yo te quería como naiden, como

naiden te podía querer... (*Lo abraza estrechamente.*) ¡Mi guacho querío!
¡Mi guachito lindo!

TERCER ACTO

El mismo escenario de los actos anteriores. Van corridos dos años. Al levantarse el telón, aparecen los tres peones, sentados en el suelo, fumando automáticamente.

La Viuda (*Iracunda, se pasea accionando*).—¡Creen que, aculataos ey,
van a tener mejor cosecha! Sacaores de güelta no má, ya tendrían cabriao a otro patrón y les habría cortao la galleta... Pero como aquí se
discurpa too y caa uno tira pa su lao, los guainas pasan boqueando el
pañecito... Les priduntan argo y los odiosos se quean hilando babas...
Como si a una no le queara derecho a saber de sus cosas... A ver vos,
Remigio, ¿por qué no me icís qué se han hecho la yunta del Precioso
con el Caballero? A talaje, no lo han podío mandal porque el treal
está como nació en roce... ¡Contesta, moleera...! (*Pausa.*) Y a vos, Fidel, ¿quién ti ha dao permiso pa tener en l'hijuela una bestia paría...?
No saben hablal los niños medianos... Y el Custodio ey, que no puee
dar razón entuavía de esa avena que se llevó pa los chanchos y que los
chanchos no han olío siquerita porque están como soguilla e flacos...
No saben na... Callaos ey, como si los acusara el pecao... Ya pué, ¿me
van a dicir ónde está la yunta e güeyes paleros?
    Los Tres Peones.—La ferió el patrón on Ñico...
    La Viuda.—¿Cómo?
    Los Tres Peones.—D'él eran, pue...
    La Viuda (*Pausa*).—Tamién es cierto... Bien dueño qu'es él de hacer y deshacer de too... Con haberme dicho que Ñico los había vendío, estaba too arreglao y no andame arrancando las priduntas como
huillines... Tienen que poneles pial en la lengua pa que suelten las
palabras... Seré forastera aquí, entonces...
    Ñico (*Entrando*).—¿Qué gritaera es ésta...? (*Pausa.*) Señora, ya vaya
pa'entro... Ya ley dicho que, con los trabajaores, m'entiendo yo... Vaya p'entro, señora... (*Mutis silencioso de la Viuda.*)
    Los Tres Peones (*Levantándose y sacándose el sombrero*).—Güenas tardes, patrón...
    Ñico.—¿Qué no me dieron ya los güenos días...? Entonces, ¿pa qué
tanto salúo a caa rato...? ¡Claro que mi'han visto las canillas! ¡Pero
cuantuá...! Ahora no sabía yo qu'el Ñico, que ustedes vieron a pata
pelá, había que andar sobándole el lomo, como bestia arisca... ¡Güe-

nas tardes, patrón! ¡Cuando antes se acalambraban toos pa ayudarme
a lechar...! Tamién es cierto que, con esta media facha, se le entra el
habla a cualquiera... (*Pausa.*) Vamos a ver, ¿pa qué me querían los gañanes...? ¡Pa qué será...! Pa que les valga, ¿nu'es cierto...? ¡Cómo les
voy a ecir que no, cuando son firmeros...! Güeno: vayan a "La Paloma" y pían hasta veinte pesos caa uno... Y no se dilaten mucho que
tenimos que medir el cerco de palo e pique que m'hicieron al lao el
puente e "Los Pilos".

FIDEL.—Yo no voy a poder dir porque mi bestia está con un pul-
món...

ÑICO.—Vay en el caballo e Remigio y le traís las faltas a él porque a
Remigio lo necesito...

CUSTODIO.—Y en plata, ¿no nos poiría valer algo? Un algo na más...
Mire qu'estamos "puro, Chile..."

ÑICO.—¿Y pa qué quieren plata...?

CUSTODIO.—Las cosas de su·mercé...

ÑICO.—Pa ponerle al guargüero ¿nu'es cierto? Con dos pesos, tiene
hasta pa pagar la multa al dragoneante del retén... Toma.

CUSTODIO.—Gracias, patrón.

FIDEL.—Y a mí, válgame otros dos porque yo no me parto con Custodio...

ÑICO.—Tamién vos... Toma... Son seis pesos entre los dos...

CUSTODIO.—¡Cómo, patrón, si jueron dos pesos a cada uno...!

ÑICO.—Son seis pus, inorante...

FIDEL.—Si dos y dos son cuatro...

ÑICO.—Tate callao. Si aquí, en el campo, dos y dos pesos prestaos
son seis. ¿No vis que van ganando lo mesmo que en el Banco...?

CUSTODIO.—Así ¡hasta quién no se hace rico...! (*Mutis.*)

ÑICO.—Si van mermurando, degüelvanlos... ¡Mes que niñazos!

FIDEL.—Pa las cosechas se los vamos a degolver... (*Mutis.*)

ÑICO.—Clarito... a diez cobre el kilo e trigo, me llevan más o menos,
cinco almúes... Pían no más... (*Pausa, mientras apunta en una libreta.*)
Pían no má... Fidel Arévalo, tres pesos y veinte en "La Paloma"... Custodio Arce, tres pesos y veinte en "La Paloma"... Suma: sesenta pesos... Esta es la cuenta con recacha, por peir fiao.

REMIGIO.—Y a mí no apuntai los veinte...

ÑICO.—Vos vai librao conmigo... ¿Y qué contai?

REMIGIO.—Como se piden no má... Lo tengo too arreglao...

ÑICO.—¡Me gustai por lo aniñao que soi!

REMIGIO.—Así, así no más Ñiquito... La pobre Florita llega a bailar e
gusto y la Celinda se pavonea orgullosa con el arreglo porque ice que

agora van a vivir como personas... aunque la viua les caiga más pesá que un caldo e chancho...

Ñico.—Taba en lo justo no má...

Remigio.—Es que vos, Ñico, tenís el corazón como brazo e mar... y no habís envanecío con la mucha plata, con los muchos animales y con la mucha bota e calzón... ¡Y hay que ver la paraíta que te gastai...!

Ñico.—Toy perfeutamente e patrón ¿nu'es cierto...? Me ha cambeao la compostura, pero el corazón lo tengo intauto ¡el mesmo corazón guacho perdío...! (*Se ríen y se palmotean.*)

Don Jeldres (*Entrando*).—¿Hay gente por aquí?

Ñico.—Ailante, iñol... Pase p'acá...

Don Jeldres.—Buenas tardes...

Ñico.—Como todos los días...

Don Jeldres.—La felicidá anda enyugá con la plata...

Ñico.—¡Cómo no pué, on Jeldres...! ¿Usted venía por la cuenta e los quesos?

Don Jeldres.—Exactamente...

Ñico.—La platita, pásela p'acá... y la tertulia con la señora porque a mí, me discurpa la conversa, mire que tengo que remarcar unos novillos... Anda la nata e cuatreros y, cuando pasan arreos de Pucón, los caminos son tan bien reliberales que tiran los propios y lo d'iuno, lo comprao y lo cuatreriao... Por eso, yo marco en la paleta y en el cacho izquierdo... (*Llamando.*) ¡Señora...! ¡Señooooraaa...! Aquí está on Jeldres que quiere echar una parrafá... (*A Remigio.*) ¿Tá encendía la fogata?

Remigio.—Ratazo... Y la gallá tá lista...

Ñico.—Güeno... Apúrese pus, señora... mire que tamién on Jeldres tiene aburrieras... Marcar animales es lo mesmo que sacar carnete... güeyes y vacas jardines, neblinas, limones, chupilcas, cabritos, lagartitos, overos, rosaos hay qu'es vicio... Pero N. A. Nicolás Apablaza, nu'hay na más qu'ino desde el mar a la montaña y espero, con el favor e Dio, llegar a quejarme e rico...

La Viuda (*Entrando*).—Güenas tardes, on Jeldres.

Don Jeldres.—Buenas tardes, mi señora... Pa servirla...

Ñico.—Le estaba iciendo que yo me voy a la remarca... Usted lo atiende y parrafea con él.

Don Jeldres.—Gracias, Ñico...

Ñico.—La platita la guarda Ñico y les eja la tertulia... Güelvo al tiro. ¿Qué me emoro? (*A Remigio.*) ¿Tienen toas las maneas...? ¿Llevaste el lazo mío?

Remigio.—Tá too en el corral.

Ñico.—Los terneros di'año los marcamos mañana...

Remigio.—Como te parezca a vos...

Ñico.—¡Si es orden mía, baboso...! ¿Te voy a peir licencia pa mandal?

Remigio.—Callao el loro comiendo nueces, entonces...

Ñico.—Pasa la marca... ¡Qué me emoro en golver... (*Mutis con Remigio. Pausa.*)

Don Jeldres (*Mirando a todos lados*).—Ya va lejos... Ahora ya se puee hablar.

La Viuda.—Pa darle gusto a la lengua... porque ya no sacamos na...

Don Jeldres.—¿Tan perdío lo cree usted? No se desespere usted, señora. La vida da más vueltas que un ratón entrampao... En mi tierra, mientras lloramos las penas con un solo ojo, el otro nos zandunguea... Está viejo Pedro pa cabrero y la tortilla se vuelve, los pobres comen pan y los ricos... yerba. Y viceversa...

La Viuda.—Nos dormimos cantando... y amanecimos dijuntos...

Don Jeldres.—Es la letra; pero hay que tener los nervios en un puño y al corazón ponerle una pared de cemento armado... Cuando se razona con esto (*Se toca la cabeza.*) y esto (*Se toca la región del corazón.*) es bofe pa los perros, se solucionan toas las dificultades y la persona puee alentar lo que le da la gana... Lo demás es baile de cernícalo... ¡Apechugue, señora, y sea hombre como lo ha sido toa la vida...!

La Viuda.—Eso quisiera, on Jeldres, pero estoy con el mal: la goluntá la tengo en los suecos.

Don Jeldres.—¿Parece mentira que usted, que tiene ají mirasol en las venas, esté ahora más delicá que un cristal de escarcha...! Hoy mismo dígale a Ñico que, si le trae a la Flora a esta casa, usted le quita la administración, le anula el poder. ¡Hasta cuándo le da larga ese malagradecío!

La Viuda.—La curpa jué mía y las cosas no tienen remedio... Estoy fregá en mis intereses y en mis sentimientos. ¡Ey caío como una coipa vieja en el cebo!

Don Jeldres.—¿Acaso usted le traspasó las hijuelas, los animales...

La Viuda.—Los aperos y diun cuantuay... Ya no tengo na de qué disponer... ¡Hay que ver cómo me han emborrachao la perdí...! Juimos a Temuco y ey me hizo firmar la colchá e papeles de traspaso... ¡Qué m'importaba a mí la plata si yo me creida dueña del dueño e too!

Don Jeldres.—Equívocos de la vida... No se ve nada ni se oyen los buenos consejos, cuando el alma está infestá...

La Viuda.—Disimuló como tres meses... Despúes, destapó el almú... ¡Cuántas noches no ey pasao sola entre estas paredes, agonizando e dolor y mascándome la hiel de la rabia...! Sin pegar pestaña, me levantaba al claro del alba, a catealo; pero ni asomos dél...

Don Jeldres.—Remoliendo la plata suya...

La Viuda.—Eso no sería na. La plata güelve toos los años... ¡Es más güena la tierra! Pero un día, llegó seriazo y me ijo: "Señora, yo la respeto a usted, como la ey respetao siempre; pero estoy enamorao de la Flora... Aquí, no hay más que un cariño de entenao y el casamiento e nosotros jué un cuento julero." Me ijo que era un hombre guaina y que tenía recachá en el corazón l'ilusión de la Flora... Ey llorao com'una chiquilla y too ese valor, esa bravura di'hombre qu'era mi orgullo jué un ánima en pena de la viua de antes... On Jeldres, ey salío a conversar sola, solita, a desahogarme por el campo que jué mío y esos coigües retorcíos de la requema parecían los esqueletos de mi goluntá... Toy seca e llorar, de apensioná... Caminando pa la vejez, creida yo que mi guacho Ñico m'iba a dar ese cariño, ese consuelo que no lo da la plata... Y ahora, ey perdío too y tamién a él...

Don Jeldres.—No se aflija, señora... Ñico, a pesar de too, nu'es un mal hombre... Es un montaraz, un cabro sin experiencia, que se rindió a los instintos de su juventud; pero yo, que conozco a los hombres, he visto que tiene por usted un respeto de hijo... Podría él estar en propiedad de sus derechos sobre tierras, animales y enseres; pero esa gratitud que lo hizo obedecerle para que se casara con usted, es más grande que ese instinto que lo atrae a la carne tierna de la Flora. Hay vínculos santificados por el agradecimiento y ni el perro que criamos para nuestra guarda es capaz de mordernos en la noche: nos reconoce por el olfato... No se desespere... Usted es siempre aquí la viuda de Apablaza, sin amor y sin tierras... Como yo seré, mientras viva, un español que vino a hacer la América y sólo encontró el desamor de la fortuna.

La Viuda.—Y hoy la veré llegar... Ya les preparé las camas y he dispuesto la comía... Si Dios me diera un minuto de energía la viua de Apablaza no sufriría esa vergüenza de recibir en su casa a esa entrometía de la Flora... ¿Onde está mi goluntá de fierro? ¿De aonde mi'ha llegao esta flaqueza de mujer?

Don Jeldres.—Lo que Dios dispone nadie lo sabe ni lo puede calcular... Si es pa bien o es pa mal... ¡Ponga el cuero duro, señora...! Ya me voy... La llevo metía aentro... Esta noche hemos de conversar con la Meche para desearle conformiá... Deme un abrazo, señora, y no se aflija... Somos dos fracasados: yo en hacer la América y usted, en rehacer su vida... ¡Cuándo será el día que la güelva a ver decidía y brava, como era su nombrá por los contornos!

La Viuda.—¡Nunca má, on Jeldres...! ya'estoy consumía...

Don Jeldres.—Bueno... adiosito... y las penas, a la espalda. Mire usted mi optimismo. Si parece que tuviera veinte años... Despíame de Ñico...

La Viuda.—Recuerdo pa doña Meche...

Don Jeldres.—Gracias... De su parte, se los voy a dar. Adiosito y que se conserve... (*Mutis.*)

La Viuda.—Ni un novillo me quea... Ya'etá remarcá toa la hacienda... Ni una pulgá e tierra. Ñico la incribió toa a su nombre y pagó las contribuciones. No le quea má remedio a la viua de Apablaza que sentase al fogón a tostar en la cayana pa que sus mercées tengan harina fresca y llename la vía de pulchén... En un soplo e dos años, se deshizo too como si el finao me hubiera dejao, en vez de fortuna, un puñao de humo...

Ñico (*Desde afuera, haciendo bocina con las manos*).—¡Más que tiento pa lazo...! ¡Cabrero me tenís pa arrear los novillos...! Creis que son tuyos y casi me los despaletai... Pa otra güelta, a vos te voy a correr en vaca... Nació y criao entre bestias y no sabe atajar la arrancá... ¡Deja el caballo solo, estúpedo, que sabe má que vos...!

Remigio (*Trayendo los lazos, maneas y marca*).—¡Cómo querís que sepa picar la güelta, si ha sío carretero toa la vía...!

Ñico.—Tamién es cierto... ¡Cómo le voy a peir a estos desgraciaos que no sean animales con sus semejantes. (*Dirigiéndose a la Viuda.*) ¿Se jué on Jeldres?

La Viuda.—Sí... Se jué hace un soplo.

Ñico.—Parrafiaron.

La Viuda.—Un algo conversamos...

Ñico.—Güeno. (*Pausa.*) Ya tengo da las órdenes... ¿Usted m'entiende, nu'es cierto?

La Viuda.—Muy a mi pesar, te tengo qu'entender.

Ñico.—Mirá, Remigio... entonces te las vai a trer... que manda decir la viua que aquí tienen su cabimento... usted m'entiende tamién... Anda vete entonces y que las quiero ver aquí antes de l'oración...

Remigio.—En dos pestañazos traigo a las niñas... Los trastos los acarriamos mañana, si le parece...

La Viuda.—Entonces ¿yo no pueo poner reparos? Si ya lo tienen too dispuesto, ¡mátenme mejor...! ¡Mátenme!

Ñico.—Ya hablaremos, señora... (*A Remigio.*) Anda vete vos y no dilatís mucho... (*Mutis de Remigio. Pausa.*) A usted, no la mata naiden, señora... Y le pío que no sufra por lo presente porque l'ey explicao hasta la recontra que la vía suya estaba equivocá...

La Viuda.—¡Harto campo te habís apropiao pa que vengai a espreciarme entre las paredes de mi casa...!

Ñico.—El patrón no pue tener dos posesiones: la mantención dividía hace mermar las ganancias. Aquí lo junto too... Usted será como la maire. Naiden le faltará y alabá sea la señora...

La Viuda.—¿Y vos te pasarís festeando con la Flora?

Ñico.—¡Claro qu'es una fiesta el quererse...! Usted tamién jué joven y harto pará en el hilo y la quisieron a la güena...

La Viuda.—¡Y entuavía tengo hechuras pa entusiasmar a cualquiera que no sea un desgraciao conforme vos...!

Ñico.—¡Lástima grande de estar empachao con miel..!

La Viuda.—La finura en que te criaste...

Ñico.—Mi padre jué su marío y él amontonó estas tierras, crió estos animales y juntó estos pesos... Muy chipiento seré yo; pero de su familia no tenimos ni seña...

La Viuda.—Pero el finao me lo dejó too a mí...

Ñico.—Porque usted no jué capaz de darle ni un hijo siquiera...

La Viuda.—Por eso, yo te recogí a vos...

Ñico.—Pero yo era hijo d'él, yo era el salto, como ice usted.

La Viuda.—No te miró nunca ni te reconoció...

Ñico (Pausa).—Porque parecía qu'el finao iba a saber la canallá que usted iba a cometer conmigo... Y que yo m'iba a prestar, por ambicioso... Porque, hablemos claro y sin faltarle el respeto, ¿cómo se le poía ocurrir a usted que yo m'iba a enamorar cuando, lo que me halagó, jué su plata y las faciliaes que yo tenía pa hacerme rico a su sombra...? Yo tampoco le peía a mi paire que me echara al mundo, hambriento y desnudo, como una bestia... y agora, no ey hecho otra cosa que recuperar lo que me valía por sangre... usté jué la que idió estas artes y yo juí manso cordero... A un huaso bruto, no se le ocurren estas maldaes, estos avenimientos descontrapesaos, en los que casi maire se casa con el casi hijo...

La Viuda.—¡Bien duras las estoy pagando...! Me habís dejao en la calle...!

Ñico.—Naiden la despoja. Aquí se puee quear tranquila en paz con toos, sin acordarse de esa viua hombruna que nos manijaba con la punta del rebenque...

La Viuda.—Esa era la manera de efender los cobres... Hasta qu'el corazón me dio un vuelco y se propasó contigo... Entonces perdí la caeza y vos habís hecho de mi goluntá un montón de hilachas... Lo único que te deseo, es que a vos te pase lo mesmo... Ojalá no se secaran mis ojos sin verte engañao y falsiado por una mujer guaina y vos arrastrándote, acatarrao y sin juerzas ni pa abrazarla... Tey de maldecir pa que así te sucea... Te habís de enamorar de la mejor parecía y más cabra y más coqueta, cuando andís sarnoso y viejo..

Ñico.—Too puee ser... Güey viejo, pasto tierno; pero pa casarme con una guaina, tendría que nacer de nuevo...

La Viuda.—Si el finao supiera llas güenas güinchas te echaba al mundo otra vez...!

Ñico.—¡Chitas el brote...! Me buscaba otro paire pus, iñora.

Remigio (*Entra con dos canastos y un saco de ropa*).—Quean dos viajes má... Las niñas vienen por ey... ¿Aónde pongo estos trastos...?

Ñico.—Señora, vaya usté a indicarle a éste, las piezas que les ha dao... Acuérdese que la Flora y la Celinda, que llegan a nuestra casa, son sobrinas suyas y usté les da cabimento pa que no hable la gente...

La Viuda.—O pa que hable má y me compadezca... ¡Habís de pagar caro esta vergüenza! ¡Nunquita tu paire me dio ni una fatiga y agora viene el salto a recondename a penas...!

Ñico.—El salto es su marío agora y se lo manda... ¡Y no rezongue má, iñora, mire que yo no tengo árguenas de aguantaeras...! Vaya pa entro y disponga too... Seguila, Remigio... (*Pausa.*)

La Viuda.—No ey dir... Pa eso, los forasteros son los dueños de mi casa y puen disponer de toas layas... Yo no soy sirviente de naiden... Estaría conforme con que vos me hubiérai quitao mi hijuela y mi plata; pero que no vengan a cebase con la pobre viua, robándole lo qu'ella quería... No me obliguí a que sea sirvienta d'ellas... Primero muerta, hecha peazos... Saqueen la casa si les gusta, porque soy una aparecía, un ánima de lo que juí... Ey tá too... Pero a mí orvíenme, porque tengo la lepra de haberte querío, ¡guacho maldito!

Ñico.—Señora, no se ajite ¡por la gran flauta...!

La Viuda.—Tey de penar hasta que te rompai el bautismo en un barranco o te empantaní en un hualve... Cueros nuan de faltar tampoco pa que te ahoguen en el vao el río... Los chonchones ti'han de arrancar los ojos... ¡Tieso, agusanao, poirío tey de ver, como tenís el corazón agora pa espreciarme...! ¡Culebronazo requetemaldecío...! ¡Hacela llorar a una que jué mejor con él qu'el pan candial...! ¡Maldito...! ¡Hacela llorar a una que era más hombre que naiden...! (*Mutis llorando. Pausa.*)

Ñico.—Se duebla el fierro con ser fierro y no se va a dueblar uno qu'es de carne y güeso... ¡Bien maldito qu'estoy con lo qu'hice...! ¡Onde se le va a ocurrir encelarme, cuando ya las cosas no tienen remedio...! ¡Esta vieja tiene más pelos qui'agua...! ¿No le gustó un guaina? ¡Que corcovee, entonces...! Y, al fin de cuentas, yo no estoy pa enrabiarme la vía y venir a encendeme la sangre... ¡Si le pica, que se rasque con una coronta! Agora que soy don, tengo derecho pa elegir mi moza... Como ella m'eligió a mí, haciéndome espreciar a la Flora... ¿No te parece, Remigio?

REMIGIO.—Como no pus, Ñico... Tu güeno que te cuesta.

ÑICO.—Me habrán creído tranqueaor por la línea y pegaor a la mala... ¡Eso nunca...!

REMIGIO.—Y pa eso, estoy yo: ¡Tá su amigo pa ayudalo en too...! En jamás, ey conocío el mieo ni la plata...

ÑICO.—¿Yo era el patrón coilero entonces?

REMIGIO.—¿Cuándo tenís la pana más grande que la cuerpá? No le aflojís ni un pelo.

ÑICO.—Tate callao... Si yo soy como esos lazos de cuero e lobo: s'estiran como cuerdas de vigüelas; pero no aflojan renunca...

REMIGIO.—Entonces la viua no dispone na.

ÑICO.—La viua dispondrá lo que yo ordene... ¡No faltaba má...!

REMIGIO.—¡A tiempo...! Ey vienen las chiquillas...

ÑICO.—Llegan a mi casa... Ejame haceme el sorprendío... Espués de la rabia que mi'ha dao la viua se me puee conocer demasiao el gustazo que me da ver a la Florita en mi casa... y oye, Remigio, a las mujeres hay que aparentales indeferiencia porque, de lo contrario, nos hacen barrer el suelo con la lengua... Te lo igo yo qu'ey aprendío en ese libro viejo y matrero de la viua...

REMIGIO.—¡Lindas payas cuando uno está enamorao...!

ÑICO.—¡Ey vienen...! (*Entran Flora y Celinda, con su guagua en brazos y algunos canastos y envoltorios de ropa.*)

REMIGIO.—¡Puchas que vienen acalorás...!

CELINDA.—Podiai haberme eyudado a trer a Remigito siquiera... ¿Qui'ubo, Ñico...?

ÑICO.—¡Salú, mi alma! ¿Cómo le va...? ¿Qué ice la Florita...? ¿Y la guagua...? ¡Qu'está lindo el chiquillo!

REMIGIO.—Iden al taita e su paire...

FLORITA.—¡Estoy tan nerviosa...! ¡Me parece mentira que esté otra vez en la casa de mi tía...!

ÑICO.—Es mi casa... Aquí el dueño soy yo y la hospitaliá se la agradecen a este pecho...

FLORITA.—Por bueno a las derechas t'ey conocío...

ÑICO.—Naa e bondá... es más el cariño, m'hijita...

CELINDA (*A* REMIGIO).—¡Apriende vos a ser bien hablao...

REMIGIO.—Yo no hablaré tan bien como el Ñico... pero ey tenís en

los brazos algo que te habla claro e mi cariño... Nosotros los gañanes
no sabimos ecir las cosas... las hacimos y si'acabó...

CELINDA.—¡Dios te guarde...!

REMIGIO.—Muchas gracias... (*Pausa.*)

FLORITA.—¿Y mi tía...?

ÑICO.—Aentro.

REMIGIO.—Pa'entro se escuendió...

FLORITA.—¿Y por qué?

ÑICO.—Por lo mesmo...

FLORITA.—¡Ah!

CELINDA.—¿Sigue la cuestión entonces?

ÑICO.—¡No hay cuestión... aquí talla Ñico...!

REMIGIO.—Aquí talla Ñico y la viua se rasca...

ÑICO.—¡Cállate, insolente!

REMIGIO.—Discurpe, su mercé...

FLORITA.—Volveremos a las mismas historias... ¡No importa...! Aunque tenga que sufrir todos los días, yo me queo en tu casa... ¡Por algo
soy tu moza! Ella podrá haber pasado por las dos leyes contigo; pero
no te ha dado el corazón ni vos tampoco a ella... Tú soi má mío que
nadie... ¿No es cierto, Ñico?

ÑICO.—Ciertito, Flora... Por eso, te traje pa'cá... Aquí viviremos felices y si hay penas que aguantar, a la esparda con ellas... Nos queremos pa sufrir... Ella no quiso que vos fuérai mi compañera a la güena... y nos encontramos a la mala... De toas layas el cariño es güeno
como la miel... Y vayan a ver las piezas... Las mismas que tenían cuantuá... la comía está hecha en horno de ustedes... Hay que pasar los
tragos malos y desimular... desimular muchazo... Oye, Remigio, anda
ve con la Celinda pa que le acomodís los monos... Nosotros vamos al
tiro...

REMIGIO.—¡Andale, negra...! ¡Pobrecito m'hijo que entuavía no conocía las casa e tejas...!

CELINDA.—No dilaten mucho pus...

FLORITA.—Ya vamos nosotros... (*Mutis Celinda y Remigio. Pausa.*)

ÑICO.—¿Me querís harto... pero harto?

FLORITA.—¡Las preguntas tuyas...! ¡Te quiero a morir...!

ÑICO.—Me querís con pica entonces...

FLORITA.—Sí.

ÑICO.—¡Venga, mi guacha, pa'abrazala...! Está en su casa... Too es
suyo... Le voy a mirar los ojos pa curdiala y que no sufra...

FLORITA.—Too lo soportaré por ti...

ÑICO.—¡Que carguen conmigo, pero que naiden me la palabree ni me la miren tan siquierita...! ¡Harto codicioso qu'estoy e mi Flora! ¡Tan suave qu'es mi borreguita...!

FLORITA.—En queriéndonos, too lo demás pasa...

ÑICO.—Y, como los dos nos desarmamos e cariño, que temporalee, que truene. ¡Y endei qué pus!

FLORITA.—Al fin estamos uníos y vamos a vivir bajo el mismo techo.

ÑICO.—¡Y pa siempre! (*La abraza cariñosamente. De pronto suena un disparo de revólver en el interior de la casa.*) ¿Pero qu'es eso...? ¿Qué ha pasao? (*En el intervalo de silencio que sigue, mientras todos se muestran consternados y aparecen corriendo Remigio y Celinda, ésta con el niño en brazos. Nico entra en la casa y sale inmediatamente, tapándose la cara horrorizado y mesándose los cabellos.*) ¡Por Diosito...!

CELINDA.—¿Qué ha sucedío, Virgen Santa...?

REMIGIO.—¡Tése callaíta usté...! ¡Puchas la esgracia grande...!

FLORITA.—¡Too por mi culpa...! Por entrometía y por haberte querío...

ÑICO.—¡Recontra mala suerte...! Ella me había recogío guacho perdío, cuando yo andaba con las carnes al adre y no tenía ni un piazo e pan que llevarme a la boca... Y agora está muerta. ¡Muerta por la vía...! Ella que me enseñó a trabajar. Con ella me gané mi primera yunta e güeyes y cuando ella más que quería, se me torció el corazón... ¡Si'ha matao la viu...! ¡Si'ha matao! Y yo que la quería más que a mi maire, más que a naiden en el mundo...

REMIGIO.—¡Mal'haya sea nunca...!

ÑICO (*Abrazando a Florita*).—A naiden la quería como a ella; pero vos, m'hijita linda, erai mi debiliá... ¡Ejame llorar por la viua, que si'ha esgraciao pa dejarme gozar solo, antes e morirse e la pena de vernos...! ¡Ejame llorar por la viua...!

REMIGIO.—¡Qu'era más rehombre que toos nosotros...!

ROBERTO ARLT
[*Argentina, 1900-1942*]

Godofredo Christophersen, mejor conocido como Roberto Arlt, nació en Buenos Aires el 7 de abril de 1900. Hizo periodismo para *Crítica*, como reportero policial (experiencia que le proporcionó el asunto de uno de sus dramas), y para *El Mundo*, órgano en que publicó una serie de estampas impresionistas tituladas "Aguafuertes porteñas" que revelaron su original personalidad de escritor. Novelista innovador y vigoroso, escribió *El juguete rabioso* (1926), *Los siete locos*, Premio Municipal de 1930, *Los lanzallamas* (1931), *El criador de gorilas*, *El amor brujo* (1932), y un libro de cuentos, *El jorobadito*, que presenta personajes mentalmente deformados. Según Luis Ordaz, sus novelas se caracterizan por un "extraño lirismo salpicado de cruda realidad, sin abandonar ese vibrante tono humano que agitaba su pluma tan pintoresca". Su dramaturgia puede considerarse como una prolongación de su narrativa. Uno de los capítulos de su novela *Los siete locos* se convirtió en el drama *El humillado*. Dramaturgo del movimiento "independiente", estuvo directamente asociado con el Teatro del Pueblo (que representó casi todos sus dramas) y con su impulsor, Leónidas Barletta, a cuyas instancias Arlt compuso *300 millones*, que se estrenó en 1932. Vinieron luego otras piezas, llenas siempre de atrevidas concepciones: *Saverio el Cruel* (1936), que ha sido comparada con *Enrico IV* de Luigi Pirandello, *El fabricante de fantasmas* (1936), *La isla desierta* (1937), *África* (1938), *La fiesta del hierro* (1940) y *El desierto entra en la ciudad*, obra estrenada póstumamente, que quedó inconclusa al morir Arlt prematuramente el 26 de julio de 1942. En fecha posterior, un grupo de admiradores suyos le tributó un homenaje llevando a escena su diálogo en un acto *Prueba de amor*.

Luis Ordaz ha dicho que "el tono de Arlt era el de la farsa, en donde podía mezclar en forma certera lo real con lo onírico, lo posible con lo imposible. Casi todos sus personajes más importantes se hallaban al borde de esa línea que marca el límite de lo común y de lo extraordinario... El teatro de Roberto Arlt podría calificarse como el teatro de los sueños desatados. Sueños que se escapaban de los personajes y adquirían tanta fuerza y tal carácter, que llegaban a ser personajes ellos mismos". Los sueños y visiones de la dramaturgia de Arlt, casi siempre atormentados, están utilizados no tanto por su índole evasiva cuanto por su poder de transformación. Sin duda, son las dualidades de sueño y realidad, vida y ficción, máscara y rostro, las que han dado pie para la búsqueda de influencias pirandelianas en Arlt. En efecto, se suele ubicarlo dentro de la interesante corriente dramática de influjos italianos que se extendió por varios lustros en el Río de la Plata, a partir de la tercera década y que en 1927 y 1933 se vio coronada con la presencia del propio Pirandello.

No hay que olvidar, sin embargo, que su obra revela también una franca preocupación por la realidad sociopolítica de su tiempo.

Bibliografía sumaria

Arlt, Mirta, *Prólogos a la obra de mi padre*, Buenos Aires, Torres Aguero Editor, 1985.

Becco, Horacio Jorge, y Óscar Masotta, *Roberto Arlt (Guía bibliográfica)*, Buenos Aires, 1959.

Castagnino, Raúl H., *El teatro de Roberto Arlt*, La Plata, Argentina, Universidad Nacional de la Plata, 1964. También en Buenos Aires, Nova, 1970.

Corbellini, Helena, *Roberto Arlt*, Montevideo, Técnica, 1991.

Correa, Armando I., "Roberto Arlt y la incansable búsqueda de la isla desierta", *Conjunto*, núm. 53, abril-junio de 1982, pp. 125-134.

Etchenique, Nira, *Roberto Arlt*, Buenos Aires, Mandrágora, 1962.

Foster, David William, "Roberto Arlt's *La isla desierta*: A Structural Analysis", *Latin American Theatre Review*, vol. XI, núm. 1, otoño de 1977, pp. 25-34.

Giordano, Enrique, "La generación del 27: Roberto Arlt", *La teatralización de la obra dramática: de Florencio Sánchez a Roberto Arlt*, Red de Jonás, México, Premiá, 1982, pp. 185-215.

_____ , "Los textos dramáticos de Roberto Arlt", *Doctores y proscriptos: la nueva generación de latinoamericanistas chilenos en U.S.A.*, Silverio Muñoz (comp.), Minneápolis, Institute for the Study of Ideologies and Literature, 1987, pp. 49-89.

Lindstrom, Naomi Eva, "The World's Illogic in Two Plays by Argentine Expressionists", *Latin American Theatre Review*, vol. IV, núm. 8, primavera-verano de 1976, pp. 83-88.

Luzuriaga, Gerardo, "Las máscaras de la crueldad en el teatro de Roberto Arlt", *Texto Crítico*, vol. IV, núm. 10, mayo-agosto de 1978, pp. 95-103.

Masotta, Óscar, *Sexo y traición en Roberto Arlt*, Buenos Aires, Jorge Álvarez, 1965, y Centro Editor de América Latina, 1982.

Neglia, Erminio G., *Pirandello y la dramática rioplatense*, Florencia, Valmartina Editore, 1970, pp. 112-118.

Ordaz, Luis, *El teatro en el Río de la Plata*, Buenos Aires, Leviatán, 1957, 2a. ed., pp. 228-235.

Rela, Walter, "Argumentos renovadores de Roberto Arlt en el teatro argentino moderno", *Latin American Theatre Review*, vol. XIII, núm. 2, primavera de 1980, pp. 65-71.

Romano, Eduardo, "Roberto Arlt y la vanguardia argentina", *Cuadernos Hispanoamericanos*, núm. 373, julio de 1981, pp. 143-149.

Russi, David P., "Metatheatre: Roberto Arlt's Vehicle toward the Public's Awareness of an Art Form", *Latin American Theatre Review*, vol. XXIV, núm. 1, otoño de 1990, pp. 65-75.

Sillato de Gómez, María del Carmen, "Lo carnavalesco en *Saverio el Cruel*", *Latin American Theatre Review*, vol. XXII, núm. 2, primavera de 1989, pp. 101-109.

Troiano, James J., "Cervantinism in Two Plays by Roberto Arlt", *Amérique Latine*, vol. IV, núm. 9, octubre de 1978, pp. 20-22.

_____ , "The Grotesque Tradition and the Interplay of Fantasy and Reality in the Plays of Roberto Arlt", *Latin American Literary Review*, vol. IV, núm. 8, primavera de 1976, pp. 7-14.

Saverio el Cruel

PERSONAJES
(Por orden de aparición)

SUSANA	DUEÑA DE LA PENSIÓN
JUAN	HOMBRE 1
PEDRO	HOMBRE 2
JULIA	JUANA
LUISA	ERNESTO
MUCAMA	DIONISIA
SAVERIO	DEMETRIO
SIMONA	ROBERTO
IRVING ESSEL	MARÍA
CADDIE	HERALDO
ERNESTINA	

Invitados — Invitadas — Voces

ACTO PRIMERO

Antecámara mixta de biblioteca y vestíbulo. A un costado escalera, enfrente puerta interior, al fondo ventanales.

ESCENA I

Pedro, Julia, Susana y Juan de edades que oscilan entre 20 y 30 años. Julia teje en la rueda.

SUSANA (*Separándose bruscamente del grupo y deteniéndose junto a la escalera*).—Entonces yo me detengo aquí y digo: ¿De dónde ha sacado usted que yo soy Susana?

JUAN.—Sí, ya sé, ya sé...

SUSANA (*Volviendo a la rueda*).—Ya debía estar aquí.

PEDRO (*Consultando su reloj*).—Las cinco.

196

JUAN (*Mirando su reloj*).—Tu reloj adelanta siete minutos. (*A Susana*.) ¡Bonita farsa la tuya!

SUSANA (*De pie, irónicamente*).—Este año no dirán en la estancia que se aburren. La fiesta tiene todas las proporciones de un espectáculo.

JULIA.—Es detestable el procedimiento de hacerle sacar a otro las castañas del fuego.

SUSANA (*Con indiferencia*).—¿Te parece? (*Julia no contesta. Susana a Juan.*) No te olvides.

JUAN.—Noo. (*Mutis de Susana.*)

PEDRO.—¡Qué temperamento!

JULIA (*Sin levantar la cabeza del tejido*).—Suerte que mamá no está. No le divierten mucho estas invenciones.

PEDRO.—Mamá, como siempre, se reiría al final.

JULIA.—¿Y ustedes no piensan cómo puede reaccionar el mantequero cuando se dé cuenta que lo han engañado?

PEDRO.—Si es un hombre inteligente festejará el ingenio de Susana.

JUAN (*Irónico*).—Vas muy bien por ese camino.

JULIA.—Dudo que un hombre inteligente se sienta agradecido hacia los que se burlan de él.

JUAN.—En cierto modo me alegro que la tía no esté. Diría que era yo el armador de esta fábrica de mentiras.

JULIA.—Mamá tendría razón. Vos y Susana han compaginado esta broma canallesca.

PEDRO.—Julia, no exageres.

JUAN.—Evidentemente, Julia, sos una mujer aficionada a las definiciones violentas. Tan no hay intención perversa en nuestra actividad, que si el mantequero se presta para hacer un papel desairado, el nuestro tampoco lo es menos.

JULIA.—Para divertirse no hay necesidad de llegar a esos extremos...

PEDRO (*A Juan*).—Verdaderamente, si no la estimularas tanto a Susana.

JUAN (*Fingiendo enojo*).—Tendrás la audacia de negarle temperamento artístico a Susana...

JULIA.—Aquí no se discute el temperamento artístico de Susana. Lo que encuentro repugnante, es el procedimiento de enredar a un extraño en una farsa mal intencionada.

JUAN.—¡Oh, discrepancia! ¡Oh, inocencia! Allí está lo gracioso, Julia. ¿Qué interés encerraría la farsa si uno de los que participa no ignora el secreto? El secreto es en cierto modo la cáscara de banana que caminando pisa el transeúnte distraído.

ESCENA II

Bruscamente entra Luisa, en traje de calle. Tipo frívolo.

LUISA.—Buenas, buenas, buenas... ¿qué tal Juan? ¿Llegó el mantequero? (*Se queda de pie junto a la silla de Pedro.*)

JULIA.—Del mantequero hablamos. (*Silencio.*)

LUISA.—¿Qué pasa? ¿Consejo de guerra? ¿Bromas domésticas? ¿Y Susana?

JULIA.—¿Te parece razonable la farsa que estos locos han tramado?

LUISA.—¡Qué fatalidad! Ya apareció la que toma la vida en serio. Pero hija, si de lo que se trata es de divertirnos buenamente.

JULIA.—¡Vaya con la bondad de ustedes!

LUISA.—¿No te parece, Juan?

JUAN.—Es lo que digo.

JULIA.—Lo que ustedes se merecen es que el mantequero les dé un disgusto.

LUISA.—Lo único que siento es no tener un papel en la farsa.

JULIA.—Pues no te quejes; lo tendrás. Desde ahora me niego a intervenir en este asunto. Es francamente indecoroso.

JUAN.—¿Hablás en serio?

JULIA.—¡Claro! Si mamá estuviera, otro gallo les cantara. (*Levantándose.*) Hasta luego. (*Mutis.*)

ESCENA III

Luisa, Pedro y Juan.

JUAN.—Esto sí que está bueno. Nos planta en lo mejor.

PEDRO.—Quizá no le falte razón. ¿Qué hacemos si al mantequero le da por tomar las cosas a lo trágico?

LUISA (*Despeinando a Pedro*).—No digas pavadas. Ese hombre es un infeliz. Verás. Nos divertiremos inmensamente. ¿Quieres que haga yo el papel de Julia?

PEDRO.—¿Y tu mamá?

LUISA.—Mamá encantada.

JUAN.—A mí me parece bien. (*Suena el teléfono, Pedro corre al aparato.*)

PEDRO (*Al teléfono*).—¿Quién? ¡Ah, sos vos? No, no llegó. Se está vistiendo. A la noche. Bueno, hasta luego. (*Volviendo a la mesa.*) Hablaba Esther. Preguntaba si había llegado el mantequero.

JUAN.—¡Te das cuenta! Nos estamos haciendo célebres. (*Bajando la voz.*) Entre nosotros: va a ser una burla brutal.

LUISA.—Todos se han enterado. ¿Dónde está Susana?

ESCENA IV

Dichos y Mucama, que entra.

MUCAMA.—Señor Pedro, ahí está el mantequero.

JUAN.—¿Le avisó a Susana?

MUCAMA.—No, niño.

JUAN (*A Luisa*).—Vamos a ver cómo te portás en tu papel de hermana consternada. (*A Pedro.*) Y vos en tu papel de médico. (*Se levanta.*) Aplomo y frialdad. (*Sale.*)

LUISA.—Yo, mejor que Greta Garbo.

PEDRO (*A la Mucama*).—Hágalo pasar aquí. (*Sale la Mucama.*)

LUISA (*De improviso*).—Dame un beso, pronto. (*Pedro se levanta y la besa rápidamente. Luego se sienta a la mesa, afectando un grave continente. Luisa se compone el cabello. Aparece Saverio, físicamente, es un derrotado. Corbata torcida, camisa rojiza, expresión de perro que busca simpatía. Sale la Mucama. Saverio se detiene en el marco de la puerta sin saber qué hacer de su sombrero.*)

ESCENA V

Saverio, Luisa y Pedro; después Susana.

LUISA (*Yendo a su encuentro*).—Buenas tardes. Permítame, Saverio. (*Le toma el sombrero y lo cuelga en la percha.*) Soy hermana de Susana...

SAVERIO (*Moviendo tímidamente la cabeza*).—Tanto gusto. ¿La señorita Susana?

LUISA.—Pase usted. Susana no podrá atenderlo... (*Señalándole a Pedro.*) Le presento al doctor Pedro.

PEDRO (*Estrechando la mano de Saverio*).—Encantado.

SAVERIO.—Tanto gusto. La señorita Susana... me habló de unas licitaciones de manteca...

PEDRO.—Sí, el otro día me informó... Usted deseaba colocar partidas de manteca en los sanatorios...

SAVERIO.—¿Habría posibilidades?

LUISA.—Lástima grande, Saverio. Usted llega en tan mal momento...

Saverio (*Sin entender*).—Señorita, nuestra manteca no admite competencia. Puedo disponer de grandes partidas y sin que estén adulteradas con margarina...

Luisa.—Es que...

Saverio (*Interrumpiendo*).—Posiblemente no le dé importancia usted a la margarina, pero detenga su atención en esta particularidad: los estómagos delicados no pueden asimilar la margarina; produce acidez, fermentos gástricos...

Luisa.—¿Por qué no habrá llegado usted en otro momento? Estamos frente a una terrible desgracia de familia, Saverio.

Saverio.—Si no es indiscreción...

Luisa.—No, Saverio. No. Mi hermanita Susana...

Saverio.—¿Le ocurre algo?

Pedro.—Ha enloquecido.

Saverio (*Respirando*).—¡Ha enloquecido! Pero, no es posible. El otro día cuando vine a traerle un kilo de manteca parecía lo más cuerda...

Luisa.—Pues ya ve cómo las desdichas caen sobre uno de un momento para otro...

Saverio.—Es increíble...

Pedro.—¿Increíble? Pues, mírela, allí está espiando hacia el jardín.

(*Por la puerta asoma la espalda de Susana mirando hacia el jardín. De espaldas al espectador.*)

Pedro.—Quiero observarla. Hagan el favor, escondámonos aquí.

Pedro, Luisa y Saverio se ocultan. Susana se vuelve. Susana se muestra en el fondo de la escena con el cabello suelto sobre la espalda, vestida con ropas masculinas. Avanza por la escena mirando temerosamente, moviendo las manos como si apartase lianas y ramazones.

Susana (*Melancólicamente*).—Árboles barbudos... y silencio. (*Inclinándose hacia el suelo y examinándolo.*) Ninguna huella de ser humano. (*Con voz vibrante y levantando las manos al cielo.*) ¡Oh Dioses! ¿Por qué habéis abandonado a esta tierna doncella? ¡Oh! sombras infernales, ¿por qué me perseguís? ¡Destino pavoroso! ¿A qué pruebas pretendes someter a una tímida jovencita? ¿Cuándo te apiadarás de mí? Vago, perdida en el infierno verde, semejante a la protagonista de la tragedia antigua. Pernocto indefensa en panoramas hostiles...

(*Se escucha el sordo redoble de un tambor.*)

...siempre el siniestro tambor de la soldadesca. Ellos allá, yo aquí. (*Agarrándose la cabeza.*) Cómo me pesas... pobre cabeza. Pajarito. (*Mirando tristemente en derredor.*) ¿Por qué me miras así, pajarito cantor? ¿Te lastima, acaso, mi desventura? (*Desesperada.*) Todos los seres de la creación gozan de un instante de reposo. Pueden apoyar la cabeza en pecho deseado. Todos menos yo, fugitiva de la injusticia del Coronel desaforado.

(*Nuevamente, pero más lejano, redobla el parche del tambor.*)

(*Susana examina la altura.*) Pretenden despistarme. Pero, ¿cómo podría trepar a tal altura? Me desgarraría inútilmente las manos. (*Hace el gesto de tocar el tronco de un árbol.*) Esta corteza es terrible. (*Se deja caer al suelo apoyada la espalda a la pata de una mesa.*) ¡Oh, terrores, terrores desconocidos, incomunicables! ¿Quién se apiada de la proscripta desconocida? Soy casta y pura. Hasta las fieras parecen comprenderlo. Respetan mi inocencia. (*Se pone de pie.*) ¿Qué hacer? No hay cueva que no registren los soldados del Coronel. (*Hace el gesto de levantar una mata.*) Tres noches que duermo en la selva. (*Se toma un pie dolorido.*) ¿Pero se puede llamar dormir a este quebranto doloroso: despertarse continuamente aterrorizada por el rugido de las bestias, escuchando el silbido de la serpiente que enloquece la luna? (*Tomándose dolorida la cabeza.*) ¡Ay, cuándo acabará mi martirio!

ESCENA VI

Juan y Susana.

JUAN (*Entra en traje de calle y pone una mano en el hombro de Susana*).— Tranquilízate, Susana.

SUSANA (*Con sobresalto violento*).—Yo no soy Susana. ¿Quién es usted?

JUAN.—Tranquilícese. (*Le señala la silla.*) Sentémonos en estos troncos.

SUSANA.—¿Por qué no me contesta? ¿Quién es usted?

JUAN (*Vacilante, como quien ha olvidado su papel*).—Perdón... recién me doy cuenta de que es usted una mujer vestida de hombre.

SUSANA.—Y entonces, ¿por qué me llamó Susana?

JUAN.—¿Yo la llamé Susana? No puede ser. Ha escuchado mal. Jamás pude haberla llamado Susana.

SUSANA (*Sarcástica*).—¿Trabaja al servicio del Coronel? ¡eh!...

JUAN (*Fingiendo asombro*).—¿El Coronel? ¿Quién es el Coronel?

SUSANA (*Llevándose las manos al pecho*).—Respiro. Su asombro revela la ignorancia de lo que temo. (*Sonriendo.*) Tonta de mí. Cómo no reparé en su guardamontes. ¿Así que usted es el pastor de estos contornos?

JUAN.—Sí, sí... soy el pastor...

SUSANA.—Sin embargo, de acuerdo a los grabados clásicos, usted deja mucho que desear como pastor. ¿Por qué no lleva cayado y zampoña?

JUAN.—Los tiempos no están para tocar la zampoña.

SUSANA (*Poniéndose de pie y examinándole de pies a cabeza*).—Pero no... es mejor que se vaya... que vuelva al bosque de donde salió...

JUAN.—¿Por qué? No veo el motivo.

SUSANA (*Trágica*).—Una horrible visión acaba de pasar por mis ojos. (*Profética.*) Lo veo tendido en los escalones de mármol de mi palacio, con siete espadas clavadas en el corazón...

JUAN (*Golpeándose jactanciosamente los bíceps*).—¿Siete espadas, ha dicho, señorita? ¡Qué vengan! Al que intente clavarme, no siete espadas, sino una sola en el corazón, le quebraré los dientes.

SUSANA.—Me agrada. Así se expresan los héroes. (*Grave.*) Pobre joven. ¿Podría albergarme en su cabaña, pocos días?

JUAN.—¿En mi cabaña? Pero usted... tan hermosa. ¡Oh! sí... pero le advierto que mi choza es rústica... carece de comodidades...

SUSANA.—Descuide. No le molestaré. Necesito resolver tan graves problemas. (*Sentándose.*) Si usted supiera. Estoy tan cansada. Mi vida ha dado un tumbo horrible. (*Para sí.*) Parece un sueño todo lo que sucede. ¿Es casado usted?

JUAN.—No, señorita.

SUSANA.—¿Tiene queridas?

JUAN.—Señorita, soy un hombre honrado.

SUSANA.—Me alegro. (*Se pasea.*) Esto simplifica la cuestión. Las mujeres lo echan todo a perder. A ver, déjeme que le vea el fondo de los ojos. (*Se inclina sobre él.*) Su rostro sonríe. En el fondo de sus ojos chispea el temor. (*Sarcástica.*) ¡No está muy seguro de su fidelidad, eh!

JUAN.—¡Susana!...

SUSANA.—Ya reincidió otra vez... ¿Quién es Susana? ¿Su novia?

JUAN (*Vacilante*).—Confundo... perdone... usted me recuerda una pastora que vivía en los contornos. Se llamaba Susana.

SUSANA.—¿No hay peligro de que nos escuche algún espía del Coronel?

JUAN.—Los perros hubieran ladrado.

SUSANA.—¿Es capaz de guardar un secreto?

JUAN.—Sí, señorita.

SUSANA (*Meneando la cabeza con la desesperación*).—Pero no... no... Seguirme es tomar rumbo hacia la muerte. Soy un monstruo disfrazado de sirena. Escúchame, pastorcito, y tú, quien seas que me oyes; huye de mí. Aún estás a tiempo.

JUAN (*Golpeándose los bíceps*).—Que vengan los peligros. Les romperé las muelas y les hincharé los ojos.

SUSANA.—Dudo. Tu alma es noble. Pueril. (*Se pasea irresoluta. Se de-*

tiene ante él.) Evidentemente, tus ojos son francos. El rostro de líneas puras retrata una vida inocente. No perteneces a ese grupo de granujas a quienes agrada enredar a los ingenuos en las mallas de sus mentiras.

JUAN (*Tartamudeando*).—Claro que no, señorita. Soy un hombre honrado.

SUSANA.—Y sin queridas. Perfectamente. ¿Sabes quién soy?

JUAN.—Aún no, señorita.

SUSANA.—Apóyate que te caerás.

JUAN.—La impaciencia me mantiene tieso. No puedo caerme.

SUSANA.—Caerás. Soy... la reina Bragatiana.

JUAN.—¿La reina? ¿Vestida de hombre? ¿Y en el bosque?

SUSANA.—Ha caído un rayo, ¿no?

JUAN.—Tal me suena la noticia.

SUSANA.—Me lo figuraba, querido pastorcito. Vaya si me lo figuraba. No todos los días, a la vuelta del monte, tropieza un cabrero con una reina destronada.

JUAN.—Mi suerte es descomunal.

SUSANA.—¿Comprendes, ahora, la inmensidad de mi desgracia?

JUAN.—Majestad... la miro y creo y no creo...

SUSANA.—Me has llamado majestad. ¡Oh sueño! ¡Oh delicia!... ¡Cuántos días que estas palabras no suenan en mis oídos!

JUAN (*Arrodillándose*).—Majestad, permítame que le bese la mano.

(*Susana se la da a besar con aspavientos de gozo inenarrable.*)

SUSANA (*Enérgica*).—Pastor, quiero pagarte el goce que me has regalado. Desde hoy agregarás a tu nombre el título de conde.

JUAN (*Reverente*).—Gracias, majestad.

SUSANA.—Te nombrarás el Conde del Árbol Florido, porque tu alma es semejante al árbol fragante. Perfuma a los que se amparan a su sombra.

JUAN.—Sus elogios me desvanecen, majestad. Su desventura me anonada.

SUSANA (*Melancólica*).—¿Te aperpleja, no? Pues yo me miro en el espejo de los ríos, y al descubrirme aparatosa como una vagabunda, me pregunto: ¿Es posible que una reina por derecho divino se vea constreñida a gemir piedad por los bosques, fugitiva a la revolución organizada por un coronel faccioso y algunos tenderos ensoberbe- cidos?

JUAN.—Ah... ¿De modo que el responsable es el Coronel?

SUSANA (*Violenta*).—Y los tenderos, Conde, los tenderos. Esta revolución no es obra del pueblo, sino confabulación de mercaderes que

pregonan que el hombre desciende del mono y de algunos españoles
con deudas de monte con puerta. Tú no entiendes de política, pero
te diré que mis más fieles amigos han debido fingir adaptarse a este
régimen nefasto. Me esperan, ya lo sé, pero... en tanto... hazte cargo..
para salvar la vida tuve que disfrazarme de criada y huir por un sub-
terráneo semejante a ignominiosa vulpeja.

JUAN.—Episodio para amedrentar a una robusta matrona, cuanto
más a una virginal doncella.

SUSANA.—¡Con qué palabras, Conde, te describiría los trabajos que.
acompañaron mi fuga! ¡Cómo historiarte las argucias de que tuve
que valerme para no ser ultrajada en mi pudor!

JUAN.—¡Oh... pero no lo fue, no majestad!

SUSANA.—Me protegió esta estampita de la virgen. (*La saca del pecho
y la besa. Cambiando de tono.*) ¿Te atreverías tú?...

JUAN.—¿A qué, majestad?

SUSANA.—A cortarle la cabeza al Coronel.

JUAN (*Respingando*).—¿Cortarle la cabeza? Si el Coronel no me ha
hecho nada.

SUSANA (*Dejando caer la cabeza, desalentada*).—Y yo que confiaba en
ti. Pensaba: el Conde irá a la cueva del Dragón y con su espada le
separará la cabeza del cuerpo. En el Palacio festejaremos el coronelicidio. Si me parece verlo. Tú avanzas por el camino de rosas... la velluda cabeza del Coronel, chorreando sangre espesa, en brillante bandeja de oro. ¿Te imaginas, pastor, la belleza plástica de ese conjunto?
Las más hermosas de mis damas corren a tu encuentro. Suenan los
violines y cien heraldos con trompetas de plata anuncian: Ha llegado
el Conde del Árbol Florido. Trae la cabeza del Coronel desaforado.
¿Te imaginas la belleza plástica de ese conjunto?

JUAN.—Ah, si convertimos el coronelicidio en una cuestión de confianza y estética, no tengo ningún inconveniente en cortarle la cabeza
al Coronel.

SUSANA.—Por fin te muestras audaz y carnicero.

JUAN (*Ingenuamente*).—Sin embargo, al Coronel no le va a gustar
que le corten la cabeza.

SUSANA.—Conde, no seas pueril. ¿A quién le agrada que le separen
la cabeza de los hombros?

JUAN.—¿No podríamos buscar al Coronel y conversarlo? Conversando se entiende la gente.

SUSANA.—¡Oh! ingenuidad de la juventud. Cómo se trasluce, amigo
mío, que pasaste los mejores años de tu vida bañando a las ovejas en
antisárnicos. Más cuerdo sería pretender persuadir a un mulo.

JUAN.—¿Tan reacio es?

SUSANA.—Implosible, como lo oyes. Le llaman corazón de león, cerebro de gallina... (*Se escucha el sordo batir del tambor.*) ¿Oyes?

JUAN.—El tambor.

SUSANA.—Los soldados me buscan. Escapemos, Conde.

JUAN.—A mi cabaña, majestad. Allí no la podrán encontrar. (*Salen ambos apresuradamente.*)

ESCENA VII

Aparecen lentamente Saverio, Luisa y Pedro; después Juan.

LUISA.—¡Parte el corazón escucharla! ¡Qué talento extraviado! Y tan ciertamente que se cree en el bosque.

(*Se sientan alrededor de la mesa.*)

PEDRO.—Locura razonable, señorita Luisa.

SAVERIO.—Si me lo contaran no lo creyera. (*Mirándolos de hito en hito.*) Juro que no lo creyera. (*Ingenuamente a Pedro.*) Dígame, doctor, ¿y ese señor que hace el papel de pastor desconocido... el Conde... también está loco?

PEDRO.—No; es un primo de Susana. Se presta a seguirla en la farsa, porque estamos estudiando el procedimiento adecuado para curarla.

SAVERIO.—Espantaría al más curado de asombros. (*Pensativamente.*) Y parece que quiere cortarle la cabeza al Coronel de verdad.

LUISA.—Estoy inquieta por ver a Susana.

PEDRO.—No es conveniente, Luisa. La acompaña Juan y su presencia la tranquiliza.

SAVERIO.—¿Y tendrá remedio esta locura, doctor?

PEDRO.—Es aventurado anticipar afirmaciones. Yo tengo un proyecto. A veces da resultado. Consiste en rodear a Susana del reino que ella cree perdido.

SAVERIO.—Eso es imposible.

LUISA.—No, porque organizaremos una corte de opereta. Contamos ya con varias amigas de Susana que han prometido ayudarnos.

(*Entra Juan enjugándose la frente con un pañuelo.*)

JUAN.—¿Qué tal estuve en mi papel?

LUISA (*A coro*).—Muy bien.

JUAN (*Mirando a Saverio*).—El señor...

LUISA.—Te presento al señor Saverio, nuestro proveedor de manteca...

SAVERIO.—Tanto gusto...

JUAN.—El gusto es mío... (*Sentándose, a Luisa.*) ¿Así que estuve bien?

PEDRO.—Por momentos, vacilante... Ahora, Juan, lo que necesitamos es encontrar la persona que encarne el papel de Coronel...

SAVERIO.—¿Y cuál es el objeto de la farsa, doctor?

PEDRO.—En breves términos: la obsesión de Susana circula permanentemente en torno de una cabeza cortada. La cabeza cortada es el leitmotiv de sus disquisiciones. Pues bien, nosotros hemos pensado en organizar una comedia con habilidad tal, que Susana asistirá a la escena en que Juan le corta la cabeza al Coronel. Estoy seguro que la impresión que a la enferma le producirá ese suceso terrorífico, la curará de su delirio.

SAVERIO.—Pero ¿quién se va a dejar cortar la cabeza para curar a Susana?

PEDRO.—La cabeza cortada me la procuraré yo en la morgue de algún hospital...

SAVERIO.—Diablos... eso es macabro...

JUAN.—No... no... Además es antihigiénico. Uno ignora de qué habrá muerto el individuo con cuya cabeza anda a la greña...

SAVERIO.—Además que si la familia se entera y quiere venir a reclamar la cabeza del muerto, puede armarse un lío...

PEDRO.—También podemos presentarle una cabeza de cera goteando anilina.

LUISA.—Eso, doctor... una cabeza de cera...

PEDRO.—Yo, como médico, soy realista y preferiría una cabeza humana auténtica, pero... en fin... pasaremos por la de cera.

LUISA.—¿No han averiguado de qué proviene su locura?

PEDRO.—Probablemente... exceso de lecturas... una gran anemia cerebral...

SAVERIO.—¿Menstrua correctamente?

PEDRO (*Serio*).—Creo que sí. (*Luisa se tapa la boca con el pañuelo.*)

SAVERIO.—Si ustedes me permiten y aunque no sea discreto opinar en presencia de un facultativo, creo que nada reconstituye mejor a los organismos debilitados, que una alimentación racional a base de manteca.

PEDRO.—La señorita Susana no está debilitada... está loca.

SAVERIO.—La manteca también es eficaz para el cerebro, doctor. Gravísimas enfermedades provienen de alimentarse con manteca adulterada.

JUAN.—Se trata de otras dolencias, Saverio.

SAVERIO (*Enfático*).—La manteca fortalece el sistema nervioso, pone elásticas las carnes, aliviana las digestiones...

PEDRO.—No dudamos de las virtudes de la manteca, pero...

SAVERIO (*Imperturbable*).—La civilización de un país se controla por el consumo de la manteca.

LUISA.—Es que...

JUAN.—Haga el favor, apártese de la manteca. Saverio. Nosotros queremos saber si puede prestarnos el servicio, pagándole, por supuesto, de desempeñar el papel de Coronel en nuestra farsa.

SAVERIO (*Asombrado*).—Yo de Coronel... soy antimilitarista.

PEDRO.—Usted sería coronel de comedia... nada más...

SAVERIO.—¿Y para qué la comedia? ¿No es ésta una magnífica oportunidad para ensayar un tratamiento superalimenticio a base de manteca? Podría proveerles toneladas. Manteca químicamente pura. Índice muy bajo de suero.

PEDRO.—Por favor... sea razonable, Saverio. Es disparatado curar la manteca... quiero decir, curar la demencia con manteca.

SAVERIO.—Permítase, doctor. La manteca es una realidad, mientras que lo otro son palabras.

LUISA.—Pero si a Susana nunca le gustó la manteca.

JUAN.—La manteca le repugna.

PEDRO.—Le tiene antipatía a la manteca.

SAVERIO (*Triunfante, restregándose las manos*).—¡Ah! ¿Han visto dónde venimos a poner el dedo en la llaga? ¡Con razón! En el organismo de la señorita Susana faltan las vitaminas A y D características de la buena manteca.

LUISA.—Usted es un maniático de la manteca, Saverio.

SAVERIO (*Imperturbable*).—Las estadísticas no mienten, señorita. Permítame un minuto. Mientras que un ciudadano argentino no llega a consumir dos kilos anuales de manteca, cada habitante de Nueva Zelandia engulle al año dieciséis kilos de manteca. Los norteamericanos, sin distinción de sexos, color ni edad, trece kilos anuales, los...

LUISA.—Señor Saverio, por favor, cambie de conversación. Me produce náuseas imaginarme esas montañas de manteca.

SAVERIO.—Como gusten. (*Sentándose*.) Yo trato de serles útil.

PEDRO.—¿Y por qué no trata de ayudarnos, accediendo a lo que le pedimos?

LUISA (*Insinuante*).—No es mucho, creo yo, señor Saverio.

SAVERIO.—Es que yo no soy actor, señorita. Además, los coroneles nunca me han sido simpáticos.

JUAN.—¿No vale la salud de Susana el sacrificio de sus simpatías?

LUISA.—Yo misma lo encaminaría, Saverio.

PEDRO—Es casi un deber de humanidad.

JUAN.—No olvide que la familia de mi prima es en cierto modo benefactora suya.

LUISA.—Nosotros hace ya una buena temporada que le compramos manteca. No en cantidad que nos podamos comparar a los habitantes de Nueva Zelandia, pero, en fin...

SAVERIO.—¿Y mi corretaje? Si yo me dedico a la profesión de coronel perderé los clientes, a quienes tanto trabajo me costó convencerles de que hicieran una alimentación racional a...

PEDRO.—...a base de manteca.

SAVERIO.—Lo adivinó.

JUAN.—Usted no necesita abandonar su corretaje, Saverio. Con ensayar por las noches es más que suficiente para lo que requiere nuestra farsa.

SAVERIO.—¿Y se prolongará mucho la comedia?

PEDRO.—No, yo creo que tomando a la enferma en el momento supremo del delirio, su trabajo se limitará a la escena.. digamos así... de la degollación...

SAVERIO.—¿Y yo no corro ningún riesgo?

LUISA.—Absolutamente ninguno, Saverio. Convénzase.

SAVERIO (*Semiconvencido*).—Yo no sé... ustedes me ponen en...

LUISA.—Ningún aprieto, Saverio, ninguno. Usted acepta porque tiene buen corazón.

PEDRO.—Le juro que no esperábamos menos de usted.

SAVERIO.—En fin...

JUAN.—Su actitud es digna de un caballero.

PEDRO.—Compraremos el uniforme de coronel en una ropería teatral.

LUISA.—Y la espada... Ah, si me parece ver el espectáculo.

SAVERIO.—Y yo también creo verlo. (*Restregándose las manos.*) ¿No cree usted que puedo ser un buen actor?

PEDRO.—Sin duda, tiene el físico del dramático inesperado.

JUAN.—Así, de perfil me recuerda a Moisi.

LUISA.—¿Quiere tomar el té con nosotros, Saverio?

SAVERIO (*Mirando precipitadamente el reloj*).—Imposible, gracias. Tengo que entrevistarme ahora mismo con un mayorista...

JUAN.—Podré llevarle el uniforme a su casa...

SAVERIO.—Aquí tiene mi dirección. (*Escribe en una tarjeta. A Pedro.*) Y no olvide de hablarle a los dueños de los sanatorios.

PEDRO.—No faltaba más.

SAVERIO.—Señorita Luisa, tanto gusto.

LUISA (*Acompañándolo hasta la puerta*).—Muchas gracias, Saverio. Iré con una amiga a verle ensayar. Se porta usted con nosotros como si fuera de nuestra familia.

SAVERIO (*De espaldas, mientras Pedro y Juan mueven la cabeza*).—Me confunden sus palabras, señorita. Hasta pronto. (*Sale Saverio, y Luisa levanta los brazos al cielo.*)

ESCENA VIII

Dichos, menos Saverio; después Susana.

LUISA.—Es un ángel disfrazado de mantequero.

JUAN (*Gritando*).—Susana, Susana, ya se fue... vení...

SUSANA (*Entrando triunfalmente*).—¿Qué tal estuve? ¿Aceptó?...

PEDRO.—¡Genial! ¡Qué gran actriz resultás!

LUISA.—Yo me mordía para no aplaudirte... ¡Qué talento tenés!

SUSANA.—¿Así que aceptó?

JUAN.—Y no. Pero lo admirable aquí es tu sentido de improvisación. Pasás de lo humorístico a lo trágico con una facilidad que admira.

LUISA (*Alegremente pensativa*).—Susana..., sos una gran actriz. Por momentos le ponés frío en el corazón a uno.

PEDRO.—Esta vez sí que nos vamos a divertir.

JUAN.—Invitaremos a todo el mundo.

LUISA.—Eso se descuenta.

SUSANA (*Abstraída*).—Oh, claro que nos vamos a divertir.

(*Los tres se quedan un instante contemplándola, admirados, mientras ella, absorta, mira el vacío con las manos apoyadas en el canto de la mesa.*)

TELÓN LENTO

ACTO SEGUNDO

Modesto cuarto de pensión. Saverio, uniformado al estilo de fantástico coronel de republiqueta centroamericana, frente a la cama deshecha. Sobre la mesa, una silla. El conjunto de mesa y silla cubierto de sábanas y una colcha escarlata. La espada del coronel clavada en la mesa. Saverio, de espaldas, frente al espejo.

ESCENA I

SAVERIO (*Subiendo al trono por la cama, extiende el índice perentoriamente después de empuñar la espada*).—¡Fuera, perros, quitaos de mi vista! (*Mirando al costado.*) General, que fusilen a esos atrevidos. (*Sonríe amablemente*.) Señor Ministro, creo conveniente trasladar esta divergencia a la Liga de las Naciones. (*Galante, poniéndose de pie*.) Marquesa, los favores que usted solicita son servicios por los que le quedo obligado. (*Con voz natural, sentándose*.) ¡Diablos, esta frase ha salido redonda! (*Ahuecando la voz, grave y confidencial*.) Eminencia, la impiedad de los tiempos presentes acongoja nuestro corazón de gobernante prudente. ¿No podría el Santo Padre solicitar de los patronos católicos que impusieran un curso de doctrina cristiana a sus obreros? (*Apasionado, de pie*.) Señora, el gobernante es coronel, el coronel hombre, y el hombre la ama a usted. (*Otra vez en tono chabacano, sentándose*.) Que me ahorquen si no desempeño juiciosamente mi papel de usurpador.

ESCENA II

Saverio y Simona.

SIMONA (*Voz externa, apagada*).—¿Se puede?...
SAVERIO (*Gritando*).—¡Adelante!
(*Entra la criada, Simona, la bandeja con el café en la mano, se detiene, turulata, apretando el canto de la bandeja contra el pecho*.)
SIMONA.—¡Vean cómo ha puesto las sábanas y la colcha este mal hombre!
SAVERIO (*Enfático*).—Simona, tengo el tratamiento de Excelencia.
SIMONA (*Detenida en el centro del cuarto*).—Y después dicen que una tiene mal carácter. Que es cizañera, chismosa y violenta. Vean cómo ha emporcado las sábanas. ¿Si no es un asco?
SAVERIO.—Simona, no seas irrespetuosa con un hijo de Marte.
SIMONA.—¡Qué martes ni miércoles! ¡Cómo se conoce que usted no tiene que deslomarse en la pileta fregando trapos! (*Espantada*.) ¡Y ha clavado la espada en la mesa! Si lo ve la señora, lo mata. ¿Usted está loco?
SAVERIO (*Encendiendo un cigarrillo*).—Simona, no menoscabes la dignidad de un coronel.
SIMONA (*Colocando la bandeja en la mesa y echándole azúcar al café. Melancólicamente*).—¡Quién iba a decir que terminaría mis viejos años yendo los domingos al hospicio a llevarle naranjas a un pensionista que se volvió loco!
SAVERIO.—Simona, me estás agraviando de palabra.
SIMONA (*Alcanzándole el café*).—¡Dejar lo seguro por lo dudoso, la manteca por una carnestolenda!

SAVERIO (*Exaltándose*).—Simona, no despotriques. ¿Sabes lo que dicen los norteamericanos? (*Vocaliza escrupulosamente.*) "Give him a chance". ¿Sabes tú lo que significa "Give him a chance" (*Simona guarda silencio.*) Lo ignoras, ¿no? Pues escucha, mujer iletrada: "Give him a chance" significa "dadme una oportunidad". Un compositor ha escrito este patético foxtrot: "A mí nunca me dieron una oportunidad." (*Expresivo y melifluo.*) ¿Y sabes tú quién es el quejoso de que nunca le dieron una oportunidad? Un jovencito, hijo de una honorable norteamericana. (*Grave, rotundo.*) Pues esa oportunidad me ha sido concedida, Simona.

SIMONA.—Usted sabrá mucho de extranjerías, pero ese cargo de coronel de payasería, en vez de darle beneficio le producirá deudas y pesadumbre.

SAVERIO.—No entiendo tu dialéctica pueril. Simona.

SIMONA.—Ya me entenderá cuando se quede en la calle sin el pan y la manteca.

SAVERIO (*Impaciente*).—¿Pero no te das cuenta, mujer, que en las palabras que pronuncias radica tu absoluta falta de sentido político? ¡Ingenua! Se toma el poder por quince días y se queda uno veinte años.

SIMONA (*Llevándose las puntas del delantal a los ojos*).—¡Cómo desvaría! Está completamente fuera de sus cabales.

SAVERIO (*Autoritario*).—Simona...

SIMONA (*Enjugándose los ojos*).—¿Qué, señor?

SAVERIO (*Bajando el tono*).—Simona, ¿te he negado inteligencia alguna vez?

SIMONA (*Enternecida*).—No, señor.

SAVERIO.—Eres una fámula capacitada.

SIMONA.—Gracias señor.

SAVERIO.—Pero... y aquí aparece un pero... (*Declamatorio.*) Te faltan esas condiciones básicas que convierten a una criada en un accidente histórico de significación universal.

SIMONA (*Para sí*).—¿Qué dice este hombre?

SAVERIO.—Convéncete, Simona, tu fuerte no es la sensibilidad política (*Grave.*), ese siniestro sentido de la oportunidad, que convierte a un desconocido, de la mañana a la noche, en el hombre de Estado indispensable.

SIMONA.—Señor Saverio, usted habla como esos hombres que en las esquinas del mercado venden grasa de serpiente, pero...

SAVERIO.—Hablo como un director de pueblos, Simona.

SIMONA.—Baje la cresta, señor Saverio. Acuérdese de sus primeros tiempos. (*Para sí.*) ¡Si me acuerdo! Volvía tan cansado, que cuando se quitaba los zapatos había que taparse las narices. Parecía que en su cuarto había un gato muerto.

SAVERIO (*Irritado*).—¡Oh, menestrala timorata! De escuchar tus consejos, Mussolini estaría todavía pavimentando las carreteras de Suiza, Hitler borroneando pastorelas en las cervecerías de Munich.

SIMONA.—La mesa servida no es para todos, señor.

(*Se escucha una voz que llama "Simona". Mutis rápido de Simona. Saverio baja del trono y se sienta a la orilla de la cama.*)

SAVERIO.—¡Al diablo con estas mujeres! (*Luz baja.*)

ESCENA III

Durante un minuto Saverio permanece en la actitud de un hombre que sueña. De pronto aparece el vendedor de armamentos, revela su condición de personaje fantástico llevando el rostro cubierto por una máscara de calavera. Viste a lo jugador de golf, pantalón de fuelles y gorra a cuadritos. Lo sigue un caddie con el estuche de los palos a la espalda.

SAVERIO (*Incorporándose*).—¿Quién es usted? ¿Qué desea?

IRVING.—Excelencia, iba a jugar mi partidita de golf con el reverendo Johnson, delegado al Congreso Evangélico, cuando me dije: Combinemos el placer con los negocios. Soy Essel. (*Le extiende su tarjeta.*) Irving Essel, representante de la Armstrong Nobel Dynamite.

SAVERIO.—Ah, ¿usted es vendedor de armamentos?

IRVING (*Sacando un puro y ofreciéndoselo a Saverio*).—Nuestra obra civilizadora se extiende a todas las comarcas del planeta. Las usinas Armstrong, Excelencia, son benefactoras de cincuenta y dos naciones. Nuestro catálogo ilustrado, lamento no tenerlo aquí, involucra todas las armas de guerra conocidas y desconocidas, desde el superdreagnouth hasta la pistola automática.

SAVERIO.—No puede llegar usted más a punto. Necesito armamentos..., pero... (*Se atusa el bigote.*) ¿Conceden créditos, ustedes?

IRVING.—Ahora que, como dice Lloyd George, hemos colgado muy alto de una cuerda muy corta a los pacifistas, no tenemos inconveniente en abrir ciertas cuentitas. ¡El trabajo que nos ha dado esa canalla!

SAVERIO.—¿Y a qué debo el honor de su visita?

IRVING.—Por principio, Excelencia, visitamos a los jefes de Estado que se inician en su carrera. Huelga decir que nuestras relaciones con generales y almirantes son óptimas. Podemos darle referencias...

SAVERIO.—Entre caballeros huelgan...

IRVING (*Restregándose las manos*).—Realmente, entre caballeros sobran estas bagatelas... (*Carraspea.*) Pero como los caballeros no viven del aire, quería informarle que si su país tuviera la desgracia o suerte de tener un conflicto con su Estado vecino, gustosamente nuestra fábrica le concedería a usted el diez por ciento de prima sobre los armamentos adquiridos, el cinco por ciento a los ministros y generales y el uno por ciento a los periódicos serios...

SAVERIO.—Bagatelas...

IRVING.—Exactamente, Excelencia. Minucias. La naturaleza humana es tan frágil como dice mi excelente amigo el reverendo Johnson, que únicamente con dádivas se la puede atraer al sendero de la virtud y el deber...

SAVERIO.—Je, je... Muy bien, míster Irving. Veo que usted es filósofo.

IRVING.—Excelencia, tanto gusto. (*Se marcha, vuelve sobre sí.*) Me permito recomendarle a su atención nuestro nuevo producto químico, el Gas Cruz Violeta. Su inventor acaba de recibir el premio Nobel de la Paz. Good-bye, Excelencia.

SAVERIO.—Indiscutiblemente, estos ingleses son cínicos. (*Golpean en la puerta. Sube luz.*)

ESCENA IV

Entran Pedro, Luisa y Ernestina, una muchacha de veinte años.

PEDRO.—Buenas tardes, amigo Saverio.

SAVERIO.—Buenas tardes, doctor.

LUISA.—Pero ¡qué monada está, Saverio! Le voy a presentar a una amiguita, Ernestina.

SAVERIO (*Estrechándole la mano*).—Tanto gusto.

PEDRO.—¡Qué bien le queda el uniforme! A ver, ¿quiere darse vuelta? (*Saverio gira despacio sobre sí mismo.*)

ERNESTINA.—Completamente a la moda.

PEDRO.—Le da un aire marcial...

LUISA.—Queda elegantísimo... Si usted se pasea por Florida, las vuelve locas a todas las chicas...

SAVERIO.—No tanto, no tanto.

LUISA (*Picaresca*).—Hágase el modesto, Saverio. (*A Ernestina.*) ¿No es cierto que se parece a Chevalier en "El desfile del amor"?

ERNESTINA.—Cierto; usted, Saverio, tiene cierto parecido con Barrymore el joven.

SAVERIO.—Extraño... ¿eh?

LUISA.—¿Y no lo ha visto su novia así vestido?...

SAVERIO (*Estúpidamente*).—No tengo novia, señorita...

ERNESTINA.—Probablemente es casado y con hijos...

PEDRO (*Que hace un instante mira el catafalco armado por Saverio*).—¿Y eso qué es?

SAVERIO.—Les diré... una parodia de trono... para ensayar...

PEDRO (*Preocupado*).—Notable...

LUISA.—¡Qué ingenio, qué maravilla! ¿No te decía yo, Ernestina? Este es el hombre que necesitamos. (*Con aspavientos.*) ¿Cómo nos hubiéramos arreglado sin usted, Saverio?

PEDRO.—Todo lo ha previsto usted.

SAVERIO (*Observando que Luisa y Ernestina miran en rededor*).—Voy a buscar sillas. Permiso. (*Sale.*)

ERNESTINA.—Está loco este hombre.

PEDRO.—Es un infeliz, pero no le tomen el pelo tan descaradamente, que se va a dar cuenta. (*Entra Saverio con tres sillas.*)

LUISA.—¿Por qué se molestó, Saverio? (*Se sientan todos.*)

SAVERIO.—No es molestia.

ERNESTINA.—Muchas gracias. Señor Saverio, si no soy indiscreta... ¿le cuesta mucho posesionarse de su papel de coronel?

LUISA (*A Pedro*).—No me hubiera perdonado nunca si me pierdo este espectáculo.

SAVERIO (*A Ernestina*).—Es cuestión de posesionarse, señorita. Nuestra época abunda de tantos ejemplos de hombres que no eran nada y terminaron siéndolo todo, que no me llama la atención vivir hoy dentro de la piel de un coronel.

PEDRO.—¿Ha visto cómo tenía razón yo, Saverio, al solicitar su ayuda?

LUISA.—Y usted decía que era antimilitarista...

PEDRO.—Como en todo..., es cuestión de empezar... y probar...

LUISA.—¿Y qué estaba haciendo cuando nosotros llegamos?...

SAVERIO.—Ensayaba...

LUISA (*Batiendo las manos como una niña caprichosa*).—¿Por qué no ensaya ahora, Saverio?

ERNESTINA.—Oh, sí, señor Saverio, ensaye...

SAVERIO.—Es que...

PEDRO.—Conviene, Saverio. Seis ojos ven más que dos. Le hablo como facultativo.

LUISA.—Naturalmente. Sea buenito, Saverio...

ERNESTINA.—¿Ensayará, no, Saverio?

PEDRO.—De paso le corregimos los defectos...

LUISA.—Nunca las escenas improvisadas quedan bien.

SAVERIO (*A Pedro*).—¿Le parece a usted?

PEDRO.—Sí...

SAVERIO (*Encaramándose al trono*).—¿Cómo sigue la señorita Susana?

LUISA.—Los ataques menos intensos, pero muy frecuentes...

PEDRO.—Es al revés, Saverio... Los ataques menos frecuentes, pero igualmente intensos...

SAVERIO.—¿Y usted cree que se curará?

PEDRO.—Yo pongo enormes esperanzas en la reacción que puede provocar esta farsa.

SAVERIO.—Y si no se cura, no se aflijan ustedes. Puede ser que se avenga a partir el trono con el Coronel usurpador.

PEDRO.—No diga eso, Saverio...

SAVERIO.—¿Por qué no? Usted sabe que las necesidades políticas determinan casamientos considerados a prima facie irrealizables.

LUISA.—Saverio... calle usted..., piense que es mi hermana...

ERNESTINA.—Sírvase la espada, Saverio.

SAVERIO.—¿Hace falta?

PEDRO.—Claro, estará en carácter. (*Saverio apoya la espada en la mesa y se queda de pie con aspecto de fantoche serio.*)

SAVERIO.—¿Estoy bien así?

LUISA (*Mordiendo su pañuelo*).—Muy bien, a lo prócer.

PEDRO.—Separe un poco la espada del cuerpo. Es más gallardo.

SAVERIO.—¿Así?

ERNESTINA.—A mí me parece que está bien.

PEDRO.—Enderece más el busto, Saverio. Los coroneles siempre tienen aspecto marcial.

SAVERIO (*Enderezándose pero sin exageración*).—Bueno, yo me imagino que estoy aquí en el trono rechazando a enemigos políticos y exclamo (*Grita débilmente:*) "Fuera perros."

ERNESTINA (*Desternillándose de risa*).—No se oye nada, Saverio, más fuerte.

PEDRO.—Sí, con más violencia.

SAVERIO (*Esgrimiendo enérgicamente el sable*).—Fuera, perros...

ESCENA V

Bruscamente se abre la puerta y con talante de gendarme, queda detenida en su centro la Dueña de la pensión.

DUEÑA.—¿Qué escándalo es éste en mi casa? Vea demonio de hombre cómo ha puesto las sábanas y la colcha.

SAVERIO.—No moleste, señora, estoy ensayando.

PEDRO.—Si se produce algún desperfecto, pagaré yo.

DUEÑA (*Sin mirar a Pedro*).—¿Quién lo conoce a usted? (*A Saverio.*) Busque pieza en otra parte, porque esto no es un loquero, ¿sabe? (*Se marcha cerrando violentamente la puerta.*)

LUISA.—Qué grosera esa mujer.

ERNESTINA.—Vaya con el geniecito.

SAVERIO.—Tiene el carácter un poco arrebatado. (*Despectivo.*) Gentuza que se ha criado chapaleando barro.

PEDRO.—Continuemos el ensayo.

SAVERIO (*A Pedro*).—¿Quiere hacer el favor, doctor?, cierre la puerta con llave. (*Pedro obedece y queda de pie para seguir la farsa.*)

ERNESTINA.—¿Habíamos quedado?...

SAVERIO.—Ahora es una conversación que yo mantengo durante el baile, con el palacio imperial, con una dama esquiva. Le digo: "Marquesa, el gobernante es coronel, el coronel es hombre y el hombre la ama a usted."

LUISA.—Divino, Saverio, divino.

ERNESTINA.—Precioso, Saverio. Me recuerda ese verso de la marquesa Eulalia, que escribió Rubén Darío.

PEDRO.—Ha estado tan fino como el más delicado hombre de mundo.

ERNESTINA.—Escuchándole, quién se imagina que usted es un simple vendedor de manteca.

LUISA.—Mire si Susana, después de curarse, se enamora de usted.

SAVERIO.—Ahora recibo una visita del Legado Papal. Como es natural, el tono de voz tiene que cambiar, trocarse de frívolo que era antes en grave y reposado.

LUISA.—Claro, claro...

SAVERIO.—A ver qué les parece: "Eminencia, la impiedad de los tiempos acongoja nuestro corazón de gobernante prudente. ¿No podríamos insinuarle al Santo Padre que hiciera obligatorio en las fábricas de patronos católicos un curso de doctrina cristiana para obreros descarriados?"

PEDRO (*Violentamente sincero*).—Genialmente político, Saverio. Muy bien. Usted tiene profundo sentido de lo que debe ser la ética social.

LUISA.—Esos sentimientos de orden, lo honran mucho Saverio.

ERNESTINA.—¡Oh!, cuántos gobernantes debieran parecerse a usted.

SAVERIO (*Bajando del trono*).—¿Están satisfechos?

PEDRO.—Mucho.

LUISA.—Usted superó nuestras esperanzas.

SAVERIO.—Me alegro.

ERNESTINA.—Más no se puede pedir.

SAVERIO (*Quitándose el morrión*).—¡A propósito! Antes que ustedes llegaran, pensaba en un detalle que se nos escapó en las conversaciones anteriores.

PEDRO.—¿A ver?

SAVERIO.—¿No tiene ningún amigo en el Arsenal de Guerra?

LUISA.—No. (*A Pedro y Ernestina.*) ¿Y ustedes?

PEDRO Y ERNESTINA (*A coro*).—Nosotros tampoco. ¿Por qué?

SAVERIO.—Vamos a necesitar algunas baterías de cañones antiaéreos.

PEDRO (*Estupefacto*).—¡Cañones antiaéreos!

SAVERIO.—Además varias piezas de tiro rápido, ametralladoras y por lo menos un equipo de gases y lanzallamas.

LUISA.—¿Pero para qué todo eso, Saverio?

SAVERIO.—Señorita Luisa, ¿es un reino el nuestro o no lo es?

PEDRO (*Conciliador*).—Lo es, Saverio, pero de farsa.

SAVERIO.—Entendámonos... de farsa para los otros... pero real para nosotros...

LUISA.—Usted me desconcierta, Saverio.

PEDRO.—Andemos despacio que todo se arreglará. Dígame una cosa, Saverio: ¿Usted qué es, coronel de artillería, de infantería o de caballería?

SAVERIO (*Sorprendido*).—Hombre, no lo pensé.

ERNESTINA.—Pedro... por favor... un coronel de artillería es de lo más antipoético que pueda imaginarse.

LUISA.—Susana se ha forjado un ideal muy distinto.

PEDRO.—Como facultativo, Saverio, me veo obligado a declararle que el coronel de Susana es un espadón cruel pero seductor.

LUISA.—Si ustedes me permiten, les diré esto: en las películas, los únicos coroneles románticos pertenecen al cuerpo de caballería.

SAVERIO.—Señorita: en los Estados modernos, la caballería no cuenta como arma táctica.

ERNESTINA.—Saverio, un coronel de caballería es el ideal de todas las mujeres.

LUISA.—Claro... el caballo que va y viene con las crines al viento... los galopes...

SAVERIO.—Esto simplifica el problema de la artillería, aunque yo preferiría ser secundado por fuerzas armadas. (*Golpean a la puerta.*)

ESCENA VI

Saverio, Pedro, Luisa y Ernestina, y Simona, que entra.

SAVERIO.—Adelante.

SIMONA.—En la puerta hay dos hombres que traen un bulto para usted.

PEDRO.—¿No molestamos?

SAVERIO.—Por el contrario, es una suerte que ustedes estén. (*A Simona que curiosea.*) Haga pasar a esos hombres. (*Mutis de Simona. Saverio aparta la mesa hasta el fondo de la pared.*)

ESCENA VII

Siguiendo a Simona entran al cuarto dos hombres vestidos de mecánicos. Sostienen soportes horizontales de madera, un aparato cubierto de bolsas. Los presentes se miran sorprendidos. Depositan la carga en el lugar donde estaba la mesa, simétricamente, de manera que el bulto queda encuadrado sobre el fondo rojo que traza el trono junto al muro.

HOMBRE 2.—Hay que firmar aquí. (*Le entrega a Saverio un talonario que éste firma. Saverio les da una propina. Los hombres saludan y se van. Simona queda de brazos cruzados.*)

SAVERIO.—No la necesitamos, Simona. Puede irse. (*Simona se va de mala gana.*)

SAVERIO (*Cierra la puerta, luego se acerca al armatoste*).—Señoritas, doctor, no podrán ustedes menos de felicitarme y reconocer que soy un hombre prudente. Vean. (*Destapa el catafalco, y los espectadores que se acercan, retroceden al reconocer en el aparato pintado de negro una guillotina.*)

LUISA.—¡Jesús! ¿Qué es eso?

SAVERIO (*Enfático*).—Qué va a ser... Una guillotina.

PEDRO (*Consternado*).—¿Pero, para qué una guillotina, Saverio?

SAVERIO (*A su vez asombrado*).—¿Cómo para qué?... y para qué puede servir una guillotina.

ERNESTINA (*Asustada*).—Santísima Virgen, qué bárbaro es este hombre...

SAVERIO.—¡Y cómo quieren gobernar sin cortar cabezas!

ERNESTINA.—Vámonos, che...

PEDRO.—Pero no es necesario llegar a esos extremos.

SAVERIO (*Riéndose*).—Doctor, usted es de esos ingenuos que aún creen en las ficciones democráticas parlamentarias.

ERNESTINA (*Tirando del brazo de Pedro*).—Vamos, Pedro..., se nos hace tarde.

PEDRO.—Saverio... no sé qué contestarle. Otro día conversaremos.

SAVERIO.—Quédense... les voy a enseñar cómo funciona... Se tira de la soguita...

PEDRO.—Otro día, Saverio, otro día. (*Los visitantes se van retirando hacia la puerta.*)

SAVERIO.—Podemos montar las guillotinas en camiones y prestar servicio a domicilio.

ERNESTINA (*Abriendo la puerta*).—Hasta la vista, Saverio. (*Los visitantes salen.*)

SAVERIO (*Corriendo tras de ellos*).—Se dejan los guantes, el sombrero. (*Mutis de Saverio un minuto.*)

ESCENA VIII

Grave entra Saverio a su cuarto. Se pasea en silencio frente a la guillotina.
La mira, la palmea como a una bestia.

SAVERIO.—Qué gentecilla miserable. Cómo han descubierto la enjundia pequeño-burguesa. No hay nada que hacer, les falta el sentido aristocrático de la carnicería. (*Restregándose las manos familiar, pero altisonante.*) Pero no importa mis queridos señores. Organizaremos el terror. Vaya si lo organizaremos. (*Se pasea en silencio, de pronto se detiene como si escuchara voces. Se lleva una mano a las orejas.*)

ESCENA IX

Súbitamente se deja oír la voz de varios altoparlantes eléctricos, que hablan por turno y con voces distintas. Saverio escucha atento y mueve la cabeza asintiendo.

ALTOPARLANTE 1.—Noticias de último momento: Saverio, el Cruel, oculta sus planes a la Liga de las Naciones.

SAVERIO.—Buena publicidad. El populacho admira a los hombres crueles.

ALTOPARLANTE 2.—Comunicaciones internacionales del Mensajero del Aire: Saverio rechaza toda negociación con las grandes potencias. Los ministros extranjeros se niegan a comentar la actitud del déspota.

ALTOPARLANTE 3 (*Largo llamado de sirena, mientras haces de luces de reflectores cruzan el escenario. En sombra, la figura de Saverio*).—Informaciones de la Voz del Aire. Comunicados de última hora. La actitud del dictador Saverio paraliza toda negociación internacional. Desconcierto general en las cancillerías. ¿Saverio provocará la guerra? (*Callan las voces, se apagan los reflectores, y Saverio se pasea silencioso.*)

SAVERIO.—Hay que demostrar una extrema frialdad política. (*Grave.*) Las cabezas caerán en el cesto de la guillotina como naranjas en tiempo de cosecha. (*Comienza a cambiarse precipitadamente de traje. Cuando se ha puesto los pantalones golpean a la puerta. Cubre rápidamente la guillotina.*) Adelante...

ESCENA X

Saverio y Simona, que entra.

SIMONA.—Tengo que hacer la cama. (*Retira las sábanas de la mesa, mientras Saverio se arregla frente al espejo.*) Vean cómo las ha puesto con los pies. (*Se las muestra.*) Es una vergüenza. (*Las sacude.*)

SAVERIO (*Irritado*).—¿Empezamos otra vez? (*Bruscamente se vuelve a Simona.*) Simona, a pesar de tu rústica corteza, sos una mujer inteligente.

SIMONA (*Resentida*).—Eh..

SAVERIO.—Me has dado una buena idea, Simona.

SIMONA.—¿Qué está rezongando así?

SAVERIO.—Sos una mujer inteligente. Tu idea es prudente.

SIMONA.—Miren la colcha. Una colcha flamante.

SAVERIO.—Yo iba a dejar el corretaje de manteca, pero ahora conservaré mi puesto.

SIMONA.—Por fin dijo algo razonable.

SAVERIO.—Pediré permiso por algunos días.

SIMONA (*Sin volver la cabeza, tendiendo la cama*).—Me alegro.

SAVERIO (*Palmeando a Simona en la espalda y cogiendo su sombrero*).— Querida, en los Evangelios está escrito: "Sed astutos como serpientes y cándidos como palomas." Good-bye, hermosa. (*Se marcha, mientras la sirvienta menea la cabeza extendiendo la colcha.*)

TELÓN

ACTO TERCERO

Salón de rojo profundo. Puertas laterales. Al fondo, sobre el estrado alfom-brado, un trono. Pocas bujías encendidas. Ventanas abiertas. Fondo lunado sobre arboledas. Invitados que pasean y charlan, caracterizados con trajes del siglo XVIII.

ESCENA I

(Vals.) Pedro, Juana, Ernesto, Dionisia, Ernestina, Luisa y Demetrio.

PEDRO (*A Juana*).—Menuda fiesta nos damos.

JUANA.—¿Estoy bien, yo?

PEDRO.—Preciosa.

ERNESTO.—¿Cómo me queda este morrión?

JUANA.—Parecés un perro de agua.

DIONISIA (*A Juana*).—¡Vaya el trabajo que nos da el bendito Sa-verio!...

ESCENA II

Dichos, Juan, Roberto y María.

JUAN (*Aparece vestido de pastor de grabado, demidesnudo con una piel de cabra que lo envuelve hasta las rodillas*).—¡Oh, la juventud! (*Lo rodean.*)

JUANA (*A Juan*).—¿Vos tenés que cortarle la cabeza al Coronel?

JUAN.—Sí.

PEDRO.—La cabeza cortada está ahí. (*Señala una puerta lateral.*)

ERNESTINA.—Esta maceta estorba aquí. (*La arrima a un costado.*)

LUISA.—El carnaval es completo. Únicamente faltan las serpentinas.

DEMETRIO (*A Luisa*).—¿Es cierto que ese hombre tiene una guilloti-na en su casa?

LUISA.—Preguntáselo a Ernestina.

ROBERTO (*Vestido de coracero*).—¡Ufa!... ¡Cómo molesta esto! (*Se arranca los mostachos y se los guarda en el bolsillo.*)

LUISA (*A Juan*).—¿Y Susana?

JUAN.—Está terminando de arreglarse.

PEDRO.—Me voy a esperar a Saverio.

ERNESTINA.—Mirá si no viene...

LUISA.—No seas mala persona.

ESCENA III

Por la puerta que da al trono, sobre el estrado, aparece Susana. Está caracterizada a lo protagonista de tragedia antigua, el cabello suelto, túnica de pieles y sandalias. El rostro demacrado, las ojeras profundas. Su aspecto es siniestro.

SUSANA.—Alegres invitados, ¿cómo me encuentran?
(*Cesa la música.*)
TODOS (*A coro*).—Bien, bien...
JUAN (*Saltando el estrado*).—Distinguida concurrencia. Un minuto de silencio, que no seré latero. Tengo el gusto de presentarles a la inventora de la tragedia y de la más descomunal tomadura de pelo que se tiene conocido en Buenos Aires. Nosotros los porteños nos hemos especializado en lo que técnicamente denominamos cachada. La cachada involucra un concepto travieso de la vida. Si mal no recuerdo, el difunto literato José Ingenieros organizó, con otros animales de su especie, una peña de cachadas, pero todas palidecen comparadas con ésta, cuya autora es la pulcra jovencita que con ojos apasionados contemplamos todos. Servidos, señores.
VOCES.—Bien, bien, que hable Susana.
VOCES.—Sí, que hable. (*Juan baja del estrado.*)
SUSANA (*Avanza hacia la punta del estrado. Se hace silencio*).—No conviene que un autor hable de su obra antes de que el desenlace horripile a la concurrencia. Lo único que les digo es que el final les divertirá bárbaramente. (*Baja. Aplausos. Los grupos se desparraman y charlan entre sí.*)
LUISA.—Apartate un poco el pelo de la frente.
SUSANA.—¿Qué tal estoy?
ERNESTO.—Tenés un aspecto trágico.
DIONISIA.—Si recitás bien lo que aprendiste, vas a poner frío en el alma.
DEMETRIO.—Tenés el aspecto de una endemoniada.
ERNESTINA.—El que está bien es Juan con su piel de cabra.
JUAN (*Incorporándose al grupo. A Susana*).—Mirá si Saverio no viene...
SUSANA.—Vendrá, no te preocupés.
DEMETRIO.—A la que no veo por aquí es a Julia.
SUSANA (*Irónicamente*).—Julia es una mujer seria, que no toma parte en estas payasadas.
DEMETRIO.—Mirá si te salís casando con el mantequero.

SUSANA (*Irritada*).—No digas pavadas.

MARÍA.—El alboroto que se arma dentro de un rato aquí.

DEMETRIO (*Volviéndose a todos y guiñándoles un ojo*).—Pero qué pálida estás, Susana...

SUSANA (*Fría*).—Me he pintado mucho.

JUAN.—¿No será miedo al Coronel?

MARÍA.—Mirá si intenta cortarle la cabeza... (*A los otros.*) Bueno, nosotros estamos aquí para defenderte.

DEMETRIO.—¡Qué bueno sería que Saverio trajera la guillotina aquí!

JUAN (*A Susana*).—No tengas cuidado. Le hemos puesto en la vaina un sable de cartón.

SUSANA.—Me alegro de esa precaución. No está de más.

PEDRO (*Irónico*).—Esta vez parece que ustedes se divierten en grande, ¿eh?

DIONISIA.—¿Y vos? Creo que sos el que más se divierte.

ERNESTINA.—Deberíamos buscar a Julia.

SUSANA (*Vivamente*).—No, por favor. Déjenla tranquila.

JUAN (*Mirando en rededor*).—Pido la palabra. En mi pequeño discurso de hoy se me olvidó esta aclaración: ¿Saben lo que me recuerda esta escena? El capítulo del Quijote en que Sancho Panza hace de gobernador de la ínsula de Barataria.

DEMETRIO.—Es cierto... Y nosotros... el de duques locos.

JUAN (*Guiñando el ojo a todos*).—¿Quién es el loco aquí?

TODOS (*Haciendo círculo en derredor de Susana, señalándola con el dedo*).—Susana.

SUSANA (*Amablemente*).—Y quiero seguir siendo loca, porque siendo loca pongo en movimiento a los cuerdos, como muñecos.

JUAN (*Levantando el brazo*).—Aquí todos somos locos, pero el más miserable de los locos aún no ha venido. Se hace desear. Hace sufrir a Susana. (*Volviendo a los otros.*) Porque Susana ama al vendedor de manteca. Lo ama tiernamente.

SUSANA (*Riendo forzada*).—Esto sí que está bueno...

JUAN (*Exaltado y declamatorio*).—Pero yo también amo a Susana. Pero ella, sorda, no escucha mis palabras. Sigue su ruta por un camino sombrío e ignorado.

TODOS (*A coro*).—Bien... bien...

JUAN.—No digo más... Me han interrumpido en lo mejor.

LUISA.—Pero ese Saverio, ¿viene o no viene?

DEMETRIO.—Parece que no viene.

ERNESTINA (*A Pedro*).—¿Por qué no vas a la estación?

ESCENA IV

Dichos, y la Mucama, que sale luego con Susana.

MUCAMA.—Niña, ya llegó el señor Saverio.
SUSANA.—Hasta luego... A ver cómo se portan. (*Mutis Susana y Mucama.*)
JUAN.—Todo esto es maravilloso. ¿Y saben por qué es maravilloso? Porque en el aire flota algo indefinible. Olor a sangre. (*Riéndose.*) Preveo una carnicería.
ERNESTINA.—No hablés así, bárbaro.
JUAN.—¿No huelen la sangre, ustedes?
VOCES.—Que se calle...
JUAN.—Conste que me callo, pero certifico mis presentimientos.
LUISA.—¿No querés que llamemos a un escribano?

ESCENA V

Dichos y la Mucama, luego Saverio y Pedro.

MUCAMA.—Ahí viene el señor Saverio. (*Sale.*)
JUAN.—Bueno, pórtense decentemente, ¿eh?
(*Saverio se presenta súbitamente en el salón, seguido de Pedro. Los espectadores se apartan instintivamente al paso de Saverio, que camina marcialmente. No saluda a nadie. Su continente impone respeto.*)
JUAN (*Avanza al centro del salón*).—Señor Saverio, la cabeza cortada está en este cuarto. (*Señala una puerta.*)
SAVERIO.—¿Usted hace el papel de pastor?
JUAN.—Sí, señor.
SAVERIO.—Puede retirarse. (*Juan sale desconcertado. Saverio sube al trono y mira a la concurrencia, que también lo mira a él.*) Señores, la farsa puede comenzar cuando ustedes quieran. (*A Pedro.*) Ordene a la orquesta que toque. (*Sale Pedro.*)

ESCENA VI

Saverio se sienta en el trono y comienza a sonar un vals. Saverio mira pensativo a las parejas, que al llegar bailando frente a él vuelven la cabeza para observarlo.

HERALDO (*Presentándose al final del salón. Con trompeta plateada y pantalones a la rodilla, lanza un toque de atención, y las parejas se abren en dos filas*).—Majestad, la reina Bragatiana quiere verle.

SAVERIO (*Siempre sentado*).—Que pase.

SUSANA (*Majestuosamente avanza entre las dos filas*).—¿Los señores duques se divierten? (*Saverio no abandona su actitud meditativa y fría.*) ¡Su reina fugitiva padeciendo en tierras de ignorada geografía! ¡Ellos bailando! Está bien. (*Lentamente.*) ¿Qué veo? Aquí no hay fieras de piel manchada, pero sí elegantes corazones de acero. El Coronel permanece pensativo. (*Saverio no vuelve la cabeza para mirarla.*) Obsérvenle ustedes. No me mira. No me escucha. (*Bruscamente rabiosa.*) ¡Coronel bellaco, mírame a la cara!

SAVERIO (*A la concurrencia*).—Lástima que los señores duques no tuvieran una reina mejor educada.

SUSANA (*Irónica*).—¡Miserable! ¿Pensabas tú en la buena crianza cuando me arrebataste el trono? (*Patética.*) Destruiste el paraíso de una virginal doncella. Donde ayer florecían rosas, hoy rechina hierro homicida.

SAVERIO.—¿Está haciendo literatura, Majestad?

SUSANA.—A la elocuencia de la inocencia ultrajada el Coronel la llama literatura. Mírenme, señores duques. Hagan la caridad. ¿Es digno de una reina mi atavío? ¿Dónde están las doncellas que prendían flores en mis cabellos? Miro, las busco inútilmente y no las encuentro. ¡Ah, sí ya sé! ¿Y mis amigos? Mis dulces amigos. (*Gira la cabeza.*) Tampoco los veo. (*Ingenua.*) ¿Estarán en su hogar, acariciando a sus esposas, entregados a tiernos juegos con sus hijos? (*Terrorífica.*) No. Se pudren en las cárceles. En sus puestos, traman embustes los apoderados del Coronel. (*Burlona.*) Del Coronel que no se digna mirarme. ¿Y por qué no me mira el señor Coronel? Porque es duro mirar cara a cara al propio crimen. (*Se pasa una mano por la frente. Permanece un segundo en silencio. Se pasa lentamente las manos por las mejillas.*) ¡Dura cosa es el exilio! ¡Dura cosa es no tener patria ni hogar! Dura cosa es temblar al menor suspiro del viento. Cuando miro a los campesinos ensarmentando viñas y escucho a las mozas cantando en las fuentes, torrentes de lágrimas me queman las mejillas. ¿Quién es más desdichada que yo en la tierra? ¿Quién es el culpable de esta obra nefasta? Allí está (*Lo señala con el índice*), fríamente sentado. Receloso como el caballo falso. Mientras él retoza en mullido lecho, yo, semejante a la loba hambrienta, merodeo por los caminos. No tengo esposo que me proteja con su virilidad, no tengo hijos que se estrechen contra mi pecho buscando generosa lactancia.

SAVERIO (*Siempre frío*).—Indudablemente, señora, los hijos son un consuelo.

SUSANA.—¿Lo escucharon? (*Suplicante.*) ¿Levantaron acta de su frialdad burlona? Los hijos son un consuelo. ¡Contéstanos, hombre siniestro! ¿Fuiste consuelo de la que te engendró? ¿Qué madre venenosa adobó en la cuna tus malos instintos? ¿Callas? ¿Qué nodriza te amamantó con leche de perversidad?

SAVERIO (*Siempre frío y ausente*).—Hay razones de Estado.

SUSANA (*Violentísima*).—¡Qué me importa el Estado, feroz fabricante de desdichas! ¿Te he pedido consejos, acaso? Bailaba con mis amigas en los prados, al son de los violines... Violines... qué lejos estáis... ¿Te llamaron acaso mis consejeros? ¿Te solicité que remendaras leyes, que zurcieras pragmáticas? Pero guarda silencio, hombre grosero. Te defiendes con el silencio, Coronel. Tuya es la insolencia del caporal, tuya la estolidez del recluta. Pero no importa. (*Suave.*) Lo he perdido todo, sólo quiero ganar un conocimiento..., y ese conocimiento, Coronel, que es lo único que te pido, es que me aclares el enigma de la criminal impasibilidad con que me escuchas.

SAVERIO (*Se pone de pie*).—Le voy a dar la clave de mi silencio. El otro día vino a verme su hermana Julia. Me informó de la burla que usted había organizado con sus amigas. Comprenderá entonces que no puedo tomar en serio las estupideces que está usted diciendo. (*Al escuchar estas palabras, todos retroceden como si recibieran bofetadas. Silencio mortal. Saverio se sienta, impasible.*)

SUSANA (*Dirigiéndose a los invitados*).—Les ruego que me dejen sola. Tengo que pedirle perdón a este hombre. (*Cara al suelo, silenciosamente salen los invitados.*)

ESCENA VII

Saverio y Susana.

SUSANA.—Es terrible la jugada que me ha hecho, Saverio, pero está bien. (*Se sienta al pie del trono, pensativamente.*) Luces, tapices. Y yo aquí sentada a tus pies como una pobre vagabunda. (*Levantando la cara hacia Saverio.*) Se está bien en el trono, ¿eh, Coronel? Es agradable tener la tierra girando bajo los pies.

SAVERIO (*Poniéndose de pie*).—Me marcho.

SUSANA (*Levantándose precipitada, le toma los brazos*).—Oh, no, quédese usted, por favor. Venga... Miremos la luna. (*Lo acompaña, tomándolo del brazo, hasta la ventana.*) ¿No le conmueve este espectáculo, Coronel?

SAVERIO (*Secamente*).—¿Por qué se obstina en proseguir la farsa?

SUSANA (*Sincera*).—Me agrada tenerlo aquí solo, conmigo. (*Riéndose.*) ¿Así que usted se hizo fabricar una guillotina? Eso sí que está bueno. Usted es tan loco como yo. (*Saverio se deshace de su mano, se sienta pensativo en el trono. Susana se queda de pie.*)

SUSANA.—¿Por qué no me escucha? ¿Quiere que me arrodille ante usted? (*Se arrodilla.*) La princesa loca se arrodilla ante el desdichado hombre pálido. (*Saverio no la mira. Ella se para.*) ¿No me escucha, Coronel?

SAVERIO.—Me han curado de presunciones las palabras de su hermana Julia.

SUSANA.—Julia... Julia... ¿Qué sabe Julia de sueños? Usted sí que es capaz de soñar. Vea que mandar a fabricar una guillotina... ¿Corta bien la cuchilla?

SAVERIO.—Sí.

SUSANA.—¿Y no es feliz de tener esa capacidad para soñar?

SAVERIO.—¿Feliz? Feliz era antes...

SUSANA.—¿Vendiendo manteca?

SAVERIO (*Irritado*).—Sí, vendiendo manteca. (*Exaltándose.*) Entonces me creía lo suficiente poderoso para realizar mi voluntad en cualquier dirección. Y esa fuerza nacía de la manteca.

SUSANA.—¿Tanta manteca comía usted?

SAVERIO.—Para ganarme la vida tenía que realizar tales esfuerzos, que inevitablemente terminé sobreestimando mi personalidad.

SUSANA.—¿Y ahora está ofendido conmigo?

SAVERIO.—Usted no interesa... es una sombra cargada de palabras. Uno enciende la luz y la sombra desaparece.

SUSANA.—Tóqueme... verá que no soy una sombra.

SAVERIO.—Cuando yo tenía la cabeza llena de nubes, creía que un fantasma gracioso suplía una tosca realidad. Ahora he descubierto que cien fantasmas no valen un hombre. Escúcheme, Susana: Antes de conocerlos a ustedes era un hombre feliz... Por la noche llegaba a mi cuarto enormemente cansado. Hay que lidiar mucho con los clientes, son incomprensivos. Unos encuentran la manteca demasiado salada, otros demasiado dulce. Sin embargo, estaba satisfecho. El trabajo de mi caletre, de mis piernas, se había trocado en sustento de mi vida. Cuando ustedes me invitaron a participar de la farsa, como mi naturaleza estaba virgen de sueños espléndidos, la farsa se transformó en mi sensibilidad en una realidad violenta, que hora por hora modificaba la arquitectura de mi vida. (*Calla un instante.*)

SUSANA.—Continúe, Saverio.

SAVERIO.—¡Qué triste es analizar un sueño muerto! Entonces mis alas de hormiga me parecían buitre. Aspiraba encontrarme dentro de la piel de un tirano. (*Abandona el trono y se pasea nervioso.*) ¿Comprende mi drama?

SUSANA.—Nuestra burla...

SAVERIO (*Riéndose*).—No sea ingenua. Mi drama es haber comprendido, haber comprendido... que no sirvo ni para coronel de una farsa... ¿No es horrible esto? El decorado ya no puede engañar. Yo que soñé ser semejante a un Hitler, a un Mussolini, comprendo que todas estas escenas sólo pueden engañar a un imbécil...

SUSANA.—Su drama consiste en no poder continuar siendo un imbécil.

SAVERIO (*Sarcástico*).—Exacto, exacto. Cuánta razón tenía Simona.

SUSANA.—¿Quién es Simona?

SAVERIO.—La criada de la pensión. Cuánta razón tenía Simona al decirme: "Señor Saverio, no abandone el corretaje de manteca. Señor Saverio, mire que la gente de este país come cada día más manteca." Usted sonríe. Resulta un poco ridículo parangonar la venta de la manteca con el ejercicio de una dictadura. En fin... ya está hecho. No he valorado mi capacidad real, para vivir lo irreal...

SUSANA.—¿Y yo, Saverio? ¿Yo... no puedo significar nada en su vida?...

SAVERIO.—¿Usted? Usted es un monstruo...

SUSANA (*Retrocediendo*).—No diga eso.

SAVERIO.—Naturalmente. La mujer que es capaz de compaginar fríamente la farsa que usted ha montado, es una fiera. No se lastima de nada ni de nadie.

SUSANA.—Quería conocerlo a través de mi farsa.

SAVERIO.—Ésas son tonterías. (*Paseándose.*)

SUSANA.—Era la única forma de medir su posible correspondencia conmigo. Ansiaba conocer al hombre capaz de vivir un gran sueño.

SAVERIO.—Usted se confunde. No ha soñado. Ha ridiculizado... Es algo muy distinto eso, creo.

SUSANA.—Saverio, no sea cruel.

SAVERIO.—Si hace quince días alguien me hubiera dicho que existía una mujer capaz de urdir semejante trama, me hubiera conceptuado feliz de conocerla. Hoy su capacidad de fingimiento se vuelve contra usted. ¿Quién puede sentirse confiadamente a su lado? Hay un fondo repugnante en usted.

SUSANA.—Saverio, cuidado, no diga palabras odiosas.

SAVERIO.—Ustedes son la barredura de la vida. Usted y sus amigas.

¿Hay acaso actitud más feroz, que esa indiferencia consciente con que se mofan de un pobre diablo?

Susana.—Esto es horrible.

Saverio.—¿Tengo yo la culpa? Me han dado vuelta como a un guante.

Susana.—Estoy arrepentida. Saverio créame...

Saverio (*Fríamente*).—Es posible... pero usted saldrá de esta aventura y se embarcará en otra porque su falta de escrúpulos es maravillosa... Lo único que le interesa es la satisfacción de sus caprichos. Yo, en cambio, termino la fiesta agotado para siempre.

Susana.—¿Qué piensa hacer?

Saverio.—Qué voy a pensar... volver a mi trabajo.

Susana.—No me rechace, Saverio. No sea injusto. Trate de hacerse cargo. Cómo puede una inocente jovencita conocer el corazón del hombre que ansía por esposo...

Saverio.—¿Volvemos a la farsa?

Susana.—¿Que mi procedimiento es ridículo? En toda acción interesan los fines, no los medios. Saverio, si usted ha hecho un papel poco airoso, el mío no es más brillante. Vaya y pregúntele a la gente qué opina de una mujer que se complica en semejante farsa... y verá lo que le contestan. (*Saverio se sienta en el trono, fatigado.*) ¡Qué cara de cansancio tiene! (*Saverio apoya la cara en las manos y los codos en las rodillas.*) ¡Cuánto me gustas así! No hables, querido. (*Le pasa la mano por el cabello.*) Estás hecho pedazos, lo sé. Pero si te fueras y me dejaras, aunque vivieras cien siglos, cien siglos vivirías arrepintiéndote y preguntando: ¿Dónde está Susana? ¿Dónde mi paloma?

Saverio (*Sin levantar la cabeza*).—¡Valiente paloma está hecha usted!

Susana (*Acariciándole la cabeza*).—¿Estás ofendido? ¿No es eso, querido? Oh, no, es que acabas de nacer, y cuando se acaba de nacer se está completamente adolorido. La soledad te ha convertido en un hombre agreste. Ninguna mujer antes que yo te habló en este idioma. Necesitabas un golpe, para que del vendedor de manteca naciera el hombre. Ahora no te equivocarás nunca, querido. Caminarás por la vida serio, seguro. Eres un poco criatura. Tu dolor es el de la mariposa que abandona la crisálida.

Saverio (*Restregándose el rostro*).—¡Cómo pesa el aire aquí!

Susana (*Poniéndose de pie a su lado*).—Soy la novia espléndida que tu corazón esperaba. Mírame, amado. Me gustaría envolverte entre mis anillos, como si fuera una serpiente de los trópicos.

Saverio (*Retrocediendo instintivo en el sillón*).—¿Qué dice de la serpiente? (*Con extrañeza.*) ¡Cómo se han agrandado sus ojos!

Susana.—Mis ojos son hermosos como dos soles, porque yo te amo, mi Coronel. Desde pequeña te busco y no te encuentro. (*Se deja caer al lado de Saverio. Le pasa la mano por el cuello.*)

SAVERIO.—Mire que puede entrar gente.

SUSANA.—¿Te desagrada que esté tan cerca tuyo?

SAVERIO.—Parece que se estuviera burlando.

SUSANA (*Melosa*).—¿Burlarme de mi Dios? ¿Qué herejía has dicho, Saverio?

SAVERIO (*Violento*).—¿Qué farsa es la tuya? (*Le retira violentamente el brazo.*)

SUSANA.—¿Por qué me maltratas así, querido?

SAVERIO.—Disculpe... pero su mirada es terrible.

SUSANA.—Déjame apoyar en ti. (*Lo abraza nuevamente por el cuello.*)

SAVERIO.—Hay un odio espantoso en su mirada. (*Trata de desasirse.*)

SUSANA.—No tengas miedo, querido. Estás impresionado.

SAVERIO (*Desconcertado*).—¿Qué le pasa? Está blanca como una muerta.

SUSANA (*Melosa*).—¿Tienes miedo, querido?

SAVERIO (*Saltando del trono*).—¿Qué oculta en esa mano?

SUSANA (*Súbitamente rígida, de pie en el estrado*).—Miserable...

SAVERIO.—¡Susana! (*Súbitamente comprende y grita espantado.*) Esta mujer está loca de verdad... Julia... (*Susana extiende el brazo armado de un revólver.*) ¡No! ¡Susana!

ESCENA VIII

Suenan dos disparos. Los invitados aparecen jadeantes en la puerta del salón. Saverio ha caído frente al estrado.

Dichos, Juan, Pedro, Julia, etcétera.

JUAN.— ¡Qué has hecho, Susana? (*Susana, cruzada de brazos, no contesta. Mira a Saverio.*)

PEDRO (*Inclinándose sobre Saverio*).—¿Está herido, Saverio?

(*Julia avanza hasta el centro de la sala, pero cae desmayada antes de llegar a Susana.*)

SUSANA (*Mirando a los hombres inclinados sobre Saverio*).—Ha sido inútil, Coronel, que te disfrazaras de vendedor de manteca.

PEDRO.—Saverio... perdón... no sabíamos.

JUAN.—Nos ha engañado a todos, Saverio.

SAVERIO (*Señalando con un dedo a Susana*).—No era broma. Ella estaba loca. (*Su brazo cae. Los invitados se agrupan en las puertas.*)

TELÓN FINAL

SAMUEL EICHELBAUM
[*Argentina, 1894-1969*]

Oriundo de Domínguez, provincia de Entre Ríos, Eichelbaum viajó a Rosario, niño todavía —según reza una anécdota—, con un libreto teatral bajo el brazo en busca de un director. Este fecundo dramaturgo se inició en la carrera de las letras como periodista ocasional para la revista *Caras y caretas* de Buenos Aires, ciudad donde participó activamente en la bohemia literaria de los años vanguardistas. Logró presentarse como autor dramático con *En la quietud del pueblo* en 1918, pero su carrera teatral comienza verdaderamente en 1920, con la pieza en tres actos *La mala sed* que, aunque de asunto naturalista, es un estudio de conducta moral, resuelto con un criterio antinaturalista, que anuncia ya la preocupación psicológico-moral de una gran parte de la producción de Eichelbaum. En la década del veinte escribió una decena de obras de importancia, entre las que pueden mencionarse: *Un hogar* (1922), *La hermana terca* (1924), *Nadie la conoció nunca* (1926), *Cuando tengas un hijo* (1929) y *Señorita* (1930). En estas piezas, especialmente en las dedicadas al análisis de los personajes femeninos, se observa un deseo de explorar los sustratos psicológicos con un tratamiento ético-metafísico de nuevas dimensiones, que no se encuentra en el teatro naturalista y costumbrista de principios de siglo en toda Hispanoamérica. Varias de sus piezas posteriores le merecieron codiciados premios. Entre ellas se destacan las siguientes: *Jockey Club* (1930), *Tejido de madre* (1930), *El gato y su selva* (1936), magnífico retrato de un solterón no común; *Pájaro de barro* (1940), sobre el drama de una madre soltera; *Un guapo del 900* (1940), Premio Nacional y Municipal, culminación gloriosa del teatro gauchesco; *Un tal Servando Gómez* (1942), acerca de la bondad campesina; *Dos brasas* (1955), obra también galardonada, sobre la codicia; y *Las aguas del mundo* (1957). En sus últimos años, Samuel Eichelbaum llegó a ser presidente interino de la prestigiosa asociación Argentores, y sirvió a su país en funciones diplomáticas en México.

La grandeza de los protagonistas eichelbaumianos radica en su consciente autorrescate desde el ambiente colectivo o rutinario en que andaban engañados, aunque ese rescate signifique al fin un replegarse en soledad. La autenticidad lograda a fuerza de un valor moral siempre heroico, a la vez comporta una suprema conciencia de dignidad personal y de libertad. La concepción trágica del autor se muestra en que sus héroes dramáticos se descubren a sí mismos a costa de un fracaso, de un desengaño de enormes proporciones, de un romper definitivo con la sociedad o con su propio pasado. Sobre *Un guapo del 900*, que se incluye en esta antología, ha dicho Bernardo Canal-Feijo: "A través de figuras y situaciones del viejo sainete rioplatense, el personaje instrumental, cuya existencia se justifica en su topicidad por la afección servil al personaje político, tras la máxima prueba de afectación —mata oficiosamente para proteger, no ya la vida, sino el honor del amo—, se siente purgado de servidumbre, manumitido, liberado, restituido al fin a sí mismo en total reasunción de facultades antes enajenadas a nombre de un aberrante idealismo."

BIBLIOGRAFÍA SUMARIA

Apstein, Theodore,"Samuel Eichelbaum, Argentine Playwright", *Books Abroad*, vol. XIX, 1945, pp. 237-241.

Canal-Feijo, Bernardo (comp.), *Cuatro piezas de Eichelbaum: El gato y su selva, Un guapo del 900, Pájaro de barro, Dos brasas,* Buenos Aires, Sudamericana, 1952.

Cruz, Jorge, *Samuel Eichelbaum*, Buenos Aires, Ediciones Culturales Argentinas, 1962.

Durán-Cerda, Julio, "Civilización y barbarie en el desarrollo del teatro nacional rioplatense", *Revista Iberoamericana*, vol. XXIX, núm. 55, enero-junio de 1963, pp. 89-124.

Giordano, Enrique, "La generación del 27: Samuel Eichelbaum y la composición paratáctica-teatralista", *La teatralización de la obra dramática, de Florencio Sánchez a Roberto Arlt*, Red de Jonás, México, Premiá, 1982, pp. 113-148.

Godoy Froy, Marta Lía, *Introducción al teatro de Samuel Eichelbaum*, Buenos Aires, Plus Ultra, 1982.

Guardia, Alfredo de la, "Raíz y espíritu del teatro de Eichelbaum", *Imagen del Drama*, Buenos Aires, Schapire, 1954, pp. 84-89.

_____ , "Dos estudios de Samuel Eichelbaum", *Nosotros*, 2a. época, vol. XIV, núm. 64, julio de 1941, pp. 84-89.

Karavellas, Panos D., *La dramaturgia de Samuel Eichelbaum*, Montevideo, Géminis, 1976.

Maloney, Janet E., "The Theatre of Samuel Eichelbaum", tesis doctoral inédita, Northwestern University, 1963.

Morán, Julio César, "Conducta humana y coherencia existencial en *Un guapo del 900* de Samuel Eichelbaum", *Estudios Literarios e Interdisciplinarios*, La Plata, 1968, pp. 71-96.

Scarano, Laura Rosa, "Hacia una ética del coraje: *Un guapo del 900* de Samuel Eichelbaum", *Revista Letras*, vol. XXXVII, 1988, pp. 183-188.

Solórzano, Carlos, *El teatro latinoamericano en el siglo XX*, México, Pormaca, 1964, pp. 61-64.

Un guapo del 900

PIEZA EN TRES ACTOS, DIVIDIDOS EN SEIS CUADROS

PERSONAJES

D. PEDRO LALANNE
UN CLIENTE
LUCIANA
MARUJA
PUENTES VILA
GUALBERTO
NATIVIDAD LÓPEZ
PALMERO
EL QUEBRAO
UN CHICO
PANCHO LÓPEZ
ECUMÉNICO LÓPEZ
LADISLAO LÓPEZ
EDELMIRA CARRANZA DE GARAY
DR. CLEMENTE ORDÓÑEZ
TESTA
LAURO
BATARAZ
BRAVATTO
VENTARRÓN
EL YIYO
D. ALEJO GARAY
CASIMIRO
ORGANILLERO
CHINITA

Esta obra se estrenó la noche del 28 de marzo de 1940, en el Teatro Marconi, en la inauguración de la temporada dirigida por Armando Discépolo.

233

PRIMER ACTO

CUADRO I

Almacén de ramos generales en los suburbios de Buenos Aires, allá por el 1900. Al fondo, dos puertas bajas que miran a las dos calles que forman la esquina en que está ubicada la casa y que se juntan en las dos caras de un grueso tirante que llega hasta el suelo. En el lateral izquierdo, el mostrador, viejo y deteriorado, que empieza a la entrada del negocio y que tuerce hacia la derecha hasta llegar al primer término, mostrando su vientre al espectador. La pared del lateral izquierdo tiene, en su centro, una abertura por la cual se va a las dependencias particulares del dueño del almacén, don Pedro Lalanne, un francés de unos cincuenta años, que atiende el negocio auxiliado por su hija Luciana, muchacha de unos dieciocho a veinte años, de aspecto muy suave. Al levantarse el telón están en escena varios parroquianos. A la entrada, don Pedro atiende a un cliente. Al promediar el negocio y junto al mostrador, dos parroquianos, Puentes Vila y Gualberto, conversan. Por su parte, Luciana atiende a una amiga. Son aproximadamente las siete de una tarde de verano. En el negocio, la atmósfera parece ser apenas soportable: afuera la luz tiene una pesadez de plomo.

PEDRO (*Después de mostrar detalladamente la cincha de cuero que tiene en la mano*).—Es cincha para toda la vida.

CLIENTE.—Es verdad; pero ha de ser un castigo pa cualquier animal. Debe cortar el cuero vivo en pocas horas. ¿En cuánto la vende, don?

PEDRO (*Tras de buscar en la cincha los signos misteriosos de su verdadero precio*).—Vale tanto... como...

CLIENTE.—No me diga lo que vale, patrón, porque no soy tan curioso. Dígame en cuánto la vende.

PEDRO.—Llévesela por cuatro pesos.

MARUJA (*Observando un retrato alargado que tiene en la mano*).—¡Estás donosísima! Son seis retratos diferentes. En todos estás linda.

LUCIANA.—No me lisonjéis tanto, Maruja.

MARUJA.—De verídico que estás donosísima... ¿Me obsequiás con uno?

LUCIANA.—Me he quedado con este solo. En cuanto me haga hacer más con mucho gusto te lo regalaré.

MARUJA.—Quisiera mostrárselo a mi tía. ¿Me lo prestás por un rato?

LUCIANA.—Sí, pero tené cuidado de no ajármelo.

MARUJA.—¡No faltaba más! Lo voy a cuidar mucho.

PUENTES.—A los abstencionistas se los ha tragao la tierra.

GUALBERTO.—Eso creen ustedes. Si ahora no votan nada más que los candidatos, los amigos de los candidatos y los amigos de los amigos.

PUENTES.—¿Y pa qué más? ¿Y quiénes más quiere usté que voten?

GUALBERTO.—¡El pueblo, mi amigo, el pueblo!

PUENTES.—Entre los amigos de los candidatos y los amigos de los amigos, sigún dijo usté, está todo el pueblo. Y si quedan algunos afuera, serán gringos a quienes las elecciones los tiene sin cuidao. Gringos que van con su canasta entre los brazos, pregonando su único interés en la vida: la transacción con sus mercaderías.

GUALBERTO.—A ustedes, como a los caballos de tiro, les han puesto anteojeras pa que no vean lo que ocurre a los costaos. Algún día se les caerá esa porquería de los ojos y entonces no saldrán de su asombro.

El cliente de don Pedro se hace envolver la cincha, paga y se va. Por la puerta del frente y casi embistiendo a aquél, aparecen Natividad, Palmero y El Quebrao. Entran en el orden en que se nombran. Natividad avanza sin detenerse hasta el trozo de mostrador que muestra su vientre.

NATIVIDAD (*A Luciana*).—Vos, buena moza, servíles con tus manos de puntiya a estos amigos.

LUCIANA (*A su amiga*).—Espérate un momento. (*Acercándose a Palmero y El Quebrao.*) ¿Qué se van a servir los señores?

PALMERO.—Un suisé.

EL QUEBRAO.—Una caña con limonada.

PALMERO.—Tomá suisé, que refresca más.

EL QUEBRAO.—Eso es: sírveme un suisé, sin goma.

NATIVIDAD.—A mí, un vino. Yo no cambeo nunca. Ni aunque yamen a degüeyo.

Hace alusión a Puentes Vila y lo observa con impertinencia. Éste, por su parte, sonríe y luego le habla al oído a su compañero. Luciana sirve. Por la puerta del lateral entra un chico.

UN CHICO.—Un atado de cigarrillos "Capricho".

DON PEDRO.—Uh... la la. ¿Fuman de vainte ahora en tu casa? No hay "Capricho". Éste es negocio de pobres. No vendemos de vainte.

UN CHICO.—Bueno. Entonces, déme un kilo de yerba, un kilo de azúcar, veinte de salame, veinte de queso de rayar y un litro de vino.

DON PEDRO (*Se acerca al chico y le habla en voz baja*).—Decíle a tu mama que digo yo que tiene muy mala memoria. Que se acuerde de lo que le he dicho esta mañana. No le puedo fiar más.

UN CHICO.—Y si yo le voy a pagar. ¿No ve la plata? (*Se la muestra.*) Está en casa el novio de mi hermana. Son para él los cigarrilllos "Capricho". Es telegrafista. ¡Qué se cree!

DON PEDRO (*Alza la voz*).—Esto es otra cosa, mi amigo. Así podemos hacer negocio. (*Despacha al chico.*)

PALMERO.—Me voy a tener que ir.

NATIVIDAD.—Ecuménico ha de estar al cair.

PALMERO.—Mañana me toparé con él en cualquier lao.

NATIVIDAD.—Tené un poco de pacencia. En un rato más estará aquí.

PALMERO.—Si no lo veo, usté me hará el favor, doña Natividad, de decirle que yo he venido pa hacerme presente antes de las elecciones, como un soldao que conoce la disciplina y el deber. No al ñudo ha estao uno diecisiete años en el cuartel. Y ya que he mentao el cuartel, le voy a confiar la urgencia que tengo de ver a Ecuménico. Quisiera que me lo hable a don Alejo pa que me gestione la reincorporación al ejército. Ecuménico está alvertido del asunto. Hace cosa de seis años me vi envuelto en un feo que le hicieron a un teniente, de mala índole, ¿sabe, doña?, en el que yo no intervine ni siquiera de ojito y la pagué nada menos que con la baja. Ahora, pasados los seis años, pienso que tal vez haigan olvidao el asunto y pueda recuperar mi grado de sargento y la mesada. ¿No le parece, doña Natividad, que Ecuménico puede interesarlo a don Alejo? Somos correligionarios y amagos. ¿Qué decís vos, Quebrao?

NATIVIDAD (*Después de un silencio*).—Yo no sé, mi hijo. Vos contá con la amistá de Ecuménico. Eso no te faltará nunca, porque mis muchachos son más derechos que la ley. No en balde don Alejo los tiene a su lao dende que aprendieron a usar cuchiyo. Sabe que ande están Ecuménico y Ladislao nunca faltarán dos hombres pa jugarse el peyejo.

PALMERO.—Es verdá.

EL QUEBRAO.—Son guapos y liales.

NATIVIDAD.—¿Que si son guapos? Cuando las cosas se ponen feas, don Alejo los hace trair, y en cayendo ellos ni las moscas zumban. No le hacen asco ni a la muerte. ¡Es de ver cómo baila el cuchiyo en sus manos! Ecuménico, pa unas elecciones que hicieron ayá en los tiempos de don Alsina, tomó él solito y su alma, a punta de cuchiyo, una comisaría. El comisario, el sargento y los agentes tuvieron que albergarse en lo de Tobías, un boliche que sabía haber en los confines de la Calle Ancha, la frontera de la ciudá. (*Después de una pausa.*) El Pancho, sí, parece de otra entraña. Medio cobardón. A ocasiones me da miedo. Ni cuchiyo sabe usar el pobre. Anda de un lao pa otro, meta charla y charla, sin un cobre en el bolsiyo. Así me dicen. Porque lo que es conmigo no conversa ni cinco. La policía no le pierde pisada. Vaya a saber en qué andará para que la policía lo tenga entre ojos.

PUENTES (*Violento*).—¡Ése fue otro hombre, mi amigo! ¡Qué va a comparar! Ése fue un ciudadano como la gente. En vida de Alén la concencia ciudadana tenía su amparo. ¡Qué va a comparar con estos otros de ahura!

GUALBERTO.—¿Si acaso don Hipólito Irigoyen no sigue las güeyas, de don Leandro?

PUENTES.—¡Qué va a seguir, mi amigo! Además, no se trata de seguir güeyas, sino de otra cosa. Hay que tener caráter, meoyo, y, sobre todo, saber cómo se ha de mover la lengua, pa ser como aquel viejo. Y usté me sale con don Hipólito. ¡Linda comparación! Yo me volqué pal otro lao en cuanto murió el gran viejo.

GUALBERTO.—Usté no lo conoce a don Hipólito.

PUENTES.—Ta claro que no lo conozco. Ni falta que me hace.

Por el foro entra Pancho y se acerca lentamente a Luciana.

PANCHO (*En broma*).—¿Cuándo nos casamos, Luciana?

LUCIANA.—Apenitas nos queramos.

PANCHO.—Apúreme a ese corazón. Mire que ando sin conchabo y este boliche está bueno.

LUCIANA.—¿Cuándo llegó?

PANCHO.—Esta mañana.

LUCIANA.—Y se va pronto, es claro. Como siempre.

PANCHO.—Quién sabe.

LUCIANA.—No para más que unos días en su casa.

PANCHO.—¿Para qué más?

LUCIANA (*Después de una pausa*).—¿Y su mamá no es capaz de impedirle que ande toda la vida quién sabe por dónde?

PANCHO.—Ya ve que no lo impide.

LUCIANA.—Si no hay nadie que lo retenga, hace bien.

PANCHO.—La vieja no tiene apego por mí. Si le faltara Ecuménico o Ladislao, lo pasaría mal. Pero tratándose de mí, la tiene sin cuidado.

LUCIANA.—No lo comprendo. Aunque sean nada más que medio hermanos como son, para ella son hijos iguales los tres.

PALMERO.—Será hasta otro momento, doña Natividad.

NATIVIDAD.—Tomá otra copa.

PALMERO.—Es que tengo que hacer.

NATIVIDAD.—Lo que tenés que hacer lo dejás pa otro día. Tomá otra copa, mi hijo. (*A Luciana, que está otra vez con su amiga.*) Luciana, vení a servirle a estos amigos.

DON PEDRO.—Un poquito de pacencia. En seguida voy a despacharles. (*Un instante después don Pedro va a servirles.*) ¿Qué han pedido ustedes?

NATIVIDAD.—Un suisé pa el señor, un vino pa mí y...

EL QUEBRAO.—Otro suisé pa mí, pero sin goma. (*Don Pedro les sirve.*)

LUCIANA.—No creo que papá me dé permiso. Como hubo bochinche las últimas veces que hicieron baile. Y ahora, con las elecciones...

AMIGA.—Pedíle que te deje. Si se niega, te mando a mi mamita para que le ruegue.

Gualberto paga a don Pedro en el momento en que Puentes Vila se ha quedado observando un muestrario de cuchillos.

LUCIANA.—Bueno. Ya veremos. Después te cuento.

AMIGA.—Hasta mañana.

LUCIANA.—No vayás a estropearme el retrato.

AMIGA.—No faltaba otra cosa, Luciana. Luego o mañana te lo traigo.

LUCIANA.—Dame, que te lo envuelvo. (*La amiga le da el retrato, ella lo envuelve y luego lo entrega de nuevo.*)

VOZ DEL VENDEDOR (*Cantando*).—Vendo sandia colorada,/ sandia./ Pa la niña enamorada,/ sandia.

MARUJA.—Hasta mañana.

LUCIANA.—Hasta mañana.

PUENTES (*Que vuelve a su compañero*).— Otra vuelta, patrón.

GUALBERTO.—No, yo no tomo más.

PUENTES.—¡Ah, ya caigo! Usté es de los que no toman en vísperas de eleciones porque suponen que los atos electorales son duelos cívicos, en los que los ciudadanos de concencia honrada deben andar melancólicos, como en la muerte de uno de la familia. ¡No jeringue, mi amigo! Las eleciones se han hecho pa que los hombres tengan un día de espansión y nada más.

GUALBERTO.—Y en vida de Leandro Alén, ¿qué eran pa usté los atos eletorales?

PUENTES.—Eran lo mismo, pero él quería que fuesen otra cosa y tuvo que suicidarse. ¿Es verdá o no es verdá?

GUALBERTO.—Es verdá.

PUENTES.—¿Y entonces, mi amigo? Tómese otra copa y déjese de pamplinas.

GUALBERTO.—No, ¡qué esperanza! He dicho que no tomo más.

PUENTES.—Vea, mi amigo: ustedes no encontrarán nunca quien los acompañe, porque le hacen creer a la gente que la honradez cívica es como un voto de astinencia y castidad. Y los hombres, mi amigo, no han nacido pa santos. ¿Me comprende? Ustedes, los predicadores de la honradez cívica y de la probidad política, deberían convidar con asao con cuero y con vino, como los otros, más que los otros, y verían cuánta gente estaría con los astencionistas. Pero, así... ¿quién quiere usté que los acompañe? ¿Yo? No podría.

GUALBERTO.—Me está pareciendo que con usté no vamos a hacer patria.

PUENTES.—¡Ta claro que no! Yo usufrutúo la patria que han hecho otros. Unos hacen patria y otros se la comen. Es la ley del sonso y del vivo.

GUALBERTO (*Fastidiado*).—Hasta cualquier momento.

PUENTES.—No se vaya.

GUALBERTO.—No nos vamos a entender. Mejor es que cada uno se vaya pa su lao.

PUENTES.—Ni falta que hace que nos entendamos. Con chupar juntos y charlar de lo que venga y como venga, está todo arreglao.

PUENTES.—Y lo chupao, ¿quién lo paga?

GUALBERTO.—Está muy borracho usté. Ya está pagao. Lo ha pagao el sonso. ¿No es verdá, patrón?

DON PEDRO.—Sí, es cierto. Está todo pagado.

Gualberto se va por la puerta lateral. Puentes Vila se acerca a Natividad, previo un examen de los personajes que están con ella.

PUENTES.—Perdone la curiosidá, doña. (*Se quita el sombrero y le hace un saludo versallesco.*) ¿Es madre de los hermanos López, usté?

NATIVIDAD (*Con energía*).—Sí, señor. ¿Qué se le frunce?

PUENTES.—Permítale a un crioyo humilde que la felicite por la guapeza de sus hijos. He conocido en mi vida muchos hombres al servicio de políticos de todo pelaje, grandes y chicos, buenos y malos. Malos, no. La verdá hay que decirla. ¡No hay políticos malos! Y buenos, tampoco, ¡qué caray! Los políticos no son ni buenos ni malos. Son hombres de oficio. Como los carpinteros y los albañiles. ¿Es verdá o no es verdá, doña?

NATIVIDAD.—Yo no sé. O pa ser más clara, no me da la gana de contestarle. ¿Qué es lo que usté quería decir de mis muchachos?

PUENTES.—Se me había olvidao. Perdone. A eso iba. He visto muchos hombres, como venía diciendo, entregaos a caudiyos de arrastre. Yo mismo, si me perdonan la jatancia, he estao y estoy todavía cerca de un hombre que vale un Potosí; el dotor Clemente Ordóñez. Hombre de ley, me comprenden. Joven, ilustrao, tal vez un poco nuevo en estas lides, pero todo un caudiyo. Con decirles que está en la gracia de hombre de la Casa Rosada, queda dicho todo. ¡Y no ha de ser porque le falten virtudes! ¿No les parece?

NATIVIDAD (*Fastidiada*).—Pero, ¿qué es lo que tiene usté que decir de los hermanos López?

PUENTES.—A eso iba. Digo que hombres... Porque hay muchas clases de hombres. Ahí acaba de abandonarme un amigo que se dejaría fusilar por la espalda convencido de que es un hombre como la gente y no ostante, señora, a mí me parece que... puestos a jujar bien las cosas, es un angelito el pobre... Hay muchas clases de hombres: vivos y sonsos, pero también entre los vivos y entre los sonsos hay categorías... Yo, por ejemplo...

NATIVIDAD.—A mí me parece que entre los vivos también hay muchos sonsos.

EL QUEBRAO.—¿Lo han perforao, diga don?...

PUENTES.—¡A eso iba! ¿Ve? Yo soy un vivo sin categoría; pero el señor...

PALMERO (*Previendo una ofensa para el compañero, se apresura a evitarla*).—¿Qué pasa con el señor?

PUENTES (*Que en su ligera borrachera sospecha que algo perjudicial le puede ocurrir*).—¡A eso iba! Así como soy un colao entre los vivos —¿no es eso señora?—, el señor, su amigo, es un colao entre los sonsos ¿Qué le parece? No es pa ofenderse. Digo, a mi juicio. (*Se oye a lo lejos la voz de cuerno del tranvía a caballo.*)

NATIVIDAD.—Sea prudente y déjenos hablar tranquilos. Lo que iba a decir de mis muchachos me lo dice en otra oportunidad.

PUENTES.—Ta bien. (*Se queda reflexionando.*) Bien pensao, tiene razón.

Por la puerta que da a la calle aparecen Ecuménico y Ladislao. El primero avanza directamente hacia donde están Natividad, Palmero y El Quebrao. Ladislao se detiene en mitad del negocio y enciende parsimoniosamente un pucho de toscano que traerá en la boca.

ECUMÉNICO (*Al reconocer a Palmero y El Quebrao*).—¿Qué tal, hermanos? (*Se abraza con los dos*).

PALMERO.—¡El tiempo que hace que no nos véiamos!

LADISLAO (*Más concentrado que Ecuménico, saluda a sus amigos con me-

nos efusividad. Un apretón de manos le basta para exteriorizar la alegría que le proporcionan).–Y... ¿cómo les va yendo?

EL QUEBRAO.–Pobreando siempre.

ECUMÉNICO.–¿Y en qué andan por este boliche del franchute?

NATIVIDAD.–Venían a verte a vos, y yo los entretuve.

PALMERO.–Sí, tenía que hablarte. (*Observa a su alrededor y ve que, aunque un poco distante, Puentes Vila permanece allí como un testigo que molesta, más que por el carácter confidencial de lo que va a decir, por su pegajosidad de borracho. Dirigiéndose a él.*) Diga, don, ¿tiene mucha gana de peliar usté? (*Ecuménico y Ladislao observan la escena con displicencia.*)

PUENTES.–Yo no digo nada.

PALMERO.–¡Entonces se me manda cambiar al trote! ¿Me ha oído? (*Puentes Vila se aleja. Va lentamente hasta la puerta, luego se vuelve, con igual lentitud, cuidándose de no volver la cara a los del grupo de Natividad. Un segundo más tarde sale definitivamente.*)

ECUMÉNICO.–¿En qué andas, hermano?

PALMERO.–Vamos a tomar las copas antes de hablar. Pa facilitar la cosa, ¿sabés? (*A don Pedro, que estará ocupado en arreglar unos estantes de su negocio, mientras Luciana hace igual cosa en otro sector de mercaderías más apropiadas para su condición de mujer.*) Patrón, ¿quiere despachar aquí?

DON PEDRO.–Un momentito, señor.

ECUMÉNICO.–Hablá mientras. ¿O te creés que soy gobierno?

PALMERO.–Quería verte pa ponerme a las órdenes, como hice otras veces. En cuanti empezaron a hablar de elecciones, pensé: lo voy a ver a Ecuménico pa hacerme presente como buen soldao. Preguntále a éste. Desí vos, Quebrao.

ECUMÉNICO.–No me traigás testigos, hermano. Si yo te apreceo mucho.

PALMERO.–Disculpá, entonces.

DON PEDRO.–¿La misma vuelta, señores?

PALMERO.–¿Y vos, Ecuménico?

ECUMÉNICO.–Un vino. El franchute ya sabe de cuál. (*Don Pedro sirve y vuelve a sus cosas.*)

PALMERO.–Como te decía, le dije a éste: lo voy a dir a ver a Ecuménico pa recordarle que soy de los suyos. Y le dije a más: si querés, si no tenés compromiso, veníte vos también, y así votamos cuatro.

ECUMÉNICO.–¿Cuatro?

PALMERO.–Ta claro: éste y yo, y mis dos primos finaos, somos cuatro iscritos.

ECUMÉNICO.–No me acordaba. Tenés razón.

PALMERO.—El Quebrao me dijo que sí, y aquí estoy. (*Una pausa.*)

ECUMÉNICO.—Algo turbio andarás queriendo cuando te cuesta largar.

PALMERO.—No sé si te acordarás que estás hablando con un hombre que lleva por dentro un uniforme de soldao con jinetas de sargento y todo. Hace tiempo te hablé de un asunto.

ECUMÉNICO.—¿Querés volver al ejército?

PALMERO.—¡Eso mismo!

ECUMÉNICO.—Mirá, hermano: no te voy a poder servir.

PALMERO.—¡Pucha que hablás pronto y claro! ¿Y por qué, si puede saberse?

ECUMÉNICO.—Toy distanciao de don Alejo. Es decir, se me ha distanciao, que no es lo mismo, aunque pal caso resulte así.

PALMERO.—¿Así que andás con el doctor Clemente Ordóñez, ahura?

ECUMÉNICO.—¿Qué ha dicho, mi sargento? ¿Cómo ha dicho? (*Antes de que Palmero consiga explicar, Ecuménico, con la rapidez y la destreza de un tigre, le pega con el dedo índice debajo de la nariz, como quien da un guantazo, y cambia de expresión y de tono ante lo que considera una ofensa imperdonable.*) ¡Ecuménico López no tiene vueltas! A ver si te lo aprendés pal resto de tu vida. (*Palmero queda como petrificado. El Quebrao, que se había sentado sobre el mostrador, se ha puesto de pie lentamente. Por su parte, Ladislao, en cuanto lo ha visto pararse, lo marca como a un jugador de futbol, poniéndose frente a él, pero sin hacer ostentación de su guardia. Ecuménico, después de una extensa pausa, como si nada hubiera ocurrido.*) A mí no me precisás pa nada. Podría servirte de cochero llevándote a lo de don Alejo, nada más. Pero si vos le hacés presente que tenés cuatro boletas de iscrición que ofrecerle, te va a atender igual que a mí. Es muy gaucho y no te va a mezquinar muñeca.

PALMERO.—¿Y vos crés que quedría servirme?

ECUMÉNICO.—¡No ha de querer! Si él está pa servir. Y yo pa hacer que sirva. Preo ahura no puedo. Tamos distanciaos, como te digo.

PALMERO (*Como para sí*).—Es asunto bravo el mío.

ECUMÉNICO.—Andá, enfrentálo. Puede que te lo arregle. Es el momento e pedir. Siento mucho no poder acompañarte.

PALMERO (*Luego de una breve pausa*).—¿A estas horas estará en el comité?

ECUMÉNICO.—El comité debe estar en estos momentos yeno de pechadores.

PALMERO.—No será oportuno, entonces.

ECUMÉNICO.—¡Justo! En estos días lo hayás ayí nada más pa servir.

PALMERO.—Vamos, Quebrao. (*Empieza a caer la tarde.*)

ECUMÉNICO.—¿No querés que tomemos otra copa juntos?

PALMERO.—¿Por qué no? Soy tu amigo.

ECUMÉNICO.—Parecía que no, por lo mal pensao.

PALMERO.—La política es así, Ecuménico. Hoy se sirve a uno y mañana a otro.

ECUMÉNICO.—Todas las cosas son sigún los hombres que están en eyas. He sido y soy amigo de don Alejo, y lo he servido siempre como se sirve a un amigo, en la buena y en la mala.

PALMERO.—Vos sabés más que yo de estas cosas, pero a mí —¡qué querés, hermano!— no me parece que un caudiyo rejuntador de boletas sea un amigo.

ECUMÉNICO.—Cuando el caudiyo es de una sola pieza, bien concluido y bien templao, no lo hay mejor. Pal caso, don Alejo. Se ha jugao muchas veces por mí.

PALMERO.—Después que vos has espuesto tu vida por él.

ECUMÉNICO.—Yo nunca me jugué el peyejo por él. He peliau muchas veces por política, es verdad, porque me ha gustao la partida. Como he peliau a ocasiones con los hombres que se han cruzao en el camino, por poyeras. Siempre me ha gustao. Como el vino. ¿Voy a culpar por eso a la parra?

PALMERO.—Así será, si vos lo decís. (*Tras una breve pausa.*) Hace un rato dijiste que se te ha distanciau. Y un amigo de ley no lo hace.

ECUMÉNICO.—¿Querés que te diga que soy yo el que se ha distanciau? ¿Pa que luego, en los boliches y en los peringundines, se rían a gusto pensando que don Alejo me ha dao el esquinazo? No, Palmero. Las averías que tengo me las he hecho entre ustedes. De mí no se ríe nadie, ni en mi ausencia. (*Después de una pausa.*) No, si yo también sé achicarme. Pero no de miedo, sino de juicioso.

NATIVIDAD (*Que ya se ha tomado el vino que le han servido*).—Otro vino, don Pedro.

ECUMÉNICO.—No tome más, vieja.

NATIVIDAD.—No le haga caso, don Pedro, y sírvame otro vino. (*Un silencio.*)

PALMERO (*Después de tomar un trago de su copa*).—¡Lindo varón don Alejo pa serle adito!

ECUMÉNICO.—¡Y no! Si sabré yo los puntos que calza. A fuerza de coraje ha yegao a los años que tiene.

PALMERO.—¡Coraje pa aguantar tendrá!

ECUMÉNICO.—Pa aguantar también. El macho tiene que ser de aguante siempre.

PALMERO.—Sigún de lo que se trate. Porque eso de aguantarse que le disfruten la mujer...

Instantáneamente, una mano férrea de Ecuménico lo toma del cuello, en el preciso momento en que Palmero se lleva el vaso a la boca. El vaso rueda. El Quebrao intenta precipitarse sobre el agresor, cuchillo en mano, pero éste le hace una zancadilla y cae ruidosamente al suelo. Ladislao se corre inmediatamente hacia donde está el caído, sin mostrar agitación. Natividad asiste a la escena con gran confianza en las agallas de sus "muchachos". El Quebrao se incorpora, y cuando ya está de pie, Ladislao, con toda naturalidad, le da un golpe en la muñeca y el arma cae. Ladislao la recoge y la retiene.

ECUMÉNICO (*Que todavía tiene acogotado a Palmero*).—¡Sos un milico chismoso y pulguiento! ¡Desdichao! ¡Disfrutarle la mujer a don Alejo! ¡Precisa ser infeliz pa creerlo! No hay nadie que se atreva a jugarle sucio, de guapo que es, de miedo que le tienen. Don Alejo es mucho hombre pa consentir que nadie le disfrute la mujer! ¡Marica! (*Lo deja.*) Y ahura andáte, ¡roña! (*A El Quebrao.*) Y vos también, ¡asistente e milico!

Tras de un silencio, Palmero y El Quebrao salen lentamente, apabullados, sin que ninguno de los que quedan en escena los mire. Ecuménico vuelve a su quicio, lo mismo que Natividad. Por su parte, Ladislao enciende su toscano.

NATIVIDAD (*Notando que don Pedro no está visible*).—Che, Lucianita, servíme otro vaso de vino.

ECUMÉNICO.—No tome más, vieja. Ya se lo he dicho. Le hace mal.

NATIVIDAD (*Sin responderle a Ecuménico*).—Servíme, mi hija, ¿querés?

ECUMÉNICO.—¡No le sirva nada! (*Natividad, con el rostro demudado, se acerca a Ecuménico y le da un "sopapo" con todas las ganas.*)

NATIVIDAD.—¡Volvé a decir que no me sirvan! ¡Te voy a enseñar quién es el guapo aquí! ¿Te has creido que soy uno de tus iguales? A mí me vas a respetar, ¡mal hijo! (*A Luciana, que ya se aproximó.*) Cuando yo digo una cosa, nadie es quién pa decir lo contrario. ¡Servíme vino! (*Luciana le sirve, y ella se toma el contenido sin respirar.*) No me vayan a hacer esperar con el asao. (*Inicia el mutis. Antes de llegar a la puerta, desanda unos pasos.*) Todo lo que yo he hecho servir va a la cuenta de don Alejo. (*Sale. De fuera llega el pregón de un vendedor de ricota.*)

VOZ DEL VENDEDOR.—¡Ricota fresca!

ECUMÉNICO.—¿Cuánto es todo lo que se debe? Yo lo voy a pagar. No hay que anotar nada a la cuenta de don Alejo. Ni hoy, ni mañana, ni nunca. (*Nuevamente se oye la voz de cuerno del tranvía a caballo, y cae lentamente el telón.*)

CUADRO II

Una habitación de hotel. Al foro, balcón. En el lateral izquierdo, puerta que da a la calle; en el lateral derecho, otra que comunica con el interior de la casa. Sentados, el doctor Clemente Ordóñez y la señora Edelmira Carranza de Garay. Él es un caudillo político joven, de muy buena familia, y ella una mujer de "medio pelo", también joven y buena moza, con vagas inclinaciones a figurar en sociedad.

EDELMIRA (*Sensitiva*).—Repítelo.

CLEMENTE.—"Tus manos cincopétalas, de marfil y de rosa..." (*Tras una pausa, dice el otro verso.*) "Desflorarán mis ojos, sonámbulos de muerte", dice el poeta en el segundo verso, pero yo lo corrijo y digo "sonámbulos de amor", porque junto a ti está la vida y no la muerte.

EDELMIRA (*Después de un silencio, con los ojos entornados*).— ¡Es tan distinto esto de todo lo que me deparó el destino!

CLEMENTE.—Pero esto también está en tu destino.

EDELMIRA (*Como si no oyera las palabras del galán*).—¡Es tan dulce sentirse acariciada por las palabras de los poetas, dichas por ti! Háblame.

CLEMENTE.—Te noto pesarosa, Edelmira. No tienes el ánimo de otras veces.

EDELMIRA.—No, mi querido. Te amo y no me perteneces, ni te pertenezco enteramente. Esto es todo.

CLEMENTE.—Tienes hoy un aroma melancólico, como de heliotropo.

EDELMIRA.—Tal vez.

CLEMENTE (*La besa y la abraza*).—Vence todos los pesares, mi dulce Edelmira. Es un crimen turbar el amor.

EDELMIRA.—Tienes razón.

CLEMENTE.—Arriba ese ánimo, entonces. (*Se levantan simultáneamente y se toman de las manos como colegiales, hacen una o dos vueltas, entregados a la embriaguez de amor que experimentan, y luego se besan otra vez.*) Unirnos y fundirnos en un beso.

EDELMIRA.—Así me dijiste la primera vez que estuvimos solos.

CLEMENTE.—¿Te acuerdas?

EDELMIRA.—¿Que si me acuerdo? De todo, de todo. Como si cada palabra fuese un gigante o un ángel.

CLEMENTE.—¿De veras?

EDELMIRA.—¿Lo dudas? Me dijiste: "Estamos unidos el uno al otro como la voz al llanto y a la risa."

CLEMENTE.—Es verdad.

EDELMIRA.—"Le ofrezco mi vida." ¿Te acuerdas? Y parecías ofrecer una preciosa joya antigua, tú que eres tan joven.

CLEMENTE.—Esa noche me deslumbraste. Esa noche sentí humillado todo mi orgullo, porque desesperaba de poder llegar hasta ti.

EDELMIRA.—No tanto, mi querido, porque en la primera conversación que tuvimos tú pusiste mucho orgullo. Hablaste como si estuvieras oyendo todo lo bueno que se dice siempre de ti, de tu talento, de tu porvenir político...

CLEMENTE.—Todo eso no era más que un pobre consuelo que buscaba mi amor en derrota. Íntimamente me sentía un desdichado.

EDELMIRA.—Pero después, cuando viste que mi simpatía te esperaba como una mano tendida espera a otra mano...

CLEMENTE.—¡Ah, entonces todo mi orgullo desapareció quemado por una ráfaga de fuego!

EDELMIRA.—Y, sin embargo, venciste tú. Tu humildad fue tu fuerza.

CLEMENTE.—Entre nosotros no hay vencedor. La lucha continúa como en el primer encuentro. Por eso nos amamos cada vez más.

EDELMIRA (*Regresando a su melancolía de hace un instante*).—No, Clemente, no. Venciste tú. Si yo no me engaño. La prueba está en que yo, casada, y todo, me rendí. Venciste con humildad, pero despiadadamente.

CLEMENTE (*Un poco sorprendido*).—¿Qué significa esto, mi paloma? ¿Arrepentimiento?

EDELMIRA (*Se echa a llorar en el hombro de Clemente*).—No sé. Algo es, pero no sé que.

CLEMENTE.—¿No habíamos quedado en que es un crimen turbar el amor?

EDELMIRA.—No lo puedo remediar.

CLEMENTE (*Después de un silencio respetuoso del llanto de Edelmira*).— Una hermosa mujer como tú no debe llorar nunca. El llanto es la venganza de las feas. Ven, siéntate. (*La conduce al mismo sitio en que estaban antes y se sientan las dos.*) ¿Qué ocurre? Cuéntame, explícame.

EDELMIRA.—Te quiero mucho. (*Se echa a llorar nuevamente. Luego se repone, como si hubiera vencido al fin su melancólico estado de ánimo.*) Te quiero mucho y estoy arrepentida.

CLEMENTE.—En ese caso quedas en libertad de hacer lo que te parezca necesario para tu tranquilidad. Si el no vernos más te puede dar la tranquilidad que necesitas, puedes, desde este instante, regresar a tu casa para no vernos nunca más.

EDELMIRA.—¿No ves? ¡Te has enojado! (*Lo abraza apasionadamente.*) Perdóname. No me hagas caso. Estoy trastornada. Debes comprender y perdonarme. Dame un beso y todo se pasará en seguida. (*Cle-*

mente permanece impasible.) ¿No quieres besarme? Te beso yo enton-ces. (*Lo besa, en efecto.*) Ahora sí. Ya está. Mírame. Ya soy otra. Ahora me iré tranquila. Llegaré a mi casa, y... ¿a qué no sabes lo que haré? Adivina.

CLEMENTE.—No sé, querida.

EDELMIRA.—¿No sabes? ¡Qué vergüenza! ¿No sabes lo que voy a ha-cer en mi casa?

CLEMENTE (*La mira y sonríe*).—No, no sé.

EDELMIRA.—Tonto. Iré a mi casa y pensaré en ti. Soñaré con este par de horas felices que hemos pasado juntos. Y veré tu rostro de este momento y el de hace un instante, y me parecerá imposible que yo lo haya tenido junto a mis labios y que lo haya abandonado... Y tú, ¿qué harás entretanto? Harás política. ¡Qué horror! ¡Tú también haces po-lítica! (*Lánguidamente se acerca a un espejo y empieza a componerse la cara y el peinado, con la simplicidad que se hacía lo primero, por aquellos años, y las grotescas dificultades de lo segundo. Clemente se le aproxima y la besa en el cuello. Ella arquea su busto, levanta sus brazos y toma, a su espalda, for-zadamente, la cara del galán y la besa. Luego se separan. Él la observa a través del espejo, y cuando sus ojos se encuentran con los ojos de ella, sonríen ambos, felices en su juego pueril de enamorados.*)

CLEMENTE (*Desde el balcón*).—En este momento no hay nadie en la calle. Y parece que el farol del zaguán está apagado. No ha habido necesidad de pedir que lo hicieran. (*Vuelve a acercarse a ella. En voz baja, como la frase anterior.*) Podemos salir tranquilos. Es decir, siem-pre que aceptes mi compañía.

EDELMIRA (*Blandamente*).—No, querido. Es mejor que yo salga sola. He tenido hasta la precaución de vestir en forma distinta a la que acostumbro para que no se me reconozca fácilmente.

CLEMENTE.—Como tú prefieras.

EDELMIRA.—No te molesta, ¿verdad? (*Se pone el sombrero.*)

CLEMENTE.—No faltaba más. (*Y le da un beso. Unos golpecitos en la puerta los interrumpen bruscamente. Clemente se sorprende, y Edelmira po-ne de inmediato cara de miedo. En seguida, se repiten los golpes. Clemente, desde el sitio en que está.*) ¿Quién llama?

UNA VOZ.—Lo buscan, señor.

Clemente, luego de una ligera vacilación, abre la puerta y se enfrenta con Ecuménico.

CLEMENTE (*Tarda un segundo en dar la sensación de que ha reconocido a Ecuménico*).—¿Qué se le ofrece?

ECUMÉNICO (*Sobrando a la situación y a su interlocutor*).—Como soy un poco mal pensao, se me puso que usté estaba aquí... con... (*Observa a Edelmira y continúa la frase sin sacarle los ojos de encima*) con la señora... y me precisaba saber si es verdá.

CLEMENTE.—¡Retírese de aquí inmediatamente!

ECUMÉNICO.—Dispénseme, dotor, pero no puedo.

CLEMENTE.—Retírese, le digo, si no quiere pagar cara su bravoconada. ¡Cobarde!

ECUMÉNICO.—¿No ve que soy un atrevido?

CLEMENTE.—¡Ralea de hombre! ¡Si demora un momento más lo voy a matar de un balazo! (*Y queriendo unir la acción a la palabra, lleva una mano al bolsillo de atrás del pantalón, para sacar el revólver. Ecuménico le pega un manotón a la muñeca, pero Ordóñez logra zafarse, retrocediendo hasta desaparecer por la puerta del lateral derecho, en el preciso instante en que Ecuménico saca de la cintura su cuchillo y, mediante un corto movimiento de brazo, lo apuñala mortalmente. El espectador sólo ve el movimiento homicida, pero no el cuchillo perforando la ropa y las carnes. Un quejido del doctor Ordóñez, de entre cajas, dramatiza el crimen. Edelmira se siente electrizada ante el grito. Confusa y lentamente se acerca a la puerta, observa con una mirada de estupor el cuerpo, que se supone tendido, de su amante. De pronto, lanza un grito de espanto.*)

ECUMÉNICO.—No le conviene gritar, señora.

EDELMIRA.—¡Asesino! ¡Asesino! (*Se corre hacia su amante y se echa a llorar desesperadamente. A continuación como obedeciendo a una idea luminosa, quiere salir corriendo en busca de auxilio, y Ecuménico se interpone.*) ¿Por qué no me da paso? ¡Asesino! ¿Se ha puesto de acuerdo con mi marido? ¿Espera a mi marido? ¿Es mi marido el que lo ha mandado matar? Es claro. Como siempre. ¡Asesino mercenario!

ECUMÉNICO.—A mí nadie me manda matar. Nadie me ha mandao nunca. Me juego solo. Soy asesino, si le parece, pero por mi voluntá. No soy cobarde como este dotorcito traidor. (*Señala el cuerpo del doctor Clemente Ordóñez.*) No tiene vergüenza de tirar la honra de su marido entre los perros...

EDELMIRA (*Interrumpiendo*).—Como usted.

ECUMÉNICO.—De mi laya, iba a decir. Yo soy así, señora. (*Muestra la palma de la mano.*) Soy hombre de don Alejo desde hace muchos años. Usté lo sabe. Y como le cuido la espalda, tengo que ver las traiciones que se le hacen y castigarlas a mi modo. No voy nada en el asunto. Yo jamás voy nada en las paradas en que me juego el peyejo. No me obliga más que la lealtá. Usted no sabe lo que es eso, señora. (*Mostrando esta vez el fondo irreductible de su adhesión.*) Tiene un marido machazo, y lo que no le ha podido hacer ningún hombre: ensuciarlo, hacerlo hocicar, lo ha hecho usté. ¡Si es pa retorcerle el pescuezo como a gayina! ¡Justo! ¡Como a gayina! ¿De qué le sirve a don Alejo haber corajeau toda su vida, si ahura su propia mujer, doña Edelmira Carranza de Garay, lo basurea sin asco? ¡Si es como pa matarla y morirse de estrilo! (*Después de una pequeña pausa.*) Una vez vi su retrato en el "Cari Careta", y pensé que con una mujer que se le pareciese tan siquiera como un aniyo de turco se parece a otro de oro, uno podría sosegarse y... (*Un silencio.*) ¡Si habré sido sonso! (*Edelmira pasa, insensiblemente, de la impresión brutal de haber presenciado el asesinato de su amante, sin haberlo podido impedir, al desgarramiento moral que le produce la idea de haber traicionado a su marido. Y se echa a llorar, ahora en silencio. Ecuménico, luego de una pausa, durante la cual permanece inmóvil y mira llorar a Edelmira, se asoma al balcón, después sale y reaparece en seguida.*) Puede irse. No hay nadie en la caye. Pero, ¡guay de usté si dice una sola palabra de lo que ha pasao! Nadie lo sabe. Usté y yo, y nadie más. ¿Me comprende? Y si don Alejo se enterase, despídase del respiro. (*Tras otra breve pausa.*) Puede irse. (*Viendo que Edelmira no se mueve.*) Si no se va por su voluntá, la tendré que yevar a la rastra.

EDELMIRA (*Se echa nuevamente a llorar*).—¿Usted ha estado hablando de lealtad y quiere obligarme a abandonar el cadáver de un hombre al que he besado como se besa al único hombre de toda la vida? No sabe lo que ha hecho, pero sabe mucho menos lo que dice. Tengo el deber de estar junto a él, que ha encontrado la muerte en mi amor.

ECUMÉNICO (*Que intuye más que comprende el sentido de las palabras de Edelmira*).—El asesino soy yo.

EDELMIRA.—¿Y quiere que yo sea su cómplice, abandonándolo en sus manos siniestras? (*Deprimida y desorientada.*) ¡Váyase! Déjeme cuidar a mi muerto. ¡Asesino! ¡Asesino!

ECUMÉNICO (*Casi con suavidad*).—Si usté se queda aquí, se va a enterar todo el mundo. Vendrá la policía y al verla lo van a comprender todo.

EDELMIRA.—A mí ya no me importa nada.

ECUMÉNICO.—¡Es que yo no quiero que lo sepa don Alejo!

EDELMIRA.—Máteme a mí también, si quiere. ¡Le cuesta tan poco! (*En una crisis de desesperación.*) ¡Máteme! ¡Máteme! Poco puedo sacrificar ya. De todos modos no me queda más que la muerte. (*Nuevo llanto.*)

ECUMÉNICO (*Sin saber qué hacer*).—Usté tiene aflición porque está con miedo. ¡Todas las poyeras son igualitas! Hacen el barro y después yoran. ¡Por qué no le pondrán pecho a lo hecho! (*Un silencio.*) Vea, señora. Yo ya le he dicho que soy así. (*Vuelve a mostrar la palma de la mano.*) Váyase a su casa, a rejuntarse con su marido. Usté es todo pa él. La policía tiene que creer que lo han matao por política. Estamos en vísperas de elecciones y todo el mundo tendrá que creer lo mismo. Usté puede odiarme a mí, pero no puede tener malos sentimientos pa un hombre como don Alejo, que es un marido que sabe amparar y querer a su mujer. Váyase y aprenda a respetarlo. Todo esto que ha pasao es cosa de maliantes. (*Edelmira, tras un largo silencio, inicia desmayadamente un mutis. Ecuménico, deteniéndola con un ademán.*) Aguárdese un momento, señora. (*Vuelve a asomarse al balcón.*) Váyase. (*Edelmira, sale, a paso lento. Ecuménico la mira alejarse desde la puerta. Se vuelve a la habitación, observa el cuerpo del doctor Ordóñez. Luego se guarda su cuchillo y hace mutis.*) De esta hecha te has quedao güerfano, Ecuménico.

TELÓN

SEGUNDO ACTO

CUADRO I

El despacho de don Alejo Garay, en el comité del partido a que pertenece. Única puerta practicable, alta y ancha, al foro, que comunica con un amplio salón, en el que la clientela política se reúne. En efecto, a través de la puerta abierta se ve a numerosos correligionarios entreteniendo sus ocios. Algunos en intencionada cháchara y los más en un modesto "monte" que les volatiliza los "nicles".

Al levantarse el telón, está en escena el viejo Lauro, canoso y rengo. Está en el despacho del caudillo ausente, terminando de hacer la limpieza. No puede ser más modesto el despacho de don Alejo: una mesa grande, de respetable edad, y un tintero que no condice con lo macizo de la mesa; un armario, no menos viejo, y un par de sillones, más o menos muelles, pero del más diverso origen. En la pared, un cartel impreso, de considerables dimensiones, con varios retratos, distribuidos en óvalo. Arriba, en letras grandes, dice: "Unión Nacional"; abajo, en caracteres un poco más modestos, esta petulancia: "La patria los reclama."

TESTA (*Asomando*).—Ché Lauro, ¿estás siguro que va a venir don Alejo?
LAURO (*Sin interrumpir su tarea y sin mirarlo*).—¿Siguro? Siguro no hay más que la muerte.
TESTA.—Dejáte de gracias, y contestáme. ¿Vendrá o no?

LAURO.—Yo creo que sí. ¿O te cres que voy a estar trabajando pa que ustedes se asomen y vean limpio su despacho?

TESTA (*Entra y se acerca a Lauro*).—Decíme...

LAURO (*Interrumpiendo*).—¡No, no, no! Eso sí que no. Aquí no se puede entrar. Ya sabés que a don Alejo no le gusta que se estén aquí.

TESTA.—Pero oíme. Si es para hacerte una pregunta no más.

LAURO.—Bueno, preguntá y andáte.

TESTA.—¿No sabés si anoche alcanzó a echarle la firmita esa a la recomendación?

LAURO.—¡Qué esperanza! Si ha venido más gente anoche, dispués que te fuiste. Parecía un hormiguero esto.

TESTA.—Entonces hacéme el favor de ponérsela bien a la vista, en cuanto yegue.

LAURO.—Bueno, vamos a ver si cuadra la cosa.

TESTA.—¡Qué no va a cuadrar cuando el viejo Lauro quiere una cosa! Si vos podés más que nadie aquí.

LAURO (*Íntimamente complacido*).—Sí, vení a hacerme cosquiyas vos.

TESTA.—Es la verdá.

LAURO.—Tá bien. Si puedo, vos sabés que soy hombre de hacerlo. Pero largáte de aquí.

TESTA.—¿Las llaves del armario las tenés vos?

LAURO.—¡Oh! ¿Y quién si no?

TESTA.—No te me vayás a olvidar entonces.

LAURO.—Andá tranquilo, que si cuadra yo la hago. Pero, largáte. (*En el momento en que Testa inicia el mutis, asoma Bataraz. Lauro vuelve a escandalizarse.*) ¡No quiero que entren aquí! Todo el santo día tengo que estar peliándolos. Lárguense, los dos. (*Testa sale riéndose.*)

BATARAZ (*Mientras avanza tranquilamente*).—No grités, viejito piyo. Te voy a dar unas chirolas pa que se te vaya el mal genio. (*Acariciándole la cabeza.*) Por un casual: ¿no sabés si ha venido por aquí el dotor Lucero? (*Le da unas monedas.*)

LAURO (*Recibiéndolas*).—El dotor estuvo muy temprano, preguntó por don Alejo, le informé que no sabía, como tengo orden de informar a todo el mundo, y se fue.

BATARAZ.—¿No dijo si va a volver?

LAURO.—¿Pa qué me va a decir nada a mí? ¿Si acaso yo soy su secretario?

BATARAZ.—Atendéme. Yo me voy, porque tengo mucho que hacer...

LAURO (*Con buen humor*).—¡La pucha! Parecés ordenanza del Parlamento por lo rumboso. ¡Tengo mucho qué hacer! (*Haciendo una risa caricaturesca.*) ¿Por qué no te hacés instalar un comité?

BATARAZ.—¡Qué viejo diablo éste! Bueno, escuchá. Si cai el dotor Lucero, me hacés la gauchada de decirle que yo he venido por él y que más luego vuelvo. ¿Entendiste? Que no se te pase. Ya sabés que yo soy más agradecido que viuda gustadora...

LAURO.—Sí, hombre, sí. Ya he oído. (*Sale Barataz. Del salón grande, durante todo el tiempo llegan los ecos de la "timba" y de las conversaciones. El viejo Lauro termina de hacer la limpieza, cierra la puerta, y en un rincón del despacho, que resulta el menos visible para cualquier curioso que abriese la puerta, empieza a contar las monedas que le fueron dadas en el día. Estando en esa delicada tarea, abre pausadamente la puerta Bravatto, un italiano viejo, con aspecto de verdulero.*) ¿Qué se le ofrece?

BRAVATTO (*Entrando*).—¿Dun Aleco?

LAURO (*Empieza a revisarse cómicamente los bolsillos*).—No lo tengo.

BRAVATTO (*Poniéndose a tono*).—E yo tampoco.

LAURO (*Ya en serio*).—No ha yegao.

BRAVATTO.—Me precisa a vederlo.

LAURO.—Esperló ahi, en el salón.

BRAVATTO.—¿Osté non sabe nada de las papeletas de mes hicos?

LAURO.—Sé que las ha mandao buscar con un mozo que está ahi, timbeando. ¿No lo conoce a Casimiro?

BRAVATTO.—Non lo canuzco.

LAURO.—Tenga paciencia y esperló a don Alejo. Él le va a informar.

BRAVATTO.—Ma dica: ¿e una obligazione de cogar allá?

LAURO.—Aquí no hay más obligación que trair la boleta de iscrición.

BRAVATTO.—Eh... La boleta yo la tengo. Mes hicos non la tienen, ma peró yo sí. ¡E voto sempre! Li entrego la boleta a dun Aleco, e ya está.

LAURO.—Hace bien, amigo.

BRAVATTO.—Mi dica: ¿yo puedo ir a veder a cogar allá?

LAURO.—¡Cómo no! Si aguanta. Entreténgase entonces. Don Alejo no ha de tardar.

BRAVATTO.—E lindo da veder a lo mochacho que cuégano. Parece que toviéran propio in gatito in la mano. (*Remedando al tallador que tira.*) Acaríciano la baraca propio come in gatito. Después, sale el pero e le muerde la prata.

Con una risa chiquita, aflautada, celebra sus gracias y sale. Detrás de Bravatto sale Lauro y cierra la puerta. El despacho de don Alejo queda un momento desierto. Luego, aparecen dos muchachotes, Ventarrón y El Yiyo, que son los fijadores de carteles del comité. Visten lo más pobremente posible y se ve que van a terminar, fatalmente, en "guapos de comité". Al entrar, buscan con la vista algo que no encuentran.

VENTARRÓN.—No están ni los carteles ni Lauro.

EL YIYO.—¿Los carteles no estarán en el armario? (*Intenta abrir el armario.*) Está con yave.

VENTARRÓN.—Abrílo con cualquier cosa. ¿No tenés cuchiyo?

EL YIYO.—No, dejemoló así.

VENTARRÓN.—Pero, ¿no se puede abrir en deveras? (*Y hace él mismo la prueba para convencerse. En esa operación lo sorprende Lauro, que vuelve hecho una furia.*)

LAURO.—¿Con el permiso de quién se permite entrar al despacho de don Alejo, primero, y después forzar la cerradura del armario? ¿Quieren decirme?

VENTARRÓN y EL YIYO (*A coro, como si se hubieran puesto de acuerdo*).—¡Eh, eh, eh!

LAURO.—Aquí no puede entrar nadie.

VENTARRÓN.—Venimo a buscar lo carteles nosotro.

EL YIYO.—Tenemos orden de buscar más carteles cuando se acaban lo que se yevamo.

LAURO.—Si piden. Yo soy el intendente del comité y tengo que cuidar que nadie saque nada y que no entren al despacho de don Alejo, que es el patrón de todo esto.

EL YIYO.—¡Vas a ser intendente!

LAURO.—Bueno, afuera. En seguida.

EL YIYO.—Cuando venga don Alejo le decimo que el "intendente" no quiso que fuéramo a pegar más carteles.

VENTARRÓN.—Claro.

Se abre violentamente la puerta y aparece don Alejo, seguido de Bravatto, enmudeciendo a los circunstantes. Don Alejo se sienta al escritorio.

ALEJO (*A Lauro*).—¿Qué novedades hay?

LAURO.—Estuvo el dotor Lucero. Preguntó por usté y se fue.

ALEJO.—¿Qué más?

LAURO.—Ninguna otra novedad, don Alejo.

ALEJO.—¿No ha venido Ecuménico?

LAURO.—¡Hace mucho tiempo que no aporta por aquí!

ALEJO (*A Bravatto*).—¿Y qué hay de lo suyo, amigo?

BRAVATTO.—E... se non lo sabe osté, dun Aleco.

ALEJO (*A Lauro*).—Llamáme a Casimiro. Supongo que está ahí, ¿no?

LAURO.—Sí, ahi está, jugando.

Sale y vuelve de inmediato con Casimiro.

ALEJO (*Así que se presenta Casimiro*).—¿Lo has visto a Ecuménico?

CASIMIRO.—No, don Alejo. No di con él. Pero la vi a la vieja y le dejé dicho que usté lo precisaba de urgencia. Estuve también en los dos boliches que frecuenta y encargué que lo mandaran en cuanto yegara.

ALEJO.—¡No fue ésa la comisión que le di, mi amigo! Le dije que lo buscara y que lo trajera. (*Un silencio.*) ¿Qué hay de la fe de nacimiento de los hijos del amigo? (*Señala a Bravatto.*)

CASIMIRO.—No han encontrdo a ningún Juan Bravatto nacido en el mes de otubre.

ALEJO.—¿Está seguro que su hijo nació en el mes de octubre?

BRAVATTO (*Vacilando*).—¡Eh!... ¡Ai está la cosa! Num mi ricuerdo bien. Yo sé, ma peró, de fico, dun Aleco, que el muchacho, Giovanni —nun si yama Juan, si yama Giovanni—, nació per il tempo dil tumate. E il tumate viene sempre in otubre. Cuando, per un achidente, viene un po de frío di verano, tenemo il tomate in noviembre. Peró sempre viene in otubre.

ALEJO.—Lo que interesa saber es la fecha de nacimiento de su hijo.

BRAVATTO.—E, a buen intendedor... basta cun la cosecha dil tumate, dun Aleco.

ALEJO.—¿Y el otro? ¿El que le sigue?

BRAVATTO.—¿Carlucho? ¡De ése mi recuerdo bien! Yo venía de la quinta con la premera canastra de higus, cuando soy sentidu el grito de la madre. Corí, e cuando yego no era la madre que gredaba: era il ragán de Carlucho.

ALEJO.—¿Pero usté los inscribió en la iglesia a los muchachos?

BRAVATTO.—¡Eh!... De eso nun mi recoerdo, dun Aleco. Le digo la verdá.

ALEJO (*Escandalizado*).—¿No recuerda haber inscripto a ninguno de sus hijos?

BRAVATTO.—Nun dico que no: dico que nun mi ricoerdo.

ALEJO.—¿Tiene buena memoria para recordar lo de los higos y lo de los tomates, y le falta la memoria para saber si los inscribió? ¿Cómo se explica eso?

BRAVATTO.—También mi recoerdo di otra cosa: Mingucho vino al mundo, custo, custo, a lo noeve mese de Carlucho. Non retrasó ne meno un día. A lo noeve mese, se presentó diciendo: "Sono cuí. Per si un caso duérmeno mes hermanitus, vengo yo per hacer il baruyo." E complió con la palabra. Hizo más baruyo él solo que todos los muchachos cuntos.

ALEJO.—Bueno, mi amigo, sus recuerdos son muy graciosos, pero tengo mucho que hacer. Es necesario que se busque varios testigos para inscribir a los tres muchachos. Son tres votos, y vale la pena.

Véngase con algunos amigos, viejos conocidos suyos, que puedan atestiguar que los muchachos son sus hijos, y la fecha aproximada en que nacieron. ¿Entendió?

BRAVATTO.—¡Sí! Lo mochachos tienen amigos a patadas. Ma vale que non lo toviesen, pero que li garanto, dun Aleco, que son ma raganes que mes hicos.

ALEJO.—No me ha entendido. Los amigos de sus hijos no sirven. Tienen que ser amigos suyos, de su edad, más o menos. Tienen que atestiguar que reconocen a sus hijos como hijos suyos. ¿Comprende ahora? ¿Tiene parientes?

BRAVATTO.—¡Sí que los tengo!

ALEJO.—Tráigalos pronto. Y ahora, déjeme trabajar.

BRAVATTO.—Que le vaya bien, dun Aleco.

ALEJO.—Adiós, amigo. Ya sabe que lo espero con los parientes. (*Bravatto sale. Don Alejo saca una lista de un cajón y lee. A Casimiro.*) ¿A vos te encargué que me lo vieras a Bevilaqua?

CASIMIRO.—A mí no, don Alejo.

ALEJO.—¿Qué te encargué a vos que hicieras?

CASIMIRO.—Que viera a Ecuménico y que fuera por la fe de nacimientos de los muchachos ésos.

ALEJO.—¡Nada más! ¿Y a pesar de haberte encargado nada más que eso no has sido capaz de dar con Ecuménico? ¡Te prendés al naipe como a mamadera vos!

En la puerta, silenciosamente, se recorta la figura de Ecuménico, quien oye las últimas frases y luego saluda.

ECUMÉNICO.—Buenas.

ALEJO.—En este momento acababa de preguntar por vos. Pasá. ¿Qué te quedás haciendo ahi en la puerta? (*Después que Ecuménico ha entrado.*) Sentáte.

ECUMÉNICO.—Toy bien, don Alejo.

ALEJO.—Te estoy tratando como a visita. Sentáte. (*Ecuménico se sienta.*) ¿Qué te pasa que me estás abandonando?

ECUMÉNICO.—Nada.

ALEJO.—Está bueno. (*Luego de un silencio.*) ¿Conque nada? ¡Y te quedás tan campante! (*Otro silencio, después del cual habla con cierta dureza.*) ¡Ya debieron haberse ido ustedes! (*Los demás circunstantes salen. Lauro, que es el último en hacer mutis, cierra tras sí la puerta. Después de una breve pausa.*) ¿Qué te pasa conmigo? ¿Qué entripado tenés?

ECUMÉNICO.—Ninguno.

Alejo (*Fastidiado*).—¡Te he mandado llamar para que hablemos y no para que te vayás de aquí con el entripado repitiéndote como una mala comida. Hablá.

Ecuménico.—No quiero andar más en política.

Alejo.—¡Ajá! ¿Te han birlao alguna candidatura que andás tan decepcionado de la política?

Ecuménico (*Con violencia contenida*).—¡No me azuce, don Alejo!

Alejo.—¡Epa! (*Lo mira fijamente.*) Te has venido con los nueve. Así no juego. Me das mucho miedo, che. (*Una pausa.*) ¿Qué te ha hecho de malo la política? Digo, ¿qué te he hecho de malo yo? Porque vos no conocés más política que la mía.

Ecuménico.—Toy relajao de tanto andar en macanas.

Alejo.—Es malo andar relajao. (*Otra pausa.*) ¿Alguna pelea brava?

Ecuménico (*Con un gran dominio sobre sí mismo*).—Ya ni eso hay. Una pelea brava puede lavarlo a uno de tanta porquería que yeva adentro.

Alejo.—¡La pucha que traés humo! (*Se levanta, se acerca a Ecuménico e inmediatamente se vuelve hasta el escritorio, saca del bolsillo un revólver y lo deja sobre el mueble. Medio en broma, medio en serio.*) A ver si de tan cansado que estás de hacer macanas, salís haciendo una bien gorda.

Con una gran autoridad, se acerca de nuevo a Ecuménico y lo palpa de armas.

Ecuménico (*Resistiéndose tímidamente*).—El arma, dejelá, don Alejo. No manosée el arma, que no me gusta.

Alejo.—Yo acabo de dejar la mía. (*Le saca el cuchillo y lo deja sobre la mesa. Luego toma el revólver y el cuchillo y los guarda en un cajón del escritorio. Vuelve a sentarse.*) Y... ¿Cómo es la cosa, che? ¿Por qué andas relajao? ¿En qué has andado en todos estos días que no nos vimos?

Ecuménico (*Ahora es él quien mira fijamente a su interlocutor, encontrando un extraño cambio de tono en la voz de don Alejo, después de haber guardao las armas*).—En cosas de maulas no más.

Alejo (*Luego de otra pausa*).—¿No querés emplearte?

Ecuménico.—¿Emplearme? (*Sonríe con una sonrisa melancólica.*) ¡Estaría bueno! ¿Y en qué?

Alejo (*Con intención*).—En los mataderos, por ejemplo. Manejás tan lindo el cuchillo. (*Lentamente.*) Estarías en tu puesto degollando... animales.

Ecuménico (*Perspicaz*).—Tá claro. Como me he adiestrao tanto degollando cristianos.

Alejo (*Enérgico*).—¡Eso mismo quería decir!

ECUMÉNICO (*Sacudiéndose la ropa, como si conservara toda su sangre fría*).—Pero hace rato que no hay entreveros. ¿Quién le dice que no se me haiga endurecido la mano?

ALEJO (*Se acerca violentamente a Ecuménico*).—Acabás de matar al doctor Ordóñez vos! ¡Bárbaro! ¿Te has creido que a mí me ibas a engañar? ¿No te acordás que yo te conozco como si te hubiera parido?

ECUMÉNICO.—¡Qué voy a matar al dotorcito ése! ¿Pa qué? ¿Por qué?

ALEJO.—¡Eso mismo es lo que yo pregunto! ¿Por qué lo has matado? Que lo hayas matado, no tengo ninguna duda. Lo que me falta saber es el porqué. ¿Qué te había hecho ese muchacho lleno de méritos? Adversario leal, amigo de la lucha franca, generoso, servicial. ¡Decí! ¿Qué tenías contra él?

ECUMÉNICO.—¿Yo? ¿Qué podía tener contra él, si casi no lo conocía? No andaba en los boliches, no se metía con hembras... Es cierto que era alversario político suyo, pero usté nunca le hizo mucho caso. ¿Por qué lo iba a matar?

ALEJO.—Pues, lo has matado. ¡Lo has asesinado! Y ahora todo el mundo creerá que lo has hecho instigado por mí. Dirán que te he mandado matarlo.

ECUMÉNICO.—Usté nunca me ha mandao matar. Yo no he matao nunca por orden de nadie. Siempre he hecho las cosas por mi cuenta. Me he jugao siempre solo. A usté no le he pedido órdenes, ni consejos, ni amparo. Lo que haiga hecho por mí, pa achicarme condenas o pa hacerme largar, lo ha hecho por su voluntá.

ALEJO.—Para todo el mundo no es así. El mundo cree que vos hacés lo que yo te mando.

ECUMÉNICO.—Pero usté sabe que no es así.

ALEJO.—En este momento siento la responsabilidad de las atrocidades que vos hacés.

ECUMÉNICO.—¡Usté nunca me ha reprochao nada!

ALEJO.—¿Y ahora qué estoy haciendo?

ECUMÉNICO.—¡Ta queriendo empalmar todo lo que he hecho en mi perra vida, con el caso éste del dotor Ordóñez!

ALEJO.—Porque este crimen tiene un responsable moral, que soy yo, y un responsable material, que sos vos. A nadie conseguiría convencer, ni a mis amigos más probados, que yo no tengo nada que ver con el asesinato del doctor Ordóñez. Pero sí tengo y siento la responsabilidad, quiero saber el porqué de su muerte. Quiero saber por qué lo has matado. Por política no puede ser. Yo jamás te he hablao de él sino reconociendo sus prendas personales. Te he hablado de él como de un ejemplo de adversario franco y caballeresco. ¿No es así?

ECUMÉNICO.—¡Ahá!

ALEJO.—¿Por qué lo has hecho entonces?

ECUMÉNICO (*Con una mirada un tanto amenazadora*).—¡Avise si se ha propuesto hacerme escupir!

ALEJO.—Pues te advierto que no vas a salir de aquí hasta que yo no sepa toda la verdad de este asunto. Si no querés escupir, vas a hacer algo peor: vas a vomitar.

ECUMÉNICO.—Así, sí. Como siempre se vomita sin ganas, puede ser.

ALEJO (*Gritándole*).—Conmigo no te hagás el pícaro. ¿Me has entendido? Ya sabés que soy la horma de tu zapato.

ECUMÉNICO (*Luego de una pausa, poniéndose de pie. Con una sonrisa*).— De mi alpargata, en todo caso. (*Pausa.*) Me voy a ir.

ALEJO.—No te apurés. Sentáte.

ECUMÉNICO.—De todas maneras no tengo nada que decir...

ALEJO.—Si no estás dispuesto a hablar, te voy a denunciar yo mismo a la policía. Lo sentiré mucho, pero tendré que hacerlo.

ECUMÉNICO.—No hay por qué. ¡Hace bien! Si me denuncia, nadie podrá pensar que usté me ha mandao. Tá bien pensao. Y como a mí no me perjudica... digo, por si usté pudiese creerlo y arrepentirse luego. (*Alejo lo mira otra vez fijamente, como inquiriendo el verdadero sentido de las palabras de Ecuménico. Éste, después de un breve silencio.*) Entonces, quedamos entendidos, don Alejo. Usté me denuncia, a mí me cita el juez pa la declaración indagatoria, y luego, nada... Otra vez como antes. Y usté, libre de las habladurías. Buenas.

ALEJO (*Desconcertado*).—Pero, decíme, ¿qué clase de hombre sos vos? ¿No te he dado pruebas de ser tu amigo? ¿No te he respondido cada vez que has necesitado de mí? ¿No te he tratado siempre como a un amigo de toda la vida? ¿Por qué no te confías, entonces? ¿Por qué no decís lo que llevás adentro? ¿Por qué sos escondido?

ECUMÉNICO (*Con una risa apenas desatada*).—Pero, don Alejo, lo estoy desconociendo. Tá receloso, desconfiao. ¡Las elecciones son suyas! No hay quién pueda con usté. ¡Si está a la vista!

ALEJO.—¡Mandáte mudar de aquí!

ECUMÉNICO.—Déme el arma, ¿quiere?

ALEJO (*Saca el cuchillo y el revólver del cajón en que los ha guardado. Entrega aquél a Ecuménico y se lleva el revólver al bolsillo*).—¡No quiero verte más aquí por mucho tiempo!

ECUMÉNICO.—¡Pucha que está raro, don Alejo! Pero voy a venir después de las eleciones, pa festejar el triunfo. Digo, si me convidan.

ALEJO (*Inmóvil en la puerta, esperando que Ecuménico termine de acomodarse el arma*).—¡Estoy esperando que te vayás! (*Cuando Ecuménico, sa-*

liendo, deja ver la mitad de la espalda.) ¡No sé cómo me mantengo y no te quemo de un balazo!

ECUMÉNICO (*Volviéndose*).—Como arma, me gusta más el cuchiyo. Es más de hombre. Obliga a pelear de cerca. Las armas de fuego, matan de lejos. No son pa usté, don Alejo. ¿No le parece? (*Tras una breve pausa.*) Hasta el asao del triunfo.

TELÓN

CUADRO II

Una esquina de suburbio. Por el lateral derecho viene prolongándose la cuadra que muere un poco más allá del centro de la escena. Casas de un piso, pintadas con colores vivos y revestidas de tiempo. Un metro antes de la esquina propiamente dicha, un farol a gas, con brazo de fierro fundido y pintado de verde, incrustado en la pared. Es de noche, serena noche de verano.

Al levantarse el telón, aparecen sentados en el peldaño de una puerta simulada que habrá en la última casa de la cuadra, y en la proximidad del farol, Camilito, Ventarrón y El Yiyo. Son tres jovencitos, de inconfundible historial en el barrio. Entre ellos ya han probado su baquía y sus fuerzas, sin superioridad neta para ninguno, lo cual ha dado cierta tranquilidad a Camilito, el menos peleador, que ha satisfecho su dignidad con una equivalencia que no esperaba. En cambio, los otros parecen estar siempre prontos para dirimir la jefatura de guapo, que es el fantasma y el ángel que pueblan sus sueños. Junto a ellos, de pie, apoyados contra la pared, Bataraz y Testa. Hombres hechos a todo evento de la calle. En la vecindad de la delincuencia, aunque sin caer jamás en ella, han conseguido hacerse temibles a los del barrio, como individuos de índole extraña, que son, sin embargo, capaces de las más nobles corazonadas. Un ingenuo amor a la niña, sin saña, los une y confunde. Cualquiera de ellos es capaz de saltar sobre los otros de su clase y desfigurarles el rostro, y es capaz, asimismo, de poner el pecho o la cara para recibir la "trompada" que provenga de cualquier otro punto que tenga otro nombre en la ciudad. Todos visten según la moda. Todos llevan, pues, pañuelo al cuello y saco corto al brazo.

BATARAZ.—Perdí mis chirolas. Aposté al Títere.

TESTA.—¿Con quién cinchó?

BATARAZ.—Con el Chacho.

TESTA.—Muy pesao el Chacho pal Títere.

BATARAZ.—Yo no lo conocía.

TESTA.—Basta verlo.

BATARAZ.—Es verdá.

VENTARRÓN (*Que ha estado escuchando la conversación de Bataraz y Testa, se pone de pie*).—¡Frisón lindo el Chacho! Yo nunca había visto cinchada como ésta.

BATARAZ.—El pobre Títere reculaba como si lo tiraran de la cola.

TESTA.—¿Y cómo Gómez le hizo cinchada con un animal tan pesao?

BATARAZ.—Dice que le ha ganao a frisones cinchadores de fama.

TESTA.—Dificulto.

VENTARRÓN.—¡Qué va a ganar! ¡El Títere no le puede aguantar al Chacho ni el arranque!

BATARAZ.—No es pa tanto. En un principio lo aguantó bien. Yo creí que le ganaba.

VENTARRÓN.—¿Qué iba a ganar el Títere? ¡Nunca! Al principio el Chacho estaba como perezoso. No arrancaba. El cuartiador Correa meta azuzarlo: "Chacho, Chacho", le gritaba. Y el frisón seguía sin voluntá. Los chasquidos del látigo lo ponían brioso al contrario, y el grandote seguía amodorrao. Por fin, Correa le acomodó, con rabia, un latigazo en las manos. El animal lo sintió, porque medio se quiso parar en dos patas. Entonces el cuartiador lo ventajió castigándolo otra vez con más ganas. El Chacho pegó un tirón que arrastró al cabayo de Gómez como a una osamenta.

BATARAZ.—Después que lo arrastró un dos tres metros, el Títere pareció que se afirmaba.

VENTARRÓN.—¡Ahí se puso linda la cinchada! El Chacho recién empezaba a tomarle gusto a la cosa. Se ensanchó de ancas, porque se le hundían los vasos en un trecho de tierra húmeda que había en el patio, y empezó a tironear. ¡Mamita! Tiraba más que las hembras. Los tiros parecían de goma.

BATARAZ.—Se le vio al Chacho la voluntad de vencer, ¿sabés?, y como el otro se agrandaba a puro coraje, los animales se sacaron espuma de todas partes.

TESTA.—No venció fácil entonces.

BATARAZ.—¡Qué iba a ganar fácil! Su buena fuerza le costó, frisón grandote y todo como es el Chacho. Títere perdió, pero es guapísimo.

GUALBERTO (*Aparece por lateral derecho*).—Salú, turros de Balvanera.

TESTA.—¿Qué te pasa que venís tan provocador y tan jailaif? ¿La víspera de año nuevo te pone así?

GUALBERTO (*Extrae del saco que trae al brazo algunas peras que tira a cada uno de los amigos y que éstos reciben, habilidosamente, en las manos*).—Fuimos a San Fernando.

BATARAZ.—Con razón me estrañó el no verte en el corralón.

GUALBERTO.—Cosechamos dos canastas de peras cada uno. Pancho llevó una jaula de mistos. ¡Qué mistos! ¡Y qué peras! ¡Pruébenlas! Peras de agua, que no yegan a la ciudá. Peras robadas, muchachos. Tienen gusto a monte.

BATARAZ.—¿Fueron en tren?

GUALBERTO.—En una jardinera que se agenció Pancho.

TESTA.—¿A qué hora yegaron?

GUALBERTO.—Salimos a las cinco de la madrugada y yegamos a las once. Churrasquiamos, tomamos mate, siestamos bajo los árboles y luego hicimos música. Al compás de un tango tocao en el acordión de Pancho, cayeron algunas purretas almidonadas.

BATARAZ.—Y como vinieron se fueron.

GUALBERTO.—Una de ellas tenía en la boca un olor a choclo tierno, que se me ha quedao en la nariz como una colonia. ¡Qué hembra, hermanos!

TESTA.—¿Es de ayá?

GUALBERTO.—De ayá es. Tendré que volver ni aunque más no sea de a pie.

BATARAZ.—¿Empalmaste?

GUALBERTO.—¡Es tan macanuda que no me atrevo a ilusionarme!

TESTA.—Si has yegao a la boca...

GUALBERTO.—Me dio calce. Yo estaba subido a un peral cuando la divisé. Eya vení en direción al árbol, de la mano de una amiga. "¿No quieren unas peras?", les pregunté, de contento que estaba, sin intención de filo. "Y cómo no. En tratándose de cosas ricas, está de más la pregunta", respondió la más pintona. Ahí no más les tiré las mejores frutas. ¡Empezaron a morderlas con unas ganas! La del cuento mostraba unos dientes de azúcar. Le tuve envidia a las peras. "¡Quién fuera fruta", le dije a la que le había echao el ojo. "Muerdo fuerte", me contestó la respondona. "Más fuerte la mordería yo." "Quién sabe", volvió a responder, ahogándose entre la pera y la risa. Y no aguanté más. Bajé como por un palo jabonao, de miedo a que se me hiciera humo. Y pa qué les voy a alargar el cuento. Me estoy queriendo con este olor a eya que me ha dejao.

YIYO.—¿Y nosotros? ¡A ver cinchar unos mancarrones viejos!

Empieza a oírse un tango de organito. Gualberto se va hasta la esquina y chista al organilero. El tango se interrumpe bruscamente.

GUALBERTO.—Tengo unos nicles que me están bailando en el bolsiyo.

TESTA.—Estás como pa yamar a los voluntarios de la Boca.

BATARAZ.—Endeveras, che. Tenés más fiesta adentro que un almanaque.

Por la esquina aparece un viejo arrastrando su máquina de música.

GUALBERTO (*Al organillero*).—Métele, viejo. No le mezquine al manubrio.

El viejo hace funcionar su organillo, del que sale la cadencia de un tango flor. Los muchachos y los hombres forman parejas y bailan ritualmente.

BATARAZ (*A su compañero*).—¡No te apurés! El tango se baila con toda la vida por delante. Obedecé al compás más que a la vieja.

TESTA (*A su compañero*).—¡No puedo bailar con vos! Te me venís encima y me maneás.

YIYO.—Aprendan. Así se baila esto. Y después dicen que nadie nació sabiendo. A mí no me enseñaron y... ya ven. ¡Soy como el patrón del tango!

GUALBERTO.—Che, vos, estirao, cayáte. Dejá bailar. ¡Qué hombrecito éste! ¿Todavía no sabés que el tango se baila escuchándolo como una pitada de ausilio?

Una pausa larga, durante la cual no se oye más que la música y se percibe la entrega total de los bailarines a la emoción del baile.

GUALBERTO (*Así que termina la música*).—Otro.

BATARAZ.—Sí, pero no me lo apure, amigo. ¿No ve que se me resiente mi compadre?

GUALBERTO.—¿Tu compadre?

BATARAZ.—Sí, hombre. El que yevo adentro. ¿Si acaso no es mío? (*Otro tango del organito.*)

GUALBERTO (*A Yiyo*).—Vení, vamos a bailarlo los dos.

De una de las casas sale una muchacha y se encamina hacia la esquina.

GUALBERTO (*Al pasar la muchacha frente a ellos*).—Por culpa de ustedes, las poyeras, tengo que bailar con este zanguango. ¿No quiere acompañarme, trigueña?

MUCHACHA.—Lo siento. (*Con una sonrisa abierta.*) Tengo compañero para todo el baile.

GUALBERTO.—¿Tan joven y ya comprometida?
MUCHACHA.—¡Por eso, pues!

La muchacha sigue su camino. Tuerce hacia la derecha y desaparece. Gualberto y el Yiyo empiezan a bailar. Otros forman pareja y hacen lo mismo.

GUALBERTO.—Así, ¿ves? ¡Sabrás vos lo que es tango!

Por la esquina, derecha, aparece doña Natividad. Tiene su rostro una singular expresión de energía. Viste un vestido limpio, que ha mudado de color a fuerza de lavados.

BATARAZ (*Sin dejar de bailar, le habla con el natural buen humor que parecen tener todos*).—¿No se atreve a acompañarnos, doña Natividá?
GUALBERTO.—¿Adónde va tan apurada?
NATIVIDAD (*Que se habrá acercado ya a los muchachos*).—¿No me lo han visto a Ladislao?
BATARAZ.—No lo he visto en todo el día.

Dejan de bailar. Segundos después deja de sonar el organito.

TESTA.—Por el corralón no anduvo.
GUALBERTO.—¿Le pasa algo, doña Natividá? Si precisa de nosotros, ya sabe: pa servirla estamos.

Todos hacen rueda en torno a Natividad, adivinando lo que ocurre. Un silencio prolongado.

NATIVIDAD.—Sigan no más, muchachos. No se incomoden por mí. Diviértanse, que pa eso tienen alegría. También yo pensaba estar alegre. Me habían prometido la libertá de Ecuménico y han vuelto a engañarme.
BATARAZ (*Después de una pausa pequeña*).—Me estraña, doña Natividá. Jamás hubiera creido verla yorar.
NATIVIDAD (*Recobrándose rápidamente*).—¿Quién? ¿Yo? ¡Tu tata, che! Tendrán que yorar otros antes que yo. Muchos hombres. Yo no yoro, che.
BATARAZ.—Dispense, doña Natividá. No quise ofenderla.
TESTA.—Total, yorar no es vergüenza.
NATIVIDAD.—Y tener hambre tampoco, pero a nadie le gusta andar

con hambre. (*Otra breve pausa.*) La desgracia me ha golpeao muchas veces, pero siempre he preferido enfrentarla a cara e perro.

GUALBERTO.—¿De perro? Habrá sido de perra, doña Natividá.

NATIVIDAD.—Tenés razón. De perro es la tuya. (*El organillero cesa de hacer tocar su cajón de música y emprende la marcha. Doña Natividad es la primera en advertirlo.*) Se les va la música, muchachos. Sigan bailando. (*Al organillero, gritándole.*) ¡Eh, musicante! No se vaya. Aquí lo están precisando. (*A los muchachos, mientras el organillero se vuelve.*) Yo voy a ver si hago algo por mi Ecuménico. Dios quiera que no encuentre a la gente con demasiadas mañas pa zafarse de las obligaciones que tienen de libertarlo, porque tengo ya el pecho yeno de rabia y podría descargarla de mala manera.

BATARAZ.—¿Quién le dice que no lo larguen mañana?

NATIVIDAD.—Mañana es primero de año. Ya no podrá ser. Si no lo han hecho hoy día.

GUALBERTO.—¿Quién le dice que no se haiga entretenido por ahi?

NATIVIDAD.—¡Hum! Soy dura pa yorar, pero también lo soy pal consuelo.

GUALBERTO.—No, si no lo decía pa consolarla. Bien puede haberse quedao en algún boliche, festejando su libertá. Ecuménico tiene tantos amigos.

NATIVIDAD.—Los tiene, sí. También ustedes son sus amigos, sigún lo cree la gente. Pero no se han dinao visitarlo tan siquiera. Bueno está el mundo pa creer en los amigos. Todos son como ustedes: prontos pa preguntar cuando se topan con alguno e la familia... demasiao señores pa incomodarse por el amigo en desgracia. Si los amigos fuesen como el ser crioyo manda, mi Ecuménico no estaría encerrao y ustedes lo tendrían esta noche aquí, bailando como el mejor, y yo andaría con alguna vieja, feliz de no saber que lo era.

BATARAZ.—¿Ve? Ta yorando usté. No hay vuelta, doña Natividá. No tiene lágrimas y yora así... con palabras. Se le ha caido el naipe y se le vio la trampa.

NATIVIDAD (*Indignada*).—No te desarmo y te pego unos planazos con tu mismo cuchiyo, pa no dar que hablar a tus amigos, pa que no se rían de vos. Yo no preciso desahugarme, ¿me entendés? El que yora pide perdón a sus penas, y cuando se pide perdón es porque hay de qué arrepentirse. Yo no me arrepiento, ni por mí ni por mis muchachos, que han sido siempre como yo he querido que fuesen. Su coraje no lo han robado. En estos pechos resecos se han amamantao, ¿sabés vos?

GUALBERTO.—No se enoje, doña Natividá. No he querido ofenderla.

NATIVIDAD.—¡Tiene una lengua de mujer abandonada este hombrecito! Pero conmigo tenés que cuidarte, porque la desgracia de ser poco hombre se te puede doblar cuando te convenzás, además, de que yo soy poco mujer. (*Inicia el mutis. Al pasar junto a Bataraz, se enfrenta con él.*) Vos te cres un hombre, ¿verdá? Si algún día a Dios se le da la gana de matarte un hijo —yo no lo desearía nunca. ¡Por ésta! (*Hace la cruz.*) Pero si se le da la gana y se lo yeva, vos yorarías. A mí me yevó seis, y no he yorado. ¿Aprendé a ser fuerte de esta vieja!

A pedido de Gualberto, que se habrá acercado al organillero a ese objeto, vuelve a sonar el organito.

BATARAZ.—¡Pucha que tiene malas pulgas usté! Si yo lo que he querido es hacerla rair, doña Natividá. Venga, baile conmigo este tango.
NATIVIDAD.—¡Tas loco vos! Si yo no sé.
BATARAZ.—¡Qué no va a saber! (*La fuerza a dar unos pasos con él.*)
NATIVIDAD.—Si fuera una polca, todavía. (*Después que se zafa.*) Si no sé. ¿Has visto que no sé?

TELÓN

TERCER ACTO

CUADRO I

Sala de la casa de don Alejo, convertida en escritorio del caudillo. Dos armarios bibliotecas, en cuyos estantes se alinean gruesos volúmenes del "Diario de Sesiones", algunos de los cuales están encuadernados. Un escritorio pesado, sobre el que habrá un tintero de mármol ónix, un secante del juego y una carpeta grande. Junto al escritorio, un sillón, el que corresponde, y a cada lado, otro, de distinto estilo. En la pared, un retrato de Carlos Pellegrini, en el que el gran político financista aparece con un levitón que hace más imponente aun su imponente figura. Una puerta en el lateral derecho, que da al zaguán, y otra en el lateral izquierdo, que comunica con las demás habitaciones. Dos amplias ventanas, con persianas, que dan a la calle. Es de noche.
Al levantarse el telón, Natividad aparece sentada. Viste de la misma manera que en el acto anterior. Se supone que al dejar a los muchachos se ha encaminado directamente hacia la casa de don Alejo.

CHINITA.—Dice la señora que en un ratito viene.
NATIVIDAD.—Gracias, mi hija.

La chinita se va por donde apareció: lateral izquierdo. Natividad se alisa nerviosamente su escaso pelo blanco y amarillento. Un largo silencio, hasta que aparece, por lateral izquierdo también, Edelmira. Su "toillete", con ser de entrecasa, revela la coquetería de una buena moza.

EDELMIRA.—Buenas noches, Natividad.

NATIVIDAD.—Para mí muy malas, señora Edelmira. Dos veces he venido hoy a verlo a don Alejo. Tendrá que disimular su enojo si esta segunda vuelta no quise irme. Le aseguro que tenía yena la boca de cosas feas, y las hubiera ido perdiendo por el camino.

EDELMIRA.—Ha salido esta tarde, como a las cuatro, poco rato antes de venir usted, y aseguró que venía a cenar; como a las ocho llamó por teléfono y volvió a decir que vendría, que lo esperáramos con la cena. Al fin, tuvimos que comer sin él.

NATIVIDAD.—¡Hum! No quedrá atenderme.

EDELMIRA.—¿A usted?

NATIVIDAD.—¿Y por qué no? No he hecho más que trair hijos al mundo pa que le sirvan, es cierto, pero se habrá hastiao de tanta lialtá.

EDELMIRA.—No se apresure en juzgar mal a nadie, y menos a Alejo, que la estima bien.

NATIVIDAD.—Antes era así. Desde que mi Ecuménico se vio envuelto en la muerte del dotor Ordóñez, todo ha cambiao. Van pa cuatro meses que me lo tienen encerrao, y don Alejo como si le hubiesen dao en el gusto. No está bien, señora Edelmira.

EDELMIRA.—Tal vez no esté en sus manos favorecerla.

NATIVIDAD.—Es que no es favor lo que pido, sino justicia. Es justicia lo que pido. Mi Ecuménico no ha matao al dotor Ordóñez. Si don Alejo no ha querido que lo mataran, ¿por qué había de matarlo? Cuando Ecuménico dice que no, hay que creerle. Yo lo he parido y yo lo he hecho hombre y guapo. Lo conozco de derecho y de revés. Cuando él no dice nada, ahi, tal vez, puede ser el caso de echarle culpas, pero cuando dice que no, cuando a mí me dice que no, me hago quemar como una mecha y digo que no, como él.

EDELMIRA.—Y... ¿le ha dicho a usted que no?

NATIVIDAD.—Tá claro.

EDELMIRA (*Después de una pausa*).—Usted es la madre y hace muy bien en creerle.

NATIVIDAD.—Yo hago bien en creerle porque es inocente.

EDELMIRA.—Todos los hijos son inocentes para la madre.

NATIVIDAD.—Es que yo soy una madre acostumbrada a que la alversidá le arrebate sus hijos, y me hubiera resinao a la desgracia de Ecuménico pensando que ha matao por lial y por hombre.

EDELMIRA.—Piense eso, entonces, y admita que ha sido él.

NATIVIDAD.—¿Por qué va a cargar con culpas ajenas? ¡Cómo se ve que a usté le hacen creer lo que quieren!

EDELMIRA.—¿Quiénes me hacen creer?

NATIVIDAD.—Su marido y los amigos de su marido.

EDELMIRA.—Hablo muy poco de estas cosas con Alejo, y con los demás, ni palabra.

NATIVIDAD (*Después de una pausa*).—Don Alejo se me escurre y mi hijo padece. ¡Ahí está la cosa!

EDELMIRA.—Le repito que mi marido la estima y que no dejará de hacer por usté lo que pueda. Al menos, siempre ha sido así.

NATIVIDAD.—¡Qué voy a creer en la estima de quien se niega a arrimar su influencia pa que le hagan justicia a Ecuménico!

EDELMIRA.—Hable con él. Quizá se haya preocupado y usted no lo sabe.

NATIVIDAD.—Me cuesta creerlo, aunque bien lo quisiera.

EDELMIRA.—No se olvide que mi marido los ha servido en cuanta ocasión se ha presentado.

NATIVIDAD.—Lo que yo no puedo olvidar es que mis muchachos —Ecuménico el primero— le han servido con riesgo del propio peyejo siempre.

EDELMIRA.—No se aficione a los malos pensamientos. Espérelo a Alejo y así sabrá la verdad.

NATIVIDAD.—Lo esperaría aunque me echara. He venido pa saber, al fin, qué agua tengo en el pozo.

ALEJO (*Entra por la puerta del zaguán. Al ver a Natividad*).—¡Oh! ¿En qué anda, Natividad?

NATIVIDAD.—En busca de su hombría.

ALEJO (*Cambiando, de pronto, de expresión y de tono*).—¿Ya está borracha?

NATIVIDAD.—Casualidá que no estoy.

ALEJO (*A Edelmira*).—Hacéme cebar unos mates. (*Edelmira sale por la puerta que da a las habitaciones interiores. A Natividad.*) Hable sin tapujos. ¿Qué quiere?

NATIVIDAD.—Van pa cuatro meses que Ecuménico está preso, y usté lo ha abandonao como a perro muerto.

ALEJO.—Está en manos de la justicia. No puedo hacer nada.

NATIVIDAD.—Otras veces ha estao en esas mismas manos y su voluntá pudo lo que le ha dao la gana.

ALEJO.—Esta vez no puedo.

NATIVIDAD.—Ahura que es inocente, ¿no puede?

ALEJO.—¿Inocente?

NATIVIDAD.—¡Inocente, digo! Como usté, al menos.

ALEJO.—Que no se le olvide a quién tiene por delante.

NATIVIDAD.—No me olvido, don Alejo. Son palabras nada más que pa usté.

ALEJO.—Todas las sospechas recaen sobre Ecuménico. Y las mías también. Todo el mundo lo señala con el dedo. Aunque quisiera ayudarlo, no podría, porque el matador del doctor Ordóñez tiene que sufrir su merecido.

NATIVIDAD.—Mi hijo no ha matao. Lo dice él y lo digo yo. Pero, si él mintiera y yo mintiera, habría que buscar el porqué de esa muerte. En el caso, Ecuménico habría matao por política. Pa que haiga un alversario menos, como tantos otros quitaos del medio. Un ostáculo más salvao pa asegurar el triunfo de los suyos. ¿Y qué hay con eso? ¿Me lo van a tener encerrao como si hubiese matao pa robar, como si hubiese matao pa darse el gusto?

Por la izquierda aparece la chinita con el mate y se lo sirve a don Alejo.

ALEJO.—El doctor Ordóñez ha sido un hombre como pocos.

NATIVIDAD.—Ha sido su alversario. Pa Ecuménico y pa Ladislao, como pa usté y pa mí, no hay más que dos clases de hombres: los correligionarios y los alversarios. Así les han enseñao y así lo aprendieron. Se lo hemos enseñao usté y yo. ¿Es verdá o no es verdá?

Don Alejo le entrega el mate a la chinita, y ésta sale por la izquierda.

ALEJO.—Es verdad. Pero, ¿hay que matar por eso a todos los adversarios? Yo no le he enseñao a matar gente.

NATIVIDAD.—Mis hijos no odean a nadie. Sus amigos los quieren y la gente los respeta.

ALEJO.—Los teme.

NATIVIDAD.—¡Como a usté, como a todos los hombres que se saben hacer respetar, pues!

Vuelve la chinita con el mate, que entrega a don Alejo.

ALEJO.—Terminemos, Natividad.

NATIVIDAD.—Yo no me voy si no me asegura que va gestionar la libertá de Ecuménico.

ALEJO.—Todo lo que pude hacer por él lo he hecho ya al no denunciarlo yo mismo como matador del doctor Ordóñez, según se lo prometí a Ecuménico.

NATIVIDAD.—¿Denunciarlo usté, don Alejo? Como diciendo "esta vez no fui yo quien lo mando".

ALEJO.—¡Para que supiera la gente que ni esta vez ni nunca lo he mandao yo que matara! (*Le entrega el mate a la chinita.*)

NATIVIDAD.—¿Y pa qué había de matar mi Ecuménico? ¿Pa comprarse alpargatas en lo del franchute? ¿Pa comprarme a mí estos vestidos, regalaos por sirvientas? ¿Pa pagar el vino avinagrao que tomamos?

ALEJO.—No sólo por la plata baila el mono.

NATIVIDAD.—Pero se mata siempre por algún interés. Ecuménico no ha tenido ni tiene otro interés que el servirlo. Si ha matao, lo ha hecho pa servirlo.

ALEJO.—Me ha servido mal, entonces.

NATIVIDAD.—Veinte años hace que le sirven. No tenían toavía su papeleta de ciudadanos cuando ya gritaban en los atrios: "Viva don Alejo." Yo fui quien los guió, y ahora podrían pedirme cuentas por mi mal consejo. Y usté, don Alejo, en tantos años, ¿no les vio el pelaje de bandidos?

Vuelve la chinita con el mate.

ALEJO.—Hágame el bien de retirarse, Natividad.

NATIVIDAD.—Mal me conoce, don Alejo. Yo no me puedo ir sin obligarlo a que me le consiga la libertá. Lo menos que puedo hacer por mi hijo es lo que él ha hecho siempre por usté: esponer el peyejo. No tengo más que eso. ¡Puro peyejo! ¿No ve? (*Se pellizca la muñeca.*)

ALEJO (*Después de un largo silencio, durante el cual permanece pensativo*).—Bueno. Voy a ver qué puedo hacer. Trataré de hablar con el juez.

NATIVIDAD.—Si usté se empeña en que le hagan justicia, se lo pueden entregar en seguida.

ALEJO.—Lo intentaré, por lo menos. No le puedo asegurar nada. Ya sabe que las cosas de la justicia son muy delicadas. (*Alejo entrega el mate.*)

NATIVIDAD.—Serán. No digo que no. Pero más delicada es la inocencia, y la han ensuciao con cuatro meses de cárcel.

ALEJO.—En fin, veremos.

NATIVIDAD.—Me voy con la confianza de saberlo demasiado listo pa engañarme. No soy más que una vieja, es verdá, pero usté sabe que no me faltaría coraje pa enfrentarlo. A más, ¿pa qué hubiéramos reñido, si era su voluntad engañarme? ¿No le parece?

ALEJO.—Ya sabe que no ando con tapujos para decir que no.

NATIVIDAD.—Por eso... Y... ¿cuándo quiere que lo vea pa saber algo?

La chinita vuelve y le entrega el mate a don Alejo. Éste se queda pensativo mientras termina el mate sin sacar la bombilla de la boca.

ALEJO (*Al entregarle el mate a la chinita*).—No quiero más. (*La chinita se va. A Natividad.*) Yo no sé, Natividad. Son gestiones que hay que hacer con mucho tato y muy lentamente. Más vale que demoren un poco más y salgan bien. El apresuramiento podría echarlo todo a perder.

NATIVIDAD.—Otras veces lo ha hecho sin tantos melindres, don Alejo.

ALEJO.—No se trataba de una vida como la del doctor Clemente Ordóñez. Persona de muchos méritos, emparentao con lo mejor, de lo mejor él mismo.

NATIVIDAD.—Los alversarios son alversarios y nada más. No hay ni mejores ni piores. Los correligionarios sí, pueden ser buenos y malos, y mi Ecuménico es de los buenos. Usté lo sabe. A más, él es inocente, él no ha sido. Usté lo puede gritar bien fuerte.

ALEJO.—¡Le parece que yo puedo gritar! Yo sólo puedo gritar contra Ecuménico.

NATIVIDAD.—Más vale que no lo haga, don Alejo. Porque yo también puedo gritar contra usté, y si es preciso puedo hacer más. Me sobra coraje pa cualquier cosa.

ALEJO.—¿Qué está diciendo usté?

NATIVIDAD.—Lo que ha oido. Y si quiere, lo repito: he dicho que tengo coraje pa cualquier cosa. Y le hago un añadido; tengo coraje pa castigar a cualquier felón que traiciona a su más lial servidor.

ALEJO.—¡Retírese de aquí!

NATIVIDAD.—Es mejor que amaine, don Alejo, porque mi coraje no precisa armas. Me bastaría con las uñas y con los dientes.

Un largo silencio. Don Alejo se aproxima a ella y le habla en voz baja.

ALEJO.—¿No comprende que sospechan que yo he intervenido en el asesinato?

NATIVIDAD.—¿Y qué? Si no es cierto.

ALEJO.—Creen que fui yo quien lo ha mandao a Ecuménico a que matara.

NATIVIDAD.—¿Y por qué no lo han prendido a usté entonces? ¿No ve? Siempre cortando la piola por donde puede romperse. Si lo hubieran prendido a usté, usté no estaba encerrao ni una hora. Sobre que no es cierto, usté tiene pa darle el contramoquillo con la fuerza de los que mandan. Pero mi pobre Ecuménico ha venido a perder su amistá cuando más segura debió tenerla.

ALEJO.—Le repito que haré todo lo que pueda.

NATIVIDAD.—El resultao me dirá de su empeño. Hasta mañana, don Alejo.

ALEJO.—Deje pasar unos días.

NATIVIDAD.—Ni aunque no haiga nada nuevo, yo vendré. ¿En qué mejor cosa puedo andar?

TELÓN

CUADRO II

En casa de Ecuménico. Habitación de Natividad. Una cama de hierro, pintada de negro y en parte despintada ya por el uso. Algunas sillas, tan viejas como las demás cosas. Una estampa de la virgen María en el respaldar de la cama. Puertas practicables a foro y en ambos laterales. La primera, que está entrecerrada, comunica con el patio; la del lateral izquierdo comunica con la cocina, y la del lateral derecho, con el dormitorio de los "muchachos". Es de noche.

Al levantarse el telón, sólo la luz de la luna, que se filtra por la puerta entreabierta, disipa las sombras. Alguien abre las dos hojas de la puerta de foro y se ensancha la luz lunar. En seguida enciende un fósforo y da luz a una ordinarísima lámpara a queroseno que cuelga de un clavo en la pared de frente al espectador, del lado de la cama de Natividad. Se ve entonces que el que lo ha hecho es Ecuménico. En la puerta han quedado Bataraz, Testa, Gualberto y Ventarrón. Todos, en distintos grados, están borrachos.

ECUMÉNICO.—Entren, muchachos.

GUALBERTO.—No estando Natividad, sigamos la curda.

BATARAZ.—¡Eso es de hombre, amigo!

TESTA.—¡Meta! Yo tengo el garguero encabritao como un flete.

ECUMÉNICO (*A Ventarrón, sin hacer caso de lo que han dicho los demás*).—Me hacen mucha gracia los blandos de boca que se creen los reis del coraje porque han entrao a la lionera acomodándose el pañuelo al pescuezo. Hasta un purrete entra con coraje. Aguantar cuando se está adentro, esquivando las cáscaras que ponen pa que uno pise una tan siquiera, ahi los quiero ver. ¿Me comprendés?

GUALBERTO.—Se ha dicho que sigamos la curda, che, Ecuménico, a vos te hablo. (*Lo toma de un brazo, obligándolo a que lo escuche.*) Vamos hasta lo del franchute.

ECUMÉNICO.—Yo tengo que esperar a la vieja. (*Se dirige otra vez a Ventarrón.*) He conocido guapos de hacha y tiza, guapos de verdá, y se les ha subido a la garganta todo lo que tenían de hombres, frente al juez: guapos...

TESTA (*Mientras se sienta*).—Si el dueño de casa no es comedido, la visita busca su comodidá.

GUALBERTO.—Esu es: como en tu casa, che.

BATARAZ.—¿Pero no íbamos hasta el boliche?

GUALBERTO.—Es lo que yo decía. Pero está visto que uno propone y el libertao dispone.

BATARAZ.—Che, Ecuménico, ¿vamos a acampar aquí? Mirá que Natividá nos va a sacar cortitos.

TESTA.—Endeveras.

ECUMÉNICO.—Mi vieja sabe querer a mis amigos.

GUALBERTO.—Sí, pero hace un rato que nos maltrató feo.

ECUMÉNICO.—¡Ah!, si es así, es porque les ha olfatiao algo malo. Mi vieja —por mala comparación— es como perro de raza pa olfatiarle la índole a los hombres.

GUALBERTO.—¡Avisá si nos has arrastrao hasta su casa pa basuriarnos!

ECUMÉNICO (*Sonríe*).—Yo no sé. Toy hablando de mi madre. ¡Tiene un olfato!

TESTA.—¿Sabés por qué nos maltrató? Porque no fuimos a visitarte a la lionera.

ECUMÉNICO.—La vieja es muy celosa de la amistad. Yo no. A los amigos les esijo que no me traicionen. Nada más. La falta de comedimientos me tiene sin cuidao.

VENTARRÓN.—Doña Natividá tiene razón. Los amigos de verdá tienen que aliviarlo a uno cuando está en la mala. Y si no, ¿pa qué sirven los amigos?

ECUMÉNICO.—¿Cómo pa qué sirven? Pa acompañarlo a uno en la hora de la libertá. ¿No lo estás viendo?

BATARAZ.—Che, Ventarrón, decí: ¿cuántas veces fuiste a visitarlo a Ecuménico?

VENTARRÓN.—Ni una vez. Pero yo no sabía que era su amigo. No sabía siquiera que se acordaba de mí. Si hubiese creido lo que he visto esta noche, hubiera ido quizás cuántas veces. Por ésta, Ecuménico. (*Hace el signo de la cruz y se besa los dedos cruzados.*)

ECUMÉNICO (*A Testa, después de una pausa*).—¿Y la Ñata, che?

TESTA (*Con fastidio*).—Bueno, gracias.

ECUMÉNICO.—¿Siempre tan cariñosa?

Gualberto y Bataraz sonríen observando a Ecuménico, que les hace guiñadas.

TESTA.—¿También vos sos de los que creen que las hembras dulzonas, pegajosas, son las mejores?

Gualberto y Bataraz largan el cuajo.

ECUMÉNICO.—¿De qué se ríen?

TESTA.—Sí, hacéte el otario. A ver si al final te queda justo.

ECUMÉNICO.—No, señor. Pregunto, mi amigo. ¿Ha pasao algo? Mirá que yo vengo como de afuera.

TESTA.—Esos dos desdichados saben bien.

ECUMÉNICO.—¿Qué es lo que saben bien? Desembuchá. Desahogáte.

TESTA (*Después de una pausa*).—Saben que la Ñata se fue.

ECUMÉNICO (*Asombrado*).—¿Se fue? ¿Y a dónde, che? ¿A San Miguel, a visitar a los viejos?

Gualberto y Bataraz vuelven a largar el cuajo.

TESTA (*Enfurecido*).—¿Por qué no se ríen de quien los echó al mundo, mal paridos!

GUALBERTO (*Marcando una transición violentísima, va a lanzarse sobre Testa. Bataraz se interpone. Ecuménico, muy dueño de sí, y acaso de los demás, da unos pasos como para enfrentar a Gualberto*).—Agradecéle a este tata que te ha salido, que no empecés el año nuevo con algo deshecho.

ECUMÉNICO.—Yo no comprendo "ninte". ¿Qué ha pasao con la Ñata?

TESTA.—¿No te he dicho ya que se ha ido?

ECUMÉNICO (*Sin poder contener la risa*).—Pero hay muchas maneras de irse, che. Uno se puede ir como yo me fui hace cuatro meses: obligao. Otro se puede ir, pongo por un caso, como se va una purreta con un gavilán. Hay muchas maneras, como te digo.

TESTA.—¡Se me fue! ¡Me dio el esquinazo! ¿Entendés ahora?

ECUMÉNICO.—¡A... cabáramos!... ¿Tabas matando penas entonces? No te aflijás, hombre. (*Se acerca y le golpea cordialmente la espalda.*) A las hembras sólo hay que yorarlas cuando se mueren.

TESTA.—¿Si acaso yo la yoro?

ECUMÉNICO.—Te digo no más. (*Pausa.*) Ahora sí que la vamos a correr linda. Andá a trair dos o tres boteyas de vino de lo del Franchute. ¿Querés, che, Ventarrón?

VENTARRÓN.—¡Y cómo no!

Ecuménico le da la plata y Ventarrón se va por el foro.

ECUMÉNICO (*Después de un largo silencio de todos*).—¡La pucha que son bochincheros! ¡Lindos juerguistas me ha arrimao la suerte! Me están enlutando las primeras horas de la libertá. Vos, Testa, a ver si comprendés que hay una sola mujer que merece la pena de tenerla presente...

BATARAZ (*Interrumpiendo*).—Claro, hombre: la que nos echó al mundo.

ECUMÉNICO (*Sonriendo*).—Ésa no es nunca una mujer; es madre. Yo iba a decir la que está de cuerpo presente en la catrera. Las otras, toditas, no valen ni los requechos de un hombre.

TESTA.—Siempre te has hecho lenguas de la bondá de la Ñata.

ECUMÉNICO.—Claro. Mientras estuvo a tu lao, y aguantó tus estrilos y tus macanas, fue buena. Ahora no es más que una hembra sucia y mal peinada, ladradora y deslial. (*Vuelve a sonreír.*) Así será pa mí... hasta que se vuelvan a rejuntar.

TESTA.—¿Rejuntar?

ECUMÉNICO.—Digo yo. No me hagás caso, Testa. Se me había ocurrido acordándome de lo manánimo que habías sido la vez pasada.

TESTA.—La vez pasada era otra cosa.

ECUMÉNICO.—A mí, que no sé nada de esto, me parece que era la misma cosa. Pero, no me hagás caso, porque no tengo esperencia.

Por foro, aparecen Ladislao y, detrás de él, Ventarrón, con una damajuana. Ladislao, que llega advertido de la presencia de Ecuménico, se dirige resueltamente a abrazarlo. Ecuménico, sorprendido gratamente, le abre los brazos y lo estrecha efusivamente. La escena, pese a la sobriedad de los protagonistas, tiene una emoción a la cual no consiguen sustraerse los circunstantes.

LADISLAO.—Esta mañana estuve en la cárcel y me hicieron decir que no había novedá pa vos.

ECUMÉNICO.—Si no me muñequeo el asunto, me quedo hasta pasao mañana. Pedí que hablaran a la casa del juez en cuanto supe que la orden de libertá había sido despachada. Y vos, ¿de dónde venís ahora?

VENTARRÓN.—Estaba en el boliche. Le avisé yo. ¿No ve que en vez de tres boteyas de vino me traje una damajuana? Ladislao dijo que tres boteyas no alcanzaban pa él solo. Trajimos un pan dulce también.

Mientras Ventarrón explica, Ladislao saluda a Gualberto, Bataraz y Testa.

ECUMÉNICO.—Es un esajerao, pero no miente.
BATARAZ.—Doña Natividá te buscaba por la barriada.
LADISLAO.—¿Esta tarde?
BATARAZ.—Esta noche. Taba toda revuelta lo que tu hermano no recuperaba la libertá.
LADISLAO (*A Ecuménico*).—¿Mama no sabe que andás suelto?
ECUMÉNICO.—¡Quién sabe dónde andará la pobre!

Ladislao sale por lateral izquierdo y vuelve de inmediato con algunos vasos, que llena de vino y va sirviendo a todos.

LADISLAO (*Después de que ha llenado el vaso para él*).—Salú, Ecuménico; salú, muchachos. Feliz año.
ECUMÉNICO (*A Testa*).—Por la Ñata, si vuelve hecha una Madalena y todavía te queda coraje pa aguantarla.
TESTA.—Brindemos por nosotros, que valemos más. Salú para todos.
ECUMÉNICO (*A Gualberto y Bataraz*).—Ha brindao por todos. No sean ingratos.

Se acerca a Gualberto y lo empuja hacia Testa. En seguida hace lo mismo con Bataraz.

GUALBERTO (*Chocando su vaso con el de Testa*).—Salú.
TESTA.—Salú.

Por la puerta de foro aparece Natividad. Llega sorprendida y ansiosa, y al ver a Ecuménico se le ilumina la cara.

NATIVIDAD.—¡Hijo! ¡Mi hijo!
ECUMÉNICO (*Al oír, primero la voz de la madre, y al verla, después, casi en un solo movimiento llega hasta ella. No se besan, pero el abrazo es tan cálido, las manos de la una y del otro acarician tan delicada y vivamente la espalda y la cabeza y el rostro, que el sentimiento de madre e hijo brota de los movimientos como una fragancia. Ninguno de los presentes podría evadirse de la emoción del momento y esto explica que queden inmóviles en el sitio en*

que los sorprende el encuentro de Natividad y Ecuménico).—Mi vieja. ¿Siempre guapa? ¿Qué? ¿Ya no me esperaba pa este año?

NATIVIDAD.—Es verdá.

ECUMÉNICO.—Ya sé que anduvo aflojando.

NATIVIDAD.—¿Aflojando? ¡Qué saben los que te han contao! Taba dispuesta a todo. (*Ladislao le sirve un vaso de vino. Ella lo recibe.*) Les iba a enseñar lo que es una vieja de temple, jugándose por un hijo inocente. (*Ladislao sirve vino a todos los presentes.*) Por tu libertá, hijo. Por la libertá y la suerte de todos los amigos.

Todos beben. Ladislao hace mutis hacia la cocina y vuelve en seguida con un plato y varios trozos de pan dulce, que distribuye entre todos, empezando por Natividad.

ECUMÉNICO (*Cuando le llega el turno de servirse pan dulce*).—No. A mí, si querés convidarme bien, dame más vino.

Ladislao le sirve, en efecto.

GUALBERTO.—¿Ha visto, doña Natividá, que yo también soy un poco brujo, como las viejas?

NATIVIDAD.—Como tu vieja abuela, será, porque lo que es yo no soy bruja.

GUALBERTO.—Esta noche le decía que Ecuménico podía andar por ahí.

NATIVIDAD.—Pero no me dijiste que andaría con vos.

BATARAZ.—De veras que es como brujo éste.

Ecuménico va hasta la damajuana y se sirve otro vaso de vino.

VENTARRÓN.—¿Y Pancho, doña Natividad?

NATIVIDAD.—Raro es que no haiga aparecido en un día como éste.

LADISLAO.—Luciana me preguntó por él. Le vi la intención de hacer creer que no sabía nada. Seguramente de cair todavía.

GUALBERTO.—Ah, ¿pero siguen acaramelaos?

BATARAZ.—Le hace el novio en forma.

GUALBERTO.—Pa mí que le tiene miedo al Franchute. Porque es bravo el Franchute en tratándose de la hija. La cuida como al cajón de chirolas.

NATIVIDAD.—Hace bien. Es buena moza y puede encandilar a cualquiera. Los hombres del barrio andan detrás de la muchacha como pichichos. Ya vendrá quien se case con eya y la haga una mujer de su casa.

BATARAZ.—O le haga el cuento en una noche de luna. A lo mejor ha de ser el mismo Pancho el aprovechao.

GUALBERTO (*Suelta una carcajada*).—Estaría bueno que el más mosca muerta, el más turro, fuera el agraciao.

BATARAZ.—¿Y por qué no? Si a ella le gusta así, poco varón como es él. Un hombre, como quien dice, con enaguas.

GUALBERTO.—Si se ayuntaran serían como dos mujercitas güérfanas, sin amparo de hombre.

ECUMÉNICO.—Tá bueno ya. Ya lo han despeyejao bastante. (*Se sirve vino.*) Che, Ladislao, ¿por qué no te vas con eyos hasta el boliche? Yo me quedo un rato con mama y después los alcanzo.

LADISLAO.—Si gustan...

GUALBERTO.—Por mí...

BATARAZ.—Un rato más, y después me voy porque tengo una obligación.

Gualberto y Bataraz se ponen de pie.

VENTARRÓN (*A Testa, que está cabeceando*).—Eh, Testa. Nos vamos al boliche.

TESTA.—Si oigo todo, amigo. (*Se levanta.*) Hasta mañana, doña Natividá.

NATIVIDAD.—Hasta mañana, mi hijo.

VENTARRÓN.—Feliz año, doña Natividá.

NATIVIDAD.—Buena suerte, muchacho. Dale mis cumplidos a tu gente.

VENTARRÓN.—Serán dados.

GUALBERTO (*Desde la puerta del foro*).—Hasta luego, Natividá.

BATARAZ.—Que el año nuevo la encuentre buena y la trate bien. ¡Ah!, y otra vez no malquiera a los buenos amigos.

NATIVIDAD.—Que Dios te ayude.

LADISLAO.—Hasta luego, vieja.

NATIVIDAD.—Hasta luego, mi hijo.

El último en hacer mutis es Ladislao. Natividad y Ecuménico quedan solos. La madre se sirve un vaso de vino, se sienta, observa al hijo, que se ha quedado ensimismado, y luego se bebe el vino, en dos sorbos, para volver a observarlo.

ECUMÉNICO (*Como si continuara una conversación y con una sonrisa que parece definirlo*).—La policía es como las comadres, como las viejas chismosas del barrio: no sabe nada más que lo que los charlatanes dicen. La policía no sabe nada. Y los jueces saben la mitá de lo que sabe la policía.

Natividad (*Sin hacer caso de lo que dice Ecuménico.*—Estuve en casa de don Alejo, ¿sabes? Vengo de ahi.

Ecuménico.—¡Meta indagaciones! Total, han tenido que darme la libertá por falta de pruebas. Y la falta de pruebas es prueba de inocencia. ¿No es verdad, vieja?

Natividad.—Sí, mi hijo.

Ecuménico.—A los hombres de una sola pieza no se los reduce con dispertarlos del sueño. Si les dieran pa chupar, todavía... ¿no es verdad, vieja?

Natividad.—Ahá.

Ecuménico.—Lo que es yo, ni con vino... (*Una larga pausa, después de la cual se acerca a Natividad y no obstante lo que le va a decir, acentúa la sonrisa.*) Vieja: los eché a todos porque estaba tentao de hacer una macana... Quiero decírselo a usted sola. (*Toma una silla y se sienta junto a la madre, dando la cara al público, al revés de ella, que da el perfil. Luego de otra pausa, en voz baja.*) Lo maté yo.

Natividad (*Con estupor*).—¿Qué decís?

Ecuménico.—Yo tenía que lavarlo a don Alejo.

Natividad.—¿Lavarlo? ¿Vos? ¿Y de qué tenías que lavarlo?

Ecuménico.—El dotor, el dotorcito ése le disfrutaba la mujer a don Alejo.

Natividad.—¡Algún cuento!

Ecuménico.—Yo lo vi.

Natividad.—¿Lo vistes?

Ecuménico.—Como si lo hubiera visto. ¡Vi toda la mugre!

Natividad.—¿Y qué tenías que hacer vos en todo eso?

Ecuménico.—Era don Alejo, se trataba de don Alejo. ¿Iba a dejar yo, que lo sabía, que su nombre se revolcara en la inmundicia? ¿Podía permitir yo que a un hombre de su temple, con quién sabe cuántos años de coraje encima, un alversario torcido y una hembra vacía lo hicieran hocicar? ¿Le parece, mama? Ya había algún que otro correligionario que hablaba bajo y chismeaba al retorcerse el bigote. Usté sabe, vieja, que yo me le había distanciao a don Alejo. Se me revolvían las tripas al pensar que estaba trabajando con un... Yo era su hombre de confianza y no podía traicionarlo. Un día campanié al dotorcito y lo sorprendí con esa pobre infeliz. Y me jugué entero. Total, vieja, yo pensé que ésa es mi ley, y lo mismo me daba jugarme en esa ocasión que en cualquiera otra, por asuntos de comité. No soy hombre pa aguantar una beyaquería como ésa. (*Un largo silencio, Ecuménico espera una palabra de aprobación de su madre. Viendo que no llega, se da vuelta para buscarle el parecer en los ojos.*) ¿Hice mal, vieja?

NATIVIDAD.—Yo no te puedo jujar, mi hijo.

ECUMÉNICO.—Sí puede, vieja. Usté sabe que pa mí la vida es una pelea: tengo que matar o dejar que me maten.

NATIVIDAD.—Eso es verdá.

ECUMÉNICO.—¿Y entonces, vieja, por qué dice que no puede jujarme? He querido lavar a un hombre como don Alejo, por quien he peliau siempre. ¿Ta mal? Lo estaban traicionando en lo más sagrao que le queda: su mujer, esa mujer a la que quiere como a un ángel. Yo no podía saberlo y dejarme estar como un maula y un deslial. He matao pa que no me matara él y se le destrozara el corazón sabiendo que su mujer lo engañaba... con ese botarate. Dígame, vieja: ¿hice mal? Dígamelo sin tapujos.

NATIVIDAD.—Si yo fuera hombre, hubiera hecho lo mismo.

ECUMÉNICO (*Conmovido, acaricia, sin mirarla, la cabeza de su madre*).—Gracias mama. ¡Qué suerte, vieja, tener una madre como usté! Porque usté me comprende, vieja, como un hombre comprende a otro hombre. La vida hay que jujarla así.

Esconde la cabeza en el seno de la madre y cae en su primer derrame de lágrimas. Luego de una extensa pausa, Ecuménico parece recobrarse de su extraña emoción, se incorpora, se pasa la mano por la cara, después por el pelo, en seguida se arregla el pañuelo que lleva anudado al cuello, sacude su pantalón y va a servirse vino. Al comprobar que no queda ya en la damajuana, se bebe las gotas que hay en el fondo de su vaso, se acerca a la madre y le da una palmada en la cara, como una expresión de ternura a un amigo entrañable.

ECUMÉNICO.—¡Vieja linda!

NATIVIDAD.—Tás muy lisonjero.

ECUMÉNICO.—Usté sí que comprende la vida como un varón. Usté es mi madre, pero la siento como si fuera mi padre también.

NATIVIDAD.—Tal vez no más tengas razón. Vos sabés que quiero a tu hermano Pancho como si fuera una hija, la hija que no he podido tener.

ECUMÉNICO (*Después de una nueva pausa*).—Ahora que usté ya sabe todo lo ocurido, no quiero que inore lo que va a ocurrir. Mañana... Bueno, mañana no, porque es primero de año y quiero que lo pasemos juntos, pero pasao mañana me presentaré a la policía pa darme preso. "Aquí estoy. Yo he matao al dotor Ordóñez. Hagan lo que quieran."

NATIVIDAD (*Asustada y asombrada*).—¿Tás loco?

ECUMÉNICO.—¡Qué voy a estar loco, vieja! ¡Si sabré yo lo que tengo que hacer!

NATIVIDAD.—Eso que decís es una locura. ¿Me entendés?

ECUMÉNICO.—Tengo que hacerlo.

NATIVIDAD.—La justicia tiene castigada a tanta gente inocente. ¿Qué puede importarle que vos andés libre?

ECUMÉNICO.—¿Ve? Ahora ya no me comprende.

NATIVIDAD.—"He visto toda la mugre" has dicho. Si es así, lo has matao porque era un canaya.

ECUMÉNICO.—¿Y de ahi? ¿Qué tenía que ver yo con que fuese un canaya? Yo no soy don Alejo. Que lo matara él, hubiera estao bien, pero no yo, vieja.

NATIVIDAD.—¿Sabés que es verdá que no te comprendo? Renciencito querías que te jujara. Te alivié la concencia diciéndote que si yo fuera hombre hubiera castigao, lo mismo que vos, la felonía del dotor Ordóñez. ¡Y ahora salís con que no tenés nada que ver con la mala ación de ese mala entraña! Y si no tenés nada que ver, ¿por qué lo has matao? Esplícame, ¿querés?

ECUMÉNICO.—No sé si podré, vieja, porque tengo como un tambor en la cabeza. Yo sé que tenía que castigar al badulaque ése, que humiyaba a traición a un hombre entero como don Alejo, porque no era bastante hombre pa hacerlo de frente. Esa mujer no es nada mío, pero cuando supe qu engañaba a su marido, me distancié de don Alejo. No podía servirlo ya como lo había servido siempre. Me pareció que un hombre no podía servir a otro emporcado por una mujer. ¿Me comprende, vieja? Lo miraba a don Alejo y le veia monos en la cara. Y no sé quién, que estaba siempre a mis espaldas, me decía: "¿No ves que es un castrao?" Seguir cerca de él, sabiendo lo que le pasaba, hubiera sido una traición. El dotorcito ése —¡mal parido!— me puso en el trance de traicionar a don Alejo. ¡Traicionarlo yo, vieja! Usté sabe que no soy una taba, que puede caer de un lao o de otro. Yo caigo en lo que caen los hombres, ni aunque me espere el degüeyo a la vuelta de una esquina. Tenía que darle su merecido. No pensaba matarlo. Digo la verdá. Quería darle un ecarmiento no más. Pero uno propone y las cosas disponen. Me maltrató, quiso manosiarme... Me yamó cobarde, justamente cuando yo taba maniándome por contener mi arma. ¿Qué iba a hacer? (*Pausa.*) Total, que ando ahura con una muerte que tengo que pagar.

Empieza a pasearse.

NATIVIDAD (*Observa a Ecuménico y luego se le acerca, resuelta*).—Mirá, Ecuménico: vos sabés que soy una mujer templada a todos los fuegos. He enterrao a muchos hijos, hermanos tuyos; los he acompañado al cementerio y antes de que les dieran sepultura les he mirao la cara muerta, como se mira un retrato. Si alguna vez he rogao a Dios, no ha sido pa pedirle que tuviese piedá de mí, sino de los demás. Pero ya no soy la de antes. Ahora empiezo a verlo. Toy vieja y me tengo lástima de verme afligida por tu suerte. No me resino a verte privado de tu libertá. No quiero morirme sin tenerte a mi lao. Y no me atrevo a pedírselo a Dios, de miedo a que quiera castigarme por lo dura y soberbia que he sido toda la vida con el dolor. Prefiero pedirte a vos la mercé de que te quedés junto a mí, pa que seas vos quien me cruce las manos, cuando los ojos se me haigan cerrao pa siempre. Tenés bien ganada tu libertá, Ecuménico. ¿Me lo prometés? No, no mirés pa otro lao. Mirame a mí, derecho a los ojos. Si tenés coraje pa decir que no, no andés con vueltas.

ECUMÉNICO.—Pero, ¡si yo he matao, vieja! No quiero una libertá que me esté quemando los pies dondequiera que ande.

NATIVIDAD.—¡Ésas son pamplinas!

ECUMÉNICO.—¿Pamplinas? Usté no comprende. Es inútil. Usté no comprende. ¿No ve que me achica la vida? Encerrao, aunque fuera pa siempre, no hay hombre que se me iguale, en coraje, en lialtá, en honradez. Detrás de las rejas, hasta la osamenta de Ordóñez se levantaría pa darme la mano.

NATIVIDAD.—Pero me moriría yo sin dártela. Me iría de este mundo pensando que en algún otro pecho de mujer has hayao esas cosas que te apartan de mí como de una vaca abichada. No lo harás, ¿verdad? (*Transición.*) ¡A ver, che! Vení pa cá. (*Se sienta y obliga a Ecuménico a hacer lo mismo, en el suelo. Éste la obedece como una persona mayor, no precisamente como un niño.*) Tenés un montón de pelo blanco escondido. Parece un pedazo de piola. ¡Mira! ¡Tenés no más la cicatriz! ¡Y bien grande! Cuando vos eras muy mocoso, tu padre, que se había subido al techo del rancho, pa arreglarlo porque tenía unas goteras grandotas, dejó caer una teja que fue a herirte en la cabeza. La sangre te salía a chorros. Te puse un trapo de agua con sal y a duras penas conseguí que dejara de sangrar la herida. Luego, cuando tu padre bajó, lo desafié a peliar. Como no me hizo caso y se reia, le tajié la cara con la misma teja con que te había herido. Desde ese día me tuvo como miedo, ¿sabés? (*Pausa.*) ¿Me ois, Ecuménico?

Ecuménico.—Sí, vieja, la oigo, y me parece otra.

Natividad.—Yo misma me parezco otra. (*Continúa examinándole el pelo.*) Y vos parecés otro también. Como un cabayo brioso, pero cansao. Te miro las crines y el pescuezo y las orejas y el hocico, y me parece que es la primera vez que te veo. Necesito verte parao pa reconocerte, mirarte la estampa pa saber que sos mi hijo. De a pedazos, sos como de otra leche.

TELÓN

CONRADO NALÉ ROXLO
[*Argentina, 1898-1971*]

Nació Conrado Nalé Roxlo de padres uruguayos el 15 de febrero de 1898 en la ciudad de Buenos Aires. En su personalidad literaria convergen el poeta (*El grillo*, 1923, *Claro desvelo*, 1937, etcétera), el narrador humorista (*Cuentos de Chamico*, 1941, *El muerto profesional*, 1943, *El libro de quejas*, 1953, etcétera), y el dramaturgo de imaginación. Su producción dramática, relativamente escasa, se compone de cuatro obras mayores y cuatro piezas breves. Al parecer, su primer drama, *Una viuda difícil*, fue escrita en 1922, aunque sólo se representó en 1944. La acción transcurre en una Buenos Aires virreinal y tiene que ver con una viuda joven y hermosa que adopta por marido a un supuesto criminal, que no era, en verdad, sino tímido cordero. A esta farsa poética le sigue cronológicamente *La cola de la sirena* (1941), de ambiente marino, acerca de un hombre que se enamora de una sirena. *El pacto de Cristina*, drama que recibió en 1945 el premio de la Comisión Nacional de Cultura y que fue también galardonado en Madrid, es una recreación de la leyenda de Fausto. Obra también premiada fue la farsa *Judith y las rosas* (1956) que trata del asunto bíblico de Judith y Holofernes. En 1964 se publicó el volumen *Teatro breve*, que incluye *El pasado de Elisa*, *El vacío*, *El neblí* y *El reencuentro*, estas dos últimas estrenadas en 1957.

Conrado Nalé Roxlo fue sin duda uno de los factores decisivos para la superación del realismo-naturalismo de las primeras décadas, y probablemente es el más importante de los dramaturgos hispanoamericanos de imaginación, en lo que respecta a la primera mitad de la centuria. Sus dramas mayores están estructurados en torno a la confrontación de ilusión y realidad. En *Una viuda difícil* el conflicto se cimienta en la desilusión de la viuda Isabel sobre la común realidad de Mariano "el Valiente", cuya timidez hizo que se forjara una leyenda de crímenes. Al reconocer que la verdadera personalidad de su esposo no concuerda con la figura excepcional y sombría que ella imaginó, lo rechaza, y únicamente lo volverá a aceptar tras una demostración de valor por parte de él. El protagonista Patricio de *La cola de la sirena* busca en la nereida Alga la poesía de lo prodigioso, en tanto que ella aspira a encontrar en Patricio el simple amor humano. Cuando la quimera se deshace adoptando la configuración común de una mujer normal, también el encanto poético desaparece, y la sirena tiene que retornar al mar y a la muerte. En *El pacto de Cristina* la dialéctica de la ilusión y la realidad se entreteje con el conflicto entre el Bien y el Mal. La protagonista tiene que acudir a recursos sobrenaturales, para lograr el amor del cruzado Gerardo. Pero por haber violado las barreras naturales para conseguir una ilusión que no halla respuesta en la realidad habitual, tiene que padecer el castigo que ella misma ejecuta. En *Judith y las rosas* el contraste surge entre la imagen aguerrida que se había hecho Judith de Holofernes y el apacible artista experto en cultivar flores. La univer-

salidad de los temas tratados por Nalé Roxlo se corresponde con la idealiza-
ción y el exotismo de los ambientes (que no contradice la nota folclórica) y el
alejamiento temporal. Habría que añadir, como rasgo característico de la
dramaturgia de este escritor argentino, su predilección por el recurso musical. Carlos Solórzano ha dicho que la obra dramática de Conrado Nalé Roxlo
"es el resultado de una formación espiritual en que convergen la riqueza lírica y la asimilación de la poesía legendaria, atributos que coincidían con los
del 'Teatro Nuevo', que ponía en boga, entre la segunda y cuarta década de
este siglo, una generación de autores españoles, especialmente significativos:
Rafael Alberti, Alejandro Casona y Federico García Lorca".

BIBLIOGRAFÍA SUMARIA

Gillespie, Ruth C., Introducción a *La cola de la sirena*, Nueva York, Appleton-
Century-Crofts, 1957, pp. 1-22.

Giordano, Enrique, "La generación del 27: Conrado Nalé Roxlo", *La teatralización de la obra dramática, de Florencio Sánchez a Roberto Arlt*, Red de Jonás,
México, Premiá, 1982, pp. 161-174.

Lacau, María Ortensia, *El mundo poético de Conrado Nalé Roxlo: poesía y estilo*,
Buenos Aires, Raigal, 1954.

Rojo, Grinor, *Orígenes del teatro hispanoamericano contemporáneo*, Valparaíso,
Ediciones Universitarias de Valparaíso, 1972, pp. 73-86.

Ruiz Días, Adolfo, "Cómo recuerdo a Nalé Roxlo", *Boletín de la Academia Argentina de las Letras*, vol. XLVI, enero-diciembre de 1981, pp. 179-182.

Solórzano, Carlos, *El teatro latinoamericano en el siglo XX*, México, Pormaca,
1964, pp. 58-61.

Torres Rivera, Rebeca, "La mujer en el teatro de Conrado Nalé Roxlo", *Cuadernos Americanos*, vol. CCXXXV, núm. 5, septiembre-octubre de 1980, pp.
245-251.

Tull, John F., "Unamuno y el teatro de Nalé Roxlo", *Estudios Americanos*, vol.
XXI, Sevilla, 1961, pp. 45-50.

____ , "El teatro breve de Nalé Roxlo", *Duquesne Hispanic Review*, vol. VI,
núm. 1, 1969, pp. 37-40.

____ , "Unifying Characteristics in Nalé Roxlo's Theater", *Hispania*, vol.
XLIV, núm. 4, diciembre de 1961, pp. 643-646.

____ , "Poesía y humorismo en la obra de Nalé Roxlo", *Hispanófila*, vol. XIV,
enero-abril de 1962, pp. 41-44.

____ , "La mujer en el teatro de Nalé Roxlo", *Duquesne Hispanic Review*, vol.
III, núm. 3, invierno de 1964, pp. 133-137.

El pacto de Cristina

PERSONAJES

CRISTINA
GERARDO
MAESE JAIME (*El Diablo*)
RIMBALDO (*El Juglar*)
MADRE FLORIDA (*Vieja Celestina*)
SYLANORA (*Bruja*)
CIEGO
JERÓNIMO, ANDRÉS (*Soldados*)
GINEBRA, GLADIA, MOLINERA: (*Tres
    mujeres jóvenes que han vendido
    su alma al diablo*)
ROSALÍA
AMARANTO
POBRES, ALDEANOS, SIRVIENTES

*Esta obra fue estrenada el 4 de mayo de 1945 en el teatro Presidente Alvear,
de Buenos Aires.*

PRIMER ACTO

CUADRO I

*Frente de una posada de la Edad Media del que parte un viejo parral que
cubre las tres cuartas partes de la escena. Junto a la puerta, un tonel de vino
y, en primer término, una mesa y bancos. A ambos lados, dos casuchas de
equívoco aspecto.*

*Andrés y Jerónimo, dos soldados, a un extremo de la mesa, comen y beben.
Rimbaldo, desde el otro extremo, los contempla codiciosamente.*

ANDRÉS (*Levantando la copa*).—¡A tu salud, Jerónimo!
JERÓNIMO (*Chocando la suya*).—¡A la tuya, muchacho!
MADRE FLORIDA (*Sale de la casucha de la derecha, y después de saludar a
los soldados, husmea curiosa el interior de la posada*).—Buen provecho,
mozos.

SYLANORA (*Sale y mira inquisitivamente al interior de la posada, pero, al reparar en la Madre Florida*).—¿Qué andas buscando por aquí, rata de alcoba?

MADRE FLORIDA.—¡Lo que a ti no te importa, tizón del infierno!

SYLANORA.—Hueles a ungüentos podridos. ¡Puah!

MADRE FLORIDA.—Y tú a azufre, *vade retro*.

SYLANORA.—Cuidado, no te deslome algún padre o algún marido...

MADRE FLORIDA.—Y a ti no te eche mano el Santo Oficio... si te caes de la escoba, ¡bruja!

SYLANORA.—¡Momia de Cupido! (*Los soldados ríen, y ambas mujeres, reparando en que las escuchan, se lanzan una última mirada de desprecio y desafío y vuelven a meterse en sus casas.*)

JERÓNIMO.—¡Buena pareja!

ANDRÉS.—¡Para el infierno!

RIMBALDO.—Siempre andan revoloteando por aquí, como dos abejorros sobre una rosa... ¿No me pagáis un jarro?

JERÓNIMO.—¿De este vino?

RIMBALDO.—Claro.

JERÓNIMO.—No es claro; es tinto.

RIMBALDO (*Tiende la mano al jarro*).—¿A ver?...

JERÓNIMO (*Retirándolo*).—¡No te tientes, san cuerno!

RIMBALDO.—¡Es el santo al que reza tu mujer!... Pero no disputemos entre compañeros de armas.

ANDRÉS.—¿Desde cuándo son compañeros un laúd mal templado y una buena espada?

RIMBALDO.—Ya que hablaste de tentación, si me pagas un jarro de vino te contaré la milésima tentación de San Antonio. Cuando el santo estaba en el desierto, todos los días un cuervo le llevaba un pan en el pico. Los cuervos de entonces no eran como los de ahora, flacos, duros y fétidos; eran aves regordetas y sabrosas como las gallinas. El diablo, que en vano lo había tentado desde el cerebro, desde el corazón y desde la sangre, se le metió en el estómago y comenzó a atormentarlo desde allí. Puede mucho el diablo cuando tienta desde el estómago.

ANDRÉS.—Tú debes saberlo...

RIMBALDO.—Le decía: Antonio, ya debes de estar harto de pan seco, por más celestial que sea; retuércele el pescuezo al cuervo y cómetelo. ¿Te lo imaginas, Antonio querido, dando vueltas en el asador y goteando grasa dorada?... ¡Maldito demonio!, gritaba el santo, y se daba golpes en el estómago. Pero como era su propio estómago, no podía pegar muy fuerte. Y el diablo seguía allí, agazapado y seductor, hablando de las yerbas aromáticas con que sazonar la delicada carne del cuervo, de la salsa en que mojar el pan que él mismo le traía... Hasta que el santo sintió hacérsele agua la boca y que en esa agua se disolvía su entereza, y diciendo ¡hoy me lo como!, se puso a juntar leña para preparar un buen fuego, que sería el fuego de su propio infierno. Por fin apareció el cuervo en el horizonte, volando y volando... (*Hace una pausa de narrador profesional, calculando el interés de los soldados; interés que se ha ido despertando poco a poco.*)

ANDRÉS.—¿Y se lo comió?

RIMBALDO.—No, porque también vino volando y volando la Santísima Virgen en forma de golondrina y rozó con sus alas al cuervo, que se volvió negro, flaco, correoso, pestilente e incomible, como es ahora, y el santo se salvó.

JERÓNIMO.—¡Buena la hizo la Señora Virgen, echar a perder un ave tan sabrosa!

ANDRÉS.—¡Linda historia!

JERÓNIMO.—Tan linda, que me siento tentado de darle un jarro de vino y un trozo de cerdo.

RIMBALDO.—¡Trae acá!

JERÓNIMO.—Pero yo, como el santo, sé resistir mis tentaciones.

ANDRÉS.—¿Ves? Para que aprendas a no rimar en tus coplas soldado con asno.

RIMBALDO.—Necesidades propias del oficio. Al pueblo le gusta.

JERÓNIMO.—Pues pasa ahora las necesidades propias de tu oficio.

RIMBALDO.—Malos tiempos corren si los soldados se hartan y los poetas ayunan. Ya no hay moral ni decencia.

ANDRÉS.—Tanta razón te sobra como dinero te falta. Se van perdiendo todas las buenas costumbres. Con decirte que tres veces intenté abrazar a la moza de esta posada y las tres tuve que tragarme los besos. No sé dónde vamos a ir a parar si la inmoralidad cunde hasta el extremo de que una moza de posada se permita rechazar a un soldado.

JERÓNIMO (*Ríe*).—¿Qué? ¿Te dio con el cántaro en la cabeza?

ANDRÉS.—Eso no me hubiera contenido, que no sería la primera vez que hago el amor con la cabeza rota. Lo que pasa es que mira de un modo que uno se desanima y acaba por bajar los brazos como una doncella.

JERÓNIMO.—Lo que pasa es que te faltan barbas para acometer la empresa. Eres un palurdo y te asustas porque es la hija del amo. Ya verás cómo yo no me detengo aunque me mire con los ojos de la catedral.

ANDRÉS.—¿Qué apostamos a que no la abrazas?

JERÓNIMO.—Una vuelta de vino.

RIMBALDO.—Para los tres.

JERÓNIMO.—Sea, que ya llevas bastante en la picota. (*Golpeando la mesa.*) ¡Cristina! (*Se para, se arregla la barba y se coloca en actitud conquistadora, guiñando el ojo a los demás.*)

CRISTINA (*Sale de la posada*).—¿Llamaron?

JERÓNIMO (*Meloso*).—¿Por qué no te acercas?... ¿Tienes miedo, paloma?

CRISTINA.—¿Miedo? ¿De qué habría de tener miedo? (*Se acerca a Jerónimo y lo mira limpiamente. Él inicia un ademán como para abrazarla, pero se contiene y, bajando los ojos, pide humildemente.*)

JERÓNIMO.—¿Quieres traernos tres jarros de vino?

CRISTINA (*Recogiendo los jarros de la mesa*).—Sí, en seguida. (*Entra en la casa.*)

JERÓNIMO.—Daría mi parte del botín que tomaremos a los infieles por saber qué diablos tiene esa muchacha.

ANDRÉS.—Cuando yo intenté abrazarla fue como si los brazos se me volvieran de arena y se me deshicieran a lo largo del cuerpo.

JERÓNIMO.—Cosa del diablo parece.

MAESE JAIME (*Cruza la escena de derecha a izquierda y saluda al pasar con una inclinación de cabeza a Cristina, que vuelve trayendo los vasos*).—Buenas tardes, hija mía.

CRISTINA.—Buenas tardes, maese Jaime. (*A los soldados, sirviéndoles el vino.*) ¿Qué tal era el vino?

ANDRÉS.—Como de misa.

CRISTINA.—Pues éste es de un tonel nuevo, y dicen que es mejor.

JERÓNIMO.—Será entonces como el de las misas que se cantan en el cielo. (*Cristina se va sonriendo.*) Nunca me pasó cosa parecida con una muchacha.

RIMBALDO.—Lo que pasa es que no tenéis experiencia.

ANDRÉS.—¿La tuya te serviría para abrazarla? Prueba.

RIMBALDO.—No, me sirve para no intentarlo siquiera. Escuchad ahora: un amigo mío que era ladrón...

JERÓNIMO.—¿Por qué no dices francamente que el ladrón eras tú?

RIMBALDO.—Porque desde que os he visto robar a vosotros me ha entrado asco por el oficio... Mi amigo entró una noche en la iglesia, para robar las joyas de la Virgen.

ANDRÉS.—Es un gran pecado.

RIMBALDO.—¡Qué podía importarle! Estaba excomulgado y hambriento. La iglesia estaba casi a oscuras; sólo unas luces en el altar iluminaban las joyas que resplandecían sobre el manto de la Virgen. Tendió las manos, que tenía heladas de frío y de hambre... pero no las tocó. Una tibieza suave y poderosa que bajaba de lo alto le envolvió las manos como un rayo de sol. Su alma seguía hosca, fría y dura, pero, ¿cómo explicarlo? Bajo la mirada de la Santísima Virgen sus manos se juntaron y rezaron, ellas solas, sin que él pronunciara una palabra... Contemplándolas le parecía ver desde muy lejos un niño arrodillado que rezara por él... Por fin las manos lo arrastraron y cayó de hinojos pidiendo perdón... (*Transición.*) Con el cuerpo de esta muchacha pasa lo mismo que con las joyas sagradas: la claridad de sus ojos doma los oscuros deseos. Por eso no podéis abrazarla.

JERÓNIMO.—Hablas como un predicador, y hasta serías un ladrón estimable si no fuera por tus malditas coplas.

CIEGO (*Llegando por la derecha*).—Una caridad para un pobre ciego.

ANDRÉS (*Alargándole un jarro*).—Toma, abuelo.

CIEGO.—Gracias, soldado. Más falta le hace al triste el vino que el pan.

ANDRÉS.—¿Cómo sabes que soy soldado?

RIMBALDO.—Ve sin duda por los agujeros de la capa.

CIEGO.—Bien hablaste sin saber lo que decías. Muchas cosas se ven por los agujeros de las capas. Y el que nunca la llevó desgarrada no pudo ver la crueldad ni la caridad del mundo.

ANDRÉS.—Y a mí, ¿por qué agujero me viste?

CIEGO.—No te vi. Pero las profesiones no sólo dejan la marca en las manos, sino también en la voz; en la de los soldados se junta la costumbre de la obediencia con el deseo del mando, y eso las hace desparejas, ásperas por momentos y quedas y opacas en otros; son como una tabla a medio cepillar. Cuando seas alférez cambiarás de voz. Será entonces más alta y más franca. Será la voz de quien cuando habla no necesita escuchar la respuesta. (*A Cristina, que aparece en la puerta de la posada.*) Acércate, Cristina. (*A los soldados.*) Ella no necesita hablar, para que yo la conozca. Su mirada la precede como una suave aurora, hasta para mí, que soy ciego.

CRISTINA.—No, abuelo; lo que te pasa conmigo es que soy la última persona que viste, según dicen, porque yo era muy niña, y por eso me ves siempre.

CIEGO.—Cierto es; la última luz de mis ojos cayó sobre ti y me la devuelves en bondad.

CRISTINA (*Dándole una moneda*).—Toma, abuelo.

CIEGO.—Gracias, hija. (*Los soldados y Rimbaldo se han levantado de la mesa. Uno de los soldados deja unas monedas.*)

JERÓNIMO.—Adiós, Cristina.

ANDRÉS.—Adiós. (*Al ciego.*) Si vas por el puente te ayudaremos a cruzarlo.

CIEGO.—Gracias, soldado, pero seré yo quien os ayude. Hay unas baldosas flojas que sólo yo conozco... Adiós, Cristina.

CRISTINA.—Adiós. (*A Rimbaldo.*) ¿Por qué no te quedas?

RIMBALDO.—De mil amores. (*Los demás se han ido.*)

CRISTINA.—Te traeré otro jarro de vino.

RIMBALDO.—¡Cristina, me ofendes! Por estar a tu lado daría, no un jarro de vino, sino un tonel de diamantes y perlas...

CRISTINA.—¡Ah! (*Se sienta.*)

RIMBALDO.—Pero si quieres traerlo...

CRISTINA (*Riendo va al tonel y le sirve un jarro de vino*).—Bebe y habla.

RIMBALDO.—¿De qué?

CRISTINA.—Cuéntame... cuéntame cosas de tu vida.

RIMBALDO (*Con estudiada lentitud*).—Mi padre era molinero. Las aspas de nuestro molino daban vueltas y vueltas y vueltas; así, cuando soplaba el viento, y cuando no, estaban paradas, así. Y cuando daban vueltas, la muela molía, y cuando no, no. ¿Tú sabes el ruido que hace el trigo bajo la piedra?

CRISTINA (*Impaciente*).—¡Rimbaldo, por Dios!

RIMBALDO.—Tienes razón. Vamos a lo importante. Teníamos un asno gris de este tamaño... No, sería de éste... o más bien de éste...

CRISTINA.—¡Di que era como tú y basta!

RIMBALDO (*Ríe*).—No te enojes, Cristina; pero, ¿por qué no me dices: Rimbaldo, miserable amigo, háblame del caballero Gerardo, que tu vida no me interesa?

CRISTINA.—Eres muy cruel conmigo.

RIMBALDO.—Perdóname. ¿Por dónde quieres que empiece?

CRISTINA.—Cuéntame cómo te salvó de la horca.

RIMBALDO.—Te lo he contado tantas veces... Me acababan de colgar, por ladrón, según decían, cuando llegó el caballero Gerardo.

CRISTINA.—Montado en un caballo blanco, con armadura de plata que brillaba al sol como un río y tres plumas celestes en el casco. Hermoso y fuerte como San Jorge, se alzó sobre los estribos, y con la espada reluciente. ¡ziiit, cortó la soga!

RIMBALDO.—Cortó la soga y yo caí con un palmo de lengua afuera y sobre un montón de espinas... Sólo que el caballo que montaba no era blanco, sino negro, no vestía armadura, sino un jubón de cuero, y en lugar de casco llevaba un viejo birrete sin plumas.

CRISTINA.—¡Qué más te da! ¿No ves que el caballo blanco y la armadura de plata quedan mejor entre los troncos oscuros de los castaños? Además, debió ser así.

RIMBALDO.—Tienes razón, pero si todo fuera como es debido yo viviría como un conde.

CRISTINA.—¡Y no me digas que no estaba bello como el arcángel Gabriel, rodeado por los que quisieron ahorcarte, temblorosos y postrados a sus pies!

RIMBALDO.—Alguno que otro temblaba; los demás echaron mano a los palos. Pero la verdad es que él me salvó y dijo: Dejad a ese hombre; mejor servirá a Dios luchando a mi lado por la reconquista del Santo Sepulcro que colgado de un castaño. Por eso voy en la cruzada.

CRISTINA.—¿Sabes cuándo partirán?

RIMBALDO.—Pronto será, pues el caballero no tiene ojos más que para el camino.

CRISTINA.—¡Qué gran verdad es esa, Rimbaldo!

RIMBALDO.—Y no ve las flores que se abren a su orilla. (*Cristina suspira.*)

GERARDO (*Entra y se quita el casco, que arroja sobre la mesa*).—¿Aún estás aquí? Vete a dormir con tus compañeros. Mañana partiremos al alba, y después llevas tanto sueño que te caes del caballo.

RIMBALDO.—Bien, señor. Que descanses. Adiós, Cristina. (*Vase por la izquierda.*)

CRISTINA.—¿Estás cansado, señor? ¿Quieres vino fresco?

GERARDO.—Sí, dame. (*Se sienta mientras ella le sirve del tonel.*) Toda la tarde la he pasado junto a la fragua, vigilando al herrero. Lo más importante por ahora son las patas de los caballos.

CRISTINA.—Lo más importante, sí. (*Lo mira tímidamente.*)

GERARDO (*Desviando la mirada*).—¿Y tu padre?

CRISTINA.—Fue a la feria de ganado y no volverá hasta mañana.

GERARDO.—Entonces te dejaré a ti el dinero de nuestro alojamiento. Voy a buscarlo. (*Entra en la casa rápidamente.*)

CRISTINA (*Sola, lo mira irse con tristeza y se sienta en el banco murmurando*).—Lo más importante son las patas de los caballos... Sólo ve el camino...

MADRE FLORIDA (*A quien se ha entrevistado atisbando por el postigo de su casa, sale y silenciosamente se le sienta al lado*).—¿Qué tienes, paloma?... ¿Quieres al caballero?

CRISTINA (*Rompiendo a llorar sobre su hombro*).—¡Oh, madre Florida!

MADRE FLORIDA (*Acariciándole los cabellos*).—Llora, hija, llora... Pero deja de llorar, que no es con lágrimas como se atrae a los hombres.

CRISTINA (*Secándose los ojos*).—Al alba se va, y nunca me ha mirado...

MADRE FLORIDA.—Y es natural, si a ti no se te ve. ¡Si estás oculta detrás de tus vestidos como si fueras fea y vieja!

CRISTINA.—Mi alma lo rodeaba de amor; ¡cómo pudo no sentirla si desde que él está en casa ha crecido tanto que si no se me escapara un poco en el llanto me rompería el pecho!

MADRE FLORIDA.—Es que los hombres, hija mía, sólo encuentran el alma de las mujeres a través de su cuerpo... ¡Si sabré yo de esos trotes!

CRISTINA.—Voy a verlo por última vez, y él no me verá.

MADRE FLORIDA.—¡No faltaría más estando yo en el barrio!... Espera. Déjame hacer. (*Saca de debajo del manto un gran bolso, y de éste los objetos que nombra y coloca sobre la mesa.*) ¡Mis armas contra las suyas!... Espejo... peine... carmín... albayalde... ámbar... Siéntate aquí... ¡Ése pelo! (*Despeinándola.*) ¡Pero si este es un peinado de monja! (*Peinándola.*) ¡Y qué largo y suave es!... Este pelo, bien administrado, vale una fortuna... ¡Esas mangas! (*Se las sube hasta el hombro.*) ¡Qué brazos, gacela! ¡Si un santo caería en ellos, y sin arrepentirse! ¡Dios me perdone!... Un poco de carmín para despertar las rosas... ¡Ah!, lo principal. (*Le desabrocha el vestido haciéndole un amplio escote.*)

CRISTINA (*Que la ha dejado hacer sin entusiasmo*).—¡Déjame! ¡Es como si estuvieras disfrazando mi amor!

MADRE FLORIDA.—Calla, tonta... ¡Quién sabe si la verdadera cara del amor no es un disfraz?... A ver, párate. Camina ahora; verás qué airosa quedas. (*Cristina camina con desgano.*) ¡Oh, no, así no! (*Camina contoneándose en forma que pretende ser provocativa.*) Lo importante para una mujer, al caminar, no es mover los pies, sino la cintura. (*Dándole el espejo.*) Mírate. ¿Qué tal? (*Cristina se mira.*) ¡Quién me hubiera dado una hija como tú para consuelo de mi vejez! (*Se oye dentro de la casa el ruido de una puerta que se cierra y pasos.*) ¡Dame, que ahí viene! (*Le quita el espejo, recoge en un santiamén todas sus cosas y se escabulle rápidamente en la casa.*)

GERARDO (*Entrando*).—Aquí está el dinero para tu padre. (*Repara en ella.*) Cristina, ¿qué tienes esta noche que me pareces otra?... ¿A ver?, deja que te mire... ¡Estás realmente hermosa!

CRISTINA.—¡Ah!...

GERARDO.—¿Es que vas a una fiesta?

CRISTINA.—¿A una fiesta?... No lo sé aún...

GERARDO (*Mirándola con atención*).—¿Esperas acaso a tu amor?

CRISTINA.—¿A mi amor? (*Con un gran esfuerzo, bajando los ojos.*) Sí.

GERARDO.—¿Y vendrá?

CRISTINA.—No lo sé.

GERARDO.—¿No puedes decirme su nombre?

CRISTINA (*Con amarga sorpresa*).—¡A vos... su nombre! (*Lo mira abiertamente a los ojos.*)

GERARDO (*Tomándole las manos*).—¡Oh!, ¡Cristina!... ¡Qué fuego tan suave hay en tus ojos y qué frías tienes las manos! (*Ella se abandona. Él la atrae hacia sí y la besa en la boca, apasionadamente. Con el último movimiento se le cae la espada. Se sobresalta y se aparta de ella para recogerla, y al hacerlo fija los ojos en la cruz de la empuñadura, cosa que debe ser visible para el público y para Cristina, que sigue ansiosamente la mirada de él. Ya serenado de su arrebato de pasión, se coloca la espada lentamente.*) Cristina... no tengo derecho, sería un crimen. (*Saca un puñado de monedas de oro que pone en la mano de ella, abriéndosela.*) Dale a tu padre... y perdóname. (*Sin volver a mirarla entra en la casa rápidamente. Cristina queda un momento con la mano cerrada, mirando al vacío, después la abre y sin darse cuenta deja caer lentamente las monedas, una a una. La madre Florida, que ha estado atisbando, sale rápida, silenciosa y rampante. Recoge las monedas y huye del mismo modo a su madriguera. Sylanora sale de su casa y lentamente se acerca a Cristina y le pone una mano en el hombro.*)

SYLANORA.—Cristina.

CRISTINA (*Como sonámbula*).—Sí...

TELÓN LENTO

CUADRO II

Un bosque durante la noche. A la izquierda, y en primer término, un dolmen de la altura de una mesa. Por entre un boquete de los árboles, muy lejos y apenas silueteada, la torre de una iglesia. Hay movimiento de seres invisibles entre el follaje: cruzan las sombras de pequeños animales y brillan ojos inquietos en la oscuridad. Un búho, posado en una rama, echa a volar y se pierde en las sombras. Muy lejano, el aullido de un lobo. Un momento, la escena vacía. Por derecha e izquierda, recatándose desconfiadas en la sombra, llegan la molinera y Gladia.

GLADIA.—¿Eres tú, molinera?

MOLINERA.—Sí, Gladia. Creía que no podría venir esta noche. Mi marido no acababa de dormirse.

GLADIA.—¿Por qué no le das el filtro en el vino, como hago yo?

MOLINERA (*Sentándose en un tronco*).—Es que al otro día se levanta de muy mal humor.

GLADIA (*Riendo*).—¡Y vuela el palo!

MOLINERA.—Cada vez es más difícil venir. Desde que están esos soldados en el pueblo... La última noche tuve que correr como una liebre para escapármeles. Pero no pude impedir que la mitad de mi saya se les quedara en las manos. ¡Si alguien me hubiera visto!

GLADIA.—Y se lo cuenta al molinero... (*Ríe.*)

GINEBRA (*Llega por el foro y se deja caer fatigada, pero alegre y sonriente, en una piedra*).—¡Oh!, ¡amigas!... (*Se despereza.*)

GLADIA.—Estás toda despeinada. ¿Qué te ha pasado?

GINEBRA.—Me atajaron los soldados.

MOLINERA (*A Gladia*).—¿No te lo decía yo? (*A Ginebra.*) ¿Y cómo pudiste escapar?

GINEBRA (*Que se está peinando*).—De un modo muy sencillo. Me escapé... ¡no escapándome! (*Se les ríe en la cara. Las otras la miran con disgusto y remilgo. Por la derecha llega Sylanora trayendo a Cristina de la mano. Cristina avanza lentamente, como en sueños.*)

SYLANORA.—Es aquí.

CRISTINA (*Como un eco*).—¿Es aquí? (*Las tres mujeres las rodean, sorprendidas.*)

GLADIA.—¿Tú, Cristina?...

MOLINERA.—¡La hija del posadero!...

GINEBRA.—¡Qué hermosa estás! (*Tomándola de la mano.*) Ven, serás de las nuestras.

CRISTINA.—De las vuestras...

SYLANORA (*Apartándola*).—¡Deja a la muchacha en paz! (*Ginebra va a responder, airada, pero se contiene porque se ve pasar por el foro la sombra violácea de un enorme macho cabrío. Las tres exclaman: "¡El Señor, el Señor!" Y corren a colocarse a la izquierda, en fila. Sylanora y Cristina forman otro grupo en medio de la escena. Por la izquierda entra maese Jaime, en quien los rasgos vagamente diabólicos de su cara se han acentuado hasta no dejar dudas sobre que es el diablo. Pero viste como siempre y trae bajo el brazo un cartapacio, y colgando de la cintura, el tintero de cuerno.*)

MAESE JAIME (*Dejando el cartapacio y el tintero, que desprende de la cintura, sobre el dolmen*).—Dispensadme si os he hecho esperar, pero estoy abrumado de trabajo. (*A Cristina.*) Bien venida, hija mía.

CRISTINA (*Asombradísima*).—¡Maese Jaime!

MAESE JAIME.—Sí, maese Jaime: el honrado escribano de tu pueblo. Ya ves que estás entre amigos. Tranquilízate.

CRISTINA.—¡Nunca lo hubiera creído!...

MAESE JAIME.—Como comprenderás, no puedo andar entre la gente con la facha ridícula que me atribuyen los predicadores. Y aquí soy escribano, en otra parte médico o prestamista; siempre profesiones en las que estoy en contacto con lo que el hombre más quiere: sus intereses y su salud. Pero lo que más me gusta son las leyes; moverse entre sus hilos es delicioso; muchas las he inspirado yo, y hasta corren algunas, las mejores, de mi puño y letra. No puedes imaginarte qué útiles me son. (*Transición.*) ¿En qué puedo servirte? Y no olvides que nadie llama a mi puerta en vano... Estas señoras te lo pueden decir. (*Murmullos de asentimiento entre las mujeres.*)

CRISTINA (*Con los ojos bajos*).—Amo al caballero Gerardo y él no me ama.

MAESE JAIME.—No te habrá mirado bien.

CRISTINA.—No ve nada de lo que está cerca; su mirada pasa a través de todas las cosas y va a perderse en las murallas de Jerusalén.

MAESE JAIME.—Muy lejos mira.

CRISTINA.—Muy lejos de mí... Por un instante me tuvo entre sus brazos, pero en seguida echó de menos el pomo de la espada y las riendas del caballo. Un mes vivió en nuestra posada, pero ¿estuvo realmente allí?... Ahora ha partido, pero sobre el caballo no van más que su cuerpo y sus armas; el alma lo espera, quién sabe desde cuándo, al pie de las murallas. Y yo...

MAESE JAIME.—Sigue, hija mía.

CRISTINA.—Nada podía yo; mi alma de muchacha enamorada resbalaba sobre su pecho vacío como la lluvia sobre su coraza. ¿Comprendes?

MAESE JAIME.—Sí, comprendo. Sigue.

CRISTINA.—Cuando me tuvo en sus brazos. (*Cierra los ojos ganada por la dulzura del recuerdo; después los abre, como quien despierta.*) Cuando me tuvo en sus brazos y me besó, sentí que su alma regresaba, pero no acabó de derramarse en mi corazón tembloroso y abierto... fue como si de golpe lo llamaran de muy lejos, como si de los muros de Jerusalén viniera la voz de...

MAESE JAIME (*Rápido*).—No necesitas nombrarlo entre nosotros.

CRISTINA (*Con arranque*).—Y yo lo amo más que a todo en el mundo, y aun más. Nada veo, nada sé, nada quiero sino esa alma lejana que estuvo cerca de la mía. Por eso he venido. Y estoy dispuesta a pasar por cualquier puente para llegar a su corazón. Tiéndelo tú y haz de mí lo que quieras.

MAESE JAIME.—Hermoso fuego.

CRISTINA.—Mi presencia aquí te dará la medida de mi amor.

MAESE JAIME.—¿Qué me ofreces en pago?

CRISTINA.—Mi alma por toda la eternidad, a cambio de la suya por el breve tiempo de la vida... ¿Qué me respondes?

MAESE JAIME.—Espera. Soy hombre de leyes y no puedo cerrar un trato sin haber aclarado todos los detalles... Tú dices con bella exaltación: te doy mi alma a cambio de su amor; pero eso es bastante vago. ¿Cómo quieres ese amor?

CRISTINA.—¿Cómo?... No entiendo.

MAESE JAIME.—Yo te lo explicaré. Tú dices "su amor", pero ¿piensas que con él viene su mano de esposo, entrar en la nobleza, salir de la posada de tu padre en una carroza ante la admiración y la envidia de todo el pueblo?

CRISTINA.—Nunca pensé en eso.

MAESE JAIME.—Pues piénsalo ahora.

CRISTINA.—No, no quiero ser castellana; pueden hundirse todos los castillos con todas sus torres; quiero solamente que él vea mi alma, que comprenda que le pertenece y la deje acercarse a la suya y deshacerse en ella.

MAESE JAIME (*Frunce las cejas*).—Bien; no te importan las riquezas ni los honores; te basta con el calor de su pecho y el temblor de sus labios sobre los tuyos, como aquella vez... ¿no es así?

CRISTINA (*Cierra los ojos y sonríe al recuerdo*).—Como aquella vez... (*Los abre y sacude la cabeza.*) ¡No, no me comprendes!... ¿Cómo decirte?... Imagina que una vez llegado a Jerusalén se secaran los mares, se borraran los caminos, crecieran los bosques de tal manera que ningún ser humano pudiera cruzarlos en toda la vida, y que un día una golondrina me trajera una carta en la que Gerardo me dijera que me amaba y pensaba en mí, pero nunca, nunca podríamos volver a vernos, y fuera verdad. Eso me bastaría, eso es lo que pido a cambio de mi alma inmortal.

MAESE JAIME (*Levantándose, se le aproxima*).—Ven, déjame que te mire a los ojos. (*Lo hace, y después se aparta, volviendo a ocupar su lugar.*)

CRISTINA.—¿Qué respondes?

MAESE JAIME.—Que no puedo aceptar el trato. (*Las mujeres rebullen, asombradas.*)

CRISTINA.—¡Cómo! ¿Qué viste en mis ojos? ¿Engaño, falsedad?

MAESE JAIME.—Todo lo contrario: vi la perfecta pureza de tu amor, y por eso no puedo comprar tu alma.

CRISTINA.—¿No quieres comprarla?...

MAESE JAIME.—Entiéndeme, mujer; no puedo. Por eso te interrogué; por eso quise ver si la limpia corriente de tu amor arrastraba el más leve grano de arena. Un poco de codicia, un adarme de vanidad, una chispa de deseo carnal habrían bastado para que escribiera tu nombre en mis registros. Pero tu amor es tan puro que queda fuera del círculo en que debo moverme. Yo puedo burlar todas las leyes de los hombres y muchas de la naturaleza; pero hay una ley a la que tengo que obedecer, y es la que me prohibe traficar con el amor verdadero. (*Se oye un sordo murmullo entre las mujeres.*) ¿Qué os pasa?

MOLINERA.—Y yo, ¿no te vendí mi alma por amor?

MAESE JAIME.—Te engañas, mujer; querías al molinero, es verdad, pero con el molino y los asnos cargados de harina y las monedas de oro en el arca. (*La molinera inclina la cabeza.*)

GLADIA.—¿Y yo? Yo me condené por un pobre que ni siquiera era hermoso, ni fuerte. ¿Qué interés tuve para amarlo?

MAESE JAIME.—Haz memoria, mujer... Recuerda que desde niña te envenenaba la vida la envidia que sentías por tu hermana; le envidiabas el color del pelo y el modo de caminar, el cariño de tu padre, y hasta cuando tu madre la castigaba injustamente le envidiabas los golpes y la resignación con que los recibía; y no quisiste a ese hombre más que porque era su novio. No hables de amor si fue el rencor el padrino de tu boda. (*Gladia frunce el ceño, baja la mirada y se retuerce las manos.*)

GINEBRA.—A mí no podrás acusarme de interés ni de envidia. El hombre por el que me compraste era un vagabundo a quien nadie quería y que no podía darme más que hambre y golpes. Por él te di mi alma.

MAESE JAIME.—¡Alma! ¡Alma! Todas le llamáis alma a un poco de carne más blanda y sensible. Viniste a mí de la mano de la lujuria. (*Ginebra da un paso atrás, muda y hosca.*)

SYLANORA.—Entonces... ¿nada puedes hacer por la muchacha? ¿Debo llevármela?

MAESE JAIME.—Sí, y créeme que siento verdaderamente no haberle podido ser útil.

SYLANORA.—Vamos, Cristina.

CRISTINA (*Que durante los últimos momentos ha permanecido reconcentrada*).—Espera, Sylanora. (*Al diablo.*) ¿Dices que es la pureza de mi alma lo que te impide comprarla?

MAESE JAIME.—Hay una ley...

CRISTINA.—¿Y si yo lo arrastrara por el fango hasta que estuviera sucia y envilecida como la de una mujerzuela?

MAESE JAIME.—Si lo haces por amor, su claridad seguirá brillando aun dentro de mis tinieblas. Nada tenemos que hacer. Vete.

SYLANORA.—Vamos, Cristina. (*La toma de la mano e inician el mutis.*)

MAESE JAIME (*La mira irse con una sonrisa, y cuando ya van a salir de escena*).—Espera; oye, hija mía. (*Cristina se detiene.*) Ven, se me ocurre algo que quizá pudiera convenirte. (*Cristina ha vuelto al sitio que ocupa-*

ra antes.) Tu alma, ya te lo he dicho, está fuera de mi círculo, pero podría comprarte otra cosa.

CRISTINA.—¡Otra cosa!... ¿Qué tengo yo más valioso que mi salvación?

MAESE JAIME.—Pudiera ser algo que no tienes aún... una rosa que se abra en tu jardín, una paloma de tu palomar... Yo tampoco puedo precisar qué será... pero en mi deseo de servirte...

CRISTINA.—¿Y me amará el caballero?

MAESE JAIME.—Hasta donde alcance tu deseo, y aún más.

CRISTINA (*Resueltamente*).—¡Acepto!

MAESE JAIME.—Bien, entonces... (*Busca entre sus papeles.*) Aquí está el contrato. No puede ser más sencillo; no hay en él ninguna cláusula que se preste a dobles interpretaciones, ningún punto que pueda convertirse en coma. (*Se lo alarga.*)

CRISTINA (*Después de mirarlo*).—¡Está en blanco!...

MAESE JAIME.—Sin una sola mancha de tinta. Jamás se firmó contrato más limpio. ¿Firmas?

CRISTINA (*Acercándose a la mesa*).—Dame la pluma.

MAESE JAIME.—¡Oh, no, con tinta no! tiene que ser con tu sangre. La sangre grita a quien pertenece y no puede negarse... Aquí tengo una pluma nueva... Dame el brazo. (*Cristina se recoge la manga hasta el hombro y tiende el brazo.*) No te dolerá... Una sola gota basta... Perdona, tengo las manos muy calientes... Ya está... Firma antes de que se seque. (*Cristina toma la pluma que él le ofrece y firma. Después la deja caer y exclama aterrada:*) ¡Oh, qué hice, qué hice!... (*Quiere decir "Dios mío", pero no puede. Mira a las otras mujeres espantada. Ellas bajan la cabeza. Quiero volver a pronunciar el nombre de Dios dirigiéndose al cielo, pero no puede.*)

MAESE JAIME (*Suavemente*).—No te esfuerces, hija mía; desde hoy no podrás pronunciar su nombre... ¿Estás arrepentida de haber firmado?

CRISTINA.—No por lo que tú crees... ¡No, no quiero que me ame así, que no vuelva, que no lo vea nunca, nunca más! (*Tras la expresión llora con el rostro entre las manos.*)

MAESE JAIME.—Tranquilízate. Te comprendo perfectamente. Temes que me agazape en el corazón del caballero y le dicte sus movimientos de amor y le enseñe las palabras que he de decirte; temes que sea el mismo fuego que sentiste en mis manos el que encienda sus labios cuando te bese; temes encontrar mi mirada en la suya, ¿no es eso?

CRISTINA.—Sí... pero ¿cómo puedes comprender mis sentimientos?... (*Con horror.*) ¡Tú!

MAESE JAIME (*Con un vago dejo de melancolía, con una nostalgia del cielo apenas insinuada*).—Para comprenderte me basta con recordar mi infancia. No olvides, Cristina, que antes de ser lo que soy, yo también era un ángel. (*Transición.*) No temas, te amará libremente; yo no haré más que apartarlo del camino de Jerusalén. Sus muros son los que le impiden verte. De no ser así, ya te habría amado... Tú misma lo harás volver mediante un sencillo juego de hechicería que voy a enseñarte. Corta una rama. (*Cristina va a cortar una rama de olivo.*) Del olivo no, no es buen árbol. Además, necesitamos la de uno corpulento... Corta esa rama de haya.

CRISTINA (*Empinándose cuanto puede*).—No puedo, no alcanzo.

MAESE JAIME.—No tiendas sólo los brazos, alarga también el deseo. (*Cristina hace un último esfuerzo, y sin que la toque, se oye un crujido en el gran silencio mágico y la rama desgajada cae en sus manos. Trayéndola, regresa al centro de la escena. Las mujeres habrán seguido, como es natural, con gestos todos los incidentes. Maese Jaime traza con el bastón un círculo en el suelo.*) Entra sin temor. (*Cristina lo hace, y una vez en el centro queda rígida, se le cierran los ojos y se tambalea suavemente. Las tres mujeres inician el ademán de sostenerla dando un paso hacia el círculo.*)

MOLINERA.—¡Ay!

GLADIA.—¡Va a caer!

GINEBRA.—¡Cristina!...

MAESE JAIME.—¡Quietas! (*Una pausa hasta que Cristina queda de pie rígida e inmóvil.*) Busca al caballero.

CRISTINA (*Como sonámbula, tras una pausa*).—Andan muchos viajeros por los caminos... Hay también coches; coches pequeños envueltos en nubes de polvo... Y caminos, caminos... ¡Oh, cuántos caminos hay en el mundo para alejarse!...

MAESE JAIME.—Busca bien, Cristina.

CRISTINA.—¡Allí!... Una tropa acaba de cruzar un puente; aún resuenan las piedras con los golpes de las herraduras... ¡Sí, es él!... Galopa a la cabeza de sus soldados... Los soldados cantan... Están alegres. Él sonríe, pero su caballo está muy inquieto... Ahora el camino corre por la linde de un bosque. ¡Qué árboles tan altos! Son hayas... La luna está detrás de los árboles... La sombra de las ramas y la luz de la luna se mueven sobre su coraza... Algo le dice Rimbaldo que lo hace sonreírse... Pero el caballo está muy inquieto. Sacude la cabeza y mira atemorizado a las sombras... Gerardo le palmea el cuello y le habla. (*Con tristeza.*) ¡Con qué dulzura le habla!... Pero el caballo sigue inquieto y asustadizo... Ahora los árboles son más altos, más negros; son hayas...

MAESE JAIME.—Levanta la rama. (*Ella obedece como una autómata.*)

CRISTINA.—¡Oh, qué árboles tan siniestros! ¡Tengo miedo!

MAESE JAIME.—¡Baja la rama! (*Cristina obedece, y no bien la rama ha descendido, lanza un grito de espanto y cubriéndose el rostro con las manos se desploma en los brazos de las mujeres, que han corrido a sostenerla.*)

TELÓN RÁPIDO

SEGUNDO ACTO

CUADRO I

Al frente de la posada, como en el primer acto, Rimbaldo, sentado sobre la mesa, bebe lentamente un gran jarro de vino. Aldeanos y aldeanas lo contemplan expectantes. A su derecha hay uno que lleva una canasta al brazo de la que sale una ristra de embutidos. En el extremo izquierdo, la madre Florida.

MADRE FLORIDA.—Cuenta de una buena vez, que para eso se te pagó el vino.

RIMBALDO.—Poco vino es para tanta historia... (*Deja el jarro, se seca la boca con la manga.*) Pues, señor; íbamos por la linde de un altísimo bosque, galopa que te galoparás, cuando por detrás de los árboles salió la luna, grande, redonda, redonda (*forma con los brazos en alto el círculo de la luna*), y alta, alta, alta. (*Señala al cielo con el índice de la mano derecha y, aprovechando que todos miran hacia arriba, quiere con la izquierda apoderarse de los embutidos, mas no lo consigue.*) Pero de pronto una nube la ocultó y la noche se puso negra, negra, negra... Cerrad bien los ojos para que veáis qué negra estaba la noche. (*Todos obedecen, menos la madre Florida, que se queda con medio ojo abierto, desconfiada y curiosa. Rimbaldo aprovecha el momento, atrapa los embutidos y se los mete en el pecho, y dirigiéndose a la madre Florida:*) Silencio. (*Todos abren los ojos.*)

UNA ALDEANA.—¿Qué dijiste?

RIMBALDO.—Que era una noche muy oscura y silenciosa.

EL DE LOS EMBUTIDOS.—¡Buena noche para los ladrones!

RIMBALDO (*Palmeándolo*).—¡Bien dicho, hermano, bien dicho!

(*La madre Florida deja escapar una risita de complicidad y guiña el ojo a Rimbaldo, quien le devuelve la seña.*)

UNA ALDEANA.—Bueno, pero ¿cómo pasó?

RIMBALDO.—Pasó que íbamos al trote y a la luz de aquella hermosa luna, porque ya había vuelto a lucir, cuando oímos un crujido espantoso, ¡crac!, y un haya enorme como la torre de una catedral se desplomó de golpe sobre el capitán. Yo iba a su lado, y con ser tan grande el árbol ni las hojas me tocaron. Fue como si las ramas se apartaran para no rozarme.

UN ALDEANO.—¡Cosa de milagro parece!

MADRE FLORIDA.—O de brujería. (*Se santigua rápidamente y algunos aldeanos la imitan.*)

RIMBALDO.—Sí, fue muy extraño. Desesperados nos arrojamos sobre el haya caída, y a golpes de hacha y de espada, guiados por los relinchos del caballo moribundo, nos abrimos paso hasta donde yacía el caballero. Estaba tan pálido y frío como la luna, y lo creímos muerto. Hicimos unas parihuelas con las ramas del haya, y a pie con los caballos de tiro y entre el llanto infantil de los soldados emprendimos el regreso.

MADRE FLORIDA.—¿Y el caballero siempre sin sentido?

RIMBALDO.—Hasta que cruzamos el puente y entramos en el pueblo. Entonces abrió los ojos, suspiró y quiso persignarse, pero no pudo levantar el brazo: lo tenía roto. Y lo más triste fue cuando dijo: "Nunca más podré empuñar la espada" y volvió a desmayarse... Yo lo persigné entonces con estos dedos, que desde esa noche no han vuelto a pecar. (*Risita significativa de la madre Florida.*) Y ahora está aquí en manos del médico. Pero no os asustéis, que Cristina y yo lo defendemos... Y ahora, buenas y honradas gentes... (*Dándole el sombrero al que está más cerca.*) Hazlo circular... Y acordaos de que los juglares también necesitan comer... (*El sombrero pasa de mano en mano, y todos, a tiempo que lo entregan a otro, se van. El último lo pasa a la madre Florida, y se va a su vez; la vieja se lo entrega riendo. Rimbaldo, poniendo el sombrero boca abajo, para que se vea que no hay nada dentro:*) ¡Mala ralea!

MADRE FLORIDA.—Da gracias al cielo porque te lo han devuelto.

RIMBALDO (*Filosóficamente se encasqueta el sombrero; saca los embutidos y, haciendo dos partes iguales, da una a la madre Florida*).—Toma tu parte, madre Florida.

MADRE FLORIDA.—Gracias, hijo... ¡Y qué bien huelen!... Puro cerdo. (*Se va y entra en su casa oliéndolos.*)

RIMBALDO (*Tira sus embutidos sobre la mesa y saca unos naipes, con los que se pone a practicar una prueba consistente en arrojarlos a lo alto y barajarlos. Cristina sale de la casa con aire preocupado y se dirige al proscenio sin ver al juglar*).—¡Cristina, mira!

CRISTINA (*Sin hacer caso de los naipes*).—¡Ah, eres tú! Te busqué cuando vino el médico. ¿Dónde te habías metido?

RIMBALDO (*Mostrándole los embutidos*).—Fui al mercado.

CRISTINA (*Sin prestarle atención*).—El médico le ha quitado las vendas, y dice que lo que necesita Gerardo es mover el brazo.

RIMBALDO.—¿No te decía yo que ese médico era una mala bestia rellena de latines, talentos assinorum?

CRISTINA.—Pero ¿por qué?

RIMBALDO.—Para decir eso no hace falta estudiar a Esculapio, ni a Hipócrates, ni al Hermes Trimegisto; de todos los romances se desprende que lo único que necesita un caballero es mover bien el brazo. Un caballero, Cristina, no es, al fin de cuentas, más que un brazo con una espada.

CRISTINA.—Y un gran corazón, Rimbaldo.

RIMBALDO.—Puede prescindirse... Ven, mira: voy a distraerte con esta prueba, que es la última palabra de la sabiduría. (*Hace la prueba.*)

CRISTINA (*Sentándose disgustada*).—¡Qué empeño tienes de un tiempo a esta parte en distraerme!

RIMBALDO.—Es que a veces veo sobre tu frente como la sombra de una rama oscura...

CRISTINA (*Con sobresalto*).—¿De una rama oscura, Rimbaldo?

RIMBALDO.—Es un modo de decir... o del ala de un cuervo.

CRISTINA (*Tranquilizada*).—¡Ah!...

GERARDO (*Saliendo de la casa*).—Rimbaldo, dile a mi escudero que me ensille el caballo. Quiero saber qué fuerzas me quedan aún en la mano. Tú me acompañarás.

RIMBALDO.—En seguida, señor. (*Se va por la izquierda. Gerardo se sienta junto a la mesa. Cristina dice mientras va a sentarse a su lado:*)

CRISTINA.—Pronto tu brazo recuperará su antiguo poder y el más pesado mandoble será en tu mano tan leve como un junco.

GERARDO.—No, Cristina. Un médico puede equivocarse en estas cosas, un soldado nunca. Mi brazo está muerto para la guerra, pero mi mano ha nacido para el amor. (*Toma la mano de Cristina y la acaricia.*) Tu pequeña mano llenará por siempre el lugar que había consagrado al pomo de la espada. Tu suavidad por su dureza.

CRISTINA.—¿Te pesa el cambio?

GERARDO.—Aquello era la felicidad que da el cumplimiento de un deber libremente elegido; esto es simplemente la felicidad, la que Dios nos da graciosamente cuando a Él le place. (*Cristina, al oír mencionar a Dios, tiene un leve sobresalto.*) ¿Qué tienes, Cristina?

CRISTINA (*Reaccionando y sonriendo*).—Nada.

GERARDO.—A veces hay en tus ojos una niebla y no veo tu alma.

CRISTINA.—Pienso si tu amor por mí no es más que una gran tristeza

que se vuelve ternura para engañarse a sí misma. Cuando diste a tus
soldados la orden de partir sin ti, cuando los viste perderse en el polvo del incierto camino de Jerusalén, estabas tan pálido como la noche
en que te trajeron tendido sobre las ramas del haya maldita. Pienso que en aquel momento moriste con tu gran sueño heroico y que el
que está a mi lado no es más que una sombra, una sombra perdida que trata de encontrarse en un sueño que no es el suyo, este sueño de amor que es sólo mío.

GERARDO.—¡Oh, Cristina! ¿Cómo puedes pensar eso? ¿Cómo puedes llamar maldito a un árbol que yo creo que fue tronchado por la
mano de Dios?

CRISTINA (*Sin poderse contener y apartándose de él*).—¡Oh, no, no, Gerardo!... ¿La mano de...? ¡No, no!

GERARDO.—¿Porque estuvo a punto de matarme? Ahí precisamente
veo yo el milagro. Si hubiera caído simplemente, como caen los árboles que mueven las oscuras fuerzas naturales, ten por seguro que me
habría matado. Aquello fue obra de la divina providencia. En el primer momento se pensó que el árbol había sido dejado a medio ha-
char por los leñadores. Pues no; ninguna huella de hacha tenía el
tronco. Se desplomó porque Dios lo quiso, para arrancarme la fuerza
del brazo como se quita un guantelete de hierro, liberándome así de
mis votos de cruzado. Era como si Dios me dijera: "Ven a Mí por otro
camino"; y ese camino eres tú.

CRISTINA (*Abandonándose a la dicha del amor*).—¡Oh, Gerardo!...
Quiéreme, sí quiéreme, pero no escuches voces engañosas; yo no soy el
camino... aunque soy el amor. (*Esconde la cara entre las manos y solloza.*)

GERARDO (*Le aparta las manos y la besa*).—Sí, Cristina, tú eres la luz y
la estrella del amor. (*Ella intenta hablar, pero él la contiene con un beso.*)
No digas nada, brilla simplemente. (*Quedan un momento mudos y arro-
bados, y tras la pausa:*) Hay algo que tú no sabes y que es lo que me
hace creer en un designio celeste. Yo no vine hacia ti desvanecido sobre las ramas del haya bendita: te fui devuelto.

CRISTINA.—¿Devuelto?...

GERARDO.—Sí, y ese es mi secreto. ¿Recuerdas el día en que por primera vez me senté en esta mesa?

CRISTINA.—Te sentaste allí. Serían las tres de la tarde. La sombra de
las hojas de la parra llenaba de estrellas oscuras tu coraza brillante. Te
quitaste el casco y me dijiste: "Dame un jarro de vino fresco, hija mía."

GERARDO.—¿Eso te dije? No lo recuerdo. Sólo recuerdo tus ojos,
que me envolvieron en una dulzura tan profunda, que sentí por primera vez partes desconocidas de mi alma.

CRISTINA (*Como para sí*).—Aquella tarde...

GERARDO.—Aquella tarde... Después fuiste al tonel y te inclinaste para llenar el jarro. La espita no andaba bien, y tú te disculpabas por la tardanza mientras yo contemplaba tu cabeza de oro y tu nuca, que a la sombra tenía sombras azules. Y la mirada en que te envolvía sin que tú lo supieras me estaba lavando de todo lo visto hasta entonces y borrándome todo lo que deseaba ver. Fue el esfuerzo más grande de mi vida el que hice para disimular cuando te diste vuelta con el jarro en la mano.

CRISTINA.—¿Por qué disimulaste?

GERARDO.—Porque lo que sentía no es lo que sienten los soldados por las muchachas de las posadas. Por nada del mundo te hubiera manchado con el beso que se da junto al estribo. Mis votos me llevaban a Tierra Santa y tenía que partir.

CRISTINA.—¿Pero la última noche?...

GERARDO.—La última noche mi pasión y tu belleza me traicionaron. Pero mi espada al caer me recordó el llamado de la cruz.

CRISTINA.—¡Y mi amor desesperado luchaba contra ella como si fuera una muchacha rival!

GERARDO.—Muchas veces, con tu simple presencia, estuviste a punto de vencer. Por eso me pasaba los días en la fragua, dando prisa al herrero; por eso te hablaba casi duramente, para que no se trasluciera mi ternura.

CRISTINA.—¡Oh, ciega, ciega!, ¿por qué no sentí aquella primera tarde tu mirada de amor?... Tú habrías partido a cumplir tu juramento y yo viviría feliz con el recuerdo... y me habría salvado.

GERARDO.—¿Salvarte? ¿Qué dices, Cristina?

CRISTINA.—Nada, nada... Espera un momento, Gerardo... Yo estaba así, ¿no es cierto? (*Se coloca junto al tonel como se ha dicho.*)

GERARDO.—Sí.

CRISTINA.—Mírame como aquella tarde.

GERARDO.—¡Oh, Cristina!, una primera mirada de amor no puede repetirse... Dos veces te pasaste la mano por la nuca. (*Ella repite el gesto.*)

CRISTINA (*Levantándose lentamente*).—Yo estaba tan confusa con lo que pasaba en mi propia alma, que no sentí tu primera mirada de amor. Es muy triste, Gerardo... ¿Quién sabe si toda la sombra que hay en el mundo no se debe a cosas así!...

GERARDO.—No pienses en sombras. Tengo para ti miradas de amor hasta el fin de la vida.

CRISTINA.—Y yo... (*Se besan. Después Cristina se aparta y queda un momento reflexionando.*) Entonces no fue necesario que se desplomara el haya para que me quisieras. Lo que ocurrió aquella noche pudo no haber ocurrido y me habrías querido igual. ¿No es cierto?

GERARDO.—Es claro; ese fue un incidente que en nada ha pesado sobre mi corazón.

CRISTINA.—¿Entonces...? (*Con una loca explosión de alegría.*) ¡Entonces, oh, Gerardo! (*Hunde la cabeza en su pecho.*)

RIMBALDO (*Llega por la izquierda; tose discretamente; ellos se apartan con naturalidad*).—Señor, ya están listos los caballos, y la tarde está muy hermosa.

CRISTINA (*En un arranque de felicidad*).—¡Muy hermosa, como todas las tardes que vendrán!

GERARDO (*A Rimbaldo*).—Bien, vamos. (*A Cristina.*) Voy a dar una carrera hasta el pinar y vuelvo. (*Sale por la izquierda con Rimbaldo. Cristina queda un momento de pie y luego corre a golpear en la casa de la bruja.*)

SYLANORA (*Abriendo el postigo*).—¡Ah, ¿eres tú? Entra.

CRISTINA.—No; sal un momento, que quiero hablarte. (*Vuelve al centro de la escena. Sylanora sale y reúnese con ella.*)

SYLANORA.—¿Pasa algo, Cristina?

CRISTINA.—¿Tú sabes que Gerardo me ama?

SYLANORA.—Sí, lo sé. Además, era lo convenido con... tú ya sabes.

CRISTINA.—Pero ese convenio ya no vale.

SYLANORA.—¡Qué no vale! ¿Y por qué?

CRISTINA.—Porque me amaba desde mucho antes de aquella noche en que me llevaste al bosque. Me quiso desde que se sentó por primera vez en ese banco, ¿comprendes?... Ése a quien llamas tu señor nada influyó en el amor del caballero. Nada le debo a él; nada le debo, pues me vendió lo que no podía venderme porque ya era mío.

SYLANORA.—Aunque así sea, fue la caída del haya lo que hizo que volviera.

CRISTINA.—¡Qué me importaba a mí que volviera o no si me amaba!... Además, algún día nos hubiéramos reunido aquí o allá. (*Por el cielo.*)

SYLANORA.—Con todo, tú aceptaste...

CRISTINA.—Es cierto, pero ese contrato ha perdido todo su poder porque hubo engaño.

SYLANORA.—¡Qué inocente eres, Cristina! ¿Crees que él hace algo sin engaño? Tiene tu firma, y eso basta.

CRISTINA.—La tiene, sí; pero nada me importa, porque los bienes que con ella puede arrebatarme poco valen para mí.

SYLANORA.—¡Qué sabes tú qué es lo que va a exigirte!

CRISTINA.—Sí, lo sé; con esa firma, a la muerte de mi padre se quedará con la posada y las tierras de labranza y yo, ¿para qué las quiero si voy a casarme con Gerardo e irme con él?

Sylanora.—Deliras, Cristina. ¿Qué interés puede tener mi señor en tu posada y tus campos?

Cristina.—Terminemos esta farsa, Sylanora. Maese Jaime no es más que maese Jaime, y no quien me habéis hecho creer.

Sylanora.—¿Qué dices, mujer?

Cristina.—No te hagas la sorprendida: lo sabes tan bien como yo. Tú eres su cómplice, y entre los dos me habéis hecho caer en una trampa. Pero no te guardo rencor ni a ti ni al astuto escribano. ¡Soy tan feliz!

Sylanora.—Vuelve en ti, desdichada. ¿No viste aquella noche prodigios bastantes para convencerte de quién es maese Jaime?

Cristina.—Muchos prodigios vi, pero también recuerdo que antes de salir me hiciste tomar un brebaje.

Sylanora.—Te di una copa de vino caliente con especias porque estabas temblando.

Cristina.—¿Y estás segura de que no cociste en el vino esas yerbas que traen del Oriente y que trastornan los sentidos y hacen ver lo que no existe... o lo que está muy lejos?

Sylanora.—¡Pero si tú misma hiciste caer el haya!

Cristina.—Eso creí. Pero Gerardo sabe muy bien qué mano fue y con qué designio la que la hizo caer. Yo lo vi, es cierto, pero como en sueños y bajo la influencia de tu filtro... Además, Gerardo no puede equivocarse.

Sylanora.—El amor y el deseo de ser feliz te ciegan, Cristina.

Cristina.—No, Sylanora: me han abierto los ojos. ¡Cómo me voy a reír cuando vea a maese Jaime hacerse el diablo!... Se me ha quitado un gran peso del alma. Calcula: todo el peso del infierno. (*Ríe ante Sylanora, que vuelve la cabeza como diciendo: está loca.*)

TELÓN

CUADRO II

Habitación de Cristina. Al faro, en el ángulo de la lateral derecha, cama con dosel y cortinas, y en la misma lateral un espejo. Al foro, ventana abierta a una plácida noche primaveral. En la lateral derecha, puerta. Un arcón, una rueca, escabeles, y en el respaldo de una silla, en medio de la escena, una larga camisa de novia. Sobre una mesita, bajo la ventana del foro, panes y mon-

toncitos de monedas. En las paredes y sobre los muebles, guirnaldas de flores.
Varios velones, pues la habitación está iluminada excepcionalmente.
Al levantarse el telón, Cristina, con una guirnalda en la mano, junto a la
puerta, despide a un grupo de gente que no se ve.

VOZ DE MUCHACHA.—¡Felicidad, Cristina!

VOZ DE HOMBRE.—¡Que Dios te acompañe!

VOZ DE MUCHACHA.—¡Y el buen amor sea contigo!

TODAS LAS VOCES.—¡Amén!

CRISTINA.—¡Gracias, gracias!... (*Corre a la ventana, por la que entran*
nuevamente las mismas voces, ahora confusas y mezcladas con risas de mu-
chachas.) ¡Adiós, adiós, muchachas! (*Cierra la ventana, se vuelve sonrien-*
do y queda un instante de pie, ante la camisa.)

MADRE FLORIDA (*Entrando sin aliento, con una guirnalda en la ma-*
no).—¡Creí que no llegaba!... ¿No vinieron los pobres?

CRISTINA.—Aún no, pero no tardarán.

MADRE FLORIDA.—¡Bueno hubiera sido que no llegara a tiempo en la
víspera de tu boda! ¡Desde hace cincuenta años que no hay casamiento en este pueblo, o cosa que se le parezca, en que no haya intervenido yo mucho más que el cura, dicho sea con el mayor respeto. Toma
mis flores.

CRISTINA.—Gracias, son muy lindas.

MADRE FLORIDA.—Mucho más de lo que aparentan. Huélelas.

CRISTINA (*Lo hace y las aparta con repugnancia*).—¿A qué huele esto?

MADRE FLORIDA.—A perfume de frasco. Siempre me pareció que el
aroma natural de las flores no tenía gracia, era muy soso. Este perfume, en cambio, tiene su picardía y su secreto. Parece destilado por las
manos de los ángeles y despierta el amor como a un caballo un par de
espuelas. (*Rápidamente saca una redomita y se acerca a la camisa.*) Te
pondré unas gotas.

CRISTINA.—¡No, no la toques, madre Florida!

MADRE FLORIDA (*Guardando la redomita, despechada*).—¡Perdón, hija!... No quise ofender tu hermosura. Sé apreciar lo que vale una mujer por entre el guiño de un ojo; y tú eres grácil y apetecible como una
vara de junco que hubiera dado manzanas. Y ya tendrás tu granito de
pimienta cuando te despierten.

CRISTINA.—No me hables así esta noche. Madre Florida...

MADRE FLORIDA.—¡Pero, hija, si te hablo como lo haría una madre,
la madre que te falta y en gloria está!

CRISTINA.—¿Tú la conociste?

MADRE FLORIDA.—A su boda llevé mi guirnalda, nardos y mejorana.

CRISTINA.—Dicen que era muy linda...

MADRE FLORIDA.—¿Linda? ¡La tentación en persona! Era blanca y rosada como la leche que se ordeña al amanecer. Cada paso que daba la embellecía, ¡oh, si ella hubiera querido!... No hubo caballero en veinte leguas a la redonda que no se apeara a refrescar aquí sólo por verla. Pero ella era muy caprichosa.

CRISTINA.—¿Caprichosa?

MADRE FLORIDA.—Sí, hija: tu padre y nada más... Pero, dame la aguja.

CRISTINA (*Con desagrado*).—¿Quieres dar la puntada?

MADRE FLORIDA.—¡Bueno fuera que faltara la mía! (*Toma la aguja que Cristina se ha quitado del pecho y le alarga desganadamente, y da una puntada en el ruedo de la camisa.*) Que el amor sea en tus brazos como el fénix de Arabia, que renace de sus propias cenizas. Amén. (*Devuelve la aguja y se va muy apurada y cotorrona.*) Bueno, adiós y que seas dichosa del único modo que podemos serlo las mujeres. (*Cristina no responde, y en cuanto ha salido la madre Florida, abre la ventana, tira violentamente la guirnalda y volviendo a la camisa arranca con enojo la puntada que dio la proxeneta.*)

RIMBALDO (*Aparece en la puerta vestido de nuevo y trayendo una hermosa guirnalda de amapolas*).—¡Cristina!

CRISTINA (*Se da vuelta, alegre al verlo*).—¡Entra, entra! Creí que no venías.

RIMBALDO.—Yo también. Nunca me hubiera atrevido a acercarme a las flores con los andrajos que llevaba. Pero gracias al traje que tú me regalaste pude meterme en los trigales donde florecen las amapolas y cortarlas orgullosamente, ¡de igual a igual! ¡Acércate, Cristina! (*Le pone la guirnalda alrededor del cuello.*)

CRISTINA.—¿Qué haces? ¡Es contra la costumbre! (*Intenta sacársela.*)

RIMBALDO.—Aunque no sea la costumbre, estás muy bonita. Mírate. (*La conduce de la mano ante el espejo. Ella se mira complacida y después se quita la guirnalda, busca con los ojos dónde colocarla y lo hace en la perilla de la cama.*) ¡En el sitio de honor!

CRISTINA.—¡Cállate! La debí tirar por la ventana, pues rompiste la tradición, y eso es muy grave. Si alguien lo supiera...

RIMBALDO.—¿Quiere decir que entre nosotros habrá un secreto?

CRISTINA.—Un gran secreto.

RIMBALDO.—¿Y siempre que nos encontremos nos unirá la sonrisa de los cómplices?

CRISTINA.—¡Eres un loco, Rimbaldo!

RIMBALDO.—¿Quién lo duda?

CRISTINA (*Dándole la aguja, que él toma*).—Ahora tienes que dar una puntada en mi camisa de boda.

RIMBALDO.—¿Una sola puntada en pago de todas las que tiene este traje?

CRISTINA.—Y a tiempo de darla tienes que expresar un buen deseo.

RIMBALDO (*Palpando entre el pulgar y el índice la orla de la camisa*).—Es que, ¿sabes?, no estoy acostumbrado a coser en tela tan fina... Si tuvieras alguna prenda vieja para remendar... ¡ése es mi fuerte! Una noche me puse a contar los sietes que había cosido en mi jubón y me dormí millonario. Sí, yo he dado muchas puntadas en esta vida, con y sin nudo. ¡Pero coser una camisa de novia!... ¿Y si después te queda mal? ¿Y si te hace un chingue por mi culpa?

CRISTINA.—¡Rimbaldo, por favor, no juegues con estas cosas!

RIMBALDO.—Es que no me gusta la gravedad con que se toma el matrimonio. Se entra en él temerosos, caminando de puntillas como si hubiera un niño dormido, y claro, caminando así todos son tropezones.

CRISTINA.—Como si hubiera un niño dormido... ¿Y no lo hay, Rimbaldo?

RIMBALDO.—Sí, tienes razón. ¿Dónde debo dar la puntada?

CRISTINA.—Aquí, en el ruedo.

RIMBALDO (*Da la puntada, serio y con delicadeza entrega la aguja*).—Ya está.

CRISTINA.—Pero no has expresado ningún deseo, tú que dices cosas tan lindas en tus romances.

RIMBALDO.—Los romances, Cristina, los invento para que la soldadesca y los aldeanos me den de comer, y nadie pone su alma en un plato de sopa. Cuando mi corazón tiene algo que decir, no digo nada.

CRISTINA (*Tomándole la mano*).—Gracias, Rimbaldo. Siempre eres para mí como un hermano.

RIMBALDO (*Con un dejo de tristeza*).—Como un hermano... (*Mirando a la puerta, alegremente.*) Me escapo, Cristina, que ahí viene uno que no dará puntada sin nudo. (*Se va. Cristina, que también ha mirado a la puerta, corre y esconde la camisa dentro de la cama, a tiempo que llega Gerardo, quien no ve la maniobra.*)

GERARDO.—¿Me esperabas?

CRISTINA.—A ti no. Esperaba a los pobres.

GERARDO.—Pues yo soy el primero y el más necesitado de todos.

CRISTINA.—No, Gerardo, tú eres muy rico; mucho más de lo que crees.

GERARDO.—Es verdad, Cristina, pero también soy muy avaro, y cada instante que paso sin verte es como si perdiera un tesoro. (*La estrecha en sus brazos y la besa.*) ¡Pensar que desde mañana ya no nos separaremos nunca! Ésta será la noche más larga de mi vida.

CRISTINA.—Yo soy tan feliz, amor mío, que siento que con una mano podría apagar el infierno.

GERARDO.—No es necesario, Cristina; el infierno hace tiempo que se apagó para nosotros. Ya no hay más que cielo... Dime: ¿tú te imaginaste alguna vez el cielo?

CRISTINA.—Sí.

GERARDO.—¿Y cómo era?

CRISTINA.—Tú bien lo sabes.

GERARDO (*Besándola en la boca*).—¿Así?

CRISTINA.—¿Por qué me lo preguntas, si sabes que no puede ser de otro modo?

GERARDO.—Amor mío... (*Se detiene para prestar atención a una música que se oye a lo lejos.*) ¿Y esa música?

CRISTINA.—Son los pobres. Vienen a celebrar la ceremonia de una tradición tan antigua como este pueblo. Cada vez que una muchacha se casa... Pero ya lo verás tú mismo... (*La música ha ido aumentado y un grupo de pobres, algunos con instrumentos de la época y precedidos por el Ciego que trae una cuna de madera de pino a medio desbaratar, irrumpen en la habitación, cesando la música.*)

CIEGO (*Recita a la manera de una salmodia o de un romance de ciego, mientras los pobres escuchan con la cabeza baja, religiosamente, lo mismo que Cristina y el caballero Gerardo, que se tienen de la mano.*)

Por el fuego del amor
fuiste, doncella, dorada,
y en vísperas de tus bodas
oye las viejas palabras
que por costumbre son ley
de nuestro pueblo, y que guardan
los pobres de Dios, que somos
arca que el tiempo no gasta.

Manda la caballería
que el caballero las armas
vele durante una noche
y en ella medite en calma
sobre los santos deberes
que recibe con la espada.
Así queremos, doncella,
ya que vas a ser casada
vales la cuna que al niño
que habrá de nacer aguarda;
vales la cuna y medites,

sola y recogida el alma,
en el ángel que hasta ella
quiere bajar por la escala
florecida de tu cuerpo
de doncella enamorada.
De mis manos mendicantes
recibe la cuna blanca,
por las manos de estos pobres
en pobre pino labrada,
que ha de ser pobre la cuna
de las ricas esperanzas,
como fue la que en Belén
mecía la Virgen Santa.

(*Cristina recibe la cuna de rodillas, y mientras canta el coro de pobres, distribuye, ayudada por Gerardo, los panes y las monedas.*)

CORO DE POBRES.—Escala es de flores
tu cuerpo, doncella,
por la cual un ángel
bajará a la tierra.
Un ángel dormido
que entre sueños busca
a través de tus rosas su cuna.

CIEGO.—Y ahora echa bien los cerrojos, Cristina, que a nadie debes ver ni hablar hasta mañana... Y vos, señor...

GERARDO.—Voy contigo, abuelo. Cristina... (*La besa en la frente y tomando el brazo del ciego sale detrás de los pobres, que se van repitiendo la canción.*)

CRISTINA (*Queda un momento en la puerta siguiéndolos con la mirada y, con la música que se extingue a lo lejos, cierra la puerta con llave y se detiene un instante contemplando la cuna. Después va a la cama, saca la camisa y se sienta a coser en primer término, a la derecha; la cuna ha quedado a la izquierda. Dice, pensativa y soñadora:*)

Por el fuego del amor
fuiste, doncella, dorada...
Dorada de amor y envuelta
en esta camisa blanca...
Oro y rosa bajo el lino,

bajo las rosas el alma,
y tú, Gerardo, reinando
sobre mí con la mirada...

(*Queda un momento sonriendo a su felicidad, cuando se oye un leve crujido que parte de la cuna y le hace volver la cabeza y mirarla un momento.
Después vuelve a la costura con brío y canta:*)

Escala es de flores
tu cuerpo, doncella,
por la cual un ángel
bajará a la tierra...

(*Tocada por las palabras de la canción, canta el resto mirando de soslayo
a la cuna, y en otro tono, más bajo y reflexivo:*)

Un ángel dormido
que entre sueños busca
a través de tus rosas su cuna.

(*Se levanta, como atraída por la cuna, y se arrodilla junto a ella, y dejando correr sus manos por las rústicas tablas:*) Da pena verla tan desnuda y
fría... Ni siquiera un brazado de paja. (*Se levanta y toma una guirnalda,
pero la deja después de deshacer unas flores entre los dedos.*) Están húmedas
del rocío... (*Lanza una mirada circular, que se detiene en la camisa, a la
que va resueltamente, la toma y la coloca en el fondo de la cuna, para lo cual
se ha arrodillado nuevamente.*) ¡Así, hijo mío! (*Leve sobresalto.*) Hijo
mío... Un día estarás aquí, pequeñito y suave y tibio como una tórto-
la... Y dormiré con la mano tendida para mecerte. Y cuando despier-
tes por las mañanas te entregaré a Gerardo para que te bese, y tú
comprenderás lo hermosa que es la vida y crecerás sonriendo... Y un
día sacarás los piececitos por aquí, y entonces nosotros diremos: ¡Mira, el niño ya no cabe en la cuna, qué manera de crecer!... Y manda-
remos llamar al carpintero para que te haga una cama... Pero no te
acostaremos en seguida en ella, porque nos dará pena sacarte de tu
cuna... y tendrás que dormir encogidito, encogidito... Hasta que una
noche Gerardo se pondrá muy serio y me dirá: Cristina, esta situación no puede continuar: hay que acostar al niño en su cama. ¡Si es
ya casi tan alto como yo!... No será cierto, porque no habrás crecido
más que un poquitito. Pero te pasaremos a tu cama, muy satisfechos
de que hayas crecido tanto... y un poco tristes también... Y esa noche,

como todas las noches, tenderé la mano entre sueños y te meceré y te
cantaré como si estuvieras en la cuna, pues, y esto no lo digas a nadie,
para tu madre estarás siempre aquí, como ya lo estás ahora aunque
nadie te vea, pero yo te veo... iy qué lindo eres así, con los ojoz azules
de Gerardo entrecerrados, queriendo y no queriendo dormirte. Pero hay
que dormir, hijo, que ya es muy tarde... (*Le canta meciendo la cuna.*)

> Duérmete, niño mío,
> que son las doce,
> y en su caballo negro
> va el rey Herodes
> con una espada,
> preguntando qué niños
> hay en la casa.
> Duérmete, niño mío,
> que son las doce,
> y en su canasta viene
> surcando el Nilo
> Moisés, que tiene miedo
> de un cocodrilo.
> Duérmete, que tu madre
> al rey Herodes
> le dirá que en la casa
> sólo hay ratones.
> Duerme tranquilo
> que a las doce no muerden
> los cocodrilos.

(*Se oye golpear discretamente a la puerta. Cristina se sobresalta. Escucha.
Silencio. Tranquilizada, reanuda la canción en voz más baja.*)

> Duérmete, niño mío,
> duerme tranquilo...

(*Se oye golpear otra vez, ahora en forma ya indudable. Se pone de pie,
alarmada y alerta.*) ¿Quién es? ¿Quién está ahí?

VOZ DE MAESE JAIME.—Soy yo, maese Jaime. Ábreme, Cristina.
CRISTINA.—¡Maese Jaime! No abriré. Vete. Nada tenemos que hablar.
VOZ DE MAESE JAIME.—Ábreme, Cristina, hija mía.
CRISTINA.—No... no... no puedo hablar con nadie esta noche... (*Pero

mientras lo dice salva lentamente, como hipnotizada, la distancia que la separa de la puerta y abre.)

MAESE JAIME (*Cuya expresión diabólica se ha acentuado más aún que en la escena del bosque, avanza lentamente, y ella retrocede*).—Perdóname, pero tenía que recordarte nuestro contrato.

CRISTINA (*Sin convicción, tratando de darse ánimo a sí misma*).—Sí, sí; tendrás la posada, los campos de labranza, el soto... Todo será tuyo... (*Ante el silencio de él se va desconcertando cada vez más.*) ¿No quieres esperar?... (*Ya desesperada.*) Pronto tendré joyas, muchas joyas de gran valor... oro, brillantes... Todas te las daré. ¡Pero ahora déjame!... ¡Esta noche no, maese Jaime, esta noche no!

MAESE JAIME.—¿Estás segura, Cristina, de que no soy más que maese Jaime? (*Se ha ido acercando hasta que sus miradas se encuentran.*).

CRISTINA.—¡Oh, qué abismo de llamas y tinieblas hay en tus ojos! (*Se tapa la cara, dejándose caer en una silla.*)

MAESE JAIME.—Ya no dudas de mí, ¿verdad?... Dudar de mi existencia es una herejía que ha hecho perder el tiempo en vanas discusiones a los malos teólogos... Pero tú eres una muchacha razonable y... ¿has visto claro?

CRISTINA.—Sí, sí, pero esta noche...

MAESE JAIME.—Tiene que ser esta noche. ¿Comprendes?

CRISTINA.—¿Esta noche?... ¡Oh, no, no! (*Entreviendo la verdad, de un salto se interpone entre el diablo y la cuna.*)

MAESE JAIME.—¿Ves cómo comprendías, Cristina? Lo que tendrás que entregarme en cumplimiento de nuestro contrato es lo que vas a poner en esa cuna.

CRISTINA (*Arrojándose sobre la cuna y protegiéndola con los brazos*).—¡Mi hijo no! ¡No!

MAESE JAIME.—Era necesario que lo supieras esta noche porque un niño comienza a nacer desde que la madre piensa por primera vez en él, y tú, lo quieras o no, irás mezclando a la trama de su alma los hilos que con el recuerdo de nuestra alianza se irán mezclando a tus pensamientos. Y el beso de amor que lo despierte en tus entrañas llevará mi sello. (*Cristina hace un gesto, horrorizada.*) ¡Oh!, no temas. Será hermoso y gentil como tú, como el caballero Gerardo. Todas las madres te lo envidiarán.

CRISTINA.—¿A él? ¡Al más desdichado de los niños!

MAESE JAIME.—¿Quién te ha dicho que será desdichado? Por lo contrario, será feliz y poderoso. Los hombres se inclinaron ante él; lo amarán las mujeres.

CRISTINA.—¡A qué precio, a qué espantoso precio!

MAESE JAIME.—Hay un precio, sí, pero no será él quien lo pague.

CRISTINA (*Con una loca explosión de esperanza*).—¡Oh! ¿Seré yo? ¡Díme que seré yo quien pague con cien eternidades de dolor y tinieblas, y besaré tus plantas!

MAESE JAIME.—No; a ti ya te dije que estás fuera de mi círculo.

CRISTINA.—Ábreme tus llamas, ciérralas para siempre sobre mi carne y sobre mi alma, pero que mi hijo quede fuera! (*Cae de rodillas, juntando las manos.*) ¡Piedad! ¡Piedad!

MAESE JAIME (*Severamente*).—¡Levántate, mujer! Si algo pudiera ofenderme aún sería esa palabra.

CRISTINA (*Se arrastra hasta la cuna y hunde la cabeza en ella sollozando*).—¡Pobre hijo mío!

MAESE JAIME.—¿Sabes quiénes pagarán? Cuantos se acerquen a él, cuantos lo amen, cuantos tengan fe en sus palabras. Ellos pagarán, pues todo el amor que vaya hacia tu hijo, al tocar su alma, que será semejante a la mía, se convertirá en llanto y en tinieblas.

CRISTINA.—Y yo habré traído a la tierra, a esta tierra en que era tan feliz, la semilla de las lágrimas y de la muerte.

MAESE JAIME.—Por tu cuerpo descenderá como por una escalera de flores.

CRISTINA (*Reaccionando*).—¡Pero aún es un ángel que busca en sueños su cuna; esta cuna de espinas que mi ciego amor le tendió! (*Pausa.*) ¡Mientes! ¡Has mentido otra vez! ¡Tú no tienes poder sobre los ángeles!

MAESE JAIME.—Es verdad. Por eso te busqué a ti. Óyeme bien, Cristina: con el primer deseo maternal de una niña nace el ángel que será su hijo. A ella le pertenece desde ese instante; y todos sus actos, todos sus pensamientos, lo que ama y lo que odia, lo van modelando lentamente, hasta que un día el amor lo desprende de la rama celeste y cae en su regazo. Pero ella dispone, sabiéndolo o no, de ese ángel, y tú, Cristina, me vendiste el tuyo y ya no puedes retroceder.

CRISTINA.—¿Cómo podría caer en tus manos una cosa que viene del cielo?

MAESE JAIME.—Todo viene de allí... Yo mismo... Recuerda cómo descendí, que en eso las Escrituras no mienten. Por haber bajado como bajé no soy todopoderoso. Por eso quiero que haya uno de los míos, con un alma a mi imagen y semejanza que nazca como el hijo de Él, de una madre pura, porque el misterio de la pureza no es otro que el amor perfecto, como el que tú sientes por el caballero Gerardo; y quiero que nazca, como el hijo de Él, en humildísima cuna, pues sospecho que en eso estaba el secreto de su fuerza.

CRISTINA.—Pero lo salvaré. Mi hijo no será tuyo.

MAESE JAIME.—No voy a reprocharte el que seas rebelde; yo fui el primero. Pero, ¿con qué armas vas a luchar conmigo?

CRISTINA.—Con una que he sentido crecer poderosa dentro de mi pecho junto a esta cuna amenazada por tus garras: con mi amor de madre.

MAESE JAIME.—No olvides, Cristina, que todos los que están bajo mi férula también tuvieron madre y de nada les sirvió.

CRISTINA.—¡Te venceré con la ayuda de!... (*Quiere decir Dios, y vencida, anonadada, llora sobre la cuna bajo la sonrisa triunfante del diablo.*)

TELÓN

CUADRO III

Sala en el castillo del caballero Gerardo. Al foro, gran ventanal que da al parque, cerrado al comenzar la acción. A la derecha, puerta que conduce a la alcoba nupcial. A la izquierda, gran puerta de entrada. En primer término, un diván. A la derecha, también en primer término, una mesa. Sillones, escabeles, un arcón, un espejo, panoplias con armas, etcétera. Es de noche. Las luces están encendidas. Al levantarse el telón, varios sirvientes, hombres y mujeres, se atarean arreglándolo todo.

RIMBALDO (*Con su elegante traje y haciendo sonar una bolsa de oro*).— ¡Vivo, vivo, que todo debe brillar como este oro cuando lleguen los amos!

VARIOS SIRVIENTES.—Sí, señor; sí, señor.

MAYORDOMO.—¡Jamás pasé apuro igual en mi vida!

ROSALÍA (*Sirvienta, pasa con un montón de sábanas hacia la alcoba*).— Las sábanas, señor.

RIMBALDO.—¿A qué huelen? (*Olfateándolas.*) A espliego. Eso me gusta. (*Acariciándole la barbilla.*) Tú también me gustas.

MAYORDOMO (*Colocando un paño sobre la mesa*).—Es mi mujer.

RIMBALDO (*Dejándola*).—Lo siento por los tres... Pero todo se arreglará. (*A tiempo que Rosalía traspone la puerta.*) ¡Y mucho cuidado, hermosa, con las pulgas! (*Al mayordomo, que murmura entre dientes.*) ¿Qué estás gruñendo ahí?... ¿O es que no sabes que ése es un capítulo muy delicado? Cuando se casó el gran rey Dagoberto, el camarero mayor permitió que una pulga compartiera con sus augustas majestades el tálamo nupcial y real. ¡Qué vergüenza! Imagínate los diamantes de la corona palideciendo, el trono tambaleando... (*ha tomado impulso oratorio como para una larga peroración, pero se corta de golpe*) y al rey picado de arriba abajo. (*Los sirvientes, que han suspendido el trabajo, dejan escapar admiraciones.*) Tan picado estaba el rey, que le mandó cortar la cabeza.

Mayordomo.—¿A la pulga?

Rimbaldo.—No, a la pulga la mató así. (*Gesto con la uña.*) Al camarero mayor.

Mayordomo (*Colocando en la mesa un botellón con vino y copas*).—¡Qué atrocidad!

Rimbaldo.—Pero San Eloy, que nunca dejaba de aconsejar bien al rey, le dijo: No seas bestia, Dagoberto, y tómate una copa para olvidar. (*Se sirve una y se la toma.*) Y dicho y hecho: el rey se tomó la copa y perdonó al culpable. Y sirviendo otra (*lo hace*) se la ofreció al santo, diciéndole: Bebe, querido Eloy, pues me has salvado de cometer una mala acción. (*Se la toma.*)

Mayordomo (*Retirando el botellón*).—Y fue una gran suerte que la pulga hubiera muerto, pero si la invitan a ella también... nos quedamos sin vino. (*Se va por la derecha con el botellón.*)

Rosalía (*Vuelve de la alcoba con una colcha roja, desplegada bajo su barbilla*).—¿Os gusta el color?

Rimbaldo.—Te va muy bien a la cara.

Rosalía (*Coqueta*).—¿Sí?...

Rimbaldo (*Advirtiendo al mayordomo que regresa con el botellón lleno, golpea las manos*).—¡Vamos, vamos, de prisa! ¡A lavarse la cara y a peinarse todo el mundo! (*Salen los sirvientes en tropel y quedan solos Rimbaldo y el mayordomo. Rimbaldo, sentándose en un sillón.*) Puedes sentarte, buen hombre.

Mayordomo.—Gracias, señor, pero sé cuál es mi lugar.

Rimbaldo (*Que está distraído mirando la esmeralda de un anillo que lleva en el dedo meñique*).—Yo nunca he sabido cuál era el mío.

Mayordomo (*Después de una pausa*).—Así que... ¿se casaron esta mañana?

Rimbaldo.—Sí, y en seguida se pusieron en camino. Como quien dice, del sacramento al coche.

Mayordomo.—Vos, señor, ¿seréis acaso pariente de la novia?

Rimbaldo.—No blasfemes. ¿Dónde oíste decir que la aurora tuviera parientes? (*Se oye, lejano, el son de una trompa.*) ¡Son ellos!

Mayordomo (*Dando un respingo*).—¡Los amos! (*Entran apresuradamente los sirvientes y, dirigidos por el mayordomo, se alinean junto a la puerta de entrada. Rosalía trae un niño de pecho en brazos. Se oye otra vez la*

trompa. Rimbaldo y el mayordomo salen. Un instante de expectativa: las mu-
jeres se arreglan; los hombres se estiran. Se oye la trompa junto a la puerta y
entran Cristina y Gerardo precedidos por el mayordomo y seguidos por Rim-
baldo.)

LOS SIRVIENTES (*A coro*).—¡Bienvenido, señor! ¡Bienvenida, señora!

CRISTINA.—¡Gracias, gracias!

GERARDO (*Alegremente*).—¡No me esperaban tan pronto!, ¿eh?... ¿Ni
tan bien acompañado? (*Palmea cordialmente a unos, da la mano a otros,
y al llegar junto a Rosalía, por el niño.*) ¿Y éste?... ¿Quién es éste?

MAYORDOMO (*Adelantándose*).—Es vuestro último servidor nuestro
hijo, que desde ahora solicita por mi intermedio la plaza de escudero
del vuestro. Ha querido nacer un poco antes para poderlo servir y
acompañar en sus primeros pasos.

GERARDO.—¡Pero tú eres la previsión en persona, Amaranto! (*Lo
palmea.*)

CRISTINA (*A Rosalía*).—¡Qué lindo es!... ¿Puedo tocarlo?

ROSALÍA.—¡Señora! (*Le tiende al niño, que ella toma y lleva al medio de
la escena seguida por la madre.*)

CRISTINA (*Mirándolo con una mezcla de arrobamiento y aprensión*).—¡Y
este niño es tuyo!...

ROSALÍA.—¡Naturalmente, señora!...

CRISTINA (*Acerca al niño a su pecho e inclina sobre él la cabeza, cerrando
los ojos*).—Qué tibieza tan suave... y qué olor a vida hay en su cabecita...
(*abre los ojos*) y crecerá a tu lado, tus manos podrán apartar las piedras
y las espinas de su camino... y cuando se aleje un poco te sentirás de-
sasosegada, como si no estuvieras completa... y cuando vuelva lo apre-
tarás contra el seno y dirás: "¡Hijo mío!" (*Transición casi violenta, poniendo al niño en brazos de su madre.*) ¡Toma, toma tu hijo!

ROSALÍA (*Se aparta confusa*).—¡Ah!

GERARDO (*Amparándola en sus brazos*).—¡Tonta! La noche pasada ve-
lando la cuna te ha impresionado, y ahora le das una trascendencia
que no es natural al hecho de ser madre, que imagino debe de ser
algo sencillo y hermoso. ¿No es así, Rosalía?

ROSALÍA (*Que mira con recelo a Cristina, se dirige a ella*).—Así es, señora; la inquietud viene de los pensamientos, antes de que nazca; pero
después, cuando ya se lo tiene en los brazos seguro y protegido contra todo peligro, ya no se cavila y se es feliz...

CRISTINA.—Sí, sí; pero dile que se lleve al niño, Gerardo. Estoy muy
cansada, todo me impresiona.

GERARDO.—Ya pasará, y aquí serás muy dichosa. (*La besa en la frente
y, apartándose, se dirige a los sirvientes.*) Y ahora a descansar, pero des-

pués de haber tomado un trago de vino. Vamos, Amaranto. (*Sale por la puerta seguido por los sirvientes y Amaranto, quienes al pasar dan las buenas noches a Cristina, que queda sola con Rimbaldo.*)

CRISTINA.—¿Hablaste con Sylanora? ¿Me traes el anillo?

RIMBALDO.—Sospechó que era para ti y no quiso vendérmelo. Dijo que ni por todo el oro del mundo te lo daría. Comprendí que era inútil insistir y me fui. (*Gesto de disgusto y sorpresa de Cristina.*) Pero volví en ausencia de la bruja, y como su casucha no es ninguna fortaleza y tú me habías explicado cómo era y dónde estaba. (*Saca el anillo y se lo presenta.*) ¿Es éste?

CRISTINA.—Sí; dámelo, Rimbaldo.

RIMBALDO (*Mirando atentamente el anillo*).—No me gusta esta piedra, Cristina... Tiene un reflejo extraño. Es hermosa, ¿quién podría negarlo? Pero impresiona como la mirada de un alma tenebrosa a través de unos ojos bellos.

CRISTINA (*Impaciente, mirando hacia adentro*).—Dame. Es una esmeralda como todas.

RIMBALDO.—No, Cristina; hay algo en ella... Me recuerda las espadas de los verdugos. Están hechas del mismo acero noble que las de los soldados, pero despiden unos reflejos perversos que las hacen reconocibles entre mil. Me dijiste que esta esmeralda era un talismán.

CRISTINA.—Un talismán de gran poder. Dámelo.

RIMBALDO.—Aguarda... No sé cómo decírtelo... Mis pensamientos se detuvieron siempre respetuosamente al borde de tu alma, pero hoy quisiera hacerte una pregunta... (*La mira profundamente a los ojos.*)

CRISTINA (*Desviando la mirada y bajándola, después de breve lucha*).—Yo te la responderé. Sí, Rimbaldo, sé que ese anillo contiene un veneno. Pero un veneno puede ser también un talismán. Dámelo.

RIMBALDO (*Tras una pausa*).—Escúchame, Cristina: mis baladas no son desde hace mucho tiempo más que un manto de oropel por entre cuyos pliegues saco mis expertas manos de ladrón... no siempre limpias de sangre. Pero nada pudo arrancarme una inexplicable y loca alegría que bailaba como un duende dorado sobre la borrasca de mi vida, y en esa absurda alegría he sentido siempre una muestra de la indulgencia de Dios, y gracias a eso he podido vivir. Pero poner en tus manos puras esta gota de muerte es más de lo que puede soportar mi conciencia... aun siendo tan miserable.

CRISTINA.—¿Y si yo te dijera que el darme ese anillo es quizá la mejor acción de tu vida? ¿Si yo te dijera que en tus manos está en este momento la salvación de un inocente?

RIMBALDO.—No te comprendo. Cristina...

CRISTINA.—No quiero que me comprendas, sino que tengas fe en mí. Te juro que ese veneno no lo tomará nadie que no lo merezca... (*Rimbaldo le alarga en silencio el anillo.*) Gracias, Rimbaldo. (*Se coloca el anillo en el dedo.*) Una vez me dijiste que querías compartir un secreto conmigo y que no te importaba de qué clase fuera; pues bien, eres el único hombre en el mundo que sabe que llevo la muerte en esta mano.

RIMBALDO (*Tras una pausa*).—Adiós, Cristina... Creo que ya no volveremos a vernos.

CRISTINA.—¿Adónde piensas ir, Rimbaldo?

RIMBALDO.—A ver si olvido o si comprendo nuestro secreto en el camino de Jerusalén. (*Se arrodilla para besarle la mano, pero ella lo levanta y lo besa en la frente. Se va él en silencio, mientras ella se seca una lágrima. Después se dirige a la ventana del foro y queda un momento en silencio contemplando la luna sobre los árboles del parque.*)

CRISTINA.—Vivir para el amor lo que falta de esta luna, y después... (*Se retira de la ventana y vuelve al centro de la escena, contemplando la esmeralda mientras una nube negra oculta la luna.*) Y después yo sabré evitar que caigas en sus garras, hijo mío.

GERARDO (*Entrando*).—Señora, hay uno de tus servidores, el más fiel, que solicita tu venia para darte la bienvenida.

CRISTINA (*Sonriendo*).—¿Estás seguro de que es el más fiel?

GERARDO.—Tendrás toda la vida para probarlo... Y un día, dentro de muchos años, cuando te sientes junto al fuego a recordar, dirás, mirando su cabeza blanca: ¡cuánto me amó! (*Se ha ido acercando y se toman las manos.*) Y él, aunque viva cien años, pensará: ¡qué corta fue la vida para amarla!... (*Transición.*) Cristina, sé bienvenida a mi casa como lo fuiste un día a mi corazón.

CRISTINA.—Sólo tu corazón necesito, Gerardo; todo lo demás es para mí como una niebla.

GERARDO.—¿Una niebla dijiste? Es curioso. Muchas veces, cuando después de una larga ausencia regreso al castillo y lo veo aparecer desde lejos con las almenas derruidas y los fosos llenos de maleza, me parece que no es más que una masa de niebla acumulada por los siglos y sostenida por los recuerdos sobre la colina.

CRISTINA.—Es muy antiguo este castillo, ¿verdad?

GERARDO.—Sí, muy antiguo, y, además, desde que murieron mis padres nadie se ocupó nunca de repararlo. Los vientos del otoño se llevan sus piedras como si fueran hojas secas.

CRISTINA.—Es una pena, habiendo nacido tú aquí...

GERARDO.—Pero ahora lo haré reparar para ti. Mañana mismo vendrán albañiles, y las viejas almenas comenzarán a levantarse entre canciones. Y cuando las obras estén terminadas, los que pasen por el camino dirán: "Mira el castillo del caballero Gerardo. Antes no era más que un poco de niebla, pero ahora vive en él la primavera; y es tan poderosa, que hasta las piedras han reverdecido." Y todos los pájaros de la comarca habrán esperado revoloteando sobre las torres a que se terminaran las obras para hacer sus nidos. Y todos serán pájaros cantores, pues las lechuzas y los murciélagos habrán huido para no asustar a la castellana y más tarde a ese niño que nos profetizó el mayordomo.

CRISTINA (*Se aparta de él, sombría. Se oye lejano el canto de un gallo*).—Debe de ser muy tarde...

GERARDO (*Mirando hacia la ventana*).—Sí, pronto amanecerá, pero tú no verás la luz de la nueva autora... (*Cristina hace un gesto de espanto en el que él no repara*) porque estarás dormida sobre mi corazón. (*La atrae hacia sí y la besa.*)

CRISTINA (*Separándose, va a sentarse al diván, a donde él la sigue*).—Dime, Gerardo; tú, que eres soldado, debes saberlo. Cuando se está en un gran peligro... No un simple peligro, no... Cuando se sabe con toda certeza que en un lugar se encontrará la muerte... en una batalla desigual o algo así, y, sin embargo, se ha resuelto morir, ¿qué se piensa?, ¿qué se siente?, ¿con qué ánimo se avanza?...

GERARDO.—Yo tuve esa experiencia. Fue en el asalto de un puente, angosto y encajonado entre muros de piedra como un desfiladero. El que primero avanzara caería bajo una lluvia de flechas. No quedaba esperanza para él. Mis soldados se detuvieron, dudaron... Era mi deber, y me adelanté. Frente a mí, cien dardos vibraban ya con la inquietud del vuelo. ¡Avancé de cara a la muerte, y nunca viví un momento más hermoso!... ¿Cómo explicártelo? (*Fijándose en un chal de finísimo tul que lleva Cristina.*) ¿Ves este chal? Extendido te cubriría toda, pero puedo encerrarlo en mi mano apretada. (*Mímica.*) Así se condensó mi vida en aquel instante, sin perder, como este velo dentro de mi puño, más que el aire vano que separa la trama, pero conservando todos sus hilos y todas sus flores. Era la embriaguez de quien recibiera en una sola copa la esencia de todas las viñas que debería encontrar a lo largo de su vida... Pero no bebí más que un solo trago, pues mis hombres reaccionaron y lo demás es un simple ruido de armas... Pero no sé si habré podido darte una idea de lo que se siente en esos momentos...

CRISTINA.—Nadie mejor que yo para comprenderte... (*Con súbito arranque.*) ¡Gerardo, quiero vivir, quiero ser feliz, quiero que me ames mientras dure esta luna!

GERARDO.—¡Esta luna y todas las lunas, amor mío! (*La besa con pasión.*)

CRISTINA.—No quiero despertar.

GERARDO.—No despertaremos nunca. ¿Quién podría arrancarnos a este sueño tan hondo? (*La besa con más pasión aún.*)

CRISTINA.—¡Oh, Gerardo! (*Se aparta pasándose la mano por la frente.*) Hay algo nuevo en tus besos de esta noche.

GERARDO.—Quizá la diferencia que va de un capullo a una flor abierta.

CRISTINA.—Antes era como si nos besáramos en medio de un vuelo; sentía como si toda yo me volviera de aire azul y de plumas. Tus besos parecían levantarme, mientras que ahora es como si me hundiera porque el cielo hubiera descendido.

GERARDO.—Es que nuestro amor está haciendo pie en la tierra, que es tan hermosa cuando se tiene toda su dulzura al alcance de los labios. (*Vuelve a besarla.*) ¿Estás temblando, Cristina, como si tuvieras miedo?...

CRISTINA.—No, no es miedo; es un sentimiento confuso... Quisiera explicarte, pero no sé...

GERARDO.—Nada me expliques, Cristina, comprendo.

CRISTINA.—No, ningún hombre puede comprender... Y yo quiero que tú sepas... Es tan poco lo que puedo ofrecerte, que hasta esta confusión de mi alma y de mis sentidos quiero que sea tuya... Escúchame, Gerardo; nunca te conté un sueño que tuve la noche del día en que te vi por primera vez, porque hasta ahora ese sueño no tenía sentido para mí. Pero ahora lo veo claro... Yo tenía que pasar bajo un arco de rosas y de espinas. Del otro lado estabas tú, y sabía, como se saben las cosas en los sueños, que al trasponer el arco me convertiría en otra mujer, más bella, más fuerte, más alta, más feliz; pero de este lado del arco iba a quedar la antigua Cristina como una hermana menor abandonada... ¿Comprendes ahora por qué hay una gota de tristeza en mi felicidad?

GERARDO.—No temas por ella, amor mío, que yo no olvidaré nunca a la otra Cristina, a la que vi por primera vez y a la que beso ahora. (*La besa castamente en la frente y se pone de pie.*)

CRISTINA.—Gracias, Gerardo... (*Se pone de pie, toma un candelabro, pero vuelve a dejarlo.*) Yo debería decirte... Sí, quizá es lo mejor... Escucha: aquella noche en que me besaste por primera vez... cuando te fuiste...

GERARDO (*Besándola apasionadamente*).—¡Deja dormir los recuerdos, amor! Vivamos ahora, sembremos otros, para recogerlos en el invierno, cuando nos falten las flores naturales de la vida. Pasa por el arco de tus sueños. Cristina, para que esas flores se abran con todo el esplendor de tu belleza y de este fuego que siento en los labios. (*La besa en la boca.*)

CRISTINA (*Resueltamente, tomando un candelabro*).—¡Sí, Gerardo, que todo lo queme nuestro amor! (*Entra, seguida por la mirada de él, en la alcoba nupcial. Breve pausa y se oye dentro de la alcoba un grito de Cristina, la que sale inmediatamente retrocediendo con el candelabro en la mano.*)

GERARDO.—¿Qué es, Cristina? ¿Qué pasa?

CRISTINA (*Dejándose caer en el diván y mirando hacia la alcoba como alucinada*).—¡Allí, allí está!

GERARDO.—¿Quién, Cristina? Nadie hay en la alcoba...

CRISTINA (*Sin escucharlo, como en un delirio*).—Me miraba con sus grandes ojos azules cargados de reproches. Parecía decirme: Madre mía, ¿qué vas a hacer de mí?... Yo debería decírtelo, Gerardo, contártelo todo... ¡Fue por ti, amor mío, fue por ti!

GERARDO.—¿Qué tienes, Cristina? ¿De quién hablas?

CRISTINA.—Del niño que hay allí, en la alcoba; es idéntico al que vi anoche mientras velaba la cuna.

GERARDO.—¡Ah, te refieres al retrato!... Soy yo cuando era muy pequeño. ¡Qué susto me has dado! Espera. Iré a quitarlo para que te tranquilices. (*Entra en la alcoba.*)

CRISTINA (*Tras un momento en que mira a todos lados, como acorralada*).—¡Ahora, tiene que ser ahora! Después me faltaría el valor... (*Dirigiéndose a la puerta por donde ha salido Gerardo, con voz contenida y hondamente dramática.*) Perdóname, Gerardo... Yo no quería dejarte así... Creí poder ser tuya dándote todo el amor de mi vida, desesperadamente, en el tiempo de una luna, y huir después, morir sola en los bosques como las bestias impuras, evitando así que por mi cuerpo maldito descendiera el ángel que vendí en mi ceguera... Pero soy tan débil, tan débil bajo tus besos, que el secreto se me escaparía en un grito de amor... Y aunque pudiera callar, Gerardo, ¿qué te entregaría? Una vana pureza y la mirada huidiza de una mujer que engaña... No, no; tiene que ser ahora. (*Va a la mesa y se sirve una copa de vino, con mano temblorosa, y deja caer dentro el veneno del anillo. Después se lleva lentamente la copa a los labios, pero antes de que haya bebido vuelve Gerardo alegremente.*)

GERARDO.—Me pareció que hablabas, Cristina.

CRISTINA.—No, nada dije... (*Se estremece pensando que él pudo oírla.*)

GERARDO.—¿Tienes frío?

CRISTINA.—No, quizá más tarde...

GERARDO.—Yo también me serviré una copa y brindaremos por nuestro amor. (*Levantando la copa que se ha servido.*) Cristina, porque nunca tengamos que separarnos. (*Dice esto en el momento en que chocan las copas, y siguiendo el impulso toma el primer trago, pero reparando en que ella se ha quedado con el brazo tendido, añade:*) ¡Oh, Cristina!, para que un brindis se cumpla hay que beber al mismo tiempo y antes de que se apague el ruido de las copas... ¡Vamos! (*Chocan las copas.*) ¡Bebe!

CRISTINA.—Sí, Gerardo. (*Se lleva rápidamente la copa a los labios y toma un trago, pero la retira.*)

GERARDO.—Quizá sea un vino demasiado fuerte para ti.

CRISTINA.—No, no; es lo que necesito. (*Va a beber nuevamente, pero él alarga la mano y le toma la suya con la copa, y aquí comienza un tira y afloja que terminará cuando el diálogo lo indique.*)

GERARDO.—Cambiémoslas; dicen que eso une más a los que se quieren.

CRISTINA.—¡No, Gerardo, no!

GERARDO (*Extrañado por su tono*).—Pero ¿por qué?

CRISTINA.—No quiero que sepas mis secretos... Cosas de mujeres... Déjame... vas a volcarla... (*Consigue desprenderse y retrocede un paso.*)

GERARDO (*Riendo*).—Cristina, nunca olvidaré este momento. ¿Te haces cargo de la importancia que tiene?

CRISTINA.—Sí.

GERARDO.—No, no te haces cargo. Ésta es nuestra primera discusión de casados. ¡Una discusión sobre una copa de vino! No puede imaginarse nada más alegre para empezar. (*Ríe.*)

CRISTINA (*Intentando reír*).—Sí; pero te prometo que será la última. Perdóname.

GERARDO.—¡Tonta! ¡Si esta guerra nos permitirá sellar la paz con un beso! Pero bebe primero.

CRISTINA (*Bebe a pequeños sorbos y va diciendo*).—Que seas muy feliz, Gerardo... (*Quiere poner la copa sobre la mesa, pero se cae rompiéndose, y no pudiendo ya más rompe a llorar.*)

GERARDO (*Atrayéndola hacia sí*).—¿Qué niña eres, mi pobre Cristina! ¡Llorar por una discusión con tu marido, una discusión tan pequeña que en realidad era un juego! ¡Si ahora me siento más cerca de ti!... Pero nunca me perdonaré el haberte hecho llorar en una noche que yo quería que fuera la más dichosa de tu vida... Es que tengo la alegría un poco ruda del soldado. Perdóname y dime que todo ha terminado.

CRISTINA.—Sí, todo ha terminado.

GERARDO.—Pero, ¿qué tienes, Cristina? Estás pálida, tiemblas...

CRISTINA.—Estoy cansada, muy cansada... Tengo frío, mucho frío...

GERARDO (*Conduciéndola al diván*).—Ven, recuéstate aquí. Yo te abrigaré. (*La abriga con su capa, que habrá quedado sobre una silla, y se arrodilla a su lado tomándole las manos.*) Lo que tienes es cansancio. Es el viaje.

CRISTINA.—Sí, es el viaje...

GERARDO.—Duerme. Yo velaré tu sueño... ¿No me oyes, Cristina?

CRISTINA (*Incorporándose*).—¿Quién me llama?

GERARDO.—Soy yo, Cristina, soy yo.

CRISTINA.—No, no; es de muy lejos... Es una voz suave, muy pequeña...

GERARDO.—¿Qué dices, por Dios?...

CRISTINA.—Es una voz muy suave, muy pequeña... me llama dulcemente madre, madre... ¡Es mi hijo, Gerardo!... ¿Dónde estás, dónde estás, hijo mío?... ¡Allí, allí en una gran claridad!... Me sonríe, me tiende los brazos... ¡Oh, gracias, gracias!... Ya voy, ya voy...

GERARDO.—¡Cristina, Cristina! ¡No, no; tú estás aquí, junto a mi corazón!

CRISTINA.—Sí, Gerardo; estaré en tus brazos por toda la eternidad, pero ahora estoy muy lejos, muy lejos... ¡Qué dulcemente suena tu nombre, Dios mío! (*Muere, mientras Gerardo dice por lo bajo "Cristina, Cristina". Desde un momento antes han ido palideciendo las luces de la escena y un rayo de luz que viene a nimbar su cabeza revela a los ojos del público la cruz de una alta ventana ojival.*)

CAE EL TELÓN LENTAMENTE

MAURICIO MAGDALENO
[*México, 1906-1986*]

Mauricio Magdaleno nació en Villa del Refugio, Zacatecas, en 1906. Realizó sus primeros estudios en Aguascalientes. Se trasladó después a la ciudad de México, donde estudió la preparatoria y parte de la carrera de Leyes en la UNAM. Realizó también estudios en la Universidad Central de Madrid. Desencantado de los resultados de la Revolución de 1910, Magdaleno se plegó al vasconcelismo y participó vigorosamente en la campaña presidencial de Vasconcelos en 1929, sobre la cual escribió en 1956 *Las palabras perdidas*. Al igual que otros intelectuales del bando vasconcelista, Magdaleno encontró su oportunidad de integrarse al servicio público a partir del sexenio de Adolfo Ruiz Cortines, en cuyo gobierno fue director de Acción Social del Distrito Federal, y después senador por Zacatecas en el de Adolfo López Mateos, y finalmente subsecretario de Asuntos Culturales en la Secretaría de Educación Pública durante el gobierno de Gustavo Díaz Ordaz.

Escritor multifacético, Magdaleno cultivó la novela, el cuento, el ensayo, el drama, el guión de cine y el periodismo. Toda su obra está ligada de una u otra manera a un proyecto nacionalista fundamentado sobre bases de justicia y honestidad. Temas constantes suyos son: la Revolución y su fracaso, la no solucionada cuestión agraria, la marginación del indígena, la bondad del campesino, la explotación abusiva de los recursos naturales, el oportunismo político, el abuso del poder.

Sus ensayos más importantes son: *Escritores extranjeros de la Revolución* y *Hombres e ideas de la Revolución*. En su obra narrativa se destacan: *Campo Celis* (1935), *Concha Bretón* (1936), *Sonata* (1941), *El resplandor* (1947), *Cabello de elote* (1949), *La tierra grande* (su obra favorita, sobre el periodo de transición del Porfiriato a la Revolución, publicada en 1949), *El ardiente verano* (1954). Varias de sus novelas pertenecen a la categoría conocida como "novela de la Revolución" (*El resplandor* y *La tierra grande*, en particular) y están escritas en estilo "realista mexicano".

Magdaleno escribió y adaptó guiones para el cine desde 1942. Su pluma se hace presente en más de cincuenta películas, entre ellas cintas tan renombradas como "María Candelaria", "Pueblerina" (su película preferida), "Río escondido", "Flor silvestre", "Maclovio" y "Compadre Mendoza" (basada en su propia novela del mismo título). Colaboró con los directores y camarógrafos más laureados de México, principalmente con Emilio Fernández y Gabriel Figueroa. Él mismo probó suerte en la dirección de cine en dos ocasiones. Magdaleno fue "el gran impulsor literario de un cine nacionalista, que fija en imágenes admirables una visión melodramática de la Pareja (el Edén primitivo), de la revolución, del machismo y el sometimiento femenino, de la grandeza de las 'pasiones mexicanas'" (Carlos Monsiváis).

La vena dramática de su vasta obra literaria fructificó en 1932 y luego desapareció. En ese año él y su compañero del vasconcelismo Juan Bustillo Oro encabezan un experimento de teatro nacionalista de índole político-social denominado Teatro de Ahora, precisamente en el momento en que el otro polo de la modernización teatral mexicana, el Teatro Orientación, sucesor del grupo Ulises, se empeña en la fundación de un teatro de búsqueda estética y "universalista". Por mucho tiempo el interés de la crítica se concentró en los esfuerzos modernizadores de los grupos Ulises y Orientación y de la revista *Contemporáneos*. Creemos que es necesario prestar atención también al Teatro de Ahora, a pesar de sus limitaciones, para tener una imagen más acabada de ese momento crucial de la escena mexicana.

La producción dramática de Magdaleno se divide en sainetes líricos y en obras de estructura convencional. En colaboración con Bustillo Oro, escribió varias obras de "género chico", entre las cuales sobresalen *El periquillo sarniento*, "evocación colonial" en 9 cuadros, adornada con música caribeña y que fue estrenada en el teatro de revistas Esperanza Iris en 1932, y *El corrido de la Revolución*, también con música, representada igualmente en el Esperanza Iris en 1932 por la compañía de Roberto Soto. Quedó sin escenificar *El romance de la Conquista*, "crónica lírica" en 9 cuadros, compuesta en ese mismo año de 1932.

La Editorial Cenit, de Madrid, reunió las tres piezas principales del dramaturgo bajo el título de *Teatro revolucionario mexicano* en 1933. Estrenadas las tres en el teatro Hidalgo de la ciudad de México en 1932, esas obras son: *Emiliano Zapata* (que evoca los últimos dos años de la vida del líder revolucionario sureño), *Trópico* (alegato contra la compañía norteamericana United Fruit) y *Pánuco 137*, drama en "tres tiempos", que recoge "un aspecto del conflicto de la tierra mexicana, la irrupción del norte industrializado sobre un rincón del trópico, la voracidad del capitalismo sobre la riqueza petrolífera" (Antonio Magaña Esquivel). *Pánuco 137* tuvo una primera versión novelada en *Mapimí 37* (1927).

BIBLIOGRAFÍA SUMARIA

Bustillo Oro, Juan, "El Teatro de Ahora", *El Nacional* (también en el *Magazine Dominical de El Gráfico*), a partir del 18 de diciembre de 1932.

Cucuel, Madeleine, "El Teatro de Ahora: una tentativa para hacer política en México" *Tramoya: Cuaderno de Teatro*, vol. II, 1989, pp. 48-63.

Lamb, Ruth, *Bibliografía del teatro mexicano del siglo XX*, México, Editorial de Andrea, 1962, p. 75.

Magdaleno, Mauricio, *Teatro revolucionario mexicano*, col. El Teatro Político, Madrid, Cenit, 1933.

Parle, Denivis J., "El tiempo y la historicidad como factores estructurales en la obra de Mauricio Magdaleno", tesis doctoral, University of Kansas, 1976.

Schmidhuber, Guillermo; "Díptico sobre el teatro mexicano de los treinta: Bustillo y Magdaleno, Usigli y Villaurrutia", *Revista Iberoamericana*, vol. LV, julio-diciembre de 1989, pp. 148-149.

Summers, Joseph, "Literatura e historia: las contradicciones ideológicas de la ficción indigenista", *Revista de Crítica Literaria Latinoamericana*, vol. V, núm. 10, 1979, 2o. semestre, pp. 9-39.

Pánuco 137

PIEZA EN TRES TIEMPOS

ORDEN DE ENTRADA AL FORO

RÓMULO GALVÁN
CANDELARIA
TEÓFILO REYNOSO
DAMIÁN VEGA
RAQUEL
EL JUEZ DE LETRAS
EL PERRO
MÍSTER JAMES ALLEN
CASIMIRO ZAMORA
EL INGENIERO WHITE
EL AYUDANTE DEL INGENIERO WHITE
RANCHEROS
GUARDIAS BLANCAS
TRABAJADORES
EL PRESIDENTE MUNICIPAL
HELEN
FRANCIS

PRIMER TIEMPO

*El terreno de Rómulo Galván, en San Juan de la Vaca, en la ribera del Pá-
nuco. A la derecha, el cobertizo de entrada a la casa, ruda, primitiva, en
primer término. De la casa hacia el fondo, una cerca de piedras. En el cobertizo, una silla de tule. Dan el fondo frondosos plátanos de buena altura. Es
de mañana.*

*(Rómulo Galván, fumando, afila un machete en un mollejón, en el suelo,
al fondo. Se levanta y mira el arma. La prueba tajando una hoja del platanar. Vuelve a afilarla. Es un viejo de sesenta o más, todavía fuerte. Pantalón
de dril, camisa desabrochada que descubre el pecho velludo. Cara barbuda.
Sombrero de palma.)*

*(Aparece, por la casa, Candelaria. Cincuentona, ya venciéndose a la
edad. Rómulo, al verla, se levanta. Casi al mismo tiempo entra por la iz-*

328

quierda Teófilo Reynoso. Algo menor en años y en apariencia que Rómulo,
y más o menos con la misma indumentaria.)

RÓMULO (*A Teófilo*).—¡Compadre! ¿Fue a Pánuco?
TEÓFILO (*Se quita el sombrero, y se sienta a la sombra del platanar*).—Sí.
Ya están avisados el presidente municipal y el juez.
CANDELARIA (*Con ansiedad*).—¿Y qué oyó decir?
TEÓFILO.—Nadie sabe nada. Todoss dicen que esto se acaba. Allá
por el pueblo ya andan perforando esos malditos pozos.
RÓMULO.—Sacando el petróleo... ¿No?
TEÓFILO (*Un gesto ambiguo*).—Dicen que eso vale un dineral.
RÓMULO.—¡Mire no más, compadre! ¡Arrancarle a un pobre la mi-
gaja de tierra que apenas le da para mal comer! ¡Y todo porque han
sacado que tiene petróleo y que...! (*Aprieta los puños.*)
TEÓFILO.—¡De veras que no estamos a gusto más que cuando pisa-
mos sobre nuestros semejantes!
RÓMULO.—¿De dónde habrán sacado que en San Juan de la Vaca
hay petróleo? ¿Usted lo ha visto, compadre? ¡Pues ni yo, ni nadie!
TEÓFILO (*Moviendo la cabeza*).—Pues donde quieren quedarse con
las tierras, al precio que sea...
RÓMULO.—¡Lo que no saben es que por ellas se vuelve el ranchero
decidido, malo, coyote!
TEÓFILO.—No se haga ilusiones. Todos estarán contra nosotros.
CANDELARIA (*Con las manos en el pecho*).—Entonces... ¿se quedarán
con lo nuestro?
TEÓFILO.—Ahí por el pueblo, ya se quedaron con lo de todos, hasta
con lo que no vale nada.
RÓMULO.—Ofreciéndoles a los vecinos miles de pesos...
TEÓFILO.—Y casa en Tampico. Y un viaje por mar, mientras les ha-
cen la casa.
RÓMULO.—Lo mismo que me vino a decir don Casimiro. No le pa-
garán a nadie. Ya verá.
CANDELARIA (*Desolada*).—¿Qué habremos hecho para que haya llega-
do esa gente hasta acá?
RÓMULO (*Tras de una pausa brevísima*).—Bueno, pues lo principal es
que ahora viene el gringo, y que...
TEÓFILO.—Y que ahora mismo vamos a saber en qué para todo esto.
RÓMULO.—Eso, eso, sí. En qué para. (*Con tristeza y odio.*) En nada
bueno, compadre. Tenga la seguridad.
TEÓFILO.—Parece que el tal míster Allen anda inspeccionando personalmente las tierras, y que no es mala gente.

CANDELARIA (*A Rómulo*).—Puede que hablándole, Rómulo...

RÓMULO (*Mirándola*).—¡Mira de veras que parece que tienes quince años, Cande! Ese sinvergüenza no viene a oírnos hablar. Para eso nos mandó hace tiempo a don Casimiro, para ver si él lograba que dobláramos las manos.

CANDELARIA.—Pensaría el gringo que como don Casimiro es el amo de la región...

RÓMULO.—¡Qué bien se entendieron los dos!

TEÓFILO.—Como que apenas llegaron los americanos, don Casimiro se quitó del negocio de sus haciendas. Ahora no se preocupa más que del petróleo.

RÓMULO.—Eso le deja más que exprimirnos a los rancheros con las cosechas. Y todavía no se llena. Están dispuestos a echarnos. .

TEÓFILO.—A los del Aguaje los echaron a todos. Entraron a balazos, y hubo heridos y muertos.

CANDELARIA.—¡Muertos!; eso ¿por qué?

TEÓFILO.—Porque los pobres querían que les pagaran su pedazo de tierra. Y se lo pagaron a balazos.

RÓMULO.—¿Ya ve, compadre? Desde el primer día, le dije que no venían a pagar, sino a quedarse con las tierras, por la buena o por la mala. Casi, casi así me lo dijo don Casimiro, la última vez que estuvo aquí, hace ocho días.

TEÓFILO.—Pues donde vienen ahora, es que quieren tratar de convencerlo.

RÓMULO (*Decidido*).—Ya se los dije muy claro. Lo que es para mí, ni se las vendo, ni se las presto. ¡Que las agarren... que nos maten a todos... sólo así! (*Con tristeza y con desánimo.*) Lo único que siento es que estoy viejo y no sirvo para nada. (*Muy conmovido.*) ¡Que si vivieran mis hijos...!

CANDELARIA (*Con emoción, casi un susurro*).—No hubieran podido aguantar esto. ¡Eran tan derechos y tan valientes!

RÓMULO (*Amargamente*).—Por eso cayeron peleando en la bola.

CANDELARIA.—Sólo nos quedó Raquel...

RÓMULO.—Y una mujer no es más que un compromiso, cuando vive uno entre desalmados.

TEÓFILO.—Menos mal que la dejan casada, compadre. Y con un marido que tiene corazón para defenderla.

RÓMULO.—No porque se casen nuestras hijas dejan de importarnos.

TEÓFILO.—Claro que no. ¡Cómo iban a dejar de importarnos!

CANDELARIA.—Pues ya se ve que la pobre ni por eso ha visto la suya. El Perro bien que la mira todavía con unos ojos...

Teófilo.—¡Ese lambiscón de los gringos!

Rómulo.—Pero, eso sí le digo, compadre. Damián también es muy hombrecito, y cuando se ofrezca, le arregla el alma a ese bandido.

Candelaria.—¡Ni lo mande Dios, Rómulo!

Rómulo.—Ojalá y no pase. Y más ahora que Raquel necesita estar tranquila y no andar en sobresaltos.

Candelaria.—¡En qué tiempos tan duros viene el mundo ese cristianito!

Rómulo.—Muy duros. Ése se encontrará con que no tiene ni dónde caerse muerto.

(*Entran, izquierda, Damián Vega y Raquel. Él es fornido, rudo, de treinta y cinco años, con machete al cinto. Ella, agraciada, con todos los síntomas de su próxima maternidad, apenas tendrá veinte.*)

Damián.—Por lo visto, ahora nadie trabajamos.

Teófilo.—De veras. Parece que nos hemos puesto de acuerdo todos. En todas partes, la gente espera ver en qué para esto.

Raquel.—Debemos irnos... irnos lejos, papá, donde no sufra uno esta amenaza de todos los días.

Candelaria.—¿Y cómo? ¿Con qué? ¿Adónde?

Raquel.—A donde sea. Es imposible seguir viviendo aquí. Y eso que no es más que el comienzo.

Damián.—Irnos, dejándoles ahí todo... como si no tuviéramos madre enterrada aquí... ¡Eso sí que no!

Raquel.—Entonces, Damián, si nos obstinamos en quedarnos...

Damián.—...Nos tocará la de perder. ¡Lo sé! Pero, siquiera, todos juntos, y en nuestra tierra.

Raquel (*Dolorosamente*).—¡Yo tengo miedo! Andan por todas partes bolas de hombres armados y bien pagados por los gringos. Ya ven lo que pasó en El Aguaje.

Damián.—¡Hasta eso es preferible!

Raquel.—¿Qué? ¿Que lo maten a uno así como a esos infelices?

Damián.—¡Así, así! Pero no huirles a los bandidos, dejándoles todo no más porque vinieron a amenazarnos. Estamos abandonados, pero ¡qué chihuahua!, tenemos todavía un machete cada uno para no dejarnos.

Raquel (*Gemebunda*).—¡No, no, Damián, por Dios! ¡No pienses en eso!

Damián.—Mira, Raquel. Estas cosas de hombres sólo se tratan hasta que llega el momento. ¿Por qué vamos a apurarnos desde ahora? ¿No se le hace, Rómulo?

RÓMULO.—Sí. Hasta que llega el momento.

RAQUEL.—¡Pero, si ya llegó! ¡Si ahora, queramos o no, nos quitan lo nuestro!

RÓMULO (*En un desahogo*).—¡Bandidos! ¡Y lo que no se me puede olvidar es el modo como vienen a echarlo a uno... no más que porque sí!

DAMIÁN.—Eso, Rómulo. ¡Dígame si no es para estar bufando de coraje!

RÓMULO.—Hijo, esto me agarra viejo, y quién sabe si lo único que me queda sea morirme.

TEÓFILO.—Como decíamos. Si vivieran Rómulo y Sebastián...

RÓMULO (*Amargamente*).—¡Puede que haya sido mejor que no vieran todo esto! ¡Es tan cochino!

TEÓFILO.—Rómulo andaría con una rabia... ¡Era muy alebrestrado!

RÓMULO.—Y Sebastián ya habría ido a buscarles, uno por uno. Parece que le estoy viendo. Primero, al gringo. No, primero a don Casimiro. "Oiga usted, amigo. ¿Conque quieren las tierritas? ¿Las quieren, de veras?"

CANDELARIA.—¡Cuando me acuerdo que hubo otros tiempos y que en San Juan de la Vaca nunca le faltaba nada a un prójimo!

RÓMULO.—¡Parece que veo aquellos días, cuando nuestra única preocupación eran las aguas que tardaban!

CANDELARIA.—Entonces, hasta la misma vida era distinta. ¿Te acuerdas de cuando vino Rómulo, un mes antes de su muerte?

RÓMULO.—No estábamos tan fregados. Y había tranquilidad.

RAQUEL.—A mí me trajo dos vestidos de seda y un fajo de infalsificables. Íbamos juntos a Pánuco en Semana Santa...

TEÓFILO.—El que ya no volvió nunca fue Sebastián.

CANDELARIA.—Me lo mataron por ahí en El Ébano los carrancistas. ¡Quién sabe a lo que hubiera llegado con el general Villa!

RÓMULO.—¡Pobres muchachos... mis hijos! ¡Así andaban en la bola, hermanos contra hermanos! Rómulo llegó a mayor.

CANDELARIA.—Y Sebastián, a capitán. "Capitán de la división del Norte", ponía en todas sus cartas.

(*Una pausa. Teófilo se levanta y se cala el sombrero, dando unos pasos hacia la izquierda.*)

DAMIÁN.—Ahora no nos queda otro remedio que aguantar y no temblarle a lo que venga.

CANDELARIA.—¡Ojalá y esos hombres comprendieran que nada ganan con hacernos sufrir!

DAMIÁN.—Ésos lo que quieren es dinero. Dinero y petróleo. Y cuando hayan acabado con todos nosotros, todavía no quedarán hartos.

TEÓFILO (*Desapareciendo*).—El demonio los ha vuelto locos. ¡Yo quisiera estar muy lejos para no ver este tiempo de calamidades... este tiempo maldito para la gente honrada!

(*Teófilo ha desaparecido, por la izquierda. Candelaria, tras de mirarle partir, se vuelve, y sale por la casa. Damián se pasea. Se acerca a Rómulo. Ambos encienden cigarro. Vuelve a pasearse Damián.*)

DAMIÁN.—Entonces, ya ni barbecharemos.

RÓMULO.—Vamos a ver primero qué pasa.

DAMIÁN.—¡Quisiera saberlo ya de una vez! Mientras, no puedo hacer nada.

RÓMULO.—¡Ay, Damián! ¡Estoy tan abatido y tan cansado! Parece que me apelearon, o que hice una jornada de veinte leguas sin parar.

RAQUEL.—¡Tantos golpes, padre!

RÓMULO.—Y la edad. Cuando uno está viejo, las desgracias pegan más duro, y ya no retoña la carne que nos golpean.

DAMIÁN (*Confidencialmente, con una mano en el hombro del viejo*).—Oiga, Rómulo. ¿Y qué le parecería que mientras se arregla todo esto nos lleváramos a las mujeres por ahí, a un rancho tranquilo... a Orilla Grande... a Tamiche... por ahí?

RÓMULO (*Meneando la cabeza*).—¡Y qué ganamos con eso, Damián! Por dondequiera andan los de las compañías. Cuentan que se han metido por toda la Huasteca. Necesitaríamos llevárnoslas hasta Tampico, y ni así, porque de allí viene todo esto.

RAQUEL.—¡No! ¡Eso sí que no! ¡Llevarnos por ahí, mientras ustedes, aquí...! (*Enérgica.*) Nosotras nos quedamos, pase lo que pase.

DAMIÁN.—Yo lo decía por tu estado, Raquel.

RAQUEL.—Yo no me voy. Si ustedes se quedan aquí, yo también me quedo.

DAMIÁN (*Consultando con los ojos a Rómulo*).—Ya oye, Rómulo.

RÓMULO.—Nos quedaremos juntos, todos juntos. ¿Adónde las llevamos, Damián?

DAMIÁN (*Rabioso*).—¡Ah, demonio, que si hubiera en San Juan de la Vaca una docena siquiera de muchachos, con ganas de darse en la madre con ellos no dejábamos ni uno, Rómulo, ni uno!

RAQUEL.—¡No seas imprudente, Damián! ¡Son muchos! Parece que nunca les has visto juntarse rumbo al Aguaje. ¡Son cientos!

RÓMULO.—Primero acabarían con todos nosotros, y todavía estarían llegando más.

DAMIÁN (*A Rómulo*).—Bueno, usted sabe. Aquí no se hará más que lo que usted mande. (*Muy cerca de él.*) Yo insistía en tomar una resolución, porque... (*Más bajo.*) ¿A que no se imagina quién es el jefe de los guardias blancas?

RÓMULO.—¿Quién?

DAMIÁN.—El Perro.

RÓMULO.—¡El Perro! ¡No, hombre! ¡Cómo ha de ser el Perro! ¡Si no hace todavía un mes que estaba en la cárcel de Pánuco, por ladrón! ¡Cómo iba a convenirles tenerlo de...!

DAMIÁN.—Pues lo tienen. Yo lo sé, Rómulo. Me lo dijeron vecinos que saben cómo van las cosas. Que desde ahora el Perro manda aquí. (*Con coraje.*) ¡Conque ya ve qué clase de garantías vamos a tener!

RAQUEL (*Impresionada y muy nerviosa, le agarra por las manos*).—¡Damián! ¡Es preciso que nos aguantemos! ¡Ese hombre sólo espera una oportunidad para hacernos todo el mal que pueda!

DAMIÁN.—Puesto que decidimos quedarnos, no vamos ahora a rajarnos no más porque el Perro... (*Sonríe, despreciativamente.*) ¡Qué caray!

RÓMULO.—Hay que irnos con pies de plomo. No darle una oportunidad para que nos acabe de perjudicar. (*Pasándole una mano por el hombro.*) Tenemos la obligación de aguantarnos, por las mujeres, Damián. Somos más hombres aguantándonos que reventando.

DAMIÁN (*Con los ojos en el suelo*).—Yo no digo que no.

RÓMULO.—¡Qué le vamos a hacer! Tenemos que ser sordos, y mudos, y... ¡Hazlo por mi hija, por tu mujer, hombre! ¡Y por ese hijito que va a venir al mundo!

DAMIÁN.—Se lo prometo, Rómulo.

RAQUEL.—¡Dios haga que lo cumplas, para no llorar después cosas irremediables! Al fin que si nos echan, tendremos que irnos todos los de San Juan de la Vaca, como sea, pidiendo limosna, a pie. Pero tendremos que irnos.

(*Se hace un nuevo silencio. Rómulo se sienta en el suelo, y taja un pedazo de cuero del cinturón con el machete. Damián, muy preocupado, da unos pasos. Rómulo se levanta y deja el arma, al ver aparecer gente por la derecha. Entra el juez de letras, con saracof, botas y saco negro. Es chaparro, con anteojos, y habla afectadamente. Se saluda con todos.*)

JUEZ.—¡Hola, Rómulo! ¡Raquelita! ¡Cómo te va, Damián!

RÓMULO.—¿Qué se hace por estas partes tan ingratas el señor licenciado?

JUEZ.—¿Ingratas? ¡No, Rómulo, ni diga eso! La madre tierra, tan... tan.. siempre llena de... Bueno, en fin. Conque, ¿cómo han estado aquí en San Juan de la Vaca?

RÓMULO.—Ya ve usted. (*Sonríe tristemente.*) Esperando a ver qué deciden hacer los que las pueden.

JUEZ (*Sonriente*).—¡Ah, los que las pueden! (*Le pone una mano en el hombro.*) La "Pánuco River Oil Company", dirá usted.

RÓMULO.—Como se llame, licenciado.

JUEZ.—Pues nada, Rómulo, que es la gran oportunidad. ¡Ah, que si yo tuviera por estos rumbos una tierrita, aunque fueran dos o tres hectáreas...! ¡Palabra que no lo pensaba! Las vendería por un dineral, y míreme también a mí de potentado.

DAMIÁN.—Sí, tal vez al licenciado... Pero, a uno que no es juez...

RÓMULO.—¡Uno que no es ni gente para ellos!

JUEZ.—¿Qué te parece, Raquelita? ¡Cómo disparatan tu papá y tu marido! ¿Verdad?

RAQUEL.—Dicen la pura verdad, licenciado. Para esos de la Compañía no somos ni gentes.

JUEZ (*Moviéndose todo al hablar*).—¡No, no, señores, por Dios! ¡Qué modos de hablar! Los empresarios son personas decentes, cultas, cristianas... Imagínense ustedes. ¡Han pasado toda su vida en New York y en Europa! ¡No, no, qué barbaridad!

DAMIÁN.—Pues ya ve el licenciado cómo han tratado a los del Aguaje.

JUEZ.—¡Pero, Damián, permíteme que te diga! ¡Cómo vas a ponerte tú a defender a esos hombres! Hicieron tropelía y media.

RAQUEL.—Porque les quitaron sus parcelas.

JUEZ.—No fue eso, no fue eso. Fue su mala índole. Y, además, que las parcelas pertenecen a la civilización. Y ustedes no me negarán que la "Pánuco River Oil Company"...

DAMIÁN.—...Representa la civilización... ¿No es eso? (*Ríe ruidosamente.*)

JUEZ (*Benévolo, conciliador*).—Y sobre todo, Damián, yo, que conozco el derecho romano, la ideología jurídica, el espíritu de las leyes... (*Tose ridículamente.*) Yo sé que a veces la civilización tiene sus desaciertos... Tengan en cuenta que yo no soy de ningún bando, partido o secta. Yo soy juez, es decir, jurista, jurisconsulto, magistrado.

DAMIÁN.—Pues razón de más para que se dé cuenta de las atrocidades que anda cometiendo esa gente.

JUEZ (*De nuevo sonriente, le da golpecitos*).—Yo, por la misma naturaleza de mi misión, estoy obligado a velar por la paz. Y no sólo por la paz material. Para eso está la policía. Hablo de la paz de las conciencias, de la paz espiritual.

Rómulo.—De ésa no hay mucha aquí, licenciado.

Juez.—¡Precisamente! A eso venía yo a parar, Rómulo. Lo que tú sólo intuiste, yo lo sabía. Tú no sabes lógica, y yo sí. Pues nada, que dije: Ahora va a San Juan de la Vaca míster Allen, y todo quedará arreglado.

Raquel.—¿Cree usted, licenciado?

Juez.—¡Seguro, Raquelita! Ya verán qué buena y finísima persona es míster James Allen. Un hombre decente, conspicuo. ¡Qué delantera nos lleva esa gran raza en todo, Rómulo, en todo! ¡Palabra que si desde el primer momento se hubiesen entendido con él, no habría ahora ninguna dificultad!

Damián.—Vamos a verlo ahora que venga.

Juez.—Precisamente, precisamente. Así me lo dijo. ¡Ah! Porque tuvo la fineza de consultarme si podría entrar hasta acá el carro. ¡Qué fina, qué delicada persona! Bueno, educado en New York y en Europa... Pues sí, que me echa un telefonazo. Yo le dije que claro que podía venir, que no faltaba más. Carreteras naturales y gentes muy leales. Así se lo dije. Es la pura verdad.

Rómulo.—Gracias, licenciado.

Juez.—Ahora verán. Yo ya le puse en antecedentes. Para eso soy el juez de Pánuco, es decir, el árbitro; es decir...

Raquel (*Interrumpiendo su palabrería*).—¡Licenciado, ayúdenos! ¡Usted puede! Con su influencia, con su amistad con esos señores de la Compañía...

Juez.—Yo haré que se haga luego el deslinde, y que se pague un precio justo.

Rómulo.—Yo no vendo un metro de lo mío.

Juez.—¡Pero, Rómulo! ¡Usted sigue insistiendo en su locura, por lo visto!

Rómulo.—A mí no me toman el pelo con lo de la compra. Yo sé muy bien que a nadie le han dado un centavo por su tierra.

Raquel.—Precisamente lo del Aguaje fue por eso.

Juez.—No, no, Rómulo. Mire. No hay que atajar la civilización. ¡Eso nunca, hombre! ¡Qué crimen sería!

Rómulo.—Nosotros estamos decididos a quedarnos aquí. Y si ese tal míster Allen...

Juez.—Míster James Allen, vicepresidente de la "Pánuco River Oil Company"..., la más fina, la más decente y la más culta de las personas. ¡Ya verá, Rómulo, ya verá qué clase de hombre es míster Allen!

Rómulo.—Lo mismo que le dije a don Casimiro, le diré a él. No tengo más que una palabra, y ésa ya la di.

Juez.—La civilización necesita ahora de su concurso, Rómulo. ¿Por qué se obstina en retener este pedazo de tierra que, viéndolo bien, no le rinde siquiera lo que gasta en él? ¡Aquí hay petróleo, hombre, petróleo..., oro negro..., dinero, mucho dinero!

Raquel (*Pegándose a su padre, vuelta a la izquierda*).—Ahí está el Perro.

Juez.—No es ningún asesino, Raquelita. No tiene el muchacho ninguna cara bonita; pero, como bueno, lo es.

(*Aparece, por la izquierda, el Perro. Tiene más o menos la edad de Damián. Viste tejano, chamarra, botas y Colt al cinto. Suena las espuelas con cierta insolencia. El bigotito es escaso y los ojos avispados. Avanza, sonriente.*)

Perro.—¿Cómo les ha ido? ¿Y usted, licenciado? (*Alguien ha gritado algo, fuera. Se vuelve, y llevándose los dedos a la boca, chifla.*) ¡Ey! ¡Llévatelo! Yo espero aquí al míster.

Juez.—¿Ya viene por ahí James Allen?

Perro.—Pues quién sabe. Yo cumplo sus órdenes: Espérame a la entrada del rancho, que tengo que darme una vuelta por allá.

Juez.—No debe tardar. (*A los demás.*) ¡Ya verán qué persona es ese gran hombre! ¿No es verdad, Perro?

Perro.—Muy cierto, licenciado. (*Volviéndose, afable.*) ¿Qué tal de males, Raquelita?

Raquel (*Seca*).—Mejor, ya. Gracias.

Perro.—De estar ahí a la entrada del rancho con mis muchachos a venir a darles una saludada, preferí desmontar de una vez aquí.

Juez (*En vista de que nadie le contesta al Perro*).—¡Es de una pieza este Perro!

Perro (*A Rómulo*).—Ya sabrá que la Compañía anda haciendo el deslinde por aquí cerca.

Rómulo.—¿Cuál deslinde?

Perro.—¿Cómo cuál? El deslinde. Sólo hay uno. Así le dicen.

Juez.—El deslinde para proceder en seguida a la explotación petrolera, Rómulo. Pero primero es la localización de los pozos.

Perro.—Sí, eso dicen los ingenieros. Primero los pozos. Aquí, por ejemplo, hay un... (*Tronándose los dedos.*) un... ¿cómo le llaman a eso, licenciado?

Juez.—Ha de ser un manto petrolífero... ¿eh?

Perro.—¡Eso! Un manto petrolífero. ¡Y eso va a dar más pesos que qué!

Juez (*A Rómulo y al matrimonio*).—¡Se lo decía yo! Aquí hay millones de pesos. Pero, viéndolo bien, a nosotros ¿de qué nos sirve todo eso?

¡De nada, Rómulo, de nada! Se necesita que venga la civilización, y entonces sí que sale todo el dinero.

PERRO (*En vista de que nadie le contesta al juez*).—Pues sí, venderá al míster. Y luego, naturalmente, quedará incorporado San Juan de la Vaca a los campamentos de la Compañía.

JUEZ.—De la "Pánuco River Oil Company", sí. Pero, hasta después, Perro, hasta después. ¡Con lo fino y lo decente que es míster Allen! Primero oirá a Rómulo y a Damián y a los demás rancheros. Él siempre obra conforme a la más estricta justicia. Es su costumbre. (*A los demás.*) Ésta es la gran oportunidad para el que tenga ambiciones. No todos los días llega un hombre de la calidad de míster Allen a ofrecerle a uno...

RÓMULO (*Cortándole la palabra*).—He repetido una bola de veces que yo no vendo ni medio metro, licenciado.

PERRO (*Sonriendo, con mucha sorna*).—Eso quién sabe si lo acepte la Compañía.

JUEZ (*Tras de otra brevísima pausa*).—Me voy. Todavía tengo que ir a consignar a los que resulten responsables de los terribles crímenes del Aguaje, y es ya tarde. (*Al Perro.*) Dile a míster Allen que le veré en la tarde. (*A los demás.*) Y piénsenlo bien. Es un consejo de amigo.

(*Se despide de todos, y sale por la izquierda.*)

RÓMULO (*A Raquel*).—Vete con tu mamá.

(*Sale Raquel, despidiéndose de lejos del Perro. Los hombres se miran, de reojo. Damián destroza entre los dedos un cigarrillo.*)

PERRO (*A Damián*).—No le vi en el coleadero.

DAMIÁN.—No fui. Toda la tarde me la pasé en la troje.

PERRO.—Vaya. Con razón. (*Acercándose más a ellos.*) Pues como les decía, van a hacer el deslinde. Yo quería haber pasado ayer, antes del coleadero, pero no pude. ¡Es un trabajito muy pesado eso de andar organizando a las guardias blancas!

RÓMULO.—Ajá.

PERRO.—Sí. Pero, a Dios gracias, ya van quedando más o menos utilizables. (*Sonríe.*) Ustedes imagínense. Los de la Compañía son extranjeros, y en una tierra desconocida... Necesitan tener su gente, algo así como su tropa.

RÓMULO.—¿Muchos?

PERRO.—¡Újule! ¡Una barbaridad! Sólo aquí en los ranchos, alrede-

dor de Pánuco, pasan de doscientos. Yo le agradezco mucho al míster
que se haya fijado en mí para mandarlos. Y más se lo agradezco a don
Casimiro, que fue el que me propuso. No deja de ser una muestra de
confianza. ¿No creen?

RÓMULO.—De mucha confianza.

PERRO.—Es lo que yo digo. Porque, viéndolo bien, yo no tengo méritos. Hasta ahora voy a aprender a leer y a escribir. Pero la chamba
no está mal. Anda uno por todos lados, hace justicia, reprime a los
que se alebresten... (*Ladino, más bajo.*) Aquí entre nos, ahora que soy
el jefe de las guardias blancas de la zona, ya saben. Lo que se les ofrezca. Yo, como amigo, podría darles garantías. Digo, ya ven que a veces
hay tipos atravesados que no se fijan en nada.

DAMIÁN.—Nosotros la llevamos muy bien con todos los del rumbo.

PERRO.—No se crea, amigo. Uno siempre piensa eso, y es todo lo
contrario. Los enemigos se hacen no más porque sí. ¡Y con tanto
aventurero que está llegando de todas partes al negocio del petróleo!
Ahora, nada está seguro en la Huasteca.

RÓMULO (*Con intención*).—¡Figúrese si lo sabremos nosotros!

PERRO.—Ya lo ve. Así es que como les digo, lo que se les ofrezca.
(*Una pausa muy breve.*) Pero ¡qué cambiada ha dado todo esto, eh!
¡Quién iba a decir, todavía hace cinco meses...!

RÓMULO.—...Que había petróleo en estos ranchos... ¿eh?

PERRO.—¿En estos ranchos? ¡No, hombre! ¡Que la Huasteca estaba
repletita de petróleo! Al menos, eso dicen los ingenieros.

DAMIÁN.—...Y que todos los que vivían tranquilamente se verían
despojados y arrancados de su parcela.

PERRO.—Contingencias de la civilización.

DAMIÁN (*Burlesco*).—¡Usted también cree que esto es la civilización!

PERRO.—Claro. La que trae el míster. ¿Cuál ha de ser?

(*Se oye el ruido de un carro. El Perro se descubre. Entran, por la izquierda, míster James Allen, Casimiro Zamora, el ingeniero White y un ayudante.
El vicepresidente de la "Pánuco River Oil Company" es un yanqui cuaren-
tón, sanguíneo, fuerte, rudo. Casimiro Zamora es gordo y moreno. El ingeniero White tendrá unos treinta y cinco años, alto, flaco, con lentes sobre la
nariz filuda. Su ayudante es un tipo vulgar, mexicano, que trae un teodolito.
Todos visten camisola, pañuelo al cuello, botas, Colt al cinto y saracof. Zamora viene limpiándose el polvo y el sudor de la cara.*)

PERRO (*Cuadrándose y saludando militarmente*).—A sus órdenes, jefe.
Ahí está la gente, a la entrada, como me ordenó.

MÍSTER ALLEN.—¡Oh! No importa eso.

CASIMIRO.—Venimos a ver a Rómulo, no vamos al Aguaje.

(*Casimiro Zamora presenta a Rómulo y a Damián con los yanquis.*)

CASIMIRO.—Aquí tiene usted, míster Allen, a estos modelos de campesinos. ¡No me frunza la cara, Rómulo! Es la pura verdad. Ya míster Allen lo sabe.

MÍSTER ALLEN (*Al ingeniero y al ayudante*).—¿Para qué bajaron ese teodolito?

CASIMIRO.—Yo creí que lo necesitaríamos.

MÍSTER ALLEN.—¡Oh, no! Déjelo ahí. Venimos a saludar al señor... (*señala a Rómulo*), a don... ¡Oh! A éste.

CASIMIRO.—Rómulo Galván.

MÍSTER ALLEN.—Bueno, sí, Rómulo. Ya usted ha de saber a lo que ha venido la "Pánuco River".

RÓMULO.—Sé que ha venido a dejarnos a todos los rancheros sin qué comer.

MÍSTER ALLEN (*Sonriente*).—¡Oh, no, Róm... Róm...!

CASIMIRO (*A míster Allen*).—Rómulo Galván.

MÍSTER ALLEN.—Sí, sí. Ya sé.

CASIMIRO (*A Rómulo*).—Es lo que yo le decía, cuando venía a verle. Usted no quiere pensar en su patria. ¿Para qué le sirve este pedacito de tierra, vamos a ver? Para nada. Y la Compañía viene a hacer la riqueza de México.

MÍSTER ALLEN.—¡Oh, eso sí! ¡Mucha, mucha riqueza!

RÓMULO.—Nosotros le hemos dicho a don Casimiro todo lo que teníamos que decir, señor. ¿Verdad, Damián?

DAMIÁN.—Absolutamente todo.

MÍSTER ALLEN.—No importa. Yo vengo a darles dinero por esta tierra. Y por todo el rancho... el rancho de la Vaca.

CASIMIRO.—De San Juan de la Vaca, míster Allen.

MÍSTER ALLEN.—Sí, sí. Ya sé. (*A Rómulo y a Damián.*) Mucho dinero, y casa en Tampico, con luz eléctrica y baño. Ustedes tendrán que decir que sí.

RÓMULO.—Nosotros decimos que no.

CASIMIRO.—¡Pero, Rómulo! ¿Qué es esto, hombre? ¡No sea insensato!

MÍSTER ALLEN (*A Casimiro*).—¡Oh! Déjelo usted, déjelo. Él quiere seguramente sacarle más dinero a su tierra. Es un buen negociante. (*Sonriente, a Rómulo.*) ¿Verdad?

RÓMULO.—No, señor. Yo no quiero nada.

MÍSTER ALLEN.—Pues, mire usted, Róm... Róm... ¡Oh, usted! La compañía está dispuesta a quedarse con ella al precio que usted diga. Ustedes ni siquiera saben cómo explotarla, y nosotros somos especialistas en eso.

RÓMULO.—No, señor. Ni un trozo de lo mío.

PERRO.—¿Hombre, acuérdese de lo del Aguaje!

DAMIÁN (*Saltando a su vez, excitado*).—¡Lo del Aguaje!

PERRO.—Hubo sus muertitos. Tampoco querían la civilización.

MÍSTER ALLEN.—¡Oh, no, no, Perro! Lo del Aguaje no fue por eso. Eran ladrones. Y yo, con todo dolor de mi corazón...

CASIMIRO (*A Rómulo y a Damián*).—Es verdad. Míster Allen es un cristiano al que le duele mucho tener que usar de la fuerza.

MÍSTER ALLEN.—Cristiano de la iglesia presbiteriana de Ohio, sí, sí. Y yo quiero arreglar esto comercialmente, con amor y con dinero.

CASIMIRO.—Solamente a eso hemos venido.

WHITE (*Impaciente, a míster Allen*).—Deberíamos, de una vez, medir esto. (*Señala hacia la casa.*) Por ahí detrás debe de estar la seña que dejé hace quince días.

CASIMIRO (*A Rómulo y a Damián*).—El pozo. Ya ustedes habrán visto cómo se perfora... ¿no?

RÓMULO (*A míster Allen*).—Mire, ni pierda su tiempo. Hagan lo que quieran. Yo no vendo medio metro de esto.

CASIMIRO (*Irritado*).—¡Como usted quiera, Rómulo! ¡Vaya terquedad de estos gañanes! (*Se quita el saracof y se limpia el sudor, resoplando.*) Y conste que ustedes mismos se ponen fuera de la ley.

WHITE.—De una vez que venga la peonada, y empezamos.

(*Las últimas palabras de cada uno de ellos han sido en voz demasiado alta. Comienza a hacerse un ambiente de excitación. Salen de la casa Candelaria y Raquel, que forman grupo aparte con sus dos hombres.*)

PERRO (*Amenazante*).—¡De veras que se les viene a hablar por la buena, y abusan!

DAMIÁN.—Mire, Perro...

PERRO.—No más hábleme. ¡Más gallitos los he visto, y a todos les he torcido el pescuezo! (*Con la mano en la pistola.*)

CANDELARIA Y RAQUEL (*Cogen a Damián*).—¡Damián! ¡Damián, por Dios santo! ¡No te comprometas!

MÍSTER ALLEN (*Seco*).—Bueno. Yo no he venido a perder mi tiempo. Cada minuto es para mí mucho dinero. (*A Rómulo.*) Quieres, ¿sí o no?

RÓMULO.—No.

CASIMIRO (*A Rómulo*).—¡Usted sabe! Pero, eso sí le digo. Aquí al que se opone a la civilización, se le trata con mano de hierro.

MÍSTER ALLEN (*Se encoge de hombros, excitado*).—¡Ni qué hablar más! (*Se dirige a los suyos, sin dar ninguna importancia al otro grupo.*) Ahí le dejo, White. Yo tengo mucho que hacer. (*Mira su reloj.*) ¡Cada minuto que pasa es para mí muchísimo dinero!

WHITE (*Vacilante, mirando a los rancheros*).—Entonces...

MÍSTER ALLEN.—Usted empiece a hacer su trabajo. La gerencia de New York está necesitando el petróleo de la Vaca. Se queda el Perro con usted.

CASIMIRO.—¿Y si estos gañanes se quieren poner pesados...?

PERRO (*Agarrándose la pistola*).—¿Que qué? ¡Con las ganas que tienen mis muchachos de estrenar sus rifles!

DAMIÁN (*Conteniéndose, entre las dos mujeres*).—¡Mire, Perro...!

PERRO (*Insolente, abre las piernas y escupe*).—Ya le dije que no más me hable. Y ahora, váyanse a quejar si quieren. ¡A ver quién les hace caso!

CASIMIRO.—A ver qué autoridad protege sus necias ambiciones.

CANDELARIA Y RAQUEL (*Sujetando a Damián*).— ¡Damián! ¡Damián! ¡No te comprometas

MÍSTER ALLEN (*Echando un vistazo en rededor*).—Perfectamente. (*Al grupo de rancheros.*) Conque ya saben. Desde este momento, se acabó la Vaca. Esto no es ya más que el pozo número 137 de la "Pánuco Oil Company". ¡El pozo 137!

(*Salen por la izquierda, míster Allen y Casimiro Zamora. Se oye el ruido del motor del carro, que funciona. El Perro mira insolentemente a los dos indígenas, se echa el sombrero para atrás, y escupe, dándoles la espalda. Ambas mujeres, llorosas, aprietan a Damián por los brazos y se lo llevan a la casa, lentamente, detrás de Rómulo, coincidiendo su desaparición de la escena con el final de este tiempo. El ingeniero White se limpia los lentes. Su ayudante, mudo como un ídolo, arma diligentemente el trípode del teodolito.*)

PERRO.—Ahorita viene mi gente ingeniero. Así es que puede hacer su trabajo con toda confianza. (*Se vuelve a la izquierda, saliendo, y grita.*) ¡Ey! ¡Unos quince para acá! (*Se vuelve a mirar al grupo de despojados, que precisamente en este momento deberán desaparecer del escenario.*) ¡Ja jay! ¡Y qué ganas tienen de estrenar sus rifles! (*Sale.*)

TELÓN

SEGUNDO TIEMPO

Oscuro. La luz de un reflector se fija en la casa, de donde salen Rómulo Gal-ván y Candelaria, con bultos y objetos del pobre mobiliario. Cruzan el foro de derecha a izquierda, y desaparecen, por este lateral. Se oye que descargan en un carretón. Luego, sus voces, y las de un tercero. Vuelven a entrar y desaparecen por la casa. Tras de un momento de silencio, entran. Rómulo se dirige a la extrema izquierda.

Luz completa. El mismo lugar, con las siguientes modificaciones: han desaparecido la cerca de piedras y el platanar. Tapando el horizonte grandes tubos de hierro —oleoductos que esperan su colocación—, y una gigantesca grúa, de la cual la altura del foro no capta sino una parte mínima. En la casa, con letras rojas y mal hechas, se lee: "Pánuco 137."

Es al oscurecer. Después del oscuro, luz lateral, roja, afoca el ángulo izquierdo, y va desapareciendo lentamente, de modo que a medio tiempo se habrá hecho sombra completa.

RÓMULO.—Dejen ahí el guayín. (*A Candelaria.*) Y hasta nos sale mejor caminar de noche. La pobre de Raquel está tan delicada, y con este calor...

CANDELARIA.—¡Qué lejos estaremos mañana a estas horas de San Juan de la Vaca, Rómulo! (*Con voz doliente.*) ¡Qué lejos!

RÓMULO (*Viendo que su mujer se limpia los ojos*).—Anda, anda. No seas tonta, Candelaria. Lo que va a pasar es que te vea Raquel, y se le van a soltar toditos los nervios.

CANDELARIA.—¡No puedo aguantar... no puedo, por más que quiero! ¡Aquí se queda toda mi vida!

RÓMULO.—No tenemos más remedio que irnos. Irnos a penar por ahí, pero todos juntos.

CANDELARIA.—Como yerbas arrancadas de su rincón húmedo... de su tierra que ya no las quiere.

RÓMULO.—Tú sabes muy bien que si no se tratara más que de nosotros dos, nos quedaríamos aquí, como fuera. Pero, con ese hombre encima de Raquel a todas horas, y Damián que ya materialmente está loco...

CANDELARIA.—¡Loco, loco!

RÓMULO (*Con rabia*).—¡Ah, que si pudiéramos irnos después de hacer lo que hicieron los del Camalote, anoche!

CANDELARIA (*Toda agitada*).—¡No, no, Rómulo, por Dios Santo! ¡Otra vez con esas ideas! ¡Matarías a Raquel! ¡Y yo también me moriría! Por eso andan los intrusos como andan. (*Tapándose la cara.*) ¡Qué horror! ¡Todos quemados!

RÓMULO (*Sonríe, en una mueca de alegría feroz*).—¡Todos! ¡Todos! ¡Ni uno se escapó! ¡Ésos sí fueron hombres!

CANDELARIA.—¡Imagínate lo desesperados que estarían!

RÓMULO.—¡Ya lo creo que se necesita desesperación para quemar el rancho con todo y sus hijos y sus mujeres!

CANDELARIA.—Y con los intrusos.

RÓMULO.—Y con los intrusos. ¡Naturalmente! ¡El míster y todos ellos andarían bufando de la rabia!

CANDELARIA.—Como que por poco arde allí también el míster.

RÓMULO.—Con que hubiera salido una hora más tarde...

CANDELARIA.—¡Qué horror! ¡Cómo tuvieron ánimo esos prójimos para hacerlo!

RÓMULO.—El ánimo nos lo da la locura. Y esos malvados lo vuelven loco a uno.

CANDELARIA.—¡Pobrecitos cristianos que se murieron por no dejarse arrebatar lo único que tenían! ¡Cómo estarían, cuando prefirieron entregar sus almas a las llamas!

RÓMULO.—Ésos ya están descansados, Candelaria. (*Tras de una corta pausa.*) ¡Ah, pero cuando me acuerdo! (*Con las manos en alto.*) ¡Humo y llamas para los malditos! Los gringos estaban celebrando el primer petróleo del pozo... Porque en eso quedó convertido El Camalote: en un pozo.

CANDELARIA.—Como esto.

RÓMULO.—Así, así. Había borrachera en grande... Y cuando todos bebían, los peones prendieron fuego a las zanjas por donde pasaba el chapopote.

CANDELARIA.—¡Y todos ardieron!

RÓMULO.—Todos. Los peones murieron quemados y a balazos. El Perro estaba por ahí cerca, y cuando se dio cuenta, cayó con su gente, en medio de una balacera que remató a los que quedaban.

CANDELARIA (*Se abraza a él, muy impresionada*).—¡No, no, Rómulo! ¡Vámonos de aquí! ¡Vámonos!

RÓMULO (*Acariciándola*).—Ya nos vamos, viejita, ya nos vamos. ¡Ya que no pudimos ser hombres...!

CANDELARIA.—¡Aquí tengo miedo... miedo de todos! ¡Se me figura que de un momento a otro..!

RÓMULO.—Ya mañana dormiremos al otro lado del río, por ahí en El Carretón, muy lejos.

(*Aparece por la izquierda Teófilo Reynoso.*)

TEÓFILO.—Ya está arreglado todo. Por el maíz, doce pesos. El frijol se lo dejé a la familia de don Ramón. (*Saca dinero.*)

RÓMULO.—Déjelo, compadre, déjelo. Al cabo que ya no nos separamos.

CANDELARIA.—Imagínese el susto que tendré. Con todo lo que ha pasado, y esa bola de hombres armados que nomás pasan por todas partes...

RÓMULO.—¡Pobre comadre!

CANDELARIA.—Y además, han estado metiendo los tubos ésos, en medio de un escándalo atroz.

TEÓFILO.—Perforando. Dicen que ya anda cerca el petróleo.

RÓMULO.—¡El petróleo! ¡El petróleo! ¡Malditos! ¡Yo no sé cómo el diablo les metió en la cabeza esa idea!

TEÓFILO.—Ya van muy hondo. Quién sabe cuántos cientos de metros.

CANDELARIA.—¡Quiera Dios que todo se les vuelva agua y sal!

TEÓFILO.—¡Qué bueno fuera, de veras! Pero ya verá cómo no, comadre. Se les va a volver puro dinero.

RÓMULO.—Eso es lo que quieren. Y ya ven de lo que son capaces de hacer por conseguirlo.

CANDELARIA.—¡Qué hambre tienen de dinero! ¡Cómo no se les vuelve todo lo que tocan dinero!

TEÓFILO.—Se les vuelve. Y con dinero, no hay cosa que no consigan. Ya ven. Hasta peones para que nos asesinen.

RÓMULO.—Eso es muy cierto. Pero ya no son peones, compadre. Son guardias blancas. Y en la Huasteca no hay quien les dé por la buena un taco o un trago de agua.

TEÓFILO.—¡Y qué! Ni se crea que eso les apura. Están muy bien pagados con dólares, y tienen poder para arrebatar lo que se les antoje.

CANDELARIA.—¡Qué locura! ¡Dejar así a sus semejantes... muriéndose de hambre... no más por llevarse eso de debajo de la tierra!

TEÓFILO.—¡Ah! Es que eso vale mucha plata, comadre... millones de pesos. Con eso mueven sus fábricas y sus barcos. Los que tienen más petróleo son los más fuertes.

RÓMULO (*Tras de una pausa brevísima, dejando caer los brazos y agachando la cabeza*).—Yo lo que sé es que esto ya se lo llevó el demonio. Digo, para nosotros.

TEÓFILO.—Ya lo estamos viendo.

RÓMULO.—¡Quién nos lo manda! Los pobres ni siquiera debimos haber nacido.

TEÓFILO.—El mundo es de los que tienen dinero... de los que no se detienen para conseguirlo..., de los que las pueden... de los...

RÓMULO.—¡De los sinvergüenzas, compadre!

TEÓFILO (*Moviendo la cabeza*).—De ésos, sí.

RÓMULO.—Y seguirá siendo de ellos, mientras no nos decidamos a que acaben con todos nosotros. ¡A ver si siquiera ya nuestros hijos se libran de esta vergüenza!

(*Candelaria se sienta. Teófilo coge por un brazo a Rómulo, y van a la extrema izquierda. Oscuro. Un reflector ilumina los movimientos de ambos hombres tan sólo. Los dos echan, muy seguido, miradas hacia el lugar donde quedó Candelaria.*)

TEÓFILO.—Es absolutamente necesario que nos vayamos ahora mismo, compadre.

RÓMULO.—Ahora en la noche. Nomás que vengan Damián y Raquel cenamos por última en San Juan de la Vaca.

TEÓFILO.—¡No se figura lo nervioso que he estado durante todo el día! Ahora en la tarde, que andaba por ahí, ya me parecía que llegaba el Perro y pasaba una tarugada.

RÓMULO (*Muy inquieto*).—¡El Perro! ¿Le vio? ¿Habló con él?

TEÓFILO.—Andaba por el campamento, rondando, rondando, como los zopilotes. Me dijo que ya sabía que nos íbamos... ¡pero me lo dijo de un modo tan extraño, compadre!

RÓMULO.—¡Desgraciado! Todavía tendré una felicidad, la de no verle más, desde mañana.

TEÓFILO.—Eso es lo que quiero. Que ya no le veamos más. Con lo que pasó anoche en El Camalote, todos estamos en las manos de esos desalmados.

RÓMULO.—Y el día menos pensado nos cuelgan, no más porque andan borrachos.

TEÓFILO.—Eso, a nosotros. Pero el Perro primero haría una cochinada con Raquel.

RÓMULO.—¡Con mi hija! ¡Antes, tendría que matarnos a todos, porque...! (*Aprieta con rabia los puños, y alza la voz, frenético.*) Eso sí le digo, compadre. ¡Que venga por Raquel! ¡Que venga!

(*Luz completa. Candelaria se levanta precipitadamente, al oír el nombre de su hija, y se acerca a ellos.*)

CANDELARIA (*Mirándoles a ambos*).—¿Qué tiene mi hija?

TEÓFILO (*Evasivo*).—Nada, nada, comadre. Le decía a Rómulo que nosotros... es decir, que es preciso... Mire, no se alarme.

CANDELARIA.—¿Qué ha sabido? ¡Dígamelo! (*Lo coge de un brazo.*) El Perro... ¿Verdad?

RÓMULO.—¿Quién más había de ser? (*Furioso.*) ¡Ah, pero cómo no se ha atrevido! ¡Como que sabe que yo le arranco el corazón, donde le vea en los ojos que viene por mi hija!

CANDELARIA.—¡No quiero ni pensarlo! ¡Cállate, Rómulo!

(*Se oye, por la izquierda, una voz, la de Casimiro Zamora.*)

CASIMIRO.—¡Echen la luz, muchachos! Ni parece que estamos en uno de los campamentos más ricos del mundo!

(*La luz que hay en el escenario habrá ido drecreciendo, conforme se desarrolla esta parte del segundo tiempo. En este momento, queda afocado el foro por una luz brillante de reflectores. Unas voces se alejan, cantando un son triste de indígenas. Entra, por la izquierda, Casimiro Zamora. Aparece fumando puro.*)

CASIMIRO.—¿Qué hay, Rómulo? Buenas, Candelaria. A ti ya te saludé, Teófilo. Conque de viaje, ¿eh?

TEÓFILO.—Con el favor de Dios, don Casimiro.

CASIMIRO.—¿Y adónde, hombre?

CANDELARIA.—A ver adónde. Por ahí a algún lugar donde se pueda vivir.

CASIMIRO.—¡Caray! ¡Qué exigentes son ustedes para vivir! Esto va a ser, muy pronto, un lugar como no se encontrará otro en la tierra, hombre. Y luego, que ustedes son de aquí. Deberían disfrutar de la prosperidad de la región.

RÓMULO.—¡Nos vamos de estos horrores, don Casimiro!

CASIMIRO.—¿Cuáles horrores? Los horrores los andan haciendo los rancheros. Ya sabrán lo que pasó anoche en El Camalote. Eso sí, que de aquí en adelante, ¡mano de hierro! La Compañía viene a traer la civilización. ¡No sé cómo puede haber gentes que se oponen a ella!

RÓMULO.—Mire, don Casimiro. Nosotros ya nos conformamos con nuestra suerte. ¡Y vaya que quitarle a unos viejos lo único que tenían para no morirse de hambre, no se me hace que sea civilización! Pero, en fin, nosotros no peleamos ya nada. Nos tocó la de perder, y ya. Para eso tenemos corazón, para aguantarnos las desgracias.

CASIMIRO.—Pero, hombre... Aquí los pobres se harán ricos. ¿No ven que el progreso ha llegado, por fin, a la Huasteca?

CANDELARIA.—Nosotros no queremos ya nada con estas gentes.

CASIMIRO (*Se encoge de hombros, sentándose en seguida por ahí cerca*).— Bueno. Yo se los dije, desde que iniciamos nuestro negocio: "Mira, Rómulo, no te opongas, que por la buena sacarás más..." Ahora, que ustedes se emperran...

RÓMULO.—Queremos irnos a morir en paz por ahí, lejos. Para nosotros, se acabó San Juan de la Vaca.

CASIMIRO.—Eso sí, ¡claro! Para nosotros, también. San Juan de la Vaca no es más que el pozo 137 de la "Pánuco River Oil Company". Y cuando se escriba la historia de esta epopeya del petróleo...

RÓMULO.—Dudo mucho que haya en los pesebres de todos los ranchos de la Huasteca el suficiente estiércol para escribirla.

CASIMIRO (*Rabioso*).—¡No seas majadero Rómulo! ¿Ya ves? Por eso les pasa lo que les pasa. Ya no tienen ustedes el menor respeto ni siquiera para el patrón. Ya están igual que los del Camalote. ·

RÓMULO.—No. Igual, no. Ésos murieron como hombres, y nosotros no pasamos de ser una bola de cobardes.

CANDELARIA.—Mire, don Casimiro, por favor... Yo se lo ruego. ¡Al fin que ya nos vamos, y Dios mediante, ya nunca volverá a vernos más!

CASIMIRO (*Con un tonito de conmiseración*).—A nadie le da más tristeza que a mí ver cómo se echan a perder los hombres honrados, Candelaria. Yo siempre he sido bueno con ustedes. Les he ayudado en todo lo que he podido, y ahora, ya ves. Primero, hice lo posible para que se entendieran con la Compañía...

RÓMULO.—¿Y qué más quiere? Ya les dejamos todo.

CASIMIRO (*A Candelaria*).—Luego, no he ahorrado esfuerzos para evitar que se les dañe. Claro que como ustedes comprenderán, míster Allen y los demás de la Compañía andan algo enojados por lo de anoche. Yo he respondido por ustedes.

CANDELARIA.—¡Gracias, don Casimiro!

CASIMIRO.—Quiero que me digan qué vez no les he tendido la mano. Hace unos días, cuando Rómulo dijo que el Perro andaba provocando algo con sus galanteos para Raquel, fui y se lo dije. Yo nunca he sido un rico con ustedes. La hemos llevado siempre muy bien. ¿No es cierto?

CANDELARIA.—Sí... hasta hace un mes, don Casimiro.

CASIMIRO.—Por culpa de ustedes, que no quisieron llegar a un acuerdo conmigo. Yo tengo la conciencia tranquila porque no una, muchas veces estuve aquí, en este mismo lugar, tratando de hacerles ver la razón.

RÓMULO.—Eso ya no tiene objeto estarlo platicando. ¿Para qué seguir? ¡Ya ustedes se salieron con la suya!

CASIMIRO.—Nosotros no, Rómulo. No seas terco. El que ha triunfado ha sido el progreso, la civilización. Un día, muy a tu pesar, me darás la razón. ¡Cuánto mejor hubiera sido que todos estuviéramos trabajando de acuerdo, como hermanos!

RÓMULO.—No, don Casimiro. ¡Cómo hemos de ser hermanos si unos son muy poderosos y lo tienen todo en el mundo y los otros ni siquiera dónde caernos muertos!

TEÓFILO.—Se necesitaría que de veras nos miraran como hermanos... como a sus iguales ante Dios...

CASIMIRO.—¿Ya oyes, Candelaria? ¡Ésos quieren un mundo no como Dios lo hizo, sino para satisfacer sus ambiciones!

CANDELARIA.—Lo que queremos es irnos, nada más. ¡Que los que se quedan con lo nuestro lo aprovechen! Nosotros les perdonamos todo lo que nos han hecho.

CASIMIRO.—Lo aprovecharán, lo aprovecharán. Todos somos hombres de ideales y que nos preocupamos por el futuro de nuestra patria.

CANDELARIA.—Ha sido la santísima Virgen la que ha salvado a mis hombres. Se mata a un cristiano, a dos... pero no sabemos lo que vendrá después. Ya le dije que les perdonamos todo lo que nos han hecho. ¿Verdad, Rómulo? ¡Al cabo ellos son los que pierden! Les perdonamos a todos, para que Dios perdone a Rómulo y a Sebastián, que murieron con las armas en la mano, y a nosotros, también.

(*Aparece, por la izquierda, Raquel.*)

RAQUEL (*Tras de saludar a Casimiro*).—¿No ha llegado Damián?

TEÓFILO.—No ha de tardar. Ya sabe que tenemos que salir.

CANDELARIA.—¿Dónde le dejaste?

RAQUEL.—En casa de don Ramón. Me dijo que se vendría para acá en seguida.

CASIMIRO (*Se levanta y se acerca a ellos*).—Pues como te vas, Raquel, desde ahora te deseo muchas felicidades con tu niño.

RAQUEL.—Muchas gracias, don Casimiro. (*Acercándose a sus padres.*) Tengo algo de cuidado por Damián. ¡Con lo agitadas que andan las gentes por lo de anoche!

CASIMIRO.—Por eso, ni te preocupes. En este campamento los hombres de orden nada tienen que temer.

(*Casimiro da unos pasos, hacia la derecha. Le sigue Teófilo, y ambos hombres se detienen. Oscuro. Luz sobre Casimiro y Teófilo.*)

TEÓFILO.—Oiga, don Casimiro, ya oyó a la muchacha. Queremos irnos en paz, y yo le suplico a usted que nos ayude.

CASIMIRO.—¡No faltaba más! Seguro que sí. Sobre todo, que ya se van. Pero, ya saben, si algo se les ofrece...

TEÓFILO.—Nada más que nos dé garantías para irnos, señor don Casimiro. No por nosotros, sino por las mujeres.

CASIMIRO.—Desde luego. Cuenten con todas las garantías.

TEÓFILO.—Ya ve que el Perro sigue con su idea.

CASIMIRO.—No, hombre. No tengas miedo. El Perro ya no piensa en eso.

TEÓFILO.—Mire, yo le oí. Permítame que insista. Le oí ahora mismo, en el campamento. Estaba algo tomado, me pareció, y le decía a alguien de su gente que Raquel no se iba sin acostarse antes con él. Yo me aguanté como los hombres, y no salté a apretarle el pescuezo no más por no perjudicar más la cosa.

CASIMIRO (*Ríe*).—¡Ah, qué Perro ese! ¡Habladas, habladas y nada más! ¡Ah, qué Perro!

TEÓFILO.—Don Casimiro, le digo que...

CASIMIRO.—Que no, hombre. Parece que no conoces lo hablador que es el Perro. Ya tú mismo dices que andaba algo tomado. Eso es todo. Son los tequilas que se ha de haber echado. ¡Y luego como está ahorita Raquel! ¡Vaya, a quién se le ocurre!

TEÓFILO.—Yo no he querido decirles nada a los compadres para no alarmarlos. ¡Figúrese si se lo digo a Rómulo!

CASIMIRO.—¿Qué?

TEÓFILO.—¡Cómo qué! ¡La tarugada que puede provocarse!

CASIMIRO (*Le da palmaditas*).—Te digo que no tengas cuidado.

(*Oscuro sobre Casimiro y Teófilo; luz sobre el otro grupo.*)

CANDELARIA.—¡Ay, hijita, no veo la hora de estar en camino!

RAQUEL (*Abrazándose a ella*).—Yo tengo miedo aquí, mamita. Quisiera que ya hubiese llegado Damián.

RÓMULO.—Por ahí ha de venir ya. Tu marido sabe muy bien lo que hace.

RAQUEL.—Sí, sabe muy bien lo que hace, pero no siempre aguanta lo que oye. Y nunca falta el amigo que se lo lleve a la cantina, y allí puede encontrarse al Perro.

RÓMULO (*A Raquel*).—Mira. (*Señala a la izquierda.*) Ahí están ya todos nuestros triques, listos. No seas nerviosa.

CANDELARIA.—Ahora sólo hay que pedirle a Dios que nos dé un feliz viaje.

(*Oscuro sobre este grupo; luz sobre los dos hombres de la derecha.*)

CASIMIRO.—Así es que no te preocupes. Todas esas habladas del Perro son... eso, habladas, y nada más.

TEÓFILO.—Pero si usted mismo me acaba de decir...

CASIMIRO.—¡Qué terquedad! De eso hace ya tiempo. Todavía no se casaba Raquel, y el Perro tenía el mismo derecho que cualquiera para pensar en llevarse a la muchacha. Ahora, es distinto.

(*Luz completa. Los dos hombres se encaminan al grupo de la izquierda.*)

CASIMIRO (*A Rómulo*).—Váyanse tranquilos. Ya sabes lo que se les desea.

RÓMULO.—Se lo agradecemos mucho, don Casimiro.

CASIMIRO.—Agradecérmelo... ¿por qué? ¡No faltaba más!

TEÓFILO (*A Rómulo*).—Damián debe de andar por ahí con los vecinos, ultimando sus cosas. Voy por él.

RÓMULO.—Tráigaselo, compadre. Dígale que sólo a él estamos esperando para irnos. Que se acuerde que la tirada es larga.

RAQUEL (*A Teófilo*).—Dígale que mientras no nos vayamos de aquí, yo estoy muriéndome de cuidado.

CANDELARIA.—Y yo, y yo, compadre.

(*Sale Teófilo por la izquierda.*)

CASIMIRO.—Yo también me voy. Mañana nos despediremos en cualquiera de esos ranchos.

RÓMULO.—¿Cómo que mañana? Nos vamos ahorita, don Casimiro.

CASIMIRO (*Sonriente*).—Ya lo sé, ya lo sé. Pero me imagino que ustedes no se irán en automóvil. Y yo siempre camino en mi Packard nuevecito. ¡Con lo estupendas que están quedando estas carreteras de la Huasteca!

(*Va a desaparecer, cuando se oyen voces que se aproximan, por la izquierda. Entran, a seguido, el Perro y cinco guardias blancas. Éstos visten de kaki, camisas de color, sombreros de palma, tubos, carrilleras, rifles. El grupo de Rómulo, Candelaria y Raquel se estrecha. El Perro en adelante a saludar de mano a todos. Se le conoce que está tomado.*)

PERRO.—¡Buenas! Salúdeme, por favor, Raquelita. Nada más vengo a decirle adiós. Mire, don Rómulo, ahora que ya se van, se lo voy a decir. Usted no me quiere...

CASIMIRO (*Interviene*).—¡Oye, Perro!

PERRO.—Déjeme hablar, patrón. A nadie le estoy faltando al respeto. (*Sonríe, tratando de abrazarse a Rómulo.*) ¡Pero no se espanten, que no traigo el tifo! (*Se quita el sombrero.*) ¡Soy Domitilo Palomera, el Perro, del mero Ozuluama de la Huasteca, y sé respetar!

CASIMIRO.—Seguro que sí. ¿Qué quieres?

PERRO.—No más despedirme de la familia, patrón.

CASIMIRO.—Pues despídete, y vámonos.

PERRO.—Voy. (*A sus hombres, que habrán permanecido pegados a la casa.*) Y ustedes, vayan caminando. Se ponen en el camino a ver que entren todos los trabajadores.

(*Salen los guardias. Oscuro. Luz tan sólo sobre Casimiro y el Perro, que se dirigen a la derecha.*)

CASIMIRO.—Oye, Perro. (*Señala a la izquierda.*) Me acaban de hablar de ti. Que quién sabe qué cosas oyeron que dijiste. Bravatas y amenazas.

PERRO.—¡Eso lo saben todos en el campamento, patrón! Que Raquelita me dejó por el buey de su marido... a mí, a Domitilo Palomera, el Perro, de Ozuluama de la Huasteca, tierra de hombres... ¡Nada de bravatas y amenazas: la verdad de Dios!

CASIMIRO.—¡Estás borracho!

PERRO.—Razón de más para que vea que no le miento. ¡Ahora, se van pura madre, patrón, porque del buen corazón del Perro nadie abusa! (*Hace ademán de sacar la pistola.*)

CASIMIRO (*Lo detiene*).—¡Qué vas a hacer, hombre! ¡Estás borracho! Por mí, carga con lo que quieras, pero no en mi presencia.

PERRO.—¡Mire patroncito!

CASIMIRO (*Severo, arrojando lejos de sí la mano que el Perro le pone en un hombro*).—Vete de aquí.

PERRO (*Se cuadra militarmente, y dice con acento servil*).—A sus órdenes, patrón. Yo sé respetar.

(*Luz completa. El Perro hace un ademán de saludo y murmura un "buenas noches". Sale por detrás de la casa.*)

CASIMIRO.—Bueno, pues ahora sí me voy. Y no se preocupen. Mañana nos despediremos por ahí.

(*Lo despiden con un "buenas noches" cordial. Sale por la izquierda. Oscuro. La luz de un reflector sigue al grupo, que entra a la casa. La misma luz se fija fuertemente sobre la entrada de aquélla, durante toda la escena, como para precisar lo que se dice dentro, y que deberá escucharse con toda claridad.)*

CANDELARIA (*Gemebunda*).—¡Qué tristeza me da ver la casa vacía!
RÓMULO.—La casa donde murió Sebastián...
CANDELARIA.—Donde nació Raquel...
RAQUEL.—Y donde yo hubiese querido que naciera mi hijo.
RÓMULO.—¡Pues nada! ¡Qué remedio! Mañana, tal vez, la tumban, porque ya está estorbando los trabajos de perforación. Están trabajando hasta de noche.
CANDELARIA.—Oye cómo bufan.
RÓMULO.—Es la tierra que se queja, porque le están sacando el dinero. ¡Dinero y petróleo..., sangre negra de la Huasteca para ahogarnos mejor a los pobres!

(*Una pausa breve, únicamente para dar oportunidad a que un amplificador reproduzca, como si de pronto se hubiese abierto una ventana, el torbellino de la labor febril, en un solo golpe de ruidos: el zumbido sordo de las válvulas de presión, el trueno de los barrenos, el chirrido de los hierros, gritos de mando, cantos tristes, voces apagadas.)*

RAQUEL.—Dice Damián que todo lo han convertido en pozos.
RÓMULO.—¡Todo! Ahora, en medio de los ranchitos, sólo se ven esos fierros y esos tubos.
CANDELARIA.—La tierra nos traicionó, Rómulo.
RÓMULO.—¡La muy mula! Era nuestra madre, nos fingía cariño, y se guardaba la puñalada para lo último. ¡Que se quede con ellos!
CANDELARIA.—¡Lástima que ya estamos tan viejos! Me da miedo ir a vivir a otra parte! Se me hace como que ya no podré vivir en ninguna más.
RAQUEL.—Ya verás cómo nos acostumbramos.
CANDELARIA.—Ustedes, sí. Son muchachos y olvidan. Para nosotros ya no hay tranquilidad. Los viejos sólo vivimos de recuerdos, y nuestros recuerdos son muy ingratos.
RÓMULO (*Repite, tristemente*).—¡Muy ingratos!

(*Mientras se han dicho las últimas palabras en la casa, se oye aproximarse un vocerío por la izquierda. Entran cinco rancheros, apresuradamente. Oscuro sobre la casa. Luz viva sobre el grupo que entra. Los rancheros visten calzón, huaraches y sombreros de palma. Se detienen, sin atreverse a llegar a la casa.)*

Ranchero 1o.—Bueno, vamos llegando. Es mejor que lo sepan de una vez.

Ranchero 2o.—Yo no me atrevo, verdad de Dios. Ya se me figura lo que les va a poder.

Ranchero 3o.—Pensaban irse ahora, huyendo precisamente de estas calamidades.

Ranchero 1o.—¡Ah, malditos! ¡Qué corazón de hombre..., qué negro corazón!

(*Luz completa, en resistencia. Salen de la casa, con cierta violencia, Rómulo, Candelaria y Raquel. Las dos mujeres miran ansiosamente a los rancheros. Lanzan un grito, temiendo comprender. Rómulo se adelanta hacia ellos.*)

Rómulo.—¿Qué pasa?

Ranchero 1o.—Somos nosotros, don Rómulo.

Raquel (*Se precipita hacia ellos*).—¡A que vienen a informar a Damián! ¿Verdad que sí? ¿Qué tiene? ¿Por qué no ha venido? ¡Damián! ¡Damián!

Ranchero 1o.—¡Mire, don Rómulo...

Rómulo.—Sin rodeos. ¿Lo agarraron? ¿Se lo llevaron preso?

Ranchero 2o.—No, no, don Rómulo. (*A un compañero, volviéndose de espaldas.*) Dilo tú. ¡Yo no puedo!

Ranchero 3o.—Lo acusaban de querer hacer lo mismo que hicieron los del Camalote...

Raquel—¡Lo acusaban! ¿Quiénes? ¿Dónde está Damián? (*Les estruja las manos, toda deshecha, entre lloros.*)

Candelaria.—¿Qué pasó? ¿Qué pasó? ¡Duélanse de nosotros! ¡Digan la verdad!

Ranchero 2o (*Todo trabado al hablar, mientras los demás bajan la cabeza, con los sombreros entre las manos*).—Ahora verá usted, Candelaria. Cómo le diré... Dijeron que Damián..., que Damián...

Ranchero 1o.—... que Damián quería quemar San Juan de la Vaca, antes de irse, con todo y los gringos y el pozo. Eso fue.

Raquel (*Gritando*).—¿Y qué le hicieron?

Ranchero 3o.—Lo mataron, Raquelita.

Ranchero 2o.—Todavía ha de estar calientito su cuerpo. Lo martirizaron. Primero, le dieron de machetazos, y luego...

Rómulo, Candelaria y Raquel.—¡Lo mataron!

Ranchero 1o.—Nosotros ya no más le vimos cadáver. Cuando llegamos...

Rómulo (*Con un coraje frío*).—El Perro... ¿verdad?

RANCHERO 3o.—El Perro y sus hombres.

RÓMULO.—Llévenme para allá.

CANDELARIA (*Apretándolo entre sus brazos*).—¡No, no, Rómulo! ¡No te vayas! ¡No tientes a Nuestro Señor! ¡Entonces, ya no, no más Damián, sino tú, también! ¡Muerto! ¡No, no, por Dios santo! ¡No te vas! ¡No te vas!

RAQUEL (*Ahogadamente, echándose al suelo, a la entrada de la casa*).—¡Me lo mataron! ¡Damián! ¡Damián!

(*Aparece, por la izquierda, Teófilo Reynoso. Viene también muy excitado. Se da cuenta de todo, apenas aparece. Candelaria le agarra por los brazos. Raquel llora.*)

CANDELARIA.—¡Compadre, qué hacemos! ¡Que lo mataron..., que lo martirizaron al pobrecito! ¡Dios no quiere que nos vayamos!

TEÓFILO.—Cálmese, comadre. Esto ya no tiene remedio. (*A Rómulo.*) Nada, compadre. Fue el Perro. Cuando salí a buscar a Damián, no pude encontrarle por ninguna parte. Hasta creí que ya estaría de regreso acá.

RANCHERO 2o.—Damián andaba buscando al Perro.

TEÓFILO.—¡Lo que tanto temíamos! No se aguantó.

RÓMULO (*Roncamente*).—Y el Perro lo mandó asesinar por su tropa de malditos. ¿Verdad? Porque ése no es capaz de haberse puesto cara a cara con Damián.

TEÓFILO.—Lo agarraron entre las guardias blancas.

RÓMULO.—¡Pues que de una vez se acabe todo!

(*Rómulo va a arrancar. Lo detienen entre Teófilo y Candelaria. Las dos mujeres lloran.*)

TEÓFILO.—¡No, no, compadre! ¡Adónde va, hombre! ¡Mire que ésos andan decididos a todo! ¡Cómo diablos va a ir usted solo a que lo cacen!

RÓMULO.—¡Suélteme, compadre!

TEÓFILO.—¡No lo suelto. Cálmese. (*Reteniéndolo fuertemente.*) Ya me iba a seguir una bola de rancheros. Todos los de San Juan de la Vaca andaban como si les hubieran azotado la cara. Pero les mandaron a las guardias blancas con una ametralladora, y ya nadie tuvo ánimo.

RÓMULO.—¡Ni necesito de nadie! ¡De nadie! ¿Ya lo oye, compadre?

RANCHERO 2o (*Señala a la izquierda*).—¡Ahí vienen! ¡Ahí vienen!

(*Salen por la derecha los rancheros, precipitadamente. Entran, por la izquierda, el Perro y un piquete de guardias blancas. Éstos traen el rifle embrazado. Rómulo se arroja contra el Perro. Lo detienen difícilmente entre Teófilo y Candelaria.*)

PERRO.—No lo detengan. ¡También el viejo ha de querer su ración! (*Avanza hasta donde está echada Raquel, y la agarra de un brazo para levantarla.*) ¡Levántate, mi alma, lucero de la mañana, que no más vengo por ti!

(*Rómulo cae sobre el Perro, de golpe. Los guardias lo golpean, mientras Teófilo y Candelaria luchan por arrancarlo. Rómulo se tambalea, llevándose las manos a la cara, atacado, y queda en manos de los hombres como un hilacho.*)

PERRO (*A sus hombres*).—Aviéntenlo por ahí.

(*Entre dos guardias arrastran a Rómulo, echando a culatazos a Candelaria y a Teófilo, que pretenden retener al atacado. La violencia de la escena es de una rapidez extraordinaria. Candelaria sale con su marido.*)

PERRO (*A sus hombres*).—¡Ahora! ¿Qué esperan? ¡Llévense a ésa!

(*Otros guardias se apoderan de Raquel, que grita y se defiende desesperadamente. Teófilo le arranca al Perro el machete, y se arroja contra él. Dos guardias paran el golpe con el rifle y lo sujetan. Han sacado, mientras tanto, a Raquel, por la izquierda.*)

PERRO.—¡A este jijo me le aplican la ley fuga! ¡Ándale, córrele a ver si te escapas de los plomazos!

(*Sacan a Teófilo entre cuatro hombres. El Perro se pone las manos en la cintura, con las piernas muy abiertas, y habla a sus gentes, dirigiéndose a la izquierda.*)

PERRO.—Déjenme a la muchacha en el campamento. ¡Ahora sí, Raquelita, vas a dormir con un hombre de veras! ¡De Domitilo Palomera no se ha burlado ninguna hembra! ¡Y el que me la hace, me la paga! ¡Esta noche se van a acabar todos los que me la deban y todos los que se opongan al progreso! ¡Déjenmela ahí en el campamento, muchachos! ¡En seguida se la paso a los que sean más hombres! ¿Qué quieren? ¿Mezcal o tajada?

VOCES (*Dentro*).—¡Mezcal y tajada, jefe!

(*Sale el Perro, a tiempo en que por la casa y por todos lados irrumpe una tropa de trabajadores, todos sucios de chapopote, que vociferan.*)

TRABAJADORES.—¡El petróleo! ¡El petróleo! ¡Lo menos cuatro mil barriles diarios! ¡Ya brotó el 137!

(*Cae sobre el escenario la sombra de una torre que arroja un chorro negro, y una masa de hombres que eleva los brazos y arroja en alto los sombreros, gritando con voces frenéticas. Lejos, tiros y gritos de pavor. La sombra de la torre se agranda desproporcionadamente, entre ruidos de maquinaria que apagan todos los demás.*)

TELÓN

TERCER TIEMPO

El mismo lugar con las siguientes modificaciones: ha desaparecido la casa, y en su lugar se ve la entrada de la estación del campamento, de madera roja, sobre la que se adensa una tupida red de alambres telegráficos y telefónicos. Una pared de tablones hace fondo. Detrás, asoma la misma grúa gigantesca de las escenas precedentes. Mediodía.

(*Cinco rancheros, en la pared del fondo, hacen grupo a un compañero gordo, de paliacate al pescuezo, que lía un cigarrillo de hoja.*)

RANCHERO 1o (*Al gordo*).—¡De veras que ustedes fueron muy mulas! ¡Caray, que si yo he estado en San Juan de la Vaca...!

GORDO.—No hubieras hecho más que lo que hicimos todos: callar y correr. (*Dirigiéndose a los demás.*) ¡Éste cree que es tan fácil! ¡Cómo se conoce que nunca ha visto una ametralladora enfrente!

RANCHERO 2o.—No más me acuerdo cómo tronaban las condenadas, allá en la batalla del Ébano.

GORDO.—¡No se pudo hacer nada! ¡Nada! Donde lo digo yo, que no le temblé a la pandilla del Cojo Gutiérrez, el año pasado, cuando venían a robarse el ganado de don Casimiro...

RANCHERO 3o.—El Perro le tenía ganas a la pobre de Raquel, y como sabía que se iban esa misma noche...

RANCHERO 4o.—Pero antes tuvieron que echarse a Damián..., ¡que si no!

RANCHERO 2o.—¡Ah, lo que es con Damián...!

RANCHERO 5o.—Yo lo vi ya difunto, camino de Pánuco. El Perro mandó que le abrieran la cabeza a machetazos.

(*Ruido de voces por la izquierda. Aparecen cuatro guardias blancas, con el rifle listo y en actitud amenazante.*)

GUARDIA 1o.—¡Qué hacen aquí, amigos!

GORDO.—Nada. No más platicábamos.

GUARDIA 2o.—Ya saben que está prohibido que se junten grupos.

RANCHERO 2o.—¡Ya no tenemos, pues, ni el derecho de hablar!

GUARDIA 1o (*Golpeándole*).—¡No rezongue porque lo quemo, desgraciado!

GUARDIA 2o.—¡Jálenle!

GUARDIA 1o.—Y como se vuelvan a juntar, ni siquiera avisamos.

(*Salen los rancheros, echados por las guardias blancas. Éstos les miran irse. Uno se echa el rifle a la cara, y toma puntería. Los demás ríen. Se oye el ruido de un carro, que para. El guardia baja el arma. Entran Casimiro Zamora y el ingeniero White.*)

CASIMIRO.—¿No hay novedad, muchachos?

GUARDIA 1o.—Ninguna, jefe.

GUARDIA 3o.—Sólo las bolas, que se juntan por dondequiera.

CASIMIRO.—A ésas, dispérsenlas. Pero sin hacerles nada.

WHITE.—Sí, que no les hagan nada. ¡Ya no puede ir uno a ninguna parte sin encontrarse con media docena de fusilados y ahorcados!

CASIMIRO.—Eso es verdad, ingeniero. La misma justicia tiene sus límites.

WHITE.—¿A qué se refiere usted?

CASIMIRO.—Pues.. a la justicia, la civilización... todo lo que nos trae la Compañía.

WHITE.—La Compañía no es una sociedad filantrópica. Venimos a hacer dinero, y nada más. Pero, de todos modos, no quiero que continúen estas carnicerías.

GUARDIA 1o.—Ellos nos amenazan, jefe.

CASIMIRO.—Sí, eso es. ¿Ya oye usted, ingeniero? Los rancheros los amenazan, los provocan a cada momento, y estos abnegados muchachos necesitan hacerse respetar. Menos, no se va a ninguna parte.

WHITE (*Dándole la espalda*).—¡Cállese la boca! Ni parece que es usted de la misma tierra que ellos.

(*El ingeniero White atraviesa el foro, y entra a la estación.*)

CASIMIRO.—Estos gringos se figuran que todo se hace pacíficamente. Quieren que tengamos esto en orden, y que sólo fusilemos cuando ellos digan.

GUARDIA 2o.—No comprenden que uno tiene sus enemistades.

CASIMIRO.—No, tampoco eso. Hay que ser honrados y tener sentimientos.

GUARDIA 3o.—¡Sentimientos los tenemos, jefe!

CASIMIRO.—Sí, ya lo sé. Ustedes quieren el progreso de su patria. Por eso a veces tienen que matar a sus malos hermanos.

(*Vuelve el ingeniero.*)

WHITE.—Todo está listo. En cuanto lleguen los jefes, se echan a funcionar las bombas, y a sacar los cuatro mil novecientos noventa y cinco barriles diarios.

CASIMIRO.—Como quien dice, los cinco mil barrilitos diarios. ¡Santo Dios, ingeniero! ¡De veras que los Galván vivían sobre una fortuna colosal!

WHITE.—Ya lo creo que colosal. Yo vi desde el primer momento, que aquí había mucho petróleo.

CASIMIRO.—¡Qué pupila, ingeniero, qué pupila la suya!

WHITE (*Se encoge de hombros*).—Tengo doce años en el negocio. Cuatro en California, cinco en Texas y tres en Oklahoma. Saque las cuentas.

CASIMIRO.—Sí, sí. Doce años justos. ¡Vaya que es pericia, ingeniero!

WHITE (*Entusiasmado*).—¡Y qué calidad de petróleo, Zamora! ¡Qué calidad! Mucho mejor que el de Tanhuijo y que el de Cacalilao.

CASIMIRO (*Frotándose las manos*).—¡Mucho dinero, mucho dinero para la "Pánuco River". ¡Caray! ¡Sobre qué capitalazo vivían los Galván!

WHITE.—Deje en paz a los Galván. Ésos ya se acabaron.

CASIMIRO.—No se crea, ingeniero. Teófilo Reynoso anda todavía por ahí. Míster Allen ha tenido que ofrecer quinientos dólares por él. Y en cuanto a Rómulo, ése sí que no sirve ya para nada.

GUARDIA 2o.—A la niña Raquel nos la llevamos por orden del Perro. ¡Pobre! (*Ríe con los demás guardias.*)

WHITE (*Despectivamente*).—¡Imbéciles!

CASIMIRO (*Meneando la cabeza*).—Sí, realmente... ¡Pobrecita familia, ingeniero! No se crea usted. A nadie le duele esto más que a mí. Yo les conocía, tenía amistad con ellos..., una vieja amistad... Luego, que uno también es padre de familia. Tiene sus hijas... Claro que no éramos iguales pero, de cualquier modo... todos somos cristianos.

WHITE.—Cállese la boca.

CASIMIRO.—Lo digo sinceramente, ingeniero.

WHITE.—Lo único que nos compensa a los norteamericanos, al meternos a estas tierras salvajes y tener que soportar espectáculos como éstos, es la seguridad de convertir muy pronto la región en una zona única.

CASIMIRO.—¡Eso es! ¡Muy bien dicho! ¡Y qué mayor satisfacción, ingeniero!

WHITE.—Los más ricos campamentos de Texas no podrán competir con los de Pánuco. Y todo esto, muy pronto. Para dentro de seis meses tendremos trabajando aquí no menos de cien mil hombres.

(*Oscuro. Un reflector afoca al ingeniero White, que a medio escenario habla en tono cortante y voz alta, dirigiéndose tanto al público como a Zamora y a los guardias.*)

WHITE.—Y para dentro de un año, estas regiones del Pánuco, hoy en estado bárbaro y miserable, habrán quedado convertidas en grandes ciudades donde rodará el dinero por las calles. (*Pausa brevísima. Persuasiva.*) Éste será el paraíso de los hombres trabajadores y de energía, los que empuñando la bandera del progreso humano tienen fe en el porvenir de América. (*Nueva pausa.*) Entre Pánuco, Cacalilao, Tanhuijo, Cerro Azul, Ébano, Zacamixtle y El Álamo, abastecerán el mercado mundial del preciado oro negro, y entonces la fuerza estará íntegra en las manos de los grandes capitanes de la industria de New York. Y todos los hombres serán felices. La Huasteca será el corazón del mundo. Millares de trabajadores explotarán los mantos petrolíferos. Y millares de oleoductos cruzarán la tierra, como venas que riegan generosamente la sangre de un gran cuerpo. Y millares de torres se perderán ante los ojos.

CASIMIRO.—¡Millares de pozos como el 137!

(*Luz completa.*)

CASIMIRO.—¡Y nosotros veremos todo eso, ingeniero!

WHITE.—¿No le digo que de aquí a un año?

GUARDIAS (*En un murmullo de voluptuosidad*).—¡Todos seremos ricos!

GUARDIA 1o.—¡Vale la pena de acabar con todos los que quieran detener el progreso!

GUARDIA 2o.—¡Y de llevarnos a las muchachas que le gusten al jefe!

WHITE (*Con rabia*).—¡Eh, demonio! ¡Lárguense de aquí!

CASIMIRO.—Váyanse, muchachos. El ingeniero tiene razón. ¿Qué es eso de estar celebrando una desgracia como cualquiera otra?

(*Salen los guardias blancas por la izquierda. El ingeniero se quita el saracof y se da aire. Saca una cajita y coge unas píldoras. Entran por la izquierda, el juez de Letras y el presidente municipal de Pánuco. Éste es un hombre gordo, de botas y tejano.*)

JUEZ (*Saludando con caravanas*).—¡Señores! ¡Míster White! ¡Hola! ¿Quinina?

WHITE.—Sí, quinina.

JUEZ.—Ustedes siempre previsores, ingeniero. ¡Modelo de raza, hombres superiores, hijos mimados del progreso y la civilización!

WHITE (*Mirándole de arriba a abajo*).—¿A qué venía?

JUEZ.—A... Mire usted, señor ingeniero...

PRESIDENTE MUNICIPAL.—Yo soy el presidente municipal de Pánuco, y la Compañía nos invitó al 137 a verlo funcionar.

JUEZ (*Frotándose las manos*).—Exactamente, ingeniero. El señor presidente lo acaba de decir con concisión, pureza y elegancia. Y, por mi parte, yo traigo otro asuntillo más.

CASIMIRO.—Ya me figuro, licenciado. Oí que míster Allen ordenó que se le diera una gratificación por el 137.

JUEZ.—¡Oh, no! No es eso, don Casimiro. El dinero no es capaz de moverme con la presteza con que vengo en compañía del señor presidente municipal de Pánuco.

PRESIDENTE MUNICIPAL.—Es verdad. Venimos a cumplir ciertas diligencias legales.

JUEZ.—Eso es. Legales. Que es tanto como decir que venimos a cumplir con nuestro deber.

WHITE.—¿Y qué se les ofrece?

JUEZ.—Nada, nada, ingeniero. Muchas gracias. Demasiado sabemos todo lo que pasó aquí antenoche.

WHITE.—Ah, ¿es eso?

JUEZ.—Naturalmente, míster White. Naturalmente. Es indispensable, y la Compañía necesita, más que nadie, preservar de una vez por todas sus intereses amenazados por toda esa canalla.

WHITE.—Mire, amigo. Ese asunto déjelo en paz.

Presidente municipal (*Al juez*).—Dejémoslo en paz.

Juez.—¡Cómo! Dejarlo en paz equivaldría a dar oportunidad para que se repitiera cualquier día.

Presidente municipal.—Los señores petroleros mandan.

Juez.—Yo decía porque... (*Tose. Enfático, en tono de discurso.*) Señores, ingeniero White. Es realmente necesario un escarmiento. Esa gente puede volver a atentar contra la seguridad del campamento. Mire, ingeniero. (*Saca papeles, que revuelve, y lee.*) La consignación de los terribles delincuentes y transtornadores del orden público Rómulo Galván, Damián Vega...

Casimiro (*Lo interrumpe*).—¡Pero, por Dios, licenciado! ¡Si Damián ya es difunto!

Juez.—¡De veras que sí! (*Tachando sus papeles.*) Bueno. Pues la consignación de todos los demás.

Presidente municipal (*Al juez*).—¿No oye que la Compañía no lo cree necesario? ¡Ella tendrá sus razones!

Juez.—¡No, no! La justicia debe brillar, como este sol que envía Dios a sus hijos, buenos y malos, como dicen los Evangelios.

Casimiro.—Miren, señores. Ya que ustedes son tan celosos funcionarios...

Juez.—Celosísimos. Ya lo está usted viendo. El señor presidente municipal y yo.

Presidente municipal.—Favor que el señor Zamora nos hace.

Casimiro.—... podrían dedicar todos sus esfuerzos a lograr la captura de Teófilo Reynoso, que anda prófugo.

Juez.—¡Efectivamente! Prófugo de la justicia. En el acta se le acusa de asesinato frustrado, de cinco o seis muertes y de... (*Revuelve sus papeles.*) ¡Efectivamente! Parece que quiso asesinar al Perro.

White (*Molesto*).—Guárdese sus papelitos. Se le acusa, simplemente, de dar guerra a la Empresa. Y como la Empresa paga, amigo...

Presidente municipal.—Muy bien dicho. La Compañía sabrá de qué lo acusa.

Juez (*Agitando sus papeles por sobre su cabeza*).—¡No hay cuidado! La justicia, míster White, resplandecerá como este sol, y caerá implacable sobre el culpable. (*Al presidente municipal.*) ¿Verdad, compadre?

White.—¡Oh! ¡Son compadres! Usted y... (*señalando al presidente municipal.*) y éste.

Juez (*Inclinándose*).—Sí, ingeniero. Compadres ante la ley de Dios. El señor presidente municipal me llevó a bautizar a mi hijita. Usted la conoce, don Casimiro. ¿Verdad?

Presidente municipal.—Vimos que era más cómodo hacernos compadres, ingeniero. Antes, siempre estábamos disputándonos la presidencia municipal.

WHITE.—¡Oh! ¿Y ahora?

PRESIDENTE MUNICIPAL.—Ahora, no. Un año la tiene uno, y otro año le toca al otro.

JUEZ.—La paz, la paz y la concordia ante todo. ¿No le parece a usted, míster White, que es ciudadano del mejor país de la tierra?

WHITE (*Riendo*).—¡Es delicioso! Les contaré el caso a los amigos del *New York Times*. (*Al presidente municipal*.) Y usted ¿también es juez?

PRESIDENTE MUNICIPAL.—Por supuesto. Cuando mi compadre es presidente municipal.

WHITE.—¿Y usted sabe algo de leyes?

PRESIDENTE MUNICIPAL.—Pues... mire usted, ingeniero. Le diré. De leyes, precisamente, no. Pero casi puede decirse que sé. He leído muy buenos libros, algunas novelas. Y conozco algo de farmacia.

JUEZ.—Es verdad. Mi compadre tiene su cultura. Es un hombre preparado.

CASIMIRO (*Al ingeniero, por el juez*).—Y aquí el licenciado también tiene su cultura, eh.

WHITE (*Al juez*).—¿Qué era usted antes de ser el juez de Pánuco?

JUEZ.—Presidente municipal.

WHITE.—¿Y antes?

JUEZ. (*Rascándose la cabeza*).—Antes... antes.. Verá usted, ingeniero. Antes, fui comerciante avícola, como dicen los periódicos. Vendía los blanquillos que me dejaban mis gallinitas...

WHITE (*Alegremente*).—¡Oh, delicioso! Tengo que escribir a mis amigos del *New York Times*.

JUEZ.—Es mucho honor para nosotros, ingeniero.

(*Entra por la izquierda el Perro. Viene fumando puro, y con el tejano echado de lado.*)

JUEZ.—¡Qué tal, Perro! Casualmente, acabábamos de ocuparnos de ti.

PERRO.—¿De mí?

JUEZ.—Sí, sí, de ti, Perrito. Pues nada, que, cumpliendo con mi deber, iba a proceder en forma a la consignación de los que trataron de asesinarte.

PERRO.—¿A mí? Oiga, licenciado, palabra que no le entiendo.

WHITE.—¡Ni el mismo Perro sabe que trataron de asesinarlo!

PERRO.—La verdad, no. Yo, al que le veo intenciones, le madrugo, jefe.

JUEZ.—Y haces muy bien, Perrito. Para eso eres el brazo de la justicia, el ejecutor de...

PERRO (*Sin hacerle caso, al ingeniero*).—Me dijo el míster que lo esperara aquí. Que no tardaba.

PRESIDENTE MUNICIPAL.—¡Conque vamos a tener el honor de saludar al señor míster ése, al jefe de la Compañía!

PERRO.—¡Y viene con unas güeras! (*Se lleva a la boca las puntas de los dedos.*)

PRESIDENTE MUNICIPAL.—Nos darán una copita, por supuesto...

CASIMIRO.—¿Una copita, nada más? ¡Un champaña a cada uno, amigo!

PRESIDENTE MUNICIPAL.—¿Un qué?

JUEZ.—Un vino que hacen en New York, compadre. No pregunte. Ya lo probará.

(*Se oye el ruido de un carro que llega, y se detiene, fuera, estrepitosamente. Todos se vuelven a la izquierda. Voces femeninas que gritan: "¡Hello, White! ¡Hip, hip, hurra!" White saluda con el saracof y sale al encuentro de los que llegan. Aparecen, guiados por el propio ingeniero, míster James Allen, Helen y Francis. Las dos yanquis son jóvenes y bonitas. Visten de hombre, sombrero de palma y botas. Todos saludan a los recién llegados servilmente.*)

HELEN (*A White*).—¡Venimos solamente a ver tu obra maestra, el 137!

FRANCIS.—¡Qué deliciosos lugares!

MÍSTER ALLEN (*Secándose el sudor*).—Éste es el 137, el de los cuatro mil novecientos noventa y cinco barriles. ¿A qué profundidad se encontró el manto, White?

WHITE.—A cuatrocientos setenta y dos metros.

MÍSTER ALLEN (*A las muchachas*).—Bueno, pues cuando ustedes quieran. Mi tiempo es dinero.

FRANCIS.—No, no. Todavía no. ¿Verdad, Helen?

HELEN.—¡No faltaba más! ¡Venir desde Florida y New Jersey tan sólo para irnos en seguida! (*Mirando a todos los mexicanos.*) ¿Cuál es el famoso Perro?

PERRO (*Quitándose el sombrero*).—Servidor.

HELEN (*Lo abraza*).—¡Oh, usted! ¡El Perro! ¡Qué maravilla! ¡El hombre más valiente de la Huasteca! ¡El que más gentes ha matado! ¡Déjeme que lo abrace! Desde Tampico nos contaron sus hazañas.

JUEZ.—Pues aquí lo tiene usted, señorita.

HELEN (*Al Perro*).—¿Y cómo los mata usted?

PERRO (*Algo turbado*).—¿A quiénes?

HELEN.—¡Oh! A las gentes... a sus enemigos...

PERRO.—Pues... a balazos.

HELEN (*Desencantada*).—¡A balazos! ¡Oh! ¿No con lanza?

PERRO.—¿Con lanza?

PRESIDENTE MUNICIPAL.—Di que sí, hombre.

PERRO.—Los mato como se puede.

HELEN (*A Francis*).—¿Ya oyes, Francis? ¡Qué héroe! ¡Qué admirable héroe!

FRANCIS (*Al presidente municipal*).—Y usted ¿también mata?

PRESIDENTE MUNICIPAL (*Pavoneándose*).—Pues... le diré a usted, güera... Cuando se necesita... ¿Entiende usted? ¡Porque yo soy muy hombre, eh!

HELEN (*Al Perro*).—Quiero llevarme su retrato. ¿Podría posar, por favor, un momentito?

PERRO (*Mirando al juez y al presidente municipal*).—Que si puedo... ¿qué?

JUEZ.—Posar, Perro.

PERRO.—Y eso ¿qué es?

JUEZ.—No sé. Que la señorita te lo diga.

HELEN.—¡Oh! Posar frente a la cámara, Perro. Lo sacaré con el rifle así, como cuando va a matar... (*Mímica, haciendo señal de apuntar con el rifle.*)

PERRO.—¡Al pelo! Cuando usted quiera.

(*Se van formando tres grupos: Helen y el Perro, Francis y el presidente municipal; y míster Allen, el ingeniero White, Casimiro Zamora y el juez de letras. Oscuro. Luz sobre el último grupo, que habrá quedado junto a la estación del campamento.*)

MÍSTER ALLEN (*Al ingeniero*).—¿Ahí está la gente?

WHITE.—Todos.

MÍSTER ALLEN.—Muy bien. Esperaremos a que acaben de platicar las muchachas. Como vienen de los Estados Unidos, todo esto les cae en gracia.

JUEZ.—¡Es natural!

MÍSTER ALLEN (*Al juez*).—¿Ya recogió su gratificación?

JUEZ.—Ya, míster Allen. Lo mismo que el señor presidente municipal. ¡Muchísimas gracias! Y ya sabe que lo que se ofrezca...

MÍSTER ALLEN (*A Casimiro*).—A usted lo espero después.

CASIMIRO.—Sí, míster Allen. Precisamente traigo listos todos mis papeles que acreditan las cantidades del dividendo. (*Se revuelve papeles en los bolsillos.*)

MÍSTER ALLEN (*Sonríe y le da palmaditas*).—¡Nada de dividendos, amigo! Eso es cuestión de la gerencia de New York.

CASIMIRO (*Turbado*).—Como habíamos quedado, míster Allen, que...

MÍSTER ALLEN.—Le tengo firmado un chequecito.

CASIMIRO.—Yo creí que sería tomado en consideración por la Compañía. Mis servicios, mi lealtad...

MÍSTER ALLEN.—...Y todo lo demás. Sí, sí. Seguro. Por eso le vamos a pagar.

JUEZ.—Pues yo, por lo que a mí respecta, míster Allen, voy a dedicar toda mi atención a la captura y castigo de ese feroz bandolero... de Teófilo Reynoso.

MÍSTER ALLEN.—¿Y quién es ése?

JUEZ.—El que quiso...

(*Oscuro. Se pierden las últimas palabras del juez de letras. Luz sobre Helen y el Perro, que estarán a la izquierda, ella sentada sobre algún pedazo de tubería.*)

HELEN.—¡No sabe lo feliz que me siento en su patria Perro!

PERRO.—Muchas gracias, señorita.

HELEN.—Dígame Helen... Helen, a secas.

PERRO.—Helen... Helen...

HELEN.—Eso es. Oye, Perro. Quiero que me pongas tu autógrafo en mi álbum. (*Haciendo como que firma sobre la palma de la mano izquierda, en vista de que el Perro no ha comprendido.*)

PERRO.—¡Ah, sí, mi firma! ¡Cómo no! ¡Me canso de ponértela, güerita! Y no sólo eso. ¡De buena gana te robaría y te llevaría conmigo a la sierra!

HELEN (*Agitando los brazos y las piernas*).—¡Qué maravilla! ¡Qué lindo romance! ¡Ni en África ni en Hawai he gozado tanto como aquí, Perro... cerca de ti!

PERRO.—Pues no más me dices si te animas. Al fin que yo soy el jefe de las guardias blancas.

HELEN.—¿Y qué es eso?

HELEN.—La tropa que cuida los campamentos.

PERRO.—Mejor te espero en la planta. (*Atrayéndole, con un ademán.*) ¿Quieres? Nos iremos a pasear en la noche.

(*Oscuro. La luz se fija en Francis y el presidente municipal, que estarán en la pared de tablones, en medio del foso.*)

PRESIDENTE MUNICIPAL.—La invito a pasear una de estas noches por el río, señorita.

FRANCIS.—¡Oh, por el río! ¿En barco?

PRESIDENTE MUNICIPAL.—No. En esquife.

FRANCIS.—¿En qué?

PRESIDENTE MUNICIPAL (*Muy cerca de ella*).—En esquife. Una chalupita chiquita... así... como usted... Bajo la luna...

FRANCIS.—¡Oh, qué divino! ¡Qué hermoso romance! ¿Cuándo?

PRESIDENTE MUNICIPAL.—Cuando usted quiera, señorita.

FRANCIS.—Dígame Francis. Oye, y yo también quiero que nos retratemos juntos. ¿Quieres?

PRESIDENTE MUNICIPAL.—¡Para luego es tarde, Francis!

FRANCIS.—En seguida. Aquí traigo la kodak.

PRESIDENTE MUNICIPAL.—¿Traes qué?

FRANCIS.—La kodak, hombre, para sacar fotografías.

(*Luz completa en el escenario.*)

MÍSTER ALLEN (*A todos*).—Bueno, pues ahora sí, White...

WHITE.—Voy. (*Sale por la estación, donde se le oye telefonear. Vuelve a entrar al foro.*) Ya están avisadas las cuadrillas.

PERRO (*Saliendo por la izquierda, grita*).—¡Ey, muchachos! (*Vuelve a entrar.*)

MÍSTER ALLEN.—¿Para qué los quieres?

PERRO.—¿Cómo que para qué, jefe? Para que echen una salva.

HELEN.—¡Sí, sí! ¡Una salva por el 137!

(*Aparece un pelotón de guardias blancas. El Perro les hace presentar armas. Luego, se acomodan a lo largo del muro del fondo. Por la derecha entra un grupo de trabajadores. El ingeniero White les hace seña de que le sigan por la misma derecha.*)

HELEN (*Grita, deteniéndoles*).—¡Un momento! (*Busca con los ojos a alguien. Al juez.*) ¡Por favor, mi kodak! ¡Está en el carro!

FRANCIS.—Y la mía. *Please.*

JUEZ.—¿Qué cosa?

PRESIDENTE MUNICIPAL.—La máquina de sacar fotografías, compadre. ¡Pues mire que no saber lo que es una kodak!

(*Sale el juez de letras, por la izquierda. Salen el ingeniero y los trabajadores, por la derecha. Retroceden al punto, volviendo a entrar al escenario con exclamaciones de espanto. En este momento regresa el juez de letras, con las kodaks, que deja caer, muy impresionado.*)

MÍSTER ALLEN (*Avanzando*).—¿Qué fue?
PERRO (*Arrancándose la pisola*).—¡Eh! ¿Qué pasa?
WHITE (*Viniendo a primer término*).—¡Oh! ¡Estaba en el pozo! ¡Salió por la válvula!
CASIMIRO, JUEZ Y PRESIDENTE MUNICIPAL (*Gritan*).—¡Rómulo!

(*Aparece por la derecha Rómulo Galván. El viejo está desconocido. Desgreñado, todo lleno de chapopote, consumido, loco. Agita algo en la mano.*)

CASIMIRO (*Avanzando hacia él*).—¡Pero, por Dios santo, Rómulo! ¡Qué susto nos has pegado!
WHITE (*Deteniendo a Casimiro*).—¡Cuidado! ¡Que trae la dinamita!
TODOS (*En un solo grito de pavor que se dilata muy amplificado por el escenario*).—¡La dinamita!
RÓMULO (*Avanzando, mientras los demás retroceden, con una expresión terrible*).—¡Ah! ¿Conque nada más vienen a ver el estreno del 137? ¡Este pedazo maldito de tierra que se ha tragado toda la sangre de los míos! (*Agita la mano por sobre su cabeza.*) ¡Encomienden sus almas, asesinos! ¡Ya somos todos iguales! ¡Nadie tiene ventajas! ¡Vamos a volar con todo y el petróleo del 137!
PERRO (*A los guardias*).—¡Fuego! ¡Mátenlo!
MÍSTER ALLEN (*Deteniéndoles, enérgico, con todos los demás*).—¡No, hombre, no! ¡Aquí sólo yo mando! ¡Bajen los rifles! No tengas cuidado, Róm... Róm... (*Todo sofocado, tose.*) ¡No tengas cuidado! Mira, vamos a arreglar esto pacíficamente. Tú tienes razón. ¡Ya lo había estado yo pensando! Hemos sido unos canallas contigo. Ahora serás considerado como propietario del terreno. ¡Como accionista de la "Pánuco River"! ¿Te parece?
RÓMULO (*Llorando*).—¡Sólo quiero morirme!
CASIMIRO.—¡No, no, por Dios santo, Rómulo! ¡Qué es eso! Nadie es dueño de lo que el cielo nos ha prestado. ¡Mira que no hay más que una vida, y que...!

(*Entran algunos trabajadores, a un lado de Rómulo Galván. Uno se adelanta, sonriente, y se acerca al ingeniero White.*)

EL TRABAJADOR.—¡No tengan cuidado! (*Se ríe con ganas.*) ¡Las cápsulas están vacías! (*Muestra otro cartucho.*) Aquí están las buenas.

(Reacción de alivio entre todos los presentes. Rómulo, todo deshecho, agita las manos en alto. El Perro, pistola en mano, se abalanza, seguido de las guardias blancas, sobre él. Lo cañonean con los rifles, lo derriban, y se lo llevan a golpes por la izquierda.)

MÍSTER ALLEN.—¡Entiérrenlo vivo! ¡Entiérrenlo vivo!
CASIMIRO.—¡Es preciso que se haga un escarmiento ejemplar!

(Todos se dan aire, como si reviviesen. Las muchachas abrazan a los hombres, y ríen.)

HELEN.—¡Qué terriblemente impresionante!
PRESIDENTE MUNICIPAL.—¡Valiente susto nos ha pegado ese bandido!
MÍSTER ALLEN *(A los trabajadores, que aún asoman por la derecha).*—
¡Pronto, el champaña! ¡A ver, White! ¡Que me estoy ahogando!

TELÓN

XAVIER VILLAURRUTIA
[*México, 1903-1950*]

Además de dramaturgo, Villaurrutia es uno de los más importantes poetas mexicanos pertenecientes al grupo "Contemporáneos", que publica la revista así titulada y otras, entre 1920 y 1932. Nace en la ciudad de México y se educa en la Escuela Nacional Preparatoria donde conoce a Salvador Novo y Jaime Torres Bodet, escritores que formarán parte de "Contemporáneos". En el teatro trabaja asiduamente con los grupos "Ulises" y "Orientación". Su entrada en el teatro experimental universalista es por el camino de traducciones que hace de Pirandello, Chejov, Romains y Lenormand. Junto con Rodolfo Usigli, recibe una beca de la Fundación Rockefeller en 1935, para estudiar dramaturgia en la Universidad de Yale. Vuelve a México donde enseña en la Universidad de México y dirige el Departamento de Teatro, de Bellas Artes. Escribe cinco obras de un acto entre 1933 y 1937 y las publica en un libro, en 1943, con el título de *Autos profanos*. El crítico Antonio Moreno sugiere que son ingeniosos juegos de retórica dramática y que los personajes abstractos funcionan como títeres para proyectar al público la rica ideología de Villaurrutia. En *Invitación a la muerte*, drama en tres actos (escrito en 1940 y estrenado en 1947), Villaurrutia recrea con su ironía característica y con un enfoque existencialista el tema de *Hamlet*. Otras comedias de tres actos son: *La hiedra* (1942), *La mujer legítima* (1942), *El yerro candente* (1944) y *El pobre Barba Azul* (1947). Además de poeta y dramaturgo, Villaurrutia es un crítico literario de primera categoría. Junto con Celestino Gorostiza y Rodolfo Usigli, Villaurrutia contribuyó a la renovación del teatro nacional y a la educación del gusto del público mexicano.

BIBLIOGRAFÍA SUMARIA

Aub, Max, "Reseña de *Autos profanos*", *Letras de México*, núm. 2, 15 de febrero de 1943, p. 7.

Basurto, Luis G., "El teatro y la amistad en Xavier Villaurrutia", *Cuadernos de Bellas Artes*, vol. I, núm. 5, 1960, pp. 11-20.

Beck, Vera F., "Xavier Villaurrutia, dramaturgo moderno", *Revista Iberoamericana*, vol. XVIII, núm. 25, febrero de 1953, pp. 27-39.

Chumacero, Alí, *et al.*, *Villarrutia: Poesía, teatro, prosas varias, crítica*, México, Fondo de Cultura Ecónomica, 1966.

Cypess, Sandra, "The Function of Myth in the Plays of Xavier Villaurrutia", *Hispania*, vol. LV, núm. 2, mayo de 1972, pp. 256-263.

——, "The Influence of the French Theater in the Plays of Xavier Villaurrutia", *Latin American Theatre Review*, vol. III, núm. 1, otoño de 1969, páginas 9-15.

Dauster, Frank, *Xavier Villaurrutia*, Nueva York, Twayne, 1971.

Forster, Merlin H., *Los contemporáneos: perfil de un experimento vanguardista mexicano*, México, Editorial de Andrea, 1964.

Kuehne, Alyce de, "Xavier Villaurrutia, un alto exponente de Pirandello", *Revista Iberoamericana*, núm. 51, julio-diciembre de 1968, pp. 313-322.

Lamb, Ruth, "Xavier Villaurrutia and the Modern Mexican Theater", *Modern Language Forum*, vol. XXXIX, 1954, pp. 108-114.

Moreno, Antonio, "Xavier Villaurrutia: The Development of His Theater", *Hispania*, vol. XLII, núm. 4, diciembre de 1960, pp. 508-514.

Paz, Octavio, *Xavier Villaurrutia en persona y en obra*, México, Fondo de Cultura Económica, 1978.

Schmidhuber, Guillermo, "Díptico sobre el teatro mexicano de los treinta: Bustillo y Magdaleno, Usigli y Villaurrutia", *Revista Iberoamericana*, vol. LV, núms. 148-149, julio-diciembre de 1989, pp. 1221-1237.

Shaw, Donald, "Pasión y verdad en el teatro de Villaurrutia", *Revista Iberoamericana*, vol. XXVIII, núm. 54, julio-diciembre de 1962, pp. 337-346.

Sheridan, Guillermo, *Los contemporáneos ayer*, México, Fondo de Cultura Económica, 1985.

Snaidas, Adolfo, *El teatro de Xavier Villaurrutia*, México, Secretaría de Educación Pública, 1973.

Parece mentira

ENIGMA EN UN ACTO

a Celestino Gorostiza

PERSONAJES

EL EMPLEADO
UN MARIDO
UN CURIOSO
UN ABOGADO
TRES SEÑORAS

Sala de espera en el despacho de un abogado. Hoy

La sala aparece vacía. Pausa. Se oye el timbre de la puerta de entrada, al fondo, a la izquierda. Aparece por la puerta de la derecha el empleado. Abre la puerta y entra incierto, tímido, el marido.

ESCENA I

El marido, el empleado

EL MARIDO.—¿El señor Fernández? ¿El abogado Fernández?

EL EMPLEADO (*Automático, pensando en otra cosa*).—No ha llegado aún. Pase usted a esperarlo.

EL MARIDO.—Recibí una cita para...

EL EMPLEADO (*Interrumpiéndolo*).—Pase usted a esperarlo.

EL MARIDO.—...las siete.

EL EMPLEADO.—Puede usted tomar asiento.

EL MARIDO.—...sólo que, más bien que con el señor Fernández, estoy citado aquí en su sala de espera y no sé...

EL EMPLEADO.—El abogado no tardará en llegar.

EL MARIDO.—...y no sé si debo permanecer aquí sin explicar al señor Fernández el porqué de mi presencia en su despacho.

EL EMPLEADO (*Cortante*).—El abogado tendrá mucho gusto en oír a usted.

El empleado se inclina y sale por la puerta de la izquierda. El marido busca el asiento menos visible y lo ocupa. Pausa. Se oye el timbre de la puerta de entrada. Reaparece el empleado. Abre la puerta de entrada y aparece el curioso.

ESCENA II

El marido, el empleado, el curioso

EL CURIOSO.—Quisiera hablar con el abogado Fernández.

EL EMPLEADO.—Pase usted a esperarlo.

Deja su sombrero en el perchero.

EL MARIDO (*Levantándose y queriendo explicar el porqué de su presencia al empleado*).—¿Cree usted que el señor Fernández no tenga ningún escrúpulo?...

EL EMPLEADO (*Interrumpiéndolo*).—Ninguno. (*Al curioso.*) Puede sentarse si gusta.

EL CURIOSO (*Que no ha visto al marido*).—¿Soy la primera persona que viene a buscarlo esta tarde?

EL EMPLEADO.—La primera, después del señor. (*Dice esto señalando al marido. El curioso y éste cambian esa primera mirada feroz de las personas condenadas a ocupar por algún tiempo la misma jaula. El curioso se sienta. Se oye el timbre del teléfono. El empleado toma el audífono.*) Sí... No, no ha llegado aún... Sí, todas las tardes... A las siete... Acostumbramos considerar tarde las siete... No puedo decirlo con exactitud. Sí, señor... ¿La dirección de su casa? No estamos autorizados a saberla. A sus órdenes. (*Cuelga el audífono. Se dispone a salir.*)

EL CURIOSO (*En pie*).—Dispénseme una palabra.

EL EMPLEADO.—Diga usted.

EL CURIOSO.—¿El señor Fernández es joven?

EL EMPLEADO.—Dentro de unos minutos podrá usted decirme si así le parece.

EL CURIOSO.—Yo quisiera saber la opinión de usted.

EL EMPLEADO.—Mis puntos de vista son, seguramente, tan diversos a los suyos, que, a lo mejor, la persona que a mí me parece joven a usted le parece un superviviente.

EL CURIOSO.—Entonces, y no me juzgue usted mal, comparado con alguien.

EL EMPLEADO.—Comparado con el señor padre del señor Fernández, el señor Fernández es joven; comparado con el hijo del señor Fernández, el señor Fernández ya no es joven.

EL CURIOSO.—Es usted un maestro en el arte de no comprometerse.

EL EMPLEADO.—Perdóneme, pero no le comprendo a usted.

EL CURIOSO.—No hay duda, es usted el perfecto secretario particular.

EL EMPLEADO.—No soy el secretario particular del abogado.

EL CURIOSO.—Y, no obstante, obra usted como si lo fuera.

EL EMPLEADO.—El señor Fernández no tiene secretos. ¿Por qué había de tener secretario? Yo atiendo los teléfonos, recibo a los clientes. No tengo otra misión. Soy un simple empleado.

EL CURIOSO.—Yo creo que usted merecería...

EL EMPLEADO (*Interrumpiéndolo, suavemente*).—Nadie tiene lo que se merece. Ahora mismo, tal vez usted merezca que yo satisfaga su curiosidad. (*Al curioso le brillan los ojos.*) Pero si lo hiciera sería injusto, en primer lugar, con el abogado, que no merece que con una respuesta indiscreta lo ponga en un compromiso y, en segundo lugar, conmigo mismo.

EL CURIOSO.—¿Con usted mismo?

EL EMPLEADO.—Sí, porque, y dispénseme si subrayo de paso la injusticia de usted, ¿no ha pensado que con sus preguntas me roba un tiempo que acaso no merezco perder?

EL CURIOSO.—¿Tiene usted mucho trabajo?

El empleado sonríe: parece interesarse en la conversación. Toma asiento.

EL EMPLEADO.—No me refiero al tiempo que empleamos en un trabajo de las manos, en coser un expediente o en poner en marcha el multígrafo, tiempo que al fin y al cabo podemos soldar nuevamente después de una pausa más o menos larga, sin pérdida considerable. Piense usted en el tiempo que sustraemos al desarrollo de una idea, a la continuidad de un monólogo, a la visita de un recuerdo precioso, que, una vez interrumpidos, se escapan y se esconden en el desván de nuestra memoria para reaparecer quién sabe cuándo.

EL CURIOSO.—¿Es usted poeta?

EL EMPLEADO.—Las impresiones de usted van de un extremo a otro, sin pasar por el centro. Hace un momento le parecía un secretario particular, ahora un poeta.

El curioso.—No es mía la culpa: calla usted como un secretario particular y habla usted como un poeta.

El empleado.—Es verdad. Y me alegro de encontrar a una persona a quien un solo golpe de vista y unas cuantas palabras le han dado mi clave en una ambivalencia.

El curioso.—¿Ambivalencia?

El empleado.—No se asuste... Es el nombre moderno de un fenómeno antiguo cuya existencia usted mismo acaba de probar haciendo un doble juicio de mi modo de ser.

El curioso.—¿Luego usted cree?...

El empleado.—Creo que en cada uno de nosotros existen, simultáneamente, sentimientos contradictorios hacia una misma cosa, hacia una misma persona...

El curioso.—Ah, sí. Eso del amor y el odio...

El empleado.—Si usted quiere. Y, más todavía, dobles modos de ser que, como en mi caso, son aparentemente enemigos.

El curioso.—¿Sólo aparentemente?

El empleado.—En mí se dan la mano el empleado y el poeta, pero lo más frecuente es la ignorancia de estos dobleces de la personalidad.

El curioso.—¿Luego no es fácil conocerlos?

El empleado.—Por el contrario, el hombre vive y muere ignorándose. Toda su vida, o punto menos, la gasta haciendo lo posible por no reconocer que en realidad no es un hombre sino dos o más. Juega consigo mismo al escondite, y aun sabiendo dónde se oculta, no se atreve a decir "aquí estoy" o "aquí está el otro". Usted mismo que, así, de pronto, me ha situado en dos climas tan diversos, el del empleado y el del poeta, ¿se ha confesado cuántas y cuáles son sus vidas simultáneas?

El curioso.—La verdad, nunca me he puesto a pensar en ello.

El empleado.—Yo le aconsejo que se atreva a hacerlo. Acaso en la conciencia de esa pluralidad encuentre usted eso que llaman la dicha, o la comodidad o, al menos, la explicación de sus tormentos.

El curioso.—¿Y si yo le dijera a usted que soy dichoso y que no necesito explicarme los tormentos que no sufro?

El empleado.—Si eso fuera verdad, al declararlo no haría usted sino demostrar su inexistencia. Pero usted mismo no se ha atrevido a asegurar categóricamente que es feliz y que está conforme con su vida.

Durante el diálogo entre el empleado y el curioso, el marido empieza a dar señales de inquietud. Ni el empleado ni el curioso han pensado en la presencia del tercero.

EL MARIDO (*Sacando fuerzas de su timidez*).—Señores...

El empleado y el curioso advierten que han estado hablando delante de un tercero. Pasado el primer asombro, cambian una mirada que es todo un pacto. El marido acerca su asiento, sin levantarse del todo, y continúa.

Señores... No sé si deba. No sé si con esta interrupción corté estúpidamente un diálogo que, en cualquier otro caso, habría respetado fingiendo, como es mi deber, no escucharlo, pero sucede que (*dirigiéndose al curioso*) usted ha hablado hace un momento de un ser dichoso, conforme e ignorante de cualquier tormento... y usted (*dirigiéndose al empleado*) ha insinuado la posibilidad de que ese tipo de hombre no exista.

EL CURIOSO.—Así es.

EL EMPLEADO.—Así es. (*En pie.*)

EL MARIDO.—Pues bien, si yo hubiera tenido el gusto de conocer a ustedes hace veinticuatro horas, habría podido decirles que ese hombre era yo. (*Ahora es el curioso quien se acerca al marido.*) El bienestar, la comodidad, el desahogo económico y una alegría bien dosificada estaban dentro y fuera de mí. Y no digamos un tormento, ni la más leve preocupación ensombrecía mis pensamientos o mis costumbres...

EL EMPLEADO (*Triunfante*).—En una palabra: usted no existía. (*Se sienta.*)

EL MARIDO.—Mejor dicho, yo ignoraba que existía.

EL CURIOSO.—¿Y ahora?

EL MARIDO.—Ahora... (*Volviéndose atrás moral y materialmente.*) Ahora no puedo decir nada más. (*Se sienta.*)

EL EMPLEADO (*Después de un cambio de miradas con el curioso; insinuante*).—¿Por qué motivos? Nada nos impidió hablar con toda franqueza, hace un instante, delante de usted.

EL CURIOSO.—Es verdad.

EL EMPLEADO.—Su silencio de ahora revela una desconfianza, una reserva...

EL MARIDO.—Olvida usted que apenas nos conocemos... Que en rigor no nos conocemos.

EL EMPLEADO.—No solamente no lo olvido, sino que en realidad es lo único que tomo en cuenta. Gracias a que no nos conocemos ha sido posible este cambio de intimidades entre personas que, precisamente porque nada las liga, nada tienen que ocultarse. El interés que ha demostrado usted interviniendo súbitamente en nuestra conversación lo ha traicionado.

EL MARIDO (*Cobarde*).—Ha sido una casualidad.

EL EMPLEADO.—Que usted cogió al vuelo para empezar a desahogarse, a librarse de algo que no puede guardar por más tiempo.

EL MARIDO.—En todo caso, tengo más de un amigo a quien confiarle...

EL EMPLEADO.—Permítame que no crea sino la primera parte de su frase. Tendrá uno o muchos amigos, pero no es a ellos a quienes va a confiar lo que usted mismo no quisiera pensar siquiera.

EL MARIDO.—¿Para qué son, pues, los amigos?

EL EMPLEADO.—Un amigo es alguien a quien contamos nuestras victorias y ocultamos nuestras derrotas. Conozco situaciones como la suya, y aunque la suerte no me ha dado la oportunidad de experimentar en cabeza propia, he vivido intensamente esas situaciones... en los demás.

Se oye el timbre de la puerta de entrada. Los clientes vuelven a sus puestos y adoptan actitudes de indiferencia. El empleado recobra su personalidad de empleado.

EL EMPLEADO (*Después de abrir la puerta*).—Pase usted, señora.

ESCENA III

El marido, el empleado, el curioso, las tres señoras

(*Entra una señora joven, vestida de negro, con la cara cubierta por un velo. La señora saca de su bolsa una tarjeta que entrega al empleado. El empleado, con una cortesía mecánica, se inclina e indica a la señora la puerta del privado, a la derecha, invitándola a entrar.*)

EL EMPLEADO.—Por aquí, si tiene la bondad.

(*La señora entra en el privado. El empleado vuelve al punto de reunión y toma asiento. El curioso ha vuelto a acercar la silla. Todo está como antes de la llegada de la primera señora.*)

Y aunque la suerte no me ha dado la oportunidad de experimentar en cabeza propia, he vivido intensamente esas situaciones... en los demás.

Se oye el timbre de la puerta de entrada. Todo el movimiento de personas y cosas se repite. Después de abrir la puerta, el empleado dice:

Pase usted, señora.

(*Entra una segunda señora, idéntica a la anterior. Podría jurarse que es la misma. Saca de su bolsa de mano una tarjeta y la entrega al empleado, que la invita a entrar en el privado.*)

Por aquí, si tiene la bondad.

La segunda señora entra en el privado. Al acercarse el empleado a su asiento, el marido, que ha palidecido progresiva y mortalmente ante la presencia repetida de la señora, quiere decir algo que al fin se ahoga en su garganta. El empleado y el curioso no advierten nada de esto. Aquél ha vuelto a ocupar su sitio; el curioso ha acercado su silla y espera, como de un oráculo, las palabras del empleado.

Y aunque la suerte no me ha dado la oportunidad de experimentar en cabeza propia, he vivido intensamente esas situaciones... en los demás.

Se oye por tercera vez la misma llamada del mismo timbre en la misma puerta. El curioso y el empleado repiten inconscientemente los mismos gestos y movimientos. Todo vuelve a ocupar su sitio inicial. Sólo el marido queda hecho una estatua cuando al oír la voz del empleado aparece y entra una tercera señora idéntica a las dos anteriores. Podría jurarse que es también la misma. Da una tarjeta al empleado y éste repite los ademanes y pasos anteriores.

Por aquí, si tiene la bondad.

LA TERCERA SEÑORA.—No se moleste, conozco el camino.

La señora entra en el privado. El empleado cierra la puerta y al tiempo de volver a su asiento mira al marido, que pugna por hablar y sólo emite una especie de rugido.

ESCENA IV

El marido, el empleado, el curioso

EL EMPLEADO.—¿Qué le ocurre? ¿Qué le ocurre?
EL CURIOSO.—¡Se ahoga, se ahoga!
EL EMPLEADO.—Cálmese, cálmese usted.

EL CURIOSO.—Un poco de agua es bueno para estos casos.

EL EMPLEADO.—No haga ningún esfuerzo, calma, calma.

EL MARIDO (*Logrando al fin hablar*).—¿Quién es?... (*Al empleado*.) ¿Quién es esa mujer?

EL CURIOSO.—¿Cuál de las tres?

EL MARIDO (*Cogiendo la solapa del saco del empleado; con voz alterada*).—¿Quién es?

EL EMPLEADO (*Retirando la mano del marido, le contesta el empleado*).—No estoy autorizado a saberlo.

EL MARIDO (*Suplicando*).—Respóndame, se lo ruego.

EL CURIOSO.—Sí, respóndale.

EL MARIDO.—Hace un momento parecía usted capaz de comprenderlo todo... Se lo ruego. ¿Quién es esa mujer?

EL EMPLEADO.—Tiene usted razón. Ahora no debe mentir, ni ocultar ni callar nada. Ahora debo decir la verdad desnuda, en vez de hablarle como un empleado hipócrita.

EL MARIDO (*Conmovido*).—Gracias... ¿Quién es?

EL EMPLEADO (*Desolado*).—No sé quién es, se lo juro.

EL CURIOSO.—¿Cuál de las tres? ¿Quieren saber sus nombres? Cada una de ellas entregó a usted una tarjeta.

EL MARIDO.—Tiene razón: entregó a usted una tarjeta.

EL EMPLEADO.—Espere usted. (*Se busca en los bolsillos. Encuentra solamente una tarjeta.*)

EL CURIOSO.—Busque las otras dos.

EL EMPLEADO (*Después de leer la tarjeta*).—No adelantamos nada: me entregó una tarjeta del abogado.

EL CURIOSO (*Le quita la tarjeta*).—Faltan dos tarjetas.

EL EMPLEADO (*Buscándose una vez más en los bolsillos*).—No hay más.

EL CURIOSO (*Extrañado*).—Y no obstante...

EL MARIDO (*Impaciente*).—Es inútil... Se lo ruego... La señora que acaba de entrar ¿ha estado aquí en otras ocasiones?

EL EMPLEADO.—Trataré de recordar por todos los medios que estén a mi alcance. Le diré la verdad, toda la verdad. Venga usted conmigo. (*Se dirige al privado seguido de cerca por el curioso, que no pierde ocasión de probar que lo es, y por el marido. Entreabre la puerta, mira y señala.*) ¿Se refiere usted a la señora vestida de negro, a la señora del velo?

EL CURIOSO.—Pero ¿a cuál de ellas?

EL MARIDO.—Sí, a la señora.

EL EMPLEADO.—Un momento... Sí, es la misma. Creo que es la misma. La señora ha venido a buscar al abogado... espere usted... dos veces más. Con ésta es la tercera vez que la veo. Soy lo que se llama un mal fisonomista... pero la señora ha venido siempre así, con un velo, es decir, sin fisonomía. Y creo recordar que su presencia y su silencio me intrigaban... aunque no estoy seguro de que no sea sino hasta ahora cuando me intrigan.

EL MARIDO.—Sin embargo, la señora le habló a usted.

EL EMPLEADO.—Espere usted... Ahora me habló, pero la primera y la segunda vez que vino... Quisiera recordar exactamente... ¿Qué día es hoy?

EL CURIOSO.—Lunes.

EL MARIDO (*Anhelante*).—Haga un esfuerzo, procure recordar.

EL EMPLEADO.—Eso es; vino un lunes y luego el lunes de la semana siguiente. Espere usted... ¿Qué hora es?

EL CURIOSO.—Las siete.

EL EMPLEADO.—O, más bien, vino tres días seguidos a la misma hora, a esta hora... o tres veces el mismo día.

EL MARIDO (*Impaciente*).—¿Qué le ha dicho? ¿Qué le ha dicho a usted ahora, hace un momento?

EL EMPLEADO.—Me dijo solamente: "No se moleste usted. Conozco el camino."

Al oír esta frase, el marido se derrumba abatido en la silla. los dos lo rodean.

EL MARIDO.—"Conozco el camino." No hay duda. Ha venido tres veces. Es ella.

EL EMPLEADO.—¿Quién?

EL CURIOSO.—¿Quién?

El marido no contesta. Pausa.

EL EMPLEADO.—Puede ustd decirlo todo con la seguridad de que su dolor será comprendido y respetado; de que si, como creo, es preciso guardar el secreto, sabremos guardarlo.

EL CURIOSO.—Naturalmente.

EL EMPLEADO (*Después de otra pausa*).—Si no se atreve a hablar y pensando que necesita hacerlo... yo podría interpretar sus sentimientos con las mismas palabras con que usted hablaría. Tengo esa costumbre. Desde pequeño confesaba los pecados cometidos por los demás. tengo el don, el secreto o la habilidad, a veces muy dolorosos, de hacer hablar a las cosas y a los seres. De sus palabras, hago mis poesías; de sus confesiones, mis novelas... (*El marido hace un gesto de asombro.*)

Mas no tema usted, no escribiré su novela: ya está escrita. Pero eso me impide dejarlo como a un náufrago, en medio de la tormenta, sin traerlo a la orilla de una confesión que usted necesita. No me diga nada. Yo imagino su caso y siento lo que imagino.

EL MARIDO.—¡Imagine usted lo que siento!

EL CURIOSO (*Sin poder resistir más tiempo*).—¿Quién es ella? ¿Quién es?

EL MARIDO (*Al empleado*).—Usted lo ha adivinado. Lo leo en sus ojos. Dígaselo usted. Yo no podría.

EL EMPLEADO (*Al curioso*).—También usted puede leer en mis ojos.

Cambian una mirada. El curioso lee en los ojos del empleado.

EL CURIOSO.—Sí, sí. (*Hablando consigo mismo.*) Pero ¿cuál de las tres?

EL MARIDO.—Ahora todos lo sabemos. Fue ayer, por la noche, gracias a un anónimo, a este anónimo.

(*Saca un pliego. El curioso se apodera de él, lo devora más que lo lee, y se lo ofrece al empleado, que lo toma y, sin mirarlo siquiera, lo pone en manos del marido.*)

EL EMPLEADO (*Se sienta. Y luego, con su voz más insinuante*).—Es inútil: conozco su estilo impersonal y directo. Durante varios siglos el hombre ha ejercitado esta forma literaria que alcanza a veces una perfección clásica: al mismo tiempo que dice cuanto tiene que decir, el autor permanece cobardemente invisible. "Preséntese el lunes por la tarde en el despacho del abogado Fernández y se convencerá de que su esposa lo engaña en sus propios ojos."

EL CURIOSO (*Asombrado*).—¡Eso es, poco más o menos!

EL EMPLEADO.—¿Más, o menos?

EL CURIOSO.—Menos.

EL EMPLEADO.—Espere usted: "Con ésta será la tercera vez que su esposa visite al abogado Fernández. Conoce el camino."

El curioso y el marido quedan suspensos; el anónimo dice lo mismo, ni más ni menos.

EL MARIDO (*En pie*).—¿Cómo ha podido usted?...

EL CURIOSO (*En pie*).—¡Lo ha adivinado usted!

EL MARIDO (*Sospechando del empleado*).—Un momento... Un momento. Usted no ha podido adivinarlo.

EL CURIOSO.—Tiene usted razón, tiene usted razón. No era posible.

EL MARIDO (*Colérico, agitando el anónimo*).—Usted lo ha escrito.

EL EMPLEADO.—Cálmese usted. No tiene usted razón.

EL MARIDO (*Todavía colérico*).—Usted lo ha escrito... (*Pero volviendo a la realidad de su situación.*) ¡Usted lo sabía todo!

EL EMPLEADO (*Dueño, más que nunca, de sí*).—Nada sabía antes de que usted llegara, antes de que las cosas sucedieran como han sucedido. No soy el autor del anónimo. Tampoco hay por qué admirarse de que haya podido leerlo. Se trata de un anónimo como otro cualquiera. Yo los he escrito. Mejor dicho: mis personajes los han escrito. Y la realidad de esta situación ha hecho posible que yo reproduzca literalmente el texto.

EL CURIOSO.—¡Es maravilloso!

EL EMPLEADO.—Amigo mío, lo maravilloso no existe. Lo maravilloso es que lo maravilloso no existe. Aquello que juzgamos maravilloso no es sino una forma aguda, evidente, deslumbradora, de lo real.

EL CURIOSO.—¡Pero si todo esto parece mentira!

EL EMPLEADO.—Usted lo ha dicho: parece mentira. (*Acercándose al marido y poniéndole una mano en el hombro.*) Y por lo que a usted toca, querido amigo, permítame llamarlo así, piense en que la comodidad y la ignorancia en que se desarrollaba su vida no era más que una realidad vacía, un mundo deshabitado, un camino sin paisaje, un sueño sin ensueños: en una palabra, una muerte eterna; y en que ahora, como usted mismo acaba de decirlo, gracias a un anónimo, es decir, gracias a una revelación, a la revelación de un secreto, se halla usted en el umbral de una existencia que podrá discutir, corregir y labrar a su antojo, del mismo modo que el artista discute, corrige y labra su obra en progreso. (*Pausa muy corta.*) Y ahora nada más tengo que decirle. A usted le toca poner manos a la obra o apartar de la obra las manos. Nada debo, nada quiero, nada puedo aconsejarle. No me queda sino desaparecer.

EL CURIOSO.—Tiene usted razón. (*Llamando aparte al empleado.*) También yo debo retirarme, pero ¿con qué pretexto? Quisiera encontrar algo que dé la impresión de que no estoy prestándole un servicio. No quisiera herirlo...

EL EMPLEADO.—Busque usted...

(*Súbitamente inspirado, el curioso se dirige al marido y en un tono alegre, despreocupado, se despide diciendo.*)

EL CURIOSO.—Bueno, señores. Tanto gusto. Muy buenas noches.

EL MARIDO (*Confundido*).—¿Se va usted?

EL CURIOSO.—No lo creerán ustedes, pero he olvidado el objeto de mi presencia en este despacho y en cambio creo recordar que a esta hora tengo una cita importante. Estoy seguro de que, si permanezco al lado de ustedes por más tiempo, olvidaré también ese compromiso, como olvido todo. Padezco esa enfermedad que los médicos llaman... ¿cómo la llaman?

EL EMPLEADO.—Amnesia.

EL CURIOSO.—Eso es; amnesia. ¿He dicho amnesia?... Buenas noches. (*Se inclina y sale.*)

ESCENA V

El marido, el empleado

(*El empleado se dirige a cerrar cuidadosamente la puerta. El marido se halla, mientras tanto, en el centro de la sala, de pie, incierto, como en el cruce de dos caminos, sin saber qué puerta tomar a su vez. El empleado se acerca con lentitud. Quedan frente a frente, sin palabras, inmóviles. Una pausa profunda, un hueco del tiempo, deja como plasmadas y recortadas sus figuras en una especie de vista fija. Se tiene la impresión de que esto seguirá así indefinidamente si algo ajeno, indiferente, casual, no viene a romper esta inmovilidad, a poner en movimiento la escena de un teatro de cuerda. Se oye, por fin, el timbre del privado.*)

EL MARIDO (*Estremeciéndose, recobra la vida*).—¿Ha oído usted?

EL EMPLEADO (*Despertando*).—Sí. (*Sin moverse, rígido, contesta el empleado.*) Voy en seguida. (*Luego, humanizándose, se acerca al marido.*) ¿Me creerá usted si le digo que lo envidio con todas mis fuerzas; que daría cualquier cosa por hallarme en su lugar?... Es usted el empresario de un espectáculo en el que será al mismo tiempo el creador, el actor y el espectador. Piense usted que yo, en cambio, vivo miserablemente, como un ladrón, de los trozos de vida que robo a los demás en momentos de distracción, de ausencia o, como ahora, de azar. El mismo timbre que me recuerda mi muerte cotidiana lo llama a usted a una vida nueva. (*Se oye la llamada del timbre. Automático otra vez, el empleado contesta.*) Voy en seguida.

EL MARIDO.—Espere un momento. Quisiera pedirle un favor.

EL EMPLEADO (*Humanizándose*).—Diga usted.

EL MARIDO.—Estoy seguro de que si usted no acude pronto, ella saldrá. Está impaciente. Su llamada lo indica. Yo prefiero hablarle aquí y, si usted lo permite, hablarle sin luz.

(*El empleado apaga la luz más viva. Queda una opaca luz de acuario.*)

EL EMPLEADO.—¿Es bastante?

EL MARIDO.—Sí.

EL EMPLEADO.—¿Quiere usted algo más?

EL MARIDO.—Gracias, eso es todo. (*Se oye el timbre del teléfono. El empleado duda un momento si contestar o no.*) Responda.

(*El empleado se dirige al teléfono. Descuelga la bocina y la deposita suavemente en la mesa.*)

EL EMPLEADO.—¡Qué nos importa lo que viene de fuera! Ahora nadie le molestará.

EL MARIDO (*Emocionado*).—Gracias.

EL EMPLEADO.—Hasta luego, pues.

EL MARIDO.—Hasta luego. (*Y al tiempo que el empleado sale por la puerta de la derecha, casi para sí.*) Gracias.

ESCENA VI

El marido, las tres señoras

(*Una pausa. Se abre la puerta del privado y aparece la primera señora. El marido da un paso hacia ella. La señora hace un gesto de sorpresa al hallarse en un lugar casi sin luz; duda si volver al privado, si llamar; se dispone al fin a salir cuando el marido se le acerca y con una voz que quiere ser firme le dice.*)

EL MARIDO.—¡Mariana! (*Pausa.*) ¡Por qué has venido? Lo sé todo gracias a este papel. Podría matarte, pero tu cuerpo no sentiría la venganza que te reservo... (*La señora, sorprendida, hace un gesto que anuncia que va a hablar.*) Ni una palabra. ¡Fuera de aquí! ¡En seguida! ¡No hables! ¡Aquí no! (*Cubriéndose la cara.*) ¡Aquí no!

La primera señora ahoga un grito y sale aprovechando este momento. Pausa. Cuando el marido se descubre la cara, se abre la puerta del privado y aparece la segunda señora. El marido, al verla, con una voz que cede.

¿Por qué has vuelto? No sé si te has puesto ese velo para ocultar tu vergüenza o tu desvergüenza... Mira, también yo he velado mi cara:

he apagado la luz... También yo soy un cobarde... ¡Si pudieras no volver! Vámonos de aquí. Vámonos... Si pudieras no volver...

La segunda señora ahoga un grito como la anterior y sale rápidamente.

Espera, espera.

(Busca su sombrero. No lo encuentra; lo encuentra al fin. Va a salir tras ella, pero algo lo imanta a su espalda: es la tercera señora, que ha abierto la puerta del privado y que aparece en el umbral. El marido al verla se dirige hacia ella y queda vencido, encogido, trémulo hasta el final.)

Ya lo ves. Aquí estoy... No puedo dejar de venir. Te espío. Te espero. Sigo tus pasos. No he podido vengarme... Te reservaba un odio constante, diario, secreto... pero todo no ha sido sino un amor nuevo, más agudo y más lúcido que el otro.

(La tercera señora cruza rápidamente la sala y antes de salir ahoga el mismo grito. El marido queda anulado, inmóvil, sin fuerzas para seguirla, en medio de la sala. Pausa. Se abre la puerta del fondo y entra el abogado. Se asombra de hallar oscura la sala. Se dirige al conmutador. Enciende la luz. Encuentra el audífono descolgado. Lo toma y habla.)

ESCENA VII

El marido, el abogado

EL ABOGADO.—Bueno... Bueno... *(Cuelga el audífono.)*

Mira extrañado al marido, que se recobra rápidamente. Parece que va a preguntarle algo. No lo hace. Se dirige al privado y ya en la puerta invita con un ademán al marido a entrar. Luego con la voz:

Pase usted, tenga la bondad.
EL MARIDO.—En seguida, en seguida.

Y en vez de pasar al privado, al tiempo que responde: "En seguida, en seguida", el marido sale precipitadamente por la puerta del fondo ante el asombro del abogado.

TELÓN

¿En qué piensas?

MISTERIO EN UN ACTO

PERSONAJES

CARLOS
VÍCTOR
RAMÓN
MARÍA LUISA
UN DESCONOCIDO

Todos menores de treinta años

En el estudio de Carlos. Un diván, un sillón, mesa y sillas. Dos o tres cuadros. La antesala, en el fondo, comunica por una puerta sin hojas. A la derecha, la pared se halla casi totalmente sustituida por una vidriera. A la izquierda, puerta que da al cuarto de Carlos.
Carlos espera; enciende un cigarrillo, hojea sin atención una revista, se asoma a la ventana; apaga el cigarrillo, toma la revista. Se oye el timbre de la puerta de entrada. Carlos pasa a la antesala con el objeto de abrir la puerta. Se oyen las voces de Carlos y Víctor.

ESCENA I

Carlos, Víctor

LA VOZ DE CARLOS.—Ah, ¿eres tú?
LA VOZ DE VÍCTOR.—Sí, yo. ¿Te sorprende?
CARLOS (*Entrando*).—Sorprenderme precisamente, no.
VÍCTOR (*Entrando*).—Pero no me esperabas, ¿verdad?
CARLOS.—Claro que no.
VÍCTOR.—Naturalmente.
CARLOS.—Siéntate.
VÍCTOR.—Pero esperabas a alguien, ¿verdad?
CARLOS (*Evasivo*).—Siéntate.

VÍCTOR.—¿Por qué no me respondes?

CARLOS (*Sonriendo*).—¿Por qué no te sientas?

VÍCTOR (*Se sienta*).—¿Esperabas a alguien?

CARLOS.—Esperar precisamente, no.

VÍCTOR (*Pausa. Se levanta*).—Y, sin embargo, todo en ti y fuera de ti parece estar dispuesto a esperar: la bata, la revista que nos has leído, a pesar de que la tomaste para distraer los minutos de espera; el cenicero que muestra los cadáveres de tres cigarrillos apagados antes de tiempo; el nudo de la corbata en su sitio; el peinado perfecto, con todos sus brillos. No puedes negar...

CARLOS (*Se levanta. Interrumpiéndolo*).—Tampoco tú puedes negar.

VÍCTOR (*Interrumpiéndolo*).—Yo no niego: afirmo.

CARLOS.—También yo afirmo.

VÍCTOR.—Tú niegas.

CARLOS.—Yo afirmo y tú no podrás negar que espías.

VÍCTOR (*Descubierto; lentamente; se sienta*).—Yo no espío; observo, eso es todo.

CARLOS.—Vienes aquí todas o casi todas las noches, y nunca antes de hoy has hecho observaciones tan agudas y tan desinteresadas.

VÍCTOR.—No te enfades.

CARLOS.—No me enfado; observo, eso es todo. (*Se sienta.*)

VÍCTOR (*Jugando el todo por el todo*).—Pero esperas a alguien, ¿verdad?

CARLOS (*Después de un breve silencio*).—Sí. (*Otro silencio.*) Tú me espías, ¿verdad?

VÍCTOR (*Pausa*).—Sí. (*Pausa.*) ¿Me has visto desde la ventana? Yo te veía recorrer de un lado a otro el estudio, accionando, hablando con alguien. Entonces no pude resistir más tiempo y me impuse la decisión de subir.

CARLOS.—Pero ¿se puede saber por qué me espías?

VÍCTOR.—Oh, eso es más difícil.

CARLOS.—Y ¿por qué has subido?

VÍCTOR.—Oh, eso es más difícil aún.

CARLOS.—Y, no obstante, has confesado que me espías.

VÍCTOR.—Sí, he confesado.

CARLOS.—Y, además, has subido.

VÍCTOR.—Ya lo ves. (*Pausa.*)

CARLOS.—¡A lo que hemos llegado! Tú me espías...

VÍCTOR (*Completando la frase*).—Y tú me mientes.

CARLOS.—Sin embargo, yo podría decirte por qué he mentido, por quién he mentido; no directamente, sino representando por medio de una letra lo que no es posible nombrar de otro modo. En cambio, tú no podrías, ni aun así, decirme por qué razón me espías.

Víctor.—Es verdad, ni aun así podría decírtelo.

Carlos (*Triunfante*).—Ya lo ves.

Víctor (*Con rabia, rápidamente*).—Pero en cambio puedo decirte, en cualquier momento, ahora mismo, quién es la persona cuyo nombre pretendes sustituir hipócritamente con un signo algebraico.

Carlos.—Tal vez.

Víctor.—Seguramente.

Carlos.—Seguramente; ya veo que eres capaz de todo.

Víctor (*Bajando la voz*).—Se trata de María Luisa... ¿verdad?

Carlos.—Eso dices.

Víctor (*Rápidamente, en voz alta*).—No lo niega. No lo niega. Luego es ella.

Carlos.—Menos mal que te da gusto que sea ella.

Víctor (*Asombrado*).—¿Qué me da gusto? ¿He dicho, he dicho algo que te haga pensar que me da gusto? Por el contrario... (*Se detiene arrepentido*.)

Carlos.—Por el contrario, te molesta, ¿no es así?

Víctor.—Desde luego no me da gusto.

Carlos.—Entonces te molesta.

Víctor.—Me molesta, si quieres.

Carlos.—No, yo no quiero. Eres tú el que gusta de atormentarse con estas cosas.

Víctor.—¿La quieres todavía?

Carlos.—Ya sabes que entre María Luisa y yo todo ha terminado.

Víctor (*Incrédulo*).—¿Todo? (*Carlos no contesta*.) Y, no obstante, ella va a venir a verte.

Carlos.—Sí.

Víctor.—Y tú has dispuesto todo para esperarla como en otros tiempos.

Carlos.—Es la costumbre y sólo la costumbre. Tú sabes que yo me arranqué voluntariamente esa pasión por María Luisa. Aquello fue, como tú decías, una mutilación.

Víctor.—Sólo que, por lo visto, del mismo modo que el enfermo a quien han amputado una mano aún siente la presencia de esa mano, te duele y quisieras consolarte, consolándola; acariciarte, acariciándola.

Carlos.—¿Y si así fuera...?

Víctor (*Irónico*).—Es verdad, yo no tengo derecho a despertarte. Sería inhumano contribuir a que dejes de seguir creyendo que aún tienes la mano que ya no tienes.

Carlos.—¡Imbécil! (*Luego, afectuoso.*) ¡Cómo tendré que explicarte que un día me dije: "Todo esto debe acabar", y que desde ese día...!

Víctor (*Después de recorrer con la mirada el estudio*).—¡Ya lo veo!

Carlos.—¿No me crees?

Víctor.—No. No te creo porque no es posible, cuando se trata de María Luisa, decir: todo se ha acabado. Si, por el contrario, cerca de ella todo parece dispuesto a nunca acabar: la mañana, la noche, la conversación, la alegría..., la duda.

Carlos (*Soñando, involuntariamente*).—Es verdad, es verdad.

Víctor.—¡Lo ves!

Carlos (*Despertando*).—Y, no obstante, yo me dije: "Esto debe acabarse", y se acabó.

Víctor.—¿Se acabó?

Carlos.—Se acabó, créeme. Es inútil que espíes... Por lo menos, es inútil que me espíes.

Víctor.—¿Qué quieres decir? María Luisa en persona me dijo que hoy vendría a verte.

Carlos.—¿Y tú qué le dijiste?

Víctor.—Que no viniera, porque, de lo contrario, todo acabaría entre nosotros.

Carlos.—¿Y qué te dijo?

Víctor.—Dulcemente, suavemente, me dijo que vendría a verte y que, además, no acabaríamos. Si la hubieras visto en el momento en que dijo esto, habrías comprendido que nunca, nunca acabaremos.

Carlos.—¡Y a pesar de eso la espías!

Víctor.—No, no es a ella a quien espío, te lo juro.

Carlos.—No necesitas jurarlo, es a mí a quien espías.

Víctor.—Quería saber si la esperabas.

Carlos.—Y cómo la esperaba.

Víctor.—Eso es.

Carlos.—Entonces, ahora que sabes que la espero y cómo la espero, te irás.

Víctor (*Inmutable*).—No sé.

Carlos.—¡Cómo "no sé"!

Víctor.—No sé si podré irme. No sé si tendrás el valor de obligarme a que me vaya.

Carlos.—No seas tonto. Te he dicho que eso de María Luisa me lo arranqué para siempre.

Víctor.—Pero... ¿no la sientes?, ¿no te duele?, ¿no te hormiguea?

Carlos.—¿Qué?

Víctor.—¡Esa mano!

CARLOS.—¿Qué mano?

VÍCTOR.—¡Ya lo ves! Se te olvida que ya no es tuya, que ya no la tienes. Involuntariamente crees que aún eres dueño de ella, que ella sigue formando parte de ti. Involuntariamente te has preparado para recibirla como cuando era... (*Se detiene.*)

CARLOS (*Continúa*).—Mía.

VÍCTOR (*Con esfuerzo*).—Eso es: tuya.

CARLOS.—Si te dijera que nunca tuve la sensación de que María Luisa fuera mía, ¿me creerías?

VÍCTOR.—Si lo dices para consolarme...

CARLOS.—No lo entiendes. Quiero decir que María Luisa se me escapaba siempre, insensiblemente, cuando estaba cerca de mí. Con frecuencia tenía yo la sensación de que se ausentaba en el pensamiento; yo le preguntaba: "¿En qué piensas?", y en vez de contestarme como contesta todo el mundo, con la sonrisa de quien vuelve a la realidad: "En nada", me respondía con la misma sonrisa, volviendo de su ausencia a la misma realidad: "En ti." ¡En ti, en ti! Pero ese ti ¿era yo? No, seguramente. Ese ti eras tú, era otro, era quién sabe quién o quién sabe qué. Y, no obstante, nada podía yo decirle, porque su respuesta era irreprochable.

VÍCTOR.—Pero ¿es posible?

CARLOS.—Si quieres convencerte, cuando esté sola, a tu lado, abstraída, pregúntale: "¿En qué piensas?"

VÍCTOR (*Reaccionando*).—Nunca se lo preguntaré. Quieres atormentarme.

CARLOS.—Por el contrario, pretendo tranquilizarte haciéndote saber que ella no me quiso nunca.

VÍCTOR.—Pero a mí sí me quiere.

CARLOS (*Con el veneno más dulce*).—¿Lo dices porque piensa "en ti"?

VÍCTOR.—Tienes razón: no sé cómo he podido afirmar que me quiere. Si así fuera, no vendría a verte esta noche y, no obstante...

CARLOS.—Vendrá. Pero eso no prueba que no te quiera. Bien puede venir y seguir queriéndote, si te quiere.

VÍCTOR.—Es incomprensible.

CARLOS.—Pero así es. No hay remedio.

VÍCTOR.—¿Estás seguro?

CARLOS.—Completamente seguro. (*Pausa breve.*)

VÍCTOR.—Contigo... ¿era también así?

CARLOS.—No. Tenía otra manera de quererme; es decir, de no quererme. "Sabes —me decía—, esta noche rehusé una invitación de Antonio. Antonio es delicioso. Estoy segura de que me habría divertido mucho; pero, ya lo ves, te quiero y aquí me tienes a tu lado." Al poco rato, su imaginación viajaba, y era entonces cuando yo le preguntaba: "¿En qué piensas?", y cuando ella me respondía: "En ti."

VÍCTOR.—Pero eso es horrible.

CARLOS.—Sí, horrible, pero irreprochable. (*Un silencio.*) Creo, sinceramente, que si yo tuviera que escoger, preferiría, al modo como me quería, el modo como dices que te quiere.

VÍCTOR.—¿Qué cosa?

CARLOS.—Al menos a ti parece decirte: "Me voy con otro; pero pierde cuidado, allá estaré pensando en nuestro amor!...

VÍCTOR.—¡Si alguien me asegurase que eso es verdad, que estando aquí piensa en nuestro amor!...

CARLOS (*De pie. Rápidamente*).—¿Me dejarías solo con ella? ¿Te irías? (*Víctor no contesta, Carlos se sienta, y dulcemente:*) Ni yo ni nadie puede asegurártelo. Nada concreto, nada cierto sabemos de María Luisa. Cuando decimos que no piensa lo que dice...

VÍCTOR (*Interrumpiéndolo*).—Eso es concretamente: no piensa lo que dice.

CARLOS.—Déjame terminar. Damos a entender que en otras ocasiones María Luisa piensa...

VÍCTOR (*Interrumpiéndolo*).—Cuando no dice lo que piensa, por ejemplo.

CARLOS.—Pero ¿estamos seguros de que María Luisa piensa? Pensar, lo que se llama pensar, esto que hacemos ahora nosotros: dudar, afirmar, deducir, perseguir y rodear la verdad, ¿crees que ella lo hace alguna vez? (*Pausa.*) ¿Por qué no contestas? No te atreves a decir que nunca lo hace. Pues bien, yo creo que si María Luisa pensara un minuto, un minuto solamente, se le enronquecería la voz, se le abrirían los poros, le brotaría un vello superfluo en la cara...

VÍCTOR.—Sería horrible.

CARLOS.—Sí, horrible; pero no hay ningún peligro de que esto suceda.

Se oye el timbre de la puerta de entrada. De pie, Carlos y Víctor quedan suspensos. Luego, Víctor vuelve a acomodarse tranquilamente en su asiento, ante la doble sorpresa de Carlos que, nerviosamente, le dice:

Pero ¿no has oído?

VÍCTOR.—Sí, he oído.

CARLOS.—¡Y no te mueves! Supongo que querrás irte. Puedes hacerlo por aquí (*indica la puerta de la izquierda*), sin que ella te vea, o bien...

VÍCTOR.—Puedes abrir la puerta. No es ella.

CARLOS.—¿No es ella? Pero si no espero a nadie más.

VÍCTOR.—Tampoco a mí me esperabas. Te digo que no es ella. Estás inquieto y tienes dos esperanzas que te impiden ver otra cosa: la esperas a ella y esperas que yo me retire. Yo sólo espero que ella no venga. Estoy celoso y los celos me dan una lucidez increíble. La llamada, que en un principio me pareció, como a ti, de María Luisa, no es, no puede ser suya. (*Se oye otra vez el timbre.*) ¿Oíste? Es una llamada fría, indiferente.

CARLOS.—Te aseguro que es ella.

VÍCTOR.—No es ella... todavía. Si no abres, abriré yo mismo y te convencerás.

CARLOS (*Resignado, yendo a abrir la puerta*).—Está bien, iré. (*Víctor queda inmóvil sin volver la cabeza. Se oye la voz de Carlos.*) ¡Ah! ¡Eres tú!

(*Entran Carlos y Ramón.*)

ESCENA II

Víctor, Carlos y Ramón

VÍCTOR (*A Carlos*).—¿Ya lo ves?

RAMÓN.—¡Qué! ¿Me espraban? ¿Hablaban de mí?

CARLOS.—No.

VÍCTOR (*Simultáneamente*).—Sí.

RAMÓN.—¿Por fin?

CARLOS.—Sí.

VÍCTOR (*Simultáneamente*).—No.

RAMÓN.—Siquiera por cortesía pónganse de acuerdo. (*Silencio. Se quita el abrigo y lo deja en el diván. Carlos y Víctor cambian una mirada de cómplices ante la desdicha que ahora los une.*) Ya veo que estorbo. No obstante...

CARLOS.—No obstante...

RAMÓN.—Me quedaré. Pero sólo por un momento. (*Se sienta. Pausa breve.*) ¡Y pensar que estuve a punto de venir acompañado!

CARLOS.—¡Sólo eso nos faltaba!

VÍCTOR (*Alzando la cabeza. Interesándose. Casi al mismo tiempo*).—¿Acompañado? ¿Por quién?

RAMÓN.—Por María Luisa. (*Carlos hace un gesto de asombro. Víctor sonríe.*) Nos encontramos precisamente en la puerta de la casa. Me preguntó si venía a verte y, aunque yo no lo había pensado, me pareció que, en efecto, no era una mala idea, y le dije que sí. Le pregunté si ella también venía a verte, y me dijo que no, que iba de compras.

CARLOS.—¿Te dijo que no?

Víctor.—¿Te dijo que iba de compras?

Ramón.—Me dijo ambas cosas.

Carlos (*A Ramón*).—Entonces, ¿crees que no vendrá?

Víctor.—Claro que no vendrá: mientras Ramón esté aquí con nosotros, contigo, pero apenas lo vea salir...

Ramón.—¿Qué quieres decir?

Carlos (*A Víctor*).—¿Luego tú crees que, a pesar de todo, vendrá?

Víctor (*No contesta. A Ramón*).—¿Te ha dicho algo más?

Ramón.—Me preguntó si Carlos me esperaba.

Carlos.—¿Qué le dijiste?

Ramón.—La verdad: que no.

Víctor (*A Ramón*).—¿Te preguntó si tu visita a Carlos sería larga?

Ramón.—No, eso no me lo preguntó: se lo dije yo. "Quiero que me preste algo que leer y me iré en seguida a casa. Me siento fatigado", le dije.

Víctor (*Casi para sí, otra vez. Con los codos en las piernas. Con la cabeza en las manos*).—¡Es horrible!

Carlos (*A Víctor*).—Entonces, ¿crees que María Luisa no ha desistido?

Víctor.—No ha desistido: vendrá.

Ramón (*Que ha comprendido algo, muy poco, de lo que sucede. A Carlos*).—Dame, pues, un libro. Me iré. (*Se levanta. Toma su sombrero y su abrigo.*)

Carlos (*Aparentando tranquilidad*).—¿Qué libro quieres?

Ramón.—Cualquiera. Un libro cualquiera. Yo veo que lo importante es que yo me despida de ustedes y salga a la calle con un libro en la mano: el autor no importa.

Carlos.—Como quieras. Se hará lo que gustes.

Víctor (*A Ramón*).—Entonces quédate.

Carlos.—No, no se quedará. Ha comprendido que debe irse.

Ramón.—He comprendido que debo irme, pero me gustaría quedarme.

Carlos.—¿Sí? Voy en busca del libro. (*Sale.*)

ESCENA III

Víctor y Ramón

Víctor (*Rápidamente*).—Si pudieras quedarte, con cualquier pretexto.

Ramón.—Si permanezco más tiempo en el estudio, abrirá la puerta y me echará a la calle.

VÍCTOR.—Es verdad.

RAMÓN.—Pero ¿qué sucede? Dímelo en pocas palabras.

VÍCTOR.—¿En pocas palabras? Imposible.

RAMÓN.—Se trata de María Luisa, ¿verdad?

VÍCTOR.—Si tú quisieras, al salir podrías decirle... porque ella estará en la esquina o en la tienda o en cualquiera otra parte cerca de aquí, esperando que salgas... podrías decirle...

RAMÓN.—¿Qué cosa?

VÍCTOR.—¿Lo harías por mí?

Sin ser visto, con un libro en la mano, aparece Carlos en el umbral de la puerta y se detiene al oírlos hablar en tono' confidencial.

RAMÓN.—¿Qué debo decirle? Dilo pronto...

VÍCTOR.—Que estoy aquí, que no debe subir. ¿Se lo dirás?

RAMÓN (*Al darse cuenta de la presencia de Carlos*).—Um.

ESCENA IV

Víctor, Ramón, Carlos

CARLOS (*Desde el umbral a Ramón*).—No. (*Arroja el libro sobre el diván. A Víctor.*) No se lo dirá. (*A Ramón.*) Has dicho que te gustaría quedarte aquí y te daré gusto.

VÍCTOR.—Me parece muy bien. Nos quedaremos.

CARLOS.—Se quedarán aquí, en su casa. Soy yo quien se va a esperar, en la puerta, a María Luisa.

VÍCTOR.—¿Serás capaz?

RAMÓN.—Yo no puedo quedarme. Vine a pedirte un libro..., me siento mal.

CARLOS.—En la otra pieza tendrás todos los libros que gustes. Y, en último caso, puedes pasar aquí la noche. (*A Víctor.*) En cuanto a ti...

VÍCTOR (*De pie*).—Saldremos juntos.

CARLOS.—Por ningún motivo. Saldré solo. Te quedas en tu casa.

VÍCTOR.—¿Debo entender que estás decidido a hacerme una mala jugada?

CARLOS.—Debes entender que, puesto que no puedo esperar a María Luisa aquí, en mi estudio, he decidido esperarla en la puerta de la casa. Así no le darán tus recados. María Luisa y yo iremos a cualquier parte, no sé.

VÍCTOR.—Eso quier decir que me has mentido, que aún la quieres.

CARLOS.—Eso quiere decir que si me ha prometido venir es porque quiere hablar conmigo a solas.

VÍCTOR.—¿Hablarte? ¿De qué pueden ustedes hablar ahora?

CARLOS.—No lo sé. Justamente, si la espero es para saberlo.

VÍCTOR (*Amargamente*).—Y no temes que María Luisa no sólo venga a hablar contigo...

RAMÓN.—Eso no se teme. Más bien se desea.

VÍCTOR (*A Ramón*).—¡Imbécil!

CARLOS.—Si yo no bajo a esperarla, ella no subirá y nunca sabré el objeto de su visita.

VÍCTOR.—Es verdad, nunca lo sabremos.

CARLOS (*Triunfante*).—Luego estás de acuerdo en que debo bajar.

VÍCTOR.—Creo que es irremediable.

CARLOS.—Entonces bajaré. (*Empieza a quitarse la bata y sale por la puerta que da a su pieza.*)

ESCENA V

Víctor, Ramón, la voz de Carlos

VÍCTOR (*Rápidamente*).—¿Crees que sea capaz de decirme luego la verdad?

RAMÓN.—Si la verdad es en favor suyo...

VÍCTOR.—Tienes razón, sólo así.

RAMÓN.—En su caso, ¿le dirías toda la verdad? (*Víctor no responde.*) Vamos, dilo francamente.

VÍCTOR.—Creo que no.

RAMÓN.—Si yo pudiera hablarle. Si ella me tuviera confianza o yo se la inspirara... le preguntaría por qué viene a visitar a Carlos. Y luego...

VÍCTOR.—Me dirías la verdad.

RAMÓN.—Naturalmente.

VÍCTOR.—Entonces... (*Se oye en este momento el timbre de la puerta de entrada. Un sonido breve, ligero, anuncia a María Luisa.*) Un momento... es ella.

LA VOZ DE CARLOS.—¡Qué! ¿Han llamado?

VÍCTOR (*A Carlos, gritando*).—No han llamado. Es tu conciencia. (*A Ramón.*) Recíbela tú. Háblale; pregúntale la verdad. Yo impediré que Carlos salga antes de que tú lo sepas todo. Lo convenceré.

Sale al cuarto de Carlos. Cierra la puerta. Ramón sale a abrir la puerta de entrada. Se oye la voz pura, cándida, dulce, benévola, a veces como de niña, a veces como de estatua, de María Luisa.

ESCENA VI

Ramón, María Luisa

LA VOZ DE MARÍA LUISA.—¡Oh, usted aquí!

LA VOZ DE RAMÓN.—Pase usted, María Luisa. (*Entran.*) ¿No esperaba encontrarme? Me disponía a salir. Ya ve usted. Aquí está el libro. Aquí mi abrigo... y mi sombrero.

MARÍA LUISA (*Indiferente*).—Ya los veo. ¿Y Carlos?

RAMÓN.—Se está vistiendo.

MARÍA LUISA (*Inocente*).—¡Qué! ¿Estaba desnudo?

RAMÓN.—Sí, en el baño.

MARÍA LUISA (*Como para sí*).—Es curioso.

RAMÓN.—¿Qué?

MARÍA LUISA.—Nunca antes había imaginado a Carlos desnudo.

RAMÓN.—Luego... ¿también ustedes imaginan?

MARÍA LUISA.—¡Qué se imagina usted! (*Como para sí.*) Pero a Carlos... Es curioso; no puedo imaginarlo sin cuello siquiera. Cierro los ojos y lo veo con la corbata siempre en su sitio, con el pañuelo en el suyo; irreprochable.

Ramón se ha compuesto impensadamente la corbata, el pañuelo. Se sientan.

RAMÓN.—Y a Víctor, ¡cómo lo imagina usted?

MARÍA LUISA.—No sé... en traje de *sport*... en traje de baño.

RAMÓN (*Sin malicia*).—¿En traje de baño?

MARÍA LUISA (*Representándoselo*).—Sí, en traje de baño.

RAMÓN.—Y... ¿a mí?

MARÍA LUISA (*Sin enojo*).—Qué tonto es usted. A usted no lo imagino de modo alguno. Usted...

RAMÓN.—Yo...

MARÍA LUISA.—No existe.

RAMÓN.—¿Que yo no existo?

MARÍA LUISA.—Al menos para mí. (*Pausa breve.*) Usted no me ha amado nunca, usted no me ama, luego...

RAMÓN.—No existo.

MARÍA LUISA.—Eso es.

RAMÓN.—Es verdad que no la he amado munca, que no la amo, pero...

MARÍA LUISA.—¿Qué?

RAMÓN.—He amado a otras mujeres... a otra mujer.

María Luisa.—¿Es posible? (*Transición*.) ¡Qué tonta soy! Usted ha amado a otra mujer, luego...

Ramón.—Existo.

María Luisa.—Tal vez. Pero ¿dice usted que ya no la ama?

Ramón.—Pero la amé.

María Luisa.—Oh, entonces quién sabe si la ama usted aún.

Ramón.—No sé, tal vez; la verdad, no comprendo...

María Luisa.—¡No comprende! Yo, por ejemplo, no tengo por qué amar a Carlos, puesto que ya no me ama y, no obstante, comprendo por qué, para qué estoy aquí, en su estudio.

Ramón.—Entonces, ¿usted ama a Carlos?

María Luisa.—Si es que lo amo, no comprendo por qué lo amo.

Ramón.—Pero... ¿a Víctor?

María Luisa (*Con cansancio*).—Es fácil saber por qué lo amo; me cela, me sigue, me obedece, me acaricia...

Ramón.—La cansa, ¿no es verdad?

María Luisa.—No, no es verdad. Es decir: me cansa; pero sobre todo, me ama.

Ramón.—En cuanto a Carlos...

María Luisa.—Me evita, me olvida; le soy indiferente...

Ramón.—Y no obstante, usted lo ama.

María Luisa.—No lo sé. He venido a saberlo, quizás. Eso es: he venido a saberlo. Pero ya ve usted, Carlos no está aquí. Carlos no quiere verme.

Ramón.—Sí está. Sí quiere verla.

María Luisa.—Pero está desnudo; es decir, invisible para mí. Si entrara en este momento, tendría yo que cerrar los ojos.

Ramón.—Y no obstante, hace un momento, con los ojos cerrados, lo imaginó usted, a pesar suyo, desnudo.

María Luisa (*Cerrando los ojos, estremeciéndose*).—Sí, desnudo, delgado, ¡horrible!

Ramón.—Tal vez se equivoque su imaginación.

María Luisa.—Imposible. Nuestra imaginación no se equivoca. Usted, por ejemplo, desnudo...

Ramón (*Temeroso*).—No, por Dios. No lo diga usted.

María Luisa (*Con su voz más cándida*).—¿Tiene usted algún defecto físico? Pero no se preocupe. Usted... usted no existe. Me olvidaba de que usted no existe. (*Pausa.*)

Ramón.—Y... ¿es muy difícil existir para usted? (*María Luisa no contesta. Se ha quedado pensando en otra cosa.*) ¿Por qué no me responde?... ¿En qué piensa?

María Luisa (*Despertando*).—En ti. (*Se asombra de su frase.*) ¡Oh! ¿Qué he dicho?

Ramón (*Tímidamente*).—Ha dicho que pensaba en mí.

María Luisa.—No, no es posible. Cuando usted me preguntó: "¿En qué piensa?", yo le respondí: "En nada." En nada; ¿en qué otra cosa podía pensar?

Ramón.—... Tal vez.

María Luisa.—¿Lo duda usted?

Ramón (*Dudando más que antes*).—No, no lo dudo.

María Luisa.—¿Verdad que he dicho que no pensaba "en nada"?

Ramón.—Es verdad.

María Luisa.—Qué bueno es usted.

Ramón (*Asustado de su frase*).—No quise decir eso.

María Luisa.—No quiso decirlo, pero es verdad. (*Pausa. Ramón se ha quedado pensativo.*) ¿En qué piensa?

Ramón (*Despertando*).—En nada.

María Luisa.—Dígalo usted. Téngame confianza. (*Se acerca a Ramón.*)

Ramón.—No digo más que la verdad.

María Luisa.—Entonces diga: "pensaba en mí".

Ramón.—"Pensaba en mí."

María Luisa.—No en usted: "en mí".

Ramón.—Eso es: "pensaba en usted".

María Luisa.—"En ti."

Ramón.—"En ti."

María Luisa.—Ya lo ve usted. Sin darse cuenta, sin saberlo, pensaba usted "en mí".

Ramón (*Arrobado*).—Es verdad, sin darme cuenta.

María Luisa.—Y además, sin pensarlo, me ha hablado de tú.

Ramón.—Sí, de tú. (*Luego, despertando.*) Dispénseme, María Luisa.

María Luisa.—No has cometido falta. Ya ves, también yo, sin pensarlo, te hablo de tú.

Ramón (*Como un eco*).—De tú.

María Luisa.—Hablémonos, desde ahora, de tú. De todos modos, algún día, o quién sabe, mañana...

Ramón.—Algún día, o mañana...

María Luisa.—Me amarás.

Ramón.—Sí... te amaré. (*Despertando.*) Pero ¿y Carlos?

María Luisa.—Carlos me amó.

Ramón.—¿Y Víctor?

María Luisa.—Víctor me ama. Pero tú me amarás. No ahora, no; algún día.

RAMÓN (*Arrobado*).–Sí, algún día... mañana tal vez.

MARÍA LUISA (*Como un eco*).–Tal vez.

RAMÓN.–Pero si Carlos te amó y Víctor te ama...

MARÍA LUISA (*Continuando la frase*).–Tú me amarás.

RAMÓN.–Pero tú ¿a quién amas?

MARÍA LUISA.–Yo amo, simplemente. Amo a quien me ama.

RAMÓN.–¡Pero no crees que es preciso optar, escoger? ¡Porque los tres a un tiempo...!

MARÍA LUISA.–A un tiempo, no; en el tiempo.

RAMÓN.–¿Cómo?

MARÍA LUISA.–En el pasado, en el presente, en el mañana.

RAMÓN (*Arrobado*).–No sé...

MARÍA LUISA.–Necesitaría morir para no amar a Carlos que me amó, a Víctor que me ama... (*Ramón se encoge, baja la cabeza*) a ti, que me amarás.

RAMÓN (*Tímidamente*).–Entonces, cuando yo te ame, así, como ahora Víctor, en presente, ¿amarás también a otro, al que te amará?

MARÍA LUISA.–Sí. Tal vez. ¿Por qué no?

RAMÓN.–Pero eso será horrible.

MARÍA LUISA (*Acercándosele. Poniendo su mano en el hombro de Ramón*).–No pienses, no sufras. No olvides que aún no me amas.

RAMÓN (*Recobrando el valor*).–Es verdad. Ahora es Víctor el que debe sufrir porque tú me amas ya. Porque tú me amas, ¿no es cierto? (*Se toman las manos.*)

MARÍA LUISA.–Sí, te amo porque me amarás.

RAMÓN.–Porque te amaré.

Durante la última frase del diálogo, Víctor y Carlos, en traje de calle, han entrado sin ser vistos. Carlos se adelanta hacia María Luisa y Ramón. Víctor avergonzado, disminuido, se oculta a medias.

ESCENA VII

Ramón, María Luisa, Carlos, Víctor

CARLOS (*Con su voz más firme*).–¡María Luisa!

MARÍA LUISA (*Sin inmutarse*).–Ah, eres tú, Carlos. ¿Por qué has tardado tanto? (*Al ver a Víctor.*) ¿Tú aquí, Víctor? ¿Por qué te ocultas?... (*Pausa breve.*) ¡No me dicen nada!

CARLOS (*Fríamente*).–Nada.

VÍCTOR (*Colérico y vencido*).—No hace falta decir nada.

MARÍA LUISA (*Serena, plácida*).—Yo les diré una cosa. (*A Ramón.*) Si tú me lo permites. (*A Víctor y Carlos.*) Me siento dichosa. Ramón...

VÍCTOR (*Rápidamente*).—Ya lo sabemos.

MARÍA LUISA.—No sabes nada, Víctor. Nunca sabes nada; dudas, imaginas, investigas, pero nunca sabes la verdad.

CARLOS.—Has dicho que te sientes dichosa.

MARÍA LUISA.—Porque Ramón...

CARLOS.—Te quiere.

MARÍA LUISA.—No, no me quiere. (*A Ramón.*) ¿Verdad que no me quieres?

RAMÓN (*En el colmo del amor*).—No, no te quiero.

MARÍA LUISA.—¿Ya lo oyen? No me quiere; me querrá.

VÍCTOR.—Pero eso no es posible, María Luisa.

MARÍA LUISA.—Sí es posible. Tú bien sabes que es posible. Cuando Carlos me amaba, como tú ahora, no sabías que ya me amabas, pero yo te amaba desde entonces, porque sabía que un día me amarías.

CARLOS (*Colérico*).—Y ahora le ha tocado a Ramón su turno.

MARÍA LUISA.—No me entiendes. No quieren entenderme. No es su turno, no. No es que uno esté detrás o después del otro en mi amor. Según eso, tú no existirías ya para mí, puesto que ya no me amas. No obstante, yo te amo, no porque hayas dejado de amarme, sino porque un día me amaste.

VÍCTOR.—Está bien, ¿pero a mí?

MARÍA LUISA.—A ti te amo, eso es todo.

VÍCTOR.—Luego Ramón sale sobrando.

MARÍA LUISA (*Sin oírlo*).—Pero Ramón, que no me ama todavía, me amará, estoy segura, y sólo por el hecho de saberlo, ya lo amo.

CARLOS (*Despechado*).—No cabe duda; eres precavida. Si uno te deja de amar...

MARÍA LUISA.—No me entiendes aún. ¿Qué quiere decir que me dejen de amar cuando yo sigo amando?

VÍCTOR.—¿Quieres decir que nos amas a los tres a un tiempo?

MARÍA LUISA.—No como tú lo entiendes. A un tiempo, no; en el tiempo.

VÍCTOR.—Pero si Carlos ya está en el pasado.

MARÍA LUISA.—Es verdad. Y tú en el presente y Ramón en el futuro. Pero ¿qué son, en este caso, pasado, presente y porvenir, sino palabras? Si yo no he muerto, el pasado está como el presente, y del mismo modo que el futuro, en mí, dentro de mí, en mis recuerdos, en mi satisfacción, en mis deseos, que no pueden morir mientras yo tenga vida. (*Pausa breve.*) ¿Verdad que ahora me comprenden?

CARLOS (*Como a pesar tuyo*).—Sí, te comprendo. (*Toma asiento.*)

VÍCTOR.—¡Tal vez! (*Toma asiento.*)

RAMÓN.—No, no te comprendo; pero no importa: un día comprenderé. (*Toma asiento.*)

MARÍA LUISA.—Todos han comprendido. Tú, Carlos, que ya no me amas, confiesas. Tú, Víctor, que me amas, dudas todavía. Y Ramón, que aún no me ama, espero que un día comprenderá. (*Se oye el timbre de la puerta. Con excepción de María Luisa, los demás parecen no haber oído.*) Han llamado. (*A Carlos.*) ¿Esperas a alguien?

CARLOS.—A nadie. ¡Es extraño!

Sale a abrir. Se oye casi en seguia la voz del desconocido.

ESCENA VIII

María Luisa, Ramón, Víctor, Carlos y el señor desconocido.

LA VOZ DEL DESCONOCIDO.—¿La señorita? ¿Tiene usted la bondad de avisar a la señorita?... A la señorita que entró hace un rato.

MARÍA LUISA (*De pie, dándose súbitamente cuenta de su olvido*).—¡Es verdad! ¡Lo había olvidado!

LA VOZ DE CARLOS.—Pase, pase usted.

Entra con Carlos un señor joven, increíblemente aliñado, increíblemente tímido y, en consecuencia, increíblemente ridículo. Lleva en la mano tres paquetes grandes.

CARLOS (*A María Luisa*).—El señor pregunta por ti.

MARÍA LUISA (*Al desconocido*).—¡Perdóneme, perdóneme! ¡En qué estaba pensando!

EL DESCONOCIDO.—Yo hubiera querido... esperar más tiempo. Pero temía... temía que usted... que usted...

MARÍA LUISA.—Lo hubiera olvidado. Así fue. Dispénseme. (*Se apresura a recoger los paquetes, que Carlos, Víctor y Ramón le quitan a su vez y que ya no abandonarán.*) No volverá a suceder. Y muchas gracias. Pero debe estar rendido. Tome asiento, acérquese usted.

EL DESCONOCIDO (*Azorado, cohibido, nerviosísimo*).—No, muchas gracias. Debo irme. A sus órdenes, señorita. (*A Todos.*) Buenas noches. (*Sale aturdido.*)

María Luisa, Ramón, Víctor, Carlos

MARÍA LUISA (*Respirando plenamente*).—Lo había olvidado, ¡pobreci-llo! (*Pausa.*)

CARLOS (*Tomando asiento*).—¿Quién es?

MARÍA LUISA.—No sé quién es.

VÍCTOR (*Tomando asiento*).—Pero, ¿no sabes quién es?

RAMÓN (*Tomando asiento*).—No sabe quién es.

MARÍA LUISA (*En el centro del grupo*).—Lo encontré al salir de la tien-da. Se me acercó, y con toda la timidez del mundo me rogó que le permitiera llevar los paquetes. Me miraba de un modo tan sumiso, que me pareció cruel no concederle lo que pedía. Eché a andar y, naturalmente, me siguió, sin hacer ruido, sin atreverse a hablar. En-tré en esta casa, y debo de haber subido muy de prisa, o a él se le cayó un paquete, no sé; el caso es que, al entrar aquí lo olvidé por comple-to... (*Pausa.*) Pero ¿por qué callan? ¿Hay algo de malo en todo esto?

CARLOS.—Nada, yo creo que nada. (*Pausa breve.*)

VÍCTOR.—Es posible que nada. (*Pausa breve.*)

RAMÓN (*Temeroso, haciendo un gran esfuerzo, se atreve*).—Pero ¿no pensó usted, María Luisa, al verlo tan dócil, tan inofensivo, que bien podía ser el hombre destinado a quererla?

MARÍA LUISA.—No, no lo pensé entonces; o si lo pensé, no lo recuer-do; o, más bien, oculté mi pensamiento en seguida.

RAMÓN (*Con tristeza*).—¡Lo ve usted!

MARÍA LUISA.—Pero en caso de que así hubiera sido, ¿no ha visto usted que él no supo esperar?

RAMÓN (*Con alegría, satisfecho*).—Es verdad. No supo esperar.

Pausa. Una misteriosa luz cenital invade el estudio. Todos permanecen inmóviles, abstraídos. Ellos, con un paquete cada uno, en la mano. Ella, son-riente, dichosa, ausente. De pronto, Víctor se le queda mirando y le pregunta con firmeza.

VÍCTOR.—María Luisa, ¿en qué piensas?

Todos esperan, anhelantes, la respuesta.

MARÍA LUISA (*Despertando, en voz baja, casi imperceptible*).—En nada.

VÍCTOR.—¿En nada? No es posible. (*Baja la cabeza.*)

CARLOS.—No es posible. (*Baja la cabeza.*)

RAMÓN.—No, no. (*Baja la cabeza.*)

MARÍA LUISA (*Sin salir del centro del grupo, acaricia los cabellos de cada uno*).—Aquí, a tu lado, Víctor; al lado de Carlos; junto a ti, Ramón, me siento dichosa, ¿quieren saber en qué pienso? (*Todos la miran ansiosos, esperanzados.*) En nada. Soy feliz. No pienso en nada.

Bajan todos la cabeza, acarician involuntariamente el paquete, María Luisa sonríe feliz, como una diosa feliz, mientras cae el

TELÓN

RODOLFO USIGLI
[*México, 1905-1979*]

Reconocido por muchos críticos y por aclamación del público como uno de los dramaturgos latinoamericanos de mayor importancia en nuestros días, Rodolfo Usigli fue un verdadero "profesional" del teatro y uno de los creadores del teatro mexicano moderno. Nacido en la ciudad de México, de padres de ascendencia polaca e italiana, Usigli consagró su vida al drama: a los doce años fue actor; en 1937, y después en otras ocasiones, dictó cursos de teatro en la Universidad Nacional Autónoma de México; en 1938 fue jefe de la Sección de Teatro del Departamento de Bellas Artes de la Secretaría de Educación Pública; en 1940 creó el innovador Teatro de Media Noche. Fue autor de varios importantes libros de crítica y tradujo al español dramas de George Bernard Shaw, Maxwell Anderson, Elmer Rice, Samuel Behrman y John Galsworthy. Como Shaw, a quien conoció personalmente, gustó de escribir extensos prólogos y epílogos muy valiosos como autocrítica. Usigli fue un escritor que trabajaba en aislamiento y no perteneció a ningún grupo literario, aunque en sus primeros años tenía amigos entre los "Contemporáneos". En 1935 él y Xavier Villaurrutia recibieron becas de la Fundación Rockefeller, para estudiar composición dramática y literatura comparada en la Universidad de Yale. Durante los últimos años sirvió en el cuerpo diplomático de México, en Líbano y Noruega.

Usigli es autor de más de treinta obras dramáticas. Orlando Gómez Gil reconoce tres etapas literarias: la primera (1917-1937) de aprendizaje que incluye *El apóstol* (1930), *Estado de secreto* (1935), *Alcestes* (1936), etcétera. El segundo periodo (1937-1947) representa su producción de plenitud y de más fama mundial: *El gesticulador* (escrita en 1937 y estrenada en 1947), *Corona de sombra* (1943; 1947), *El niño y la niebla* (1936; 1951), etcétera. Sus ideas sociales y su crítica de la sociedad y el gobierno explican, al parecer, el intervalo considerable entre la composición y el estreno de las obras de esta época. El tercer periodo (de 1947 en adelante) ha visto un gran número de obras de calidad, pero ninguna supera la producción de su segunda etapa: *La función de despedida* (1949), *Jano es una muchacha* (1952), *Corona de luz* (1960), y *Corona de fuego* (1961). Estas últimas dos cierran el ciclo de una trilogía que presenta grandes momentos en la historia de México: el milagro de la Virgen de Guadalupe y Cuauhtémoc y la Conquista. La primera del ciclo, *Corona de sombra*, interpretaba de una manera "anti-histórica", las motivaciones de Carlota, Maximiliano y Juárez.

Además tiene libros sobre la crítica e historia del teatro: *Itinerario del autor dramático* (1940), *México en el teatro* (1932) y *Caminos del teatro en México* (1933). Para Carlos Solórzano, Usigli es un "hombre de agudo talento [que] supo ver con lucidez algunas verdades del país y escribir un teatro racionalista en que la causalidad de los hechos y sus deducciones constituyen su método mismo de exposición". Dauster lo clasifica "esencialmente moralista, sardónico pero profundamente humano... un espíritu afín a Shaw". Además de escritor, quizá el papel más importante de Usigli ha sido el de maestro y animador de un importante grupo de jóvenes dramaturgos en México: Emilio Carballido, Jorge Ibargüengoitia, Sergio Magaña, Luisa Josefina Hernández, Héctor Mendoza y otros.

BIBLIOGRAFÍA SUMARIA

Azor, Ileana, *Origen y presencia del teatro de nuestra América*, La Habana, Letras Cubanas, 1988, pp. 190-195.

Basurto, Luis G., *et al.*, *Rodolfo Usigli ciudadano del teatro*, México, INBA-CITRU, 1992.

Beardsell, Peter R., *A Theatre for Cannibals: Rodolfo Usigli and the Mexican Stage*, Londres, Associated University Presses, 1992.

Beck, Vera F. de, "La fuerza motriz en la obra dramática de Usigli", *Revista Iberoamericana*, vol. XVIII, núm. 34, enero-septiembre de 1953, pp. 369-383.

Bravo-Elizondo, Pedro, "El concepto de la revolución y lo mexicano en *El gesticulador*", *Texto Crítico*, vol. X, núm. 29, mayo-agosto de 1984, pp. 197-205.

Foster, David William, *Estudios sobre teatro mexicano contemporáneo*, Nueva York, Peter Lang, 1984, pp.13-26.

Gann, Myra S., "*El gesticulador*: Tragedy or Didactic Play?", *Inti*, núms. 32-33, otoño de 1990-primavera de 1991, pp. 148-157.

Gates, Eunice J., "Usigli as Seen in his Prefaces and Epilogues", *Hispania*, vol. XXXIII, núm. 4, diciembre de 1954, pp. 432-439.

Ita, Fernando de, "La danza de la pirámide: historia, exaltación y crítica de las nuevas tendencias del teatro en México", *Latin American Theatre Review*, vol. XXIII, núm. 1, otoño de 1989, pp. 9-17.

Kronik, John W., "Usigli's *El gesticulador* and the Fiction of Truth", *Latin American Theatre Review*, vol. XI, núm. 1, otoño de 1977, pp. 5-16.

Larson, Catherine, "'No conoces el precio de las palabras': Language and Meaning in Usigli's *El gesticulador*", *Latin American Theatre Review*, vol. XX, núm. 1, otoño de 1986, pp. 21-28.

Layera, Ramón, "Mecanismos de fabulación y mitificación de la historia en las 'comedias impolíticas' y las *Coronas* de Rodolfo Usigli", *Latin American Theatre Review*, vol. XVIII, núm. 2, primavera de 1985, pp. 49-55.

Luzuriaga, Gerardo, "Rodolfo Usigli: En busca de la tragedia mexicana", *Introducción a las teorías latinoamericanas del teatro*, Puebla, Universidad Autónoma de Puebla, 1990, pp. 21-61.

____ , "Rodolfo Usigli y Estados Unidos", *Gestos*, vol. 7, núm. 14, Irvine, California, noviembre de 1992, pp. 191-195.

Merrit Matteson, Mariana, "On the Function of the Imposter in the Plays of Rodolfo Usigli", *Selecta: Journal of the Pacific Northwest Council on Foreign Languages*, vol. II, 1981, pp. 120-123.

Meyran, Daniel, "Aproximación a *El gesticulador* de Rodolfo Usigli", *Comunidad*, vol. XI, núm. 58, noviembre de 1976, pp. 610-617.

Moraña, Mabel, "Historicismo y legitimación del poder en *El gesticulador* de Rodolfo Usigli", *Revista Iberoamericana*, vol. LV, núms. 148-149, julio-diciembre de 1989, pp. 1261-1275.

Natella, Arturo A. jr., "Christological Symbolism in Rodolfo Usigli's *El gesticulador*", *Discurso Literario*, vol. V, núm. 2, primavera de 1988, pp. 455-461.

Nigro, Kirsten, "On Reading and Responding to (Latin American) Playtexts", *Gestos*, vol. II, núm. 2, Irvine, California, noviembre de 1987, pp. 101-113.

Ocampo de Gómez, Aurora, y Ernesto Prado Velázquez, *Diccionario de escritores mexicanos*, México, Universidad Nacional Autónoma de México, 1967, pp. 393-395.

Savage Vance, R., "Rodolfo Usigli's Idea of Mexican Theatre", *Latin American Theatre Review*, vol. IV, núm. 2, primavera de 1971, pp. 13-20.

Saz, Agustín del, *Teatro hispanoamericano*, t. II, Barcelona, Vergara, 1963, pp. 84-102.

Scarano, Laura Rosa, "Correspondencias estructurales y semánticas entre *El gesticulador* y *Corona de sombra*", *Latin American Theatre Review*, vol. XXII, núm. 1, otoño de 1988, pp. 29-36.

Scott, Wilder P., "French Literature and the Theatre of Rodolfo Usigli", *Romance Notes*, vol. XVI, 1974, pp. 228-231.

Shaw, Donald Leslie, "La técnica dramática en *El gesticulador* de Rodolfo Usigli", *Texto crítico*, vol. IV, núm. 10, mayo-agosto de 1978, pp. 5-14.

Solórzano, Carlos, *El teatro latinoamericano en el siglo XX*, México, Pormaca, 1964, pp. 132-135.

Usigli, Rodolfo, *Conversaciones y encuentros*, Grandes Escritores, México, Novaro, 1974.

_____, *Teatro completo*, Letras Mexicanas, México, Fondo de Cultura Económica, 3 vols., 1963, 1966 y 1979.

Vevia Romero, Fernando C., *La sociedad mexicana en el teatro de Rodolfo Usigli*, Guadalajara, Universidad Autónoma de Guadalajara, 1990.

El gesticulador

PIEZA PARA DEMAGOGOS, EN TRES ACTOS

> *Para Alfredo Gómez de la Vega, que tan noble*
> *proyección escénica y tan humana calidad*
> *supo dar a la figura de César Rubio.*

PERSONAJES

EL PROFESOR CÉSAR RUBIO, *50 años*
ELENA, *su esposa, 45 años*
MIGUEL, *su hijo, 22 años*
JULIA, *su hija, 20 años*
EL PROFESOR OLIVER BOLTON
    (*norteamericano con acento*
    español), *30 años*
UN DESCONOCIDO (*el general*
    Navarro)
EPIGMENIO GUZMÁN, *presidente*
    municipal
SALINAS, GARZA, TREVIÑO,
    diputados locales
EL LICENCIADO ESTRELLA,
    delegado y orador del Partido
EMETERIO ROCHA, *viejo*
LEÓN
SALAS
La multitud
Época: hoy

PRIMER ACTO

Los Rubio aparecen dando los últimos toques al arreglo de la sala y el come-
dor de su casa, a la que han llegado el mismo día, procedentes de la capital.
El calor es intenso. Los hombres están en mangas de camisa. Todavía queda
al centro de la escena un cajón que contiene libros. Los muebles son escasos y

modestos: dos sillones y un sofá de tule, toscamente tallados a mano, hacen las veces de juego confortable, contrastando con algunas sillas vienesas, bastante despintadas, y una mecedora de bejuco. Dos terceras partes de la escena representan la sala, mientras la tercera parte, al fondo, está dedicada al comedor. La división entre las dos piezas consiste en una especie de galería: unos arcos con pilares descubiertos, hechos de madera; con excepción del arco central, que hace función de pasaje, los otros están cerrados hasta la altura de un metro por tablas pintadas de un azul pálido y floreado, que el tiempo ha desleído y las moscas han manchado. Demasiado pobre para tener mosaico o cemento, la casa tiene un piso de tipichil, o cemento doméstico, cuya desigualdad presta una actitud —dijérase— inquietante a los muebles. El techo es de vigas. La sala tiene, en primer término izquierda, una puerta que comunica con el exterior; un poco más arriba hay una ventana amplia; al centro de la pared derecha, un arco conduce a la escalera que lleva a las recámaras. Al fondo de la escena, detrás de los arcos, es visible una ventana situada al centro; una puerta, al fondo derecha, lleva a la pequeña cocina, en la que se supone que hay una salida hacia el solar característico del Norte. La casa es toda, visiblemente, una construcción de madera, sólida, pero no en muy buen estado. El aislamiento de su situación no permitió la tradicional fábrica de sillar; la modestia de los dueños, ni siquiera la fábrica de adobe, frecuente en las regiones menos populosas del Norte. Elena Rubio, mujer bajita, robusta, de unos cuarenta y cinco años, con un trapo amarrado a la cabeza a guisa de cofia, sacude las sillas, cerca de la ventana derecha, y las acomoda conforme termina; Julia, muchacha alta, de silueta agradable aunque su rostro carece de atractivo, también con la cabeza cubierta, termina de arreglar el comedor. Al levantarse el telón puede vérsele de pie sobre una silla, colgando una lámina en la pared. La línea de su cuerpo se destaca con bastante vigor. No es propiamente la tradicional virgen provinciana, sino una mezcla curiosa de pudor y provocación, de represión y de fuego. César Rubio es moreno; su figura recuerda vagamente la de Emiliano Zapata y, en general, la de los hombres y las modas de 1910, aunque vista impersonalmente y sin moda. Su hijo Miguel parece más joven de lo que es; delgado y casi pequeño, es más bien un muchacho mal alimentado que fino. Está sentado sobre el cajón de los libros, enjugándose la frente.

CÉSAR.—¿Estás cansado, Miguel?

MIGUEL.—El calor es insoportable.

CÉSAR.—Es el calor del Norte que, en realidad, me hacía falta en México. Verás qué bien se vive aquí.

JULIA (*Bajando*).—Lo dudo.

CÉSAR.—Sí, a ti no te ha gustado venir al pueblo.

JULIA.—A nadie le gusta ir a un desierto cuando tiene veinte años.

CÉSAR.—Hace veinticinco años era peor, y yo nací aquí y viví aquí. Ahora tenemos la carretera a un paso.

JULIA.—Sí... podré ver los automóviles como las vacas miran pasar los trenes del ferrocarril. Será una diversión.

CÉSAR (*Mirándola fijamente*).—No me gusta que resientas tanto este viaje, que era necesario.

Elena se acerca.

JULIA.—Pero ¿por qué era necesario? Te lo puedo decir, papá. Porque tú no conseguiste hacer dinero en México.

MIGUEL.—Piensas demasiado en el dinero.

JULIA.—A cambio de lo poco que el dinero piensa en mí. Es como el amor, cuando nada más uno de los dos quiere.

CÉSAR.—¿Qué sabes tú del amor?

JULIA.—Demasiado. Sé que no me quieren. Pero en este desierto hasta podré parecer bonita.

ELENA (*Acercándose a ella*).—No es la belleza lo único que hace acercarse a los hombres, Julia.

JULIA.—No... pero es lo único que no los hace alejarse.

ELENA.—De cualquier modo, no vamos a estar aquí toda la vida.

JULIA.—Claro que no, mamá. Vamos a estar toda la muerte.

César la mira pensativamente.

ELENA.—De nada te servía quedarte en México. Alejándote, en cambio, puedes conseguir que ese muchacho piense en ti.

JULIA.—Sí... con alivio, como en un dolor de muelas ya pasado. Ya no le doleré... y la extracción no le dolió tampoco.

MIGUEL (*Levantándose de la caja*).—Si decidimos quejarnos, creo que yo tengo mayores motivos que tú.

CÉSAR.—¿También tú has perdido algo por seguir a tu padre?

MIGUEL (*Volviéndose a otro lado y encogiéndose de hombros*).—Nada... una carrera.

CÉSAR.—¿No cuentas los años que perdiste en la universidad?

MIGUEL (*Mirándolo*).—Son menos que los que *tú* has perdido en ella.

ELENA (*Con reproche*).—Miguel.

CÉSAR.—Déjalo que hable. Yo perdí todos esos años por mantener viva a mi familia... y por darte a ti una carrera... también un poco porque creía en la universidad como un ideal. No te pido que lo comprendas, hijo mío, porque no podrías. Para ti la Universidad no fue nunca más que una huelga permanente.

MIGUEL.—Y para ti una esclavitud eterna. Fueron los profesores como tú los que nos hicieron desear un cambio.

CÉSAR.—Claro, queríamos enseñar.

ELENA.—Nada te dio a ti la Universidad, César, más que un sueldo que nunca nos ha alcanzado para vivir.

CÉSAR.—Todos se quejan, hasta tú. Tú misma me crees un fracasado, ¿verdad?

ELENA.—No digas eso.

CÉSAR.—Mira las caras de tus hijos: ellos están enteramente de acuerdo con mi fracaso. Me consideran como a un muerto. Y, sin embargo, no hay un solo hombre en México que sepa todo lo que yo sé de la revolución. Ahora se convencerán en la escuela, cuando mis sucesores demuestren su ignorancia.

MIGUEL.—¿Y de qué te ha servido saberlo? Hubiera sido mejor que supieras menos de la revolución, como los generales, y fueras general. Así no hubiéramos tenido que venir aquí.

JULIA.—Así tendríamos dinero.

ELENA.—Miguel, hay que llevar arriba este cajón de libros.

MIGUEL.—Ahora ya hemos empezado a hablar, mamá, a decir la verdad. No trates de impedirlo. Más vale acabar de una vez. Ahora es la verdad la que nos dice, la que nos grita a nosotros... y no podemos evitarlo.

CÉSAR.—Sí, más vale que hablemos claro. No quiero ver a mi alrededor esas caras silenciosas que tenían en el tren, reprochándome el no ser general, el no ser bandido inclusive, a cambio de que tuviéramos dinero. No quiero que volvamos a estar como en los últimos días de México, rodeados de pausas. Déjalos que estallen y lo digan todo, porque también yo tengo mucho que decir, y lo diré.

ELENA.—Tú no tienes nada qué decir ni qué explicar a tus hijos, César. Ni debes tomar así lo que ellos digan: nunca han tenido nada... nunca han podido hacer nada.

MIGUEL.—Sí, pero ¿por qué? Porque nunca lo vimos a él poder nada, y porque él nunca tuvo nada. Cada quien sigue el ejemplo que tiene.

JULIA.—¿Por culpa nuestra hemos tenido que venir a este desierto? Te pregunto qué habíamos hecho nosotros, mamá.

CÉSAR.—Sí, ustedes quieren la capital; tienen miedo a vivir y a trabajar en un pueblo. No es culpa de ustedes, sino mía por haber ido allá también, y es culpa de todos los que antes que yo han creído que es allá donde se triunfa. Hasta los revolucionarios aseguran que las revoluciones sólo pueden ganarse en México. Por eso vamos todos allá. Pero ahora yo he visto que no es cierto, y por eso he vuelto a mi pueblo.

MIGUEL.—No... lo que has visto es que tú no ganaste nada; pero hay otros que han tenido éxito.

CÉSAR.—¿Lo tuviste tú?

MIGUEL.—No me dejaste tiempo.

CÉSAR.—¿De qué? ¿De convertirte en un líder estudiantil? Tonto, no es eso lo que se necesita para triunfar.

MIGUEL.—Es cierto, tú has tenido más tiempo que yo.

JULIA.—Aquí, ni con un siglo de vida haremos nada. (*Se sienta con violencia.*)

CÉSAR.—¿Qué has perdido tú por venir conmigo, Julia?

JULIA.—La vista del hombre a quien quiero.

ELENA.—Eso era precisamente lo que te tenía enferma, hija.

CÉSAR (*En el centro, machacando un poco las palabras*).—Un profesor de universidad, con cuatro pesos diarios, que nunca pagaban a tiempo, en una universidad en descomposición, en la que nadie enseñaba ni nadie aprendía ya... una universidad sin clases. Un hijo que pasó seis años en huelgas, quemando cohetes y gritando, sin estudiar nunca. Una hija... (*Se detiene.*)

JULIA.—Una hija fea.

Elena se sienta cerca de ella y la acaricia en la cabeza. Julia se aparta de mal modo.

CÉSAR.—Una hija enamorada de un fifí de bailes que no la quiere. Esto era México para nosotros. Y porque se me ocurre que podemos salvarnos todos volviendo al pueblo donde nací, donde tenemos por lo menos una casa que es nuestra, parece que he cometido un crimen. Claramente les expliqué por qué quería venir aquí.

MIGUEL.—Eso es lo peor. Si hubiéramos tenido que ir a un lugar fértil, a un campo; pero todavía venimos aquí por una ilusión tuya, por una cosa inconfesable...

CÉSAR.—¿Inconfesable? No conoces el precio de las palabras. Va a haber elecciones en el Estado, y yo podría encontrar un acomodo. Conozco a todos los políticos que juegan... podré convencerlos de que funden una universidad, y quizá seré rector de ella.

ELENA.—Ninguno de ellos te conoce, César.

CÉSAR.—Alguno hay que fue condiscípulo mío.

ELENA.—¿Quién ha hecho nada por ti entre ellos?

CÉSAR.—No en balde he enseñado la historia de la revolución tantos años; no en balde he acumulado datos y documentos. Sé tantas cosas sobre todos ellos, que tendrán que ayudarme.

MIGUEL (*De espaldas al público*).—Eso es lo inconfesable.

CÉSAR (*Dándole una bofetada*).—¿Qué puedes reprocharme tú a mí? ¿Qué derecho tienes a juzgarme?

MIGUEL (*Se vuelve lentamente hacia el frente conforme habla*).—El de la verdad. Quiero vivir la verdad porque estoy harto de apariencias. Siempre ha sido lo mismo. De chico, cuando no tenía zapatos, no podía salir a la calle, porque mi padre era profesor de la universidad y qué irían a pensar los vecinos. Cuando llegaba tu santo, mamá, y venían invitados, las sillas y los cubiertos eran prestados todos, porque había que proteger la buena reputación de la familia de un profesor universitario... y lo que se bebía y se comía era fiado, pero ¡qué pensarían las gentes si no hubiera habido de beber y de comer!

ELENA.—Miguel, no tienes derecho a reprocharnos el ser pobres. Tu padre ha trabajado siempre para ti.

MIGUEL.—¡Pero si no es el ser pobres lo que les reprocho! ¡Si yo quería salir descalzo a jugar con los demás chicos! Es la apariencia, la mentira lo que me hace sentirme así. ¡Y, además, era cómico! ¡Era cómico porque no engañaban a nadie... ni a los invitados que iban a sentarse en sus propias sillas, a comer con sus propios cubiertos... ni al tendero que nos fiaba las mercancías! Todo el mundo lo sabía, y si no se reían de ustedes era porque ellos vivían igual y hacían lo mismo. ¡Pero era cómico! (*Se echa a llorar y se deja caer en uno de los sillones.*)

JULIA (*Levantándose*).—No sé qué puedes decir tú cuando yo pasé por cosas peores... siempre mal vestida... y siendo, además, como soy... fea.

ELENA (*Levantándose y yendo a ella*).—Hija, ¡no es cierto! (*Le toma la cabeza y la besa. Esta vez Julia se deja hacer.*)

CÉSAR (*Después de una pausa*).—Hay que subir esos libros, Miguel. (*Miguel se levanta, secándose los ojos, con gesto casi infantil, y entre los dos hombres levantan la caja.*) Déjanos pasar, Elena. (*Elena se hace a un lado dejando libre el paso hacia la escalera. En ese momento llaman a la puerta.*) ¿Han tocado? (*Pequeño silencio durante el cual todos miran a la puerta. Nueva llamada. César deja caer la caja en el suelo y contesta, mientras Miguel se aparta de la caja.*) ¿Quién es?

LA VOZ DE BOLTON (*Con levísimo acento norteamericano*).—¿Hay un teléfono aquí? He tenido un accidente.

César se dirige a la puerta y abre. Aparece en el marco el profesor Oliver Bolton, de la Universidad de Harvard. Tiene treinta años y una agradable apariencia deportiva. Es de un rubio muy quemado por largos baños de sol, y viste un ligero traje de verano.

CÉSAR.—Pase usted.

BOLTON (*Entrando*).—Siento mucho malestar, pero hago mi primer viaje a su hermoso país en automóvil, y mi coche... descompuesto en la carretera. ¿Puedo telefonear?

CÉSAR.—No tenemos teléfono aquí. Lo siento.

BOLTON.—Oh, yo puedo reparar el coche; (*sonríe*) pero está todo oscuro ahora. Tendría que esperar hasta mañana. ¿Hay un hotel cerca?

CÉSAR.—No. No encontrará usted nada en varios kilómetros.

BOLTON (*Sonriendo con vacilación*).—Entonces... odio imponerme a la gente... pero quizá podría pasar la noche aquí... si ustedes quieren, como en un hotel. Me permitirán pagar.

CÉSAR (*Después de una pequeña pausa y un cambio de miradas con Elena*).—No será necesario, pero estamos recién instalados y no tenemos muebles suficientes.

MIGUEL.—Puede dormir en mi cama. Yo dormiré aquí (*Señala el sofá de tule.*)

BOLTON (*Sonriendo*).—Oh, no... mucha molestia. Yo dormiré aquí.

CÉSAR.—No será ninguna molestia. Mi hijo le cederá su cama; nos arreglaremos.

BOLTON.—¿Es seguro que no es molestia?

MIGUEL.—Seguro.

BOLTON.—Gracias. Entonces traeré mi equipaje del coche.

CÉSAR.—Acompáñalo, Miguel.

BOLTON.—Gracias. Mi nombre es Oliver Bolton. (*Hace un saludo y sale; Miguel lo sigue.*)

ELENA.—No debiste recibirlo en esa forma. No sabemos quién es.

CÉSAR.—No; pero pensaría muy mal de México si la primera casa adonde llega le cerrara sus puertas.

ELENA.—Eso lo enseñaría a no llegar a casas pobres. Yo no podría hacer esto, dormir en casa ajena.

CÉSAR.—Parece decente, además.

ELENA.—Con los americanos nunca sabe uno: todos visten bien, todos visten igual, todos tienen autos. Para mí son como chinos: todos iguales. Voy a poner sábanas en la cama de Miguel. (*Sale por la puerta izquierda.*)

Julia, que se había sentado junto a la ventana, se levanta y se dirige hacia la misma puerta. César, sin mirarla de frente, la llama a media voz.

César.—Julia...

Julia (*En la puerta, sin volverse*).—Mande.

César.—Ven acá. (*Ella se acerca; él se sienta en el sofá.*) Siéntate, quiero hablar contigo.

Julia (*Automática*).—No nos ha quedado mucho qué decir, ¿verdad?

César.—Julia, ¿no te arrepientes un poco de haber tratado con tanta dureza a tu padre?

Julia.—Pregúntale a Miguel si él se arrepiente. Todo esto tenía que suceder algún día. Hoy es igual que mañana. Me arrepiento de haber nacido.

César.—¡Hija! Sólo la juventud puede hablar así. Exageras porque te humillaría que tu tragedia no fuera grandiosa. Todo porque un muchacho sin cabeza no te ha querido. (*Julia se vuelve a otro lado.*) Y bien, déjame decirte una cosa: no se fijó en ti, no te vio bien.

Julia.—No hablemos más de eso. (*Con amargura.*) No hizo más que verme. Si no me hubiera visto...

César.—Quiero que sepas que al venir aquí lo he hecho también pensando en ti, en ustedes...

Julia.—Gracias...

César.—Si crees que no comprendo que he fracasado en mi vida... si crees que me parece justo que ustedes paguen por mis fracasos, te equivocas. Yo también lo quiero todo para ti. Si crees que no saldremos de este lugar a algo mejor, te equivocas. Estoy dispuesto a todo para asegurar tu porvenir.

Julia (*Levantándose*).—Gracias, papá. ¿Es eso todo...?

César (*Deteniéndola por un brazo*).—Si crees que eres fea, te equivocas, Julia. Quizá no debería yo decirte eso... pero (*bajando mucho la voz*) tienes un cuerpo admirable... eso es lo que importa. (*Se limpia la garganta.*)

Julia (*Desasiéndose, lo mira*).—¿Por qué me dices eso?

César (*Mirándola a los ojos, lentamente*).—Porque no te conoces, porque no tienes conciencia de ti. Porque soy el único hombre que hay aquí para decírtelo. Miguel no sabe... y aquel otro imbécil no se fijó en ti. (*Mira a otro lado.*) Tienes lo que los hombres buscamos, y eres inteligente.

Julia (*Con voz blanca*).—Pareces otro de repente, papá.

César.—A veces soy un hombre todavía. Serás feliz, Julia, te lo juro.

Julia.—Me avergüenza guardarte rencor, padre, por haberme hecho nacer... pero lo que siento es algo contra mí, no contra ti... ¡Siento tanto no poder felicitarte por tener una hija bonita! A veces me asfixio, me siento como si no fuera yo más que una gran cara fea... (*César la acaricia ligeramente.*) Monstruosa, sin cuerpo. Pero no te odio, créelo, ¡no te odio! (*Lo besa.*)

CÉSAR.—He pensado muchas veces, viéndote crecer, que pudiste ser la hija de un hombre ilustre, único en su tipo; pero ya ves: todo lo que sé no me ha servido de nada hasta ahora. Mi conocimiento me parece a menudo una podredumbre interior, porque no he podido crear nada con lo que sé... ni siquiera un libro.

JULIA.—Nos parecemos mucho, ¿verdad?

CÉSAR.—Quizá eso es lo que nos aleja, Julia.

JULIA (*Con un arrebato casi infantil, el primero*).—¡Pero no nos alejará ya! ¡Te lo prometo! De cualquier modo, no quiero quedarme aquí mucho tiempo. Prométeme...

CÉSAR.—Te lo prometo... pero a tu vez prométeme tener paciencia, Julia.

JULIA.—Sí. (*Con una sonrisa amarga.*) Pero... ¿sabes por qué me siento tan mal aquí, como si llevara un siglo en esta csa? Porque todo esto es para mí como un espejo enorme en el que me estoy viendo siempre.

CÉSAR.—Tienes que olvidar esas ideas. Yo haré que las olvides.

Se oye a Elena bajar la escalera.

LA VOZ DE ELENA.—César, ¿crees que ya habrá cenado este gringo? (*Entra.*) No tenemos mucho, sabes.

CÉSAR.—Habrá que ofrecerle. Qué diría si no... Mañana iremos al pueblo por provisiones, y yo averiguaré dónde está Navarro para ir a verlo y arreglar trabajo de una vez.

ELENA.—¿Navarro?

CÉSAR.—El general, según él. Es un bandido, pero es el posible candidato... el que tiene más probabilidades. No se acordará de mí; tendré que hacerle recordar... Esto es como volver a nacer, Elena, empezar de nuevo; pero en México empieza uno de nuevo todos los días.

ELENA (*Moviendo la cabeza*).—Miguel tiene razón; si esto fuera campo, sería mucho mejor para todos. No tendrías que meterte en política.

CÉSAR.—En México todo es política... la política es el clima, el aire.

ELENA.—No sé. Creo que a pesar de todo habría preferido que siguieras en la universidad...

CÉSAR.—¿Olvidas que en la última crisis me echaron?

ELENA.—Quizá si hubieras esperado un poco, hablado con el nuevo rector, te habrían devuelto tu puesto.

CÉSAR.—¿Cuatro pesos? La pobreza segura.

ELENA.—Segura, tú lo has dicho.

JULIA (*Con un estremecimiento*).—No... la pobreza no. Yo creo que es mejor, después de todo, que hayamos venido aquí. Es un cambio.

ELENA.—Hace un momento te quejabas.

JULIA.—Pero es un cambio.

CÉSAR.—No sé por qué, pero tengo la seguridad de que algo va a ocurrir aquí.

ELENA.—Voy a preparar la cena. Ojalá no te equivoques, César.

CÉSAR.—¿Por qué no dices "de nuevo"?

ELENA (*Tomándole la mano y oprimiéndosela con ternura*).—Siempre tienes esa idea. Es absurdo. Si fuera yo más joven, acabarías por influenciarme. (*Se desprende.*) Ayúdame, Julia.

Las mujeres pasan al comedor y de allí a la cocina. César toma un libro del cajón, lo hojea, se encoge de hombros y vuelve a arrojarlo en él.

CÉSAR.—No quedó lugar dónde poner mis libros, ¿verdad? (*Espera un momento la respuesta, que no viene.*) ¿No quedó lugar...? (*Se dirige al hablar hacia el comedor, cuando entran Miguel y Bolton llevando una maleta cada uno.*)

BOLTON.—Aquí estamos.

CÉSAR.—¿Ha cenado usted, señor...?

BOLTON.—Bolton, Oliver Bolton. (*Deja la maleta y mientras habla saca de su cartera una tarjeta que entrega a César.*) Tomé algo esta tarde en el camino, gracias. Odio molestar.

CÉSAR (*Mirando la tarjeta*).—Un bocado no le caerá mal. Veo que es usted profesor de la Universidad de Harvard.

BOLTON.—Oh, sí. De historia latinoamericana. (*Recogiendo su maleta.*) Voy a asearme un poco. ¿Usted permite?

MIGUEL.—Arriba hay un lavabo. Me adelanto para enseñarle el camino. (*Lo hace.*)

BOLTON.—Gracias.

Los dos salen. Se les oye subir la escalera. César mira y remira la tarjeta y teniéndola entre los dedos de la mano derecha golpea con ella su mano izquierda. Una sonrisa bastante peculiar se detiene por un momento en sus labios. Se guarda la tarjeta y empuja el cajón de libros hasta el comedor, en uno de cuyos rincones lo coloca. Mientras lo hace, Elena pasa de la cocina al comedor buscando unos platos.

ELENA.—Me pareció que me hablabas hace un momento.

CÉSAR.—No.

ELENA.—¿Has puesto los libros aquí? Estorbarán, y no quedó lugar para el librero, sabes.

CÉSAR (*Después de una pequeña pausa*).—Eso era lo que quería preguntarte.

ELENA.—Creí que te enojarías.

CÉSAR.—Es curioso, Elena.

ELENA.—¿Qué?

CÉSAR.—Este americano es profesor de historia, también... profesor de historia latinoamericana en su país.

ELENA (*Sonriendo*).—Entonces será pobre.

CÉSAR.—¿Otro reproche?

ELENA.—¡No! Ya sabes que yo no tomo en serio esas cosas que tanto atormentan a Julia y a ti. Se es pobre como se es morena... y yo nunca he tenido la idea de teñirme el pelo.

CÉSAR.—Es que crees que no haré dinero nunca.

ELENA.—No lo creo (*con ternura*) lo sé, señor Rubio, y estoy tranquila. Por eso me da recelo que te metas en cosas de política.

CÉSAR.—No tendría yo que hacerlo si fuera profesor universitario en los Estados Unidos, si ganara lo que este gringo, que es bastante joven. (*Elena se dirige sin contestar a la puerta de la cocina.*) Elena...

ELENA.—Tengo que ir a la cocina. ¿Qué quieres?

CÉSAR.—Estaba yo pensando que quizás... Ya sabes cuánto se interesan los americanos por las cosas de México...

ELENA.—Si no se interesaran tanto sería mucho mejor.

CÉSAR.—Escucha. Estaba yo pensando que quizás este hombre pueda conseguirme algo allá... una clase de historia de la revolución mexicana. Sería magnífico.

ELENA.—Desde luego: podrías aprender inglés. Despierta, César y déjame preparar la cena.

CÉSAR.—¿Por qué me lo echas todo abajo siempre?

ELENA.—Para que no te caigas tú. Me da miedo que te hagas ilusiones con esa velocidad... Siempre has estado enfermo de eso, y siempre he hecho lo que he podido por curarte.

CÉSAR.—¿Pero no te das cuenta? No hay un hombre en el mundo que conozca mi materia como yo. Ellos lo apreciarían.

Elena lo mira sonriendo y sale. César vuelve a sacar la tarjeta de Bolton, la mira y le da vueltas entre los dedos mientras pasa a la sala. Miguel regresa al mismo tiempo.

MIGUEL (*Seco*).—¿Quieres que subamos los libros?

CÉSAR (*Abstraído en su sueño*).—¿Qué?

MIGUEL.—Los libros. ¿Quieres que los subamos?

CÉSAR.—No... después... los he arrinconado en el comedor. (*Se sienta y saca del bolsillo un paquete de cigarros de hoja y lía uno metódicamente.*)

MIGUEL (*Acercándose un paso*).—Papá.

CÉSAR (*Encendiendo un cigarro*).—¿Qué hay?

MIGUEL.—He reflexionado mientras acompañaba al americano y él hablaba.

CÉSAR (*Distraído*).—Habla notablemente bien el español, ¿te has fijado que pronuncia la *ce*?

MIGUEL.—Probablemente no tenía yo derecho a decirte todas las cosas que te dije, y he decidido irme.

CÉSAR.—¿Adónde?

MIGUEL.—Quiero trabajar en alguna parte.

CÉSAR.—¿Te vas por arrepentimento? (*Miguel no contesta.*) ¿Es por eso?

MIGUEL.—Creo que es lo mejor. Ves... te he perdido el respeto.

CÉSAR.—Creí que no te habías dado cuenta.

MIGUEL.—Pero yo no puedo imponerte mis puntos de vista... no puedo dirigir tu conducta.

CÉSAR.—Ah.

MIGUEL.—Reconozco tu libertad, déjame libre tú también. Quiero dedicar mi tiempo a mi vida.

CÉSAR.—¿Cómo la dirigirás?

MIGUEL (*Obstinado*).—Después de lo que nos hemos dicho... y me has pegado...

CÉSAR (*Mirando su mano*).—Hace mucho que no lo hacía. Pero no es ésa tu única razón. Cuando nos vimos frente a frente durante aquella huelga... tú entre los estudiantes, yo con el orden... me dijiste cosas peores... un discurso. Y sin embargo, volviste a cenar a casa... muy tarde yo te esperé. Me pediste perdón. No pensaste en irte...

MIGUEL.—Era otra situación. No quiero seguir viviendo en la mentira.

CÉSAR.—En esta mentira; pero hay otras. ¿Ya escogiste la tuya? Antes era la indisciplina, la huelga.

MIGUEL.—Eso era por lo menos un impulso hacia la verdad.

CÉSAR.—Hacia lo que tú creías que era la verdad. Pero ¿qué frutos te ha dado hasta ahora?

MIGUEL.—No sé... no me importa. No quiero vivir en tu mentira ya, en la que vas a cometer, sino en la mía. (*Violentamente, en un arrebato infantil de los característicos en él.*) Papá, si tú quisieras prometerme que no harás nada... (*Le echa un brazo al cuello.*)

CÉSAR.—Nada... ¿de qué?

MIGUEL.—De lo que quieres hacer aquí con los políticos. Lo dijiste una vez en México y esta noche de nuevo.

CÉSAR.—No sé de qué hablas.

MIGUEL.—Sí lo sabes. Quieres usar lo que sabes de ellos para conseguir un buen empleo. Eso es... (*baja la voz*) chantaje.

CÉSAR (*Auténticamente avergonzado por un momento*).—No hables así.

MIGUEL (*Vehemente, apretando el brazo de su padre*).—Entonces dime que no harás nada de eso ¡Dímelo! Yo te prometo trabajar, ayudarte en todo, cambiar.

CÉSAR (*Tomándole la barba como a un niño*).—Está bien, hijo.

MIGUEL (*Cálido*).—¿Me lo juras?

CÉSAR.—Te prometo no hacer nada que no sea honrado.

MIGUEL.—Gracias, papá. (*Se aleja como para irse. Se vuelve de pronto y corre a él.*) Perdóname todo lo que dije antes. (*Se oye bajar a Bolton.*)

CÉSAR (*Dándole la mano*).—Ve a asearte un poco para cenar.

BOLTON (*Entrando*).—¿No interrumpo?

CÉSAR.—Pase usted, siéntese. (*Bolton lo hace.*) ¿Un cigarro?

BOLTON.—¡Oh, de hoja! (*Ríe.*) No sé arreglarlos, gracias. (*Saca los suyos.*) Mucho calor, ¿eh? ¿Fuma usted? (*Ofreciendo la caja a Miguel.*)

MIGUEL.—No gracias. Con permiso. (*Sale por la izquierda.*)

CÉSAR (*Dándole fuego*).—¿De modo que usted enseña historia latinoamericana, profesor?

BOLTON.—Es mi pasión; pero me interesa especialmente la historia de México. Un país increíble, lleno de maravillas y de monstruos. Si usted supiera qué poco se conocen las cosas de México en mi tierra (*pronuncia Mehico*), sobre todo en el Este. Por eso he venido aquí.

CÉSAR.—¿A investigar?

BOLTON (*Satisfecho de explicarse y de entrar en su materia*).—Hay dos casos extraordinarios, muy interesantes para mí, en la historia contemporánea de México. Entonces, mi universidad me manda en busca de datos, y, además, tengo una beca para hacer un libro.

CÉSAR.—¿Puedo saber a qué casos se refiere uted?

BOLTON.—¿Por qué no? (*Ríe.*) Pero si usted sabe algo, se lo quitaré. Un caso es el de Ambrose Bierce, este americano que viene a México, que se une a Pancho Villa y lo sigue un tiempo. Para mí, Bierce descubrió algo irregular, algo malo en Villa, y por eso Villa lo hizo matar. Una gran pérdida para los Estados Unidos. Hombre interesante. Bierce, gran escritor crítico. Escribió el *Devil's Dictionary*. Bueno, él tenía esta gran ilusión de Pancho Villa como justiciero; quizá sufrió un desengaño, y lo dijo: era un crítico. Y Villa era como los dioses de la guerra, que no quieren ser criticados... y era un hombre, y tampoco los hombres quieren ser criticados, y lo mató.

CÉSAR.—Pero no hay ninguna certeza de eso. Ambrose Bierce llegó a México en noviembre de 1913; se reunió con las fuerzas de Villa en seguida, y desapareció a raíz de la batalla de Ojinaga. Fueron muchas las bajas; los muertos fueron enterrados apresuradamente, o abandonados y quemados después, sin identificar. Con toda probabilidad, Bierce fue uno de ellos. O bien, fue fusilado por Urbina, en 1915, cuando intentó pasarse al ejército constitucionalista. Pero Villa nada tuvo que ver en ello.

BOLTON.—Mi tesis es más romántica, quizás; pero Bierce no era hombre para desaparecer así, en una batalla, por accidente. Para mí fue deliberadamente destruido. Destruido es la palabra. Sin embargo, usted parece bien enterado.

CÉSAR (*Con una sonrisa*).—Algo. Tengo algunos documentos sobre los extranjeros que acompañaron a Villa... Santos Chocano, Ambrose Bierce, John Reed...

BOLTON.—¿Es posible? ¡Oh, pero entonces usted me será utilísimo! Quizá sabe algo también sobre el otro caso.

CÉSAR.—¿Cuál es el otro caso?

BOLTON.—El de un hombre extraordinario. Un general mexicano, joven, el más grande revolucionario, que inició la Revolución en el Norte, hizo comprender a Madero la necesidad de una revolución, dominó a Villa. A los veintitrés años era general. Y también desapareció una noche... destruido como Ambrose Bierce.

CÉSAR (*Pausadamente*).—¿Se refiere usted a César Rubio?

BOLTON.—¡Oh, pero usted sabe! Si yo pudiera encontrar documentos sobre él, los pagaría muy caros; mi universidad me respalda. Porque todos creen hasta hoy que César Rubio es una... *saga*, un mito.

CÉSAR (*Echando la cabeza hacia atrás, con el gesto de recordar*).—General a los veintitrés años, y el más extraordinario de todos, es cierto. Pocas gentes saben que se levantó en armas precisamente a raíz de la entrevista Creelman-Díaz, el 5 de septiembre de 1908. Se levantó aquí, en el Norte, y se dirigió a Monterrey con cien hombres. En Hidalgo... mientras el general Díaz y cada gobernador repetían el grito de independencia, un destacamento federal barrió a todos los hombres de César Rubio. Sólo él y dos compañeros suyos quedaron con vida.

BOLTON (*Anhelante*).—Sí, sí.

CÉSAR.—César fue entonces a Piedras Negras, donde entrevistó a don Pancho Madero y lo convenció de la necesidad de un cambio, de una revolución. Madero se decidió entonces, y sólo entonces, a publicar *La sucesión presidencial*. Mientras en todo el país se celebraban las fiestas del Centenario, Rubio sostuvo las primeras batallas, recorrió toda la República, puso en movimiento a Madero, agitó a algunos diputados y preparó las jornadas de noviembre. No hubo un solo disfraz que no usara, una sola acción que no acometiera, aunque lo perseguía toda la policía porfirista.

BOLTON (*Excitadísimo*).—¿Está usted seguro? ¿Tiene documentos?

CÉSAR.—Tengo documentos.

BOLTON.—Pero entonces, esto es maravilloso... usted sabe más que ningún historiador mexicano.

CÉSAR (*Con una sonrisa extraña*).—Tengo mis motivos.

Entra Elena de la cocina, y aunque sin escuchar ostensiblemente, sigue la conversación a la vez que sale y vuelve, disponiendo la mesa para la cena. César se vuelve con molestia para ver quién ha entrado.

BOLTON.—Pero lo más interesante de Rubio no es esto.

CÉSAR.—¿Se refiere usted a su crítica del gobierno de Madero?

BOLTON.—No, no; eso, como el levantamiento contra Huerta, como sus... (*busca la palabra*) sus disensiones con Carranza, Villa y Zapata, pertenecen a su fuerte carácter.

CÉSAR.—¿A qué se refiere usted entonces? (*Elena sale.*)

BOLTON.—A su desaparición misma, a su destrucción... una cosa tan fuera de su carácter, que no puede explicarse. ¿Por qué desapareció este hombre en un momento tan decisivo de la revolución, para dejar el control a Carranza? No creo que haya muerto; pero, si murió, ¿cómo, por qué murió?

CÉSAR (*Soñador*).—Sí, fue el momento decisivo ¿verdad?... una noche de noviembre de 1914.

BOLTON.—¿Sabe usted algo sobre eso? Dígamelo, déme documentos. Mi universidad los pagará bien. (*Vuelve Elena, César la ve.*)

CÉSAR (*Despertando*).—Su universidad... Hace poco hablaba yo a mi esposa de las universidades de ustedes... son grandes.

BOLTON.—¡Oh! Fuera de Harvard, usted sabe... distinguidas quizá, pero jóvenes, demasiado jóvenes. Pero hábleme más de este asunto.

(*César se vuelve a mirar hacia Elena, que en este momento permanece de espaldas pero en toda apariencia sin hacer nada que le impida escuchar.*) No tenga usted recelo a darme informes. Mi universidad tiene mucho dinero para invertir en esto.

CÉSAR.—Una noche de noviembre de 1914... pronto hará veinticuatro años. (*Vuelve a mirar hacia Elena, que dispone la mesa.*) ¿Por qué tiene usted tanto interés en esto?

BOLTON.—Personalmente tengo más que interés... entusiasmo por México, una pasión; pero ningún hombre en México me ha interesado como este César Rubio. (*Ríe.*) He acabado por contagiar a toda mi universidad de entusiasmo por este héroe. (*Elena sale y regresa en seguida, fingiéndose atareada.*)

CÉSAR (*Observando a Elena mientras habla*).—¿Y por qué este héroe y no otro más tradicional, más... convencional, como Villa, o Madero, o Zapata? Ustedes los americanos admiran mucho a Villa desde que hizo andar a Pershing a salto de mata.

BOLTON (*Sonriendo*).—Pero ¿no comprende usted, que sabe tanto de César Rubio? Él es el hombre que explica la revolución mexicana, que tiene un concepto total de la revolución y que no la hace por cuestión de gobierno, como unos, ni para el Sur, como otros, ni para satisfacer una pasión destructiva. Es el único caudillo que no es político, ni un simple militarista, ni una fuerza ciega de la naturaleza... y sin embargo (*Elena sale*) manda a los políticos, somete a los bandidos, es un gran militar... pacifista, si puedo decir así.

CÉSAR.—Decía usted que su universidad tiene mucho dinero... ¿Cuánto, por ejemplo?

BOLTON (*Un poco desconcertado por lo directo de la pregunta*).—No sé. A mí me han dado una suma para mi trabajo de búsqueda, pero podría consultar... si viera los documentos...

Julia entra de la cocina, cruza y se dirige a la puerta izquierda, saliendo. César la sigue con la vista, sin dejar de hablar, hasta que desaparece.

CÉSAR.—Parece que desconfía usted.

BOLTON.—No soy yo quien puede comprar, es Harvard.

CÉSAR (*Dudando*).—Ustedes lo compran todo.

BOLTON (*Sonriendo*).—¿Por qué no, si es para la cultura?

CÉSAR.—Los códices, los manuscritos, los incunables, las joyas arqueológicas de México; comprarían a Taxco, si pudieran llevárselo a su casa. Ahora le toca el turno a la verdad sobre César Rubio.

BOLTON (*Ante lo inesperado del ataque*).—No entiendo. ¿Está usted ofendido? Hace un momento parecía comunicativo.

CÉSAR.—También a mí me apasiona el tema. Pero todo lo que poseo es la verdad sobre César Rubio... y no podría darla por poco dinero... ni sin ciertas condiciones.

BOLTON.—Yo haré lo posible por hacer frente a ellas.

CÉSAR (*Desilusionado*).—Ya sabía yo que regatearía usted.

BOLTON.—Perdón, es una expresión inglesa... hacer frente a sus condiciones, es decir... (*Buscando*) ¡oh!, satisfacerlas.

CÉSAR.—Eso es diferente. (*Reenciende su cigarro de hoja.*) Pero ¿tiene usted una idea de la suma?

BOLTON (*Incómodo: esta actitud en un mexicano es inesperada*).—No sé bien. Dos mil dólares... tres mil tal vez...

CÉSAR (*Levantándose*).—Se me figura que tendrá usted que buscar sus informes en otra parte... y que no los encontrará.

BOLTON.—Oh, siento mucho. (*Se levanta.*) Si es una cuestión de dinero podrá arreglarse. La universidad está interesada... yo estoy... apasionado, le digo. ¿Por qué no dice usted una cifra? (*Elena entra de la cocina.*)

CÉSAR.—Yo diría una. (*Mirando hacia Elena y bajando la voz, con cierta impaciencia.*) Yo diría diez.

BOLTON (*Arqueando las cejas*).—¡Oh, oh! es mucho. (*Con sincero desaliento.*) Temo que no aceptarán pagar tanto.

CÉSAR (*Haciendo seña de salir a Elena, que lo mira*).—Entonces lo dejaremos allí, señor... (*Busca la tarjeta del norteamericano en las bolsas de su pantalón, la encuentra, la mira*) señor Bolton. (*Juega con la tarjeta.*)

BOLTON.—Sin embargo, yo puedo intentar... intentaré...

CÉSAR.—Una noche de noviembre de 1914, señor Bolton —la noche del 17 de noviembre, para ser preciso—, César Rubio atravesaba con su asistente y dos ayudantes un paso de la sierra de Nuevo León para dirigirse a Monterrey y de allí a México, donde tenía cita con Carranza. Había mandado por delante un destacamento explorador, y a varios kilómetros lo seguía el grueso de sus fuerzas. En ese momento Rubio tenía el contingente mejor organizado y más numeroso, y todos los triunfos en la mano. Era el hombre de la situación. Sin embargo, su ejército no lo alcanzó nunca, aunque siguió adelante esperando encontrarlo. Cuando se reunió con el destacamento explorador en San Luis Potosí diez días después, la oficialidad se enteró de que su jefe había desaparecido. Con él desaparecieron sus dos ayudantes, uno de los cuales era su favorito, y su asistente.

BOLTON.—Pero ¿qué pasó con él?

César.—*Eso* es lo que vale diez mil dólares.

Bolton (*Excitado*).—Yo le ofrezco a usted completar esa suma con el dinero de mi beca, con una parte de mis ahorros, si la universidad paga más de seis. ¿Tiene usted confianza?

César.—Sí.

Bolton.—¿Tiene usted documentos?

César (*Después de una breve duda*).—Sí.

Bolton.—Entonces dígame... me quemo por saber...

César.—En un punto que puedo enseñarle, el ayudante favorito de César Rubio disparó tres veces sobre él y una sobre el asistente, que quedó ciego.

Bolton.—¿Y qué pasó con el otro ayudante? Usted dijo dos.

César (*Vivamente*).—No... uno, su ayudante favorito. Rubio, antes de morir, alcanzó a matarlo... era el capitán Solís.

Bolton.—Pero usted decía que el ejército no se reunió nunca con César Rubio. Si seguía el mismo camino, tuvo que encontrar los cuerpos. Y se sabe que el cuerpo de él no apareció nunca; no sé los otros.

César.—Cuando usted vea el lugar, comprenderá. Rubio se desvió del camino sin darse cuenta, conversando con el ayudante. Más bien, el ayudante se encargó de desviarlo. Seguían marchando hacia Monterrey, pero no en línea recta. Se apartaron cuando menos un kilómetro hacia los montes.

Bolton.—Pero ¿quién ordenó este crimen?

César.—Todo... las circunstancias, los caudillos que se odiaban y procuraban exterminarse entre sí... y que se asociaron contra él.

Bolton.—¿Y los cuerpos, entonces?

César.—Los cuerpos se pudrieron en el sitio, en una oquedad de la falda de un cerro.

Bolton.—¿El asistente?

César.—Escapó, ciego. Él registró los cadáveres cuando su dolor físico se lo permitió... él me contó a mí la historia.

Bolton.—¿Y qué documentos tiene usted?

César.—Tengo actas municipales acerca de sus asaltos, informes de sus escaramuzas y combates, versiones taquigráficas de algunas de sus entrevistas... una de ellas con Madero, otra con Carranza. El capitán Solís era un buen taquígrafo.

Bolton.—No, no. Quiero decir... ¿qué pruebas de su muerte?

César.—Los papeles de identificación de César Rubio... un telegrama manchado con su sangre, por el que Carranza lo citaba en México para diciembre.

Bolton.—¿Nada más?

César.—Solís tenía también un telegrama en clave, que he logrado descifrar, donde le ofrecían un ascenso y dinero si pasaba algo que no se menciona... pero sin firma.

Bolton.—¿Eso es todo lo que tiene? (*Súbitamente desconfiado.*) ¿Por qué está usted tan íntimamente enterado de estas cosas?

César.—El asistente ciego me lo dijo todo.

Bolton.—No... digo todas estas cosas... antes me ha dicho usted detalles desconocidos de la vida de César Rubio que ningún historiador menciona. ¿Cómo ha hecho usted para saber?

César (*Con su sonrisa extraña*).—Soy profesor de historia, como usted, y he trabajado muchos años.

Bolton.—¡Oh, somos colegas! ¡Me alegro! Es indudable que entonces... ¿Por qué no ha puesto usted todo esto en un libro?

César.—No lo sé... inercia; la idea de que hay demasiados libros me lo impide quizás... o soy infecundo, simplemente.

Bolton.—No es verosímil. (*Se golpea los muslos con las manos y se levanta.*) Perdóneme, pero no lo creo.

César (*Levantándose*).—¿Cómo?

Bolton.—No lo creo... no es posible.

César.—No entiendo.

Bolton.—Además, es contra toda lógica.

César.—¿Qué?

Bolton.—Esto que usted cuenta. No es lógico un historiador que no escribe lo que sabe. Perdone, profesor, no creo.

César.—Es usted muy dueño.

Bolton.—Luego, estos documentos de que habla no valen diez mil dólares... que son cincuenta mil pesos, perdone mi traducción... ni prueban la muerte de Rubio.

César.—Entonces, busque usted por otro lado.

Bolton (*Brillante*).—Tampoco es lógico, sobre todo. Usted sabe qué hombre era César Rubio... el caudillo total, el hombre elegido. ¿Y qué me da? Un hombre como él, matado a tiros en una emboscada por su ayudante favorito.

César.—No es el único caso en la revolución.

Bolton (*Escéptico*).—No, no. ¿Él, que era el amo de la revolución, muere así nada más... cuando más necesario era? Me habla usted de cadáveres desaparecidos, que nadie ha visto, de papeles que no son prueba de su muerte.

César.—Pide usted demasiado.

Bolton.—El enigma es grande. Y la teoría parece absurda. No corresponde al carácter de un hombre como Rubio, con una voluntad tan magnífica de vivir, de hacer una revolución sana; no corresponde a su destino. No lo creo. (*Se sienta con mal humor y desilusión en uno de los sillones.*)

CÉSAR (*Después de una pausa*).—Tiene usted razón; no corresponde a su carácter ni a su destino. (*Pausa. Pasea un poco.*) Y bien, voy a decirle la verdad.

BOLTON (*Iluminado*).—Yo sabía que eso no podía ser cierto.

CÉSAR.—La verdad es que César Rubio no murió de sus heridas.

BOLTON.—¿Cómo explica usted su desaparición entonces? ¿Un secuestro hasta que Carranza ganó la revolución?

CÉSAR (*Con lentitud, como reconstruyendo*).—Rubio salió de la sierra con su asistente ciego.

BOLTON.—Pero ¿por qué no volvió a aparecer? No era capaz de emigrar, ni de esconderse.

CÉSAR (*Dubitativo, pausado*).—En efecto... no era capaz. Sus heridas no tenían gravedad; pero enfermó a consecuencia de ellas... del descuido inevitable... tres, cuatro meses. Entretanto, Carranza promulgó la ley del 6 de enero de 1915; en Veracruz, como último recurso, y ganó la primera jefatura de la revolución. Esto agravó la enfermedad de César, y...

BOLTON.—¡No me diga usted ahora que murió de enfermedad, en su cama, como... como un profesor!

CÉSAR (*Mirándolo extrañamente*).—¿Qué quiere usted que le diga entonces?

BOLTON.—La verdad... si es que usted la sabe. Una verdad que corresponda al carácter de César Rubio, a la lógica de las cosas. La verdad siempre es lógica.

CÉSAR.—Bien. (*Duda.*) Bien. (*Pequeña pausa.*) Enfermó más gravemente... pero no del cuerpo, cuando supo que la revolución había caído por completo en las manos de gente menos pura que él. Encontró que lo habían olvidado. En muchas regiones ni siquiera habían oído hablar de él, que era el autor de todo...

BOLTON.—Si hubiera sido americano *habría* tenido gran publicidad.

CÉSAR.—Los héroes mexicanos son diferentes. Encontró que lo confundían con Rubio Navarrete, con César Treviño. La popularidad de Carranza, de Zapata y de Villa, sus luchas, habían ahogado el nombre de César Rubio. (*Se detiene.*)

BOLTON.—Eso suena más humano, más posible.

CÉSAR.—Su enfermedad lo había debilitado mucho. El desaliento retardó su convalecencia. Cuando quiso volver, después de más de un año, fue inútil. No había lugar para él.

BOLTON (*Impresionado*).—Sí... sí, claro. ¿Qué hizo?

CÉSAR.—Su ejército se había disuelto, sus amigos habían muerto en las grandes matanzas de aquellos años... otros lo habían traicionado. Decidió desaparecer.

BOLTON.—¿Va usted a decirme ahora que se suicidó?

CÉSAR (*Con la misma extraña sonrisa*).—No, puesto que usted quiere la verdad lógica.

BOLTON.—¿Bien?

CÉSAR.—Se apartó de la revolución completamente desilusionado, y pobre.

BOLTON (*Con ansiedad*).—¡Pero vive!

CÉSAR (*Acentuando su sonrisa*)—Vive.

BOLTON.—Le daré la cantidad que usted ha pedido si me lo prueba.

CÉSAR.—¿Qué prueba quiere usted?

BOLTON.—El hombre mismo. Quiero ver al hombre.

Elena pasa de la cocina al comedor llevando pan y servilletas.

CÉSAR.—Tiene usted que prometerme que no revelará la verdad a nadie. Sin esta condición no aceptaría el trato, aunque me diera usted un millón.

BOLTON.—¿Por qué?

CÉSAR.—Tiene usted que prometer. Él no quiere que se sepa que vive.

BOLTON.—Pero ¿por qué?

CÉSAR.—No sé. Quizás espera que la gente lo recuerde un día... que desee y espere su vuelta.

BOLTON.—Pero yo no puedo prometer el silencio. Yo voy a enseñar en los Estados Unidos lo que sé, mis estudiantes lo esperan de mí.

CÉSAR.—Puede usted decir que vive; pero que no sabe dónde está.

Elena sale a la cocina.

BOLTON (*Moviendo la cabeza*).—La historia no es una novela. Mis estudiantes quieren los hechos y la filosofía de los hechos, pagan por ello, no por un sueño, un... mito.

CÉSAR.—Sin embargo, la historia no es más que un sueño. Los que la hicieron soñaron cosas que no se realizaron; los que la estudian sueñan con cosas pasadas; los que la enseñan (*con una sonrisa*) sueñan que poseen la verdad y que la entregan.

BOLTON.—¿Qué quiere usted que prometa entonces?

CÉSAR.—Prométame que no revelará la identidad actual de César Rubio. (*Elena sale a la cocina y vuelve con una sopera humeante.*)

BOLTON (*Pausa*).—¿Puedo decir todo lo demás... y probarlo?

CÉSAR.—Sí.

BOLTON.—Trato hecho. (*Le tiende la mano.*) ¿Cuándo me llevará usted a ver a César Rubio? ¿Dónde está?

CÉSAR (*La voz ligeramente empañada*).—Quizá lo verá usted más pronto de lo que imagina.

BOLTON.—¿Qué ha hecho desde que desapareció? Su carácter no es para la inactividad.

CÉSAR.—No.

BOLTON.—¿Pudo dejar de ser un revolucionario?

CÉSAR.—Suponga usted que escogió una profesión humilde, oscura.

BOLTON.—¿Él? Oh, sí. ¿Quizás arar el campo? Él creía en la tierra.

CÉSAR.—Quizás; pero no era el momento...

BOLTON.—Es verdad.

CÉSAR.—Había otras cosas que hacer... había que continuar la revolución, limpiarla de las lacras personales de sus hombres...

BOLTON.—Sí. César Rubio lo haría. Pero ¿cómo?

CÉSAR (*Con voz empañada siempre*).—Hay varias formas. Por ejemplo, llevar la revolución a un terreno mental... pedagógico.

BOLTON.—¿Qué quiere usted decir?

CÉSAR.—Ser, en apariencia, un hombre cualquiera... un hombre como usted... o como yo... un profesor de historia de la revolución, por ejemplo.

BOLTON (*Cayendo casi de espaldas*).—¿Usted?

CÉSAR (*Después de una pausa*).—¿Lo he afirmado así?

BOLTON.—No... pero... (*Reaccionando bruscamente, se levanta.*) Comprendo. ¡Por eso es por lo que ha querido usted publicar la verdad! (*César lo mira sin contestar.*) Eso lo explica todo, ¿verdad?

CÉSAR (*Mueve afirmativamente la cabeza. Con voz concentrada, con la vista fija en el espacio, sin ocuparse en Elena, que lo mira intensamente desde el comedor*).—Sí... lo explica todo. El hombre olvidado, traicionado, que ve que la revolución se ha vuelto una mentira, pudo decidirse a enseñar historia... la verdad de la historia de la revolución., ¿no?.

Elena, estupefacta, sin gestos, avanza unos pasos hacia los arcos.

BOLTON.—Sí. ¡Es... maravilloso! Pero usted...

CÉSAR (*Con su extraña sonrisa*).—¿Esto no le parece a usted increíble, absurdo?

Bolton.—Es demasiado fuerte, demasiado... heroico; pero corresponde a su carácter. ¿Puede usted probar?...

Elena (*Pasando a la sala*).—La cena está lista. (*Va a la puerta izquierda y llama.*) ¡Julia! ¡Miguel! ¡La cena! (*Se oye a Miguel bajar rápidamente la escalera.*)

Bolton (*A Elena*).—Gracias, señora. (*A César.*) ¿Puede usted?

César afirma con la cabeza. Entra Miguel. Julia llega un segundo después.

Elena (*A Bolton*).—Pase usted.

Bolton (*Absorto*).—Gracias. (*Se dirige al comedor, de pronto se vuelve a César, que está inmóvil.*) ¡Es maravilloso!

Miguel (*Mirándolo extrañado*).—Pase usted.

Bolton.—Maravilloso. ¡Oh, gracias!

Elena.—Empieza a servir, Julia, ¿quieres?

Julia pasa al comedor. Miguel que se ha quedado en la puerta, mira con desconfianza a Bolton, luego a César, percibiendo algo particular. César, consciente de esta mirada vigilante, camina unos pasos hacia el primer término, derecha. Elena lo sigue.

César (*Se vuelve bruscamente y ve a Miguel*).—Entra en el comedor y atiende al señor (*mira la tarjeta*) Bolton. (*A Bolton.*) Pase usted. Yo voy a lavarme, si me permite. (*Se dirige a la izquierda bajo la mirada de Miguel que, después de dejar pasar a Bolton, se encoge de hombros y entra.*)

Elena (*Que ha seguido a César a la izquierda, lo detiene por un brazo*).—¿Por qué hiciste eso, César?

César (*Desasiéndose*).—Necesito lavarme.

Elena.—¿Por qué lo hiciste? Tú sabes que no está bien, que has (*muy bajo*) mentido.

César se encoge violentamente de hombros y sale. Elena permanece en el sitio siguiéndolo con la vista. Se oyen sus pasos en la escalera. Del comedor salen ahora voces.

Julia.—Siéntese usted, señor.

Bolton.—Gracias. Digo, sólo en la revolución mexicana pueden encontrarse episodios así, ¿verdad?

Miguel.—¿A qué se refiere usted?

(*Casi a la vez.*) Bolton.—Hombres tan sorprendentes como...
Elena (*Reaccionando bruscamente y dirigiéndose con*

energía al comedor).—Mis hijos no saben nada de eso, profesor. Son demasiado jóvenes.

BOLTON (*Levantándose, absolutamente convencido ya*).—¡Oh, claro está, señora! Comprendo... pero es maravilloso de todas maneras.

TELÓN

SEGUNDO ACTO

Cuatro semanas más tarde, en casa del profesor César Rubio. Son las cinco de la tarde. Hace calor, un calor seco, irritante. Las puertas y la ventana están abiertas. Julia hace esfuerzos por leer un libro, pero frecuentemente abandona la lectura para abanicare con él. Lleva un traje de casa, excesivamente ligero, que señala con demasiada precisión sus formas. Deja caer el libro con fastidio y se asoma a la ventana derecha. De pronto grita:

JULIA.—¿Carta para aquí? (*Después de un instante se vuelve al frente con desaliento. Recoge el libro y vuelve nuevamente la cabeza hacia la ventana.*)

Mientras ella está así, el desconocido —Navarro— se detiene en el marco de la puerta derecha. Es un hombre alto, enérgico, de unos cincuenta y dos años. Tiene el pelo blanco y un bigote de guías a la kaiser, muy negro, que casi parece teñido. Viste, al estilo de la región, ropa muy ligera. Se detiene, se pone las manos en la cintura y examina la pieza. Al ver la forma de Julia destacada junto a la ventana, sonríe y se lleva instintivamente la mano a la guía del bigote. Julia se vuelve, levantándose. Al ver al desconocido se sobresalta.

DESCONOCIDO.—Buenas tardes. Me han dicho que vive aquí César Rubio. ¿Es verdad, señorita?

JULIA.—Yo soy su hija.

DESCONOCIDO.—¡Ah! (*Vuelve a retorcerse el bigote.*) Conque vive aquí. Bueno, es raro.

JULIA.—¿Por qué dice usted eso?

DESCONOCIDO.—¿Y dónde esta César Rubio?

JULIA.—No sé... salió.

DESCONOCIDO (*Con un gesto de contrariedad*).—Regresaré a verlo. Tendré que verlo para creer...

JULIA.—Si quiere usted dejar su nombre, yo le diré.

DESCONOCIDO (*Después de una pausa*).—Prefiero sorprenderlo. Soy un viejo amigo. Adiós, señorita. (*Se atusa el bigote, sonríe con insolencia y recorre el cuerpo de Julia con los ojos. Ella se estremece un poco. Él repite, mientras la mira.*) Soy un amigo... un antiguo amigo. (*Sonríe para sí.*) Y espero volver a verla a usted también, señorita.

JULIA.—Adiós.

DESCONOCIDO (*Sale contoneándose un poco y se vuelve a verla desde la puerta*).—Adiós, señorita. (*Sale.*)

Julia se encoge de hombros. Se oyen los pasos de Elena en la escalera. Julia reasume su posición de lectura.

ELENA (*Entrando*).—¿Quién era? ¿El cartero?

JULIA.—No... un hombre que dice que es un antiguo amigo de papá. Lo dijo de un modo raro. Dijo también que volvería. Me miró de una manera tan desagradable...

ELENA (*Con intención*).—¿Dices que no pasó el cartero?

JULIA.—Pasó... pero no dejó nada.

ELENA.—¿Esperabas carta?

JULIA.—No.

ELENA.—Haces mal en mentirme. Sé que has escrito a ese muchacho otra vez. ¿Por qué lo hiciste? (*Julia no responde.*) Las mujeres no deben hacer esas cosas; no haces sino buscarte una tortura más, esperando, esperando todo el tiempo.

JULIA.—Algo he de hacer aquí. Mamá, no me digas nada. (*Se estremece.*)

ELENA.—¿Qué tienes?

JULIA.—Estoy pensando en ese hombre que vino a buscar a papá... en cómo me miró. (*Transición brusca. Arroja el libro.*) ¿Vamos a estar así toda la vida? Yo ya no puedo más.

ELENA (*Moviendo la cabeza*).—No es esto lo que te atormenta, Julia, sino el recuerdo de México. Si olvidaras a ese muchacho, te resignarías mejor a esta vida.

JULIA.—Todo parece imposible. ¿Y mi padre qué hace? Irse por la mañana, volver por la noche, sin resolver nada nunca, sin hacer caso de nosotros. Hace semanas que no puede hablársele sin que se irrite. Me pregunto si nos ha querido alguna vez.

ELENA.—Le apena que sus asuntos no vayan mejor, más rápidamente. Pero tú no debes alimentar esas ideas que no son limpias, Julia.

JULIA.—Miguel también está desesperado, con razón.

ELENA.—Son ustedes tan impacientes... ¿Dónde está ahora tu hermano?

JULIA.—Se fue al pueblo, a buscar trabajo. Dice que se irá. Hace bien. Yo debía...

ELENA.—¿Qué puede uno hacer con hijos como ustedes, tan apasionados, tan incomprensivos? Te impacienta esperar un cambio en la suerte de tu padre, pero no te impacienta esperar que te escriba un hombre que no te quiere.

JULIA.—Me haces daño, mamá.

ELENA.—La verdad es la que te hace daño, hija. (*Julia se levanta y se dirige a la izquierda.*) Hay que planchar la ropa. ¿Quieres traerla? Está tendida en el solar.

Julia, sin responder, pasa al comedor y de allí a la cocina para salir al solar. Elena la sigue con la vista, moviendo la cabeza, y pasa a la cocina.

La escena queda desierta un momento. Por la derecha entra César con el saco al brazo, los zapatos polvosos. Tira el saco en una silla y se tiende en el sofá de tule enjugándose la frente. Acostado, lía, metódicamente como siempre, un cigarro de hoja. Lo enciende. Fuma. Elena entra en el comedor percibe el olor del cigarro y pasa a la sala.

ELENA.—¿Por qué no me avisaste que habías llegado?

CÉSAR.—Dame un vaso de agua con mucho hielo.

Elena pasa al comedor y vuelve un momento después con el agua. César se incorpora y bebe lentamente.

ELENA.—¿Arreglaste algo?

CÉSAR (*Tendiéndole el vaso vacío*).—¿No crees que te lo habría dicho si así fuera? Pero no puedes dejar de preguntarlo, de molestarme, de... (*Calla bruscamente.*)

ELENA (*Dando vueltas al vaso en sus manos*).—Julia tiene razón... hace ya semanas que parece que nos odias, César.

CÉSAR.—Hace semanas que parece que me vigilan todos... tú, Julia, Miguel. Espían mis menores gestos, quieren leer en mi cara no sé qué cosas.

ELENA.—¡César!

JULIA (*Entra en el comedor llevando un lío de ropa*).—Aquí está la ropa, mamá.

ELENA (*Va hacia el comedor para dejar el vaso*).—Déjala aquí. O mejor no. Hay que recoserla antes de plancharla. ¿Quieres hacerlo en tu cuarto?

Julia pasa, sin contestar, a la sala, y cruza hacia la izquierda sin hablar a su padre.

César (*Viéndola*).—¿Sigue molestándote mucho el calor, Julia?

Julia (*Sin volverse*).—Menos que otras... menos que yo misma, papá. (*Sale.*)

César.—¿Ves cómo me responde? ¿Qué les has dicho tú, que cada vez siento a mis hijos más contra mí?

Elena (*Con lentitud y firmeza*).—Te engañas, César, no te atreves a ver la verdad. Crees que somos nosotros, que soy yo sobre todo la que te incomoda y te persigue. No es eso. Eres tú mismo.

César.—¿Qué quieres decir?

Elena.—Lo sabes muy bien.

César (*Sentándose bruscamente*).—Acabemos... habla claro...

Elena.—No podría yo hablar más claro que tu conciencia, César. Estás así desde que se fue Bolton... desde que cerraste el trato con él.

César (*Levantándose furioso*).—¿Ves cómo me espías? Me espiaste aquella noche también.

Elena.—Oí por casualidad, y te reproché que mintieras.

César.—Yo no mentí. Puesto que oíste, debes saberlo. Yo no afirmé nada, y le vendí solamente lo que él quería comprar.

Elena.—La forma en que hablaste era más segura que una afirmación. No sé cómo pudiste hacerlo, César, ni menos, cómo te extraña el que te persiga esa mentira.

César.—Supón que fuera la verdad.

Elena.—No lo era.

César.—¿Por qué no? Tú me conociste después de ese tiempo.

Elena.—César, ¿dices esto para llegar a creerlo?

César.—Te equivocas.

Elena.—Puedes engañarte a ti mismo si quieres. No a mí.

César.—Tienes razón. Y sin embargo, ¿por qué no podría ser así? Hasta el mismo nombre... nacimos en el mismo pueblo, aquí; teníamos más o menos la misma edad.

Elena.—Pero no el mismo destino. Eso no te pertenece.

César.—Bolton lo creyó todo... era precisamente lo que él quería creer.

Elena.—¿Crees que hiciste menos mal por eso? No.

César.—¿Por qué no lo gritaste entonces? ¿Por qué no me desenmascaraste frente a Bolton, frente a mis hijos?

Elena.—Sin quererlo, yo completé tu mentira.

César.—¿Por qué?

ELENA.—Tendrías que ser mujer para comprenderlo. No quiero juzgarte, César... pero esto no debe seguir adelante.

CÉSAR.—¿Adelante?

ELENA.—Vi el paquete que trajiste la otra noche... el uniforme, el sombrero tejano.

CÉSAR.—¡Entonces me espías!

ELENA.—Sí... pero no quiero que te engañes más. Acabarías por creerte un héroe. Y quiero pedirte una cosa: ¿qué vas a hacer con ese dinero?

CÉSAR.—No tengo que darte cuentas.

ELENA.—Pero si no te las pido. Ni siquiera cuando era joven habría sabido qué hacer con el dinero. Lo que quiero es que hagas algo por tus hijos... están desorientados, desesperados.

CÉSAR.—Tienes razón, tienes razón. He pensado en ellos, en ti, todo el tiempo. He querido hacer cosas. He ido a Saltillo, a Monterrey, a buscar una casa, a ver muebles. Y no he podido comprar nada... no sé por qué... (*Baja la cabeza.*) Fuera de ese uniforme... que me hacía sentirme tan seguro de ser un general.

ELENA.—¿No has pensado que podría descubrirse tu mentira?

CÉSAR.—No se descubrirá. Bolton me dio su palabra. Nadie sabrá nada.

ELENA.—Tú, todo el tiempo. ¿Por qué no nos vamos de aquí? Los muchachos necesitan un cambio... un verdadero cambio. Vámonos, César... sé que tienes dinero suficiente... no me importa cuánto. Ahora que lo tienes... es el guardarlo lo que te pone así.

CÉSAR.—¿Tengo derecho a usarlo? Eso es lo que me ha torturado. ¿Derecho a usarlo en mis hijos sin...?

ELENA.—Tienes el dinero. Yo no podría verte tirarlo, ahora que lo tienes; no podría: me dan tanta inquietud, tanta inseguridad mis hijos.

CÉSAR.—¡Tirarlo! Lo he pensado; no pude. Y... me da vergüenza confesártelo... pero he llegado a pensar en irme solo.

ELENA.—Lo sabía. Cada noche que te retrasabas pensaba yo: ahora ya no volverá.

CÉSAR.—No fue por la falta de cariño... te lo aseguro.

ELENA.—También lo sé... eran remordimientos, César.

CÉSAR (*Transición*).—¿Remordimientos por qué? Otros hombres han hecho otras cosas, cometido crímenes... sobre todo en México. No robé a ningún hombre, no he arruinado a nadie.

ELENA.—Tú sabes que si se descubriera esto, por lo menos Bolton, que es joven, perdería su prestigio, su carrera... y nosotros, que no tenemos nada, la tranquilidad. Vámonos, César.

César.—Bolton mismo, si algo averiguara, tendría que callar, para no comprometerse. ¿Y adónde podríamos ir? ¿A México?

Elena.—Siento que tú no estarías tranquilo allí.

César.—¿Monterrey? ¿Saltillo? ¿Tampico?

Elena.—¿Podrías vivir en paz en la República, César? Yo tendría siempre miedo por ti.

César.—No te entiendo.

Elena.—Tú lo sabes... sabes que tendrías siempre delante el fantasma de...

César (*Rebelándose*).—Acabarás por hacerme creer que soy un criminal. (*Pausa.*) ¿Por qué no ir a los Estados Unidos? ¿A California?

Elena.—Creo que sería lo mejor, César.

César.—Me cuesta salir de México.

Elena.—Nada te detiene aquí más que tus ideas, tus sueños, compréndelo.

César.—¡Mis sueños! Siempre he querido la realidad: es lo que tú no puedes entender. Una realidad... (*Se encoge de hombros.*) Mucho tiempo he tenido deseos de ir a California; pero no podría ser para toda la vida. (*Reacción vigorosa.*) Has acabado por hacerme sentir miedo; no nos iremos, no corro peligro alguno.

Elena.—¿Has sentido miedo entonces? También sentiste remordimientos. ¿No te das cuenta de que esas cosas están en ti?

César.—Quien te oyera pensaría en algo sórdido y horrible, en un crimen. No, no he cometido ningún crimen. Lo que tú llamas remordimiento no era más que desorientación. Si no he usado el dinero es porque nunca había tenido tanto junto... en mi vida...: he perdido la capacidad de gastar, como ocurre con nuestra clase; otros pierden la capacidad de comer, en fuerza de privaciones.

Elena.—Sí... eso parece razonable... parece cierto, César.

César.—¿Entonces?

Elena.—Parece, porque lo generalizas. Pero no es cierto, César. Puede ser que no hayas cometido un crimen al tomar la personalidad de un muerto para...

César.—¡Basta!

Elena.—Puede ser que no hayas cometido siquiera una falta. ¿Por qué sientes y obras como si hubieras cometido una falta y un crimen?

César.—¡No es verdad!

Elena.—Me acusas de espiarte, de odiarte... huyes de nosotros diariamente.. y en el fondo, eres tú el que te espías, despierto a todas horas; eres tú el que empiezas a odiarnos... es como cuando alguien se vuelve loco, ¿no ves?

César.—¿Y qué quieres que haga entonces? (*Pausa.*) O... ¿reclamas tu parte?

Elena.—Yo soy de esas gentes que pierden la capacidad de comer; la he perdido a tu lado, en nuestra vida. No me quejo: Pero Miguel dijo que se quedaba porque tú le habías prometido no hacer nada deshonesto.

César.—¿Y lo he hecho acaso?

Elena.—Tú lo sabes mejor que yo; pero tus hijos se secan de no hacer nada, César. Somos viejos ya y necesitamos el dinero menos que ellos. Puedes ayudarles a establecerse fuera de aquí. Podrías darles todo, para librarte de esas ideas... ¿Qué nos importa ser pobres unos cuantos años más, a ti y a mí?

César (*Muy torturado*).—¿No tenemos nosotros derecho a un desquite?

Elena.—Sí tú quieres. Pero no los sacrifiquemos a ellos. Quizá no quieres irte de México porque pensaste que la gente podía enterarse de que tenemos dinero... por vanidad. Si nos vamos, César, seremos felices. Pondremos una tienda o un restorán mexicano, cualquier cosa. Miguel cree en ti todavía, a pesar de todo.

César.—¡Déjame! ¿Por qué quieres obligarme a decidirlo todo ahora? Después habrá tiempo... habrá tiempo. (*Pausa.*) Me conoces demasiado bien.

Elena.—¡Después! Puede ser tarde. No me guardes rencor, César. (*Le toma la mano.*) Hemos estado siempre como desnudos, cubriéndonos mutuamente. En el fondo eres recto... ¿por qué te avergüenzas de serlo? ¿Por qué quieres ser otra cosa... ahora?

César.—Todo el mundo aquí vive de apariencias, de gestos. Yo he dicho que soy el otro César Rubio... ¿a quién perjudica eso? Mira a los que llevan águila de general sin haber peleado en una batalla; a los que se dicen amigos del pueblo y lo roban; a los demagogos que agitan a los obreros y los llaman camaradas sin haber trabajado en su vida con sus manos; a los profesores que no saben enseñar, a los estudiantes que no estudian. Mira a Navarro, el precandidato... yo sé que no es más que un bandido, y de eso sí tengo pruebas, y lo tienen por un héroe, un gran hombre nacional. Y ellos sí hacen daño y viven de su mentira. Yo soy mejor que muchos de ellos. ¿Por qué no?

Elena.—Tú lo sabes... también eso está en ti. Tú no, porque no, porque no.

César.—¡Estúpida! ¡Déjame ya! ¡Déjame!

Elena.—Estás ciego, César.

Entra Miguel con el saco al brazo y un periódico doblado en la mano. Parece trastornado. César y Elena callan, pero sus voces parece que siguen sonando en la atmósfera. César pasea de un extremo a otro. Miguel se sienta en el sofá, cansado, mirándolos lentamente.

ELENA.—¿Dónde estuviste, Miguel?

Miguel no contesta. Mira con intensidad a César. La luz se hace más opaca, como si se cubriera de polvo.

CÉSAR (*Volviéndose como picado por su aguijón*).—¿Por qué me miras así, Miguel?

MIGUEL (*Lentamente*).—He estado pensando que tus hijos sabemos muy poco de ti, padre.

CÉSAR.—¿De mí? Nada. Nunca les ha importado saber nada de mí.

MIGUEL.—Pero me pregunto también si mamá sabe más de ti que nosotros, si nos ha ocultado algo.

ELENA.—Miguel, ¿qué te pasa? Es como si me acusaras de...

MIGUEL.—Nada. Es curioso, sin embargo, que para saber quién es mi padre tenga yo que esperar a que lo digan los periódicos.

CÉSAR.—¿Qué quieres decir?

MIGUEL (*Desdoblando el periódico*).—Esto. Aquí hablan de ti.

CÉSAR (*Yendo hacia él*).—Dame.

MIGUEL (*Con una energía concentrada, rítmica casi*).—No. Voy a leerte. Eso por lo menos lo aprendí.

César y Elena cambian una mirada rápida.

ELENA (*A media voz*).—¡César!

MIGUEL (*Leyendo con lentitud, martilleando un poco las palabras*).—"Reaparece un gran héroe mexicano. La verdad es más extraña que la ficción. Bajo este título, tomado de Shakespeare, el profesor Oliver Bolton, de la Universidad de Harvard, publica en el New York Times una serie de artículos sobre la revolución mexicana."

CÉSAR.—Sigue.

Elena se acerca a él y toma su brazo, que va apretando gradualmente durante la lectura.

MIGUEL (*Después de una mirada a su padre; leyendo con voz blanca*).—"El primero relata la misteriosa desaparición, en 1914, del extraordinario general César Rubio, verdadero precursor de la revolución, según parece. Bolton describe la vertiginosa carrera de Rubio, su influencia sobre los destinos de México y sus hombres, hasta caer en una emboscada tendida por un subordinado suyo, comprado por sus enemigos. El artículo reproduce documentos aparentemente fidedignos, fruto de una honesta investigación."

ELENA.—Había prometido, ¿no?

CÉSAR.—Calla.

MIGUEL (*Los mira. Sonríe de un modo extraño y sigue leyendo*).—"Estas revelaciones agitarán los círculos políticos y seguramente alterarán los textos de la historia mexicana contemporánea. Pero el golpe teatral está en el segundo artículo, donde Bolton refiere su reciente descubrimiento en México. Según él, César Rubio, desilusionado ante el triunfo de los demagogos y los falsos revolucionarios, oscuro, olvidado, vive —contra toda creencia—, dedicado en humilde cátedra universitaria —gana cuatro pesos diarios (ochenta centavos de dólar)— a enseñar la historia de la revolución para rescatarla ante las nuevas generaciones. (*Miguel levanta la vista hacia César, que se vuelve a otra parte. Se oyen los pasos de Julia en la escalera.*) Al estrechar la mano de este héroe —dice Bolton— prometí callar su identidad actual. Pero no resisto a la belleza de la verdad, al deseo de hacer justicia al hombre cuya conducta no tiene paralelo en la historia."

JULIA.—Mamá.

MIGUEL (*Volviéndose a ella*).—Escucha. (*Lee.*) "Siendo digno César Rubio de un homenaje nacional, puede además ser aún útil a su país, que necesita como nunca hombres desinteresados. Cincinato se retiró a labrar la tierra convirtiéndose en un rico hacendado. César escribió sus Comentarios; pero ni estos héroes ni otros pueden equipararse a César Rubio, el gran caudillo de ayer, el humilde profesor de hoy. La verdad es siempre más extraña que la ficción." (*Pausa.*)

JULIA.—¿Qué quiere decir?...

MIGUEL.—Hay algo más. (*Lee.*) "El profesor Bolton declaró a los corresponsales extranjeros que encontró a César Rubio en una humilde casa de madera aislada cerca del pueblo de Allende, próximo a la carretera central."

ELENA.—¡Oh, César!

JULIA.—¿Papá, no entiendo... esto se refiere a...?

CÉSAR.—¿Es todo?

MIGUEL.—No... hay más. Pero dile a Julia que se refiere a ti, padre.

CÉSAR.—Acaba.

MIGUEL.—"La Secretaría de Guerra y el Partido Revolucionario investigan ya con gran reserva este caso por orden del Primer Magistrado de la Nación. A ser cierto, este acontecimiento revolucionará la política mexicana." Ahora sí es todo.

ELENA.—¿Qué vas a a hacer ahora, César?

CÉSAR.—Tenías razón. Debemos irnos.

MIGUEL.—Pero yo quiero saber. ¿Es cierto esto? Y si es cierto, ¿por qué lo has callado tanto tiempo, padre?

JULIA (*Apartando los ojos del periódico*).—Tú, papá... ¡Parece tan extraño!

MIGUEL.—Dímelo.

ELENA.—Interrogas a tu padre, Miguel.

MIGUEL.—¿Pero no comprendes, mamá? Tengo derecho a saber.

JULIA (*Tirando el periódico y corriendo a abrazar a César*).—¿Y te has sacrificado todo este tiempo, papá? Yo no sabía... ¡Oh, me haces tan feliz! Me siento tan mala por no haber...

César la abraza de modo que le impide ver su rostro demudado.

MIGUEL.—¿Vas a decírmelo?

JULIA (*Desprendiéndose, vehemente*).—¿Acaso no crees que sea cierto? Deberíamos sentir vergüenza de cómo nos hemos portado con él (*sonriendo*), con el señor General César Rubio.

MIGUEL.—Papá, ¿no me lo dirás?

CÉSAR.—Y bien...

ELENA.—Debemos irnos inmediatamente, César, ya que ha sucedido lo que queríamos evitar. Miguel, Julia, empaquen pronto. Nos vamos ahora mismo a los Estados Unidos. El tren pasará a las siete por el pueblo.

CÉSAR (*Decidido*).—Sí, es necesario.

Julia se dirige a la izquierda.

MIGUEL.—Pero esto parece una fuga. ¿Por qué? ¿Y por qué el silencio? No es más que una palabra...

JULIA (*Volviéndose*).—Ven, Miguel, vamos.

CÉSAR (*Con esfuerzo*).—Se te explicará todo después. Ahora debemos empacar y marcharnos.

Miguel le dirige la última mirada y cruza hacia la izquierda. Cuando se reúne con Julia cerca de la puerta, se oye un toquido por la derecha. César y Elena se miran con desamparo.

CÉSAR (*La voz blanca*).—¿Quién?

Cinco hombres penetran por la derecha en el orden siguiente: primero, Epigmenio Guzmán, presidente municipal de Allende; en seguida, el licenciado Estrella, delegado del Partido en la región y gran orador; en seguida, Salinas, Garza y Treviño, diputados locales. Instintivamente Elena se prende al brazo de César y lo hace retroceder unos pasos. Julia se sitúa un poco más atrás, al otro lado de César, y Miguel al lado de su madre. Este cuadro de familia desconcierta un poco a los recién llegados.

GUZMÁN (*Limpiándose la garganta*).—¿Es usted el que dice ser el general César Rubio?

CÉSAR (*Después de una rápida mirada a su familia se adelanta*).—Ése es mi nombre.

SALINAS (*Adelantando un paso*).—¿Pero es usted el general?

GUZMÁN.—Permítame, compañero Salinas. Yo voy a tratar esto.

ESTRELLA.—Perdón. Creo que el indicado para tratarlo soy yo, señores. (*Blande un telegrama.*) Además, tengo instrucciones especiales.

Estrella es alto, delgado, tiene esas facciones burdas con pretensión de raza. Usa grandes patillas y muchos anillos. Tiene la piel manchada por esas confusas manifestaciones cutáneas que atestiguan a la vez el exceso sexual y el exceso de abstención sexual. Los otros son norteños típicos, delgados Salinas y Treviño, gordos Garza y Guzmán. Todos sanos, buenos bebedores de cerveza, campechanos, claros y decididos.

(*Simultáneamente.*) TREVIÑO.—Oye, Epigmenio...
GARZA.—Mire, compañero Estrella...

GUZMÁN.—Me parece, señores, que esto me toca a mí, y ya.

CÉSAR (*Que ha estado mirándolos*).—Cualquiera que sea su asunto, señores, háganme favor de sentarse. (*Con un ademán hacia el grupo de sus familiares.*) Mi esposa y mis hijos.

Los visitantes hacen un saludo silencioso, menos Estrella, que se dirige con una sonrisa a estrechar la mano de Elena, Julia y Miguel, murmurando saludos banales. Es un capitalino de la baja clase media. Entretanto, Epigmenio Guzmán ha estado observando intensamente a César.

GUZMÁN.—Nuestro asunto es enteramente privado. Sería preferible que... (*Mira a la familia.*)

CÉSAR.—Elena...

Elena toma de la mano a Julia e inician el mutis. Miguel permanece mirando a su padre y a los visitantes alternativamente.

ESTRELLA.—De ninguna manera. El asunto que nos trae exige el secreto más absoluto para todos, menos para los familiares del señor Rubio.

Elena y Julia se han vuelto.

SALINAS.—No necesitamos la presencia de las señoras por ahora.

TREVIÑO.—Esto es cosa de hombres, compañero.

CÉSAR (*Irónico, inquieto en realidad por la tensa atención de Miguel, por la angustia de Elena*).—Si es por mí, señores, no se preocupen. No tengo secretos para mi familia.

GARZA.—Lo mejor es aclarar las cosas de una vez. Usted...

ESTRELLA.—Compañero diputado, me permito recordarle que tengo la representación del partido para tratar este asunto. Estimo que la señora y la señorita, que representan a la familia mexicana, deben quedarse.

CÉSAR.—Tengan la bondad de sentarse, señores. (*Todos se instalan discutiendo a la vez, menos Guzmán, que sigue abstraído mirando a César.*) ¿Usted? (*A Guzmán.*)

GUZMÁN (*Sobresaltado*).—Gracias.

Estrella y Salinas quedan sentados en el sofá de tule; Garza y Treviño en los sillones de tule, a los lados. Guzmán, al ser interpelado por César, va a sentarse al sofá, de modo que Estrella queda al centro. Elena y Julia se han sentado en el otro extremo, mirando al grupo. Miguel, para ver la cara de su padre, que ha quedado de espaldas al público, se sitúa recargado contra los arcos. César, como un acusado, queda de frente al grupo de políticos en primer término derecha. Los diputados miran a Guzmán y a Estrella.

SALINAS.—¿Qué pasó? ¿Quién habla por fin?

TREVIÑO.—Eso.

ESTRELLA (*Adelantándose a Guzmán*).—Señores... (*Se limpia la garganta.*) El señor Presidente de la República y el Partido Revolucionario de la Nación me han dado instrucciones para que investigue las revelaciones del profesor Bolton y establezca la identidad de su informe. ¿Qué tiene usted qué decir, señor Rubio? Debo pedirle que no se equivoque sobre nuestras intenciones, que son cordiales.

CÉSAR (*Pausado, sintiendo como una quemadura la mirada fija de Mi-*

guel).—Todos ustedes son muy jóvenes, señores.. pertenecen a la revolución de hoy. No puedo esperar, por lo tanto, que me reconozcan. He dicho ya que soy César Rubio. ¿Es todo lo que desean saber?

SALINAS (*A Estrella*).—Mi padre conoció al general César Rubio... pero murió.

TREVIÑO.—También mi tío.. sirvió a sus órdenes; me hablaba de él. Murió.

GARZA.—Sin embargo, quedan por ahí viejos que podrían reconocerlo.

ESTRELLA.—Esto no nos lleva a ninguna parte, compañeros. (*A César.*) Mi comisión consiste en averiguar si es usted el general César Rubio, y si tiene papeles con qué probarlo.

CÉSAR (*Alerta, consciente de la silenciosa observación de Guzmán*).—Si han leído ustedes los periódicos —y me figuro que sí— sabrán que entregué esos documentos al profesor Bolton.

ESTRELLA.—Mire, mi general... hm... señor Rubio, este asunto tiene una gran importancia. Es necesario que hable usted ya.

CÉSAR (*Casi acorralado*).—Nunca pensé en resucitar el pasado, señores.

MIGUEL (*Avanza dos pasos quedando en línea diagonal frente a su padre*).—Es preciso que hables, papá.

CÉSAR (*Tratando de vencer su abatimiento*).—¿Para qué?

ESTRELLA.—Usted comprende que esta revelación está destinada a tener un peso singular sobre los destinos políticos de México. Todo lo que le pido, en nombre del señor Presidente, en nombre del Partido y en nombre de la paria, es un documento. Le repito que nuestras intenciones son cordiales. Una prueba.

CÉSAR (*Alzando la cabeza*).—Hay cosas que no necesitan de pruebas, señor. ¿Qué objeto persiguen ustedes al investigar mi vida? ¿Por qué no me dejan en mi retiro?

ESTRELLA.—Porque si es usted el general César Rubio, no se pertenece, pertenece a la revolución, a una patria que ha sido siempre amorosa madre de los héroes.

SALINAS.—Un momento. Antes de decir discursos, compañero Estrella, queremos que se identifique.

(*Simultáneamente.*) GARZA.—Que se identifique...
TREVIÑO.—Eso es todo lo que pedimos.

MIGUEL.—Papá. (*Da un paso más al frente.*)

CÉSAR.—Es curioso que quienes necesitan de pruebas materiales sean precisamente mis paisanos, los diputados locales... (*Mirada a Miguel*)... y mi hijo. (*Miguel retrocede un paso, bajando la cabeza.*) ¿Por qué no me dejan tan muerto como estaba?

ESTRELLA (*Decidido*).—Comprendo muy bien su actitud, mi general, y yo que represento al Partido Revolucionario de la Nación no necesito de esas pruebas. Estoy seguro de que tampoco el señor Presidente las necesita, y bastará...

SALINAS (*Levantándose*).—Nosotros sí.

ESTRELLA.—Permítame. Es el pueblo, son los periodistas, que no tardarán en llegar aquí (*César y Elena cambian una mirada*); son los burócratas de la Secretaría de Guerra, que tampoco tardarán. ¿Por qué no nos da usted esa pequeña prueba a nosotros y nos tiene confianza, para que nosotros respondamos de usted ante el pueblo?

CÉSAR.—El pueblo sería el único que no necesitara pruebas. Tiene su instinto y le basta. Me rehuso a identificarme ante ustedes.

MIGUEL.—Pero ¿por qué, papá?

GARZA.—No es necesario que se ofenda usted, general. Venimos en son de paz. Si pedimos pruebas es por su propia conveniencia.

SALINAS.—Lo más práctico es traer algunos viejos del pueblo. Yo voy en el carro.

TREVIÑO.—Pedimos una prueba como acto de confianza.

ESTRELLA.—Yo encuentro que el general tiene razón. (*A César.*) Ya ve usted que yo no le he apeado el título que le pertenece. (*A los demás.*) Pero si él supiera para qué hemos venido aquí, comprendería nuestra insistencia.

CÉSAR (*Mirando alternativamente a Miguel y a Elena*).—¿Con qué objeto han venido ustedes, pues?

ESTRELLA.—Allí está la cosa, mi general. Démonos una prueba de mutua confianza.

CÉSAR (*Sintiéndose fortalecido*).—Empiecen ustedes, entonces.

ESTRELLA (*Sonriendo*).—Nosotros estamos en mayoría, mi general: en esta época el triunfo es de las mayorías.

SALINAS.—La cosa es muy sencilla. Si él se niega a identificarse, ¿a nosotros qué? Sigue muerto para nosotros y ya.

ESTRELLA.—Mi misión y mi interés son más amplios que los de ustedes, compañeros.

TREVIÑO.—Allá usted.. y allá las autoridades. Nosotros no tenemos tiempo qué perder. Vámonos, muchachos. (*Se levantan.*)

GARZA (*Levantándose*).—Espérate, hombre.

SALINAS (*Levantándose*).—Yo siempre les dije que era pura ilusión todo.

ESTRELLA (*Levantándose*).—Las autoridades militares, en efecto, mi general, podrán presionarlo a usted. ¿Por qué insistir en esta actitud? ¿Por qué no nombra usted a alguien que lo conozca, que lo identifique? Es en interés de usted.. y de la nación... y de su Estado. (*Se vuelve hacia la familia.*) Pero estamos perdiendo el tiempo. Con todo respeto hacia su actitud, mi general... estoy seguro de que usted tiene razones poderosas para obrar así... la señora podrá sin duda...

Elena se levanta.

CÉSAR (*Con angustiosa energía*).—No meta usted a mi mujer en estas cosas.

ELENA.—Déjame, César. Es necesario. Yo atestiguaré.

CÉSAR.—Mi esposa nada sabe de esto. (*A Elena.*) Cállate.

GUZMÁN (*Hablando por primera vez desde que empezó esto*).—Un momento. (*Todos se vuelven hacia él, que continúa sentado.*) Dicen que César Rubio era un gran fisonomista... yo no lo soy; pero recuerdo sus facciones. Era yo muy joven todavía y no lo vi más que una vez; pero para mí, es él. Lo he estado observando todo el tiempo. (*Sensación.*) Tal vez se acuerde de mi padre, que sirvió a sus órdenes. (*Saca un grueso reloj de tipo ferrocarrilero, cuya tapa posterior alza; se levanta él mismo, y tiende el reloj a César Rubio.*) ¿Lo conoce usted?

CÉSAR (*Tomando el reloj, pasa al centro de la escena mientras los demás lo rodean con curiosidad. Duda antes de mirar el retrato, se decide, lo mira y sonríe. Alza la cabeza y devuelve el reloj a Guzmán. Se mete las manos a los bolsillos y se sienta en el sofá, diciendo*).—Gracias.

GUZMÁN.—¿Lo conoce usted? (*Se acerca.*)

CÉSAR (*Lentamente*).—Es Isidro Guzmán; lo mataron los huertistas el 13, en Saltillo.

GUZMÁN (*A los otros*).—¿Ven cómo es él?

ESTRELLA.—¿Es usted, entonces, el general César Rubio?

SALINAS.—Eso no es prueba.

GUZMÁN.—¿Cómo iba a conocer a mi viejo, entonces?

TREVIÑO.—No, no; esto no quiere decir nada.

ESTRELLA.—Un momento, señores. Mi general... hm... señor Rubio; ¿dónde nació usted? Espero que no tenga inconveniente en decirme eso.

CÉSAR.—En esta misma población, cuando no era más que un principio de aldea.

ESTRELLA.—¿En qué calle?

CÉSAR.—En la única que tenía el pueblo entonces... la Calle Real.

ESTRELLA.—¿En qué año?

CÉSAR.—Hizo medio siglo precisamente en julio pasado.

ESTRELLA (*Sacando un telegrama del bolsillo y pasando la vista sobre él*).—Gracias, mi general. Ustedes dirán lo que gusten, compañeros; a mí me basta con esto. Los datos coinciden.

GUZMÁN.—Y a mí también. Conoció al viejo.

CÉSAR (*Sonriendo*).—Le decían la Gallareta.

GUZMÁN (*Con entusiasmo*).—Es verdad.

CÉSAR (*Remachando*).—Era valiente.

GUZMÁN (*Más entusiasmado*).—¡Ya lo creo! Ése era el viejo... murió peleando. Valiente de la escuela de usted, mi general.

CÉSAR.—¿De cuál de las dos? (*Risas.*) No... la Gallareta murió para salvar a César Rubio. Cuando los federales dispararon sobre César, que iba adelante a caballo, el coronel Guzmán hizo reparar su montura y se atravesó. Lo mataron, pero se salvó César Rubio.

TREVIÑO.—¿Por qué habla usted de sí mismo como si se tratara de otro?

CÉSAR (*Cada vez más dueño de sí*).—Porque quizás así es. Han pasado muchos años... los hombres se transforman. Luego, la costumbre de la cátedra... (*Se levanta.*) Ahora, ¿están ustedes satisfechos, señores?

SALINAS.—Pues... no del todo.

GARZA.—Algo nos falta por ver.

CÉSAR.—¿Y qué es?

SALINAS (*Mirando a los otros*).—Pues papeles, pruebas, pues.

CÉSAR (*Después de una pausa*).—Estoy seguro de que ahora el profesor Bolton publicará los que le entregué, que eran todos los que tenía. Entonces quedará satisfecha su curiosidad por entero. Pero, hasta entonces, sigan considerándome muerto; déjenme acabar mis días en paz. Quería acabar en mi pueblo, pero puedo irme a otra parte.

Sensación y protestas entre los políticos. Aun Salinas y Garza protestan. La familia toda se ha acercado a César. Estrella acaba por hacerse oír, después de un momento de agitar los brazos y abrir una gran boca sin conseguirlo.

ESTRELLA.—Mi general, si he venido en representación del Partido Revolucionario de la Nación y con una comisión confidencial del señor Presidente, no ha sido por una mera curiosidad, ni únicamente para molestar a usted pidiéndole sus papeles de identificación.

GUZMÁN.—Ni yo tampoco. Yo vine como presidente municipal de Allende a discutir otras cuestiones que importan al Estado. Lo mismo los señores diputados.

GARZA.—Es verdad.

CÉSAR (*Mirando a Elena*).—¿Qué desean ustedes, entonces?

ELENA (*Adelantándose hacia el grupo*).—Yo sé lo que desean... una cosa política. Diles que no, César.

ESTRELLA.—El admirable instinto femenino. Tiene usted una esposa muy inteligente, mi general.

SALINAS.—Treviño.

TREVIÑO.—¿Qué hubo?

Salinas toma a Treviño por el brazo y lo lleva hacia la puerta, donde hablan ostensiblemente en secreto. Guzmán los sigue con la vista moviendo la cabeza.

GUZMÁN (*Mientras mira hacia Salinas y Treviño*).—La señora le ha dado al clavo, en efecto.

SALINAS (*En voz baja, que no debe ser oída del público, y muy lentamente, mientras habla Guzmán*).—Vete volando al pueblo en mi carro. (*Treviño mueve la cabeza afirmativamente.*)

Es indispensable que los actores pronuncien estas palabras inaudibles para el público. Decirlas efectivamente sugerirá una acción planeada, y evitará una laguna en la progresión del acto, a la vez que ayudará a los actores a mantenerse en carácter mientras estén en la escena.

CÉSAR.—Gracias. ¿Es eso, entonces, lo que buscaban ustedes?

ESTRELLA.—Buscamos algo más que lo meramente político inmediato, mi general. La reaparición de usted es providen... (*se corrige y se detiene buscando la palabra*) próvida y revolucionaria... (*Entretanto, al mismo tiempo:*)

SALINAS.—...y tráete a Emeterio Rocha...

ESTRELLA.—...y extraordinariamente oportuna. Este Estado, como sin duda lo sabe usted, se prepara a llevar a cabo la elección de un nuevo gobernador.

SALINAS (*Entretanto*).—Él conoció a César Rubio. ¿Entiendes?

TREVIÑO (*Mismo juego*).—Seguro. Ya veo lo que quieres.

CÉSAR (*A Estrella*).—Conozco esa circunstancia... pero nada tiene que ver conmigo.

SALINAS (*Mismo juego, dando una palmada a Treviño en el hombro*).—¿De acuerdo? Nada más por las dudas. (*Treviño afirma con la cabeza.*) Váyase, pues.

Treviño sale rápidamente después de dirigir una mirada circular a la escena.

ESTRELLA.—Se equivoca usted, mi general. Al reaparecer, usted se convierte automáticamente en el candidato ideal para el Gobierno de su Estado natal.

ELENA.—¡No, César!

JULIA.—¿Por qué no, mamá? Papá lo merece. (*Lo mira con pasión.*)

CÉSAR.—¿Por qué no, en efecto? (*Salinas se reúne con el grupo sonriendo.*) Voy a decírselo, señor... señor...

ESTRELLA.—Rafael Estrella, mi general.

CÉSAR.—Voy a decírselo, señor Estrella. (*Involuntariamente en papel, viviendo ya el mito de César Rubio.*) Me alejé para siempre de la política. Prefiero continuar mi vida humilde y oscura de hasta ahora.

ESTRELLA.—No tiene usted derecho, mi general, permítame, a privar a la patria de su valiosa colaboración.

GUZMÁN.—El Estado está en peligro de caer en el continuismo... usted puede salvarlo.

CÉSAR.—No. César Rubio sirvió para empezar la revolución. Estoy viejo. Ahora toca a otros continuarla. ¿Habla usted oficialmente, compañero Estrella?

ESTRELLA.—Cumplo, al hacer a usted este ofrecimiento, con la comisión que me fue confiada en México por el Partido Revolucionario de la Nación y por el señor Presidente.

GUZMÁN.—Yo conozco el sentir del pueblo aquí, mi general. Todos sabemos que Navarro continuaría el mangoneo del gobernador actual, de acuerdo con él, y no queremos eso. Navarro tiene malos antecedentes.

ESTRELLA.—Conocen la historia de usted, y eso basta. El Partido, como el instituto político encargado de velar por la inviolabilidad de los comicios, ve en la reaparición de usted una oportunidad para que surja en el Estado una noble competencia política por la gubernatura. Sin desconocer las cualidades del precandidato general Navarro, prefiere que el pueblo elija entre dos o más candidatos, para mayor esplendor del ejercicio democrático.

GUZMÁN.—La verdad es que tendría usted todos los votos, mi general.

GARZA.—No puede usted rehusar, ¿verdad, compañero Salinas?

SALINAS (*Sonriendo*).—Un hombre como César Rubio, que tanto hizo... que hizo más que nadie por la revolución, no puede rehusar.

CÉSAR (*Vacilante*).—En efecto; pero puede rehusar precisamente porque ya hizo. Hay que dejar el sitio a los nuevos, a los revolucionarios de hoy.

ELENA.—Tienes razón, César. No debes pensar en esto siquiera.

JULIA.—¿Pero no te das cuenta, mamá? ¡Papá gobernador! Debes aceptar, papá.

GUZMÁN.—Gobernador... ¡y quién sabe qué más después! Todo el Norte estaría con él.

César da muestra de pensar profundamente en el dilema.

ELENA (*Que comprende todo*).—César, óyeme. No dejes que te digan más... No debes...

MIGUEL.—¿Por qué no, mamá? (*Inflexible.*)

ELENA.—¡César!

CÉSAR (*A Guzmán*).—¿Por qué ha dicho usted eso? Nunca he pensado en... César Rubio no hizo la revolución para ese objeto.

GUZMÁN.—Yo sí he pensado, mi general. Lo pensé desde que vi la noticia.

ESTRELLA.—El señor Presidente de la República me dijo por teléfono: Dígale a César Rubio que siempre lo he admirado como revolucionario, que en su reaparición veo un triunfo para la revolución; que juegue como precandidato y que venga a verme.

CÉSAR (*Reacciona un momento*).—No... No puedo aceptar.

GUZMÁN.—Tiene usted que hacerlo, mi general.

GARZA.—Por el estado, mi general.

ESTRELLA.—Mi general, por la revolución.

SALINAS (*Con una sonrisa insistente*).—Por lo que yo sé de César Rubio, él aceptaría.

CÉSAR (*Contestando directamente*).—El señor diputado tiene todavía sus dudas sobre mi personalidad. Lo que no sabe es que a César Rubio nunca lo llevó a la revolución la simple ambición de gobernar. El poder mata siempre el valor personal del hombre. O se es hombre, o se tiene poder. Yo soy hombre.

ESTRELLA.—Muy bien, mi general, pero en México sólo gobiernan los hombres.

GUZMÁN.—Si tú tienes dudas, Salinas, no estás con nosotros.

SALINAS.—Estoy, pero no quiero que nos equivoquemos. Yo siempre he sido del partido que gana, y ustedes también, para ser francos. El general no nos ha dado pruebas hasta ahora.. yo no discuto; su nombre es bueno; pero no quiero que vayamos a quedar mal... por las dudas... ustedes me entienden.

ESTRELLA.—Compañero Salinas, debo decirle que su actitud no me parece revolucionaria.

CÉSAR.—Yo entiendo perfectamente al señor diputado... y tiene razón. Vale más que nadie quede mal... y que lo dejemos allí.

ELENA (*Tomando la mano de César y oprimiéndosela*).—Gracias, César.

Él sonríe; pero sería difícil decir por qué.

GUZMÁN.—¿Ves lo que has hecho? (*Salinas no responde.*) General, no se preocupe usted. Nosotros respondemos de todo.

ESTRELLA.—Mi general, yo estimo que usted no está en libertad de tomar ninguna decisión hasta que haya hablado con el señor Presidente.

CÉSAR (*Desamparado, arrastrando al fin por la farsa*).—¿Debo hacerlo? Eso sería tanto como aceptar...

ELENA. —Escríbele, César; dale las gracias, pero no vayas.

ESTRELLA.—Señora, los escrúpulos del general lo honran; pero la revolución pasa en primer lugar.

GUZMÁN.—General, el Estado se encuentra en situación difícil. Todos sabemos lo que hace el gobernador, conocemos sus enjuagues y no estamos de acuerdo con ellos. No queremos a Navarro; es un hombre sin escrúpulos, sin criterio revolucionario, enemigo del pueblo.

CÉSAR.—¿Y de ustedes?

GUZMÁN.—No es sólo eso. Todos los municipios estamos contra ellos; en la última junta de presidentes municipales acordamos pedir la deposición del gobernador, y oponernos a que Navarro gane.

SALINAS.—Lo cierto es que el gobernador, igual que Navarro, excluye a las buenas gentes de la región.

GARZA.—Son demasiado ambiciosos; han devorado juntos el presupuesto. Deben sueldos a los empleados, a los maestros, a todo el mundo, pero se han comprado ranchos y casas.

CÉSAR.—En otras palabras, ni el actual gobernador ni el general Navarro les brindan a ustedes ninguna ocasión de... colaborar.

GUZMÁN.—¿Para qué engañarnos? Es la verdad, mi general. Es usted tan inteligente que no podemos negar...

ESTRELLA.—El señor Presidente ve en usted al elemento capaz de apaciguar el descontento, de pacificar la región, de armonizar el gobierno del Estado.

GARZA.—Pero los que somos de la misma tierra vemos en usted también al hombre de lucha, al hombre honrado que representa el espíritu del Norte. ¿Dónde está el mal si queremos colaborar con usted? Usted no es un ladrón ni un asesino.

CÉSAR.—Nunca creyó César Rubio que la revolución debiera hacerse para el Norte o para el Sur, sino para todo el país.

ESTRELLA.—Razón de más, mi general. Ese criterio colectivo y unitario es el mismo que anima al señor Presidente hacia la colectividad.

ELENA (*Cerca de César*).—No oigas nada más ya, César. Diles que se vayan... te lo pido por...

CÉSAR (*La hace a un lado. Pausa*).—Señores, les agradezco mucho... pero ustedes mismos, en su entusiasmo, que me conmueve, han olvidado que existe un impedimento insuperable.

ESTRELLA.—¿Qué quiere usted decir, señor?

CÉSAR.—Los plebiscitos serán dentro de cuatro semanas.

GUZMÁN.—Por eso queremos resolver ya las cosas.

GARZA.—En seguida.

SALINAS.—Por lo menos, aclararlas.

ESTRELLA.—Las noticias publicadas en los periódicos sobre la reaparición de usted son la propaganda más efectiva, mi general. No tendrá usted que hacer más que presentarse para ganar los plebiscitos.

CÉSAR.—El impedimento de que hablo es de carácter constitucional.

GUZMÁN.—No sé a qué se refiera usted, señor general. Nosotros procedemos siempre con apego a la Constitución.

CÉSAR (*Sonriendo para sí*).—Con apego a ella, todo candidato debe haber residido cuando menos un año en el Estado. Yo no volví a mi tierra sino hasta hace cuaro semanas. (*Esto lo dice con un tono definitivo, casi triunfal. Sin embargo sería difícil precisar qué objeto es el que persigue ahora.*)

GUZMÁN.—Es verdad, pero...

SALINAS.—Eso yo lo sabía ya, pero esperaba a que el general lo dijera. Su actitud borra todas mis dudas y me convence de que es otro el candidato que debemos buscar.

GARZA (*Tímidamente*).—Pero, hombre, yo creo que puede haber una solución.

ESTRELLA.—Debo decir que el Partido considera este caso político como un caso de excepción... de emergencia casi. Lo que interesa es salvar a este Estado de caer en las garras del continuismo y de los reaccionarios. La Constitución local puede admitir la excepción y ser enmendada.

SALINAS.—Olvida usted que eso es función de los legisladores, compañero.

ESTRELLA.—No sólo no lo olvido, compañero, sino que el Partido ha previsto también esa circunstancia y cuenta con la colaboración de ustedes para que la Constitución local sea reformada.

SALINAS.—Esto está por ver.

GUZMÁN.—Hombre, Salinas.

ESTRELLA.—Creo que no es el lugar ni la ocasión de discutir...

CÉSAR (*Pausadamente*).—Existen antecedentes, ¿o no? La Constitución Federal ha sido enmendada para sancionar la reelección y para ampliar los periodos por razones políticas. En lo que hace a las constituciones locales, el caso es más frecuente.

SALINAS.—No en este Estado. Usted, que es del Norte, debe de saberlo.

CÉSAR (*Sin alterarse*).—Cuando, por ejemplo, un candidato ha estado desempeñando un alto puesto de confianza en el gobierno federal, no ha necesitado residir un año entero en su estado natal con anterioridad a las elecciones. Le han bastado unas cuantas visitas. Pero...

ESTRELLA.—Naturalmente, mi general. Los gobiernos no pueden regirse por leyes de carácter general sin excepción. Lo que el Partido ha hecho antes, lo hará ahora.

CÉSAR.—Sólo que yo no estoy en esas condiciones. No fue un alto empleo de confianza en el gobierno federal lo que me alejó de mi Estado, sino una humilde cátedra de historia de la Revolución.

GUZMÁN.—Eso a mí me parece más meritorio todavía.

ESTRELLA.—Mi general, deje usted al Partido encargarse de legalizar la situación. Ha resuelto problemas más difíciles, de modo que, si quiere usted, saldremos esta misma anoche para México.

CÉSAR (*Dirigiéndose a Salinas*).—La Legislatura local se opone, ¿verdad?

GARZA.—Perdone, general. El compañero Salinas no es la Legislatura. Ni que fuera Luis XIV.

CÉSAR (*A Salinas*).—Conteste usted.

SALINAS.—Cuando los veo a todos estan entusiasmados y tan llenos de confianza, no sé qué decir. Me opondré en la Cámara si lo creo necesario.

ESTRELLA.—Compañero Salinas, ¿no está usted en condiciones muy semejantes a las del general? Involuntariamente, por supuesto; pero recuerdo su elección... la arregló usted en México.

SALINAS (*Vivamente*).—No es lo mismo. Estaba yo en una comisión oficial.

ESTRELLA.—Pues precisamente eso es lo que ocurre ahora con nuestro general. Ha sido llamado por el señor Presidente, lo cual le confiere un carácter de comisionado.

SALINAS.—Bueno, pues, en todo caso me regiré por la opinión de la mayoría.

ESTRELLA.—Es usted un buen revolucionario, compañero. Las mayorías apreciarán su actitud. (*Le tiende la mano con la más artificial sencillez.*)

ELENA (*Angustiada*).—He odiado siempre la política, César. No me obligues a... a separarme de ti.

CÉSAR.—Señores, mi situación, como ustedes ven, es muy difícil. Ni mi esposa ni yo queremos...

ESTRELLA.—Señor general, el conflicto entre la vida pública y la vida privada de un hombre es eterno. Pero un hombre como usted no puede tener vida privada. Éste es el precio de su grandeza, de su heroísmo.

CÉSAR.—¿Crees que estoy demasiado viejo para gobernar, Elena? Conoces mis ideas, mis sueños... sabes que podría hacer algo por mi Estado, por mi país... tanto como cualquier mexicano.

GUZMÁN.—¡Oh, mucho más, mi general!

CÉSAR.—Quizás, en el fondo, he deseado esta oportunidad siempre. Si me la ofrecen ellos libremente, ¿por qué no voy a aceptar? Soy un hombre honrado. Puedo ser útil. He soñado tanto tiempo con serlo. Si ellos creen...

ESTRELLA.—Mi general, la utilidad de usted en la Revolución, su obra, es conocida de todos. Nadie duda de su capacidad para gobernar, ¿verdad, señores?

GUZMÁN.—Por supuesto. Nadie duda de que salvará al Estado.

GARZA.—Estamos seguros. Contamos con usted para eso.

ESTRELLA.—El Partido proveerá a que usted, que ha estado un tanto alejado del medio, cuente en su gobierno con los colaboradores adecuados. ¿No es así, compañero Salinas?

SALINAS.—Claro está, compañero Estrella.

CÉSAR.—Comprende lo que quiero, Elena. ¿Por qué no? Pero nada haría yo sin ti.

ESTRELLA.—El señor Presidente, que es un gran hombre de familia, apreciará esta noble actitud de usted. Pero usted, señora, debe recordar la gloriosa tradición de heroísmo y de sacrificio de la mujer mexicana; inspirarse en las nobles heroínas de la Independencia y en ese tipo más noble aún si cabe, símbolo de la feminidad mexicana, que es la soldadera.

ELENA (*Con su ademán casi brusco*).—Le ruego que no me mezcle usted a sus maniobras.

MIGUEL (*Apremiante*).—Hay algo que no dices, mamá. ¿Por qué? ¿Qué cosa es?

JULIA.—Mamá, yo comprendo muy bien.. tienes miedo. Pero puedes ayudar a papá... tal vez yo también pueda. Debemos hacerlo.

MIGUEL.—¿Qué cosa es, mamá?

JULIA.—Déjala, no la tortures ahora con esas preguntas. Mamá...

ELENA.—¡César!

CÉSAR (*Mirándola de frente y hablando pausadamente*).—Di lo que tengas que decir. Puedes hacerlo.

ELENA.—Tengo miedo por ti, César.

ESTRELLA.—Señora, de la vida de mi general cuidaremos todos, pero más que nadie su glorioso destino.

ELENA.—¡César!

CÉSAR (*Impaciente, pero frío, definitivo*).—Dilo ya, ¡dilo!

Elena se yergue apretando las manos. En el momento en que quizá va a gritar la verdad, aparecen en la puerta derecha Treviño y Emeterio Rocha. Rocha es un viejo robusto y sano, de unos sesenta y cinco años. Todos se vuelven hacia ellos.

TREVIÑO.—¿Cuál es?

SALINAS.—Tú lo conoces, ¿verdad, viejo?

ROCHA (*Deteniéndose y mirando en torno*).—¿Cuál dices? ¿Éste? (*Da un paso hacia César.*)

CÉSAR (*Adelantándose después de un ademán de fuga: todo a una carta*).—¿Ya no me conoces, Emeterio Rocha?

ROCHA (*Mirándolo lentamente*).—Hace tantos años que...

GUZMÁN.—El general lo conoce.

SALINAS.—Pero no se trata de eso.

ROCHA.—Creo que no has cambiado nada. Sólo te ha crecido el bigote. Eres el mismo.

SALINAS.—¿Cómo se llama este hombre, viejo?

CÉSAR.—Anda, Emeterio, dilo.

ROCHA (*Esforzándose por recordar*).—Pues, hombre, es curioso. Pero eres el mismo... pues sí... el mismo César Rubio.

CÉSAR.—¿Estás seguro de que ése es mi nombre, Emeterio?

ROCHA.—No podría darte otro. Claro, César... César Rubio. Te conozco desde que jugabas a las canicas en la calle Real.

CÉSAR.—¿Estás seguro de reconocerme?

ROCHA (*Simplemente, tendiéndole la mano*).—¿Pues no decían que te habían matado, César?

César le estrecha la mano sonriendo.

TREVIÑO.—Allí viene una multitud. (*Empiezan a oírse voces cuya proximidad se acentúa gradualmente.*)

GUZMÁN.—Es claro. Todo el pueblo se ha enterado ya. Ahora sí, Salinas, se acabaron las dudas.

MIGUEL (*Mirando a César*).—¿Se acabaron?

SALINAS.—Ahora sí. Perdóneme, mi general.

César le da la mano en silencio. Las voces se precisan. Dicen: ¡César Rubio! ¡Queremos a César Rubio!

ESTRELLA.—Mi general, diga usted la palabra, diga usted que acepta.

ELENA.—César...

CÉSAR (*Con simple dignidad*).—Si ustedes creen que puedo servir de algo, acepto. Acepto agradecido.

Julia lo besa. Elena lo mira con angustia y le oprime la mano. Miguel retrocede un paso.

GUZMÁN (*Corre a la puerta derecha, grita hacia afuera*).—¡Viva César Rubio, muchachos! (*Vocerío dentro: ¡Viva! ¡Viva, jijos!* Las mujeres corren a la ventana; miran hacia afuera.)

JULIA.—Mira, papá, ¡mira! (*César se acerca.*) Ese hombre del bigote negro es el que vino a buscarte antes.

ESTRELLA (*Mirando también*).—¿Lo conoce usted, mi general?

CÉSAR (*Después de una pausa*).—Es el llamado general Navarro.

ROCHA.—Sirvió a tus órdenes en un tiempo. Creo que fue tu ayudante, ¿no? Pero el que nace para ladrón... (*César no contesta.*)

VOCES DENTRO.—¡César Rubio! ¡César Rubio! ¡César Rubio!

GUZMÁN (*Entrando*).—Mi general, aquí fuera, por favor. Quieren verlo.

ESTRELLA (*Asomándose y frotándose las manos*).—Allí vienen los periodistas también.

César se dirige a la puerta. Miguel le cierra el paso.

CÉSAR.—¿Qué quieres? (*Miguel no contesta.*) Parece como que tú no lo crees, ¿verdad?

MIGUEL.—¿Y tú?

ESTRELLA Y LA MULTITUD.—¡Viva César Rubio! ¡Viva nuestro héroe!

CÉSAR (*Con un ademán*).—Ésa es mi respuesta. (*Sale Miguel, va hacia Elena y la toma por la mano, sin hablar. Fuera se oyen nuevas vivas.*)

LA VOZ DEL FOTÓGRAFO.—¡Un momento así, mi general! (*Magnesio.*) Ahora una estrechando la mano del licenciado Estrella. ¡Eso es! (*Magnesio.*) Ahora con la familia. (*Vivas.*)

CÉSAR (*Asomando*).—Ven, Elena; ven, Julia, ¡Miguel! (*Elena se acerca, él rodea su talle con un brazo, la oprime*). ¡Todo contigo! (*Salen. Julia los sigue. Nuevos vivas adentro.*)

Miguel queda solo, dando la espalda a la puerta y a la ventana de la derecha, y baja pensativo al primer término centro. Se vuelve a la puerta desde allí. El ruido es atronador.

LA VOZ DE CÉSAR (*Dentro*).—¡Miguel, hijo!

Miguel se dirige a la izquierda con una violenta reacción de disgusto, mientras afuera continúan las voces y se oyen algunos cohetes o balazos, y cae el

TELÓN

TERCER ACTO

Cuatro semanas después, cerca de las once de la mañana, en la casa del profesor César Rubio. La sala tiene ahora el aspecto de una oficina provisional. Hay un escritorio; una mesa para máquina de escribir, con su máquina; papeles y libros amontonados. Hay un rollo de carteles en el suelo, junto a los arcos del comedor. Uno de ellos, desplegado, muestra la imagen de César Rubio con la leyenda El Candidato del Pueblo. En esta improvisación y en este desorden se advierte cierta ostentación de pobreza, una insistencia de César Rubio en presumir de modestia.

Instalado ante el escritorio, Estrella despacha la correspondencia. Guzmán, sentado en un sillón de tule, fuma un cigarro de hoja. Salinas fuma también, recargado contra la puerta derecha.

ESTRELLA.—Un telegrama del señor Presidente, señores. (*Los otros vuelven la cabeza hacia él. Lee:*) "Deseo que en los plebiscitos de hoy el pueblo premie en usted al héroe de la Revolución Punto Si no fuera así su colaboración me será siempre inestimable Punto Ruégole informarme inmediatamente resultado plebiscito Punto Afectuosamente." (*Deja el telegrama; actúa.*) Éste es un documento histórico único.

GUZMÁN.—Ganaríamos de todos modos, aunque el Presidente no quisiera. No se ha visto un movimiento semejante en el pueblo desde Madero. El general se ha echado a la bolsa a todo el mundo.

ESTRELLA.—Es un hombre extraordinario. Sabe escuchar, callar, decir lo estrictamente preciso, y obrar con una energía y una limpieza como no había yo visto nunca. Pero es preferible contar con el apoyo del Centro. ¿No es verdad, compañero Salinas? (*Salinas mueve la cabeza afirmativamente.*) Al señor Presidente lo conquistó a las cuatro palabras. Y aquí, ya ven.

SALINAS.—Nunca en mi vida política vi un entusiasmo semejante. Los plebiscitos están prácticamente ganados; pero yo no estoy tranquilo.

GUZMÁN.—Otra vez. Ya le llaman dondequiera el diputado, por las dudas.

ESTRELLA.—¿Qué quiere usted decir?

SALINAS (*Abandona su posición y entra cruzando hacia el primer término centro*).—Quiero decir que corren rumores muy feos. En todo caso, Navarro no es hombre para quedarse así no más. Hay que tener mucho cuidado, y sería bueno que el general se armara, por las dudas.

GUZMÁN.—¿No te digo? Primero lo convencerías de renunciar que de portar pistola, hombre. No es como nosotros. Además, yo tengo establecida una vigilancia muy completa. No pasará nada.

SALINAS.—Ojalá. Estoy convencido ya de que el general es un gran hombre —el más grande de todos— y debe llevarnos adonde necesitamos ir. Es preciso que no pase nada, Epigmenio.

GUZMÁN.—¡Qué va a pasar, hombre!

ESTRELLA (*Levantándose*).—El compañero Salinas tiene lo que llaman los franceses una idée fixe. (*Lo miran.*) Quiero decir idea fija. Me gustaría que se explicara. Los plebiscitos deben empezar a las once y media... (*Ojeada al reloj pulsera.*) Tenemos el tiempo de llegar apenas. Explíquese, compañero.

SALINAS.—Hombre, en primer lugar. Navarro ha dicho por ahí que el general no ganará mientras él viva. (*Guzmán emite un sonido de burla*)... y luego... (*Se detiene.*)

GUZMÁN.—¿Qué pues? Hable ya.

SALINAS.—Ha dicho que él tiene medios de... probar que el general es un impostor, ¡vaya! (*Se enjuga la frente. Guzmán ríe a carcajadas.*)

ESTRELLA.—Creo que tendré que hablar unas palabras con el general Navarro, en nombre del partido.

GUZMÁN.—Ése te ganó, Salinas.

SALINAS.—Basta que Navarro lo diga para que nadie lo crea. De todos modos, hay que ponerse muy águilas.

ESTRELLA.—¿Quieren que les diga mi opinión muy franca, señores?

GUZMÁN.—A ver.

ESTRELLA.—Si el general Navarro viera un poco más de cerca al general Rubio, le pasaría lo que a todos los demás, lo mismo que a usted, Salinas.

SALINAS.—¿Qué?

ESTRELLA.—Se volvería rubista. (*Los otros ríen.*) Hablo en serio. El general Rubio tiene un magnetismo inexplicable. Yo sé, por ejemplo, que el presidente del Partido es un hombre difícil. Bueno, pues en media hora de plática, parecía como que se había enamorado de él. (*Guzmán ríe satisfecho.*)

SALINAS.—¿Y Garza? ¿No debía venir a las diez y media?

GUZMÁN.—Garza está allá, acabando de arreglar todo lo necesario. Allá lo veremos.

SALINAS.—¿Y Treviño?

ESTRELLA.—Tiene que ayudar a Garza.

SALINAS.—Pero ya debían estar aquí, ¿no?

GUZMÁN.—¡Qué nervioso estás! Ni que fueras el candidato.

ESTRELLA.—Así les pasa en las bodas a las damas de la novia. Se anticipan.

SALINAS.—Digan lo que quieran. Yo no estaré tranquilo hasta ver al general en el palacio de gobierno. Por las dudas.

GUZMÁN.—Cállate. Ahí viene.

Se oyen los pasos de César en la escalera. Los tres hombres se reúnen para saludarlo. Entra César Rubio. En estas cuantas semanas se ha operado en él una transfiguración impresionante. Las agitaciones, los excesos de control nervioso, la fiebre de la ambición, la lucha contra el miedo, han dado a su rostro una nobleza serena y a su mirada una limpidez, una seguridad casi increíble. Está pálido, un poco afilado, pero revestido de esa dignidad peculiar en el mestizo de categoría. A pesar del calor, viste un pantalón y un saco de casimir oscuro; una camisa blanca fina y una corbata azul marino de algodón. Lleva en la mano un sombrero de los llamados tejanos, blanco, "cinco equis", que ostenta el águila de general de división. Éste sería el único lujo de su nueva personalidad, si no se considerara en primer lugar la minuciosa limpieza de su persona como un lujo mayor aún.

CÉSAR.—Buenos días, muchachos.

TODOS.—Buenos días, mi general.

ESTRELLA.—¿Cómo se siente el señor gobernador?

CÉSAR.—¿Para qué anticipar las cosas, Estrella? Nada pierde uno con esperar.

GUZMÁN.—Eso es pan comido, señor.

ESTRELLA.—Vea usted este telegrama del señor Presidente, mi general, por si le quedan dudas.

CÉSAR (*Después de pasar la vista por el telegrama*).—Ninguna duda, Estrella. No puede haberla donde sabe uno que las cosas simplemente son o no son. (*Deja el sombrero sobre el escritorio y aparta los telegramas con una mano, sin fijarse mucho en ellos.*) Lo bueno de la carrera del político... ¿No hay telegrama del profesor Bolton?

ESTRELLA.—Envía su felicitación, mi general; pero no puede venir. Ofrece estar presente en la toma de posesión.

CÉSAR (*Sencillamente*).—Me hubiera gustado verlo aquí hoy. (*Pasea de un extremo a otro, lentamente.*) Lo bueno de la carrera del político es que lo pone a uno en contacto con las raíces de las cosas, con los hechos, con la acción. La política es una especie de filología de la vida que lo concatena todo. Pero lo que yo prefiero es este vivir frente a frente con el tiempo, sin escapatoria... este ir de la mano con el tiempo sin perder ya un segundo de él. (*Se detiene, levanta el cartel y lo mira. Luego busca dónde colgarlo mientras sigue hablando. Guzmán y Salinas se precipitan, toman el cartel y lo prenden sobre uno de los arcos. César, mirándose en su imagen, continúa.*) Va uno al fondo de las pasiones humanas sin perder su tiempo, y conoce uno el precio de todo a primera vista... y lo paga uno. La política lo relaciona a uno con todas las cosas originales, con todos los sistemas del movimiento, empezando por el de las estrellas. Se sabe la causa y el objeto de todo; pero se sabe a la vez que no puede uno revelarlos. Se conoce el precio del hombre. Y así el gran político viene a ser el latido, el corazón de las cosas.

ESTRELLA (*Que es el único que ha entendido un poco*).—La política es superior a todo lo demás, en efecto, mi general. Es un ejercicio de todo el cuerpo y de todo el espíritu.

CÉSAR (*Dejando pasar la interrupción*).—El político es el eje de la rueda; cuando se rompe o se corrompe, la rueda, que es el pueblo, se hace pedazos; él separa todo lo que no serviría junto, liga todo lo que no podría existir separado. Al principio, este movimiento del pueblo que gira en torno a uno produce una sensación de vacío y de muerte; después descubre uno su función en ese movimiento, el ritmo de la rueda que no serviría sin eje, sin uno. Y se siente la única paz del poder, que es moverse y hacer mover a los demás a tiempo con el tiempo. ¿Es parecido a mí este retrato?

GUZMÁN.—Ya lo creo que es parecido. El otro día, viendo un cartel, me decía uno de los viejos del pueblo, que lo conoció a usted cuando empezaba en la Revolución; César no cambia; está igual que cuando le barrieron a la gente en Hidalgo, hace treinta años.

ESTRELLA.—El heroísmo es una especie de juventud eterna, mi general.

CÉSAR.—Es verdad. Este retrato se parece más al César Rubio de principios de la Revolución que a mí. Y sin embargo, soy yo. (*Sonríe.*) Es curioso. Quién lo hizo?

SALINAS.—Un grabador viejo de aquí del pueblo.

CÉSAR.—El pueblo entiende muchas cosas. (*Sonríe, piensa un momento y abre la boca como si fuera a decir algo más sobre esto. Se reprime, se pone las manos a la espalda y da algunos pasos al frente.*) ¿Corrigió usted su discurso, Estrella?

ESTRELLA.—Está listo, mi general.

CÉSAR.—¿En la forma que habíamos convenido... acerca de mi resurreción?

ESTRELLA.—Sí, mi general. (*Declama.*) "Sólo los pueblos nobles que han sufrido pueden esperar acontecimientos así de..."

CÉSAR (*Interrumpiéndolo*).—Permítamelo. (*Estrella se lo tiende.*) ¿Hay gente afuera?

GUZMÁN.—Veinte o treinta.

CÉSAR.—Diles que me vean en el plebiscito, Salinas. (*Salinas sale. Mientras, lee y pasea. Termina de leer y devuelve su discurso a Estrella.*) Muy bien, licenciado. (*Ojeada a su reloj de bolsillo.*)

ESTRELLA.—Gracias, mi general.

SALINAS (*Volviendo*).—Señor, creo que ya es hora de irnos.

CÉSAR.—¿Se fue la gente?

SALINAS.—No; todos quieren escoltarlo a usted hasta el pueblo. (*César sonríe.*) Los carros están ya listos.

CÉSAR.—Ya nos vamos. Nada más voy a despedirme de mi esposa. (*Se dirige hacia la puerta izquierda. En ese momento entra Treviño, sin aliento.*)

TREVIÑO.—Mi general...

CÉSAR (*Casi en la puerta, se vuelve*).—¿Qué pasó?

Los otros se agrupan.

TREVIÑO.—Mi general, ahí viene Navarro. Viene a verlo a usted.

CÉSAR (*Un paso adelante*).—¿Navarro?

GUZMÁN.—¡Es el colmo del descaro! ¿Qué quiere aquí?

ESTRELLA.—Me lo figuro. Ha de venir a buscar una componenda, porque el presidente del partido lo mandó regañar.

SALINAS.—No me fío.

GUZMÁN.—¿Qué hacemos, mi general?

CÉSAR.—Déjenlo venir. Yo voy a despedirme de mi esposa. Que me espere aquí.

TREVIÑO.—Pero probablemente quiere una entrevista privada.

CÉSAR (*Con una sonrisa*).—Seguramente.

ESTRELLA.—¿Se la concederá usted?

CÉSAR.—¿Por qué no?

SALINAS.—Mi general, por favor... (*Saca su pistola y se la ofrece.*)

CÉSAR (*Riendo*).—No, hombre. Así me daría miedo.

SALINAS (*Suplicante*).—Mi general...

CÉSAR (*Dándole una palmada*).—Guárdate eso. No seas tonto, hijo.

GUZMÁN.—No le hace, mi general; nosotros estamos armados.

CÉSAR (*Severamente*).—Mucho cuidado, Epigmenio, Navarro viene aquí como parlamentario. No vayan a hacer ninguna tontería. Trátenlo con discreción, con buenos modos, igual que a los que vengan con él. (*Gestos de descontento.*) Quiero que se me obedezca, ¿entendido? (*Regresa hacia el escritorio, para tomar el sombrero.*)

GUZMÁN.—Está bueno, pues, mi general. (*César sale por la izquierda.*)

ESTRELLA (*Sonriendo y alzando los brazos*).—Ésos son pantalones, señores.

GUZMÁN.—Es igual. Ojalá se me disparara sola ésta (*señala su pistola*), cuando esté aquí Navarro...

SALINAS.—¿Con quién viene, tú?

TREVIÑO.—No puedo ver bien; pero creo que con Salas y León.

GUZMÁN.—Sus pistoleros, seguro. Se me hace que aquí va a pasar algo.

ESTRELLA.—Nada. Apuesto cualquier cosa a que viene a decir que se retira del plebiscito y que quiere una chamba.

SALINAS (*Riendo*).—¡Muy fácil! Usted todavía no conoce bien a los norteños, licenciado. (*Va hacia la puerta.*)

ESTRELLA.—Eso le daría mejor resultado: podría enderezarlo con el Partido.

GUZMÁN.—Pues no hay más que abrir bien los ojos.

SALINAS (*Desde la puerta*).—Allí están. (*Entra.*)

Sin decir palabra, Guzmán, Treviño y Salinas revisan sus pistolas; se cercioran de que salen con facilidad del cinturón, y esperan alineados, mirando a la puerta.

ESTRELLA (*Mientras habla se desliza insensiblemente detrás de ellos*).—Todo eso son precauciones inútiles, señores. Además, se ponen ustedes en plan de ataque, a pesar de las órdenes del general.

GUZMÁN (*Apretando los dientes. Sin volverse*).—¿Qué sabemos cómo vienen estos?...

SALINAS (*Sin volverse*).—Es nomás por las dudas.

TREVIÑO (*Mismo juego*).—A ver si no pasa aquí lo que no ha pasado en tanto tiempo.

GUZMÁN (*Sin volverse. Con una risita*).—Yo siempre le he tenido ganas a Navarro.

ESTRELLA (*Cerciorándose de que está bien protegido, mientras mira con inquietud hacia la puerta*).—¡Prudencia! ¡Prudencia! Hay que cumplir las órdenes del general, señores...

Todos están mirando a la puerta con una intensidad que, después de un momento, afloja. Treviño es el primero que se sienta sin hablar.

GUZMÁN (*Enjugándose la frente y dirigiéndose hacia el sofá*).—¡Bah! Que lleguen cuando gusten.

SALINAS (*Torciendo un cigarro y abandonando su guardia*).—Qué pronto se cansan ustedes.

ESTRELLA (*Volviendo al escritorio*).—En realidad, es mejor así.

En este momento, como si hubiera estado esperando esta nueva actitud, entra Navarro flanqueado por sus dos pistoleros. Es el Desconocido del segundo acto.

NAVARRO.—¿Qué hay, muchachos? (*Sobresalto general. Todos se levantan y agrupan.*) No se espanten, hombre. (*Cruza el centro.*) ¿Dónde está el maestrito ese? (*Riendo.*) No me esperaban, ¿eh?

ESTRELLA (*Un poco tembloroso, pero impecable*).—El señor general Rubio está enterado de la visita de usted y le ruega que tenga la bondad de esperar.

Los hombres de Navarro se burlan un poco de esta fórmula.

NAVARRO (*Mordiéndose los labios*).—¡Ah, vaya! (*Se vuelve hacia sus pistoleros.*) Pues haremos antesala, muchachos. ¿Qué les parece?

SALAS.—Como en la Presidencia, jefe. (*Ríe.*)

LEÓN (*Con un movimiento amenazador*).—Lo que es nosotros, no lo haremos esperar a él.

GUZMÁN (*Adelantando paso hacia él*).—¿Con qué sentido lo dices?

LEÓN (*Imitándolo*).—Con el que tú quieras, Epigmenio. Con éste. (*Hace ademán de desenfundar.*)

ESTRELLA.—¡Señores! ¡Señores!

NAVARRO.—¡Quieto, León! (*Epigmenio Guzmán y León retroceden hacia ángulos opuestos mirándose con ferocidad de matones. A Estrella.*) Usted es el representante del Partido, ¿no? Dígale a Rubio que quiero hablarle a solas.

ESTRELLA.—El señor general Rubio sabe que quiere usted hablarle a solas. Así será.

NAVARRO (*Mordiéndose los labios*).—No puede negar que es maestro, lo sabe todo. ¿Entonces qué esperan ustedes para salir?

SALINAS.—Si crees que vamos a dejar aquí solos con él a tres matones con pistolas.

NAVARRO (*Amenazador*).—Mira, Salinas... (*Transición. Ríe.*) Yo no vengo armado. (*Abre ligeramente su saco para probarlo.*)

GUZMÁN.—Pero éstos sí.

NAVARRO.—Salas, dale tu pistola a León.

SALAS.—Pero, oye...

NAVARRO (*Con mando brutal*).—Dale tu pistola a León. (*Salas lo obedece a regañadientes.*) León, espéranos en el coche. Salas se reunirá contigo dentro de un momento y me esperarán juntos. (*León sale después de mirar hacia los otros y escupir.*) Ahora, güeritos, lárguense ustedes también.

Los otros dudan.

ESTRELLA.—Son las órdenes del general, señores.

GUZMÁN (*A Treviño*).—Vente... vamos a cuidarle las manos al León del circo ese.

SALINAS.—El general dijo que lo esperara Navarro *solo*.

ESTRELLA.—Yo voy a subir; bajaré con el general. No hay cuidado.

NAVARRO.—Me gusta la conversación. Salas se queda conmigo hasta que baje el maestrito.

Guzmán y Treviño salen. Salinas los imita moviendo la cabeza. Todavía en la puerta derecha se vuelve con desconfianza. Estrella sale por la izquierda. Se le oye subir la escalera.

NAVARRO (*En voz alta*).—¡Qué miedo tienen éstos! Te aseguro que nos van a espiar.

SALINAS.—También yo no sé para qué quieres hablar con Rubio.

NAVARRO.—Dicen que es muy buen conversador. (*Ríe.*) Dame un cigarro de papel, ¿tienes? (*Salas se acerca a dárselo.*) Lumbre. (*Salas en-*

*ciende un cerillo y se acerca más para encender el cigarro. De este modo que-
dan los dos en primer término centro, casi fuera del arco del proscenio.*) ¿Está
todo arreglado?

SALAS.—Todo, jefe.

Salinas asoma brevemente la cabeza. Navarro lo ve, ríe; Salinas desaparece.

NAVARRO.—Ya sabes, entonces: si no hay arreglo, te vas volado en el
carro chico y preparas el numerito.

SALAS.—¿Cómo voy a saber?

NAVARRO (*Después de pausa. Ríe*).—Yo no puedo salir a hacerte la seña; pero como las gentes de éste van a estar pendientes, me arreglaré
para que entre Salinas. Cuando lo veas entrar, vuelas.

SALAS.—Bueno.

NAVARRO.—Nada más que háganlo todo bien. Apenas suceda la cosa, deshagan a balazos al loco ése. Recuerda bien lo del crucifijo y los
escapularios.

SALAS.—Eso ya está listo. Entonces Salinas es la señal.

NAVARRO.—Sí, cuando entre. Si no entra, me esperas con León.

SALAS.—Bueno.

NAVARRO.—Vete ya. (*Ríe.*) No vayan a creer que estamos conspirando.

*Salas sale por la derecha. Navarro dirige una mirada circular a la pieza
y una sonrisa burlona aparece en sus labios cuando mira el cartel. Se acerca
a él sonriendo, se detiene, alza la mano y da un papirotazo al retrato. Se oyen
pasos en la escalera: Navarro se vuelve y aguarda. Un momento después aparecen César Rubio y Estrella por la izquierda. Los dos antagonistas se encuentran al centro frente a frente. Se miden con burla silenciosa. César es el
primero que habla.*

CÉSAR.—¿Qué hay, Navarro?

NAVARRO.—¿Qué hay, César?

CÉSAR.—Déjenos solos, licenciado. Nos vamos dentro de unos minutos. (*Navarro ríe entre dientes. Estrella sale después de verlos. Cuando
quedan solos habla César.*) ¿No te sientas?

NAVARRO.—¿Por qué no?

Se dirige al sofá de tule. César lo sigue. Se sientan.

CÉSAR.—¿De qué se trata, pues?

NAVARRO.—Perdóname, no me deja hablar la risa.

Césas (*Altivamente*).—¿Cómo?

Navarro.—Te viene grande la figura de César Rubio, hombre. No sé cómo has tenido el descaro... el valor de meterte en esta farsa.

Césas.—¿Qué quieres decir?

Navarro.—Te llamas César y te apellidas Rubio, pero eso es todo lo que tienes del general. No te acuerdas de que te conocí desde niño.

Césas.—Hasta los viejos del pueblo me han reconocido.

Navarro.—Claro. Se acuerdan de tu cara, y cuando quieren nombrarte no tienen más remedio que decir César Rubio. ¡Bah! Ahorremos palabras. A mí no me engañas.

Césas (*Con desprecio*).—¿Es eso todo lo que tienes que decirme?

Navarro.—También quiero decirte que no seas tonto, que te retires de esto. (*César no contesta.*) Te puedes arrepentir muy tarde. (*Silencio de César.*) Tú no conoces la política, César. Esto no es la Universidad de México. Aquí rompemos algo más que vidrios y quemamos algo más que cohetes.

Césas.—¿Qué te propones?

Navarro.—Te voy a denunciar en los plebiscitos. Cuando vean que no eres más que un farsante, que estás copiando los gestos de un muerto...

Césas.—¡Imbécil! No puedes luchar contra una creencia general. Para todo el Norte soy César Rubio. Mira ese retrato, por ejemplo: se parece a mí y se parece al otro, fíjate bien. ¿No recuerdas?

Navarro.—Te denunciaré de todas maneras.

Césas.—¿Por qué no te atreves a mirar el retrato? Anda y denúnciame. Anda y cuéntale al indio que la Virgen de Guadalupe es una invención de la política española. Verás qué te dice. Soy el único César Rubio porque la gente lo quiere, lo cree así.

Navarro.—Eres un impostor barato. Se te ha ocurrido lo más absurdo. Aquí podías presumir de sabio sin que nadie te tapara el gallo, ¡y te pones a presumir de general!

Césas.—Igual que tú.

Navarro.—¿Qué dices?

Césas.—Digo: igual que tú. Eres tan poco general como yo o como cualquiera. (*Miguel entra apenas en este momento sin que se le haya sentido bajar. Al oír las voces se detiene, retrocede y desaparece sin ser visto, pero desde este momento asomará incidentalmente la cabeza varias veces.*) ¿De dónde eres general tú? César Rubio te hizo teniente porque sabías robar caballos; pero eso es todo. El viejo caudillo, ya sabes cuál, te hizo divisionario porque ayudaste a matar a todos los católicos que aprehendían. No sólo eso... le conseguiste mujeres. Esa es tu hoja de servicios.

NAVARRO (*Pálido de rabia*).—Te estás metiendo con cosas que...

CÉSAR.—¿No es cierto? Todas las noches te tomabas una botella entera de coñac para poder matar personalmente a los detenidos en la inspección. Y si nada más hubiera sido coñac...

NAVARRO.—¡Ten cuidado!

CÉSAR.—¿De qué? Puede que yo no sea el gran César Rubio. Pero ¿quién eres tú? ¿Quién es cada uno en México? Dondequiera encuentras impostores, impersonadores, simuladores; asesinos disfrazados de héroes, burgueses disfrazados de líderes; ladrones disfrazados de diputados, ministros disfrazados de sabios, caciques disfrazados de demócratas, charlatanes disfrazados de licenciados, demagogos disfrazados de hombres. ¿Quién les pide cuentas? Todos son unos gesticuladores hipócritas.

NAVARRO.—Ninguno ha robado, como tú, la personalidad de otro.

CÉSAR.—¿No? Todos usan ideas que no son suyas; todos son como las botellas que se usan en el teatro: con etiqueta de coñac, y rellenas de limonada; otros son rábanos o guayabas: un color por fuera y otro por dentro. Es una cosa del país. Está en toda la historia, que tú no conoces. Pero tú, mírate, tú. Has conocido de cerca a los caudillos de todos los partidos, porque los has servido a todos por la misma razón. Los más puros de entre ellos han necesitado siempre de tus manos para cometer sus crímenes, de tu conciencia para recoger sus remordimientos, como un basurero. En vez de aplastarte con el pie, te han dado honores y dinero porque conocías sus secretos y ejecutabas sus bajezas.

NAVARRO (*Con furia*).—No se trata de mí, sino de ti, un maestrillo mediocre, un fracasado que nada pudo hacer por sí mismo... ni siquiera matar, y que sólo puede vivir tomando la figura de un muerto. Ése es un gesto superior a todos. De ti, a quien voy a denunciar hoy y a poner en ridículo aunque sea el último acto de mi vida. ¡Estás a tiempo de retroceder, César! Hazlo, déjame el campo libre, no me provoques.

CÉSAR.—¿Y quién eres tu para que yo te tema? No soy César Rubio. (*La cara angustiada de Miguel aparece un momento.*) Pero sé que puedo serlo, hacer lo que él quería. Sé que puedo hacer bien a mi país impidiendo que lo gobiernen los ladrones y los asesinos como tú... que tengo en un solo día más ideas de gobierno que tú en toda tu vida. Tú y los tuyos están probados ya y no sirven... están podridos; no sirven para nada más que para fomentar la vergüenza y la hipocresía de México. No creas que me das miedo. Empecé mintiendo, pero me he vuelto verdadero, sin saber cómo, y ahora soy cierto. Ahora conozco mi destino: sé que debo completar el destio de César Rubio.

NAVARRO (*Levantándose*).—Allá tú; pero no te quejes luego, porque hoy todo el pueblo, todo el Estado, todo el país, van a saber quién eres.

CÉSAR (*Levantándose*).—Denúnciame, eso es. No podrías escoger un camino más seguro para destruirte tú solo.

NAVARRO.—¿Qué quieres decir?

CÉSAR.—¿Te interesa, eh? Dime una cosa: ¿cómo vas a probar que yo no soy el general César Rubio?

Miguel asoma y oculta la cabeza entre las manos.

NAVARRO.—Ya lo verás.

CÉSAR.—Me interesa demasiado para esperar. A mi vez, debo advertirte de paso que nadie creerá palabra de lo que tú digas. Estás demasiado tarado, te odian demasiado. ¿Cómo vas a probar que César Rubio murió en 1914?

NAVARRO.—De modo irrefutable.

CÉSAR.—Es lo que yo creía. Puedes irte y probarlo. Es posible que acabes conmigo; pero acabarás contigo también.

NAVARRO.—Explícate.

CÉSAR.—¿Para qué? ¿No estás tan seguro de ti?...

NAVARRO.—Estoy tan seguro, que sé que te destruiré hoy.

CÉSAR.—¿Sí? (*Toma aliento.*) ¿Dices que vas a probar de modo irrefutable la muerte de César Rubio?

NAVARRO.—Sí.

CÉSAR (*Sentándose*).—Si supieras historia, sabrías que es difícil eso.

NAVARRO.—Lo probaré.

CÉSAR.—Sólo podrías hacerlo si hubieras sido testigo presencial de ella.

NAVARRO.—Lo fui.

CÉSAR.—¿Por qué no lo salvaste, entonces?

NAVARRO.—No fue posible... eran demasiados contra nosotros.

CÉSAR.—Ése fue el parte oficial que inventaron. Mientes.

NAVARRO.—En la balacera...

CÉSAR.—No hubo balacera.

NAVARRO.—¿Qué?

CÉSAR.—No hubo más que un asesino. Fue la primera vez en su carrera que se tomó una botella entera de coñac para que no le temblara el pulso.

NAVARRO.—¡No es verdad! ¡No es verdad!

CÉSAR.—¿Por qué niegas antes de que yo lo diga?

NAVARRO (*Tembloroso*).—No he negado.

CÉSAR.—Te tranquilizaste demasiado pronto cuando me viste, el día que vino todo el pueblo. Hace cuatro semanas. Pero cuando yo salía, parecía que ibas a desmayarte. Habías tenido dudas, remordimientos, miedo...

NAVARRO.—¿Yo? ¿Por qué había de...? Eres un imbécil. No sabes lo que dices.

CÉSAR (*Levantándose con una terrible grandeza*).—Tú dejaste ciego de un tiro al asistente Canales. ¿Lo recuerdas?

NAVARRO.—¡Mentira!

CÉSAR.—Tú mataste al capitán Solís, a quien siempre envidiaste porque César Rubio lo prefería.

NAVARRO.—¡Te digo que mientes!

CÉSAR (*Imponente*).—¡Tú mataste a César Rubio!

NAVARRO.—¡No!

CÉSAR.—Hubieras debido matar a Canales, o cortarle la lengua. Está vivo y yo sé dónde está. Por este crimen te hicieron coronel.

NAVARRO.—¡Es una calumnia estúpida! Si tan seguro estás de eso, ¿por qué no se lo contaste a tu gringo?

CÉSAR.—Porque creía yo entonces que iba a necesitarte. No te necesito. Ve y denúnciame. Yo daré las pruebas, todas las pruebas de que dices la verdad... no puedo hacer más por un antiguo amigo. (*Navarro se deja caer abatido en un sillón. César lo mira y continúa.*) ¿Te creías muy fuerte? ¿Qué dijiste? Dijiste: este maestrillo de escuela es un pobre diablo que quiere mordida. Le daré un susto primero y un hueso después. Porque no lo niegues, me lo ha dicho quien lo sabe: venías a ofrecerme la universidad regional. Yo siento no poder ofrecértela a ti, que no sabes ni escribir ni sumar. Ahora vamos a los plebiscitos, pase lo que pase.

NAVARRO (*Reaccionando*).—Bueno, si tú me denuncias te pierdes igualmente.

CÉSAR.—Así no me importa. Pero tú callarás. Mi crimen es demasiado modesto junto al tuyo, y soy generoso. Te doy veinticuatro horas para que te vayas del país, ¿entiendes? Tienes dinero suficiente: has robado bastante.

NAVARRO.—No me iré. Prefiero...

CÉSAR.—Si no lo haces, probaré que me asesinaste, y probaré también que me salvé. Puedo hacerlo; no creas que no he pensado en esta entrevista, en esta contingencia. Te he esperado todos los días desde hace una semana, y he tomado mis precauciones. (*Mira su reloj.*) Es hora de ir a los plebiscitos.

NAVARRO (*Después de una pausa torturada*).—Como quieras... pero te advierto lealmente que yo también he tomado mis precauciones, y que es mejor que no te vayas a los plebiscitos.

CÉSAR.—¿Qué sabes tú lo que es lealtad? La palabra debería explotarte en los labios y deshacerte.

NAVARRO.—Puede costarte la vida.

CÉSAR.—Lo mismo que a ti. Es el precio de este juego.

NAVARRO.—Como quieras, entonces. Pero estás a tiempo... hasta para la universidad, mira. Podemos arreglarnos. Déjame pasar esta vez... después gobernarás tú. Entre los dos lo haremos todo.

CÉSAR.—Imbécil. No me sorprendería que me asesinaras. Me sorprende que no lo hayas hecho ya.

NAVARRO.—No soy tan tonto.

CÉSAR.—Vete.

NAVARRO (*Se dirige a la puerta. Se vuelve, de pronto*).—Oye... quiero que llames aquí a Salinas... anda buscando pleito.

CÉSAR.—¿Tienes miedo a pelear de frente? Es natural. (*Va a la puerta. Llama.*) ¡Salinas! (*Navarro sonríe para sí.*)

SALINAS (*Entrando*).—Mande, general.

CÉSAR.—Estate aquí mientras pasa el general Navarro. Creo que tiene miedo.

Se oye dentro el ruido de un automóvil que parte.

NAVARRO.—Tú solo te has sentenciado, *general* Rubio.

SALINAS (*Echando mano a la pistola*).—¿Mi general?

CÉSAR (*Deteniendo su mano*).—No desperdicies tus cartuchos. Échale un poco de sal para que se deshaga.

Navarro, después de una última mirada, sale diciendo:

NAVARRO.—Será como tú lo has querido.

Mutis por la derecha. Un momento después se oye el ruido de automóviles en marcha, que se alejan.

SALINAS.—Mi general, éste lleva malas intenciones. Yo creo que habría que pararle los pies. Deme usted permiso.

CÉSAR.—No, Salinas, déjalo. No puede hacer nada. (*Va al centro y ve a Miguel, que sale, pálido del marco de la puerta izquierda. Se oyen pasos en la escalera.*) ¡Miguel! ¿Estabas aquí?

MIGUEL (*Con voz extraña*).—No... te traía tu sombrero. (*Se lo tiende.*)

César.—¿Qué tienes tú?
Miguel.—Nada.

Al mismo tiempo que aparece Elena en la puerta izquierda, Guzmán, Treviño y Estrella entran por la derecha.

César.—Es hora de irnos, muchachos.
Elena.—César, quiero hablarte un momento.
César.—Tendrá que ser muy rápido, Elena. Por eso me despedí de ti antes. Vayan preparando los coches, muchachos, los alcanzaré en un instante. (*Miguel se dirige a la izquierda.*) ¿Tú no vienes con nosotros, Miguel?
Miguel (*Se detiene, vacila visiblemente. Al fin, con un esfuerzo*).—No. (*Todos lo miran. Comprende que debe dar una explicación.*) No me siento bien. (*Rápido.*) Si estoy mejor dentro de un rato, los alcanzaré allá. (*Evita hablar directamente a su padre; no lo mira. Termina de hablar apenas cuando sale por la izquierda sin esperar más.*)
César.—Vamos, muchachos. Adelántense.
Guzmán (*Conforme salen*).—Vamos a levantar una buena escolta. No me fío de Navarro. Se reía al subir a su coche.

Salen él, Treviño y Salinas, hablando entre ellos.

Estrella (*Se detiene en el umbral y regresa unos pasos*).—¿Puedo preguntar cómo resultó la entrevista, mi general?
César.—Muy bien. Tranquilícese, licenciado. Ande. (*Estrella sale.*)
Elena.—¿Qué entrevista? ¿Entonces es verdad que Navarro ha estado aquí? Eso es lo que quería preguntarte.
César.—Sí, aquí estuvo.
Elena.—¿Qué quería?
César.—Ganar, naturalmente. Pero perdió.
Elena.—César, no vayas a los plebiscitos.
César (*Riendo*).—Me recuerdas a la mujer de César... del romano. (*Se acerca a ella y le toma las manos.*) ¿Tienes miedo?
Elena.—Sí... es la verdad. Renuncia a todo esto, César. Navarro puede...
César.—Navarro no puede nada ya. Aquí perdió los dientes y las uñas.
Elena.—Puede matarte todavía.
César.—No es tan tonto.
Elena.—¿Por qué habrías de arriesgar tu vida por una mentira? No lo hagas, César, vayámonos de aquí, a vivir en paz.

CÉSAR.—Te dije. Todo contigo. ¿Lo recuerdas? Hablas de una mentira. ¿Cuál?

ELENA.—¿No lo sabes?

CÉSAR.—Es que ya no hay mentira: fue necesaria al principio, para que de ella saliera la verdad. Pero ya me he vuelto verdadero, cierto, ¿entiendes? Ahora siento como si fuera el otro... haré todo lo que él hubiera podido hacer, y más. Ganaré el plebiscito... seré gobernador, seré presidente tal vez...

ELENA.—Pero no serás tú.

CÉSAR.—¿Es decir que no crees en mí todavía? Precisamente seré yo, más que nunca. Sólo los demás creerán que soy otro. Siempre me pregunté antes por qué el destino me había excluido de su juego, por qué nunca me utilizaba para nada: era como no existir. Ahora lo hace. No puedo quejarme. Estoy viviendo como había soñado siempre. A veces tengo que verme en el espejo para creerlo.

ELENA.—No es el destino, César, sino tú, tus ambiciones. ¿Para qué quieres el poder?

CÉSAR.—Te sorprendería saberlo. No haré más daño que otro, y quizás haré algún bien. Es mi oportunidad y debo aprovecharla. Julia parecerá bonita... ya ahora lo parece cuando me mira; será cortejada por todos los hombres. Miguel podrá hacer algo brillante, amplio, si quiere. Tú... (la abraza) será como si te hubieras vuelto a casar con un hombre enteramente nuevo... llevarás la vida que escojas. Tendrás, al fin, todo lo que quieras.

ELENA.—Yo no quiero nada. Te suplico que no vayas a ese plebiscito.

CÉSAR.—No podría dejar de ir más que muerto. Ahora todo está empezado y todo tiene que acabar. No puedo hacer nada más que seguir, Elena; soy el eje en la rueda. Pero siento que el muerto no es César Rubio, sino yo, el que era yo... ¿entiendes? Todo aquel lastre, aquella inercia, aquel fracaso que era yo. Dime que entiendes... y espérame. (La abraza, la besa y se cala el sombrero.)

ELENA.—Por última vez, César. ¡No vayas!

CÉSAR.—¿De qué tienes miedo?

ELENA.—No te lo diré: podría yo atraerte el mal así.

CÉSAR (Sonriendo).—Hasta dentro de un rato, Elena. Cuando vuelva, serás la señora gobernadora. (La mira un momento, y sale. Dentro, lo acoge un vocerío entusiasta. Elena permanece en el sitio, mirando hacia la puerta. De pronto César reaparece.) Es bueno que hables con Miguel. Es la única inquietud que me llevo: estuvo muy extraño hace un rato; me parece que sabe algo. Tranquilízalo, Elena. (*Hace un saludo final con la mano y se va.*)

Elena sola va hacia el cartel. Lo mira pensativamente un momento. Se oye a Miguel en la escalera. Elena se vuelve.

MIGUEL.—Mamá, tengo que hablarte.

ELENA.—Tengo una inquietud tan grande por tu padre, hijo. No viviré hasta que regrese.

MIGUEL.—Si triunfa, cuando regrese yo empezaré a dejar de vivir.

ELENA.—¿Por qué dices eso?

MIGUEL (*Brutal*).—¿Por qué ha hecho esto mi padre?

ELENA (*Sentándose en el sofá*).—¿Hecho qué?

MIGUEL.—Esta mentira... esta impostura.

ELENA.—¿Qué dices?

MIGUEL.—Sé que no es César Rubio. ¿Por qué tuvo que mentir?

ELENA.—Podría decirte que no ha mentido.

MIGUEL.—Podrías, en efecto. ¿Y qué? No me convencerías después de lo que he oído.

ELENA.—¿Qué es lo que has oído, Miguel?

MIGUEL.—La verdad. Se la oí decir a Navarro.

ELENA.—¡Un enemigo de tu padre! ¿Cómo pudiste creerlo?

MIGUEL.—También se lo oí decir a otro enemigo de mi padre... al peor de todos. A él mismo.

ELENA.—¿Cuándo?

MIGUEL.—Hace un momento, cuando discutía con Navarro. Miente ahora tú también si quieres.

ELENA.—¡Miguel!

MIGUEL.—¿Cómo voy a juzgar a mi padre... y a ti.. después de esto?

ELENA (*Reaccionando con energía*).—¿A juzgarnos? ¿Y desde cuándo juzgan los hijos a los padres?

MIGUEL.—Quiero, necesito saber por qué hizo esto. Mientras no lo sepa no estaré tranquilo.

ELENA.—Cuando tú naciste, tu padre me dijo: Todo lo que yo no he podido ser, lo que no he podido hacer, todo lo que a mí me ha fallado, mi hijo lo será y lo hará.

MIGUEL.—Eso es el pasado. No vayas a decirme ahora que mintió por mí, para que yo hiciera algo.

ELENA.—Es el presente, Miguel. Examínate y júzgate, a ver si has correspondido a sus ilusiones.

MIGUEL.—¿Ha respetado él las mías? Todavía al llegar a esta casa le pedí que no fuera a hacer nada deshonesto, nada sucio. Tenía yo derecho a pedírselo, y él lo prometió.

ELENA.—Nada sucio, nada deshonesto ha hecho.

MIGUEL.—¿Te parece poco? Robar la personalidad de otro hombre, apoyarse en ella para satisfacer sus ambiciones personales.

ELENA.—Todavía hace un momento se preocupaba por ti; pensaba que a su triunfo tú podrías hacer lo que quisieras en la vida. ¿Es así como le pagas?

MIGUEL.—Lo que no quiero es su triunfo... no tiene derecho a triunfar con el nombre de otro.

ELENA.—Toda su vida ha deseado hacer algo grande.. no sólo para él, sino para mí, para ustedes.

MIGUEL.—¿Entonces por eso lo justificas? ¿Porque te dará dinero y comodidades?

ELENA.—No conoces a tu madre, Miguel. Tu padre no perjudica a nadie. El otro hombre ha muerto, y él puede hacer mucho bien en su nombre. Es honrado.

MIGUEL.—¡No! No es honrado, y eso es lo que me lastima en esto. En la miseria yo le hubiera ayudado... lo hubiera hecho todo por él. Así... no quiero volver a verlo.

ELENA (*Asustada*).—Eso es odio, Miguel.

MIGUEL.—¿Qué esperabas que fuera?

ELENA.—No puedes odiar a tu padre.

MIGUEL.—He hecho todos los esfuerzos... primero contra la mediocridad, contra la mentira mediocre de nuestra vida. Toda mi infancia, gastada en proteger una apariencia de cosas que no existían. Luego en la universidad, mientras él defendía el cascarón, la mentira...

ELENA.—¡Miguel! ¿Te olvidas de que tú...?

MIGUEL.—No. Pero ahora esto. Es demasiado ya. Con razón me sentía yo inquieto, incómodo, avergonzado, cada vez que oía los vivas, los aplausos, los discursos. Ha llegado a representar a la perfección todas las mentiras que odio, y esto es lo que ha hecho por mí, por su hijo. Nunca podré oír ya el nombre de César Rubio sin enrojecer de vergüenza.

ELENA (*Levantándose agitada*).—No podría decirte cuánto me torturas, Miguel. Debe de haber algo descompuesto en ti para darte estos pensamientos.

MIGUEL.—¿Por qué hizo esto mi padre?

ELENA.—¿No has dicho tú mismo que por sus ambiciones, no has pensado ya que por las mías? ¿No has dicho que no creerás lo contrario de lo que crees ahora? No tengo nada que decirte, porque no lo comprenderías. No te reconozco, eso es todo... no puedo creer que seas el mismo que llevé en mí.

MIGUEL.—Mamá, ¿no comprendes tú tampoco, entonces?

ELENA.—Comprendo que te llevaba todavía en mí, que seguías en mi vientre, y que de pronto te arrancas de él.

MIGUEL.—¿No te das cuenta de que quiero la verdad para vivir; de que tengo hambre y sed de verdad, de que no puedo respirar ya en esta atmósfera de mentira?

ELENA.—Estás enfermo.

MIGUEL.—Es una enfermedad terrible, no creas que no lo sé. Tú puedes curarme... tú puedes explicarme...

ELENA (*Lo mira con una gran piedad*).—Siéntate, Miguel. (*Ella se sienta en el sofá; él a sus pies.*)...

MIGUEL (*Mientras se sienta*).—¿Qué podrás decirme que borre lo que oí decir a mi propio padre?

ELENA.—Puedo decirte que tu padre no mintió.

MIGUEL (*Irguiendo violentamente la cabeza*).—Si tú mientes, mamá, se me habrá acabado todo.

ELENA (*Enérgica*).—Tu padre no mintió. Él nunca dijo a nadie: Yo soy el general César Rubio. A nadie... ni siquiera a Bolton. Él lo creyó, y tu padre lo dejó creerlo; le vendió papeles auténticos para tener dinero con qué llevarnos a todos nosotros a una vida más feliz.

MIGUEL.—Pero me había prometido... No puedo creerlo.

ELENA.—¿No estuviste tú aquí la tarde que vinieron los políticos? ¿Le oíste decir una sola vez que él fuera el general César Rubio? (*Miguel mueve la cabeza en silencio.*) Entonces, ¿por qué lo acusas? ¿Por qué has dicho todas esas horribles cosas?

MIGUEL (*Nuevamente apasionado*).—¿Por qué aceptó entonces toda esa farsa, por qué no se opuso a ella? No dijo: Yo soy el general César Rubio, pero tampoco dijo que no lo fuera. ¡Y era tan fácil! Una palabra.. y ha ido más lejos aún... ha llegado a engañarse, a creer que es un general, un héroe. Es ridículo. ¿Cómo pudo...¿? Si yo tuviera un hijo le daría la verdad como leche, como aire.

ELENA.—Si tuvieras un hijo, lo harías desgraciado. Ya te he dicho por qué aceptó tu padre. Hará bien en el gobierno, es su oportunidad, la cosa que él había soñado siempre; podrá dar a sus hijos lo que no tuvieron antes. ¿Qué harías tú, en su lugar, si tus hijos te creyeran un fracasado, y se te presentara la ocasión de hacer algo... grande?

MIGUEL.—Nada es más grande que la verdad. Mi padre gobernará en lugar de los bandidos... él mismo lo dijo; pero esos bandidos por lo menos son ellos mismos, no el fantasma de un muerto.

ELENA.—No tomó su nombre siquiera... se llamaba igual, nacieron en el mismo pueblo...

MIGUEL.—No... no... así no. Lo prefería yo cuando estuvo frente a mí en la universidad.

ELENA.—Eres tan joven, Miguel. Tus juicios, tus ideas, son violentos y duros. Los lanzas como piedras y se deshacen como espuma. Antes, en la universidad, acusabas a tu padre de ser un fracasado; ahora...

MIGUEL.—Era mejor aquello. Todo era mejor que esto. Ahora lo veo.

Julia entra por la izquierda. Visiblemente ha estado oyendo parte de esta conversación. Miguel se levanta y va hacia la ventana.

JULIA.—¿Qué pasa, mamá?

ELENA.—Nada.

JULIA.—No me lo niegues.

MIGUEL (*Volviéndose, sin dejar la ventana*).—Has estado oyendo, ¿verdad? Escondida en la escalera...

JULIA.—Así oíste tú lo que no debías oír: la conversación entre papá y Navarro. Te vi desde arriba. ¿Por qué no saliste entonces? ¿Por qué no te atreviste a decirle esas cosas a papá, frente a frente?

ELENA.—¡Julia!

JULIA.—Para mí, como quiera que sea, papá será siempre un hombre extraordinario... un héroe. Si lo hubieras observado en estos días, dando órdenes, hablando al pueblo, sometiendo a los jefes, habrías visto que nació para esto. Tuvo que esperar mucho tiempo, pero merecía tener esta ocasión de...

MIGUEL.—Eres mujer. ¿Cómo no había de despertar tus peores instintos el truco del héroe? Eso es lo que te tiene seducida. Si no lo observé a él, era porque te observaba a ti. Para quien no supiera que eras su hija, pudiste pasar por una enamorada de él. Y además, claro, su heroísmo te dará lo que has deseado siempre: trajes, joyas, automóviles.

ELENA.—¡Miguel, te prohíbo...!

JULIA.—Pero si lo que habla en ti es la inferioridad, la envidia...

MIGUEL.—¡Yo no he mentido!

JULIA.—Él era un buen profesor; tú, un mal estudiante. Ahora, en el fondo, querrías estar en su lugar, ser tú el héroe. Pero te falta mucho.

MIGUEL.—¡Estúpida! ¿No comprendes entonces lo que es la verdad? No podrías... eres mujer; necesitas de la mentira para vivir. Eres tan estúpida como si fueras bonita.

ELENA (*Interponiéndose entre ellos*).—¡Basta, Miguel!

JULIA.—No creas que me lastimas con eso. ¿Qué es mi fealdad junto a tu cobardía? Porque tu afán de tocar la verdad no es más que una cosa enfermiza, una pasión de cobarde. La verdad está dentro, no fuera de uno.

ELENA.—¡Julia!

MIGUEL.—Créelo así, si quieres. Yo seguiré buscando la verdad.

Pausa. Julia va hacia la mesa, toma los telegramas y los lee uno por uno, con satisfacción. Elena se sienta. Miguel, clavado ante la ventana, mira hacia afuera.

JULIA.—Mira, mamá, del Presidente. (*Se lo lleva.*)

ELENA (*Toma el telegrama, pero no lo mira*).—Miguel.

MIGUEL.—¿Mamá?

ELENA.—¿Oíste toda la conversación con Navarro?

MIGUEL.—Casi toda.

ELENA.—Entonces debes decirme...

MIGUEL.—No recuerdo nada... la verdad que oí me llenó los oídos de tal modo que no pude oír otra cosa ya.

ELENA.—¿Amenazó Navarro a tu padre?

MIGUEL.—Supongo que sí.

ELENA.—Recuerda... es necesario que recuerdes. Nunca he estado tan inquieta por él. ¿Qué dijo? ¿En qué forma lo amenazó?

MIGUEL.—¿Qué importancia tiene? Mi padre no puede perder ahora.

ELENA.—¡Miguel! Por favor, piensa, hazlo por mí.

MIGUEL (*Después de una pausa*).—Ahora recuerdo. Al despedirse, Navarro dijo... sí: "Tú solo te has sentenciado... Será como tú lo has querido."

ELENA (*Levantándose*).—Miguel, tu padre está en peligro, y tú lo sabías y te has quedado aquí a decir esas cosas de él...

MIGUEL (*Adelantando un paso*).—¿No te das cuenta de cómo me sentía yo... de cómo me siento?

ELENA.—¡Tu padre está en peligro!

MIGUEL.—¿No lo buscó él? ¿No mintió?

ELENA.—Debes ir pronto, Miguel. Debes cuidarlo. (*Miguel vacila.*)

JULIA.—No se atreve, mamá, eso es todo. Iré yo.

ELENA.—Yo lo sentía, lo sentía. (*Se oprime las manos.*) Navarro va a tratar de matarlo. (*Julia corre hacia la puerta, a la vez que:*)

MIGUEL (*Reaccionando bruscamente*).—Tienes razón, mamá. Perdóname por todo. Iré... trataré de cuidarlo; pero después... Seremos mi padre y yo, frente a frente. (*Sale corriendo.*)

JULIA.—No pasará nada, mamá. ¡Tengo tanta confianza en él ahora!

ELENA.—No sé... no sé. En el fondo, Miguel...

JULIA.—Miguel está loco, mamá... busca la verdad con fanatismo, como si no existiera. No le hagas caso.

ELENA.—Está en un estado tal... Y tú también. Todas estas cosas que se han dicho ustedes dos...

JULIA (*Con una sonrisa*).—Así era de niños, mamá. Y así era como Miguel se decidía a pelear, para demostrarme que no era un cobarde.

ELENA.—Has sido tan dura...

JULIA.—Pero a nadie más le dejaría yo decirle eso.

ELENA.—No sé... no sé. (*Un poco hipnotizada por la inquietud.*) ¿Qué hora es?

JULIA.—Mediodía, mamá. Fíjate en el sol. Ahora ya puedo saber la hora por el sol.

Elena, un poco sonámbula, va hacia la ventana. Allí abre los brazos de modo que toque los dos extremos del marco, y con la cabeza echada hacia atrás mira intensamente hacia afuera. Julia sigue leyendo telegramas y subrayando su interés con pequeños gestos de satisfacción. Elena parece una estatua. Julia la mira.

JULIA.—Tranquilízate, mamá, por favor. Dentro de poco estará aquí y seremos otros... Hasta Miguel.

ELENA (*Sin volverse*).—No puedo. Hace un momento sentí el sol como un golpe en el pecho.

JULIA.—Hazlo por él. No le gustaría verte así.

ELENA.—Miguel tiene razón. Nada bueno puede salir de una mentira. Y, sin embargo, yo no he podido detener a César.

JULIA.—No hay mentira, mamá. Todo el pasado fue un sueño, y esto es real. No me importan los trajes ni las joyas, como cree Miguel, sino el aire en que viviremos. El aire del poder de mi padre. Será como vivir en el piso más alto, de aquí, primero; de todo México después. Tú no lo has oído hablar en los mítines, no sabes todo lo que puede dar él, que fue tan pobre. Y todo lo que puede tener.

ELENA.—Yo no quiero nada, hija mía, sino que él viva. Y tengo miedo.

JULIA.—Yo no; es como la luz, para mí. Todos pueden verlo, nadie puede tocarlo. Y será lindo, mamá, poder hacer todas las cosas, pensarlas con alas; no como antes, que todos los deseos, todos los sueños, parecían reptiles encerrados en mí.

ELENA (*Se sienta*).—Quizás piensas en tu amor, y hablas así por eso.

¿Esperas que ese muchacho te quiera viéndote tan alta? Yo no lo aceptaría entonces: sería interés.

JULIA.—Yo no lo quiero ya, mamá. Lo sé desde hace dos semanas. Lo que amaba yo en él era lo que no tenía a mi alrededor ni en mí. Pero ahora lo tengo, y él no importa. Tendré que buscar en otro hombre las otras cosas que no tenga. Querer es completarse.

ELENA.—Tengo miedo, Julia. Todas estas semanas, mientras César iba y venía por el Estado, yo pensaba en la noche que el hombre a quien yo quise ha desaparecido, y que hay otro hombre, formándose apenas, a quien yo no quiero todavía. Si eligen a César...

JULIA.—Está elegido ya, mamá, ¿no lo ves? Un elegido.

ELENA.—Si eligen a César, será el gobernador. Lo rodeará gente a todas horas que lo ayudará a vestirse y lo alejará de mí. Tendrá tanta ropa que no podrá sentir cariño ya por ninguna prenda... y yo no tendré ya que remendar, que mantener vivas sus camisas ni que quitar las manchas de su traje. De un modo o de otro, será como si me lo hubieran matado. Y yo quiero que viva. (*Se levanta violentamente.*) Es preciso que no lo elijan, Julia, es preciso.

JULIA.—¿Estás loca? ¿No comprendes todo lo que esto significa para todos? ¿No has sentido nunca deseos de vivir en la luz? Será una vida nueva para todos.

ELENA.—Hablas como él.

JULIA.—Yo prepararé su ropa cada mañana, en tal forma que no pueda tocar su corbata ni sentir su traje sobre su cuerpo sin tocarme, sin sentirme a mí. Contigo consultará sus cosas, sus planes, sus decisiones, y cuando las realice te estará viendo y tocando.

ELENA.—No me ha hecho caso ahora... no ha querido hacerme caso. ¿Por qué? ¿Por qué? No. Que lo derroten, aunque lo denuncien... que se burle de él y de su mentira toda la gente. Miguel tiene razón. Que lo injurien, que lo escupan...

JULIA.—¡No hables así! ¿Por qué hablas así?

ELENA.—Yo lo consolaré de todo. Quiero que viva.

JULIA.—Quieres que muera.

ELENA.—Quiero que muera el fantasma y que viva él, que muera su muerte natural, propia. Que viva. (*Pausa. En el silencio del mediodía se oye un claxon de automóvil, bastante próximo. Elena se sobresalta.*) ¡Un coche!

JULIA (*Corriendo a la ventana desde allí*).—Son Guzmán y Miguel, mamá.

ELENA.—¿Vienen otros coches?

Julia no contesta. Elena queda inmóvil en el centro mirando hacia la puerta. Julia se reúne con ella. Entran Miguel y Guzmán.

ELENA.—Miguel... (*Espera. Miguel baja la cabeza en silencio.*)
JULIA.—¿Qué ha pasado?
GUZMÁN (*Jadeante*).—Señora...
ELENA.—¿Han... herido a César? (*Guzmán baja la cabeza.*) No... Lo han matado, ¿verdad?
GUZMÁN.—Encontré al muchacho en el camino, señora, corriendo. Ya era tarde.
ELENA (*Contenida*).—¿Cómo fue? ¿Navarro?
GUZMÁN.—Para mí, fue él, señora. Pero allí mataron al que disparó. Bastó un tiro. Apenas acabábamos de llegar, y el general iba a sentarse cuando... En el corazón.
JULIA.—Mamá...

Le agarra las manos. Es un dolor increíble el de las dos, que va desenvolviéndose y afirmándose poco a poco.

ELENA.—¿Dice usted que mataron al hombre que disparó?
GUZMÁN.—El pueblo lo hizo pedazos, señora.

Ruido de automóviles dentro.

ELENA (*Lenta, con voz blanca*).—Pedazos.

Se vuelve hacia la pared, muy erguida. Julia llora sin extremos, nada más bajando la cabeza y dejando correr sus lágrimas. Miguel se deja caer en un asiento. Ahora se oyen voces. En el umbral de la puerta aparece Navarro.

GUZMÁN.—¡Tú! ¿Cómo te atreves...?
NAVARRO (*Avanzando*).—Señora, permítame presentarle mis condolencias más sinceras. Su marido ha sido víctima de un cobarde asesinato

Miguel, pasando por detrás de ellos, cierra la puerta.

GUZMÁN.—Y tan cobarde. Creo que yo tengo idea de quién es el asesino.
MIGUEL (*En primer término derecha*).—Yo también.
NAVARRO (*Imperturbable*).—El asesino de César Rubio, señora, fue un fanático católico.

GUZMÁN.—¡Fuiste tú!

NAVARRO.—Fue un fanático, como puede probarse. En su cuerpo se encontraron un crucifijo y varios escapularios.

GUZMÁN.—No tiene caso calumniar a nadie. Sabemos de sobra...

ELENA (*De hielo*).—Váyase usted, general Navarro. No sé cómo se atreve a presentarse aquí, después de...

La interrumpe un tumulto creciente afuera. Las voces se multiplican en un rumor de tormenta. Navarro se inclina, se dirige a la puerta, la abre y sale después de una mirada a la familia. Se escucha un rumor hostil. Luego, cada vez más distintamente, la voz de Navarro que grita:

LA VOZ DE NAVARRO.—¡Camaradas! He venido a decir a la viuda de César Rubio mi indignación ante el vil asesinato de su marido. Aunque hay pruebas de que el asesino fue un católico, no falta quien se atreva a acusarme. (*Murmullo hostil. Guzmán va a la puerta y sale.*) Estoy dispuesto a defenderme ante los tribunales y a renunciar a mi candidatura hasta que se pruebe mi inocencia.

LA VOZ DE GUZMÁN.—¡Mentira! ¡Mentira! ¡Fue él y todos lo sabemos!

Murmullo hostil, pero indefinible.

LA VOZ DE NAVARRO.—No contestaré. César Rubio ha caído a manos de la reacción en defensa de los ideales revolucionarios. Yo lo admiraba. Iba a ese plebiscito dispuesto a renunciar en su favor, porque él era el gobernante que necesitábamos. (*Murmullo de aprobación.*) Pero si soy electo, haré de la memoria de César Rubio, mártir de la Revolución, víctima de las conspiraciones de los fanáticos y los reaccionarios, la más venerada de todas. Siempre lo admiré como a un gran jefe. La capital del Estado llevará su nombre, le levantaremos una universidad, un monumento que recuerde a las futuras generaciones... (*Lo interrumpe un clamor de aprobación.*) ¡Y la viuda y los hijos de César Rubio vivirán como si él fuera gobernador! (*Aplausos sofocados.*)

ELENA (*Agitando una mano como quebrada*).—Cierra, Miguel. Las puertas, las ventanas, ciérralo todo.

MIGUEL.—No, mamá. Todo el mundo debe saber, sabrá... No podría yo seguir viviendo como el hijo de un fantasma.

ELENA (*Deshecha*).—Cierra, Julia. Todo se ha acabado ya.

Julia, vencida, se dirige a cerrar la ventana primero, luego la puerta. Penumbra. El rumor exterior se hace menos perceptible.

MIGUEL.—¡Mamá! (*Solloza sin ruido.*)

ELENA.—Ése es otro hombre. El nuestro... (*No puede seguir. Llaman a la puerta.*) No abras, Julia.

Tocan nuevamente. Miguel abre con lentitud. Entra Estrella; Salinas y Guzmán tras él.

ESTRELLA (*Solemne, con esa especie de alegría de serlo que acompaña a los demagogos*).—Señora, el señor Presidente ha sido informado ya de este triste suceso. (*Miguel, vuelto hacia ellos, escucha.*) El cuerpo del señor general Rubio será velado en el palacio de gobierno. Vengo para llevarlos a ustedes allí. Se le tributarán honores locales de gobernador; pero, además, considerando que se trata de un divisionario y de un gran héroe, su cuerpo recibirá honores presidenciales y reposará en la Rotonda de los Hombres Ilustres. Usted, señora, tendrá la pensión que le corresponde. El gobierno revolucionario no olvidará a la familia de su héroe más alto.

ELENA.—Gracias. No quiero nada de eso. Quiero el cuerpo de mi marido. Iré por él. (*Camina hacia la puerta. Julia la sigue.*) Tú quédate.

JULIA.—Mamá, iremos todos. Y se le harán los honores. (*Elena la mira.*) ¿No comprendes?

SALINAS.—No entiendo, señora...

ESTRELLA.—César Rubio pertenece al pueblo, señora.

GUZMÁN (*Detrás de ellos, sañudo*).—Nos pertenece a nosotros para siempre.

JULIA.—¿No comprendes, mamá? Él será mi belleza.

Elena hace un esfuerzo para hablar, sin lograrlo. Agita un poco una mano. Estrella la toma del brazo. Salen. Miguel queda inmóvil en la escena. Los murmullos y las voces desaparecen en un silencioso homenaje a la viuda. Después de un momento entra Navarro.

MIGUEL.—¿Usted? Tengo que aclarar algo, primero con usted, luego con todo el mundo.

NAVARRO (*Brutal*).—¿Qué es lo que sabe usted?

MIGUEL.—Sé que usted mató a mi padre. (*Con una violencia incontenible.*) Lo sé. ¡Oí su conversación!

NAVARRO (*Estremecido*).—¿Sí? (*Se sobrepone.*) Oiga usted lo que dice el pueblo que presenció los acontecimientos, joven. El asesino fue un católico: puedo probarlo. Mis propias gentes trataron de aprehenderlo.

MIGUEL.—Y para mayor seguridad, lo mataron. Para borrar todas las pruebas. Mató usted a mi padre y a su asesino material, como mató usted a César Rubio. ¡Lo oí todo!

NAVARRO (*Turbado y descompuesto*).—Su dolor no lo deja... (*Desafiante de pronto.*) ¡No podría usted probar nada!

MIGUEL.—Eso no puedo remediarlo ya. Pero no voy a permitir esta burla: la ciudad César Rubio, la universidad, la pensión. ¡Usted sabe muy bien que mi padre no era César Rubio!

NAVARRO.—¿Está usted loco? Su padre era César Rubio. ¿Cómo va usted a luchar contra un pueblo entero convencido de ello? Yo mismo no luché.

MIGUEL.—Usted mató. ¿Era más fácil?

NAVARRO.—Su padre fue un héroe que merece recordación y respeto a su memoria.

MIGUEL.—No dejaré perpetuarse una mentira semejante. Diré la verdad ahora mismo.

NAVARRO.—Cuando se calme usted, joven, comprenderá cuál es su verdadero deber. Lo comprendo yo, que fui enemigo político de su padre. Todo aquel que derrama su sangre por su país es un héroe. Y México necesita de sus héroes para vivir. Su padre es un mártir de la Revolución.

MIGUEL.—¡Es usted repugnante! Y hace de México un vampiro... pero no es eso lo que me importa... es la verdad, y la diré, la gritaré.

NAVARRO (*Se lleva la mano a la pistola. Miguel lo mira con desafío. Navarro reflexiona y ríe*).—Nadie lo creerá. Si insiste usted en sus desvaríos, haré que lo manden a un sanatorio.

MIGUEL (*Con una frialdad terrible*).—Sí, sería usted capaz de eso. Aunque me cueste la vida...

NAVARRO.—Se reirán de usted. No podría usted quitarle al pueblo lo que es suyo. Si habla usted en la calle, lo tomarán por loco. (*Saluda irónicamente el cartel de César Rubio.*) Su padre era un gran héroe.

MIGUEL.—Encontraré pruebas de que él no era un héroe y de que usted es un asesino.

NAVARRO (*En la puerta*).—¿Cuáles? Habrá que probar una cosa u otra. Si dice usted que soy un asesino, gente mal intencionada podría creerlo; pero como también piensa usted decir que su padre era un farsante, nadie lo creerá ya. Es usted mi mejor defensor, y su padre era grande, muchacho. Le debo mi elección. (*Sale. Se oye un clamor confuso afuera. Luego, voces que gritan:* ¡Viva Navarro!)

LA VOZ DE NAVARRO.—¡No, no muchachos! ¡Viva César Rubio! (*Un* "¡Viva César Rubio!" *clamoroso se deja oír.*)

Miguel hace un movimiento hacia la puerta: luego sale rápidamente por la izquierda. Ruido de voces y de automóviles en marcha, afuera. Pequeña pausa, al cabo de la cual Miguel reaparece llevando una pequeña maleta. Se dirige a la puerta derecha. De allí se vuelve, descuelga el cartel con la imagen de César Rubio, después de dejar su maleta en el suelo. Dobla el cartel quietamente, y lo coloca sobre el escritorio. Luego empuja con el pie el rollo de carteles, que se abre como un abanico en una múltiple imagen de César Rubio.

MIGUEL.—¡La verdad!

Se cubre un momento la cara con las manos, y parece que va a abandonarse, pero se yergue. Entonces toma, desesperado, su maleta. En la puerta se cerciora de que no queda nadie afuera. El sol es cegador. Miguel sale, huyendo de la sombra misma de César Rubio, que lo perseguirá toda su vida.

TELÓN

CELESTINO GOROSTIZA
[*México, 1904-1967*]

Nace en Villahermosa, estado de Tabasco, y cursa estudios superiores en Aguascalientes, Querétaro y la ciudad de México. Su hermano mayor, José, fue un distinguido miembro del movimiento poético, los "Contemporáneos". Celestino, con otros jóvenes amigos del drama, organiza en 1927 el Teatro de Ulises, cuya misión fue renovar los gustos teatrales de México. Sigue con ese mismo propósito en el Teatro de Orientación, que funda en 1932. Sirvió su aprendizaje traduciendo al español obras de O'Neill, Jean-Victor Pallerin, Marcel Achard, Lenormand, etcétera. En 1930 escribe *El nuevo paraíso*, obra simbólica que incluye personajes con nombres como Adán, Eva y Judas. En *Escombros del sueño* (1938) trata el tema de la identidad; un hombre busca a la mujer ideal que vio una sola vez sin darse cuenta de que ella vive en su propia casa. Durante la década de los cuarenta Gorostiza se dedica al cine, pero vuelve a desempeñar puestos importantes como director, catedrático y jefe del Departamento de Teatro del Instituto Nacional de Bellas Artes. Fue miembro de la Academia de la Lengua Mexicana.

Al volver al teatro en los años cincuenta, deja los temas y técnicas surrealistas y plantea problemas sociales y nacionales, como en *El color de nuestra piel* (1952) y *Columna social* (1955). En ésta, critica a los nuevos ricos que se esfuerzan por entrar en la alta sociedad donde sus fotos aparecerán con frecuencia en las columnas sociales de los diarios. *La leña está verde*, estrenada en 1957 y publicada bajo el título de *Malinche* en 1958, trata un episodio histórico. *El color de nuestra piel* está reconocida universalmente como la obra maestra de Gorostiza; ganó el premio "Ruiz de Alarcón" de la Agrupación de Críticos de Teatro.

BIBLIOGRAFÍA SUMARIA

Cuesta, Jorge, "Celestino Gorostiza y el Teatro Orientación", *Poemas y ensayos*, t. III, México, UNAM, 1964, pp. 395-397.
Gorostiza, Celestino, *La parodia del teatro. Discurso de ingreso a la Academia Mexicana de la Lengua. Respuesta del académico Salvador Novo*, México, 1960.
_____ , y José Gorostiza, *Cartas*, México, Ediciones del Equilibrista, 1988.
Labinger, Andrea G., "Time, Space and the Refracted Self in Gorostiza's, *El nuevo paraíso*", *Latin American Theatre Review*, vol. XII, núm. 2, primavera de 1979, pp. 37-41.
Lamb, Ruth S., "Celestino Gorostiza y el teatro experimental en México", *Revista Iberoamericana*, núm. 23, enero-junio de 1958, pp. 141-145.
Lizalde, Eduardo, "Reseña de *El color de nuestro piel*", *Revista de la Universidad de México*, vol. VII, núm. 6, febrero de 1954, p. 27.

484   CELESTINO GOROSTIZA

Magaña Esquivel, Antonio, "Celestino Gorostiza, director y comediógrafo", *Letras de México*, vol. II, núm. 16, abril de 1940, p. 6.

_____ , y Ruth S. Lamb, *Breve historia del teatro mexicano*, México, Editorial de Andrea, 1958, pp. 128-129.

Nigro, Kirsten F., "Rhetoric and History in Three Mexican Plays", *Latin American Theatre Review*, vol. XXI, núm. 1, otoño de 1987, pp. 65-73.

Sánchez, Porfirio, "Aspectos sociopsicológicos y el movimiento indigenista en *El color de nuestra piel* de Gorostiza", *Cuadernos Americanos*, vol. CCLVIII, núm. 1, 1985, pp. 192-201.

Saz, Agustín del, *Teatro social hispanoamericano*, Barcelona, Labor, 1967, pp. 119-122.

Solórzano, Carlos, *El teatro latinoamericano en el siglo XX*, México, Pormaca, 1964, pp. 130-131.

Trifilo, Samuel S., "The Contemporary Theatre in Mexico", *Modern Language Journal*, vol. XLVI, núm. 4, abril de 1962, pp. 153-157.

El color de nuestra piel

PIEZA EN TRES ACTOS, EL TERCERO DIVIDIDO EN DOS CUADROS

A la memoria de mis padres.
A mi mujer y a mi hija.

PERSONAJES

(Por orden de aparición en escena)

ALICIA
HÉCTOR
DON RICARDO
CARMELA
MANUEL
BEATRIZ
CARLOS
JORGE
DANIEL ZEYER
RAMÍREZ
SEÑORA TORRES

Toda la obra tiene lugar en el salón de la casa de don Ricardo Torres Flores, en la ciudad de México.

Primer acto: Un día de abril de 1952, a las 6:30 p.m.
Segundo acto: El día siguiente, a las 7 p.m.
Tercer acto: Cuadro I. El día siguiente, a las 7 p.m.
Cuadro II. El día siguiente, a las 5:30 a.m.

Siempre que se mencionen en las acotaciones las palabras derecha e izquierda, se refieren a las de los actores.

PRIMER ACTO

Escena: Estancia en la casa de don Ricardo Torres Flores. Es una moderna construcción burguesa, ajuareada con muebles americanos costosos de los que fabrican en serie los almacenes de los Estados Unidos. Sin embargo, la cali-dad de la construcción y algunos objetos —una mesa, una silla, una lámpa-ra— adquiridos en bazares de antigüedades, y algunos retratos y paisajes me-xicanos del siglo xix, dan al conjunto cierto tono de distinción.

A la derecha, en primer término, puerta amplia que comunica con la biblio-teca. En seguida, mesa pequeña para lámpara y dos sillas. Arriba de la me-sa, contra el muro, un lujoso espejo veneciano. En segundo término, la puer-ta del vestíbulo por donde se entra a la casa. Al fondo, ocupando todo el ancho de la escena, un mezanín con un gran couch, radio, consola, lámpara, sillón, etcétera. A la derecha del mezanín, una ventana que ve al parque; y a la izquierda, el arranque de la escalera que conduce a las habitaciones.

A la izquierda de la escena, en primer término, la chimenea, alrededor de la cual hay un gran sofá con sus dos sillones y una mesita baja. Sobre la chime-nea, el retrato de un caballero de fines del siglo xix, tipo europeo de ojos cla-ros. En segundo término, la puerta que comunica con el comedor y en segui-da los escalones que suben al mezanín. Debajo de éste, al fondo, en el centro, un pequeño piano de lujo con sillas a los lados.

Al levantarse el telón, la escena está vacía y a oscuras. No hay más luz que la que viene de la biblioteca, el comedor y el vestíbulo, que están alumbrados, y la más tenue, del atardecer, que entra a través de la ventana del mezanín. Después de un momento aparece por el comedor Alicia, joven sirvienta de líneas seductoras y rostro agraciado, de tipo definidamente mestizo. Enciende la lámpara que está a la izquierda del sofá, atraviesa la escena para encen-der la que está sobre la mesa de la derecha y luego sube al mezanín para encender la que queda a un lado del couch. Al hacerlo y volverse, apenas puede contener una exclamación de sorpresa, pues se topa de manos a boca con Héctor, el hijo menor de la casa, muchacho de diecisiete años, de pelo rubio y ojos claros, vivaz y desenvuelto, que se ha deslizado silenciosamente desde la escalera que conduce a las habitaciones y que, tras de dejar sobre el couch un paquete que trae en las manos, toma a Alicia por la cintura y trata de besarla. Ella lucha por evitarlo.

ALICIA.—¡Ay!... Déjeme usted...

HÉCTOR (*Bajo*).—Sh... Que está mi papá en la biblioteca.

ALICIA.—Y a mí qué me importa. ¡Suélteme!

De un empellón logra desasirse y trata de retirarse, pero él le cierra el paso.

HÉCTOR.—¡No seas tonta, Alicia! Si no te voy a hacer nada.

ALICIA (*Esquivando un nuevo intento*).—¡Déjeme pasar, o grito!

HÉCTOR (*Asiéndola enérgicamente por la muñeca*).—Óyeme... Pues qué te estás creyendo tú. A poco me vas a presumir de señorita.

ALICIA.—No presumo de nada. Pero yo hago lo que quiero con quien me da la gana.

HÉCTOR (*Burlón*).—No me digas... ¿Desde cuándo se han vuelto ustedes tan remilgosas?

ALICIA.—¿Nosotras! ¿Quiénes? ¿Las gatas, verdad?

HÉCTOR.—Yo no he dicho que seas una gata...

ALICIA.—¡Ah, no! Es verdad que ya subimos de categoría... Ahora somos las changuitas...

HÉCTOR (*Hace un nuevo intento de besarla. Ella se defiende*).—¡Bueno! ¡Ya! ¡Déjate de tonterías!

ALICIA.—Mire, joven Héctor... Si no me deja en paz, llamo a su papá.

HÉCTOR.—¿Y qué vas a ganar con eso? ¿Que te echen a la calle?

En el calor de la lucha han subido demasiado la voz y don Ricardo, el padre de Héctor, aparece por la puerta de la biblioteca con un libro en la mano. Es un hombre de cincuenta y cuatro años, esbelto y robusto, con el gesto endurecido y el tono y los ademanes solemnes de quien se siente satisfecho y seguro de sí mismo. Apenas se le notan las canas, y su piel, todavía fresca, tiene un tinte moreno claro, tirando a cenizo, como si estuviera polveada. Se queda escuchando desde el umbral.

ALICIA.—No es ésta la única casa en donde puedo servir...

HÉCTOR.—Y a poco crees que en las otras casas no va a haber quien te haga el amor...

ALICIA.—Ahora hay harto trabajo en las fábricas.

HÉCTOR.—Y allí tampoco hay jefes... ni patrones... No, chiquita, si en todas partes es igual... Hasta las estrellas de cine tienen que pasar por eso... (*Nuevo intento de besarla.*)

ALICIA.—¡Oh! ¡Que me deje!

DON RICARDO.—¡Héctor!

Deja su libro sobre la mesa, enciende la luz del candil y da unos pasos dentro de la escena. Héctor se aparta de Alicia con aire más bien molesto que apenado. Ella está furiosa, avergonzada, temblando, a punto de llorar.

¡Héctor, ven aquí!

Él no se mueve. Después de un momento, Alicia tomando una decisión, baja del mezanín y viene hacia don Ricardo.

ALICIA.—Lo siento mucho, señor. Voy a alzar mis cosas para irme. (*Va a retirarse, pero don Ricardo la detiene.*)

DON RICARDO.—No, eso lo arreglarás más tarde con la señora. Sabes muy bien que pasado mañana es el matrimonio civil de la señorita Beatriz y no vamos a quedarnos sin servicio.

ALICIA.—Es que... Yo quería explicarle a usted...

DON RICARDO.—No tienes nada que explicarme. Lo he visto todo. Y te aseguro que esto no se va a volver a repetir. Puedes retirarte.

Con ademán violento, Alicia se retira por el comedor, don Ricardo se queda mirando fijamente a Héctor. Éste coge su paquete, desciende los escalones y se dirige lentamente, con la cabeza baja, hacia el vestíbulo.

DON RICARDO.—¿Adónde vas?

HÉCTOR (*Deteniéndose, sin mirar a don Ricardo*).—Tengo una cita con un amigo. Ya se me hizo tarde.

DON RICARDO.—¡Naturalmente! ¡Se te hizo tarde! ¿Eso es todo lo que se te ocurre decir?

HÉCTOR.—¿Qué otra cosa quieres que diga, papá? No tengo nada qué decir.

DON RICARDO.—¡Ah! ¿No? Pues yo sí tengo algo que decirte a ti. Hazme el favor de sentarte. (*Le indica el sillón del centro.*)

HÉCTOR.—Te digo que se me hace tarde, papá.

DON RICARDO.—No me importa. Siéntate allí.

De mala gana, Héctor va a sentarse donde le indica, siempre llevando su paquete en las manos. Don Ricardo espera a que se siente. Luego da unos pasos sin saber cómo empezar su discurso. Al fin queda frente a Héctor, y lo mira fijamente.

DON RICARDO.—¿Qué llevas en ese paquete?

HÉCTOR.—Son mis patines.

DON RICARDO.—¿Tus patines? ¿Acaso vas a patinar?

HÉCTOR.—No, papá. Iba yo a hacer un cambalache.

DON RICARDO (*Paseando*).—¡Un cambalache! ¡Un cambalache! ¡Siempre estás haciendo cambalaches!

HÉCTOR.—¿Y qué voy a hacer con ellos, si ya no los uso?

DON RICARDO (*Se detiene. Ha agarrado la coyuntura que necesitaba*).—No. Es verdad. Ya no eres un chiquillo. Ya eres todo un hombrecito. Precisamente por eso quiero hablarte de hombre a hombre... Como un amigo... (*Se acerca a él y le pone la mano sobre el hombro.*) Eso que haces no está bien. Faltas al respeto a tu casa, a tu familia... y te degradas tú mismo al ponerte al tú por tú con una prieta mugrosa de éstas... Si el mundo está lleno de mujeres... blancas... bonitas... limpias... Toda clase de mujeres que tú puedes llegar a tener con sólo proponértelo...

HÉCTOR (*Bajo, tímidamente*).—A mí me gusta ésta...

DON RICARDO (*Reacciona ante el cinismo de Héctor y se aparta, pero se domina y continúa*).—A tu edad los muchachos no saben todavía lo que les gusta. Lo que quieren es una mujer y no se fijan en pelos ni señales. Es la época en que corren detrás de una escoba con faldas. Se agarran de lo más fácil, de lo más rápido. Por eso casi todos los muchachos mexicanos nos hemos iniciado con estas indias piojosas, sin medir las consecuencias. Pero te aseguro que la mayor parte lo hemos tenido que lamentar el resto de nuestra vida. (*Héctor lo mira con asombro.*) Sí, no debe asombrarte. Yo no podía ser la excepción, sustraerme al ambiente, a las circunstancias...

Va a sentarse al sofá, junto a Héctor. Durante el parlamenteo siguiente, Carmela, la esposa de don Ricardo, desciende por la escalera de las habitaciones y va bajando al salón, pero al darse cuenta de lo que hablan don Ricardo y Héctor, se queda en el mezanín escuchando desde el barandal. Ellos no la advierten. En Carmela, de cuarenta y cinco años, se notan las huellas de algún oculto y largo sufrimiento. Se la siente encogida, más bien que delgada, y sus negros y profundos ojos languidecen bajo el peso de una vaga nostalgia. En su fisonomía se advierte aún la clásica belleza de la mestiza mexicana, de la que tiene el color de la piel dorada por el sol.

Escúchame: Y conste que eres la primera persona en el mundo a quien voy a confiar este secreto. Tendría yo tu edad o poco más cuando se me metió en la cabeza la misma chifladura que a ti ahora. Al cabo de un tiempo, me enteré con terror de que la muchacha estaba encinta. Lo que sufrí en esos días no puedo explicártelo. El miedo constante de que mis padres se enteraran, el saber que iba yo a ser padre del hijo de una criada... Pero eso no fue nada en comparación con lo que siguió después... Mis padres, naturalmente, se dieron cuenta de lo que pasaba. Sin decirme nada, me mandaron a Oaxaca. Y cuando regresé, la criada había desaparecido. Nunca más volví a saber de ella ni de su hijo. Pero desde entonces, y hasta hoy, no he podido librarme nunca de la angustia de pensar que con cualquier hombre que tropiece yo en la calle, en la oficina, en cualquier parte, puede ser mi hijo.

HÉCTOR.—¿Por qué no una muchacha? ¿La misma Alicia, por ejemplo?

DON RICARDO.—¡Tienes razón! ¿Por qué no? ¡Cualquiera! Claro que en el caso de Alicia no es posible, porque su edad no corresponde a la época en que sucedió esto. Además, conocemos a su madre. Pero cualquiera otra, ¿por qué no? Y éste es un sufrimiento del que tú no tienes la menor idea y del que ningún hombre de conciencia y bien nacido puede librarse. Entre otras razones muy importantes, para evitar que la historia se repitiera, fue por lo que mandé a tu hermano Jorge a estudiar en los Estados Unidos, y por lo que tú te vas allá también cuanto antes.

Héctor.—¿Crees que Jorge no sería capaz de hacer lo mismo si le gustara la muchacha?

Don Ricardo.—Estoy seguro. Tres años en los Estados Unidos hacen ver a nuestras prietitas de modo muy distinto.

Héctor sonríe con escepticismo.

Y ahora que le he puesto su negocio y que se codea con hombres de empresa y con mujeres de mundo, ni pensarlo.

Pausa corta.

Héctor.—Yo no quiero ir a los Estados Unidos. No tengo ganas de estudiar.

Don Ricardo.—¿Qué es lo que quieres hacer entonces?

Héctor.—Quiero trabajar. Ganar dinero.

Don Ricardo.—Todavía estás muy joven. Hasta ahora no te falta nada de lo que necesitas.

Héctor.—Ya ves que sí...

Don Ricardo (*Se desconcierta, pero se domina y se levanta para disimular*).—Bueno... Ya hablaremos de eso. Por lo pronto, es necesario que me prometas que no vas a volver a meterte con Alicia ni con ninguna otra criada.

Héctor (*Sin prometerlo, se levanta aliviado*).—¿Ya puedo irme entonces?

Don Ricardo.—¿Por qué tanta prisa? ¿Adónde vas?

Héctor.—Ya te dije que tenía una cita con un amigo... El del cambalache.

Don Ricardo.—Puedes dejarlo para otro día. Nunca estás en tu casa. Dentro de un rato vendrá tu hermana y supongo que estarás enterado de su casamiento...

Héctor.—Bueno... Después de todo, puede que ya no sea tiempo de ir. Bajaré cuando ella llegue.

Se dirige a la escalera a través del mezanín, llevándose su paquete. Su madre lo sigue con la vista. Al volverse, don Ricardo se da cuenta de la presencia de ella.

DON RICARDO.—¿Ah? ¿Estabas allí?
CARMELA.—Sí. (*Se dispone a bajar del mezanín.*)
DON RICARDO.—¿Oíste lo que le dije a Héctor?
CARMELA.—Sí.

Viene a sentarse a la izquierda del sofá. Don Ricardo, ligeramente cohibido, se aparta a la derecha. Luego se vuelve.

DON RICARDO.—Bien... Eso me evita la pena de darte una explicación... por lo demás, muy molesta...
CARMELA.—Nunca me habías dicho nada, Ricardo.
DON RICARDO.—No es fácil decir esas cosas... Hasta hoy no había encontrado la forma... la oportunidad... Además... sucedió hace tanto tiempo... Todavía no nos conocíamos tú y yo. Era yo apenas un estudiante de Leyes. Tal vez eso contribuyó a que no terminara la carrera.

Pausa. Ella se queda mirando fijamente delante de sí. Él la observa y se acerca a ella.

Espero que eso no vaya a ser motivo de ningún disgusto entre nosotros, Carmela.
CARMELA (*Como si despertara*).—No, no.. es que enterarse de algo... así... tan repentinamente... Me ha hecho pensar en tantas cosas... No sé... Me ha llenado de confusiones...
DON RICARDO (*Se sienta junto a ella, afectuoso*).—A ver, a ver... Vamos a ver qué confusiones son ésas...
CARMELA.—Muchas... Tantos recuerdos dormidos que despiertan de pronto... tantas ideas, tantas emociones encontradas... Ese hijo tuyo...
DON RICARDO.—Bueno... Es una suposición... En realidad no sé si existe. Pudo no haber nacido... Pudo haber muerto... Lo espantoso es precisamente no saberlo... Pensar que puede existir... estar cerca de mí... necesitarme tal vez... y no saber nada... no poder hacer nada... Es una pena que no le deseo a nadie, y a mis hijos menos que a nadie. Es lo que traté de hacerle entender a Héctor.
CARMELA.—Lo malo con Héctor es que lo consientes demasiado, Ricardo. Sabe que estás orgulloso de él, que lo prefieres a sus hermanos, que todo lo que dice y todo lo que hace te parece maravilloso, y

naturalmente se ha vuelto malcriado y se permite toda clase de liber-
tades...

Don Ricardo (*Se levanta y camina a la derecha. Luego se vuelve*).—No
sé por qué dices que lo prefiero a sus hermanos. ¿Acaso Jorge no ha
tenido todo lo que ha querido? ¿No le di todo el dinero disponible
que tenía y hasta el de algunos de mis amigos para que pusiera ese
negocio de producción de películas que quería poner? ¿Acaso omití
esfuerzo para que Beatriz fuera al colegio adonde van todas las muchachas aristócratas de México, y para que siguiera frecuentando, a
su regreso, los círculos más elegantes y distinguidos? Gracias a eso va
a hacer el matrimonio que va a hacer.

Carmela (*Se levanta y va hacia él*).—No se trata de lo que hagas por
ellos materialmente, sino de tu afecto, de tu cariño, de todas esas pequeñas cosas aparentemente insignificantes que a Héctor le das a manos llenas y a los otros les niegas.

Don Ricardo.—No entiendo qué cosas pueden ser ésas...

Carmela (*Se vuelve hacia la izquierda*).—Claro, tú no te das cuenta.
El tono en que les hablas... la manera de mirarlos... los reproches para unos y los elogios para el otro...

Don Ricardo.—A todos les hago reproches. ¡Naturalmente! Si son
mis hijos. ¿No acabo de regañar a Héctor aquí mismo, delante de ti?

Carmela.—A Héctor, hasta cuando lo regañas, lo distingues de sus
hermanos por la ternura, por el interés con que lo haces.

Don Ricardo.—Y en cuanto a elogiarlo.. ¿Qué culpa tengo yo que
Héctor sea más inteligente, más listo que sus hermanos?

Carmela (*Dolida, vuelve a sentarse en el sofá*).—¿Lo ves?

Don Ricardo.—Te lo repito, Carmela. ¿Qué culpa tengo yo? Ese
muchacho tiene iniciativa, es independiente, orgulloso. Le gusta resolver él solo sus problemas, en lugar de venir a llorar para que se los
resuelvan.

*Vuelve a sentarse junto a ella. Habla con visible delectación, recreándose en
las cualidades de su hijo.*

¿Te acuerdas, hace cinco años, cuando él era apenas un mocoso de
doce, de aquella plaga de chiquillos que se soltaba todos los sábados
en las paradas de los tranvías pidiendo a los pasajeros que bajaban el
abono semanal que ya no iban a utilizar, para luego vendérselo a los
que subían? Fue Héctor el que inventó el negocio y el primero que lo
puso en práctica sin decir una palabra a nadie. Luego lo copiaron to-

dos los demás. Y así ha sabido ingeniarse siempre para ganar su dine-
rito, con sus "cambalaches", como él dice.

Se oye sonar el timbre de la puerta.

CARMELA (*Se levanta y va hacia la chimenea, dando la espalda a don
Ricardo*).—No estás haciendo más que darme la razón. Aprovechas
cualquier oportunidad para alabar a Héctor. Y eso humilla a sus hermanos y me humilla a mí. Me ha humillado siempre...

DON RICARDO (*Se levanta, va hacia ella y tomándola por los hombros, la
hace volverse hacia él, al tiempo que Alicia cruza del comedor al vestíbulo*).—
Le estás dando demasiada iportancia a una cosa que no la tiene. Lo
que pasa es que te ha puesto nerviosa el matrimonio de tu hija. Es
natural... A todas las madres les sucede lo mismo... Además, estás cansada... Tanto ajetreo... Las preocupaciones...

ALICIA (*Apareciendo por el vestíbulo*).—El señor Torres lo busca a usted, señor.

DON RICARDO (*Se vuelve, extrañado. Va hacia el centro, por detrás del
sofá*).—¿El señor Torres? Habrá preguntado por el señor Torres... El
señor Torres soy yo.

ALICIA.—No señor. Dice que es el señor Torres de los Laboratorios
Zeyer.

DON RICARDO.—Pues da la casualidad de que el señor Torres de los
Laboratorios Zeyer soy yo... En fin... Dile que pase. (*Va hacia Carmela
que ha caminado hasta la parte de atrás del sofá, y le hace un cariño en el
mentón.*) Volveremos a tratar este asunto porque no quiero que te
quedes con las ideas que te han metido en la cabeza. ¡Ah! Y será bueno que convenzas a Alicia de que se quede. Sería una gran complicación que se fuera precisamente ahora.

*Manuel Torres está ya en la puerta del vestíbulo. Es un joven de treinta y dos
años, agradable tipo de mestizo, culto, activo, serio y enérgico. Saluda desde
la puerta, mientras Alicia atraviesa la escena y hace mutis por el comedor.*

MANUEL.—Buenas noches.

DON RICARDO (*Se vuelve y lo observa un instante con excesivo interés,
pero reacciona en seguida y adopta una actitud cordial*).—Buenas noches.
¿Usted es el señor Torres de los Laboratorios Zeyer?

MANUEL.—Sí, señor. Manuel Torres, a sus órdenes. Soy el químico
responsable.

DON RICARDO.—¡Ah, sí, sí! Es verdad. Ya me habían hablado de usted. Pase a sentarse, ingeniero. (*Presentando.*) Mi señora.

MANUEL (*Desde donde está*).—Para servirla, señora.

CARMELA.—Mucho gusto. Con permiso. (*A don Ricardo, más bajo.*) Voy a hablar de una vez con Alicia.

DON RICARDO.—Sí, anda.

Carmela hace mutis por el comedor. Don Ricardo la ve irse y luego se vuelve a Manuel.

Si no me equivoco, usted es el que me organizó un sindicatito en los laboratorios...

MANUEL.—No, señor. Lo organizaron mis compañeros y me nombraron su dirigente. Naturalmente, yo acepté.

DON RICARDO.—Bien, bien. Y dígame... ¿Por qué se llama usted Torres?

MANUEL (*Se desconcierta y ríe de lo que considera una broma*).—Pues... porque es el nombre de mi familia.

DON RICARDO (*Ríe también*).—Sí, sí, claro.

MANUEL.—No deja de ser una coincidencia que yo tenga el mismo nombre que usted. Pero, después de todo, Torres es un apellido tan común...

DON RICARDO (*Un poco molesto, pero fingiendo bromear*).—En realidad yo no soy Torres a secas. Yo soy Torres Flores. Cuando tiene uno dos apellidos comunes, lo mejor que puede hacer es juntarlos y convertirlos en uno singular. Le doy ese consejo.

MANUEL (*Riendo*).—Gracias, señor Torres Flores.

DON RICARDO.—Vamos a ver... En su caso por ejemplo... ¿Cuál es su segundo apellido?

MANUEL (*Titubea por lo inesperado de la pregunta*).—¿Cómo?... ¡Ah, sí! Mmmm... Martínez...

DON RICARDO.—Ahí lo tiene usted... Torres Martínez... No suena mal.

Ambos ríen.

Bien, ingeniero. Siéntese y dígame qué lo ha traído por aquí.

MANUEL (*Cruzando hacia el sofá*).—Tengo interés en hablar con usted sobre la organización y el funcionamiento de los laboratorios.

DON RICARDO (*Bajando al primer término*).—Usted sabe que yo no me ocupo personalmente de eso. La dirección del Banco Hispano-Americano absorbe todo mi tiempo.

MANUEL.—Pero siendo usted prácticamente el dueño de los laboratorios...

DON RICARDO.—¡Nada de eso! Tengo invertido allí un poco de dinero y nada más. Mi socio, don Daniel Zeyer, es la autoridad técnica y administrativa del negocio.

MANUEL.—Justamente por eso he venido a verlo. Tengo la seguridad de que su negocio —porque yo sé que usted es propietario de más del cincuenta por ciento de las acciones— no esá en buenas manos.

DON RICARDO (*Reacciona desagradablemente, pero disimula, y mostrándose más interesado va a sentarse en el sillón de la derecha. Manuel lo hace en el sofá*).—¿Tiene usted algún motivo concreto para hacer esta afirmación?

MANUEL.—Le ruego, ante todo, que entienda que vengo a hablarle como dirigente del sindicato. A los trabajadores nos interesa el progreso de las industrias en que trabajamos, porque de ello depende nuestro propio progreso.

DON RICARDO.—Sí, sí, pero... ¿qué cargo concreto tiene usted que hacerle a don Daniel?

MANUEL.—Creo que en manos del señor Zeyer no van a progresar los laboratorios, porque el señor Zeyer no es un técnico y desconoce las inmensas posibilidades de esa industria.

DON RICARDO.—El negocio ha venido marchando... Y en realidad, rinde muy apreciables utilidades. Tanto, que el señor Zeyer me ha propuesto comprarme mi parte en términos muy ventajosos para mí...

MANUEL.—Y usted se ha negado a vendérsela...

DON RICARDO.—Naturalmente...

MANUEL.—Ha hecho usted bien. El señor Zeyer es un buen comerciante. Pero el comercio, entendido así, como una mera habilidad para obtener provecho de los demás haciéndoles creer que se les presta un servicio, nunca puede conducir a un fin satisfactorio.

DON RICARDO (*Se levanta y cruza hacia la chimenea*).—Yo quisiera que se explicara usted con mayor claridad.

MANUEL.—Los laboratorios están rindiendo utilidades porque estamos usando materias primas importadas, de baja calidad, y el producto se vende como de primera, al amparo de las tarifas aduanales; pero con el tiempo no podremos soportar la competencia de todos los buenos productos extranjeros que hay en el mercado, de los que los nuestros resultan una burda imitación. Y en cambio, estamos desperdiciando lamentablemente un sinnúmero de materias primas que se encuentran en abundancia en la naturaleza de México, con las que podríamos llegar a fabricar productos originales, muy superiores a los extranjeros.

DON RICARDO.—¿Le ha explicado usted eso al señor Zeyer?

MANUEL.—Tengo un proyecto escrito que se ha negado a leer. No quiere saber nada que signifique innovación o experimento y menos si viene de alguno de nosotros. Ése es otro punto del que quería hablarle. El trato que el señor Zeyer da a los trabajadores no es digno ni humano. Ha llegado a decirnos que todos los extranjeros saben muy bien que a los mexicanos hay que gritarnos para hacernos entrar en razón. Los muchachos se resienten, como es natural, y eso puede dar lugar a un conflicto el día menos pensado.

DON RICARDO (*Se sienta en el sillón de la izquierda*).—¿Tiene usted alguna proposición que hacerme para resolver estos problemas?

MANUEL.—He venido a ofrecer a usted la colaboración y la amistad de los trabajadores. Yo le respondo de que los laboratorios llegarán a alcanzar un auge no imaginado el día que pueda prescindirse de la intervención del señor Zeyer.

DON RICARDO (*Se levanta divertido y escandalizado a un tiempo y cruza hacia la derecha*).—¡Imposible! ¡Lo que usted me propone es sencillamente absurdo! Yo no entiendo nada del negocio ni tengo tiempo de ocuparme de él. ¿En quién voy a confiar? ¿En usted? Yo no dudo que usted sea un químico excelente... Pero... ¿qué experiencia comercial tiene usted?

MANUEL.—Si logramos fabricar buenos productos, tendrán que imponerse por sí mismos.

DON RICARDO.—No cabe duda de que es usted un romántico, ingeniero. Eso de que "el buen paño en el arca se vende", es una teoría tan anticuada como los cuentos de *Las mil y una noches*. En esta época de lo que se trata es de vender el mal paño a como dé lugar. Estamos en la era de los merolicos y el éxito es el del que pueda gritar más fuerte, durante más tiempo. Para eso se han inventado los altavoces, el radio y la televisión...

Manuel va a replicar, pero él le interrumpe.

Por otra parte, acá entre nosotros, como mexicanos, vamos a confesarnos que efectivamente no somos muy de fiar. Hablamos muy bonito desde la barrera, pero a la hora de la verdad somos indolentes, descuidados, irrresponsables... No, no me diga usted nada. Si no tiene una proposición mejor que hacerme es inútil seguir hablando del asunto.

MANUEL.—En ese caso, señor Torres Flores, me retiro. (*Se levanta.*)

DON RICARDO.—No, no se vaya. De todos modos, me interesa su proyecto. Tráigamelo algún día para verlo. Además, me es usted simpático. Me gustaría charlar con usted de otras cosas.

MANUEL.—Se lo agradezco, don Ricardo. Con mucho gusto.

DON RICARDO (*Cruza hacia la chimenea*).—Supongo que no será indiscreto preguntarle... ¿Viven sus padres?

MANUEL (*Ríe evadiendo la respuesta*).—No veo qué relación pueda tener...

DON RICARDO.—No tiene importancia. Es una simple curiosidad. Si no quiere, no me conteste.

MANUEL.—¿Por qué no? Mi madre solamente.

DON RICARDO (*Midiendo sus preguntas*).—Su familia... es de aquí... ¿de la capital?

MANUEL.—No, del estado de Hidalgo.

DON RICARDO.—¿Su padre... murió hace mucho tiempo?

MANUEL.—Sí... mucho... Yo era muy niño todavía.

DON RICARDO.—Pero... ¿usted lo conoció?

MANUEL (*Duda un segundo*).—Sí... naturalmente...

DON RICARDO (*No muy satisfecho*).—Vaya, vaya... (*Cavila un instante. Se oye cerrar la puerta exterior del vestíbulo y la risa de Beatriz. Don Ricardo reacciona y pasa por detrás del sofá para salir al encuentro de su hija.*) Aquí está ya mi hija.

Manuel se aparta hacia la chimenea y enciende un cigarro. Aparece Beatriz por el vestíbulo, guardando las llaves en su bolso. Tiene veintidós años. Es la muchacha rica, despreocupada y desenvuelta, un poco esnob y un tanto cínica. No se podría decir si su color, más claro que el de su madre, pero más oscuro que el de su padre, es el natural de su piel o el resultado de los deportes al aire libre. La sigue Carlos, su novio, cargado de paquetes que va a dejar sobre el piano mientras ella besa a don Ricardo. Él es el típico "muchacho bien" cosmopolita, fino de facciones y de modales, de estudiada elegancia dentro de un aparente descuido en el vestir y una laxitud de movimientos calcada del último duque de Windsor.

¡Muchachos! ¡Pero qué cargamento!

BEATRIZ.—Son las invitaciones que pasamos a recoger. El shower en casa de la Yoyis fue de utensilios de cocina. El coche viene cargado de paquetes hasta el techo.

DON RICARDO.—Dile a Alicia que los suba.

BEATRIZ.—Ya los está metiendo el chofer de Carlos por el garaje.

Repara en Manuel y se le queda mirando con evidente simpatía que es correspondida. Pausa.

Don Ricardo.—El señor es el químico de los laboratorios, don Manuel Torres.

Beatriz (*Va hacia él, tendiéndole la mano*).—Mucho gusto, señor Torres. No sabía que fuera usted tocayo nuestro.

Don Ricardo.—Y éste es mi futuro yerno, el señor Carlos Ahumada. (*Le pasa la mano por el hombro a Carlos que ha estado desenvolviendo una caja de invitaciones, y se adelante con él.*)

Carlos.—Mucho gusto.

Manuel (*Al mismo tiempo, desde su lugar*).—Mucho gusto.

Beatriz (*A Manuel*).—Un futuro muy próximo, porque ya sabrá usted que nos casamos pasado mañana por lo civil.

Manuel.—Permítame felicitarla.

Beatriz.—Espero que nos hará el favor de venir a acompañarnos...

Manuel.—Con mucho gusto, señorita.

En este momento, aparece Carmela por el comedor. Carlos le sale al encuentro, detrás del sofá.

Carlos.—Buenas noches, señora. ¿Cómo está usted?

Beatriz (*Subiendo, por la izquierda del sofá para besar a Carmela*).—¡Mammy!

Carmela.—Muy bien, Carlos, muchas gracias. (*A Beatriz.*) Ya vi que te fue muy bien en el shower.

Beatriz.—¡Estuvo brutal!

Carlos (*Reconviniéndola amablemente*).—Beatriz...

Ella se cohíbe y le sonríe. Carlos saca una invitación de la caja que ya ha acabado de abrir y la muestra a Carmela.

Éstas son las invitaciones para el religioso. Quedaron muy bonitas.

Carmela.—Preciosas... Y muy finas...

Beatriz.—¿Cómo dijeron que eran? ¡Ah, sí! A la plancha.

Carlos (*Siempre muy amable*).—No, Beatriz. A la plancha fueron los langostinos que comimos el otro día en el restorán. Esto es grabado en plancha de acero.

Beatriz.—¡Ah, sí! Perdóname...

Don Ricardo va a ir a verlas, pero Manuel cruza en ese momento hacia él, tendiéndole la mano.

MANUEL.—Con su permiso, don Ricardo. Tengo que irme.

DON RICARDO.—Espere usted. Vamos a tomar un trago a la salud de los novios.

MANUEL.—Muchas gracias, pero...

DON RICARDO.—Beatriz, dile a Alicia que nos traiga un high-ball.

BEATRIZ.—Sí, papá.

CARMELA.—Ya le dije yo que lo sirviera.

DON RICARDO (*Cruzando hacia el grupo, atrás del sofá*).—Siéntense. Y déjenme ver esas invitaciones.

Carlos le pasa la invitación y va a dejar la caja sobre el piano. Carmela baja por la izquierda y se sienta en el extremo de ese lado del sofá. Beatriz viene a sentarse en el sillón de la derecha y Carlos en el brazo izquierdo del mismo sillón. Don Ricardo cruza hacia la chimenea leyendo la invitación.

En efecto... muy bonitas... Pero me parece que están un poco retrasadas. Ya deberían estarse repartiendo.

CARLOS.—Faltan ocho días para la ceremonia religiosa. Mañana yo mismo voy a rotular los sobres y a ponerlas en el correo. Ya tenemos las listas completas. (*Saca unos papeles de la bolsa de la cartera.*)

DON RICARDO (*Dejando la invitación sobre la chimenea*).—A ver, a ver... Me gustaría oír los nombres.

BEATRIZ (*Se vuelve hacia Manuel y le indica el sofá*).—Venga, señor Torres. Siéntese aquí.

MANUEL (*Yendo a sentarse a la derecha del sofá*).—Gracias.

CARLOS (*Revisa la lista y saca un lapicero con el que tacha un nombre*).—Había yo puesto a los Mena, pero no están ahora en México.

DON RICARDO.—¡Qué lástima! Con las ganas que tenía de conocerlos... Supongo que habrán puesto a los Pérez Rivas...

CARLOS.—A todos ellos. Siendo mis parientes, no podían faltar.

DON RICARDO.—Yo he tratado a algunos. En el terreno de los negocios, claro. Por el Banco... Pero hasta ahora voy a tener el gusto de alternar con ellos socialmente.

CARMELA (*A Beatriz*).—Y no se te vaya a olvidar poner a tu tía Conchis.

BEATRIZ.—¡Ay, mamá! Si es una lata...

CARMELA.—Pero es tu tía. No vas a dejar de invitar a tus parientes y a casarte en medio de puros extraños.

DON RICARDO (*En tono de discreta reconvención*).—No debes llamar extraños a los familiares y a los amigos de Carlos. Después de todo, va a ser nuestro yerno.

CARMELA.—Pero ésa no es una razón para que se discrimine a nuestra familia.

BEATRIZ.—No, mamacita, si nadie la está discriminando. (*A Carlos, tímidamente.*) ¿Me quieres hacer el favor de ponerla?

CARLOS (*De no muy buen grado*).—Cómo no... Si tú quieres...

Lo hace. Aparece Alicia por el comedor con los ingredientes para el high-ball en una charola que viene a colocar sobre la mesita que está enfrente del sofá. Don Ricardo se acerca y se dispone a servir.

DON RICARDO.—Bueno, aquí está ya el whisky. (*A Alicia.*) ¿Trajiste agua natural?

ALICIA.—Sí, señor. Aquí está. (*Se va por el comedor.*)

DON RICARDO (*Sirviendo*).—A Carlos no le gusta el whisky con soda.

CARLOS (*Fingiendo bromear*).—No, es más británico con agua natural.

DON RICARDO.—Y sin hielo, además. Leí el otro día que la Cámara de los Lores le dio una reprimenda al Ministro de Turismo porque recomendó a los hoteleros que les sirviera a los americanos el high-ball con hielo. "Tenemos que aprovechar su paso por Inglaterra para educarlos", le dijeron.

Risas ligeras.

Pero qué quiere usted... Yo todavía no soy tan refinado.

CARLOS (*Con pedantería*).—Es una simple cuestión de costumbre.

DON RICARDO (*A Carmela*).—¿Tú no tomas, verdad?

CARMELA.—No. No he podido acabar de encontrarle el gusto a eso. Me parece que sabe a yodo.

DON RICARDO (*En tono de reproche*).—Al menos, no deberías decirlo. (*Les pasa sus vasos a Beatriz, a Carlos y a Manuel que se levantan para recibirlos. Él mismo toma uno y deja otro servido para Héctor.*)

CARLOS.—Gracias.

MANUEL.—Gracias, don Ricardo.

DON RICARDO.—Bueno... A la salud de los novios.

BEATRIZ (*Con coquetería*).—Y por usted, señor Torres.

MANUEL.—Felicidades, señorita.

CARLOS (*Al mismo tiempo*).—Salud.

Mientras beben, baja Héctor con una pistola escuadra en las manos. Se detiene en el segundo escalón y mete una bala en la recámara. Beatriz es la primera en darse cuenta y grita:

BEATRIZ.—¡Héctor!

DON RICARDO.—¡Muchacho! (*Le sale al encuentro por la izquierda.*) ¿Qué andas haciendo con esa pistola? ¿De dónde la sacaste?

HÉCTOR (*Sencillamente*).—Del cajón de tu escritorio.

DON RICARDO.—¡Ah! Es mi pistola. ¿Vas a hacer otro cambalache con ella?

HÉCTOR.—La saqué para limpiarla. El día que se necesite no va a servir para nada.

DON RICARDO.—Hazme el favor de ir a dejarla inmediatamente de donde la tomaste.

HÉCTOR (*Yéndose por la biblioteca*).—Eso es precisamente lo que iba yo a hacer.

DON RICARDO.—¡Este muchacho! ¡Siempre tan inquieto! (*Vuelve a tomar su vaso que había dejado sobre la chimenea.*)

CARMELA.—Si alguna vez lo regañaras de verdad... en serio...

BEATRIZ.—¡Me dio un susto! Creí que iba a disparar sobre alguien.

CARLOS.—¿Por qué iba a hacerlo? Solamente que estuviera loco.

BEATRIZ.—Está bastante loco el pobre, no creas.

HÉCTOR (*Apareciendo por la biblioteca*).—¿No hay un high-ball para mí?

DON RICARDO.—Allí está servido. Tómalo.

Héctor va por su vaso a la mesa y vuelve con él hacia la derecha.

CARMELA.—Podías, al menos, saludar.

HÉCTOR (*Se detiene y se vuelve hacia Carlos*).—¿Qué hay, idiota?

Carlos se ríe.

CARMELA.—¡Héctor!

DON RICARDO (*Al mismo tiempo*).—¡Héctor!

HÉCTOR (*A Manuel*).—¿Cómo le va, señor Torres?

MANUEL.—¡Qué tal, Héctor!

DON RICARDO.—¡Ah! ¿Pero se conocían ustedes?

MANUEL.—Estuvo una vez en los laboratorios con el señor Zeyer. Por cierto que no lo he vuelto a ver por ahí.

HÉCTOR.—No... Fui nada más a darme cuenta de la instalación. (*A don Ricardo.*) Soy el único de tus hijos que se interesa por tus negocios.

DON RICARDO.—Es verdad. Tengo que reconocerlo.

Gesto de desaprobación de Carmela. Don Ricardo se sienta en el sillón de la izquierda. Héctor se va a sentar en la silla de la extrema derecha. Carlos y

Manuel vuelven a sentarse en sus lugares. En este momento se oye cerrar la puerta exterior del vestíbulo.

Debe ser Jorge. Es el único que falta para que la familia esté completa.

Aparece Jorge por el vestíbulo con aire apresurado. Es un muchacho de veinticuatro años, moreno como su hermana, pero muy acicalado y peripuesto. Sus modales y el tono de su voz demuestran suficiencia y pedantería.

JORGE.—Buenas noches a todos. (*Reparando en Manuel.*) Buenas noches.

MANUEL (*Levantándose*).—Buenas noches.

JORGE (*Da una palmada a Carlos y pasa por detrás del sofá sin darle la mano a Manuel*).—Siéntese, siéntese. (*Besa a Carmela en la frente. Ella le hace un cariño en la mano.*) ¿Cómo estás, mamacita?

HÉCTOR (*Desde su lugar*).—¿Quihúbole, negro?

JORGE (*Furioso, va sobre él*).—¡Ya te he dicho mil veces que no quiero que me llames así!

HÉCTOR (*Riéndose*).—Si te lo digo de cariño, imbécil...

JORGE.—Pues no quiero que lo digas ni de cariño.

CARMELA.—¿Y qué clase de lenguaje es ése, Héctor?

HÉCTOR.—Así se usa ahora, mamá.

CARMELA.—Es una costumbre muy fea.

BEATRIZ (*A Manuel*).—Dispense usted, señor Torres.

MANUEL.—¿Por qué? Si me parece muy divertido.

JORGE.—Bueno... Con permiso. Voy a darme un regaderazo. (*Se dirige al mezanín.*)

DON RICARDO.—¿No tomas un high-ball?

JORGE.—Tengo una cena con unos productores y apenas me queda el tiempo justo.

DON RICARDO.—Muchas cenas con productores y con estrellas, y muchos retratos en los periódicos, pero la película no empieza nunca. Llevas más de seis meses...

JORGE.—Es que no encuentro asunto, papá. Todos los escritores son unos burros. No hay manera de que entiendan lo que yo quiero. Tendré que acabar por escribir la historia yo mismo.

DON RICARDO (*Burlón*).—No me digas. ¿Ya también te volviste autor?

JORGE.—Para hacer cine no hace falta ser autor. Lo que importa es entender el cine. (*Con mucha suficiencia.*) ¡Y yo sé lo que es el cine!

DON RICARDO.—¡Vaya! Pues como dicen en las comedias, "ahora lo comprendo todo".

JORGE.—Bueno. Con permiso. (*Sube rápidamente por el mezanín.*)

DON RICARDO.—Es la tercera vez que se baña hoy. En la mañana, a mediodía y ahora. No entiendo cuál es el objeto. A mí me parece que por sucia que sea una persona, no necesita bañarse tantas veces.

HÉCTOR.—Es que cree que así se va a volver blanco.

Mirada fulminante de Carmela.

DON RICARDO.—Tal vez... ¿Por qué no? Hay gente que se vuelve blanca. Fíjate en don Porfirio. Mientras no fue más que "El Indio de La Carbonera", siempre fue bien prieto. Y mira sus retratos blancos y sonrosados de presidente.

HÉCTOR.—Es que los pintores sabían cómo darle gusto...

CARMELA.—No tolero que se burlen de Jorge en esa forma. Después de todo, tiene mi color.

HÉCTOR.—Y el de Beatriz.

BEATRIZ (*Volviéndose a Héctor, desde su asiento*).—Yo no, chiquito. Este color es de Acapulco, para que te lo sepas.

HÉCTOR.—Siii, cooomo noooo...

BEATRIZ.—Y además, es el color que está de moda. En las playas la gente blanca se ve como si estuviera más desnuda.

CARLOS.—Sí... Está de moda entre las rubias... porque en seguida se nota que la piel está nada más tostada por el sol.

Reparando en Carmela y en Manuel, trata de rectificar.

Pero afortunadamente, en México la cuestión del color no representa ningún problema y no tiene ninguna importancia... Hasta en una misma familia hay prietos y güeros, y nadie se fija ni habla de ello.

MANUEL.—Yo creo que lo malo es que no se hable. Porque, por no hablar, se fomentan complejos, antipatías y hasta rencores injustificados. Todavía hay muchos blancos que por el solo hecho de serlo se consideran superiores, y muchos prietos que se sienten deprimidos, avergonzados o resentidos.

DON RICARDO (*Se levanta. Habla en tono doctoral*).—Eso sucede, porque la cuestión tiene de todos modos más importancia de la que queremos darle. El color de nuestra piel es siempre indicio del mayor o menor grado de la mezcla de la sangre. (*Cruza a la derecha.*) Y no porque ninguna de las razas que han entrado en la mezcla sea humanamente superior a la otra; pero no hay que olvidarse de los desastrosos resultados que produce a veces el choque de sangres. Precisamente hace un rato leía yo en este libro la carta que escribió a Felipe II el virrey don Luis de Velasco, unos años después de la conquista, cuando los primeros mestizos comenzaban a crecer y multiplicarse. (*Toma el libro de la mesa de la derecha y cruza hacia la izquierda por detrás del sofá, buscando la página.*) Sí, aquí está. (*Leyendo.*) "Los mestizos aumentan rápidamente y muestran tan malas inclinaciones, tienen tal atrevimiento para la maldad, que ellos son, y no los negros, a quienes debe temerse."

MANUEL (*Se levanta y cruza a la izquierda. Habla natural, sencillamente, en tono de conversación*).—Perdóneme, don Ricardo. Eso fue hace cuatrocientos años. Es natural que del primer encuentro de dos razas opuestas surjan unos hombres desconcertados y desconcertantes, que no pertenecen a ninguna de las dos y que no constituyen todavía, por sí solos, una nueva raza ni una nacionalidad. Pero admitirá usted que en cuatrocientos años la mezcla se ha asentado lo suficiente para producir un tipo de hombre normal y equilibrado que ha venido luchando cada vez con más seguridad y con mayor energía por construir su propia patria.

BEATRIZ (*Se levanta y va hacia él con entusiasmo*).—Muy bien dicho. Estoy enteramente de acuerdo con usted.

MANUEL.—Reconozco, sin embargo, que nos queda una tarea, la más difícil de vencer y la que más daño nos hace.

BEATRIZ.—¿Cuál?

MANUEL.—Todavía no creemos en nosotros mismos. Para convencernos de que valemos más que nuestros compatriotas, de que somos diferentes a ellos, cada uno de nosotros continúa aliándose con el extranjero en contra de sus propios paisanos, es decir, en contra de sí mismo. Eso no es más que un suicidio colectivo, porque México valdrá tanto como valgan los mexicanos y cada mexicano valdrá tanto como los otros mexicanos lo hagan valer. Por el contrario, cada mexicano que menosprecia a sus connacionales, no hace sino restar valor a su propia nacionalidad, es decir, a sí mismo. Y nosotros, aunque no lo reconozcamos, nos menospreciamos unos a otros con tanta más vehemencia cuanto más clara es nuestra piel, porque entonces empezamos a creer que somos efectivamente distintos y excepcionales.

HÉCTOR (*Desde su lugar, divertido*).—Tú eres de ésos, papá.

DON RICARDO.—¿Estás loco? Yo no soy mestizo. ¿De dónde crees tú que sacaste los ojos claros? Mira a mi padre. Criollo puro. Tú lo heredaste a él. Abueleaste, como dicen aquí.

Señala el retrato de la chimenea. Manuel lo mira con una imperceptible sonrisa de conmiseración.

HÉCTOR.—Bueno. En Michoacán y en Jalisco hay indios que tienen los ojos verdes. A veces hasta son güeros.

DON RICARDO (*Molesto*).—Pero nosotros no somos de Michoacán ni de Jalisco. Mi familia es de Oaxaca.

Pausa. Héctor recapacita.

HÉCTOR.—¿Cuántos años tienes, papá?

DON RICARDO.—Cincuenta y cuatro. ¿Por qué?

HÉCTOR (*Calculando*).—Quiere decir... que naciste en el año de... 1898.

DON RICARDO.—Exactamente.

HÉCTOR.—Y tu papá... ¿Cuántos años tendría cuando tú naciste?

DON RICARDO.—No sé... Treinta y tantos...

HÉCTOR.—¿Treinta y cinco?

DON RICARDO.—Es posible...

HÉCTOR (*Sacando la cuenta*).—Noventa y ocho menos treinta y cinco... sesenta... y... tres. Entonces nació en 1863, en plena intervención francesa. A los franceses les gustaban las indias de Oaxaca...

DON RICARDO (*No se le había ocurrido pensar en eso. Se queda un momento suspenso, luego explota*).—¡Eres un imbécil! No sabes lo que estás diciendo...

HÉCTOR (*Sin inmutarse*).—¿Entonces, de dónde saliste prietito?

DON RICARDO.—¿Prietito yo? ¡Habráse oído semejante cosa! (*Atraviesa rápidamente hasta el espejo de la derecha, en el que se mira. Se tranquiliza a sí mismo.*) Prietito yo...

CARMELA (*Que ha estado haciendo gran violencia todo el tiempo, se levanta y estalla*).—¡Héctor! ¡Basta ya de faltarle el respeto a tu padre!

DON RICARDO (*Yendo hasta ella*).—Déjalo, mujer. Está bromeando. ¿No tienes sentido del humor?

CARLOS (*Levantándose, a Beatriz*).—Bueno, Beatriz... ¿Nos vamos al cine?

BEATRIZ (*Sorprendida*).—¿Al cine?

CARLOS (*Haciendo presión*).—¿No te acuerdas que habíamos quedado de ir al "Roble"?

BEATRIZ (*No muy convencida*).—Está bien... Si tú quieres...

CARMELA.—¿No se quedan a cenar entonces?

CARLOS.—Tomaremos cualquier cosa por ahí. Mañana es la presentación de Beatriz con todos mis parientes. Pasado mañana, el matrimonio civil. Después de eso, no creo que Beatriz tenga tiempo de ir al cine. Luego, el viaje de bodas...

BEATRIZ.—A mí no me hace tanta falta ir al cine...

CARLOS (*Molesto, pero condescendiente*).—No, si no tienes ganas...

BEATRIZ (*Reaccionando*).—Sí, sí, cómo no. Entonces hasta luego, mamá. (*La besa.*)

HÉCTOR (*Deja su vaso sobre la mesa de la derecha, se levanta y se va por el mezanín*).—Yo tampoco quiero cenar. Me voy a acostar para levantarme temprano. Buenas noches a todos.

Los tres a un tiempo.

BEATRIZ.—Adiós.

CARLOS.—Hasta mañana, Héctor.

MANUEL.—Buenas noches.

BEATRIZ (*Despidiéndose de Manuel*).—Conste que la invitación es en serio. Lo esperamos pasado mañana.

MANUEL.—Sí, señorita. Muchas gracias.

CARLOS (*Mientras Beatriz cruza hacia don Ricardo, a la derecha*).—Hasta mañana, señora. Buenas noches.

CARMELA.—Buenas noches.

CARLOS (*Dando la mano a Manuel*).—Mucho gusto.

MANUEL.—Buenas noches.

DON RICARDO (*A Beatriz*).—No vuelvan tarde.

CARLOS (*Que cruza hacia él y le da la mano*).—No tenga cuidado, don Ricardo. Antes de las doce estaremos aquí. (*Yendo a coger las invitaciones de encima del piano.*) Me llevo de una vez las invitaciones. (*Se va, tras de Beatriz, por el vestíbulo.*)

MANUEL.—Yo también me retiro, don Ricardo. (*Dando la mano a Carmela.*) Señora, he pasado un rato muy agradable.

CARMELA.—Mucho gusto, señor Torres.

Manuel cruza hacia don Ricardo, a la derecha.

DON RICARDO.—No se olvide de traerme esos proyectos suyos. Me interesa verlos. Y así tendremos oportunidad de volver a platicar.

MANUEL (*Dándole la mano*).—Cuando usted guste, don Ricardo. Yo los tengo listos.

DON RICARDO.—Véngase cualquier tarde de éstas por aquí. Mañana mismo, si quiere... Sí, mañana que mi hija se va a esa cena, tendremos tiempo.

MANUEL.—Perfectamente. Estaré aquí a las siete y media. Muy buenas noches.

Mutis de Manuel por el vestíbulo. Don Ricardo rehuye deliberadamente la mirada que Carmela fija sobre él, toma el libro que había dejado sobre el respaldo del sofá y lo hojea.

CARMELA.—Voy a decir que preparen la cena.

Hace mutis por el comedor. En cuanto ella sale, don Ricardo va rápidamente a verse otra vez en el espejo. Desde allí se vuelve a mirar el cuadro de la chimenea y luego se ve de nuevo en el espejo. Hundido en sus meditaciones, apaga la luz del candil y entra en la biblioteca con el libro entre las manos. Casi inmediatamente, se asoma Héctor por la escalera, trayendo su paquete. Se cerciora de que no hay nadie y se dirige rápidamente hacia el vestíbulo. Cuando está a punto de llegar a la puerta, sale Alicia por el comedor. Héctor se vuelve hacia ella y Alicia se detiene a la expectativa. Héctor habla con mucho sigilo.

HÉCTOR.—¿Qué pasó? ¿Vamos a ser amigos?

ALICIA (*Con voz natural*).—No tengo por qué ser amiga de usted. Yo soy una sirvienta y nada más.

HÉCTOR.—Shhh... Está bien. Pero no vamos a ser enemigos, ¿verdad?

ALICIA.—No soy su enemiga.

HÉCTOR.—Entonces, pico de cera. Como digas que me viste salir, me las vas a pagar.

ALICIA.—Si me lo preguntan, claro que lo digo.

HÉCTOR (*En tono amenazador*).—Como quieras... ¡Pero acuérdate!... ¡Ya sabes lo que te dije!

Se desliza rápidamente hacia el vestíbulo y hace mutis mientras Alicia recoge los vasos que quedaron dispersos y los reúne en la charola, con la que hace mutis por el comedor, por donde, al mismo tiempo, aparece Carmela, quien atraviesa hasta cerca de la puerta de la biblioteca.

CARMELA.—Ya van a servir la cena.

DON RICARDO (*Aparece por la biblioteca y cruza hasta el sofá. Desde allí se vuelve hacia Carmela*).—He estado pensando en lo que hablamos a propósito de Héctor. Me parece que lo mejor será mandarlo inmediatamente a los Estados Unidos.

CARMELA.—¿Qué es lo que piensas remediar con eso?

Don Ricardo.—Sacarlo de este medio, de este ambiente... Que vea el mundo civilizado... Que se libre del complejo de inferioridad de los mexicanos...

Carmela.—Este es el ambiente en que va a vivir. ¿Quieres que regrese como Beatriz y Jorge, desadaptado, extraño, perdido en su propia tierra?

Don Ricardo.—Yo encuentro que Beatriz y Jorge se desenvuelven muy bien...

Carmela.—En lo exterior, sí, demasiado bien. Preferiría yo ver en ellos la discreción, la mesura, el pudor de los muchachos educados en México. Pero interiormente, yo, que soy su madre, sé que sufren.

Don Ricardo (*Sube hacia atrás del sofá*).—Esas son fantasías tuyas...

Carmela (*Le sale al encuentro*).—¡No! ¡No son fantasías. Sólo una madre, como lo soy yo, podía haber visto en sus cartas cuando contaban lo felices que eran y todo lo que se divertían en los Estados Unidos, cómo la tinta se había corrido en alguna parte por las lágrimas que caían sobre el papel mientras escribían.

Don Ricardo (*Preocupado, cruza hacia la derecha*).—¿Alguna vez te han dicho algo?

Carmela.—Nunca. Son demasiado orgullosos para hacerlo. Pero yo sé que regresaron más heridos y más susceptibles de lo que se fueron, tan sólo para encontrar que en su propia casa se les iba a seguir lastimando.

Don Ricardo.—¿Cómo en su propia casa?

Carmela.—¿Pero no te das cuenta cómo hablas delante de ellos? ¿Con qué desdén te refieres siempre a los indios, a los prietos, a los mestizos?

Don Ricardo.—Lo hago sin darle ninguna importancia, justamente porque, como hijos míos que son, no los considero indios, ni prietos, ni mestizos.

Carmela (*Yendo hacia él*).—Pero en el fondo ellos saben que lo son. Como sé yo que lo soy yo misma. Y no me siento menos lastimada que ellos. Verdaderamente, no sé por qué no te casaste con una güera en lugar de casarte conmigo.

Don Ricardo.—Sencillamente, porque me gustaste más que ninguna otra... Porque te quise, como te he seguido queriendo hasta ahora... No veo en qué haya podido lastimarte con eso...

Carmela.—No con eso... sino a pesar de eso...

Don Ricardo.—¿Pero cómo? ¿Cuándo? Dímelo...

Carmela.—Desde el día en que nació Jorge. Esperaba yo ansiosamente el momento en que entraras en mi cuarto para mostrarte a tu primer hijo. Y aunque hiciste todo lo posible por disimularlo, leí en tus ojos la decepción que sufriste al ver su color moreno. Cuando nació Beatriz, tu desilusión fue mayor porque, además, era mujer. (*Se sienta, desolada, en la silla de la derecha del piano.*) Pero nunca me sentí tan humillada como el día en que nació Héctor. Fue el día más desgraciado de mi vida y el más feliz de la tuya. Desde entonces te dedicaste a mimarlo, a distinguirlo, a ponerlo en todo como ejemplo a sus hermanos, tan sólo porque era güerito y tenía los ojos claros.

DON RICARDO.—No puedes reprocharme que lo quiera. Pero te aseguro que estás equivocada. Lo quiero exactamente igual que a Jorge y a Beatriz, y creo haberlo demostrado suficientemente.

CARMELA (*Se levanta y cruza hacia la mesa de la derecha. Queda de espaldas a don Ricardo*).—Tal vez lo has hecho inconscientemente. Pero le has enseñado a despreciarnos a sus hermanos y a mí, sobre todo a causa del color de nuestra piel. Ha acabado por creer que es un ser superior y que nosotros no somos dignos siquiera de considerarnos sus parientes.

DON RICARDO (*La mira un momento, desconcertado*).—Pero... no entiendo cómo puedes tener esa idea de Héctor. No me gustaría pensar que no lo quieres...

CARMELA (*Se vuelve, desafiante*).—¡No! ¡No lo quiero!

Pausa. Don Ricardo se queda viéndola, en suspenso, sin comprender. Ella baja la vista y se sienta en la silla, a la izquierda de la mesa, encogida y asustada de lo que ha dicho, buscando una explicación a su desahogo.

Ha sido causa de muchas penas ocultas, de muchos rencores contenidos, de muchas lágrimas disimuladas...

DON RICARDO.—En ningún momento llegué a pensar que sucediera semejante cosa. Por el contrario, siempre creí que esta era la casa más feliz del mundo. Nada nos ha faltado... Tenemos salud... Hemos prosperado... Nuestros hijos tienen un porvenir brillante... Y en vísperas del matrimonio de nuestra hija, cuando debiéramos estar rebosantes de satisfacción y alegría, me sales con esa revelación absurda.

CARMELA.—Has estado demasiado ocupado con los problemas de la prosperidad, del porvenir y del éxito para darte cuenta de lo que pasaba en el interior de los que te rodean...

En este momento aparece Alicia por la puerta del comedor.

ALICIA.—La cena está servida.

Don Ricardo y Carmela reaccionan como si esa frase los despertara y los volviera a la realidad. Después de un instante, ella se levanta, con cansancio.

CARMELA.—Vamos.

Camina despacio hacia el comedor, seguida de don Ricardo, mientras cae lentamente el

TELÓN

SEGUNDO ACTO

Escena. La misma del primer acto, el día siguiente a las siete de la noche. Al levantarse el telón, Carmela está tejiendo, sentada en el extremo izquierdo del sofá, a la luz de la lámpara. Las otras lámparas están también encendidas. Después de un momento baja Beatriz de las habitaciones, lista para salir. Camina hasta detrás del sofá. Su madre se vuelve para verla.

CARMELA.—¿Te vas ya?

BEATRIZ.—No, tiene que venir Carlos por mí. Falta más de media hora.

CARMELA.—¿Es en casa de Carlos la cena?

BEATRIZ.—Sí. Quieren presentarme con toda su parentela. La verdad es que no tengo ni tantitas ganas de ir.

CARMELA (*Extrañada*).—¿Por qué no? Me figuro que deben de ser gente muy fina.

BEATRIZ (*Se sienta en el respaldo del sofá*).—Demasiado fina. Los que conozco son tan estirados... tan ceremoniosos...

CARMELA.—Los papás de Carlos me parecieron muy amables.

BEATRIZ.—Todos son amables. Pero es una amabilidad que ofende. Se creen tan superiores... Siempre parece que le están haciendo a una el favor de dirigirle la palabra. Yo me siento cohibida y me entran unas ganas horribles de tirar las copas... de manchar el mantel... de comer con las manos...

CARMELA (*Sorprendida*).—¿Pero cómo es eso, Beatriz? Tú que siempre has sido tan cuidadosa, tan educada...

BEATRIZ (*Se levanta, deja el abrigo y la bolsa sobre el respaldo del sofá y camina hacia la derecha, primer término*).—No sé por qué. Nada más entre esa gente me sucede. Es que me siento observada, vigilada como un ser extraño que hubiera caído de pronto entre los habitantes de otro planeta.

CARMELA.—Yo creo que exageras. Es verdad que ellos pertenecen a una familia de muy rancia aristocracia...

BEATRIZ (*Volviéndose a ella*).—Eso es precisamente lo que no entiendo. Descienden de no sé qué personaje de la Independencia, o de la Reforma, o de la Revolución... No estoy segura... (*Vuelve a caminar hacia atrás del sofá. Habla con mucha ironía.*) Fue un hombre humilde que peleó en su época por el pueblo, por los hombres iguales a él. Y ahora los descendientes, al mismo tiempo que están muy orgullosos de su antepasado, desprecian al pueblo por el que él peleó y no consideran dignos de alternar con ellos más que a los aristócratas de París... de Biarritz... y de la "Côte d'Azur"...

CARMELA (*Se levanta y sale al encuentro de Beatriz por la izquierda del sofá. La toma de la barbilla y la observa un momento*).—Dime, Beatriz... ¿No será que no quieres a Carlos?

BEATRIZ (*Sin mucha convicción*).—Él es muy bueno conmigo... muy condescendiente... A veces quisiera que no lo fuera tanto... o, al menos, que no me lo hiciera sentir.

Se oye sonar el timbre de la puerta.

CARMELA (*Toma a Beatriz por los hombros. Con firmeza*).—Piénsalo bien. Todavía tienes tiempo. Si no estás enamorada... Si dudas del amor de Carlos... nada te obliga a comprometer tu felicidad para toda la vida...

Alicia cruza del comedor al vestíbulo.

BEATRIZ (*Camina, pensativa, hacia la derecha. De pronto, como rechazando una idea sombría, se vuelve hacia su madre con exagerada alegría*).— ¡Qué absurdo! ¡Si yo adoro a Carlos y estoy segura de que él me quiere. Mañana a estas horas estaremos firmando el acta matrimonial y vamos a ser la pareja más feliz del mundo.

CARMELA (*Desconcertada, tratando de leer en el corazón de su hija*).—Pero lo que acabas de decirme...

BEATRIZ (*Yendo hacia Carmela*).—Puras tonterías, mammy... Todo el mundo tiene algo criticable... Y ya sabes que a mí me gusta manejar las tijeras... (*Le hace un cariño en la mejilla.*) Ni siquiera vale la pena hablar de eso. Voy a leer un rato mientras viene Carlos.

Se dirige a la biblioteca y se tropieza con Héctor que aparece por el vestíbulo con un paquete semejante al que sacó en el primer acto.

HÉCTOR.—¿Quihúbole, changuita?

BEATRIZ (*Furiosa*).—¡Oye, mocoso! A mí no me vengas con tus majaderías. Yo no me meto para nada contigo y no quiero que tú te metas conmigo.

Cruza hacia la puerta de la biblioteca y se vuelve a las palabras de Héctor, en actitud arisca.

HÉCTOR.—¡Újule...! Pues qué susceptibles se me han vuelto todos en esta casa...

CARMELA (*Enérgica*).—¡Héctor! ¡Ven aquí!

Él se acerca despacio, cohibido, al centro de la escena.

De una vez por todas, quiero que sepas que no voy a seguir tolerando que molestes a tus hermanos con motes y apodos despectivos. Si eso se repite, aunque sea una sola vez, me harás el favor de no volver a dirigirme la palabra. (*Vuelve a sentarse en el sofá y se pone a tejer con gran rapidez.*)

BEATRIZ (*Desde la puerta de la biblioteca*).—Una de las cosas por las que estoy más contenta de casarme es porque ya no voy a tener que soportar que me des la lata a todas horas. (*Mutis.*)

HÉCTOR (*Se queda un momento contemplando su paquete, indeciso. Luego va por el lado derecho del sofá a colocarse frente a su madre. Habla en tono suplicante*).—Mamacita... Si yo no les digo nada a mis hermanos por ofenderlos... Como ellos son más grandes y no me toman en cuenta... yo les hago bromas... por jugar... como un pretexto para que hablen conmigo...

CARMELA (*Sin levantar la vista de su tejido*).—Podías encontrar otros pretextos menos desagradables.

HÉCTOR (*Se sienta junto a ella en el sofá*).—No te enojes conmigo, mamacita... Mira... Te traje un regalo... (*Muestra el paquete y empieza a abrirlo.*)

CARMELA (*Lo mira de reojo y se desconcierta*).—Debiste haber comprado mejor un regalo de boda para tu hermana.

HÉCTOR.—Ya lo compré también. Pero éste va a ser una sorpresa. Mira. ¿No te gusta? (*Saca una elegante bolsa de señora y la muestra.*)

CARMELA (*Tomándola*).—Es muy elegante... Y muy fina... Te lo agradezco mucho. Pero... ¿de dónde has sacado tanto dinero?

HÉCTOR.—Pst... Negocios que hago yo... Tú sabes...

CARMELA.—No me agrada esa afición tuya a... los negocios, como tú dices. Lo que sé es que muchas veces les compras a tus amigos objetos que ellos sacan de sus casas sin permiso de sus padres. Como lo haces tú. Preferiría verte emplear tu inteligencia en algo más digno, más noble...

HÉCTOR (*Dolido*).—Mamacita, no me regañes... yo quería darte gusto... verte contenta... Nunca eres cariñosa conmigo... A veces pienso que no me quieres.

Carmela deja la bolsa sobre el sofá, se levanta y cruza hacia la derecha para ocultar su emoción a Héctor. Éste continúa desde su lugar con aire abatido.

Yo creo que por eso no me quieren mis hermanos tampoco. Nadie me quiere. Debo de ser muy malo... Pero yo no me doy cuenta... Yo los quiero a todos y hago lo que puedo por agradarlos... Pero todo lo que hago no sirve más que para enfurecerlos contra mí. Si no fuera por mi papá, no sé qué sería de mí en esta casa...

CARMELA (*Se vuelve a él haciendo esfuerzos por dominarse*).—No, hijo... No debes hablar así. Todos te queremos. Lo que pasa es que tú te empeñas en decir a tus hermanos cosas que los lastiman... y... es natural... con eso me lastimas también a mí...

HÉCTOR (*Va rápidamente hasta ella, conteniendo las lágrimas*).—Perdóname, mamacita... Nunca he tenido la intención... ¿Cómo iba yo a querer lastimarte?

CARMELA (*Lo estrecha contra su pecho y permanece erguida, sufriendo. Luego se aparta, secando furtivamente una lágrima. De espaldas a él, le tiende la mano*).—Dame la bolsa. (*Él se la da. Ella le hace un cariño, esforzándose por sonreír.*) Muchas gracias. De veras te lo agradezco. De todo corazón.

Y se retira apresuradamente por la escalera. Héctor la ve irse, luego da unos pasos meditando seriamente, pero ya confortado. Se detiene y saca con grandes esfuerzos de la bolsa del pantalón un reloj despertador que se pega al oído, moviéndolo para cerciorarse de que no anda. Luego saca de la bolsa trasera un desarmador y empieza a desatornillar el reloj. Para mayor comodidad, se sienta a la derecha del sofá. Poco después, aparece Beatriz por la biblioteca, con un libro en las manos.

BEATRIZ.—¿Qué horas tienes?
HÉCTOR (*Mostrándole el despertador*).—No anda. Pero ahorita lo voy a componer y te digo.

Beatriz se retira hacia el piano, riendo, pero Héctor la llama confidencialmente y dejando reloj y desarmador sobre el sofá, va hacia ella a la vez que saca de otra bolsa una vieja cartera con toda clase de papeles y recortes que empieza a hojear.

Pst... Mira... Te voy a enseñar una cosa. Aquí está. No, no es ésta... ¡Ah, sí!... Ésta es... (*Desdobla un recorte que muestra a Beatriz.*) Ahí tienes a Jorge con la rubia más superplatino que ha venido a México. La mandó traer de los Estados Unidos y le está enseñando español para que trabaje en sus películas. Y además... le regaló un convertible "Cadillac".

BEATRIZ (*Le devuelve el recorte. Reconviniéndolo*).—¿Y tú por qué andas espiando a Jorge?

HÉCTOR (*Sorprendido*).—¡Yo no lo ando espiando! Los periódicos publican su retrato y yo los recorto para enseñarles a mis amigos la clase de hermano que tengo...

BEATRIZ (*Desconfiada*).—¿Qué clase?

HÉCTOR.—De la clase de los convertibles...

BEATRIZ (*Riendo, le da un coscorrón*).—¡Baboso!

Héctor se aparta, riendo también.

Y no vayas a llenar de basura todos los muebles con tu matraca.

HÉCTOR.—Bueno... Bueno... Ya me voy con la música a otra parte.

Beatriz va a sentarse al banquillo del piano, vuelta hacia el público y continúa leyendo en su libro. [Si la actriz toca el piano, puede tocar un fragmento de algún "Nocturno" de Chopin.] Héctor se está guardando la cartera, cuando se oye sonar el timbre de la puerta y él mismo se va por el vestíbulo para abrir. Se escuchan débilmente los saludos de Héctor y Manuel.

VOZ DE MANUEL.—Buenas noches. ¿Está tu papá?

VOZ DE HÉCTOR.—No debe tardar en llegar. Pase usted a esperarlo.

VOZ DE MANUEL.—Si no es ninguna molestia...

VOZ DE HÉCTOR.—No, no, pase...

Aparecen los dos por la puerta del vestíbulo. Manuel trae una carpeta en la mano. Beatriz se da cuenta de su presencia y se levanta positivamente encantada, mientras Héctor recoge reloj y desarmador del sofá.

MANUEL.—Buenas noches, señorita.

BEATRIZ.—Buenas noches, señor Torres. No esperaba verlo hasta mañana.

MANUEL.—Anoche, después de que usted se fue, su papá me dio una cita para hoy. Tengo que mostrarle estos papeles.

BEATRIZ.—Es raro que no esté aquí ya. Pase a sentarse.

HÉCTOR (*Acercándose a Manuel*).—¿Usted conoce de relojes, señor Torres?

MANUEL.—No creo ser lo que se llama un conocedor...

HÉCTOR (*Mostrándole el despertador*).—Es suizo... Antimagnético... Y la campana del despertador es tan suave y tan agradable, que la gente puede seguir durmiendo cuando suena.

MANUEL (*Cruza, riendo, hacia el primer término, izquierda*).—Debe de ser el despertador ideal.

HÉCTOR.—Y todo por dos cincuenta. Es cierto que no anda, pero...

BEATRIZ (*Por lo bajo, a Héctor*).—¡Héctor! Ya está bien.

HÉCTOR.—Sí, sí... Ya me voy... (*Se escabulle hacia el mezanín, donde continúa su trabajo sobre el couch.*)

MANUEL (*Volviéndose a Beatriz*).—No quisiera interrumpir. Continúe lo que estaba haciendo y no se moleste por mí.

BEATRIZ (*Bajando hasta la silla izquierda de la mesa de la derecha*).—No es ninguna molestia. Al contrario, lo que siento es que dentro de un momento voy a tener que irme.

MANUEL.—Obre usted con toda libertad, señorita.

BEATRIZ (*Con coquetería*).—Y no me diga señorita. Me suena tan raro... Llámeme por mi nombre: Beatriz.

MANUEL (*Complacido*).—Si usted lo prefiere...

BEATRIZ.—Naturalmente.

Pequeña pausa. Ella se sienta en la silla de la izquierda de la mesa. Habla en tono indiferente, por iniciar una conversación.

¿Son asuntos de los laboratorios los que va usted a tratar con mi papá?

MANUEL.—Mmmm... no precisamente. Quiero eneñarle unos apuntes que he hecho sobre la posibilidad de experimentar con nuevas materias primas para fabricar productos medicinales distintos de los que hay en el mercado.

BEATRIZ.—Qué interesante. ¿Son materias primas que usted ha descubierto?

MANUEL.—No, no, de ningún modo. (*Cruzando a sentarse en la silla de la derecha de la mesa*).—Han existido siempre en la naturaleza, en las plantas de México. Durante siglos, los habitantes del campo han aprendido a conocer por experiencia el valor curativo de esas plantas.

Algunos sabios las han clasificado y las han consignado en unos cuantos libros que nadie ha leído y que seguirán empolvándose en las bibliotecas quién sabe hasta cuándo.

BEATRIZ.—Es una vergüenza...

MANUEL.—El pueblo naturalmente sigue usándolas en forma de infusiones, de ungüentos, de cataplasmas. Pero nadie, o casi nadie, se ha molestado en analizar las sustancias curativas que contienen. Y como no han sido consagradas por la ciencia europea, continúan ignoradas o desdeñadas, vendiéndose en los mercados como cosa de brujos y yerberas, para uso de las clases incultas.

BEATRIZ (*Divertida*).—Es verdad. Nuestra cocinera tiene siempre una colección de manojitos que nos recomienda para toda clase de enfermedades. Pero el médico jamás nos ha permitido tomarlas.

MANUEL (*Se levanta y cruza a la izquierda, hablando con ironía*).—Tal parece que en México hasta las yerbas silvestres son inferiores a las del resto del mundo... (*Se vuelve.*) Pero una de esas yerbas, por ejemplo, es la "cabeza de negra". De allí están obteniendo ahora la última maravilla de la medicina: la cortisona, que durante mucho tiempo sólo se pudo administrar a unos cuantos enfermos privilegiados, porque únicamente la extraían en dosis mínimas de una glándula del buey. Y la "cabeza de negra" la han vendido siempre las yerberas en los mercados.

BEATRIZ (*Yendo hacia él*).—Nadie lo hubiera dicho, al ver esos tenderetes miserables de los mercados.

MANUEL (*Se sienta en el brazo izquierdo del sofá. Con humor*).—Y sin embargo... es en esa miseria en donde hay que buscar la verdad y la grandeza de México.

BEATRIZ (*Se queda mirándolo, fascinada. Después de un momento, va a sentarse en el sofá, junto a él. Habla para sí misma*).—Debe de ser maravilloso aventurarse a investigar en el misterio de tantos siglos y en los secretos de tantas razas desconocidas para nosotros. (*Pausa. Luego, como si despertara.*) Estoy segura de que a mi papá va a interesarle su proyecto tanto como a mí.

MANUEL (*Caminando hacia la chimenea*).—Desgraciadamente su papá, como la mayoría de los mexicanos, no cree en los mexicanos. La prueba: tiene sus negocios encomendados a un extranjero. Y no es que yo ponga en tela de juicio la capacidad y la buena fe de los extranjeros. Pero es natural que no tengan ningún interés en el engrandecimiento ni en el futuro de un país que no es el suyo. Salvo muy raras excepciones, cuando uno sale de su casa a buscar fortuna, lo que le importa son los resultados inmediatos. Y el que venga atrás, que se las componga como pueda...

BEATRIZ.—Pero lo que usted explica me parece tan lógico y tan claro, que yo creo que cualquiera puede entender las ventajas de intentarlo...

MANUEL (*Va a sentarse en el sofá, a la derecha de Beatriz*).—No es fácil... El proyecto requiere mucho tiempo, mucho esfuerzo y mucho dinero... Mis trabajos hasta ahora han sido puramente teóricos, porque los he hecho en los ratos libres, por las noches, en mi casa, donde no tengo ninguno de los elementos necesarios...

BEATRIZ.—¿Vive usted solo?

MANUEL.—Con mi madre, señorita Beatriz.

BEATRIZ (*Con un signo de advertencia amistosa*).—Beatriz... (*Los dos ríen.*)

MANUEL.—Vivimos en ese populoso edificio que está a espaldas de esta casa, a sólo dos cuadras de aquí.

BEATRIZ.—¿Y por qué no se ha casado?

MANUEL.—Pues... primero... porque no he tenido con quién... Y después... porque con el costo de la vida y el valor de nuestra moneda, el matrimonio se ha convertido en un lujo en el que la clase media ya no puede pensar.

Se oye abrir la puerta exterior del vestíbulo.

BEATRIZ.—Entonces, según usted, la clase media tendrá que desaparecer.

MANUEL.—Si no cambian las condiciones actuales, temo que sí.

HÉCTOR (*Desde su lugar*).—Con aumentar el número de las empleadas en las oficinas y el de los niños en la casa de cuna, está todo resuelto.

BEATRIZ (*Se levanta y se vuelve enojada hacia él*).—¡Héctor! No abres la boca más que para decir impertinencias.

Manuel, riendo, se levanta y se aparta a la izquierda.

DON RICARDO (*Aparece por el vestíbulo. Ha oído las palabras de Beatriz*).—¿Qué es lo que ha dicho ahora el joven genio?

BEATRIZ (*Yendo a besar a don Ricardo en la mejilla*).—¿Qué quieres que diga? Puras tonterías.

HÉCTOR (*Desde su lugar, saludando con la mano*).—¡Helloe, chief!

DON RICARDO (*Cruzando a saludar a Manuel. Beatriz baja al primer término, derecha*).—¿Cómo está, ingeniero? Perdóneme por haberme retrasado, pero hoy tuvimos junta en el banco y ya sabe usted lo que son esas cosas.

MANUEL.—No tenga cuidado, don Ricardo. He pasado un rato muy agradable en compañía de la señorita Beatriz.

Se oye abrir la puerta exterior del vestíbulo.

BEATRIZ.—Me explicó en qué consiste su proyecto. Y quedé convencida de que es algo muy importante, en que tienes que ayudarlo.

DON RICARDO (*Mira rápidamente a uno y a otra, con aire sospechoso, al que en seguida da un aspecto de burla*).—¡Ajá...! De manera que ya cuenta usted con una cabeza de playa en esta casa...

MANUEL.—Eso, cuando menos, tengo adelantado.

DON RICARDO.—Se ve que no pierde usted el tiempo. ¿Trajo sus papeles?

MANUEL (*Señalando la mesa donde los dejó*).—Allí los tiene usted.

DON RICARDO.—Pues vamos a verlos en seguida.

Va a iniciar el mutis por la biblioteca, pero se detiene porque ve aparecer a Jorge por el vestíbulo con tres o cuatro libros en las manos.

JORGE.—Buenas noches.

DON RICARDO.—¡Hola! ¿Ya vienes a bañarte?

JORGE.—Claro que sí, papá. Yo soy una persona civilizada.

DON RICARDO.—Eso quiere decir que hoy tampoco vas a cenar en tu casa...

JORGE.—Estoy invitado a una avant-premiere...

DON RICARDO (*Fijándose repentinamente en los libros*).—¡Pero qué veo...? ¿Tú con libros? ¿Es que vas a empezar a leer también?

JORGE.—Ni modo... Se me ocurrió que un buen asunto sería una combinación de Los tres mosqueteros con Los tres lanceros de Bengala, naturalmente, con charros...

DON RICARDO.—Pero sí que es toda una combinación...

JORGE.—Desde luego que es más seguro que un asunto original de cualquier mamarracho de por aquí y de ese modo no hay que pagar derechos de autor. Pero lo malo es que me tengo que leer todos estos mamotretos, porque no me acuerdo bien de cómo van.

HÉCTOR (*Asomándose al barandal del mezanín, sin ver a Carmela que en ese momento aparece por la escalera de las habitaciones. A Jorge, con exagerada amabilidad*).—Oye, güero...

JORGE (*Se vuelve como por resortes, avienta los libros sobre el piano y sube corriendo al mezanín*).—¡Con un demonio! ¡Te voy a dar una lección de una buena vez a ver si aprendes a no burlarte de mí!

HÉCTOR (*Al mismo tiempo, arriconándose y cubriéndose la cara para evitar el golpe con que lo amenaza su hermano*).—¡Oye! ¡Espera! ¡Déjame explicarte!

CARMELA (*Al mismo tiempo, gritando*).—¡Jorge! ¡Héctor! ¡Quietos!

DON RICARDO (*Al mismo tiempo, yendo rápidamente hasta el piano y dominando todas las otras voces*).—¡Jorge! ¡Hazme el favor de guardar compostura!

Hay un segundo de silencio, Jorge se vuelve, extrañado y dolido, hacia su padre.

JORGE.—¿Pero todavía es a mí a quien llamas la atención, papá?

DON RICARDO.—Ya no estás en edad de portarte como un chiquillo.

Avergonzado, Jorge hace un ademán de impotencia.

Y tú. Héctor, que sea la última vez que das motivo para que tu hermano nos ofrezca estos espectáculos. Parece que cuando menos eso ha aprendido en el cine. ¡A ser muy macho!

CARMELA (*Bajando del mezanín, en tono de reconvención*).—¡Ricardo! (*A Héctor.*) ¿Recuerdas lo que te dije hace un momento, Héctor?

Se oye sonar el timbre de la puerta.

HÉCTOR (*Asustado*).—Pero déjenme explicarles... Yo le dije así... para que no se enojara si le decía... de otro modo... Y lo que iba a decirle... es que si quería, yo leía los libros y luego se los contaba para que él no tuviera que leerlos...

DON RICARDO (*Volviéndose a Carmela*).—¿Lo ves? (*Luego a Jorge.*) ¿Ves cómo Héctor tenía las mejores intenciones? Y tú te pones hecho un basilisco. Bueno, se acabó. ¿Estás de acuerdo en lo que te propone tu hermano?

JORGE (*Violento*).—Está bien. Que haga lo que le dé la gana.

DON RICARDO (*Tomando los libros del piano y pasándoselos a Héctor por encima del barandal*).—Aquí están los libros. Y vete a leerlos a tu cuarto. (*A Jorge.*) Y tú, a bañarte de una vez.

Jorge se va rápidamente por la escalera. Héctor, tras de tomar los libros, recoge del couch el reloj y el desarmador y lo sigue.

BEATRIZ (*Que se ha mostrado muy nerviosa y apenada, cruzando hacia Manuel, quien, vuelto de espaldas a la escena, ha adoptado una actitud discreta*).—Perdone usted, Manuel. Es una vergüenza que pasen estas cosas...

CARMELA (*Reparando en Manuel, baja hasta el respaldo del sofá*).—¡Ay! Es verdad... Dispénsenos a todos... Yo ni siquiera le he saludado.

MANUEL.—No tiene ninguna importancia. Es muy natural que suceda eso entre muchachos...

CARLOS (*Aparece por el vestíbulo, vestido de etiqueta*).—¿Cómo están ustedes?

DON RICARDO (*Dándole la mano*).—¿Qué tal, Carlos? ¿Se van ya a esa cena?

CARLOS.—Sí, don Ricardo. (*Cruzando a saludar a Carmela.*) Buenas noches, señora.

CARMELA.—¿Cómo le va, Carlos?

CARLOS (*A Beatriz*).—¿Ya estás lista? (*A Manuel.*) Buenas noches, señor.

Manuel responde con una inclinación de cabeza.

BEATRIZ (*Subiendo por la derecha del sofá*).—Completamente. Hace más de media hora.

CARLOS (*Toma el abrigo de Beatriz del respaldo del sofá y le ayuda a ponérselo. Luego le pasa la bolsa y los guantes*).—No es tarde, pero nos vamos en seguida para llegar a tiempo.

DON RICARDO (*Que ha bajado al primer término, derecha*).—¿No se toman un trago antes de irse?

CARLOS.—Muchas gracias, don Ricardo; pero van a estar en la cena todos mis parientes y ya sabe usted que, para la gente educada en Europa, la puntualidad es una cosa de elemental educación. No quisiera que se formaran una mala idea de Beatriz.

Beatriz voltea a verlo con un gesto de reproche.

DON RICARDO (*Aceptando la frase con humor, como una lección*).—Bueno, bueno... No insisto. Espero que se diviertan. Salúdenos a sus papás.

CARLOS.—Muchas gracias. Hasta mañana, entonces.

Inicia el mutis por el vestíbulo y se detiene a esperar a Beatriz, que besa a su madre.

BEATRIZ.—Adiós, mammy...

CARMELA.—Adiós, hija.

BEATRIZ (*Bajando por la derecha del sofá para despedirse de Manuel. Éste le sale al encuentro, en el centro del proscenio*).—Entonces, lo esperamos mañana. No se le olvide.

MANUEL.—De ningún modo. Aquí estaré.

BEATRIZ (*Con un guiño, cruzando los dedos, por lo bajo*).—Y mucha suerte.

MANUEL.—Gracias.

BEATRIZ (*Yendo a besar a su papá*).—Hasta luego, papá.

DON RICARDO (*Tomando la carpeta de Manuel de encima de la mesa y hojeándola, indica a éste la puerta de la biblioteca*).—Veremos de una vez esto. Hágame el favor de pasar.

MANUEL (*A Carmela*).—Con su permiso, señora.

CARMELA.—Usted lo tiene.

MANUEL (*Cruza hasta don Ricardo y le deja el paso*).—Después de usted, don Ricardo.

Hacen mutis los dos por la biblioteca. Carmela medita un instante, preocupada, apoyándose en el respaldo del sofá. Luego, como si tomara alientos, baja por la izquierda hasta la mesita, de donde toma su tejido y se sienta con cansancio en el lado izquierdo del sofá. Se queda mirando vagamente delante de sí, y al fin, rechazando su preocupación, se pone a tejer. Poco después se oye sonar el timbre de la puerta y al cabo de un momento Alicia aparece por la puerta del vestíbulo y desde allí anuncia.

ALICIA.—Está aquí el señor Zeyer con otros señores.

CARMELA (*Después de un instante, con disimulado sobresalto*).—Dígale que pase.

Deja el tejido sobre la mesita y se levanta.

ALICIA (*Desde la puerta*).—Que pase usted, señor.

Se va por el comedor.

VOZ DE ZEYER.—Cómo no, con mucho gusto.

Aparece Zeyer precipitadamente por el vestíbulo. Al ver a Carmela, se detiene bruscamente, un poco cohibido. Zeyer es un tipo indefinido de comerciante extranjero, rubio, de cuarenta y ocho años, que lo mismo puede ser noruego, que suizo o checoslovaco. Habla perfectamente el español con acento mexicano y sólo se advierte que no es su lengua original por la pronunciación muy abierta de las vocales y por el prurito de usar con exceso y no siempre con exactitud, los modismos mexicanos. Se le nota visiblemente alterado.

ZEYER.—¡Ah! Buenas noches.

CARMELA (*Que también disimula cierta impresión al verlo*).—Pase, Daniel... Buenas noches.

ZEYER (*Yendo, ya repuesto, a darle la mano*).—Perdón... Creí que estaba aquí Ricardo.

CARMELA (*Retira la mano, sin mucho aspaviento, pero casi instantáneamente*).—Está tratando un asunto en la biblioteca. Voy a llamarlo. (*Cruza hacia la biblioteca.*)

ZEYER.—Gracias.

CARMELA (*En la puerta de la biblioteca*).—Ricardo... Aquí está Daniel. (*Volviéndose, sube hacia el centro, en segundo término.*) Siéntese usted.

ZEYER.—Muchas gracias.

Dando muestras de impaciencia, va nerviosamente hasta la chimenea.

DON RICARDO (*Apareciendo por la biblioteca*).—¡Hola, Daniel! ¿Qué milagro es éste? Hace años que no te hago venir a mi casa ni amarrado...

ZEYER (*Adelanta unos pasos hacia él y dirige una mirada inquieta a Carmela*).—Es que... Mi viejo, necesito hablar contigo urgentemente.

CARMELA.—Con permiso.

DON RICARDO.—No, no te vayas... Tenemos que celebrar juntos esta sorpresa.

CARMELA.—De todos modos... Tengo que ver la cena...

DON RICARDO.—¡Buena idea! (*A Zeyer.*) Supongo que te quedarás a cenar...

ZEYER.—Te lo agradezco mucho... pero no sé si podré... Tenemos un problema muy serio en los laboratorios.

CARMELA.—Como guste. (*Hace mutis por el comedor.*)

DON RICARDO (*Alerta*).—¿Qué es lo que te pasa?

ZEYER (*Sube hasta el segundo término para ver recelosamente hacia el vestíbulo. Luego, baja, toma del brazo a don Ricardo y apartándolo hacia la izquierda, habla con sigilo*).—Una mordida, mi viejo. Imagínate que traigo aquí a un cuatezón que quiere cincuenta mil lanas.

DON RICARDO (*Alarmado*).—¿Cómo, cincuenta mil lanas? ¿Por qué?

ZEYER.—Una de nuestras vacunas. Parece que no dio resultado y se petateó un escuincle de difteria.

DON RICARDO (*Se aparta un paso y lo mira con desconfianza*).—¿No estarás haciendo alguna tontería que nos vaya a meter en dificultades?

ZEYER (*Dolido*).—¡Hombre, hermano! Me crees tan pazguato! Ya me las averiguo para que la producción salga barata... Eso ya lo sabes... Pero no soy capaz de una cosa así, mi viejo. Tú me conoces.

DON RICARDO.—Entonces... es cuestión de demostrar que no es culpa de los laboratorios. No tienes por qué darle mordidas a nadie. Este individuo...

ZEYER.—Es un periodista que se olió la cosa. Un tal Ramírez. Al principio quería cien mil.

DON RICARDO (*Cruza a la izquierda, preocupado*).—No me gusta que se enteren de que tengo negocios fuera del banco. Estas cosas deberías resolverlas tú solo.

ZEYER (*Quejumbroso*).—¡Mi viejo! ¿De dónde quieres tú que agarre yo cincuenta mil lanas así nomás? En caja no llegamos a los veinte, y hay que rayar el sábado. Claro que tenemos cobros pendientes por diez veces más, pero ya sabes cómo se hacen patos los clientes.

DON RICARDO.—¿Y yo? ¿Crees que tengo amontonado el dinero? Sobre todo ahora, con todos los gastos del matrimonio de mi hija. Pero... en todo caso... No debiste haberme traído aquí a ese periodista.

ZEYER.—Es que ese tipo lo sabe todo. No hay nada que ocultarle. Y no te imaginas lo perro que se puso. Tienes que ayudarme a torearlo.

DON RICARDO (*Aceptando lo inevitable*).—Si no queda otro remedio... Pero ese dinero no hay que darlo de ningún modo.

ZEYER.—¡Naturalmente que no! Voy a decirle que pase. (*Va a la puerta del vestíbulo. En el camino se transfigura y adopta un tono de exagerada cordialidad.*) ¡Pásele, mi amigo!

Aparece Ramírez con el sombrero en la mano. Es un tipo esmirriado, descuidadamente vestido, de mirada y ademanes inquietos, pero cínico y resuelto. Zeyer le pasa la mano por los hombros y lo conduce así hasta don Ricardo.

Aquí tienes a nuestro hombre.

RAMÍREZ.—Buenas noches, señor Torres Flores.

DON RICARDO (*Le indica el sofá pero no le da la mano*).—Hágame el favor de sentarse.

RAMÍREZ.—No es necesario. Ya el señor Zeyer le habrá explicado de lo que se trata.

DON RICARDO.—Sí... Y aunque yo no tengo nada que ver en el asunto...

RAMÍREZ.—Mire, señor Torres Flores. No tiene caso perder el tiempo. Vamos a hablar con las cartas sobre la mesa. Usted es copropietario de los Laboratorios Zeyer. Los Laboratorios Zeyer están vendiendo ampolletas de suero antidiftérico ya vencido, en cajas a las que han cambiado la fecha para hacerlo aparecer en vigor...

ZEYER (*Sorprendido*).—¡Cómo!

DON RICARDO (*Severo, a Zeyer*).—¿Es verdad eso?

ZEYER (*Se aparta, escandalizado*).—¡Es una vil mentira! Usted no me había dicho eso...

RAMÍREZ (*Mostrando triunfalmente la caja de unas ampolletas que saca de la bolsa*).—Tengo las pruebas en la mano. Le cuesta cincuenta mil pesos que no aparezca mañana la noticia a ocho columnas en todos los periódicos. Comprenderá usted que eso... el mismo día del matrimonio de su hija... sería muy regocijado...

Hay una pausa desconcertante.

DON RICARDO (*Demudado, cruza hasta Daniel que lo mira con angustia*).—Dime la verdad. ¿Es cierto?

ZEYER.—¡De ninguna manera! ¡Te lo juro, hermano!

DON RICARDO (*Se vuelve a Ramírez. Habla pausadamente, con serenidad, pero la ira se advierte en su voz enronquecida*).—Usted tiene un envase de suero con una fecha. Según usted, ¿qué es lo que prueba que el líquido que contenía es anterior a esa fecha?

RAMÍREZ (*Sin inmutarse*).—La muerte del niño a quien se le inyectó, ¿le parece a usted poco? El médico que lo atendió ha adquirido otras ampolletas en la misma botica y las ha mandado analizar.

DON RICARDO (*Cada vez más alterado, cruza hacia la chimenea*).—Comprendo... Por lo visto, el médico también tiene algo que ver en este... negocio...

RAMÍREZ.—Naturalmente... El médico y los compañeros que tienen la misma fuente en los otros periódicos. En total somos diez. Ya verá usted que la cantidad que le pido no es nada exagerada, si se toman en cuenta las circunstancias...

MANUEL (*Apareciendo sonriente por la biblioteca*).—Perdóneme, don Ricardo. He oído a pesar mío lo que están ustedes tratando...

ZEYER (*Se vuelve hacia él, sorprendido. Adopta un tono déspota y altanero*).—¿Usted? ¿Qué es lo que hace usted aquí?

MANUEL.—Vine a tratar un asunto con don Ricardo.

ZEYER.—No tiene usted nada que tratar con don Ricardo. ¿No sabe quién es el gerente de los laboratorios?

MANUEL.—Mire, señor Zeyer: no es el momento de hacer sentir su autoridad...

ZEYER.—¡Señor Torres...!

DON RICARDO.—Está bien, Daniel. Vamos a oír lo que tiene que decirnos el ingeniero.

MANUEL.—Simplemente que todos los sueros vencidos que se devuelven a los laboratorios, los destruyo yo en presencia del inspector de Salubridad, y eso consta en actas firmadas por el mismo inspector, que deben estar archivadas en las oficinas del señor Zeyer.

ZEYER (*Aparentemente satisfecho de la solución en que no había pensado*).—¡Es verdad! Yo tengo todas esas actas, por orden riguroso de fechas.

RAMÍREZ (*Sentándose en el brazo del sillón de la derecha*).—Y yo tengo las pruebas de que, a pesar de todo, en las farmacias se venden, con fechas alteradas, sueros vencidos con la marca de los Laboratorios Zeyer.

DON RICARDO.—Entonces, es cuestión de abrir una averiguación para esclarecer de dónde proceden esos sueros... Puede tratarse de una falsificación... Alguna persona extraña a los laboratorios puede muy bien...

RAMÍREZ (*Con malicia y cinismo*).—Eso me parece muy acertado. Sólo que no sería posible hacer ninguna aclaración hasta después de algunos días de que apareciera la noticia... Y ya saben ustedes que las aclaraciones nunca son eficaces...

MANUEL.—En realidad, don Ricardo, lo único recto que corresponde hacer es que los mismos laboratorios se adelanten a presentar hoy mismo la denuncia en contra de quien resulte responsable.

Tanto Ramírez como Zeyer se alarman. Éste protesta con violencia.

ZEYER.—¡No, no! ¡De ningún modo! De lo que se trata es de evitar a toda costa el escándalo... No le conviene a don Ricardo... Y eso traería de todos modos el escándalo...

MANUEL (*Cruzando hacia Ramírez*).—En ese caso... se podrían mostrar esta misma noche a los directores de los periódicos las actas de la destrucción de los sueros vencidos, y tal vez ellos accederían a no publicar ninguna noticia hasta no conocer el resultado de la investigación.

RAMÍREZ (*Se levanta desconcertado y titubea por un momento, pero en seguida se repone y se vuelve aún más cínico*).—Es difícil... No creo que... encuentren a los directores a esta hora... Y por otra parte... ningún director que se respete va a dejar ir una buena noticia como ésta. O a lo mejor, les resulta a ustedes mucho más caro...

DON RICARDO.—De manera que no queda más remedio que pagar...

RAMÍREZ.—Esta misma noche... y en efectivo.

DON RICARDO.—Muy bien... Pero... ¿Qué seguridad tenemos nosotros de que la noticia no se va a publicar después de que le entreguemos el dinero?

RAMÍREZ.—En un caso así, no les queda más remedio que confiar en mi palabra.

DON RICARDO.—Es decir... que nosotros, que en realidad no lo conocemos, estamos obligados a fiar en su palabra... Y usted, que sabe perfectamente quiénes somos, no puede confiar en la nuestra...

RAMÍREZ.—¿Qué quiere usted decir?

DON RICARDO.—Que nadie tiene cincuenta mil pesos en efectivo en su casa, ni le es fácil conseguirlos a estas horas en ninguna parte. Yo le doy mi palabra de honor de entregarle esa cantidad mañana mismo a las once de la mañana, en mi despacho del Banco Hispano-Americano. Si usted no puede esperar, nosotros vamos a sufrir ciertamente un grave descrédito, pero usted va a perder cincuenta mil pesos...

RAMÍREZ (*Disimulando su decepción*).—¿Me los entregará usted... sin averiguaciones de ninguna especie?

DON RICARDO.—Le he dado mi palabra.

RAMÍREZ (*Tranquilizado*).—Estaré a las once en su despacho.

DON RICARDO.—Hasta mañana, entonces.

RAMÍREZ.—Buenas noches, señores.

ZEYER.—Buenas noches.

MANUEL (*Al mismo tiempo*).—Buenas noches.

Ramírez hace mutis por el vestíbulo. Zeyer va hasta la puerta. Cuando se cerciora de que el periodista se ha ido, cruza rápidamente hacia don Ricardo. Manuel se aparta a la derecha.

ZEYER.—Estuviste estupendo, hermano. Cuando menos ganamos tiempo y hay que aprovecharlo. Mañana, cuando se presente el periodista...

DON RICARDO.—Ése no es periodista ni cosa que se le parezca. ¿No viste cómo se turbó cuando hablamos de ver a los directores?

ZEYER.—A mí me enseñó una credencial de no sé dónde. Estaba yo demasiado aturdido para fijarme.

MANUEL.—Si usted me lo permite, don Ricardo, yo puedo ir a indagar con discreción si hay algún periódico donde trabaje.

DON RICARDO.—Me parece muy bien.

ZEYER.—Pero diste tu palabra de no hacer averiguaciones, hermano.

MANUEL.–Yo no di ninguna palabra. Y yo soy el que las va a hacer. ¿Cuál es su nombre?

ZEYER.–No sé... Ramírez... Creo que... Javier Ramírez...

MANUEL.–Perfectamente.

DON RICARDO (*A Zeyer*).–De todas maneras, por las dudas, llévame antes de las once todo el dinero que puedas reunir. Por mi parte, yo voy a ver lo que consigo. No vaya a dar la de malas...

ZEYER (*Disponiéndose a marcharse, da la mano a don Ricardo*).–Descuida, haré todo lo que pueda.

DON RICARDO.–¡Ah! Y quiero una averiguación minuciosa sobre eso de las vacunas vencidas. Si es verdad, tenemos que encontrar al responsable.

ZEYER.–¡Naturalmente, viejo! Yo me encargo. Buenas noches. (*Hace mutis rápidamente por el vestíbulo.*)

MANUEL (*Saliendo al encuentro de don Ricardo en el centro de la escena*).–Bueno, don Ricardo; me voy a los periódicos...

DON RICARDO.–Muchas gracias.

MANUEL (*Dándole la mano*).–Y no se preocupe. Estoy seguro de que todo saldrá bien.

DON RICARDO.–Gracias.

Manuel hace mutis por el vestíbulo. Don Ricardo, cavilando, camina hacia la puerta de la biblioteca, donde se detiene un momento. Luego va despacio hacia el comedor. Se detiene detrás del sofá, porque ve bajar a Jorge, cambiado de traje y más acicalado y reluciente que antes.

DON RICARDO.–¡Hombre! Qué bueno que estás aquí todavía. Tengo que hablarte.

JORGE (*Cruzando hacia el vestíbulo, impaciente*).–Me voy volando, papá. Tengo el tiempo justo.

DON RICARDO.–Esto es más importante. Hazme el favor de escucharme.

JORGE (*Se detiene de mala gana*).–Dime lo que sea, pero rápido por favor, papá. Tengo que irme.

DON RICARDO (*Enérgico*).–Por principio de cuentas, me vas a hablar en otro tono, y en seguida, vas a oír lo que tengo que decirte.

JORGE (*Fastidiado, se deja caer en la silla, a la derecha del piano*).–Está bien. Dime.

DON RICARDO.–Acaban de venir a hacerme un chantaje. Me amenazan con un escándalo de prensa si para mañana a las once no he entregado cincuenta mil pesos. Como debes suponer, no tengo dinero en este momento... (*Jorge lo mira aterrado.*) En cambio, me imagino que los doscientos mil pesos de tu compañía estarán intactos, puesto que todavía no inicias ninguna actividad en firme.

JORGE (*Levantándose*).—Estás completamente equivocado, papá...

DON RICARDO.—¿Cómo completamente equivocado, si no tienes siquiera el argumento que vas a filmar?

JORGE.—Pero se han hecho muchas otras inversiones... La instalación de las oficinas...

DON RICARDO.—Quince mil pesos a lo sumo...

JORGE.—Ha habido que asegurar algunos artistas con anticipos...

DON RICARDO.—¿Artistas? ¿Para qué, si no sabes si van a tener papel o no en la película?

JORGE (*Acorralado*).—Siempre es bueno contar con algunos nombres...

DON RICARDO (*Presionándolo*).—¿Para qué?

JORGE (*Violento*).—¡Para prestigio de la compañía, papá...! Además... la publicidad...

DON RICARDO.—¿Cuál publicidad? Yo no he visto ninguna publicidad.

JORGE.—¡Es que tú no entiendes de estas cosas! Tú crees que publicidad son nada más los anuncios en los periódicos... Pero la verdadera publicidad son muchas otras cosas... Exhibir a las estrellas en los centros públicos... Los obsequios... las fiestas... Las invitaciones a los cronistas... Las reuniones con la gente del gremio... Todo eso se capitaliza más tarde...

DON RICARDO (*Comprendiendo que es un caso perdido, va hacia él, furioso. En este momento, atraída por las voces, aparece Carmela por el comedor y contempla la escena. Don Ricardo está de espaldas a ella*).—En resumen, que no tienes un centavo. Que en seis meses has gastado doscientos mil pesos en exhibir a las estrellas y en invitar a los cronistas...

JORGE (*Se vuelve a él implorante*).—Todos los negocios tienen un principio... Si tú no me ayudas a seguir adelante...

DON RICARDO.—¡Ah! ¿De manera que encima pretendes que te dé más dinero para seguir adelante con tu vida de exhibicionismo y de juergas? ¿No sabes que lo que has gastado ni siquiera es todo mío? ¿Que hay que rendir cuentas a las personas que invirtieron su dinero?

JORGE.—Yo estoy dispuesto a rendirlas.

DON RICARDO.—¡Sí, claro! Y ellas se van a quedar muy conformes con que les enseñes las cuentas de los cabarets y de los hoteles de Acapulco... Y ni aun así es creíble un gasto semejante. Yo voy a poner en claro adónde se ha ido todo ese dinero.

JORGE (*Enconchándose en un cinismo desdeñoso*).—Si no quieres entender...

DON RICARDO.—¡No! Lo único que entiendo de todo esto es que hice mal en fiarme de ti, porque no tienes cabeza ni seriedad. Eres un completo irresponsable. (*Se vuelve y camina a grandes pasos de un lado a otro. Ve a Carmela, pero sin hacer caso de ella, continúa desahogándose.*) Ahora me voy a ver obligado a recurrir a no sé qué... a hipotecar esta casa, a vender los laboratorios... no solamente para salir de mi compromiso, sino para responder a las personas honorables que por deferencia a mí te confiaron su dinero... ¡Y todavía tienes el cinismo y la pretensión de pedirme que te ayude a seguir adelante! (*Dice esto último con una risa amarga. Se detiene a mitad de la escena y muestra a su hijo a Carmela.*) ¡Ahí lo tienes! ¡Míralo bien! Sin la careta del niño bien, elegante y distinguido, que gasta a manos llenas el dinero de los demás, y te darás cuenta de que no es más que un retrasado mental... un cretino...

CARMELA (*Se ha transfigurado. Está rígida, erguida, terrible. Grita en un tono que no deja lugar a réplica*).—¡Ricardo! ¡Basta ya!

Don Ricardo se queda inmóvil, a pesar suyo, ante lo contundente de la orden.

Jorge, vete a la calle. Yo voy a hablar con tu padre.

Jorge ni siquiera replica. Se escurre hacia el vestíbulo, cohibido, y humillado, mirando a uno y a otra.

DON RICARDO (*Bajando hacia la derecha, en tono resentido*).—No me parece bien que menoscabes mi autoridad en esa forma...

CARMELA (*Bajando por la izquierda del sofá*).—Te interrumpí en el momento en que le ibas a echar en cara a Jorge el color de su piel.

DON RICARDO (*Mirándola, asombrado, pero todavía iracundo*).—¡Sí! ¡Precisamente! Por desgracia, a juzgar por mi propio hijo, me veo obligado a reconocer que algo tiene eso que ver con el desarrollo mental y moral de la gente.

CARMELA (*Se yergue con violencia. Durante su parlamento, va acercándose lentamente, por impulsos, a don Ricardo*).—¡No es verdad! Durante muchos años he venido disimulando, ignorando, tolerando tus quejas y tus ofensas más o menos veladas. Pero he decidido poner término a eso de una vez por todas. Lo que Jorge hace lo hubiera hecho cualquier joven de su edad, no importa de qué raza o de qué color. Ningún muchacho de veinticuatro años se hubiera privado, a menos de ser, él sí, un anormal, de las diversiones, de los placeres que se han puesto a su alcance. Pero Jorge tiene todavía una justificación más: el complejo de inferioridad que tú le has fomentado. Hablas de mandar a Héctor a los Estados Unidos para que se libre del complejo de inferioridad de los mexicanos; pero a los otros, tú mismo te has encargado de formárselos a cada instante, con cada palabra, sin perder una sola ocasión de menospreciarlos. (*Vuelve hacia la izquierda.*) ¿Por qué te extraña entonces que Jorge trate de probarse a sí mismo y a los demás que no es el ser inferior que lo han hecho sentirse? (*Volviéndose hacia don Ricardo.*) ¿Que es tan importante y tan digno de estimación como cualquier otro? ¿Que puede acometer cualquier empresa?

DON RICARDO.—Pero el caso es que... los hechos demuestran que no puede...

CARMELA.—¡Claro! ¡Naturalmente! Le falta experiencia... Lo han ofuscado las mujeres, porque también ha querido demostrarse que está en condiciones de escoger a la que le guste, igual una rubia que una morena. Tú mismo... ¿no te has aferrado a la circunstancia de tener un hijo güero para probarte que eres superior, que no perteneces a la raza que en el fondo desprecias, pero a la que también, muy en el fondo, sabes que perteneces?

DON RICARDO.—Para eso no necesito a Héctor. (*Señala el cuadro de la chimenea.*) Allí tienes a mi padre.

CARMELA (*Mirando el cuadro instintivamente*).—Es un retrato al óleo. Anoche, Héctor te explicó cómo a veces los pintores tratan de dar gusto a sus clientes. En lugar de recrearte en ese retrato de tu padre, deberías fijarte bien en tu propia piel. Un poco más clara que la mía, es cierto, pero nada más un poco.

Don Ricardo sufre el impacto de la frase y se muerde los labios para contener un impulso desmesurado. Carmela avanza hacia el centro del proscenio. Al mismo tiempo, aparece Héctor por la escalera de las habitaciones y va a bajar del mezanín, pero se queda suspenso al oír las palabras de Carmela. Ni ésta ni don Ricardo lo advierten.

Anoche también le hablaste a Héctor de la posibilidad de que exista un hijo tuyo que no conoces. Eso te parece la cosa más natural del mundo. Pero... ¿nunca se te ha ocurrido pensar en la posibilidad de que Héctor no fuera tu hijo?

DON RICARDO (*Después de un segundo de sorpresa, no queriendo creer lo que ha oído*).—¿Qué estás diciendo?

CARMELA.—Que si nunca se te ha ocurrido pensar en la posibilidad de que Héctor no fuera hijo tuyo.

Héctor, herido en lo más profundo se recoge dentro de sí mismo y se va lentamente por la escalera.

Don Ricardo (*Rechazando la idea con terror*).—¡No, no! Quién sabe qué monstruosidad estás maquinando... por venganza porque te sientes ofendida... (*Como Carmela se calla, va violentamente hasta ella y tomándola con firmeza por los brazos, la hace volverse hacia él.*) ¡Dime que eso no es cierto! ¡Dímelo!

Carmela (*Muy naturalmente*).—No he dicho que sea cierto. Te pregunté solamente si no has pensado en esa posibilidad.

Don Ricardo.—¡No! (*Se aparta a la derecha, fuera de sí.*) ¿Por qué había de pensar en semejante tontería? (*Volviéndose hacia ella.*) No entiendo muy bien qué te propones, pero de cualquier modo me parece que es indigno de ti lo que haces.

Carmela (*Apartándose hacia la izquierda*).—¿Por qué? Yo hubiera encontrado más lógico que siendo morenos tú y yo, te extrañara alguna vez tener un hijo rubio.

Don Ricardo (*Yéndose al fondo, hacia el centro*).—¡Ya te he dicho mil veces que entre mis antepasados los ha habido rubios y de ojos claros!

Carmela (*Sentándose en el sillón de la izquierda*).—Y luego... ¿tampoco has pensado nunca de lo que puede ser capaz una mujer a la que durante tanto tiempo se ha humillado en lo más íntimo de su ser?... ¿En su sangre?... ¿En sus propios hijos?... ¿No piensas que también una mujer puede sentir el deseo de demostrarse a sí misma que no es un ser inferior, que no es despreciable para ningún hombre y que está en aptitud de traer hijos rubios al mundo?

Don Ricardo (*Bajando por la derecha del sofá*).—¡Cállate ya! ¡Me horroriza oírte hablar así! Lo que no imaginé jamás es que fueras capaz de abrigar siquiera esos pensamientos. (*Se aparta a la derecha.*)

Carmela.—Nunca los había tenido. ¿Sabes cuándo fue la primera y única vez que pensé en eso?

Don Ricardo se vuelve hacia ella expectante.

Cuando eras todavía cajero del banco y te mandaron a los Estados Unidos a llevar aquellas barras de oro. Fui contigo a la estación y nos acompañó Daniel. ¿Te acuerdas?

Don Ricardo (*Ansioso*).—Sí. ¿Y luego?

Carmela.—Ya habían nacido Jorge y Beatriz, y ya había yo sufrido en silencio tu decepción. En el coche, no hiciste más que hablar de las güeras... De cómo te ibas a "desquitar" en Nueva York... Todo era una broma, por supuesto...

Don Ricardo.—Claro... de otro modo no lo hubiera dicho delante de ti.

Carmela.—Sí... Es el viejo procedimiento de engañar con la verdad... Porque yo vi cuando Daniel te llevó aparte en el andén y te apuntó una dirección en una tarjeta... ¡Con qué malicia se rieron los dos!... Aquella risa se me clavó como un cuchillo en el vientre y la sangre que se me subió a la cabeza, me oscureció la vista. En aquel momento me sentí capaz de cualquier cosa.

Don Ricardo (*Cada vez más ansioso*).—Bueno... sí... ¿Y qué pasó después?

Carmela (*Se levanta y sube por la izquierda del sofá*).—Nada... El tren se fue... Daniel me llevó a la casa... y lo olvidé todo hasta que tu confesión de anoche vino a revolver dentro de mí no sé cuántos recuerdos... quién sabe qué sentimientos dormidos...

Don Ricardo (*Sube por la derecha del sofá hasta enfrentarse con Carmela. Vuelve, a tomarla violentamente por los brazos*).—¡Carmela! ¿Es eso una confesión? ¿Fuiste capaz de traicionarme? ¿Quieres insinuar que Zeyer?... ¡Exijo que me digas la verdad!

Carmela (*También con violencia, librándose de las manos de don Ricardo*).—¡No! ¡No es una confesión! (*Ya libre, más calmada.*) Y no fui capaz... Te estoy explicando simplemente a lo que me orillaste... Lo que pudo haber sido... (*Súbitamente, con aire desafiante.*) ¡Supón que hubiera sucedido! En nada cambiaría las cosas. ¿Qué podrías hacer?

Don Ricardo (*Con ademán hacia la biblioteca*).—¡Iría ahora mismo a matar a Zeyer!

Carmela (*Riendo*).—¡Pobre Daniel!

Don Ricardo (*Se aparta a la derecha, torturado y frenético*).—¡No, no! ¡Si no es posible! Te has propuesto torturarme y has buscado todo lo que más profundamente podía herirme. Has pensado en Daniel, porque sabes que nadie en el mundo me debe tanta gratitud como él. Que lo saqué de la nada... Que le proporcioné la manera de ganar sus primeros pesos, cuando él no era más que un trampa y yo un pobre empleado, facilitándole diariamente dinero de la caja, sin más garantía que su palabra, para que hiciera operaciones de cambio con los otros bancos. Pude haber ido a la cárcel por eso... Y luego... ¡No, no! ¡Hubiera sido la más horrible de las infamias! ¡La muerte sería poco para castigarlo! (*Se sienta abatido en la silla de la izquierda de la mesa.*)

Carmela (*Bajando por la izquierda del sofá*).—Podías pensar también en matarme a mí. Pero la verdad es que no estamos en edad de tragedias pasionales. Y además... la muerte no me haría sufrir más de lo que he sufrido todos estos años.

Don Ricardo.—Y quieres hacerme sufrir a mí ahora, haciéndome dudar... Porque nunca llegaré a saber si lo que has dejado entrever es cierto... Obligándome a que sospeche de Héctor, porque supones que es el hijo que más he querido... Eso es perverso, Carmela... No sé si sería preferible que todo fuera verdad, porque así al menos podría vengarme.

CARMELA.—No podrías hacerlo aunque fuera verdad. ¿Serías capaz de destruir el matrimonio de Beatriz, el porvenir de Jorge, la carrera de Héctor, tan sólo por satisfacer un sentimiento de amor propio? Por ellos, por tus hijos, te he dicho lo que te he dicho. Pero no por uno. Por todos. Porque todos son nuestros hijos y nos debemos a ellos, que empiezan su vida. La muestra ya está hecha y terminada. Ya no nos pertenecemos a nosotros mismos.

ALICIA (*Aparece por el comedor con el teléfono en las manos y llega hasta el centro de la escena*).—Habla el cronista de sociedad de Excélsior. Quiere que le den unos datos sobre el matrimonio de la señorita Beatriz.

Don Ricardo reacciona tardíamente y se levanta con rapidez, como si hubiera sido sorprendido en un sueño involuntario. Mira a Alicia y a Carmela, indeciso, sin reflexionar.

CARMELA.—Contesta.
DON RICARDO.—Sí, sí. Ponlo ahí.

Alicia enchufa el cordón en el muro, debajo del espejo y coloca el teléfono sobre la mesa. Luego se va por el comedor.

DON RICARDO (*Toma la bocina maquinalmente y habla con voz apagada, cansada. Se diría que ha envejecido repentinamente*).—¿Sí?... Para servirle... Sí... mañana a las ocho... aquí en la casa... El Juez Ibáñez... Joaquín Ibáñez... Mañana le tendré una lista completa de los invitados... (*Empieza a bajar lentamente el telón.*) Sí, una cena... Los testigos son don Antonio Mariscal... don Fernando Godoy... El doctor Farías... sí, don Ignacio... don Pedro Rodríguez del Villar...

Carmela atiende inmóvil hasta que acaba de caer el

TELÓN

TERCER ACTO

CUADRO I

Escena: La misma del acto anterior, el día siguiente, a las siete de la noche. Todas las luces están encendidas y el salón se encuentra profusamente adornado con flores blancas. Al levantarse el telón, Alicia, uniformada de gala, está frente al piano recibiendo un ramo de rosas blancas que le pasa Carmela. Ésta está vestida de "soirée", lista para la ceremonia.

CARMELA.—Toma. Ponlas en el florero de la mesita.

ALICIA.—Sí, señora. (*Va a colocar las rosas como le indicaron.*)

CARMELA (*Arreglando ella misma un ramo de gladiolos en un jarrón, sobre el piano*).—En cuanto lleguen las primeras visitas, les ofreces tú los cocteles en una charola pequeña. Ya cuando sean más de doce o quince que les sirva el mesero. Y tú ofreces los canapés cada diez minutos. ¿Entiendes?

Suena el teléfono que está sobre la mesa de la derecha. Alicia va a contestar... Carmela se vuelve y escucha.

¿Bueno?... Sí, la casa del señor Torres Flores... ¿De parte de quién?... Muy bien, señora... Yo pasaré el recado. (*Cuelga y se vuelve a Carmela.*) De parte de la señora Rivero, que sienten mucho no poder venir porque tienen un cuidado de familia, pero que le desean muchas felicidades a la señorita Beatriz.

CARMELA (*Al tiempo que aparece don Ricardo, de frac, por la escalera de las habitaciones, y baja hasta el salón*).—¡Qué raro... Van cuatro familias que se excusan en un momento!...

DON RICARDO.—¿Cómo está eso? ¿Quién se ha excusado?

CARMELA.—Los Amieva... Los Sánchez Olvera... Los Solórzano y los Rivero... Está bien, Alicia.

Alicia, hace mutis por el comedor.

DON RICARDO (*Cruza, preocupado, hacia la mesa de la derecha*).—No comprendo... No creo que haya ninguna razón especial...

CARMELA (*Yendo a componer el ramo que colocó Alicia*).—Todas son amistades de la familia de Carlos. Tal vez no les parecemos bastante distinguidos para alternar con nosotros...

DON RICARDO.—No lo creo. Es verdad que no tenemos ningún título de nobleza... Pero ellos tampoco. Y nosotros no somos ningunos advenedizos indeseables con quien no se pueda cumplir por una vez con un compromiso social.

Suena el timbre del teléfono.

DON RICARDO (*Reaccionando con cierta nerviosidad, y descolgando el audífono*).—¿Bueno?... ¿Sí?... ¡Ah, don Alfonso!... Mucho gusto... Sí, aquí

Torres Flores... ¿Cómo?... Bueno, pero podrían venir aunque fuera un momento... Nada más a la ceremonia... Se lo agradezco mucho... Mis respetos a la señora... Hasta luego... (*Colgando el audífono.*) Éstas son amistades nuestras.

CARMELA (*Que ha estado expectante*).—¿Los Quintero?

DON RICARDO.—Sí... Que salen de viaje en el avión de las siete y que tienen que arreglar sus maletas esta noche...

Se oye sonar el timbre de la puerta.

Ahí están los primeros. (*Subiendo hacia el piano, más animado. Alicia atraviesa del comedor al vestíbulo.*) Después de todo, estamos dando a esas excusas una importancia que no tienen. Es natural que cuando tratas de reunir a un grupo numeroso, muchas personas tengan dificultades y compromisos anteriores...

ZEYER (*Apareciendo de frac, por el vestíbulo. Alicia cruza hacia el comedor y hace mutis*).—¡Mi hermano! ¡Felicidades! Quise ser el primero en venir a darte un abrazo.

DON RICARDO (*Rehuyendo el abrazo, en tono frío*).—Muchas gracias...

ZEYER (*Desconcertado*).—¿Qué pasa, mi viejo? ¿Estás disgustado?

DON RICARDO.—No, nada. Estas cosas que siempre están llenas de pequeños problemas.

ZEYER (*Dándole una palmada*).—No hay que hacer caso de los pequeños problemas. Siempre se resuelven solos. (*Cruzando a saludar a Carmela, con igual efusividad. Le estrecha la mano con las dos suyas. Don Ricardo los mira con desconfianza.*) Señora... Ya sabe todo lo que le deseo para Beatriz.

CARMELA.—Muchas gracias, Daniel.

Suena el timbre del teléfono. Carmela cruza para contestar. Don Ricardo baja hasta el respaldo del sillón de la derecha.

¿Bueno?... La casa del señor Torres Flores... Sí, habla la señora... ¿Cómo está, señor Borbolla?... ¿Quiere usted hablar con Ricardo?...

Reacción de don Ricardo.

Yo se lo diré... Créame usted que lo sentimos mucho... Muchísimas gracias... El gusto es mío, señor Borbolla. (*Cuelga.*)

DON RICARDO.—¿Tampoco puede venir?

CARMELA.—No. Le ha empezado un ataque de gripe.

DON RICARDO (*Francamente alarmado*).—Pues esto sí ya es sospechoso. El presidente del banco...

ZEYER (*Solícito*).—¿Pasa algo malo, mi hermano?

DON RICARDO.—Que todo el mundo se está excusando... No me lo explico... ¿Sería posible que se haya publicado algo sobre ese asunto del suero?

ZEYER.—Ni una palabra. Yo mismo revisé todos los periódicos.

DON RICARDO.—¿Entonces?...

ZEYER.—Supongo que no volviste a saber nada del famoso periodista...

DON RICARDO.—Absolutamente nada. Estuve esperándolo hasta las cinco de la tarde con el dinero dispuesto. En realidad, desde anoche que me informó por teléfono el ingeniero Torres que no lo conocían en ningún periódico, yo sabía que no se presentaría.

ZEYER.—No... El golpe de él estaba en sacarnos el dinero ayer mismo. De lo contrario, estaba perdido.

DON RICARDO.—Sin embargo... Algo raro debe estar pasando...

JORGE (*Llega precipitadamente por el vestíbulo, vestido de calle. Observa la escena y baja a besar a su madre. Se le nota alterado*).—Buenas noches.

ZEYER.—Buenas noches.

CARMELA.—¿Pero todavía no te has vestido, hijo? Dentro de un rato empezarán a llegar los invitados.

Sin decir palabra, Jorge va hacia su padre y le tiende un periódico doblado que extrae de la bolsa del saco.

DON RICARDO (*Desdobla el periódico con nerviosidad y reacciona desagradablemente*).—Aquí está. En los periódicos de la tarde. ¡Y a ocho columnas! (*Leyendo.*) "Horrendo crimen de unos laboratorios." (*Estruja el periódico y lo deja en manos de Zeyer, que se ha precipitado al lado de don Ricardo.*) ¡Malditos!... Léelo tú... Yo no puedo...

Se aparta con paso vacilante hacia la derecha y se deja caer, abatido, en la silla de la derecha de la mesa. Zeyer empieza a leer ávidamente para sí.

CARMELA (*Yendo hasta Jorge, en voz baja*).—Vete a vestir, hijo.

JORGE.—Sí, mamá.

Se va despacio, con aire humillado, por la escalera. Carmela permanece en su lugar, a la expectativa, en actitud estoica.

ZEYER.—Te mencionan a ti... como el principal propietario de los laboratorios... Y a mí... Fue el médico que atendió al chamaco el que presentó la denuncia hoy en la mañana... Dijo que un enviado nuestro que se decía periodista le ofreció dinero porque guardara silencio...

DON RICARDO (*Se levanta y cruza hacia la izquierda*).—¡El muy bribón! Había combinado maravillosamente su negocio... Con el dinero que pensaba sacarme, iba a comprar al médico y así nadie se enteraría de nada... (*Volviéndose desde la chimenea.*) Debimos haberle hecho caso al ingeniero y adelantarnos a presentar la denuncia por falsificación...

ZEYER.—Pero tú no querías que se hiciera ningún escándalo...

DON RICARDO.—No sé... Debimos haberle dado el dinero a ese bandido... No sé lo que debíamos haber hecho...

ZEYER.—Todavía debe estar el subgerente en la oficina. Voy a llamarle para ver si sabe algo. (*Va a sentarse a la silla izquierda de la mesa y marca un número en el teléfono.*) ¿Quién habla?... ¿Es usted, Domínguez?... ¿Sabe usted algo de ese asunto que traen los periódicos de la tarde?... ¿Cómo?... ¿En este momento?... Bueno. Dígales que esperen... Voy para allá en seguida...

Se levanta demudado. En este momento aparece Alicia por el comedor trayendo una charola con cuatro o cinco "martinis". Ofrece a Carmela, luego a Zeyer y finalmente a don Ricardo. Todos rehusan con un "No, gracias". Durante su recorrido por el salón, presta mucha atención a lo que se dice y todavía antes de hacer mutis por el comedor, se detiene un momento a escuchar. Casi en seguida reaparece y sube rápidamente por la escalera de las habitaciones.

Han hecho ya la consignación. En este momento están en la oficina dos agentes de la Procuraduría. Yo creo que todavía es tiempo de que presentemos nosotros una acusación en contra de quien resulte responsable de haber cambiado las fechas en los envases. Que se haga la investigación...

DON RICARDO.—¿Y si hay orden de aprehensión contra ti? ¿O contra mí, puesto que me mencionan en la denuncia?

ZEYER.—No lo creo. Pero si fuera así, no habrá más remedio que cargar la culpa sobre el químico de la compañía... Para eso es el responsable.

DON RICARDO.—Pero... las actas en que consta la destrucción de los sueros vencidos, ¿no prueban su inocencia?

ZEYER (*Con mucha malicia*).—Sí... Nada más que ésas las tengo yo y las voy a usar en la forma que más me convenga.

CARMELA (*Protestando*).—Sería una injusticia...

ZEYER.—Señora... Mientras las cosas no se aclaren, lo que importa es que no vayamos a la cárcel ni Ricardo ni yo. (*Da una palmada a don Ricardo.*) Ya te avisaré cómo van las cosas. (*Cruzando hacia Carmela.*) Con su permiso.

Hace mutis por el vestíbulo. Carmela, desolada, camina hacia la derecha y se sienta en la silla de la izquierda. Don Ricardo se deja caer, abatido, en el sillón de la izquierda.

CARMELA.—¿Qué piensas hacer de todo esto?

DON RICARDO.—No sé... No tengo la menor idea... No puedo pensar...

CARMELA.—Habrá que darle una explicación a Carlos...

DON RICARDO.—Y a su familia... Lo que resulta todavía más penoso...

De pronto se oyen pasos precipitados que bajan atropelladamente la escalera y gritos en confusión de Héctor y Alicia, quienes aparecen por el mezanín y bajan hasta detrás del sofá, aquél tratando de detener a ésta. Héctor está vestido de smoking. Alicia trae en las manos dos cajas idénticas a las que sacó Héctor al principio del primer acto. Don Ricardo y Carmela se ponen de pie como por resortes.

VOZ DE ALICIA.—¡Déjame! ¡Suéltame! ¡Ya nada va a conseguir con eso! ¡Ahorita mismo se lo voy a decir todo a su papá!

VOZ DE HÉCTOR (*Al mismo tiempo*).—¡No, Alicia! ¡Espera! ¡Déjame decirte una cosa! ¡Por favor! ¡No hagas eso!

ALICIA (*Apareciendo, agitada*).—¡Ya no voy a dejar que siga engañando a su papá todo el tiempo!

HÉCTOR (*Tras de Alicia, tratando de detenerla, al mismo tiempo*).—¡No es cierto, papá! ¡No le creas nada! ¡Es una mentirosa!

DON RICARDO.—¡Silencio! ¿Qué escándalo es éste? ¿Qué es lo que pasa?

ALICIA.—Mire, señor... Yo desde hace tiempo se lo quería decir a usted... No más que el joven Héctor me ha tenido amenazada.

HÉCTOR.—¡No es cierto, papá!

DON RICARDO.—¡A callar!

Héctor cruza compungido hacia la derecha.

¿Qué era lo que me querías decir?

ALICIA.—Que el joven Héctor es el que les cambia las fechas a las inyecciones.

Don Ricardo.—¿Cómo es eso?

Carmela.—¡Héctor! ¿Es posible?

Alicia.—Siempre tiene de estas cajas en su closet y con una agüita que tiene en unas botellitas les borra la fecha y luego tiene unos sellitos con los que les pone otra fecha...

Don Ricardo.—¿Cómo sabes tú todo eso?

Alicia.—Porque él mismo me lo contó un día que lo encontré haciéndolo... Pero luego le entró miedo de que yo lo dijera y por eso empezó a enamorarme. Pero como yo no le hacía caso, me amenazó con que iba a hacer todo lo posible porque me corrieran...

Carmela (*Llorosa*).—¿Es verdad, Héctor? ¿Has sido capaz de hacer todo eso?

Héctor no contesta y se conforma con bajar la cabeza. Está temblando. Carmela se retira hacia la derecha, esforzándose por ocultar el llanto. Vuelve a sentarse en la silla de la izquierda de la mesa.

Don Ricardo (*Que mientras tanto ha tomado las cajas de las manos de Alicia y ha examinado el contenido. Ahogado por la ira*).—¿Cómo has hecho para conseguir estas cajas?

Héctor.—Con una credencial de los laboratorios... Iba yo a recogerlas a las farmacias...

Don Ricardo.—¿Quién te dio esa credencial?

Héctor.—Zeyer.

Don Ricardo.—¿Cómo Zeyer? ¿Por qué te la dio?

Héctor.—El día que fui a los laboratorios estaban haciendo otras credenciales... Yo le pedí una... y me la dio...

Don Ricardo.—¿Y tú? ¿Qué es lo que salías ganando con hacer este cambio?

Héctor.—No devolvía las cajas a las mismas farmacias... Iba a otras... y se las vendía más baratas de lo que las venden los laboratorios...

Don Ricardo (*Arroja las cajas sobre el sofá y estalla*).—¡Además de ladrón, imbécil! ¿No pensaste que más tarde o más temprano las farmacias donde las recogías iban a reclamarlas?

Héctor se deja caer en el banquillo del piano y se cubre la cara con las manos para ahogar el llanto que ya no puede contener.

Carmela (*Levantándose y yendo a él, llorosa*).—¿Te das cuenta de lo que has hecho?... Un niño ha muerto a causa de eso... Tal vez otros hayan muerto también sin que nosotros lo sepamos... Has expuesto a tu familia al escándalo... y la has colocado al borde de la ruina... Un inocente puede ser llevado a la cárcel por tu culpa... Tú mismo podrías ir a la cárcel si esto llegara a descubrirse...

HÉCTOR (*Llorando abiertamente*).—¡No lo pensé, mamacita!... ¡Te lo juro que no lo pensé!... Todo lo que yo quería era ganar un poco de dinero...

DON RICARDO.—¡Mientes! Tú no eres de los que no piensan las cosas... Al contrario... A un estúpido, podría perdonársele... Pero no a ti, que meditas y calculas perfectamente todas las cosas... De ti lo único que puede uno pensar es que eres un monstruo...

Se oye sonar el timbre de la puerta. Alicia hace intento de ir a abrir. Don Ricardo la detiene. Carmela reacciona y trata de arreglarse rápidamente frente al espejo.

Espera. (*Toma las cajas del sofá y se las pasa a Héctor.*) Vete a tu cuarto y guarda bien esto.

HÉCTOR (*Levantándose y tomando las cajas*).—¡Perdóname, papá!

DON RICARDO.—Ya iré después a hablar contigo. Espérame en tu cuarto. No es el momento para tratar aquí esta cuestión.

Héctor se va con las cajas por el mezanín. A Alicia.

Ya puedes abrir.

Alicia se va por el vestíbulo. Don Ricardo trata de serenarse.

No sé cómo vamos a sacar a este muchacho del enredo en que nos ha metido a todos...

CARMELA (*Volviéndose hacia él*).—Si salimos con bien de todo esto, tienes que aplicarle un castigo muy severo. Es indispensable corregirlo...

CARLOS (*Apareciendo por el vestíbulo, vestido de calle, con aire compungido. Alicia se va por el comedor*).—Buenas noches.

DON RICARDO (*Comprendiéndolo todo al verlo, sin poder disimular su temor y su desilusión*).—Buenas noches...

CARLOS (*Tímidamente, a Carmela, que ha sufrido una fuerte sacudida*).—Señora... Muy buenas noches...

CARMELA (*Haciéndose fuerte*).—Pase, Carlos... Siéntese y díganos lo que tenga que decirnos...

CARLOS.—Gracias, señora... Efectivamente, tenía la intención de hablar con ustedes...

CARMELA (*Yendo a sentarse a la derecha del sofá*).—Bueno... pues lo escuchamos... Siéntese usted...

Carlos baja a sentarse en el sillón de la derecha. Don Ricardo baja por la izquierda del sofá y se sienta en el sillón de la izquierda.

CARLOS (*Después de una pausa embarazosa*).—No necesito explicar a ustedes cuánto siento lo que ha pasado...

DON RICARDO (*Débilmente*).—Gracias.

CARMELA (*Igual, al mismo tiempo*).—Muchas gracias.

CARLOS.—Por desgracia, como ustedes comprenderán, eso me obliga a aplazar mi matrimonio con Beatriz...

CARMELA.—Francamente... yo no veo la razón... Por el hecho de que los periódicos hayan publicado una noticia que está muy lejos de haber sido comprobada...

DON RICARDO.—Nos hace usted muy poco honor al dar por cierta esa noticia sin esperar a oír lo que nosotros tengamos que decir sobre el particular... Por principio de cuentas, yo solamente soy socio capitalista de la compañía... Por otra parte... Estoy seguro de que los laboratorios saldrán airosos de esta calumnia...

Alicia que ha aparecido por el comedor trayendo una charola con cuatro "martinis", les ofrece a Carmela, a Carlos y a don Ricardo. Todos rehusan con un movimiento de cabeza. Alicia deja la charola sobre la mesita.

CARLOS.—Yo también estoy seguro de ello. Por eso he hablado solamente de un aplazamiento... En cuanto las cosas queden en su lugar, no habrá ningún inconveniente en celebrar la ceremonia...

CARMELA.—Pero comprenda usted el ridículo en que nos deja a Beatriz y a nosotros... media hora antes de la ceremonia... cuando los invitados están por llegar... Es decir... Los pocos que no han dado crédito a la noticia... El aplazamiento no hará, en todo caso, más que confirmarla...

DON RICARDO (*Levantándose*).—Y luego... no veo qué culpa pueda tener mi hija en todo esto... en caso de que hubiera alguna culpa.

CARLOS (*Se levanta*).—Ninguna, naturalmente. Yo soy el primero en lamentar estas desgraciadas circunstancias, por el cariño que le tengo a Beatriz... (*Cruzando hacia don Ricardo.*) Pero comprenda usted, don Ricardo. La notaría de mi padre es una de las más prestigiadas de México. Maneja los negocios de todas las firmas más importantes de la ciudad... Y yo trabajo en la notaría de mi padre... No puedo exponerme al menor descrédito...

CARMELA (*Levantándose, ofendida*).—Sigue usted dando por hecho que, al casarse con Beatriz, se casaría con la hija de una familia de ladrones y criminales...

CARLOS.—De ninguna manera, señora. Si por el contrario, yo he logrado vencer los obstáculos que mis padres oponían a esta unión... Pero ante una cosa así...

CARMELA.—¿Obstáculos...? ¿Qué obstáculos podían poner...?

CARLOS.—Nada de importancia, desde luego... Ellos son muy conservadores y tienen algunas ideas especiales sobre ciertas cosas.

CARMELA (*Violenta*).—¿Cuáles?

Carlos se siente acorralado y no sabe qué responder.

DON RICARDO (*Tratando de poner fin a lo embarazoso de la situación*).—Me parece que la única que tiene que resolver esto es la misma Beatriz. Nosotros no vamos a ponerle una pistola en el pecho a Carlos para que se case contra su voluntad...

CARMELA.—No... Ni Beatriz tampoco...

CARLOS.—Pero si yo no estoy tratando de ningún modo de romper mi compromiso con Beatriz.

Suena el teléfono. Don Ricardo cruza para contestarlo. Habla fría, duramente.

DON RICARDO.—¿Bueno?... Sí... ¿Eres tú, Daniel?... ¿Y qué voy yo a hacer a la Procuraduría?... Pues mi declaración será bien corta. Que soy socio capitalista del negocio y que ignoro absolutamente lo que pasa... Si tú hubieras resuelto los problemas de la compañía sin mezclarme a mí, como era tu deber, no estaría yo sufriendo estas molestias... Sí, voy para allá en seguida. (*Cuelga. A Carmela.*) Voy a tener que ir a declarar a la Procuraduría. Lo mejor será que llames a Beatriz de una vez...

CARMELA.—Sí, voy a llamarla. Me despido de usted, Carlos.

CARLOS (*Dándole la mano*).—Señora, le ruego que me perdone...

CARMELA.—No tengo nada que perdonarle. Estoy segura de que Beatriz sabrá resolver lo que más le convenga. (*Se va por el mezanín.*)

CARLOS (*A don Ricardo*).—Yo quisiera que usted entendiera mis razones, don Ricardo. Yo no puedo decidir por mí mismo en un caso como éste, sin tomar en cuenta los intereses de mi familia. Me debo a ella... y aunque sus decisiones sean a veces contrarias a mi conveniencia y hasta a mis sentimientos, mi obligación es solidarizarme con los míos...

Don Ricardo (*Que ha escuchado con sumo interés y en quien las palabras de Carlos parecen haber causado gran impacto. Habla más bien para sí*).—Entiendo perfectamente... Y ahora comprendo que mi gran error fue no haber sembrado en mi familia el mismo espíritu de unión, la misma solidaridad... Por eso la de usted es una familia fuerte... en tanto que la mía se desgaja y parece que va a desbaratarse al primer impulso adverso... (*Volviendo a la realidad.*) Sin embargo, tengo la impresión de que usted está a punto de cometer el mismo error. Por la solidaridad con la familia a la que pertenece, empieza usted por ser desleal a la familia que quiere formar... a la que va a ser en realidad su única y auténtica familia... Verdaderamente, me parece muy mal principio...

Carlos (*Lastimado*).—Don Ricardo...

Jorge baja de las habitaciones vestido de smoking. Tan pronto como don Ricardo lo ve, le sale al encuentro frente al piano. Carlos, nervioso, se aparta un poco a la izquierda.

Don Ricardo.—¡Ah, Jorge! Mira... Aquí está la lista de los invitados. (*La saca de la bolsa.*) Llama rápidamente a todos por teléfono y les dices que el matrimonio se ha aplazado por una indisposición de tu hermana... Que oportunamente se les avisará la fecha en que se celebre...

Jorge (*Sorprendido y apenado, toma la lista y va al teléfono*).—Sí, papá. (*Mirando con recelo a Carlos.*) ¿Qué tal, viejo?

Carlos.—Qué tal...

Don Ricardo.—¡Ah! Le llamas al juez antes que a nadie. Y llévate mejor el teléfono al "office", porque Carlos va a hablar aquí con tu hermana... Yo tengo que salir un momento...

Jorge.—Sí papá.

Desenchufa el teléfono y se lo lleva por el comedor, mientras don Ricardo baja hasta el primer término, al centro, para despedirse de Carlos.

Don Ricardo.—Créame Carlos, que cualquiera que sea el resultado de este asunto, usted seguirá contando con toda nuestra estimación y que siempre será muy bien venido a esta casa.

Carlos (*Dándole la mano*).—Muchas gracias, don Ricardo.

Don Ricardo.—Hasta luego, entonces.

Carlos.—Buenas noches.

Don Ricardo hace mutis por el vestíbulo. Cuando Carlos queda solo, va nerviosamente hasta la chimenea, haciendo un esfuerzo por dominarse, camina despacio hasta el extremo derecho, meditando. Desde allí se vuelve cuando oye bajar a Beatriz que aparece por el mezanín, deslumbrante en su vestido de "soirée". Indudablemente está ya enterada de lo que pasa, pues su porte es altivo y su tono sarcástico, pero interiormente está profundamente herida.

BEATRIZ (*Parándose en la escalera del mezanín*).—Me dijo mi mamá que querías hablarme...

CARLOS (*Muy cohibido*).—Sí, Beatriz...

BEATRIZ.—Pues aquí estoy.

CARLOS.—Por favor... Ven a sentarte. (*Le indica el sofá.*)

BEATRIZ.—Como gustes... (*Baja por la izquierda del sofá y se sienta en ese mismo lado.*) Tú dirás...

CARLOS.—Supongo que ya te habrá dicho tu mamá...

BEATRIZ.—Sí, todo absolutamente.

CARLOS (*Yendo a sentarse junto a Beatriz*).—Antes que nada, quiero que sepas que mi cariño hacia ti no ha variado en lo más mínimo... Que es lo más importante para mí... Que te quiero y te seguiré queriendo por encima de todas las cosas y que mi decisión de casarme contigo es inquebrantable...

Trata de tomarle la mano que Beatriz retira con elegancia.

BEATRIZ.—¿Crees tú?

CARLOS.—Estoy completamente seguro. ¿Por qué lo dudas?

BEATRIZ (*Levantándose y yendo hacia la chimenea*).—De manera que según tú nadie puede quebrantar tu decisión... Por lo visto, la mía no cuenta para nada...

CARLOS (*Mirándola, atemorizado*).—¿Qué quieres decir?

BEATRIZ.—Que mi decisión de no casarme contigo es igualmente inquebrantable.

CARLOS (*Levantándose, angustiado*).—¡Beatriz!.... Deberías pensarlo mejor... En este momento estás exaltada... Estás nerviosa...

BEATRIZ (*Se vuelve hacia él aparentando exagerada y fría naturalidad*).—No... en lo más mínimo... Estoy perfectamente tranquila. ¿Y sabes una cosa? A mí misma me ha llamado la atención, porque me he dado cuenta de que no me importa para nada.

CARLOS (*Yendo rápidamente hacia ella. En tono suplicante*).—Eso no es verdad, Beatriz... Yo sé que me quieres... Que me has querido... Cómo es posible que así... en un momento.

BEATRIZ (*Cruzando hasta el extremo derecho*).—¿No te he dicho que a mí misma me ha llamado la atención? Y me alegro mucho de que me hayas dado esta oportunidad de darme cuenta, porque de lo contrario hubiéramos cometido una equivocación imperdonable.

CARLOS (*Yendo hasta el centro del proscenio*).—Permíteme que te diga que no lo creo, Beatriz... Te sientes ofendida y estás haciendo todo lo posible por lastimarme... Estás representando una comedia... Y eso es indigno de ti, Beatriz... Tú eres una muchacha fina...

BEATRIZ (*Cínica. Con mucha ironía*).—Nada de eso... Otra de las cosas de que me he dado cuenta es de que no soy fina... Nunca lo he sido. Y tú tampoco lo crees... A una muchacha a quien tú considerases realmente fina, jamás te hubieras atrevido a proporcionarle que aplazara su matrimonio, media hora antes de la ceremonia... Por el contrario... siempre me he sentido muy grosera junto a ti y muchas veces he tenido que hacer verdaderos esfuerzos para no demostrarlo... ¡Ésa ha sido la comedia! Pero ahora no quiero que te vayas sin que me conozcas tal cual soy, para que no tengas remordimientos. ¿Sabes lo que me pareces allí parado en medio del salón? (*Él la mira dolido y atemorizado. Ella le arroja a la cara su desprecio.*) ¡Un payaso ridículo!

CARLOS (*Reaccionando con dignidad*).—En realidad, nunca esperé que me hicieras este recibimiento.

BEATRIZ.—No es un recibimiento. Es una despedida. Y definitiva.

Le vuelve la espalda. Carlos interrumpe un último ademán hacia ella. Medita un segundo y tomando una resolución, se va rápidamente por el vestíbulo. Cuando Beatriz se da cuenta de que se ha ido, se vuelve y, haciendo grandes esfuerzos por convencerse a sí misma de su tranquilidad, coloca las manos por detrás y camina a pasos largos, pausados y firmes, hacia el sofá. Queda detrás de la mesita y de pronto repara en los "martinis" que Alicia había dejado allí. Toma una copa, sin deseo, como por curiosidad, la prueba y luego la bebe como un vaso de agua. Deja la copa y se queda mirando las demás. En un rápido impulso, toma otra y la bebe de un solo trago. La impresión es de desagrado. Y aquí, su tensión se rompe. Arroja la copa contra la chimenea, se tira sobre el sofá y trata de ahogar los sollozos que ya no puede contener, hundiendo la cara entre los brazos. Instantes después se oye sonar el timbre de la puerta y un momento más tarde atraviesa Alicia del comedor al vestíbulo, para reaparecer al cabo de varios segundos, seguida de Manuel, vestido de smoking, que permanece en la puerta del vestíbulo mientras ella avanza hacia el respaldo del sofá.

ALICIA.—Señorita... Señorita...

BEATRIZ (*Incorporándose. Como si despertara*).—¿Eh?... ¡Qué!...

ALICIA.—Está aquí el señor Torres.

BEATRIZ (*Vuelve violentamente hacia el vestíbulo y descubre a Manuel. Con gran alegría*).—¡Ah, Manuel! ¡Qué gusto!

Se levanta y tratando de componerse un poco con discreción le sale al encuentro. No está trastornada. El efecto de las copas se notará cuando mucho en una mayor desenvoltura, viveza y seguridad, y si acaso, muy de vez en cuando, en cierta pastosidad casi imperceptible de la lengua, cuando se trata de palabras de difícil dicción.

MANUEL (*Un tanto extrañado de la soledad, y del aspecto y la actitud de Beatriz*).—¿Cómo está, Beatriz? ¿Ha pasado algo? ¿Se siente usted mal?

BEATRIZ.—¡Todo lo contrario! ¡Me siento dichosa! (*Va hacia la mesita y desde allí se vuelve a Manuel.*) ¿Quiere saber lo que ha pasado? ¡Que he roto mi compromiso! Me alegro de que haya venido, porque usted y yo vamos a celebrarlo solos. (*Se inclina para tomar dos copas, una de las cuales ofrece a Manuel.*) ¡Venga! ¡Acérquese! ¡Vamos a beber por mi felicidad! (*Manuel se acerca sin poder disimular su desconcierto y toma la copa que le ofrece Beatriz.*) ¡Salud! ¡Por mi felicidad! (*Choca su copa con la de Manuel.*)

MANUEL.—A su salud, Beatriz. (*Ella bebe toda la copa de una sola vez, en tanto que Manuel da un pequeño sorbo.*) Créame que lo siento mucho...

BEATRIZ.—Hace usted mal... (*Se sienta en el centro del sofá y le indica el lugar a su derecha.*) Venga, siéntese aquí. (*Manuel lo hace.*) ¿Sabe lo que voy a hacer ahora? (*Lo contempla un momento, sonriendo.*) ¡Me voy a casar con un hombre como usted!

MANUEL (*Riendo de buena gana*).—No se lo aconsejo...

BEATRIZ.—¿Por qué?

MANUEL.—Primeramente, porque tendría usted que pasar muchas privaciones y muchos trabajos a los que no está acostumbrada...

BEATRIZ.—Eso no tiene importancia. ¿Y después?

MANUEL.—Después... aunque yo no creo en la diferencia de clases... sí me parece que para que haya armonía en el matrimonio, debe haber un relativo nivel económico... un equilibrio social... cierta similitud de hábitos, gustos y costumbres entre las dos familias y hasta entre sus respectivos círculos de amistades... De lo contrario, pronto empiezan a surgir diferencias y problemas que hacen de la vida conyugal un infierno...

BEATRIZ.—Pero yo no soy ninguna aristócrata... No encuentro que entre... un hombre como usted y... yo, existan esas diferencias...

MANUEL (*Levantándose para dejar su copa sobre la mesita. Luego cruza hacia la chimenea*).—Mucho más de lo que usted imagina, Beatriz. Yo soy un hombre de origen sumamente humilde...

BEATRIZ.—Yo también... Mi papá empezó su carrera como un modestísimo empleado.

MANUEL (*Sonríe y se sienta en el brazo derecho del sillón de la izquierda*).— Por lo que a mí respecta, voy a desilusionarla de una vez por completo: soy hijo de una sirvienta indígena... y de un padre desconocido...

BEATRIZ (*Se levanta, asombrada. Para sí misma*).—¿Cómo es posible?

MANUEL.—No me da vergüenza decirlo, aunque habitualmente, como es natural, rehuyo hablar de ello.

BEATRIZ (*Yendo hacia él. Más bien con admiración*).—¿Pero cómo es posible? Usted, un profesionista...

MANUEL.—El caso es más general de lo que usted cree. Es así como esas pobres mujeres cumplen con la ley de la vida. Son el instrumento ciego de que se vale la naturaleza para seguir consolidando una raza nueva, a la que le prestan, cuando menos, el color de su piel... (*Cruza a la derecha, hasta el centro de la escena, y luego se sienta en el brazo derecho del sillón de la derecha.*) Como ya no hay conquistadores ni colonos que vayan a mezclarse con ellas en el campo, ellas vienen a la ciudad, obligadas por la necesidad, a buscar acomodo en los hogares, en donde por grado o por fuerza un día tienen que rendirse al requerimiento de sus amos. No hay deseo. No hay amor ni placer. Ni siquiera pecado. Son como esas flores que abren sus corolas para recibir el polen que les trae el viento de no saben qué otras flores ignoradas y remotas. (*Baja la cabeza y se calla un momento. Ella lo mira fascinada desde la chimenea.*) Luego... empieza su calvario. Rechazadas de todas partes, se convierten en la madre y en el padre de las criaturas que traen al mundo, por las que luchan sin descanso para abrirles paso en el ambiente tumultuoso de la ciudad. Naturalmente, muchas fracasan. Pero otras, tal vez las menos, logran su propósito y encuentran en ello la razón de ser y la felicidad de su vida.

BEATRIZ (*Va lentamente hacia él, le toma la mano y le habla con voz enamorada*).—¿Quiere que le diga una cosa? Siento que lo aprecio infinitamente más por todo lo que acaba de decirme. (*Se miran profundamente a los ojos durante un instante. Luego, ella misma rompe el encanto del momento, y recobrando su tono frívolo, cruza hasta el muro de la derecha, donde toca el timbre.*) Bueno... Pero dijimos que íbamos a celebrar la ruptura de mi compromiso... Tenemos que hacer algo... Ya no vamos a hablar más de esas cosas...

MANUEL (*Levantándose*).—Como usted guste...

BEATRIZ (*Yendo hacia él con rítmicos movimientos infantiles*).—Estoy contenta como nunca lo había estado. Tengo ganas de beber... de aturdirme...

ALICIA (*Aparece por el comedor*).—¿Llamó usted, señorita?

BEATRIZ.—Sí, Alicia. Bájame mi estola.

ALICIA.—Muy bien, señorita.

MANUEL.—¿Tiene usted frío? ¿No se siente bien?

BEATRIZ.—¡Nada de eso! Nos vamos a ir a la calle. ¡A los cabarets! Pero no a los cabarets elegantes donde la gente tiene miedo de divertirse y se sienta en una mesa a exhibirse como los maniquíes en los escaparates de las tiendas... ¡Nos vamos a ir a los arrabales! A confundirnos con la multitud que de verdad necesita divertirse...

MANUEL (*Ligeramente desconcertado*).—Yo iría con muchísimo gusto... Pero... no sé si deba... No soy más que un empleado de su papá...

BEATRIZ.—¿Qué tiene eso que ver?

MANUEL.—Cuando menos... creo que sería conveniente pedirle permiso...

BEATRIZ.—No está.

MANUEL.—A su mamá, entonces.

BEATRIZ.—¡No! ¡Ésta es una escapada!

ALICIA (*Bajando por la derecha del sofá*).—Aquí está, señorita.

MANUEL (*Cruza para tomar la estola*).—Gracias.

Alicia hace mutis por el comedor. Mientras Manuel coloca la estola en los hombros de Beatriz, ella desliza sus manos sobre las de él.

BEATRIZ.—¿No quiere usted acompañarme?

MANUEL.—Debería usted pensarlo mejor, Beatriz. No me parece correcto...

BEATRIZ (*Tomando una decisión, va hacia la puerta del vestíbulo. A medio camino se para y se vuelve hacia Manuel*).—¿Sabe una cosa? Si usted no va conmigo, voy a ir sola. ¿Prefiere que me vaya sola?

Manuel se desconcierta y titubea sin saber que decir. Ella aprovecha ese desconcierto y desde su lugar le tiende la mano con coquetería.

¿No viene usted?

Tras un instante de indecisión, Manuel se resuelve y va a tomar la mano de Beatriz. Los dos hacen mutis rápidamente por el vestíbulo, como en una huida, mientras con igual rapidez cae el

TELÓN

CUADRO II

Escena: La misma del cuadro anterior, el día siguiente, poco después de las cinco y media de la mañana. Todo está como quedó la noche anterior, con excepción de las copas, que han sido retiradas, y del candil que ha sido apagado. Las lámparas permanecen encendidas. La luz del exterior empezará a aumentar paulatinamente desde el principio del acto hasta el final, en que será completamente de día. Al levantarse el telón, Carmela está sentada, cubierta con una bata, en el sillón de la izquierda. Su actitud es de extremo abatimiento. No llora, pero se conoce que lo ha hecho toda la noche. En el couch del mezanín, acodado sobre las rodillas y apoyada la cabeza entre los puños, está sentado Héctor. Viste todavía de smoking, pero se ha soltado la corbata y se ha desabrochado el cuello. Está despeinado y su gesto tiene una expresión trágica.

CARMELA (*Después de un momento, con voz fatigada*).—¿Qué horas son, Héctor?

HÉCTOR (*Se levanta y va hacia la ventana*).—Deben ser más de las cinco. Está empezando a amanecer.

CARMELA.—Y ni tu padre ni Jorge regresan... (*Con un acceso de llanto contenido.*) ¿Dónde puede haberse metido esa niña?

HÉCTOR (*Viniendo al barandal*).—No te preocupes, mamá... Estará en algún cabaret... Pero ve tú a saber en cuál...

CARMELA.—¿Te das cuenta de todo lo que has hecho, Héctor?

HÉCTOR (*Con rabia y desesperación, a punto de estallar en llanto, golpea el barandal con el puño*).—¡Sí, sí! ¡No tengo perdón! ¡Soy un imbécil! Tiene que haber algo dentro de mí que me obliga a hacer cosas perversas... Eso no es normal...

CARMELA.—No hay nada anormal. Si tú te propones ser bueno, todo lo que hagas tendrá que ser bueno...

HÉCTOR.—Hasta lo que hago con las mejores intenciones, creyendo que es algo bueno, al fin resulta malvado. ¡Debe de haber algo maldito en mi sangre!

CARMELA (*Se levanta, aterrorizada*).—¡Te prohíbo que vuelvas a decir eso! ¡Es una blasfemia! No quiero volvértelo a oír, ¿entiendes?

HÉCTOR (*Con un ademán de impotencia y desaliento, se retira hacia la ventana*).—¿Lo ves? Yo no lo dije con esa intención. Pensaba nada más en la mezcla de sangres... en el choque de que hablaba mi papá la otra noche...

CARMELA.—Tú, menos que nadie, debes pensar en semejante cosa. Tú eres rubio... Tienes los ojos azules...

HÉCTOR.—Es lo que más me preocupa... Si el resultado de ese choque no es precisamente una cuestión de color de la piel... sino más bien algo que sucede dentro de la mente... en el cerebro... en los nervios... ¡No sé!... (*Dice esto último con rabia y se vuelve a mirar hacia afuera, a través de la ventana.*)

CARMELA (*Totalmente desconcertada*).—Además... no sé por qué hablas de choque de sangres... Sabes perfectamente que... tu papá... y yo... tenemos la misma mezcla... somos de una misma raza...

Héctor se vuelve hacia ella y la mira fija y profundamente, sin atreverse a decir lo que quisiera decir. Hay angustia, incertidumbre y recriminación a un tiempo en esa mirada. Carmela la sostiene valientemente durante unos segundos, pero al fin se traiciona y, no pudiendo soportarla, se da la vuelta con amargura y se apoya, desfallecida, en la repisa de la chimenea. Héctor, profundamente dolido, reclina la cabeza contra la ventana.

HÉCTOR (*Después de una pausa*).—Ahí está ya papá.
CARMELA (*Volviéndose rápidamente*).—¿Con Beatriz?
HÉCTOR.—No... solo...
CARMELA (*Ansiosa, pero tratando de dominar sus nervios, sube por la izquierda del sofá hasta la izquierda del piano*).— ¡Dios mío! ¿Dónde puede estar?... ¿Dónde puede estar?

Después de un momento se oye cerrar la puerta de entrada y aparece don Ricardo por el vestíbulo. Sobre el frac, tiene puesto el abrigo, con el cuello levantado. En su cara se advierten la angustia y la vigilia. Héctor viene otra vez al barandal, expectante.

DON RICARDO.—¿No ha venido Jorge?
CARMELA.—No...
DON RICARDO.—¿No ha llamado por teléfono?
CARMELA.—No, ¿por qué? ¿Sabes algo?
DON RICARDO.—Nada. Hemos buscado hasta el último rincón donde podía estar. Jorge ha ido a enterarse a las "cruces"... a las delegaciones... Puede haberle pasado algo...
CARMELA (*Alarmada*).—¡No digas eso, por lo que más quieras! (*Apartándose, desconsolada, a la izquierda.*) Dios no ha de permitirlo...
HÉCTOR (*Tímidamente, desde el barandal*).—Si me dieran permiso de salir, yo podría...
DON RICARDO (*Seco. Despectivo*).—No. Tú no.

Héctor, humillado, se da la vuelta y permanece de espaldas. Don Ricardo se deja caer, abatido, en la silla de la izquierda de la mesa.

Yo sabía que ese individuo no podía traernos nada bueno... Lo presentía.. A esa gente hay que tratarla como lo que es... No se les puede hacer la menor confianza porque no la merecen y... ¡claro! abusan en seguida...

CARMELA.—En realidad, no estamos seguros de que Beatriz esté con él...

DON RICARDO.—¡Con quién más iba a estar! Alicia los vio salir juntos. (*Pequeña pausa.*) Ahora estoy contento de que Zeyer haya declarado en contra de él. Afortunadamente, hoy mismo lo buscarán para aprehenderlo.

CARMELA.—De cualquier modo, eso no está bien, Ricardo. Tú sabes que es inocente.

DON RICARDO.—¡Es que me tiene rabioso! ¡Por qué ha hecho esto! ¡Por qué!

Se oye cerrar la puerta exterior. Don Ricardo se levanta y queda suspenso. Carmela se yergue, ansiosa. Héctor se precipita al barandal y observa angustiado hacia el vestíbulo, por donde a poco aparece Beatriz, tranquila, sonriente, con un brillo de satisfacción y malicia en los ojos. Avanza hasta el piano, observando con curiosidad las actitudes trágicas de sus padres, quienes de pronto permanecen en silencio, hasta que Carmela se precipita hacia ella. Héctor baja lentamente del mezanín hasta el respaldo del sofá.

CARMELA.—¡Beatriz! ¡Hija! ¿Qué es lo que has hecho? ¿Dónde has estado?

BEATRIZ (*Muy natural*).—Paseando, mamá.

DON RICARDO.—¿Te parece bien tener a toda tu familia angustiada hasta estas horas de la mañana?

BEATRIZ.—Pero... ¿por qué angustiada, papá?

DON RICARDO.—¿En dónde estabas? Te hemos buscado en todos los cabarets de México.

BEATRIZ.—Estuvimos en muchas partes... Tal vez no coincidimos...

DON RICARDO.—Y luego... ¡Con quién! Con un pelagatos cualquiera...

BEATRIZ (*Yendo hacia don Ricardo*).—Pero no comprendo por qué tanta alarma y tantos aspavientos. ¿No he salido toda la vida con Carlos?

CARMELA (*Adelantándose hasta el brazo izquierdo del sillón derecho*).—Pero siempre sabíamos dónde estabas...

DON RICARDO.—Y Carlos pertenece a una familia conocida. Es un muchacho decente...

Beatriz.—¡Manuel también lo es!

Don Ricardo.—Es lo que está por verse...

Beatriz.—Y yo también soy una muchacha decente, papá. Mi decencia no depende del hombre que me acompañe, sino de mí misma.

Don Ricardo.—En cuanto a ese individuo, tendrá que responderme de su abuso de confianza y de su falta de respeto.

Beatriz.—Pero si yo lo obligué, papá. Él no quería acompañarme a menos de que ustedes dieran su consentimiento.

Carmela.—¿Entonces?

Beatriz.—¡Mammy! ¿Crees que después de lo que acababa de pasar yo estaba muy normal y muy tranquila? ¿Que podía ir muy seriecita y muy mona a pedir permiso de salir, prometiendo estar de regreso a buena hora? Sí, por el contrario, tenía ganas de hacer algo... alguna cosa... una locura... Y obligué a Manuel a que saliéramos juntos. Le dije que si él no me acompañaba, me iría sola. Fue entonces cuando se decidió a salir conmigo. (*Riendo.*) ¿Y saben lo que hizo? Se dedicó a cuidarme como si fuera su hija o su hermana menor. Nunca me he sentido tan bien acompañada ni tan protegida. Lo único malo es que no me dejó hacer ninguna locura. Por primera vez me di cuenta de lo que significa para una mujer tener a su lado a un hombre.

Don Ricardo (*Amainado un poco*).—En mis tiempos, esto hubiera bastado para exigir a ese caballero que se casara contigo.

Beatriz.—¡Yo lo haría encantada, papá! Pero ¿sabes? Existe un pequeño inconveniente... (*Va a sentarse en el sillón de la derecha.*) No para mí, por supuesto... sino para ti. Es hijo de una criada...

Reacción de don Ricardo y Carmela que se dirigen una mirada significativa. Héctor también recciona y pone desmesurada atención.

Don Ricardo.—¡Cómo!... ¿Y quién es su padre?

Beatriz.—No lo sabe. No lo conoció.

Don Ricardo.—Pues a mí me dijo que sí lo había conocido... De manera que a uno de los dos le ha mentido.

Beatriz.—Sí... Lo comprendo... A mí me explicó que habitualmente rehuye hablar de eso.

Nueva mirada de desconcierto de don Ricardo y Carmela. Ésta va a sentarse en el brazo del sillón donde está Beatriz y la estrecha contra ella.

Carmela.—¿No te habrás enamorado de ese muchacho?

Beatriz.—Creo que sí... Me parece que empiezo a sentir lo que es eso...

CARMELA.—Pero no sabemos nada de él... No conocemos sus antecedentes... Habrá que averiguar antes...

BEATRIZ.—Yo sí los conozco. ¿No te estoy diciendo que es el hijo de una criada? No sabe quién fue su padre... Es ingeniero químico... y es un muchacho decente... ¿Todo eso no quiere decir nada para ustedes?

DON RICARDO (*Buscando con la vista sobre la mesa de la derecha*).—Voy a tomar un vaso de agua. Tengo la garganta seca.

Hace mutis por el comedor. Casi al mismo tiempo se oye sonar el timbre de la puerta.

CARMELA (*Extrañada*).—¿Quién puede ser a estas horas?

HÉCTOR.—Voy a ver. (*Se va por el vestíbulo.*)

CARMELA.—Debes pensarlo bien, Beatriz... No es posible que te hayas enamorado así, tan repentinamente... Puede ser una falsa impresión... En este momento te sientes despechada y...

BEATRIZ.—No... Creo que no es eso... Además... estas cosas no se piensan, mammy... Se sienten... Y uno no puede evitarlo...

HÉCTOR (*Apareciendo por el vestíbulo*).—Pase usted por aquí, señora.

CARMELA (*Levantándose*).—¿Quién es, Héctor?

HÉCTOR.—La mamá del ingeniero Torres.

Beatriz también se levanta para salir al encuentro de la visita. La señora Torres aparece por el vestíbulo. Es una mujer de tipo indígena, de más de cincuenta años, vestida a la usanza de las mujeres mexicanas de la clase media pobre: falda larga, blusa negra, suéter de abrochar, también negro, y chal del mismo color sobre la cabeza. Se la nota atribulada, aunque observa una actitud respetuosa, pero digna.

SEÑORA TORRES.—Buenos días.

BEATRIZ.—Buenos días. Pase usted, señora.

CARMELA (*A la expectativa*).—Buenos días...

SEÑORA TORRES.—Quisiera hablar con el señor Torres Flores. Es algo muy urgente. Por eso me tomé la libertad de venir a molestar a estas horas.

CARMELA.—Avísale a tu papá, Héctor.

HÉCTOR.—Sí, mamá.

BEATRIZ (*Tomándola por el brazo*).—En este momento viene. Pase usted a sentarse. (*La conduce al sofá.*)

SEÑORA TORRES.—Muchas gracias.

Se sienta en la orilla del sofá. Beatriz se aparta a la derecha. Don Ricardo aparece por el comedor, con aire desconcertado y temeroso. Consulta con la vista a Carmela, quien se conforma con indicarle con los ojos a la señora. Don Ricardo, viéndola de espaldas, titubea. Baja lentamente por la izquierda del sofá, como si tratara de evitar el momento de enfrentarla. No habla hasta que no la ha visto bien, todavía dudando. Héctor, que ha aparecido después de don Ricardo, por el comedor, observa la escena tímidamente, pero con gran curiosidad.

Don Ricardo.—Buenas noches.

Señora Torres.—Buenas noches, señor.

Don Ricardo.—¿Quería hablar conmigo, señora?

Señora Torres (*Levantándose*).—¿Usted es el señor Torres Flores?

Don Ricardo.—Para servirla, señora. Siéntese usted. (*Ella lo hace.*) ¿Usted es... la madre del ingeniero Torres?...

Señora Torres.—Sí, señor.

Don Ricardo (*No deja de observarla con gran interés, pero no se atreve a hacer la pregunta que quisiera hacer*).—Y... ¿En qué puedo servirla?

Señora Torres (*Sin poder contener el llanto, yendo hacia él*).—Señor... Acaban de llevarse a la cárcel a Manuel...

Beatriz.—¡No puede ser! ¿Por qué?

Don Ricardo (*Al mismo tiempo*).—A ver... ¿Cómo está eso?

Señora Torres.—Toda la noche estuvieron esperándolo en la casa unos agentes de la policía... que por la falsificación de unas medicinas... Yo le juro a usted, señor, que no es cierto... Manuel siempre ha sido muy honrado y muy bueno...

Beatriz (*Indignada*).—¡Eso es un atropello indigno, papá! ¡Yo no creo que Manuel sea capaz de una cosa semejante!

Señora Torres.—Lo que pasa es que su patrón, ese señor Zeyer, nunca lo ha querido... Pero yo sé que usted es un hombre recto y bondadoso...

Don Ricardo (*Reaccionando*).—¿Usted... ha oído hablar de mí?

Señora Torres.—A mi hijo... Siempre se ha expresado muy bien de usted... ¡Señor! Usted puede influir para que lo dejen libre... Manuel es mi único apoyo...

Don Ricardo.—Entiendo que... el padre del ingeniero murió siendo él muy niño...

Señora Torres.—No, señor... Me han dicho que vive... Pero Manuel ni lo conoció... Yo misma no lo volví a ver desde antes de que naciera Manuel...

Don Ricardo.—Pero... si usted lo viera, lo reconocería seguramente...

SEÑORA TORRES.—Yo creo que no... Apenas lo conocí... Éramos muy jóvenes entonces... y han pasado tantos años... Los dos hemos de haber cambiado mucho...

Don Ricardo se aparta a la izquierda. Beatriz está ansiosa, sin comprender lo que pasa. Carmela, viendo el desconcierto de don Ricardo, interviene.

CARMELA.—¿El apellido del ingeniero Torres es el de usted, o el de su padre?

SEÑORA TORRES.—No... es el mío. El apellido de su papá es Martínez... Pero yo nunca he querido que lo use...

Don Ricardo se vuelve aliviado por esa solución inesperada.

BEATRIZ (*Impaciente*).—¡No sé a qué viene todo eso en este momento, papá! ¡Tienes que hacer que pongan en libertad a Manuel inmediatamente!

DON RICARDO.—Yo haré todo lo posible...

SEÑORA TORRES (*Yendo hacia Beatriz*).—Niña:... Yo le juro que mi hijo es un hombre honrado... Por lo que más quiera usted en el mundo... dígale a su papacito que no permita ese atropello...

BEATRIZ (*Consolándola con unas palmadas*).—Cuente usted conmigo, señora. Yo me encargo de eso.

SEÑORA TORRES (*Volviéndose hacia Carmela*).—Por el amor de Dios, señora...

CARMELA.—Cálmese, señora, cálmese. Puede usted estar segura de que mi esposo hará que todo se arregle satisfactoriamente.

SEÑORA TORRES (*Yendo hacia don Ricardo*).—Perdóneme, señor, que haya venido a importunarlo... Pero usted hubiera hecho lo mismo por un hijo suyo...

DON RICARDO.—Esté usted tranquila, señora. Yo estoy convencido de la inocencia del ingeniero. Le doy mi palabra de que haré hoy mismo cuanto esté en mi mano para que su hijo quede en libertad.

SEÑORA TORRES (*Tomándole las manos*).—¡Gracias, señor! ¡Ya sabía yo que usted era un hombre de buen corazón! ¡Dios se lo ha de pagar! (*Se enjuga las lágrimas.*)

DON RICARDO (*Conduciéndola hacia el vestíbulo*).—Váyase a su casa, señora, y espere tranquila. Probablemente todo esto no es más que una equivocación.

SEÑORA TORRES (*Al pasar, a Beatriz*).—Un millón de gracias, señorita... (*Cruzando hacia Carmela.*) Perdone tanta molestia, señora... Yo no hubiera sido capaz... Pero se trataba de mi hijo... Es lo único con que cuento en el mundo...

CARMELA.—No tenga cuidado, señora. Me alegro mucho de que podamos hacer algo por él.

DON RICARDO.—Espere usted en su casa. Yo le mandaré cualquier noticia que tenga...

SEÑORA TORRES (*Iniciando el mutis*).—Con el permiso de ustedes... Que Dios se los premie a todos... Un millón de gracias, señorita... Muy buenos días... (*Hace mutis por el vestíbulo y don Ricardo la acompaña.*)

CARMELA (*Bajando hacia la derecha, se sienta en la silla de la derecha de la mesa*).—Pobre señora...

BEATRIZ (*Cruzando hacia la izquierda, mientras Héctor, pegado al barandal del mezanín, se escurre como una sombra hasta la izquierda del piano*).—¡Ésa es una canallada! ¡Tenían que echarle la culpa a alguien, y han escogido al más pobre, al más indefenso, en vez de buscar al verdadero culpable! (*Héctor, empavorecido, baja la cabeza. A don Ricardo que reaparece por el vestíbulo.*) No quiero creer que tú seas cómplice de esto, papá. Si no haces algo en seguida para que Manuel quede libre, me formaré una mala opinión de ti.

DON RICARDO (*Un tanto indeciso, cruzando hasta detrás del sofá*).—Ten paciencia, hija... En realidad no sabemos cómo están las cosas... Zeyer puede haber hecho algo que no sea fácil deshacer... Pero, de todos modos, yo te prometo que todo se arreglará...

BEATRIZ (*Sentándose en el sillón de la izquierda, iracunda y nerviosa*).— ¡Maldito Zeyer!

JORGE (*Apareciendo por el vestíbulo. Trae también encima del frac el abrigo con el cuello levantado. Su gesto es de disgusto y de asco. Reacciona al ver a Beatriz*).—¡Ah! ¿Estabas aquí?

BEATRIZ (*Hundida en sus propias preocupaciones*).—Ya lo ves.

JORGE (*Avanzando hasta el respaldo del sillón izquierdo*).—Lo dices tan tranquila. No tienes la menor idea de todas las andanzas en que me has metido por encontrarte...

BEATRIZ (*Igual*).—Lo siento.

JORGE.—Vengo de un mundo de horror y de asco... ¡Las comisarías! Con los borrachos... los rateros... las prostitutas... los gendarmes... ¡Puah!

BEATRIZ.—¡Ah! ¿Pero me fuiste a buscar también a las comisarías? ¿Como a una criminal?

JORGE.—¿Sabía yo lo que podía haberte pasado? En una de ellas me hicieron entrar a la sección médica para identicar el cadáver de una muchacha...

BEATRIZ (*Con un estremecimiento*).—¡Qué horror!

JORGE.—¡Sí! ¡Qué horror! El segundo de angustia que yo sufrí antes de que levantaran la sábana que cubría el cuerpo no se lo deseo a nadie... Era muy bonita... Y pensar que en este momento su familia debe suponerla llena de salud, disfrutando de la vida... o quizá la busca con el mismo temor con que te buscábamos a ti... (*Con los nervios deshechos, se hunde en el sillón de la derecha.*) ¡Es espantoso!

CARMELA. (*Levantándose, conmovida, va hasta él y lo oprime por los hombros. Héctor, muy lentamente, avanza hasta la mesa de la derecha*).—Estás cansado... Tienes los nervios alterados... voy a prepararte una taza de tila...

JORGE.—No... no quiero nada... Tengo revuelto el estómago...

ALICIA (*Apareciendo por el comedor, con un vestido modesto, despeinada, sin delantal ni cofia, provista de escoba, plumero y trapo para hacer el aseo*).—Buenos días, señora. Buenos días, señor.

CARMELA (*Es la única que contesta*).—Buenos días...

Alicia se da cuenta de que las lámparas están encendidas. Y como ya es pleno día y por la ventana del mezanín entra un rayo de sol, apaga la lámpara de la izquierda del sofá y cruza para apagar la de la mesa de la derecha.

DON RICARDO.—Lo que nos convendría a todos ahora es tomar un descanso, que bien lo necesitamos.

BEATRIZ (*Levantándose rápidamente*).—¡Ah, no, papá! Tú vas a ir a ver el asunto de Manuel.

DON RICARDO.—Bueno, hija... Supongo que cuando menos me permitirás que me dé un baño y me cambie de ropa...

Cuando Alicia está apagando la lámpara de la derecha, se oye sonar el timbre de la puerta. Alicia hace mutis por el vestíbulo.

CARMELA (*A Jorge, dándole unas palmadas*).—Anda, hijo, vete a acostar. Eso te compondrá. (*Jorge se levanta con fatiga. A Héctor.*) Tú también, Héctor, ve a dormir un rato.

HÉCTOR (*Muy apagado*).—Yo no tengo sueño, mammy.

CARMELA.—No importa. Vámonos todos. Alicia va a hacer ya la limpieza.

Sube hasta el pie de la escalera del mezanín y Jorge va tras ella. Se detienen porque Alicia anuncia desde la puerta del vestíbulo.

ALICIA.—Está aquí el señor Torres.

BEATRIZ (*Petrificada*).—¿Manuel?

DON RICARDO (*Al mismo tiempo*).—¡No es posible! Que pase, que pase... (*Cruza hasta el piano para recibirlo.*)

ALICIA.—Pase usted, señor. (*Sube al mezanín para apagar la lámpara y luego hace mutis por el comedor.*)

MANUEL (*Apareciendo por el vestíbulo, con el abrigo sobre el smoking*).—Perdóneme, don Ricardo...

BEATRIZ (*Subiendo rápidamente por la izquierda del sofá*).—¡Manuel!

MANUEL (*Cruza para salir al encuentro de Beatriz, a quien toma de las manos. Desde allí se vuelve a don Ricardo*).—Pensaba venir a verlo más tarde, pero las cosas se han precipitado de tal manera que me he visto obligado...

DON RICARDO (*Bajando hasta el extremo derecho del sofá. Carmela y Jorge regresan hasta el piano un poco más abajo*).—¿Pero no lo habían detenido a usted? Su mamá vino a avisarnos...

MANUEL.—Sí. Zeyer hizo desaparecer las actas de la destrucción de sueros y declaró en contra mía.

DON RICARDO.—¿Entonces?

MANUEL.—Conozco los procedimientos de Zeyer, de modo que siempre conservé en mi poder una copia de esas actas. Y en cuanto supe lo que pasaba, conseguí un amparo.

DON RICARDO.—¡Qué bien! Lo felicito... ha sido usted muy hábil. (*Se acerca a él y le estrecha la mano.*)

MANUEL.—Pero no es eso todo. Ayer mismo me dediqué a investigar el caso. Aunque no sé todavía quién es, he descubierto que hay una persona que ha recogido de las farmacias vacunas vencidas, usando una credencial de los laboratorios.

Don Ricardo, instintivamente, se vuelve a ver a Héctor. Éste desamparado, y encogido, se sienta en la silla de la derecha de la mesa.

Tengo pruebas de que Zeyer aconsejó a esa persona, lo mismo que al individuo que se hizo pasar por periodista. Todo esto no ha sido más que una combinación hábilmente preparada por Zeyer.

DON RICARDO (*Baja al primer término, meditando*).—¿Pero con qué objeto?

MANUEL.—Para provocar el escándalo. ¿No se dio cuenta del interés que puso en mezclarlo a usted en la cuestión? ¿En hacerlo aparecer en todo momento como el principal propietario del negocio?

DON RICARDO.—Sí, sí... Pero no veo...

MANUEL.—Él quería quedarse con los laboratorios; pero como usted se había negado a venderle sus acciones, buscó un procedimiento torcido para obligarlo. Sabía que el escándalo iba a afectarlo de tal modo, que usted se retiraría cediendo su parte por cualquier cosa.

DON RICARDO (*Preocupado, haciendo asociaciones de ideas, se sienta en el sillón de la derecha*).—Sí, eso es muy claro... Pero.. es que el escándalo iba a perjudicarlo a él también...

MANUEL.—No... Ésa es la diferencia entre usted y él. Él no tiene arraigo en este país... No tiene tradición ni antecedentes... No tiene un nombre, ni una familia, ni una posición social que cuidar... No tiene más que dinero y no le importa otra cosa. Las armas con que está luchando contra usted resultan, entonces, forzosamente desiguales...

Don Ricardo acepta la terrible verdad y se queda anonadado. Manuel baja por la izquierda del sofá.

Todo eso es lo que pensaba decirle a usted más tarde, pero Zeyer está actuando con tanta rapidez, que pensé que era preferible tomar providencias inmediatas para defenderse. El personal de los laboratorios tiene motivos suficientes para ir a la huelga y está dispuesto a decretarla hoy mismo. De esa manera podremos atajar y desenmascarar a Zeyer.

DON RICARDO (*Se levanta y cruza a la izquierda, meditando. Se vuelve desde la chimenea y habla gravemente, con resolución. Beatriz baja por la izquierda del sofá, a quedar entre él y Manuel. Carmela y Jorge bajan por la derecha, cerrando un semicírculo, del que, naturalmente, queda fuera Héctor*).—Pues no voy a luchar contra Zeyer. Vamos a dejarlo que se quede con el negocio. Que se lleve todo el dinero que quiera. No me importa el escándalo. Claro que me ha perjudicado... Entre otras cosas, no puedo seguir al frente del Banco. Iré hoy a presentar mi renuncia. Pero todo esto me ha hecho un gran bien. Me alegro mucho de que las circunstancias me hayan llevado a tomar esta resolución. Porque ahora sé que más importante que el dinero y el éxito y la posición social, es la unión, la paz y el afecto de nuestra familia. Buena o mala, con todos sus defectos y todas sus imperfecciones, es nuestra familia. No tenemos otra. Y sólo de ella podemos dar y recibir alguna satisfacción. Vamos a olvidarnos de Zeyer y los laboratorios. Vamos a juntar lo poco que nos dejen y empezaremos a trabajar de nuevo, modestamente, pero todos juntos, sin celos, diferencias ni rivalidades, por el bienestar de todos y cada uno. (*Con malicia.*) Contamos con usted, Manuel.

MANUEL (*Encantado*).—Incondicionalmente, don Ricardo.

DON RICARDO.—Y olvídese usted también de seguir investigando quién tuvo la culpa o quién no la tuvo. A nosotros no nos importa ya. Que se encargue de averiguarlo Zeyer, si es que no lo sabe ya, y que se ocupe de que le apliquen el castigo que merezca al verdadero culpable, si es que todavía le interesa. (*Con oculta intención.*) Ése será, al mismo tiempo, su castigo.

A las últimas palabras de don Ricardo, Héctor, empavorecido, se levanta. Luego, humillado, deshecho, hace mutis por la biblioteca, sin que nadie lo advierta.

Y ahora, a dormir, que bien merecido lo tenemos. (*A Manuel.*) Vaya usted a tranquilizar a la pobre de su mamá, que está muy angustiada, y véngase a la noche para que hablemos.

MANUEL.—Con mucho gusto, don Ricardo.

En este momento se oye un disparo de pistola en la biblioteca. Hay un desconcierto de un segundo, al cabo del cual, Carmela, notando la desaparición de Héctor, con un grito corre despavorida a la biblioteca.

CARMELA.—¡Héctor!

Jorge va también rápidamente hacia la biblioteca, pero al llegar a la puerta recibe una impresión dolorosa que lo paraliza y lo obliga a volverse.

BEATRIZ (*Gritando casi al mismo tiempo que Carmela, corre hacia la biblioteca*).—¡Héctor!

Jorge la detiene. Ella ahoga el llanto sobre el pecho de su hermano que la abraza, a la vez que se oye dentro el llanto desconsolado de Carmela.

VOZ DE CARMELA.—¡Héctor! ¡Se ha matado! ¡Está muerto! ¡Hijo! ¡Hijo mío! ¡Por qué has hecho esto! ¡Héctor!

Don Ricardo, que se había quedado rígido, tiene un impulso y da unos pasos hacia la biblioteca. Pero a las palabras de Carmela se detiene, vacila un momento y regresa con pasos lentos, débiles, hasta la derecha del sofá, donde se deja caer hecho pedazos y se cubre la cara con las manos para ocultar sus lágrimas. Manuel, apesadumbrado, se acerca a él y le oprime el hombro con la mano como una muestra de condolencia y simpatía, mientras cae el

TELÓN

ÍNDICE

El teatro hispanoamericano de 1900 a 1950 7

Florencio Sánchez [Uruguay, 1875-1910] 11
    Barranca abajo 14

José Antonio Ramos [Cuba, 1885-1946] 60
    Tembladera 62

Armando Discépolo [Argentina, 1887-1971] 123
    Mateo 126

Germán Luco Cruchaga [Chile, 1894-1936] 159
    La viuda de Apablaza 161

Roberto Arlt [Argentina, 1900-1942] 193
    Saverio el Cruel 196

Samuel Eichelbaum [Argentina, 1894-1969] 231
    Un guapo del 900 233

Conrado Nalé Roxlo [Argentina, 1898-1971] 283
    El pacto de Cristina 285

Mauricio Magdaleno [México, 1906-1986] 326
    Pánuco 137 328

Xavier Villaurrutia [México, 1903-1950] 370
    Parece mentira 372
    ¿En qué piensas? 386

Rodolfo Usigli [México, 1905-1979] 404
    El gesticulador 407

Celestino Gorostiza [México, 1904-1967] 483
    El color de nuestra piel 485

Este libro se terminó de imprimir y encuadernar
en el mes de junio de 1994 en los talleres de En-
cuadernación Progreso, S. A. de C. V. (IEPSA),
Calz. de San Lorenzo, 244; 09830 México, D. F.
Se tiraron 3 000 ejemplares.

Colecciones del FCE

Economía
Sociología
Historia
Filosofía
Antropología
Política y Derecho
Tierra Firme
Psicología, Psiquiatría y Psicoanálisis
Ciencia y Tecnología
Lengua y Estudios Literarios
La Gaceta del FCE
Letras Mexicanas
Breviarios
Colección Popular
Arte Universal
Tezontle
Clásicos de la Historia de México
La Industria Paraestatal en México
Colección Puebla
Educación
Administración Pública
Cuadernos de La Gaceta
Río de Luz

La Ciencia desde México
Biblioteca de la Salud
Entre la Guerra y la Paz
Lecturas de El Trimestre Económico
Coediciones
Archivo del Fondo
Monografías Especializadas
Claves
A la Orilla del Viento
Diánoia
Biblioteca Americana
Vida y Pensamiento de México
Biblioteca Joven
Revistas Literarias Mexicanas Modernas
El Trimestre Económico
Nueva Cultura Económica